스펄전 설교전집 12

이사야 I

독자 여러분들께 알립니다!

'CH북스'는 기존 **'크리스천다이제스트'**의 영문명 앞 2글자와
도서를 의미하는 **'북스'**를 결합한 출판사의 새로운 이름입니다.

스펄전 설교전집 12

이사야 I

1판 1쇄 발행 2021년 9월 15일

발행인 박명곤 CEO 박지성 CFO 김영은
편집 채대광, 김준원, 박일귀, 이은빈, 김수연
디자인 구경표, 한승주
마케팅 임우열, 유진선, 이호, 김수연
펴낸곳 CH북스
출판등록 제406-1999-000038호
대표전화 070-4917-2074 **팩스** 031-944-9820
주소 경기도 파주시 회동길 37-20
홈페이지 www.hdjisung.com **이메일** main@hdjisung.com
제작처 영신사 월드페이퍼

※ CH북스는 (주)현대지성의 기독교 출판 브랜드입니다.

'그리스도와 그의 나라를 위하여'
CH북스는 여러분의 의견 하나하나를 소중히 받고 있습니다.
원고 투고, 오탈자 제보, 제휴 제안은 main@hdjisung.com으로 보내 주세요.

스펄전 설교전집 12

The Treasury of the Bible

스펄전 설교전집

이사야 I

이광식 옮김

CH북스
크리스천 다이제스트

차례

■ 이 사 야 I

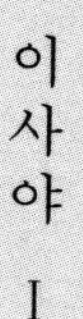

이사야 I

제
1
장

분별없는 자들에게

"소는 그 임자를 알고 나귀는 주인의 구유를 알건마는 이스라엘은 알지 못하고 나의 백성은 깨닫지 못하는도다 하셨도다."—사 1:3

하나님께서 인류의 죄를 대단히 유감스럽게 간주하시는 것이 이 장에서 분명히 나타납니다. 그분에 대해서 사람의 방식을 따라 말하자면, 다음과 같이 말할 수 있습니다. 그분은 인간의 죄를 단지 정죄하는 재판장의 눈으로 보시는 것이 아니라, 오히려 한 친구의 눈으로 보십니다. 즉 범법자를 책망하시면서, 정죄를 받아야 할 그런 잘못들이 있는 것을 깊이 한탄하시는 것입니다. "하늘이여 들으라 땅이여 귀를 기울이라 여호와께서 말씀하시기를 내가 자식을 양육하였거늘 그들이 나를 거역하였도다"(2절). 이는 단지 놀라서 외치는 말이거나, 혹은 감정이 상한 재판장의 비난이 아니며, 슬픔의 음조(音調)를 담고 있는 말입니다. 지존자(the Most High)께서 마치 자녀들에게 냉대를 당한 부모가 슬퍼하듯이, 그분이 자녀들을 그토록 잘 대해주셨건만 그들이 그분에게 너무나 천하게 답례하는 것을 보시고 한탄하시는 것입니다. 하나님께서는 인간이 죄를 짓는 것에 대해 슬퍼하십니다. 이 점을 생각하고서, 그분에게 잘못하였음을 의식하는 모든 사람은 용기를 내어 그분에게로 돌아와야 합니다. 만일 당신이 당신의 범죄를 슬퍼한다면, 주님께서도 역시 그것을 슬퍼하십니다. 여기에는 연민의 요소가 있습니다. 그분은 당신을 엄격한 말투로 대하며 이렇게 말씀하시지 않을 것입니다. "너 자신의 선택으로 죄를 지었으니, 너에게 형벌 당하는 일 외에 무엇이 남았겠느냐?" 그렇지 않습니다. 그분은 당신이 그분을 떠났을 때에 슬퍼하셨던 것처럼, 당신이 돌아올 때는 기뻐하실 것입니다. 그 사랑을 오늘 아침 설교의 중심 사상으로 삼도록 합시다.

지금 다루어지고 있는 문제의 요지는 하나님을 향한 인류의 분별없는 우둔함입니다. 이 문제에서 이스라엘은 신자들의 전형(典型)이 아니라 일반적인 죄인들의 대표자입니다. 이 비난은 모든 불경건한 자들에게 해당하는 것인데, 그들은 그것을 알지 못하며, 깊이 생각하지도 않습니다. 세상에서 가장 큰 어려움은 사람들을 생각하게끔 만드는 일입니다. 내 말은 영적인 일들에 관해 생각하고, 사람들의 영혼과 그들의 하나님에 관해 생각하는 것을 의미합니다. 이 문제를 제외하고는 여러분은 그들에게 어떤 문제에도 관심을 기울이게 할 수 있습니다. 그들이 신앙적인 말을 경청하기는 해도, 그것을 마음에 담지는 않을 것입니다. 그들은 예배 의식에 줄곧 참석하지만, 영이신 하나님께 영으로 예배하는 일은 그들에게서 거리가 멉니다. 살아계신 하나님의 영이 그들에게 임하여 참된 지혜를 가르치시기까지는, 그들이 신중하고도 주의 깊게 그들의 길에 대해 숙고하는 일은 결코 일어나지 않을 것입니다.

나는 이 아침에 사람들의 몰지각성(inconsiderateness)에 대해 말할 것입니다. 먼저, 심각한 결점으로서 그 문제를 말하고, 다음에는 그것이 많은 경우에서 아주 엄중하게 악화된 현상들을 수반한다는 것에 대해 말할 것입니다.

1. 인류에게 보편적인 심각한 결점

우리는 일반적인, 인류에게 보편적인, 한 가지 심각한 결점에 대해 말해야 합니다. "이스라엘은 알지 못하고 나의 백성은 깨닫지 못하는도다."

사람들은 하나님을 향해 아주 몰지각합니다. 만일 그들이 많은 사소한 일들을 망각했거나 아랫사람들에게 소홀히 대하였다면 용서될 수도 있을 것입니다. 하지만 그들의 창조주(Creator)이시고, 그들의 보존자(Preserver)이시며, 그들의 운명이 그 손에 달려 있는 그분에게 몰지각하다면, 이는 기이한 어리석음일 뿐 아니라 커다란 죄입니다. 궁정 대신은 다른 사람에게는 소홀히 할 수 있지만, 그의 왕에 대해서는 틀림없이 신중하게 생각합니다. 사람들은 자기 자녀들에게 사업을 맡기기 시작할 때 그들에게, 중요한 기회에는 신경을 쓰고, 중요한 문제에는 신중하며, 특히 그들을 돕거나 망하게 할 수 있는 힘을 가진 자에게는 주의 깊게 잘 처신하도록 당부합니다. 일반적으로 사람들은 권세 가진 자의 도움을 얻는 일에 아주 민첩합니다. 이런 현상을 생각할 때, 사람을 높이기도 하시고 낮추기도 하시는 전능의 하나님이 인류에 의해 망각되는 것이나, 또는 기억된다 해도 여전히 불명예를 당하시는 것이 너무나도 이상합니다. 그분은 너무나 위대하시고, 또 우리는 그분에게 너무나 의존하고 있기 때문에, 합리적인 사람이라면 그분과 잘 알고 지내고 또 화평하게 지내기를 바라야 할 것입니다. 그것이 당연하게 보입니다. 하지만 하나님이 위대하실 뿐 아니라 매우 선하시고, 인자하시고, 부드러우시며, 은혜로우신 분이심을 생각할 때, 그분에 대해 사람들이 몰지각한 것을 보고 우리는 더욱 크게 놀라는 것입니다. 모든 선한 사람들이 선한 것과 좋은 관계를 맺기를 바랍니다. 특별한 선함은 칭송을 얻으며, 탁월하고 뛰어난 대상과 교제하라는 초청은 일반적으로 기쁘게 받아들여집니다. 그런데 그 이름이 '사랑'이신 거룩하신 삼위일체 하나님의 경우에는 그렇지 않습니다. 하나님의 성품은 너무나 매력적인 데도, 인간은 자기의 창조주를 회피합니다. 설령 하나님이 악한 신이라 해도, 인간이 그분에 대해 이보다 더 냉정해질 수는 없었을 것입니다. 이런 일이 대체 어찌된 까닭입니까? 왜 내가 가장 영광스러우시고, 내게 아무런 해를 끼치지 않으시고, 오히려 무한한 선을 베풀어주신 분을 망각한단 말입니까? 만일 내가 날마다 그분이 나를 위해 예비하신 길을 곰곰이 생각한다면, 그분이 내 죄의 도발에도 불구하고 나를 어떻게 아끼시는지를 기억한다면, 또한 그분이 내게 그분과 화평하기를 간절히 호소하시는 것을 숙고해본다면, 그분이 내게 물으시는 이 질문에 내가 경청하는 것이 당연합니다. "이 선한 일들 중에 어떤 것 때문에 네가 나를 소홀히 대하고, 이 은혜들 중에서 어떤 것 때문에 네가 나를 잊을 수 있겠느냐?" 죄의 광기는 인간을 기이한 변종으로 만듭니다. 그것은 사람으로 하여금 어디에나 계시는 하나님을 망각하게 하고, 또한 인생의 날의 모든 순간마다 끊임없이 은혜를 베푸시고 또 무한히 베푸시는 그분의 존재를 잊어버리도록 만듭니다. 오, 슬프고도 슬프도다! 이스라엘이 자기 하나님을 기억하지 않는구나!

또한 인간은 최선의 관심사와 관련하여, 자기 자신을 향해서도 몰지각합니다. 오호라, 자신의 모든 것이 관련된 가장 중요한 문제에서, 인간은 분별 있게 자신의 이성을 활용하지 못합니다. 대부분의 사람들이 자신들의 과거사를 가볍게 여깁니다. 그들은 가만히 앉아서 그것을 정면으로 응시하지 않으며, 그들이 범했던 죄들을 회개하는 눈으로 바라보지 않습니다. 그들은 종종 현재와 관련해서도 제멋대로 생각 없이 지냅니다. 그들은 현재의 삶을 영원과는 무관한 듯이 여기고, 마치 시간(time)이란 오락(pastime)을 위한 것이거나 혹은 지상의 노동을 위한 것에 불과한 것으로 여기면서, 삶을 낭비합니다. 그들은 은혜나 심판에 대해서도 그렇고, 의무나 죄에 대해서도 그에 합당하도록 진지하게 생각하지 않습니다. 오직 그들은 짙은 어둠 속에 있는 사람들처럼 그들을 둘러싼 중요한 문제들을 무시하고 앞으로만 나아갑니다. 미래에 대해서도 마찬가지입니다. 밝은 미래인지 끔찍한 미래인지, 영원한 천국에서의 미래인지 끝없는 지옥에서의 미래인지, 그들은 생각하지 않습니다. 이는 기이한 일입니다. 불멸의 인간이 다가올 진노에 무관심하고, 눈을 감고서 말로 다할 수 없는 불행을 향해 달려가다니, 이는 이상하고 또 놀라운 일입니다. 그는 자기 영혼을 진리의 저울에 달지 않으며, 그로써 그 종말이 어떻게 될 것인지를 배우지 않으려 합니다. 수많은 음성이 그를 부르면서 "멈추고 잠시 생각하라"고 권하지만, 그는 마치 쌍두 사륜마차를 몰고 가는 사람처럼 계속해서 인생이라는 말(馬)에 채찍질만 가하고, 자기 파멸을 향하여 미친 듯이 달립니다. 인간은 자기 자신에 대해서도 지각(知覺)이 없습니다. 우리가 사람들에게 그들과 관련 없는 문제에 관심을 가지라고 요청할 때, 그들이 시간이 없으므로 생각할 여가가 없다고 대답하더라도 놀라지 않을 것입니다.

내 사랑하는 여러분, 만일 내가 이 아침에 작은개자리 별(the Dog Star)의 거주자들의 관심사에 영향을 미치는 문제라든가, 혹은 달나라 거주자들과 관련된 문제에 대해 말하는 것이라면, 여러분이 다음과 같이 말해도 나는 놀라지 않을 것입니다. "그것과 관련 있는 자들에게 가서, 그들에게나 말하십시오. 하지만 그것이 우리와는 너무나 동떨어진 문제이기 때문에, 우리는 그것에 대해 관심이 없습니다." 하지만 사람이 자기 자신에 대해 알지 못하고, 자기 영혼에 대해 생각하지 않는 것에는 우리가 무어라 설명해야 할까요? 어떤 사소한 것도 그의 관심을 끄는데 비해, 정작 그는 자신의 불멸성에 대해서는 숙고하지 않으며, 자기 운명이 될 기쁨이나 불행에 대해서 깊이 생각하지 않습니다. 나는 그 사실을 아주 냉정한 방식으로 진술하고, 여러분 역시 그것을 침울한 무관심으로 듣습니다. 틀림없이 이는 우리가 그것에 대해 자주 들어왔기 때문이며, 또한 그 사실이 너무나 보편적이기 때문입니다. 하지만 인간이 자신의 영혼에 대해서 무관심하다는 사실은, 인간의 타락성—정신이상이라고 말해도 무방합니다만—이 보여주는 하나의 기적입니다.

여기서 우리는 분별없는 인간이 정의와 감사의 요구들에 대해서도 몰지각하며, 이것이 그를 어리석을 뿐 아니라 천박하게 보이게 만든다는 사실을 덧붙여 말해야 합니다. 나는 이렇게 말한 자들을 압니다. “하늘이 무너져도 정의는 이루어져야 한다.” 그리고 그들은 동료 인간들이 털끝만큼이라도 부당한 이득을 취하는 것에 대해서 경멸의 태도를 보였습니다. 나는 그런 사람들이 지금도 있다고 믿습니다. 나는 또한, 만일 감사할 줄 모른다는 비난을 들으면 격분하면서 반박할 사람들을 더러 알고 있습니다. 그들은 만약 그들에게 선을 베푼 자들에게 선으로 되갚지 않는다면, 그들 자신이 전적으로 혐오스러운 자들일 것이라고 간주합니다. 그들은 감사의 의무란 당연하다고 느끼며, 그 의무를 회피하기를 원치도 않습니다. 그런데 바로 이 사람들이 전 생애를 통하여 하나님께 부당하게 행동했으며, 그들 자신의 존재를 빚지고 또한 그 존재의 유지를 위해 모든 것을 빚지고 있는 그분께 감사하지도 않았습니다.

이 문제를 생각해 보십시오. 하나님이 당신을 창조하셨습니다. 그러니 그분이 당신의 경배의 대상이 되어야 하지 않겠습니까? 당신을 창조하신 것 외에, 그분은 당신의 존재를 유지시켜주셨습니다. 이에 대한 보답으로 그분이 얼마간의 섬김을 받으셔야 하지 않겠습니까? 아마도 당신은 평탄한 인생의 길을 누렸을 것이며, 가난한 자들 중에서도 가장 가난한 자들 중에는 속하지 않았을 것입니다. 당신은 신체의 사지(四肢)를 쓸 수 있고, 추론하는 능력이 있으며, 몸이 마비되는 고통을 당하지 않았을 것입니다. 당신은 사람들과 섞여 지낼 수 있고, 사업적인 활동도 할 수 있습니다. 이 모든 것에 대해 하나님이 감사를 받으셔야 하지 않겠습니까? 그분이 베푸신 혜택은 그것을 누리는 자들에게 기쁨입니다. 그러니 당신도 그 보답으로 그분을 섬겨야 하지 않을까요? 그분의 법은 상상할 수 있는 가장 정의로운 법입니다. 그것은 모든 정직한 법의 본질을 담고 있습니다. 하지만 당신은 그분의 계명들을 준수하지도 않았고, 온 마음과 힘을 다해 그분을 사랑하지도 않았습니다. 이것이 옳은 일입니까? 당신은 사람에게 마땅히 해야 할 의무들을 기꺼이 이행합니다. 그러는 당신이 하나님께는 의무를 이행하지 않는단 말입니까? 당신은 당신의 동료 인간에게 부정직한 것을 부끄럽게 생각할 것입니다. 그런데 당신의 하나님께 대해서는 강도같이 된단 말입니까? 당신은 그분께 드려야 마땅한 영예와 영광을 보류할 셈입니까?

이 본문이 말하는 바를 주목하십시오. "이스라엘은 알지 못하도다." 자, 이스라엘은 귀족의 이름이며, 그것은 왕자(prince)를 지칭합니다. 여기에는 사회에서의 그 지위로 인해, 동료 인간들 사이에서의 높은 지위로 인해 의무적으로 하나님을 섬겨야 할 사람들이 더러 있습니다. "노블레스 오블리주(*noblesse oblige*, 고귀한 신분에 따르는 도의상의 의무)"의 모토는 참됩니다. 귀족은 그 의무들을 가지고 있습니다. 주님께서 한 사람을 부와 영향력이 있는 지위에 올려놓으실 때, 그는 주님을 섬겨야 하는 특별한 의무를 지고 있다고 느껴야 합니다. 나는 경건한 부모들을 둔 자녀들에게도 같은 말을 합니다. 나는 하나님을 경외하는 분위기 속에서 훈련받은 자들에게도 말합니다. 여러분은 하나님의 자녀들과 더불어 양육 받고 성장하였습니다. 여러분은 자주 그들 중에 속한 것으로 간주되어왔습니다. 그러므로 정녕 여러분에게 은혜를 베푼 시혜자(Benefactor)께 무관심해서는 안 되었습니다. 여러분에게는 더 많은 것이 주어졌고, 따라서 여러분에게는 더 많은 것이 요구됩니다. 경건한 가문에서 태어난 여러분이 진지하게 숙고해야 할 문제에서 벨리알(Belial)의 자녀들보다 나을 것이 없다면 큰 수치가 아니겠습니까? 바로 이 순간, 여러분은 지금까지 여러분의 가문에 그릇되게 행한 것과 여러분의 하나님께 불충하였던 것에 대해 깊은 후회를 느껴야 합니다. 인간은 자신의 위치와 자신의 계보에 합당한 의무를 잘 잊어버립니다.

이 몰지각함과 관련하여 한 가지 슬픈 점은, 심사숙고하지 않으면 안 되는 문제에서 사람이 아무런 생각도 없이 살아간다는 것입니다. 종교에 있어서 심사숙고를 대신할 수 있는 것은 아무것도 없습니다. 이렇게 말하는 자들이 더러 있습니다. "음, 나는 그것에 대해 생각할 수가 없어요. 하지만 나를 위해 그렇게 해 주는 분에게는 사례를 지불하겠습니다. 나는 성직자를 찾아가서 많은 돈을 지불하고, 그래서 그가 마치 의사가 내 몸을 돌보듯이 내 영혼을 돌보도록 하겠습니다." 이는 양심을 잠재우기 위해 반역적인 마음이 고안해낸 것입니다. 하지만 그것은 게으를 뿐 아니라 악한 것이기도 합니다. 주님은 각 사람 마음의 개인적인 사랑을 요구하시며, 그것 외에 다른 무엇으로도 만족하지 않으십니다. "하지만 저는 규칙적으로 하나님의 집에 갑니다. 나는 하나님의 백성들과 함께 앉으며, 재물을 드리기도 합니다." 그렇군요. 하지만 하나님은 당신의 마음을 요구하십니다. 마음을 드리지 않으면, 당신의 마음과 뜻과 힘을 다하여 그분을 사랑하지 않으면, 신앙의 문제에서 당신은 아무것도 하지 않은 것과도 같습니다. 당신의 세례도 헛되고, 성만찬의 식탁에 와서 앉는 것도 헛됩니다. 참된 종교는 육체의 훈련도 아니고, 인위적인 공연 행사도 아닙니다. 모든 의지와 재능을 발휘할 뿐 아니라, 마음과 뜻과 힘을 다하여 하나님을 생각해야 하고, 그분에게 복종해야 합니다. 그렇지 않으면 하나님이 친히 제정하신 모든 예배 의식들을 행한다고 해도, 그것들이 당신에게 은혜의 한 조각도 가져다주지 않을 것입니다. 종교는 영적인 일입니다. 만약 사람이 생각하기를 거부하면서 살고 죽으면, 그는 구원받을 모든 소망을 저버린 셈입니다. 은혜는 기계적인 과정에 의해 우리에게 임하는 것이 아니라, 오직 성령이 마음과 영혼에 작용하심으로써 임하는 것이기 때문입니다.

역시 언급되어야 할 문제는, 심사숙고(consideration)가 풍부한 보상을 주며 또한 가장 행복한 결과를 가져온다고 이미 수많은 사람들이 증언한 주제에서 이런 몰지각(inconsideration)이 발생한다는 것입니다. 만일 사람들이 그들을 불행하게 만드는 주제에 대해서 생각하지 않으려 한다면, 우리가 그것 때문에 놀라지는 않을 것입니다. 만약 그 주제가 사람들에게서 기쁨과 즐거움을 빼앗고, 따라서 지혜로운 사람들이 회피하는 주제라면, 사람들이 그에 대해 생각하지 않으려는 것도 이상하게 보이지는 않을 것입니다. 하지만 비록 참된 종교와 관련하여 심한 심령의 의기소침을 겪은 자들이 더러 있기는 하였어도, 대체로 그것의 궁극적인 열매는 예수 그리스도를 믿음으로 말미암는 평화와 기쁨이었습니다. 또한 예외적인 경우들도 쉽게 설명될 수 있습니다. 몇몇 우울한 기질을 가진 사람들에게서, 그들의 경건은 아직 너무 얕은 수준이어서 그들을 행복하게 하지 못합니다. 그들은 천상의 공기를 너무나 적게 들이마시며, 그래서 더 많은 것이 필요하여 괴로워하는 것입니다. 다른 사람들의 경우에, 슬픔은 은혜의 묵상에 의해 발생하지만, 그 슬픔은 은혜의 예비적이고 일시적인 단계입니다. 추수가 있으려면 그에 앞서 경작이 있어야 합니다. 건강이 회복되려면 질병의 치료가 선행되어야 합니다. 새롭게 각성한 영혼들은 마치 땅을 가는 상태이거나 혹은 쓴 약을 마시는 단계에 있는 셈입니다. 이는 곧 끝날 것이고, 그 결과는 아주 감탄스러울 것입니다. 구름 같이 수많은 증인들이 있습니다. 우리도 그들 가운데 즐거이 자리를 차지하고 있습니다. 그 증인들이 한결같이 주의 길은 즐거움의 길이라는 사실을 증언하고 있습니다. 우리의 가장 심오한 기쁨은 우리 하나님을 아는 것과 그분을 깊이 생각하는 것에 있습니다. 그리스도 예수 안에서 하나님은 우리에게 평화와 기쁨과 만족과 행복을 주는 마르지 않는 샘입니다. 오, 여러분이 주의 말씀에 귀를 기울이기를 바랍니다. 그리하여 여러분의 평화가 강 같이 되고, 여러분의 의가 바다 물결 같이 되기를 바랍니다. 주께서 이와 같이 말씀하십니다. "내 백성아 내 말을 들으라 이스라엘아 내 도를 따르라. 그리하면 내가 속히 그들의 원수를 누르고 내 손을 돌려 그들의 대적들을 치리니… 또 내가 기름진 밀을 그들에게 먹이며 반석에서 나오는 꿀로 너를 만족하게 하리라"(시 81:13-14,16). 지금 이 땅에서도 경건에는 생명의 약속이 있으며, 내생에서 그 영광의 중함은 말할 수 없을 정도입니다. 오, 생각 없이 살아가는 자들이여! 여러분이 누리지 못하는 이런 기쁨을 알게 되기를 바라며, 무감각에서 깨어나기를 바랍니다!

2. 몰지각성을 악화시키는 요소들

지금까지 나는 사람들의 심각한 결점에 대해서 말했습니다. 다음으로, 많은 경우에서 그것에 수반되고, 그것을 악화시키는 요소들을 주목하도록 합시다.

첫째로, 이 부주의한 사람들이 그들이 여전히 무시하는 그 주제들에 대해 진지하게 주의를 기울일 것을 요청받아 왔다는 점을 기억하십시오. 이 본문에서 하나님께서는 이 백성들을 소환하여 생각해보라고 하십니다. 그들이 선하신 아버지에 의해 양육과 보호를 받았음을 하늘과 땅을 불러 증언하게 하십니다. 4절에서 그들은 엄하게 꾸짖음과 책망을 받습니다. 그들이 계속해서 그들의 하나님께 너무나 무관심하기 때문입니다. 만약 어떤 사람이 어떤 한 가지 중요한 문제를 잠시 동안 잊었다면, 우리는 놀라지 않을 것입니다. 기억력이란 완벽하지 않기 때문입니다. 그러나 반복해서 주의하라는 요청을 받고서도, 깊이 생각하도록 친절하고 부드러우면서도 진지하게 요청을 받고서도, 또한 그 경고가 무시되었기 때문에 권위를 가지고서 가능한 한 아주 호되게 주의하라는 요구를 받았음에도 불구하고, 여전히 그 사람이 무관심하다면 어떨까요? 우리는 그 사람이 변명의 여지도 없이, 확고한 결심을 가지고 말의 의도를 무시한다고 느낄 것입니다.

지금 이곳에 참석한 여러분 중에서 어떤 이는, 자기 자신의 영혼과 하나님을 제외하고는 무슨 문제든 생각해 왔습니다. 비록 내가 이 아침에 인생의 해가 지기 전에 영적인 문제들을 숙고하도록 눈물로 호소하여도, 아마도 당신이 그럴 가능성은 희박할 것입니다. 여기서 당신의 어리석음이 한층 가중됩니다. 당신은 반복하고, 반복하고, 또 반복해서, 이 중차대한 문제를 생각하도록 권유를 받아 왔습니다. 하지만 모든 권유는 헛되고 말았지요. 당신이 어린 시절 제멋대로 행할 때에, 부모는 당신의 소매를 붙잡고 "행실을 주의하거라"고 말했습니다. 그들은 당신이 청년의 때에 즐거워하는 동안, 하나님이 이 모든 일로 말미암아 당신을 심판하시는 날을 바라보라고 권고했습니다(참조. 전 11:9). 그 때 이후로도, 만일 당신이 설교를 들어왔다면, 신실한 설교자들이 행실을 고치고 지존자에게로 돌이키도록 진지하면서도 절박하게 호소하는 것을 당신은 자주 들어왔을 것입니다. 예, 그리고 당신이 업무에 종사하는 중에도 하나님의 음성이 임하기도 했습니다. 조용한 휴식 시간을 가질 때, 한동안 가만히 앉아 있을 때, 한 음성이, 침묵의 음성이지만 들을 수 있는 한 음성이 당신에게 이렇게 말해왔습니다. "너는 결코 생각하지 않느냐? 너는 심사숙고도 없이 영원 속으로 빠질 참이냐? 너는 네가 지옥에 있을 때까지 결코 눈을 떠서 너 자신을 살펴보지 않을 참이냐?" 당신의 양심이 놀람과 두근거림으로 당신을 괴롭혀왔습니다. 당신이 읽지도 않으면서 집에 둔 성경이, 그 사실 자체로 당신을 비난해 왔으며, 또한 경건한 사람들과 함께 있는 그 자체가 당신에게는 책망이 되었습니다. 당신의 아버지의 집에서 가정 기도가 있었을 때를 회상하고, 그리고 당신 자신의 집에서는 그것이 어떻게 무시되고 있는지를 생각할 때, 그 태만이 당신을 책망해왔습니다. 당신은 이를 부인할 수 있습니까? 또한 자주 책망을 받으면서도 목이 곧은 사람은 갑자기 패망을 당하고 피하지 못하게 됨(잠 29:1)이 마땅하다는 것을 부인할 수 있겠습니까?

이사야 선지자는 두 번째의 가중된 잘못을 언급합니다. 즉, 훈계를 받아온 것에 더하여, 이 백성들은 징계를 받아왔습니다. 그들은 매를 맞아왔습니다. 너무 자주 그리고 너무 심하게 맞았기 때문에 주님께서도 지치실 정도입니다. 그분은 그들을 때려도 더 이상 소용이 없음을 보셨습니다. 그들의 온 몸이 상하고 터져서, 성한 곳이 없을 정도입니다. 하나의 민족으로서 그 민족은 원수들에 의해 침략을 당하고 짓밟혔으며, 완전히 황폐화되고 말았습니다. 그래서 주께서 말씀하십니다. "너희가 어찌하여 매를 더 맞으려고 패역을 거듭하느냐?"(5절). 물론 오늘 아침에 내가 말하는 것이 여러분 모두의 인생사를 언급하는 것은 아니겠지만, 그 말년의 삶이 슬픔으로 점철된 누군가에 대해 말하는 것일 수도 있습니다.

당신은 거듭해서 재난을 당해왔습니다. 당신은 고통의 바다라고 알려진 항로를 지나왔습니다. 당신은 병든 것이 무엇을 의미하는지 압니다. 당신의 몸에는 여전히 옛 질병의 상처들이 남아 있습니다. 당신은 물의 위험과 육지의 위험이 무엇을 의미하는지를 압니다. 아마도 당신은 상당한 자산을 가진 입장에서 빈궁으로 떨어졌을 것입니다. 당신은 당신을 위로해야 마땅한 사람들에 의해 버림을 받았습니다. 당신은 인간의 심장을 쥐어짜듯 하는 거의 모든 고통들을 알고 있습니다. 당신은 이 모든 것이 당신을 세상으로부터 떼어놓기 위해 보내어진 것임을 알지 않습니까? 당신은 여전히 세상에 집착하고 있습니까? 이 모든 것은 하늘로부터의 부름의 소리입니다. 저 탕자는 쥐엄 열매로도 자기 배를 채울 수 없었을 때 배고픈 중에서 이렇게 말했습니다. "내가 일어나 아버지께 가리라"(눅 15:18). 당신도 같은 말을 하지 않겠습니까? 지금 어떻게 하나님이 당신에게 고통을 주실까요? 당신의 아내가 죽었습니까? 당신은 자녀를 잃고 싶습니까? 한 자녀가 떠났습니까? 죽음이 또 다른 자녀를 데려가야겠습니까? 마지막 남은 자녀도 당신에게서 거두어져야 합니까? 어떤 충격을 주어야 당신의 완고한 마음이 움직인단 말입니까? 주께서 다시 치고 또 치셔야만 하겠습니까? 그래야만 당신이 그분의 말을 듣겠습니까? 만일 그분이 당신을 구원하기로 결심하셨다면, 그분이 당신에게 인정을 두지 않으실 것이 분명합니다. 그분이 당신에게 복을 주기로 작정하셨다면, 어떻게 해서든 당신을 그분에게로 이끌고 오실 것입니다. 꼭 재갈과 굴레로 단속해야만 하는 무지한 말이나 노새 같이 되지 마십시오(시 32:9). 지금 이미 여러분이 겪어온 고통들로 인해 항복하십시오. 그렇지 않으면 분명 당신은 주의 징계를 멸시함으로써 당신의 죄를 더욱 가중시킬 것입니다.

이 백성이 진지하게 숙고하지 않는 동안에도 외형적인 종교에 매우 열심이었다는 것이 그들의 죄를 가중시켰습니다. 그들은 하나님을 그분의 방식을 따라 섬기려 하지 않았으며, 오직 그들 나름의 방식으로 열심을 내었습니다. 여러분이 이 장을 읽으면 그들이 번제와 월삭과 각종 절기들에는 관심을 가지면서도 여전히 진지하게 생각하지 않았다는 것을 발견할 것입니다. 어떤 사람들은 아주 철저한 의식주의자들(Ritualists)이 되어서, 주님에 대해서는 생각하려 하지 않습니다. 그들은 교황제도를 그대로 답습하지만, 지존하신 분께 돌이켜서 그들의 죄를 시인하지도 않고, 그분의 손에서 자비를 구하지도 않으며, 그분의 진리에 그들의 영혼을 복종시키지도 않습니다. 이상한 일이지만 그렇습니다. 여기에는 좀처럼 예배에 빠지지 않고 심지어 기도 모임에도 오면서, 그로 인해 조금도 나아지지 않는 사람들이 더러 있습니다. 삶은 그릇되게 살면서도, 그들은 설교자를 좋아합니다. 아무렴 그렇고말고요. 그들은 심지어 누군가 그 설교자를 비방하면 그를 옹호하기까지 합니다. 그런데도 그들은 그 설교자의 경고에는 무관심합니다. 더 나쁜 것은 그들은 하나님께 대해서도 무관심하며, 다가올 세상에 대해서도 관심이 없습니다. 그들은 살고 있지만, 나는 그들이 그리스도도 없고 소망도 없이 죽을 것이 염려스럽습니다. 오 여러분들이여, 내가 어떻게 해야 여러분을 납득시킬 수 있을까요? 여러분의 모순이 역력하게 두드러집니다. 여러분은 오늘 일어서서 하나님을 찬미하는 노래를 부르고, 내일은 그분을 모독할 것입니다. 여러분은 우리가 기도할 때에 눈을 감고서 우리의 기도에 동참하는 듯한 표정을 짓습니다. 그러고서도 내일이면 여러분이 방탕하게 혹은 부정직하게 행할 것을 잘 알지 않습니까? 여러분은 습관적으로 하나님의 백성들과 함께 앉아 있고, 또 어느 정도는 그들과 함께 있을 때 편안함을 느낍니다. 그런데 그런 여러분이 나중에는 어떻게 어둠의 자녀들과 동무로 지낼 수 있고, 대폿집이나, 화려하게 꾸민 술집이나, 극장이나, 혹은 온통 들려오는 말이라고는 불경스럽고 온통 보이는 것이라고는 추하기만 한 곳에서 편안함을 느낄 수 있단 말입니까? 사람이 하나님의 면전에서 그분을 조롱하고 모독할 수 있습니까? 나는 여러분에게 호소합니다. 아니 간절히 읍소합니다. 이 문제를 생각해 보십시오. 여러분이 계속해서 하나님의 백성들 가운데 있는 것이 여러분의 무분별한 죄를 크게 가중시킬 것이기 때문입니다. 어떤 사람의 집에 있으면서도 그 사람에 대해서 배려하지 않는 것, 어떤 사람을 칭송하면서도 그를 존중하지 않는 것, 그 사람의 자녀들과 어울려 지내면서도 그에 관해서는 신경을 쓰지 않는 것, 아아, 이것은 정말이지 화를 돋우는 짓이 아닙니까? 그런 행동을 지존자(the Most High)를 향하여 보인단 말입니까?

더 나아가, 이스라엘이 하나님을 망각하는 것에는 큰 죄의 가중이 있음을 여러분이 주목하기를 바랍니다. 왜냐하면 이스라엘이 아주 진지하면서도 인자하게도 은혜의 약속에 의지하여 하나님께 돌이키도록 권유를 받았기 때문입니다. 그 말씀을 여러분에게 읽어 드리겠습니다. "여호와께서 말씀하시되 오라 우리가 서로 변론하자 너희의 죄가 주홍 같을지라도 눈과 같이 희어질 것이요 진홍 같이 붉을지라도 양털 같이 희게 되리라"(18절). 어떤 사람은 이렇게 말할 것입니다.

"왜 내가 하나님에 대해 생각해야 하지요. 그분은 나의 원수입니다. 만일 내 죄가 용서받을 수 없다면, 왜 내가 내 죄에 대해 깊이 생각해야 합니까? 또한 내가 결코 의를 얻을 수 없다면 왜 내가 의에 대해 생각해야 합니까?" 오 사람아, 당신은 그 이상을 알고 있습니다. 당신은 하나님이 사랑이심을 압니다. 당신은 사유하심이 주께 있음은 그분을 경외하게 하심인 것을 압니다(참조. 시 130:4). 당신은 마음의 변화가 가능한 것을 알고, 하나님의 영이 당신을 새 사람으로 만드실 수 있음을 압니다. 만일 가망이 없는 경우라면 나는 당신이 그런 끔찍한 묵상을 하기를 거절해도 이상히 여기지 않을 것입니다. 하지만, 여호와의 눈부신 은혜가 당신을 초대할 때, 어찌 당신이 그분에게 등을 돌리고 계속해서 그분에게 무관심할 수 있단 말입니까?

마지막으로, 죄를 가중시키는 것으로서, 이 백성이 다른 일들을 숙고할 충분한 능력을 가지고 있었음을 주목하십시오. 우리는 그들이 어떻게 하면 뇌물을 얻는지 숙고했던 것을 발견하고, 또한 보상이 따르는 일에는 아주 예리하고 영민했던 것을 알 수 있습니다. 하지만 그들은 그들의 하나님을 알지도 못했고 생각하지도 않았습니다. 오, 어떤 사람들은 악의 길에는 얼마나 민첩하면서도, 신앙에 대한 말을 들으면 그것은 신비이며 그들의 이해력을 초월한 것이라고 반응하는지요! 바로 이 동일한 사람들이 아주 해결이 어려운 정치적 문제들에 대해서는 토론할 것이며, 또는 과학의 심오한 문제들을 해결할 것입니다. 그런데도 그들은 계시의 단순성에 대해서는 이해할 수 없는 척합니다. "저는 가련한 사람입니다." 한 사람이 말합니다. "저는 가련한 사람이니, 제가 너무 많은 것을 알 것이라고 기대하지 말아주세요." 하지만 만일 누군가가 그 동일한 "가련한 사람"을 길에서 만나서 그를 바보라고 부르면, 그는 그런 비난에 대해 화를 낼 것이고, 자신이 상식에서 결코 모자라는 사람이 아님을 입증하려고 열을 낼 것입니다. 한 사람이 말합니다. "저는 이런 문제로 내 머리를 피곤하게 할 수가 없습니다." 하지만 바로 이런 사람이 부나 쾌락을 좇는 일에는 머리를 훨씬 더 많이 씁니다. 오, 만일 사람들이 바보 백치라면, 그렇다면 그들이 비난을 면제받을 것입니다. 만일 그들이 육체적으로 눈이 멀었다면 볼 수 없는 일에 정당한 구실이 있는 셈입니다. 하지만 사람이 눈을 가지고도 보지 않으려 하기 때문에 볼 수 없는 것이라면, 비난을 피할 수 없습니다. 사람이 이해력을 가지고 그것을 작은 문제들과 관련하여 잘 발휘할 수 있다면, 자기 하나님에 대해 무관심한 것을 어떻게 변명할 수 있겠습니까? 설혹 내가 그들의 변호인이 되기를 기뻐한다고 해도, 나는 그들을 위해서 어떤 변명거리도 만들어낼 수 없습니다. 나는 오직 그들에게 악함을 회개하라고 호소할 수 있을 뿐입니다. 더 이상 그들이 생각하지 않기 때문에 알지 못하는 것이라는 말을 듣지 않기를 바랄 뿐입니다.

3. 무관심의 은밀한 이유들

이제 우리는 그토록 중요한 주제에 대한 인간의 무관심과 관련하여, 그 은밀한 이유들을 조사할 것입니다. 많은 무관심한 사람들의 경우에, 우리는 그들의 본성의 경박함을 비난해야 합니다. 어떤 사람들은 결코 적절하게 채워지지 않는 '머리통(brain-case)'을 가진 것처럼 보입니다. 마치 나비처럼 그들은 이 꽃 저 꽃으로 돌아다니면서도 꿀은 모으지 않습니다. 웨스트엔드(the West End, 런던 서부지역. 대저택과 큰 상점 및 극장 따위가 많은 곳 —역주)에 사는 많은 사람들의 삶을 보십시오. 그들은 옷을 차려입고 벗는 일, 도박판에서 카드를 돌리는 일, 마차를 타는 일과, 한 발을 빼고 절하면서 정중을 떠는 일과, 먹고 마시는 일에 모든 인생을 소비합니다. 이 유명한 무위도식가들은 나로 하여금 양귀비 들판을 날아다니는 나비들을 생각나게 합니다. 더 가난한 사람들이 사는 지역에도 그런 사람들이 없는 것은 아닙니다. 빈둥거리면서 이 술집 저 술집을 돌아다니고, 아침부터 밤까지 축 늘어진 모습으로 어슬렁거리면서 시간을 보내는 저 많은 사람들을 보십시오. 마치 잡담하고 술이나 마시는 것 외에는 살아갈 아무런 목적이 없는 사람들처럼 보입니다. 여러분 중에는 아무도 그렇지 않기를 바랍니다. 만약 그렇다면, 여러분은 시시덕거리면서 인생을 살지 몰라도 죽을 때에는 심각하게 된다는 것을 나는 여러분에게 상기시키고 싶습니다. 여러분이 이생의 삶을 경박하게 낭비할 수 있을지 몰라도, 다음 생의 삶에서는 영원한 저주 속에서 보내야 할 것입니다. 나방이 춤추듯이 날아다닐 수 있어도, 촛불이 그것을 태울 것이며, 결국 그것은 진지하게 고통당할 것입니다. 여러분이 깨어나서 하나님의 정죄를 받은 것을 발견하게 될 때는, 여러분이 충분히 진지하게 되겠지요. 오, 만일 그대가 바보라면, 혹은 이 순간까지 바보였다면, 하나님께서 당신에게 제정신을 차리게 하셔서 인생의 날수를 헤아리는 지혜를 갖게 해 주시길 빕니다.

하지만 나는 모든 경우에서 무관심의 밑바닥에 있는 이유가 하나님 자체에 대한 반대임을 의심하지 않습니다. 여러분이 하나님을 생각하지 않는 것은 여러분이 그분을 좋아하지 않기 때문입니다. 어떤 것도 당신으로 하여금 신중히 생각하도록 설득하지 못합니다. 왜냐하면 당신이 그 주제를 고려할 만한 주제로서 좋아하지 않기 때문입니다. 만일 당신이 좋아할 만한 주제에 대해 숙고하도록 요청을 받는다면, 당신은 기꺼이 그 문제에 관심을 기울일 것입니다. 하지만 이 경우에 있어서, 당신은 오십 년이나 육십 년 혹은 그 이상 동안 이 주제를 회피해왔습니다. 당신을 생각하도록 강권하기 위해 모든 방법이 동원되었어도 그러했습니다. 당신은 불끈 성질을 내든지, 혹은 익살스럽게 미소를 지으며 그 주제를 피했습니다. 당신에게 저녁 시간이 찾아오고, 당신 홀로 있게 되었을 때, 당신은 "기분이 울적하다"고 말하면서 그것을 떨쳐버리기 위해 동무들을 찾아가 어울렸습니다. 진짜 이유는 당신에게 하나님을 향한 사랑이 없다는 것입니다. 이것이 천박한 정신을 질타합니다. 당신이 그토록 무한하게 선하시며, 고귀하시고, 인자하시며, 정의로우신 분을 사랑하지 않는다는 것은 수치스러운 일입니다. 그분의 성품은 모든 고귀한 영들의 감탄을 자아내며, 만일 당신의 마음이 나쁘지 않다면 당신의 마음도 그 성품에 매혹되었을 것입니다. 그 완전하신 분(the Perfect One)을 사랑하지 않다니, 당신이 얼마나 타락하였음에 틀림없는지를 곰곰이 생각해 보십시오.

어떤 사람들에게는, 미루려는 경향이 무섭도록 강합니다. 아마 내가 지금 이곳을 돌아다녀도, 평생 하나님에 대해서와 오는 세상에 대해서 무관심하게 남아 있으려는 사람은 하나도 찾지 못할 것입니다. 여기 있는 어느 누구도 잃은 자가 되기를 바라지 않습니다. 나는 여러분 중에서 지옥에 잠자리를 깔기로 선택한 사람은 아무도 없다고 생각합니다. 여러분은 모두 좋은 목적들을 가지고 있으며, 이 인생의 어느 날엔가는 그 목적들을 실현하려는 의도를 가지고 있습니다. 아아, 저 도벳(참조. 왕하 23:10. 어린아이를 몰록의 제물로 태워 바치던 곳. 여기서 지옥을 뜻함 — 역주)에 갇힌 자들 중에서, 거기에 있기로 결심했던 자들은 설혹 있다고 해도 극소수에 불과합니다. 그들 대부분은 어느 날엔가는 주를 찾으려는 의도를 가졌었지만, 그들이 여전히 잠들어 있을 때 죽음이 찾아왔습니다. 나는 여러분 중에서 많은 이들도 그렇게 될 것이 두렵습니다. 당신은 지금 죽음이 목전에 있음을 알고 있습니까? 죽음이 지금 당신의 머리 위에 그의 날개를 드리우고 있습니다. 이 무리 중에서 어떤 이들은 곧 그의 창살을 느끼게 될 것입니다. 도시 선교부에서 종사하는 어느 분이 무서운 장면을 목격했습니다. 어느 가난한 집에서 그는 사람들이 카드놀이를 하고 있는 것을 보았습니다. 그들은 흰 천이 덮인 관을 탁자로 사용하고 있었으며, 그 관 속에는 그 가족의 죽은 아버지가 누워 있었습니다. 이는 마음의 완고함을 보여주는 슬픈 경우입니다. 하지만 어느 면에서는 신앙의 문제를 가볍게 여기는 모든 사람들이 그와 같은 상태에 있습니다. 그들의 영혼이 영원한 진노의 위험에 처한 때에 그들은 계속해서 오락에만 열중하기 때문입니다. 그들은 하나님의 칼이 하늘에서 갈리고 있고, 머지않아 그 칼이 그들을 쳐서 멸하려함에도 불구하고, 여전히 부질없는 일들을 즐기고 있습니다. 만일 그들이 어디에 있는지를 알고, 그들이 어떤 상태에 있는지를 그들이 볼 수 있다면, 그들은 더 이상 오락에 몰두하지 않을 것입니다. 마치 교수대 아래에 앉은 사람이 즐거워하지 않고, 혹은 단두대 아래에 그 맨 목을 드러내고 있는 자가 웃지 않는 것처럼 말입니다. 오 사람들이 지혜로워져서, 이 문제를 숙고하게 되기를 바랍니다. 생각하기를 미루지 마십시오. 죽음이 가까이 있습니다. 미루고 또 미루는 것은, 사탄의 아주 강력한 파멸의 무기입니다.

어떤 이들은 그들이 영원에 대해 숙고하지 않는 이유가 그들이 매우 실제적인 사람들이기 때문이라고 변명합니다. 그들은 현금과 같이 아주 실제적인 것들을 위해서 살아가며, 상상이나 개념들에 몰입되지 않는다고 합니다. 나로서는 그들의 솔직한 실제성에 큰 공감을 느낍니다. 나 역시도 아주 실제적인 사람이며, 내 속에는 어떤 억측이나 공상이 없습니다. "내가 원하는 것은 사실들입니다." 나는 실제적이라고 고백하는 자들이 진실로 더욱 실제적이기를 바랄 뿐입니다. 실제적인 사람은 언제나 자신의 외투보다는 자기 몸에 더 많은 관심을 가질 것이기 때문입니다. 그것은 틀림이 없습니다. 그렇다면 그가 자기 몸, 곧 영혼의 의복에 불과한 것보다는 영혼 자체에 더 많은 관심을 가져야 하지 않겠습니까? 만약 그가 진실로 실제적이라면 그렇게 할 것입니다. 실제적인 사람은 분명 중요도에 비례하여 문제들을 숙고합니다. 그는 크리켓 경기에만 온통 정신을 쏟고 자기 업무를 소홀히 하지는 않을 것입니다. 그러나 실제적이라고 하는 사람이 그보다 훨씬 큰 오류를 범하는 경우가 얼마나 빈번한지요! 그는 모든 시간을 돈 버는 일에 바칩니다. 자기 영혼의 구원을 위해서와 영원을 준비하는 일에 대해서는 단 일 분도 바치지 않습니다. 이것이 실제적입니까? 이런, 선생이여, 정신병자라고 해도 그보다 더 미친 짓은 하지 않을 것입니다! 저기 정신병동의 수용자들 중에서 단 한 사람도, 자기 힘을 이 덧없는 생에 다 써버리고 영원한 미래를 무시하는 사람보다 더 미친 행동을 하진 않을 것입니다.

나는 또한 많은 사람들이 영혼의 문제를 생각하지 않는 이유가 편견에 있다고 믿습니다. 그들은 어떤 기독교 신앙고백자가 자기 고백에 따라 살지 않는다는 이유 때문에 선입견을 가지고 있습니다. 혹은 그들이 복음의 교리라고 들은 것 중에서 어떤 것을 그들로서는 인정할 수 없다고 여깁니다. 자, 만일 내가 오늘 아침에 이곳에 서서 이렇게 말한다고 가정합시다. "내 말에 주의하십시오. 여러분의 영혼을 내 인도에 맡기고, 나를 따르십시오." 그럴 경우 여러분이 "우리는 그렇게 하지 않겠습니다"라고 대답한다면, 나는 여러분을 칭찬할 것입니다. 하지만 여러분 중 어느 한 사람에게도 나는 사제(priest)가 되기를 바라지 않습니다. 내 가르침은 언제나 이런 것입니다. "여기 하나님의 성경이 있습니다. 그것을 읽고 여러분 스스로 판단하십시오." 여러분이 두뇌를 가지고 있으니, 여러분의 뇌를 사용하십시오. 내 판단력은 여러분이 스스로의 판단력을 사용하는 것을 막지 않습니다. 만일 누군가 여러분에게 여러분의 코에 고리를 끼워서 마치 농부가 황소를 끌고 가듯이 여러분을 이끌고 가려 한다면, 그를 쫓아버리십시오! 그가 사기꾼이 아니고 무엇이겠습니까? 우리는 여러분 스스로가 살피라고 말합니다. 하나님의 책으로 오십시오. 하나님이 친히 계시하신 진리로 오십시오. 예수 그리스도께로 와서, 그분 안에서 구원을 찾으십시오. 분명 여러분은 이런 방식으로 말하는 믿음에 대해 편견을 가져서는 안 됩니다.

대부분의 경우 사람들은 스스로를 번거롭게 하는 것을 좋아하지 않습니다. 그들은 만약 어떤 문제들을 너무 엄밀하게 조사하면 건강에 좋지 못하다는, 불편한 느낌을 가지고 있습니다. 그들은 마치 일전에, 장부를 기록하지 않아 법정에서 파산을 선고받은 사람과도 같습니다. 그는 문제가 어떻게 돌아가는지를 알지 못했고, 더 나아가 그것을 알기를 원치도 않았습니다. 그는 자기 장부들을 좋아하지 않았습니다. 장부를 살펴보는 일이 그에게 번거로웠습니다. 상황이 악화되어가자, 그는 그것을 잊어버리려 노력했습니다. 사람들은 어리석은 타조에 대해 말합니다. 타조는 머리를 모래 속에 감추고서 추격자를 보지 않으면, 스스로 안전하다고 여깁니다. 그것이 바로 많은 사람들의 방침입니다. 그들은 돛을 펼치고서 분발하여 두 배의 속도로 곧장 앞으로 나아갑니다. 해도(海圖)는 쳐다보지도 않고서 말입니다! 그들은 앞에 바위가 있는지 암초가 있는지 알려고도 하지 않습니다. 그 선장을 체포하십시오. 그를 사슬에 묶으십시오. 그리고 그 선박을 책임질 정신이 온전한 사람을 찾으십시오. 오, 은혜가, 당신 영혼이라는 배의 선장 노릇을 하는 저 어리석음을 체포하고서, 올바른 명령을 내릴 수 있게 되기를 바랍니다. 그렇지 않으면 영적인 파선(破船)은 불 보듯 뻔하기 때문입니다.

4. 몇 가지 권고의 말

이제 몇 가지 권고의 말로 설교를 마치고자 합니다. 몇 마디만 하고자 합니다. 만일 지금까지 내가 한 말들이 하나님의 영에 의해 사람들의 마음에 도달하지 않는다면, 많은 말로도 그렇게 할 수 없음을 알기 때문입니다. 내 사랑하는 여러분, 여러분의 무관심이 매우 부당하지 않습니까? 여러분은 그것을 어떤 식으로든 변명할 수 있습니까? 아마도 여러분은 결코 죽지 않을 것이라고 생각하는 모양이지요? 공동묘지에 가 보십시오. 그러면 생각이 바뀔 것입니다. 우리의 부모와 조부모들이 죽었습니다. 그러니 우리가 어떻게 계속 살 것이라고 예상할 수 있겠습니까? 당신은 엄청난 고령이 되도록 살 것이라고 기대합니까? 나는, 인생이라는 시장에서 적어도 평균치의 액수는 나갈 것이라고(평균 수명은 살 것이라는 뜻 — 역주) 자주 호언장담했던 한 사람을 압니다. 하지만 그는 30퍼센트가 떨어졌고, 당연히 백 살을 살지 못했습니다. 당신은 하나님께서 당신을 다루실 때에 다른 사람들을 다루실 때와는 차별을 두실 거라고 생각합니까? 만일 그렇다면, 그런 생각을 머리에서 지우십시오. 그분의 규칙은 이 사람 저 사람에게 달리 적용되지 않기 때문입니다.

만일 당신이 그리스도 없이 죽는다면, 당신은 소망 없이 죽는 것입니다. 만일 당신이 죄를 회개한 적이 없다면, 하나님은 어떤 사람에게도 차별을 두지 않으시기에, 당신에게는 다른 사람들과 마찬가지의 형벌이 기다리고 있을 것입니다. 소망의 문제와 관련하여, 당신은 미래가 아예 없다고 여길 정도로 미쳤습니까? 그렇다면 나는 당신의 무분별을 이해할 수 있겠습니다. 당신은 이런 사람과 같습니까? 어떤 사람이 횡설수설하면서 자기 자신을 철학자라고 부르고, 최근에는 이런 말을 했습니다. "유일한 불멸성이란 몸이 분해되는 것이다. 곧 분해된 몸의 암모니아, 탄소, 석회가 토양을 풍부하게 만들고 다른 세대의 사람들에게 양식이 될 식물들에 자양분을 공급하는 것이다." 여기 이 본문의 소와 나귀도 그런 멍청이보다는 나을 것입니다. 자기 자신이 짐승보다 나을 것이 없다고 시인하는 사람은 영혼이 없는 것입니다. 암모니아와 석회의 혼합물과 논쟁하는 것은 아무 소용이 없을 것입니다. 그는 우리가 그와 더불어 더 이상 토론하려 하지 않아도 이상히 여겨서는 안 됩니다.

자, 여러분, 만약 여러분이 그러한 소와 나귀라면, 여러분의 무분별함은 설명될 수 있을 것입니다. 하지만 여러분이 그 정도가 아니라면, 나는 여러분의 행동의 모순을 납득할 수가 없습니다. 당신은 마지막에 하나님 앞에서도 태연한 얼굴로 대처할 수 있을 것 같습니까? 당신은 그분 앞에서 마치 불 앞에 있는 밀랍처럼 될 것입니다. 당신은 장작개비가 되고 그분은 화염이 될 것입니다. 어찌 당신이 그분에게 맞서 싸우겠습니까? 이 세상에는 그 철학자가 꿈꾸는 것보다 더 이상한 일들이 있습니다. 하지만 나는 당신을 위해 어떤 변명거리도 생각해 낼 수가 없습니다. 당신 역시도 스스로를 정당화할 어떤 구실도 만들지 못할 것이라고 나는 생각합니다.

여러분에게 다시 한 번 호소합니다. 많은 사람들이 자기 스스로에 대해 가진 좋은 견해는, 만약 그가 깊이 생각하기만 하면 무너져 버릴 것입니다. 조금만 생각해도, 그 사람의 스스로에 대한 평가는 밑바닥으로 떨어지고 말 것입니다.

저기 재산을 탕진하고, 자기 재물을 헤프게 낭비하며, 그의 인색한 아버지가 갈퀴로 모은 것을 쇠스랑으로 흩어버리는 자가 있습니다. 만일 그가 넋이 빠져서 분별없이 된 것이 아니라면 계속해서 그렇게 할 수 있었을까요? 노예처럼 고되게 일하면서 돈을 긁어모으고, 부를 축적하기 위해 혈안이 된 자들이 있습니다. 만일 그들이 진정으로 그 문제에 대해 생각해보았더라면, 그렇게 하는 것에 그럴 만한 가치가 있다고 여길까요? 단지 사람들이 "그 사람이 큰 재산을 모아놓고 죽었다"라고 말하는 것이, 진정 그토록 고생할 가치가 있는 결말일까요? 아마도 여러분에게는 그것을 물려줄 자식이 없을 것이며, 그것을 물려받을 낯선 자가 포도주를 마실 때마다 낯선 자의 아들에게 물려주려고 몸을 상하면서까지 애를 썼던 옛 동료를 조롱할 것입니다. 사람들이 스스로에 대해 너무나 선하기 때문에 자기 행실로써 천국에 갈 것이라고 생각할 때, 그들이 조금만 생각해도 저 부푼 공기주머니는 찔려서 터져 버리지 않겠습니까? 이것은 아주 멋지게 보입니다. 자, 이것을 보십시오. "나는 언제나 철두철미한 비국교도(Dissenter)였습니다. 혹은 정통 국교도(Churchman)였습니다. 나는 언제나 내 의무를 다해왔습니다." 이런 자랑이 마치 한 소년이 빨대에 약간의 비누를 묻혀서 불 때 생기는 아름다운 거품 같지 않습니까? 그 색채가 얼마나 아름다운지요! 그것은 마치 무지

개처럼 아름답습니다! 하지만 만일 우리가 조금의 묵상으로 그것을 건드리기만 해도 그것은 해체되어 버리고 맙니다. 같은 말을 명목상의 종교에 대해서도 할 수 있습니다. 만약 어떤 사람이 그가 스스로를 그리스도인이라 칭하고, 성례전에 참여하고, 교회 좌석에 앉는 요금을 지불하고, 하나님의 백성들과 함께 앉는다는 이유로, 하나님이 그를 천국에 데려가실 거라고 생각한다면, 그는 틀림없이 빈약한 두뇌를 가지고 있는 것이 틀림없습니다. 만약 그가 조금이라도 있는 자기 지성을 활용한다면, 그는 자기 희망의 그릇에 물이 새는 것을 발견할 것입니다.

여러분은 속기를 원하십니까? 여러분 중에 누구든 자기 자신을 잘못 인도하기를 바라는 것입니까? 만일 그렇다면, 눈을 감고 파멸에 떨어지는 여러분 자신을 생각하십시오. 하지만 만약 여러분이 진지하게 지금 올바르기를 원하고, 또 마지막에 올바르기를 원한다면, 즉시 깨어나십시오. 대체 어찌하여 여러분이 알지 않으려 하고, 생각하지 않으려 하는 것입니까? 성령께서 이러한 절망적인 상태에서 여러분을 건지시기를 바랍니다.

아주 잠시 동안 한두 가지 일을 생각해 봅시다. 만일 한 사람이 단호하게 그리고 기도하는 마음으로 이 문제를 곰곰이 생각하고자 한다면, 하나님께서 그를 바르게 도우실 것입니다.

잠시 생각해보면, 나는 내가 마땅히 살아야 했던 대로 살지 못했음을 발견합니다. 나는 종종 그릇되게 행해왔습니다. 그것은 내게 아주 분명하며, 또한 세상의 통치자(the Ruler)께서 반드시 죄를 벌하시는 것도 분명합니다. 최근에 어떤 흉악한 살인자들을 석방하고, 또한 죄수들이 쉽게 빠져나가도록 하는 것은, 우리 모두로 하여금 좀 더 강력한 정의의 시행을 요구하도록 만듭니다. 그렇지 않으면 우리는 이 나라를 아수라장이 되도록 할 것이기 때문입니다. 마찬가지로 만약 하나님께서 죄를 벌하시지 않으면, 그분은 세상의 도덕적인 통치자(Governor)로서 지혜롭지도 유능하지도 않은 것입니다. 그러나 만약 하나님께서 반드시 죄를 벌하신다면, 그분은 반드시 나를 벌하셔야 합니다. 나는 징벌당할 것을 예상하는 수밖에 없습니다.

하지만 내가 이 책(this Book)을 볼 때 나는 그분이 나를 구원하려고 고안하신 한 길(a way)을 발견합니다. 그분은 죄를 그리스도에게 담당시키셨고, 그리하여 나는 빠져나갈 수 있게 되었습니다. 비록 내가 어떻게 한 사람의 죄가 다른 이에게 옮겨질 수 있는지를 보고 어리둥절하기는 해도, 나는 진리의 말씀에서 그리스도 예수께서 그분의 백성과 하나이신 것과, 또한 그분이 그들을 대신하여 죄를 지고 고난당하시는 것이 매우 정당한 방식임을 발견합니다. 나는 그리스도께서 실제적으로 자기를 믿는 모든 자들의 죄를 가져가시고, 실제로 그들을 대신하여 고난 받으신 것을 발견합니다. 그것이 내게는 영광스러운 진리로 보입니다. 그것은 정의를 만족시키며, 동시에 자비를 위하여 하나의 문을 남겨둡니다.

그리스도께서 행하신 것을 내가 어떻게 활용할 수 있을까요? 나는 말씀에서, 그분을 신뢰하라고 명하시는 것을 발견합니다. 그분을 신뢰하라! 그것은 가혹한 요구로 보이지 않습니다. 그분은 참되시며, 그분은 위대하시고, 그분은 하나님이십니다. 나는 그분을 믿을 것입니다. 하나님께서 내가 그분을 믿도록 도우십니다. 나는 누구든지 그를 믿는 자마다 구원을 받는 것을 배웁니다. 그것은 영광스러운 진리입니다. 나는 지금 구원받았고 용서받았습니다. 내가 예수님을 믿기 때문입니다. 여러분도 이 일들을 마음에 두고 곰곰이 생각하지 않겠습니까? 성령께서 여러분을 그렇게 하도록 인도하시기를 기도합니다. 복음을 진지하게 듣고, 그것을 숙고하고 묵상하는 것이 종종 사람들에게 구원의 길이라고 나는 믿습니다. 그런 관점으로, 나는 주님께서 여러분의 마음을 그분에게 향하도록 이끄시고 또 그분을 생각하게 하시기를 소망하면서 이 아침에 설교하였습니다. 우리 주 예수 그리스도로 말미암아 여러분이 그분의 구원으로 들어가게 되기를 기원합니다. 아멘.

제
2
장

은 나팔

"여호와께서 말씀하시되 오라 우리가 서로 변론하자 너희의 죄가 주홍 같을지라도 눈과 같이 희어질 것이요 진홍 같이 붉을지라도 양털 같이 희게 되리라."—사 1:18

죄인 중의 괴수도 최상의 은혜의 대상입니다. 그리스도는 큰 반역자들의 큰 죄도 감당하시는 위대한 구주이십니다. 구속이라는 거대한 장치는 결코 천하거나 사소한 목적을 위해 고안된 것이 아닙니다. 그토록 큰 희생을 치르고 성취되었고, 그토록 큰 약속들로 보증되었으며, 하나님께 큰 영광을 돌리기 위해 의도된 위대한 계획 속에는, 위대한 결말이 있음에 틀림없습니다. 구원의 계획 속에는 하나님의 모든 지혜가 있습니다. 구원의 성취 속에는 하나님의 은혜의 충만이 있습니다. 구원의 적용은 하나님의 능력이 지극히 크심을 나타내 보이는 것입니다. 또한 이 위대한 세 가지 속성들이, 크고 놀라운 목적을 위해서가 아니라면 서로 협력할 수 없었을 것입니다. 오늘 아침의 설교를 시작하면서, 나는 우리가 한 가지 안전한 결론을 내릴 수 있다고 생각합니다. 그것은 그리스도께서 큰 구원으로 큰 죄인들을 구원하기로 의도하셨다는 것입니다. 그 모든 일을 위대하게 만들려면, 큰 죄인이 있어야만 합니다. 그리하여 '원료(raw material)'로서의 죄인에게 큰 지혜와 큰 은혜와 큰 능력을 발휘하여 그를 위대한 성도로 만드는 것입니다. 나는 성도들이나 죄인들이나 모두 하나님의 선하심에 대해서 아주 한정되고 제한된 지식을 가지고 있다고 생각합니다. 우리는 그분을 우리 자신의 입장에서 측량합니다. 오, 우리가 하나님께서 다음과 같이 말씀하신 이 본문의 의미를 알 수 있기를 바랍니다. "내가 나의 맹렬한 진노를 나타내지 아니하며 내가 다시는 에브라임을 멸하지 아니하리라 이는 내가 하나님이요 사람이 아님이라"(호 11:9). 그분은 모든 일에서, 한 왕으로서 한 왕에게 무언가를 주거나 혹은 바르고 고귀한 마음을 가진 자가 궁핍한 자들을 대하듯 행하시는 것이 아니라, 하나님으로서 행하십니다. 그분에게 가까이 다가갈 자는 아무도 없습니다. 그분의 영광은 너무나 탁월하기에 죽을 인생의 눈으로는 그것을 볼 수가 없습니다. 그분의 사랑과 은혜는 너무나 뛰어나기에 죽을 인생의 이해력으로는 그것을 결코 파악하지 못하고, 이해하지도 못하며, 또한 그분의 자비의 무한함을 측량하지도 못합니다. 허물과 불의와 죄를 용서하시며, 수많은 이들에게 자비를 베푸시고 큰 무리에게 긍휼을 보이시는 하나님이시여, 주와 같은 이가 누구이겠습니까?

오늘 본문을 즉각 소개하겠습니다. 그것은 정녕 위대한 말씀이며, 특별히 가장 극악한 죄인들을 위한 말씀입니다. 하나님의 은혜가 들어올 수 있도록, 성령께서 그 힘과 능력으로 지금 우리의 마음 문을 활짝 열어주시길 기도합니다. 오늘 아침에는 네 가지를 말하고자 합니다. 첫째, 우리는 이 본문이 가장 흉악한 죄인들을 향한 말씀인 것에 주목할 것입니다. 둘째, 본문은 가장 설득력 있는 변론으로의 초대를 내포하고 있습니다. 셋째, 본문은 충만한 효력이 있는 용서를 약속합니다. 넷째, 본문은 우리에게 가장 엄숙하고 중요한 시간을 제시합니다.

1. 가장 흉악한 죄인들을 향한 말씀

먼저, 이 본문은 가장 흉악한 죄인들을 향한 말씀입니다. 일부 형제들은 내가 습관적으로 죄인들에게 제시하는 일반적인 초대의 말로 인해 크게 분개합니다. 그들 중 일부는 하나님의 말씀에는 그런 보편적인 초대가 없다고 주장하기까지 합니다. 하지만 그들의 주장은 논증으로서 사실만큼 강력하지는 못합니다. 여기서 우리는 한 가지 사실을 발견합니다. 여기에 아주 명백히, 기본적인 감각조차 없는 죄인들을 향한 초대가 있습니다. 그들은 구주를 필요로 하는 그들의 필요를 느끼지 못합니다. 그들은 채찍에 맞고 매를 맞아서 온 몸이 상처투성이입니다. 그런데도 그들은 그들에게 매를 가한 손을 향해 돌이키지 않고 계속해서 죄를 짓습니다. 부주의하고, 무가치하며, 불경건하고, 버림받은 영혼들에 대해 이보다 더 정확하게 묘사된 곳이 없습니다. 이 장의 문맥은 철저하게 잃어버리고 망령된 상태에 떨어진 인간 본성을 가장 생생하게 묘사한 본문들 중의 하나입니다. 짙은 어둠 가운데서 단 한 줄기의 빛도 보이지 않습니다. 인간은 미쳤습니다. 미치되, 처음부터 끝까지 철저하게 미쳤습니다. 아니, 그는 최악입니다. 최악의 상태에 최악의 상태가 겹친 것입니다. 이 본문이 묘사하는 사람들의 모습에는 한 가닥 희망도 없으며, 어떤 희미한 형태의 선함도 보이지 않습니다.

내가 읽어 드린 이 장의 내용에 재차 여러분의 주의를 바랍니다. 이 장의 첫 부분에서 여러분은 본문이 몰지각한 죄인들을 향해 말하고 있음을 알아볼 것입니다. 그들이 너무나 몰지각하기 때문에 하나님께서 그들에게 타이르듯 말씀하시는 것이 아니라, 하늘과 땅을 불러 그분의 불평을 들어보라고 호소하십니다. 그분은 창공을 향해, 별들을 향해, 해와 달을 향해 말씀하시면서, 그들에게 들어보라고 명하십니다. 인간들이 하나님의 훈계에 귀를 기울이지 않으므로, 그분의 호소에 대해 죽은 듯이 무감각하므로, 그분은 더 이상 그들에게 경고조로 말씀하시지 않습니다. "하늘이여 들으라, 땅이여 귀를 기울이라!"(2절). 이 얼마나 훌륭한 시적 표현인지요. 인간이 들판의 돌들보다 더 야만스럽게 되었기 때문에, 하나님께서 인간에게서 돌이켜 무생물인 피조물을 향하여 호소하시는 것입니다. 하지만 그런 와중에도 이러한 초대가 주어집니다. "여호와께서 말씀하시되, 오라 우리가 서로 변론하자."

다음으로, 여러분은 이 본문이 감사치 않는 죄인들에게 주어진 말씀인 것을 즉시 알아볼 것입니다. "내가 자식을 양육하였거늘 그들이 나를 거역하였도다"(2절). 오, 우리 중에 얼마나 많은 사람들이 이 묘사에 해당되겠습니까! 하나님께서는 일찍이 우리가 어린 시절부터 우리에게 선하셨습니다. 우리는 경건(piety)의 무릎 위에 올려져 귀여움을 받았고, 성결(holiness)의 침상에 뉘여 잠이 들었습니다. 하나님께서 우리의 필요들을 공급해 주셨습니다. 우리는 노예로 태어나지 않았고, 기우뚱거리는 헛간에서 태어나지도 않았습니다. 우리 인생의 여명기에 그분의 자비로운 보살핌의 해가 떠올랐습니다. 하지만 우리가 어린 시절에 어떻게 죄를 범했고, 또 성인이 된 이후로도 어떻게 그분의 사랑의 훈계들을 거역하였으며, 심지어 그리스도의 피와 하나님의 영을 거스르며 지내왔던가요? 우리는 그분의 은혜들을 잊었습니다. 우리는 가시채를 뒷발질하듯 공공연히 반항했습니다. 우리는 섭리의 은총들을 우리 죄의 보조도구로 삼았고, 그분의 은혜의 선물들을 우리 죄악의 구실로 삼았습니다. 오, 오늘 이곳에 있는 우리 가운데 많은 사람들이 선하시고, 오래 참으시고, 너그러우셨던 하나님께 대해 배은망덕하게 지내왔습니다. 하지만 그런 자들에게 이 본문이 말하고 있습니다. "오라, 우리가 서로 변론하자."

3절을 읽으면 여러분은 또한 이 본문이 짐승보다 나쁜 사람들에게 주어지는 말씀임을 볼 수 있을 것입니다. 우리는 종종 짐승을 비난합니다. 우리는 어떤 사람에 대해 '짐승처럼 취했다'고 말합니다. 나는 짐승들이 술에 취하는지를 모르겠습니다. 때로는 어떤 사람이 아주 천박한 악에 빠질 때, 우리는 그가 '짐승 같은' 죄를 지었다고 말합니다. 질문하겠습니다, 그 말이 올바른 표현입니까? 짐승들이 어떻게 죄를 짓습니까? 그들은 목을 드리우고 사람이 씌워 주는 멍에를 매지 않습니까? 사람은 그들에게 마치 신과 같은 존재가 아닙니까? 그들이 하나님이 인간에게 말씀하신 이 법에 대해 논쟁하던가요? "땅의 모든 짐승과 바다의 물고기와 하늘의 새들을 다스리라"(참조. 창 1:28,30). 만약 우리가 짐승들이 인간에게 복종하는 만큼의 절반이라도 하나님께 복종한다면, 우리에게 있는 죄는 매우 적어질 것입니다. 인간은 그 양심에 있어서 그들이 짐승들보다 더 못하다고 느껴야 합니다. 그들은 소가 그 주인을 섬기는 것만큼도 하나님을 섬기지 않았습니다. 그들은 어리석은 당나귀가 그 여물통을 인식하는 것만큼도 그분에 대해 인식하지 못했습니다. 만약 어떤 말이 일은 하지 않고 우리를 해치려고만 한다면, 우리들 중 어느 누구도 그 말을 이십 년 동안이나 키우려 하지 않을 것입니다.

그러나 하나님께서 사오십 년간을 돌보시면서 그 코에 호흡을 주시고, 그 입에 빵을 넣어주시고, 그들의 등에 옷을 걸쳐 주셨음에도 불구하고, 오직 하는 일이라고는 그분을 저주하고, 그분을 섬기는 일을 비방하고, 그분의 율법들을 반박하는 것이 전부인 자들이 우리 중에 더러 있습니다. 그러한 자들에게 이렇게 말씀하시다니, 그분은 정녕 오래 참으시는 하나님이십니다. "여호와께서 말씀하시되 오라 우리가 서로 변론하자." 어떤 사람은 성경에 이런 본문이 있는 것을 보고 놀랄 것입니다. 하지만 그 놀람은 여러분이 이 본문이 누구를 향한 것인지를 이해할 때 더욱 커질 것입니다. 본문이 말하는 대상은 바로 짐승보다 더 낮은 수준에 있는 사람들입니다. 오! 내 사랑하는 친구들이여, 하나님을 경외하는 여러분이여, 너무 나빠서 구원받을 수 없는 자들이 있다는 생각일랑 하지 마십시오. 저 불량배들과, 저 매춘부들과, 저 술주정꾼들과, 저 버림받은 자들에게로 가십시오. 하나님께서 소와 당나귀보다 악한 사람들을 초대하신다면, 여러분 역시 그들을 초대할 수 있습니다. 그 초대가 받아들여질 것이라는 소망을 가지고, 그들이 구원받을 수 있다는 소망을 가지고 그렇게 하십시오. 죄의 거름더미에서 하나님의 보좌로 옮겨진 사람들이 얼마나 많은지요! 반대로, 바리새인의 자리에서 별이 반짝이는 하늘로 들려 올려간 자들은 얼마나 적은지요!

이 장을 반복해서 보십시오. 그러면 이 본문에서 묘사하는 사람들의 모습이 훨씬 더 자세하고 생생해질 것입니다. 14절을 볼 때 그들은 죄의 짐을 가득 실은 자들임이 드러납니다. 한 사람이 짐으로 무겁게 눌릴 때, 그는 조금도 앞으로 나아가지 못합니다. 이 사람들에게 죄가 잔뜩 올려져 있습니다. 죄의 무게로 짓눌려서 그들이 옴짝달싹하지를 못합니다. 그들의 죄가 그들 본성의 일부가 되었습니다. 마치 깊이 스며든 물감처럼 죄가 지워지지 않습니다. 설령 그들이 그리스도에게로 가기를 추구해도, 그들의 죄가 발에 묶인 사슬과도 같습니다. 그들에게 어떤 선한 생각들이 생겨나도, 오랜 악의 습관들이 곧 갓 태어난 유아들을 살해하듯 그 생각들을 없애 버립니다. 그들은 죄악의 무거운 짐을 지고 있습니다. 그들은 이렇게 말합니다. "내가 어떻게 더 좋아질 수 있을까? 내가 어떻게 달라질 수 있을까? 죄가 내게는 방해물과 족쇄가 되었으니, 내가 움직일 수도 없고 빠져나갈 수도 없구나." 하지만 이런 사람들에게도 하나님이 말씀하십니다. "오라 우리가 서로 변론하자." 죄가 단지 본성일 뿐 아니라 제2의 본성이 되는 것은 무서운 일입니다. 죄의 행위가 죄의 습관을 키웁니다. 그 쇠그물에 얽힌 사람은 자기 힘으로 빠져나올 수가 없습니다. 하지만 이런 자에게, 많은 정욕에 묶이고 노예처럼 손과 발에 쇠사슬이 단단하게 채워진 이런 자에게도, 복음의 말씀이 임합니다. "여호와께서 말씀하시되 오라 우리가 서로 변론하자."

더 나아가서, 그들은 단지 그들 자신이 죄의 짐을 진 사람들일 뿐 아니라, 죄를 가르치는 선생들이기도 했습니다. "행위가 부패한 자식이로다"(4절). 차르녹(Charnock)이 말한 것처럼 "그들은 부패의 본보기가 되어 서로를 부패시켰으니, 마치 썩은 사과들이 그 가까이에 있는 성한 사과들을 상하게 하는 것과 같았습니다." 나는 가는 곳마다 역병과 죽음을 퍼뜨리는 자들을 알고 있습니다. 거의 모든 마을에서와, 큰 촌락 및 도시의 모든 사회에는, 마치 그 담당 구역에서의 악마의 화신으로 보이는 어떤 사람이 있다는 것을 나는 보아왔습니다. 젊은

이들에게 술 마시는 것과 욕하는 것과 방탕한 행동을 가르치는 사람입니다. 마치 사탄이 그 특정한 지역에서 자신의 암흑의 무리를 살피도록 배치해 둔 인물 같습니다. 그는 마치 손에 큰 지팡이를 든 일종의 목자와도 같아서, 젊은이들을 위험한 초장에 누이고 해로운 물가로 인도합니다. 그런 사람이 지금 여기에도 있을 수 있습니다. 사탄의 대학에서 학위를 받은 사악하고 늙은 비열한(卑劣漢)이며, 불량배의 스승이요, 죄인들의 괴수이자 왕자와 같은 그런 자입니다. 하지만 오늘의 이 말씀은 바로 그런 자에게도 주어집니다. 당신의 손은 어린 영혼들의 피로 물들었습니다. 당신은 지금까지 '지옥의 집'을 운영해 왔습니다. 당신은 젊은이들을 주색에 빠지게 하고 타락하게 만든 사교장을 세웠습니다. 당신은 오늘 주머니에 금을 가지고 있습니다. 그 영혼들의 피로 벌어들인 것이지요. 당신은 바보들의 동전과 술고래들의 푼돈을 가지고 있으니, 그 돈은 정말이지 가난한 여인들의 품에서 당신의 손으로 빼앗은 것이나 다름없습니다. 당신은 그 가정의 굶주리는 아이들의 울음소리를 들었습니다. 당신은 그 불쌍한 여인들의 남편을 유혹하여 술 마시게 함으로써 그들의 몸과 영혼을 망가뜨렸습니다. 당신이 운영하는 집에서 유흥이라는 것은 너무나 천박하고 추잡하여, 젊은이건 늙은이건 그들의 정신에서 잠든 악의 열정들을 일깨웠습니다. 그러니 당신은 당신 자신의 파멸 차원에서 뿐 아니라, 다른 사람들의 피가 당신 머리 위에 돌려진 것으로 인하여 지옥에 떨어질 것입니다. 당신의 목에는 하나가 아니라 많은 연자 맷돌이 매여져 있습니다. 존 번연(John Bunyan)이 표현했듯이, "하나의 귀신이 아니라 일곱 귀신에 의하여 끌려갈 것입니다. 그들이 당신을 끌고서 당신이 기만했던 무리들의 저주 한가운데로 내려갈 것입니다."

아아! 그리고 당신, 무신론을 강의하는 선생이여! 당신 자신의 영혼은 속에서 그분으로 인해 떨고, 혼자 있을 때는 심하게 두려워하면서도, 감히 일어서서 하나님께 도전하는 자여! 최악 중에서도 최악이고, 비열한 중에서도 가장 비열하며, 두 번 죽은 자요, 뿌리까지 뽑힌 자요, 썩고, 상했으며, 부패한 자여! 당신과 같은 자에게까지 오늘 하나님이 말씀하십니다. "여호와께서 말씀하시되 오라 우리가 서로 변론하자 너희의 죄가 주홍 같을지라도 눈과 같이 희어질 것이요 진홍 같이 붉을지라도 양털 같이 희게 되리라."

내가 이 이상 더 말할 수 있을까요? 그렇다고 생각지 않습니다만, 우리는 이 본문 전체를 읽어 보아야 합니다. 우리가 대하고 있는 이 복된 본문은 모든 역경의 방식들이 소용없게 된 자들에게 하시는 말씀입니다. 우리가 회초리를 맞을 때에도 죄를 짓는 것은 죄를 크게 가중시키는 것입니다. 만약 아이가 징계를 받는 그 순간에 부모에게 불순종하면, 그것이야말로 정녕 불순종입니다. 하지만 오, 여기 있는 자들 중에 일부는 얼마나 징계를 받아 왔으면서도, 그로 인해 거의 아무런 유익도 얻지 못하였는지요! 여러분, 내가 당신에게 콜레라에 대해 상기시켜드릴까요? 당신은 그 때 죽음의 문턱에서 얼마나 가까스로 벗어났습니까! 그 열병을 기억합니까? 그 때 당신은 아주 축 늘어져서 이렇게 말했지요. "제발 하나님, 제가 일어날 수 있도록 자비를 베풀어주소서. 그러면 제가 다른 사람이 되겠나이다." 그래서 당신은 다른 사람이 되었지요! 그 후에 전보다 더 나쁘고 더 완고한 사람이 되었지요! 오, 아마도 여러분 중에는 재난이나 불에서 겨우 피한 자들이 있을 것입니다. 저 용의 이빨 사이에서 빼내온 듯한 경우도 있을 것입니다. 아마도 당신은 가장 심각한 종류의 사고들을 연이어 당했을 것입니다. 당신의 뼈는 아직도 온전히 아물지 않았습니다. 오래된 골절 부위가 당신의 기억을 부추겨 하나님의 인자하심과 자비를 생각나게 합니다. 하지만 이 모든 것이 허사였습니다.

아아, 여러분! 주의하십시오, 주의하십시오! 하나님의 정의는 로마인들의 도끼와도 같습니다. 그것은 한 다발의 회초리들 속에 묶여 있는데, 회초리들을 다 쓰고 나면 그 도끼가 사용될 것입니다. 조심하십시오. 만약 회초리가 당신을 회개에 이르게 하지 못하면 도끼가 당신을 저주에 이르게 할 것입니다. 설혹 당신이 이 울타리와 고랑을 뛰어넘는다고 해도, 당신은 결국 이 끔찍한 장애물 경기의 끝에 도달할 것입니다. 조만간 당신은 하나님의 손에 빠져드는 것이 얼마나 무서운 일인지를 알게 될 것입니다. 하지만 당신에게도, 슬픔의 세월이 아무 소용이 없었던 당신과 같은 자에게도, 오늘 이 복음의 메시지가 전달됩니다. "여호와께서 말씀하시되 오라 우리가 서로 변론하자 너희의 죄가 주홍 같을지라도 눈과 같이 희어질 것이요 진홍 같이 붉을지라도 양털 같이 희게 되리라."

이러한 묘사를 제시하면서, 나는 설교의 다른 부분을 말할 때보다도 복음을 더 잘 전하는 것이라고 생각합니다. 이 본문의 초대가 발바닥에서 머리까지 전적으로 타락한 것으로 보이는 자들에게 주어진 것임을 거듭 상기하시기를 바랍니다. 그들에게는 성한 곳이 없습니다. 어느 한 부분도 터져서 피 흘리고, 검게 멍들고, 피부 밑 깊은 곳에서부터 종기가 솟아오르지 않은 데가 없습니다. 그들은 온통 "상한 것과 터진 것과 새로 맞은 흔적뿐"(6절)입니다. 당신은 오늘 당신 자신을 이렇게 평가하지 않습니까? 당신은 너무나 악하여서 어떻게 감히 하나님의 백성들이 모이는 곳에 올 수 있는지 스스로 놀랄 정도가 아닙니까? 당신은 당신의 상처가 너무나 썩고 악취를 풍겨서, 어떻게 경건한 사람이 당신 곁에 서 있을 수 있는지 놀랄 정도라고 느끼지 않습니까? 혹은 당신의 경건한 어머니가 어떻게 당신의 이름을 아직도 기도 중에 언급할 수 있는지 놀랍다고 느끼지 않습니까? 당신은 죄에서 너무 멀리 가버려 갈 데까지 간 것입니까? 당신은 이 죽을 인생에서 더 이상 비참해질 수 없을 정도로 비참하게 되었습니까? 하지만 당신에게도, 가장 악하고 가장 타락하고 부패한 당신에게도, 오늘 이 구원의 말씀이 전해집니다. "오라 우리가 서로 변론하자." 게다가, 이 메시지는 한때 가장 악했던 사람들에게 전해진 것이었습니다. 하나님께서 "소돔과 고모라"(10절)로 칭하셨던 이들에게 보내신 말씀이니까요. 소돔의 죄가 얼마나 무서운 것이었습니까! 우리는 그것을 언급하고 싶지도 않습니다. 고모라의 정욕은 또 얼마나 끔찍하였습니까! 정숙한 사람의 귀는 그것을 들을 수 없을 정도입니다. 수치를 모르는 혀도 감히 말하기 어려울 정도입니다. "그들의 죄는 하늘에 사무칠 정도였습니다." 그것은 지상에서는 부패요, 하늘에는 악취였습니다. 하지만 그러한 자들에게 오늘 복음의 초대장이 보내어집니다. "너희 소돔의 관원들아, 너희 고모라의 백성아, 오라 우리가 서로 변론하자"(10,18절).

그들은 그들의 종교 자체가 하나님께 가증스러운 사람들이었습니다. 그들의 시편과 찬송과 번제는 지존자 앞에서 죄와 다름없었습니다. 그들은 거룩한 것을 부정하게 만들었고, 선한 것들을 악하게 만들었습니다. 그들의 금은 불순물 투성이고, 그들의 포도주에는 물이 섞였습니다. 그들의 경건은 하나님께 받아들여질 수 없었습니다. 이런 종류의 사람들이 우리의 모든 거리마다 얼마나 많이 발견되겠습니까? 그들이 예배당에서 찬송가를 부를 때에, 감히 노래하는 그들의 뻔뻔함을 하나님께서 어찌 참으시는지 의아할 정도입니다. 그들이 일어서서 기도할 때, 그들의 위선으로 인해 그 자리에서 쓰러져 죽지 않을까 두려울 정도입니다. 그들은 집에서는 결코 기도하지 않는 자들입니다. 여러분은, 이따금씩 교회에 가고, 미신적인 의식들을 준수하기도 하며, 그들의 자녀들이 세례 받지 않은 채 죽는 것은 두려워하면서도, 그들 자신이 죽어서 잃은 자들이 될 것에 대해서는 두려워하지 않는 많은 자들을 만날 수 있습니다. 그들은 미신에는 주의를 기울이지만, 하나님께 대한 참된 신앙에는 관심을 기울이지 않습니다. 주일에는 결코 교회에 가지 않으면서도, 돌아오는 성 금요일에는 얼마나 많은 사람들이 교회에 갈까요? 성 금요일이란 사람의 규례인데, 그들은 그것에 관심을 가집니다. 하지만 그들은 하나님이 제정하신 안식일을 무시합니다. 또한 교황주의자들 가운데는 금요일에는 고기를 먹지 않는 자들이 많습니다. 하지만 그들은 목요일에 몰래 고기를 먹지요. 그들의 기도서에 붉게 인쇄된 규정은 한 순간도 감히 어기려 하지 않는 자들이 하나님의 법을 어기고, 하나님이 그들에게 금하신 모든 것을 행하는 것에 아무런 거리낌이 없으며, 또 그분이 하라고 명하신 것을 하지 않은 채 내버려 둡니다. 하지만 그런 자들에게, 종교가 하나의 거짓말과 같고, 신앙 고백이 하나의 위선이며, 경건을 추구한다는 것이 단지 이득을 좇는 하나의 구실에 지나지 않는 그런 자들에게도, 이 복음이 전해집니다. "오라 우리가 서로 변론하자."

나는 오늘 큰 그물을 가졌습니다. 오, 우리 모두가 그 그물망에 걸리기를 바랍니다! 이 초대로부터 제외될 수 있는 사람은 오늘 우리 중에 아무도 없습니다. 저기 가련한 영혼, 용서받을 수 없는 죄를 범한 것 때문에 바들바들 떨고 있는 자에게도 예외가 아닙니다.

> "스스로 제외시키는 자를 제외하고는
> 아무도 제외되지 않는다네.
> 학식 있고 예절바른 자들이나
> 무지하고 거친 자들을 모두 환영합니다."

"너희가 회개하여 각각 세례를 받으라"(행 2:38)고 베드로가 말했습니다. 존 번연이 표현했듯이, 그 무리 가운데 한 사람이 일어나서 이렇게 말했을 것입니다. "하지만 저는 그분을 십자가에서 죽게 하는데 일조했습니다!" "너희가 회개하여 각각(every one of you) 세례를 받으라." "하지만 나는 그분의 손에 못을 박았습니다"라고 한 사람이 말합니다. "너희가 각각"이라고 베드로는 말합니다. "하지만 나는 그분의 옆구리를 창으로 찔렀습니다!"라고 다른 사람이 말합니다. 역시 "너희가 각각"이라고 베드로가 말합니다. "하지만 나는 혀끝으로 볼을 부풀리고서 그분을 조롱했습니다. 벌거벗은 그분을 노려보면서 '네가 만일 하나님의 아들이

거든 십자가에서 내려오라'고 말했습니다." "너희가 각각"이라고 베드로는 말합니다. 나는 우리의 칼빈주의자 형제들 중에서 많은 이들에 대해 큰 슬픔을 느낍니다. 유감스러운 말이지만 그들은 칼빈주의에 대해 알지 못합니다. 어떤 사람도 칼빈처럼 그를 추종한다고 고백하는 자들에 의해 희화화된 경우는 없습니다. 그들 중에 많은 이들이 "너희가 회개하여 각각 세례를 받으라"는 베드로의 말을 본문으로 설교하기를 두려워합니다. 내가 그렇게 하면 그들은 "그는 건전하지 못해"라고 말합니다. 만약에 내가 이 점에서 건전하지 못하다면, 모든 청교도들이 내 편에 서 있습니다. 거의 단 한 사람의 예외도 없이 그들 전체가 내 편에 서 있습니다. 존 번연은 선두에서 예루살렘의 죄인들을 향해 설교합니다. 그리고 여러분이 알다시피 『죄인 중의 괴수, 최상의 은혜의 대상들』(*The Chief of Sinners, Objects of the Choicest Mercy*)이라는 책을 쓴 차르녹(Charnock)이 그 뒤를 따릅니다.

하지만 나는 그에 대해서는 그다지 신경 쓰지 않습니다. 나는 주님께서 모든 종류의 죄인들을 향한 내 호소에 복을 주셨음을 압니다. 내가 값없이 주시는 은혜의 초청들을 이 책(this Book)에서 발견하는 한, 어느 누구도 나를 막지 못합니다. 나는 이 아침에 베드로와 더불어 이 큰 회중을 향해 외칩니다. "너희가 회개하여 각각 예수 그리스도의 이름으로 세례를 받으라. 이 약속은 너희와 너희 자녀와 모든 먼 데 사람 곧 주 우리 하나님이 얼마든지 부르시는 자들에게 하신 것이라"(행 2:38-39).

나는 이 본문을 이런 방향으로 이해했으며, 이 초대가 어떤 사람들을 향한 것인지를 밝히려고 시도했습니다.

2. 가장 설득력 있는 변론

둘째로, 본문은 우리에게 가장 설득력 있는 변론을 제시합니다.

오, 하나님께서 오늘 아침에 여러분과 변론하시기를 바랍니다. 회심하지 않은 여러분이 그분과 기꺼이 변론하게 되기를 바랍니다! 내 보잘것없는 입술은 하나님이 하실 수 있는 것처럼 여러분과 변론할 수 없습니다. 나는 그저 미약하게나마, 두려움에 떠는 불쌍한 영혼들을 위하여 주 예수님을 잠시 대변할 수 있을 뿐입니다. "오라 우리가 서로 변론하자." 그대가 말합니다. "저는 너무나 큰 죄인이어서 구원받을 수가 없어요." 나는 그대에게 이렇게 대답하겠습니다. "하나님의 말씀에 있는 어떤 구절이 당신이 긍휼 구하는 것을 금하던가요?" 여기 그 책(the

Book)이 있습니다. 그것을 처음부터 끝까지 살펴보고, 이렇게 말하는 구절이 한 군데라도 있는지 찾아보십시오. "이런저런 사람은 은혜의 문을 두드리지 못할 것이며, 구주를 찾지 못할 것이다." 당신은 성경에서 "누구든 오고자 하는 자는 오게 하라"고 말하는 구절들이 많음을 발견할 것입니다. 왜 그럴까요? 이 책이 구애(求愛)의 책이기 때문입니다. 이 책은 언제나 당신을 초대하고 있습니다. 이 책은 당신을 향해 외치고 있습니다. 아니, 그 이상을 하고 있습니다. 나는 하나님의 은혜에 의해, 이 책이 당신으로 하여금 오도록 강권하기를 바랍니다. 나는 당신에게는 들어오지 못하도록 문이 닫혔다는 구절을 이 책 어디에서도 발견하지 못합니다. 오히려 수백 군데에서 당신을 오라고 초대하고 있습니다. 그런데도 당신은 여전히 이렇게 말합니다. "나는 내가 구원받기에는 너무나 악한 것을 압니다." 주님께서 당신을 거절하신 적이 있던가요? 당신은 그분에게 가서 그리스도로 말미암은 그분의 은혜를 구한 적이 있던가요? 그분이 당신에게 "너는 너무나 악하니 내게서 떠나가라"고 말씀하시던가요? 그렇지 않다면, 당신은 이스라엘의 거룩하신 분을 시험해 보기도 전에 그분을 당신 생각으로 제한한단 말입니까? 혹 당신은 기도해 보았습니까? 그런 적이 있습니까? 그분은 처음부터 당신이 의식할 수 있도록 응답하신다고 약속하시지 않았습니다. 하나님은 항상 죄인의 기도를 들으시지만, 죄인으로 하여금 그분이 그 기도를 들으셨음을 항상 알게 하시는 것은 아닙니다. 은혜는 빠르게 오지만, 은혜의 느낌은 일정 시간 지연되어 올 수 있습니다. 오 영혼이여, 당신에게 단언합니다. 어떤 죄인이라도 하나님을 찾을 때에, 그가 만일 그리스도를 통하여 하나님을 찾았다면, 하나님께 거절당한 경우가 없습니다.

나는 당신에게 다시 한 번 묻고 싶습니다. 지옥의 저주받은 자들 중에서, 그리스도의 피가 구원할 수 없었기 때문에 그곳으로 가게 된 자가 하나라도 있는 줄 압니까? 당신은 그렇게 생각합니까? 그들에게 물어보겠습니까? 아아 선생들이여, 지옥에 있는 자들 중에서 "내가 여기에 오게 된 것은 하나님의 실수입니다"라고 말할 수 있는 자가 하나라도 있다면, 고문의 고통에서 면제될 수 있을 것입니다. 하지만 지옥에 있는 어떤 영혼도 죄를 회개한 적이 없습니다. 그곳에 있는 영혼들 중에서 그리스도를 통하여 긍휼을 구했던 영혼은 하나도 없습니다. 만약 그대가 구주를 찾으면서도 멸망할 수 있다면, 당신이 첫 번째 일 것입니다. 하지만 그런 일은 있을 수 없습니다. 자, 영혼이여, 이 책에는 당신을 거부하는 구절이 없으므로, 오십시오! 주님은 결코 당신이 오는 것을 거절하신 적이 없으므로, 오십시오! 그분에게 구원하실 능력이 부족하여 잃어버린 자가 없으므로, 오십시오! 오라고, 나는 당신에게 호소합니다!

하지만 이러한 변론이 당신에게 충분하지 않다면, 당신 스스로 소망의 울타리 밖에 머무르면서 "나는 무가치합니다, 나는 무가치합니다"라고 말하기 때문에 그러하다면, 당신에게 몇 가지 생각을 더 제시하겠습니다. 우리 주님께서 이 세상에 오셨을 때, 왜 그분은 죄 있는 여인들의 계보에서 태어나기로 선택하셨을까요? 그런 여인들의 이름이 그리스도의 조상들로서 언급된다는 것은 놀랍습니다. 아마도, 한 가지 예외는 있지만, 그들은 가장 천한 신분에 속할 것입니다. 시아버지와 근친상간을 한 다말이 있습니다. 기생 라합이 있고, 간음한 여인인 밧세바가 있습니다. 하지만 그리스도는 그들의 후손으로 태어나셨습니다. 왜 이런 탁한 물줄기가 그리스도께서 오시는 물줄기에 뒤섞였을까요? 아, 영혼이여, 분명 그것은 그분이 죄인들을 위한 구주이심을 당신에게 보이기 위해서였습니다. 분명 그분이 천한 자 중에서도 가장 천한 자들을 붙드시려고 의도하신 것이 아니라면, 이런 일은 결코 일어나지 않았을 것입니다.

하지만 다시 보십시오. 예수님께서 이 땅에 계실 때에 어떤 일을 하셨습니까? 그분이 어릴 때 어디로 옮겨가셔야 했습니까? 사람들이 부추와 마늘과 양파와 같은 잡동사니들을 섬기던 곳인 애굽이었습니다. 이는 "애굽으로부터 내 아들을 불렀다"(마 2:15) 하신 말씀을 이루기 위함이었습니다. 그분이 어디에서 복음 전하기를 시작하셨습니까? 바로 갈릴리 해변이었습니다. 그곳에서 흑암에 앉았던 백성이 큰 빛을 보았습니다. 그분이 줄곧 교제하셨던 이들이 누구입니까? 그분이 한때 바리새인의 집에 가신 적이 있지만, 얼마나 자주 그분이 세리와 죄인들의 친구가 되셨습니까? 또한 그분을 따랐던 자들, 그들은 또 얼마나 특이한 종류의 사람들입니까? 그들 중에서 원하는 대로 아무나 한 명을 골라 보십시오. 아마도 그가 이전에 어떤 인물이었는지 말할 내용이 별로 없을 것입니다. 그들은 갈릴리 호수의 어부 출신들이었고, 거칠고 세련되지 못한 자들이었습니다. 그분을 부인했던 베드로가 있습니다. 일곱 귀신이 나갔던 막달라 마리아가 있습니다. 한때 죄인이었던 다른 여인도 있습니다. 그분이 하늘로 올라가신 후에 회심시키셨던 사람이 누구라고 생각합니까? 성경에는 그리스도께서 승천하신 후에 그분에 의해 개인적으로 회심한 사람의 경우가 단 한 번 있습니다.

그 사람은 바로 저 잔혹한 다소의 바울이었습니다. 그는 미친 듯이 하나님의 백성들을 박해했고, 제자들을 잡기 위해 다메섹으로 가고 있었습니다. 그 죄인 중의 괴수가 이런 외침을 듣습니다. "사울아, 사울아, 네가 어찌하여 나를 박해하느냐?"(행 9:4). 예수님이 죽으실 때 무슨 일을 하셨습니까? 그분이 한 강도를, 악한 강도를, 세상에서 가장 천하고 찌끼 같은 사람을 구원하시지 않았던가요? 그분이 "오늘 네가 나와 함께 낙원에 있으리라"(눅 23:43)고 말씀하시지 않았던가요?

아, 영혼들이여, 내 주님께서는 언제나 그분을 필요로 하는 곳으로, 죄인들의 괴수들 가운데로 찾아가셨습니다. 또 당신은 그분의 가르침을 알고 있습니다. 그것은 가장 비천한 사람들을 위한 가르침이었습니다. 저 잔치의 비유를 보십시오. "길과 산울타리 가로 나가라"(눅 14:23). "울타리 옆에 있는 사람들을 데려오라, 울타리 가에서 죽어가면서 흰 천을 찾고 있는 자들을 데려오라, 가서 머리 둘 곳이 없는 자들을 찾으라, 더럽고 누추하며 그보다 더 심한 자들에게로 가서 그들에게 잔치에 오라고 전하라"는 것입니다. 제후의 아들들이 아니요, 위대하거나 선한 자들도 아니며, 눈먼 자들과 저는 자들과, 누구든지 만나는 자들마다 그들을 혼인 잔치에 오도록 전하라는 것입니다. 왜 그럴까요? 그분이 어둠에 빛을 주시고, 천한 자들에게 복을 주시고, 죽은 자들에게 생명을, 잃은 자들에게 구원을 주시기 위함입니다. 이제 당신은 이에 대해서 무슨 말을 하겠습니까? 나로서는 이러한 변론이 당신으로 하여금 이런 결론에 이르게 해야 한다고 생각합니다.

"저 은혜로우신 왕께 나아가리라.
그분의 홀(笏)은 자비를 베푸시니,
아마도 내게 접촉을 허용하시고
탄원하는 나에게 살라고 명하시리라.

혹 내가 나아가서 죽을 수도 있겠지만
시도해 보기로 나는 결심하였네.
내가 만일 멀리 떨어져 있으면,
영원히 죽을 것을 알기 때문이라네.

하지만 왕을 뵙기를 시도하다가,
은혜를 구하다가, 죽은들 어떠리?
그것은 죄인으로서 죽는 것과는 다르니
그것이 내게는 즐거운 생각이라네."

하지만 나는 아직 내 변론을 끝내지 않았습니다. 여전히 낙망한 채로 이렇게 말하는 영혼들이 있기 때문입니다. "물론 그렇긴 합니다. 하나님께서는 크고 기이한 일들을 행하실 수 있지요. 하지만 저야말로 모든 것 중에서도 가장 기이한 인물이랍니다." 죄인이여, 여기를 보십시오. 구원에 있어서 하나님의 목적 중의 하나는 그분 자신을 영화롭게 하는 것입니다. "이것이 여호와의 기념이 되며 영영한 표징이 되어 끊어지지 아니하리라"(사 55:13). 의사가 어떻게 명성을 얻습니까? 못에 긁힌 상처를 치료함으로써 얻는 것이 아닙니다. 사람의 손가락이 조금 베인 것을 낫게 함으로써 얻는 것도 아닙니다. 보통의 나이든 여인네도 그 정도의 일은 할 수 있습니다. 그것은 나쁜 질병을 통해서, 고칠 수 없다고 여겨지는 것들에 의해서입니다. 다른 모든 사람들이 포기했던 한 사람을 치료하면, 곧바로 그 의사는 자신이 거둔 큰 성공을 신문에 선전합니다. "어떠어떠한 환자는 모든 치료 방법을 동원해보아도 허사였고, 모든 병원에서 그를 포기하였지만, 마침내 내가 그를 고쳤습니다." 내 사랑하는 친구여, 만일 당신이 영적으로 그런 사람이라면, 당신은 하나님의 손에 의해 그분의 은혜의 영광을 드러내기에 안성맞춤입니다.

위대한 기술자들이 어떤 일을 하는지를 보십시오. 한 사람이 적당하고, 단단하고, 자갈이 깔려 있으며, 모든 곳이 평평한 지대에 철로를 깝니다. 그러면 당신은 "누구라도 그 일을 할 수 있다"고 말하겠지요. 하지만 스티븐슨(Stephenson)이 차트모스(Chat-moss), 즉 무슨 물질이든 거기에 놓이는 것마다 삼켜버려 보이지 않게 하는 늪지대를 가로질러 철도를 건설하고, 마침내 그 늪지대를 가로질러 완성된 철도가 모습을 드러내었을 때, 모든 사람이 말했습니다. "이 얼마나 놀라운 일이냐!" 또한 브루넬(Brunel) 씨가 행한 놀라운 일을 보십시오. 그는 언제나 불가능해 보이는 것들을 시도하기를 좋아했고, 그 일들을 해냈습니다. 모든 사람들을 깜짝 놀라게 할 만한 일들을 그는 시도했고 성취했습니다. 아마도 우리는 그 일에 소비된 비용을 보고 흠을 잡으려 할 것입니다. 하지만 이 경우에,

우리에게는 결코 그 재원이 바닥나지 않는 하나님이 계십니다. 그분은 무한한 보고(寶庫)를 가지고 계시며, 전적으로 불가능한 일들을 시도하기를 좋아하시고, 그 일들을 해내심으로써, 사람들과 천사들 모두에게 그분이 얼마나 놀라운 일들을 행하실 수 있는지를 나타내 보이십니다.

아아, 불쌍한 죄인이여! 만일 당신이 악한 자 중에서도 가장 악한 자라면, 내 생각에는 당신이야말로 하나님의 은혜를 더 잘 드러나게 할 수 있습니다. 나는 다시 존 번연을 인용하지 않을 수 없습니다. 그의 저작 『예루살렘, 구원받은 죄인』(*Jerusalem Sinner Saved*)에서 그는 다음과 같이 말합니다. "하나님의 백성인 우리 중에는, 그 사랑이 갈수록 약해지고 그 열정은 점점 시들해지는 이들이 더러 있습니다. 우리는 마땅히 되어야 할 그런 모습의 사람들이 아닙니다." 그는 계속해서 이 말을 더합니다. "하지만 오, 만약 주께서 상습범들을 회심시키시기만 한다면, 그분이 저 호색꾼들과 간음자들과 도둑들과 술주정꾼들 중의 일부를 그분의 은혜로써 부르시기만 한다면, 기독교회에 어떤 정신이 불어넣어질 것이며, 또한 어떠한 새로운 생명력이 우리 가운데 부어넣어지겠습니까! 회심하였을 때, 그들은 언제나 가장 열정적인 사람들이기 때문입니다." 계속해서 그는 말합니다. "그렇기 때문에, 나는 이 큰 죄인들 중에 일부가 구원받도록 기도합니다. 그리하여 많이 용서받았으므로 많이 사랑하는 자들을 통해서, 교회의 열정과 사랑이 새롭게 증대되도록 기도합니다."

만일 내가 설득할 수 없다면, 하나님의 음성을 대변하기에는 내 입술이 너무나 보잘것없고 서투른 이유로 인해 여러분을 납득시키지 못한다면, 나는 그분이 친히 하신 말씀을 인용하도록 하겠습니다. 그 말씀은 엄숙하게 맹세로 하신 말씀입니다. 사람이 맹세할 때에도 여러분이 그를 의심하지 않기를 바랍니다. 이제 하나님께서 자신의 존재를 두고서 다음과 같이 말씀하십니다. "주 여호와의 말씀이니라 죽을 자가 죽는 것도 내가 기뻐하지 아니하노니 너희는 스스로 돌이키고 살지니라"(겔 18:32). 그분은 당신의 파멸을 바라지 않으십니다. 당신이 잃은 자가 되는 것이 그분의 기쁨이 아닙니다. 만일 당신이 멸망한다면, 진실로 그분이 그분의 정의에 있어서는 영광을 얻으시겠지만, 그분의 사랑에 있어서는 만족을 얻지 못하십니다. 마치 아버지가 자녀에게 회초리를 사용하는 것보다는 입 맞추기를 기뻐하듯이, 주님께서도 그분의 발 아래서 멸망하는 당신을 보는 것보다 그분의 발치에서 기도하는 당신을 보기를 더 기뻐하십니다. 그분은 인자하신 하나님이십니다. 그분은 대하기가 까다로운 분이 아닙니다. 그리스도께서 사람들을 위한 대속물이 되신 이후로, 하나님께서는 우리에게 깊은 동정심을 품고 있음을 나타내 보이셨습니다.

탕자여! 돌아오십시오, 돌아오십시오! 내 아버지께서 나를 당신에게 보내십니다. 돌아오라고 당신에게 호소합니다. 그분은 당신을 거절하지 않으실 것입니다. 오! 살아계신 하나님의 영이시여, 아무런 감동도 없는 저 마음을 당신이 친히 녹이시옵소서! 분명 하나님의 사랑과 그분의 은혜의 풍성함은 철석같이 굳은 마음도 녹일 것이며, 화강암처럼 단단한 마음도 감화시킬 것입니다. "이스라엘 족속아 돌이키고 돌이키라 너희 악한 길에서 떠나라 어찌 죽고자 하느냐? 악인은 그의 길을, 불의한 자는 그의 생각을 버리고 여호와께로 돌아오라 그리하면 그가 긍휼히 여기시리라 우리 하나님께로 돌아오라 그가 너그럽게 용서하시리라"(겔 33:11; 사 55:7). 나는 이 말만 더하고서 변론을 그치려고 합니다. 예전에 어느 목사님이 한 말은 적어도 한 사람이 회심하는 데 수단이 되었습니다. 그가 말한 것처럼 나는 말합니다. "믿는 자는 하나님이 진실하시다는 것에 날인(捺印)한 자이며, 믿지 않는 자는 하나님을 거짓말쟁이로 만드는 자이다." 그는 말합니다. "죄인이여, 오늘 당신은 어떤 것을 택하겠습니까? 믿고, 그분이 참되신 것에 도장을 찍겠습니까, 아니면 불신하고 의심함으로써 그분을 거짓말쟁이로 만들겠습니까?" 오! 이런 악한 일을 행하지 말고, 오직 예수님을 믿으십시오. 그러면 구원을 얻을 것입니다.

3. 충만한 효력이 있는 용서의 약속

이제 세 번째 요점을 간략히 다루고자 합니다. 이 복된 본문의 말씀은 충만한 효력이 있는 용서의 약속을 내포하고 있습니다.

"너희의 죄가 주홍 같을지라도 눈과 같이 희어질 것이요 진홍 같이 붉을지라도 양털 같이 희게 되리라." 지금 이 색깔들은 그 눈부심 때문에 선택되었습니다. 주홍과 진홍은 즉각 시선을 끄는 색입니다. 사람이 입고서 유별나게 눈에 띄지 않고 다닐 수 있는 어떤 색깔들이 있습니다. 하지만 사람이 주홍 옷을 입을 때, 그는 아주 멀리서도 식별될 수 있습니다. 어떤 죄들은 충격적이고, 지독하게 눈에 띄는 죄들입니다. 여러분은 그것들을 간과할 수가 없으며, 죄인 스스로도 그것들을 자백하는 수밖에 없습니다. 하지만 여러분이 알다시피, 그 히브리 단어는 깊이 스며드는 염료로써 이중으로 염색하였다는 개념을 전달합니다. 양털이 오랫동안 염료에 담겨 있으면 그 색은 빠지지 않습니다. 비록 여러분이 그것을 씻거나 오래 사용하여 닳게 하여도, 그 섬유 조직을 파괴하지 않는 한 그 색깔을 없앨 수가 없습니다. 많은 죄들이 이 등급에 속합니다. 우리 자신의 자연적인 부패가 사실상 이와 같습니다. 그것은 깊이 스며든 것입니다. 구스인이 그 자신의 피부를 희게 하거나 표범이 그 반점을 제거할 수 있을진대, 악에 익숙한 죄인들도 선을 행할 수 있을 것입니다(참조. 렘 13:23).

하지만 여기에 지독하게 깊이 스며든 죄들에 대한 완전한 용서의 약속이 있습니다. 그 용서가 어떻게 표현되었는지를 주목하십시오. "눈과 같이 희어질 것이요." 불순물이 없는 깨끗하고 흰 눈을 말합니다. 하지만 눈은 곧 그 순백(純白)의 상태를 잃어버립니다. 그러므로 그것은 아주 부지런한 주부가 그녀의 깨끗하고 흰 아마포를 만들기 위해 씻어서 준비해 둔 양털의 순백에 비유됩니다. 여러분은 깨끗해져서, 얼룩의 흔적이나 죄의 표지가 남지 않을 것입니다. 사람이 그리스도를 믿을 때, 그는 바로 그 순간에, 하나님이 보시기에는 마치 그의 일생 동안 결코 죄를 짓지 않은 자와도 같습니다. 아니, 나는 그 이상으로 말하겠습니다. 그는 바로 그 날에, 결코 죄를 짓지 않았던 것보다 더 나은 상태에 있습니다. 만약 그가 결코 죄를 짓지 않았다면, 그는 사람의 완벽한 의(the perfect righteousness of man)를 가졌을 것입니다. 하지만 믿음으로써, 그는 그리스도 안에 있는 하나님의 의(the righteousness of God in Christ)를 얻습니다. 한때 우리는 외투를 가졌었지만, 빼앗기고 말았습니다. 우리가 믿을 때에, 그리스도께서 우리에게 한 의복을 주시는데, 그것이 훨씬 더 좋은 것입니다. 우리는 단지 흔한 의복을 잃어버렸으나, 그분이 우리에게 왕과 같은 의복을 입혀 주십니다. 참으로 기이하게도 예수님을 믿는 자에게는 옷이 입혀집니다. 저기 십자가에 달려 있는 강도는 지옥처럼 검습니다. 그가 믿습니다. 그러자 그는 천국의 순결처럼 희게 됩니다. 예수님의 보혈로 말미암아, 믿음이 모든 죄를 치워 버립니다. 사람이 예수의 피로 가득한 성스러운 대야에 한번 담기면, 그에게 "티나 주름잡힌 것이나 이런 것들이"(엡 5:27) 남지 않습니다. 그의 죄는 없어졌고, 그의 불의는 덮어졌습니다. 그의 죄는 광야로 옮겨졌고 영영 사라졌습니다. 이것이 복음에 관련된 가장 놀라운 일입니다. 우리 죄의 일부를 가져가는 것이 아니라 그 전체를 가져가는 것입니다. 우리의 죄를 부분적으로 제거하는 것이 아니라 전체를 제거하는 것이며, 잠시 동안 치우는 것이 아니라 영원히 치우는 것입니다. "그를 믿는 자는 심판을 받지 아니하는 것이라"(요 3:18).

비록 오늘 당신이 세상의 모든 죄를 범하였다 해도, 예수님을 믿는 그 순간, 당신은 구원을 얻습니다. 하나님의 영이 당신 안에 거하시어 미래의 죄에서 당신을 지키실 것이며, 그리스도의 피가 당신을 위해 호소하기에 죄의 삯이 결코 당신에게 요구되지 않을 것입니다. 몇 해 전에 살인을 범한 사람이 있었습니다. 그는 정녕 아주 무서운 인물이었습니다. 하지만 어느 그리스도의 종의 가르침을 통해 하나님께로 회심하였습니다. 그에게는 한 가지 걱정이 있었는데, 예수님을 믿었으니 그가 형벌의 집행을 받기 전에 세례를 받을 수 있을까 하는 것이었습니다. 그 때 그가 살았던 그 나라의 법에 따르면, 사슬에 매인 채로가 아니면 세례 받는 것이 불가능하였고, 따라서 그는 옥중에서 세례를 받았습니다. 하지만 그것이 무슨 문제이겠습니까? 그는 기쁨으로 세례 받았습니다. 그는 가장 흉악한 자를 구원하실 수 있는 분께서, 그와 같은 자까지도 구원하실 수 있음을 알았습니다. 비록 그는 사슬에 매였으나, 그는 자유로웠습니다. 비록 사람 앞에서는 유죄였으나, 하나님 앞에서는 용서를 받았습니다. 사람의 법에 의해서는 처단을 받지만, 예수님의 보혈에 의해 저주로부터 구원받았습니다. 하나님의 팔이 얼마나 강하며 그리스도의 피가 얼마나 귀한지, 당신이 직접 그 능력을 느끼기 전까지는 알 수도 없고 말할 수도 없습니다. 그러나 그것을 직접 느끼면, 그 때 당신은 사는 날 동안과 앞으로도 영원토록, 그리스도의 피가 당신과 같은 비참한 자까지도 구원할 수 있다는 것과 또한 당신을 그분의 긍휼의 기념비로 만드는 것에, 놀라고 또 놀랄 것입니다.

4. 가장 엄숙하고 중요한 시간

이제 마지막으로 이 본문이 언급하고 있는 시간에 대해 주목하고자 합니다. 그 시간은 가장 엄숙하고 중요한 시간입니다.

"여호와께서 말씀하시되 오라 우리가 서로 변론하자." "지금(now) 오라"고 하십니다(KJV, 한글개역개정에는 '지금'이라는 표현이 없음 — 역주). 당신은 충분히 오래도록 죄를 지어왔습니다. 왜 당신은 더 지체하여 마음을 더 완고하게 하려는 것입니까? 지금 오십시오. 지금보다 더 좋은 때는 없습니다. 만일 당신이 더 좋아질 때까지 지체한다면, 당신은 결국 오지 못할 것입니다. 지금 오십시오. 당신은 다시는 이런 권고를 듣지 못할 수도 있습니다. 마음이 오늘보다 더 부드러워지는 때는 다시 오지 않을 수도 있습니다. 지금 오십시오. 다른 사람의 눈이 당신을 위해 눈물을 흘리거나, 다른 사람의 마음이 당신을 위해 고민하며 애쓰는 때는 다시 오지 않을 수도 있습니다. 지금 오십시오. 지금, 지금입니다. 이 세상에서 내일 어떻게 될지 당신은 알 수가 없습니다. 사망이 당신에게 도장을 찍고, 한 번 더러웠던 사람이 영원히 더러운 채로 남을 수도 있습니다. 지금 오십시오. 내일 당신의 마음은 돌보다 더 굳을 것이고, 하나님이 당신을 내버려 두실지 모르기 때문입니다. 지금 오십시오. 지금이 하나님의 때이며, 내일은 마귀의 때입니다. "오늘날 너희가 그의 음성을 듣거든 광야에서 시험하던 날에 거역하던 것 같이 너희 마음을 완고하게 하지 말라. 거기서 너희 열조가 나를 시험하여 증험하고 사십 년 동안에 나의 행사를 보았느니라"(히 3:7-9).

지금 오십시오. 왜 행복해지기를 미루는 것입니까? 당신은 당신의 결혼식도 미룰 것입니까? 당신은 용서받고 구원받는 때를 미루려 합니까? 지금 오십시오. 여호와의 마음이 당신을 위하여 불붙는 것 같습니다. 당신 아버지(Father)께서 멀리 떨어져 있는 당신을 바라보시고, 당신을 맞으러 달려가십니다. 지금 오십시오. 교회가 당신을 위해 기도하고 있습니다. 지금은 부흥의 때입니다. 목사들이 열심을 내고 있습니다. 하나님의 백성들이 더욱 간절합니다. 지금 오십시오.

"대수롭지 않게 여기고, 때를 잃어버리면
때는 다시 돌아오지 않습니다."

지금 오십시오. 죽을 인생이여, 죽을 인간이여, 당신의 종말이 가까웠습니다. 여호와께서 이렇게 말씀하십니다. "너는 집을 정리하라 네가 죽고 살지 못하리라(왕하 20:1). 내가 이 일을 행하리니 너는 너의 행위를 살피라." 지금 오십시오! 오, 이 초대가 받아들여지도록 할 힘이 내게 있다면 좋겠습니다! 하지만 그것은 주님의 손에 달려 있음이 틀림없습니다. 하지만 만일 어떤 애태우는 마음이 그 일을 할 수 있다면, 나는 여러분에게 얼마나 간절히 호소하고 싶은지요! 죄인이여, 지옥이 당신이 오래 지내야 할 정도로 그렇게 즐거운 곳입니까? 천국이 당신이 잃어버려도 좋을 만큼 그렇게 보잘것없는 곳입니까? 뭐라고요! 하나님의 진노가 당신 머리 위에 있음에도, 그것을 애써 피해야 할 이유가 없단 말입니까? 뭐라고요! 완벽한 용서가 얻을 가치가 없단 말입니까? 그리스도의 보혈이 무가치하단 말입니까? 구주께서 죽으신 것이 당신에게 아무 일도 아니란 말입니까? 사람이여, 당신은 정녕 바보입니까? 당신은 미쳤습니까? 만약 당신이 바보짓을 해야 한다면, 당신의 금과 은을 가지고 장난을 치더라도, 당신의 영혼을 가지고는 그리하지 마십시오. 만일 당신이 바보짓을 해야 한다면, 미치광이처럼 옷을 입고, 가면을 쓰고, 뺨에 페인트를 칠하고, 치욕 가운데 거리를 활보하십시오. 하지만 왜 재미삼아서 당신의 영혼을 지옥에 던진단 말입니까? 왜 당신의 영원한 유익을 사소한 편리 때문에 잃는단 말입니까?

사람이여, 지혜로우십시오. 오 하나님의 영이시여, 이 죄인을 지혜롭게 하옵소서! 우리는 말씀을 전할 수 있지만, 그것을 적용하시는 이는 당신이십니다. 주여, 그 말씀을 적용시키소서! 오소서, 위대한 영이시여! "생기야 사방에서부터 와서 이 죽음을 당한 자에게 불어서 살아나게 하라"(겔 37:9). 나사렛 예수의 이름으로, 오 하나님의 영이시여 임하소서! 한때 바람을 명하여 그치게 하고 물결을 잠잠케 하신 음성으로, 살아계신 하나님의 영이시여 임하소서! 십자가에 못 박히신 예수의 이름으로, 죄인들이여, 믿고 사십시오. 나는 지금 나 자신의 이름으로 말씀을 전하는 것이 아니며, 나 자신의 힘으로 말하는 것도 아닙니다. 오직 십자가에서 죄인들을 위해 자기를 내어 주신 그분의 이름으로 말하는 것입니다. "너희가 회개하여 각각 예수 그리스도의 이름으로 세례를 받으라"(행 2:38). "주 예수를 믿으라 그리하면 구원을 받으리라"(행 16:31).

> "하지만 만일 당신의 귀가 그분의 은혜의 메시지를 거절하고,
> 또 저 불신의 민족 유대인들처럼 마음을 완고하게 한다면,
> 주께서 복수의 옷을 입으시고 그분의 손을 들어 맹세하시리.
> '내 안식의 약속을 멸시한 너는 그곳에 분깃을 얻지 못하리라.'"

축복의 말로 여러분을 보내기를 바랍니다. 우리 주 예수님의 은혜와, 아버지의 사랑과, 성령의 교통이, 그리스도를 믿는 모든 자에게 이제와 영원히 함께 하시길 빕니다. 아멘, 아멘.

제
3
장

사람은, 그 호흡이 코에 있다

"너희는 인생을 의지하지 말라 그의 호흡은 코에 있나니 셈할 가치가 어디 있느냐"—사 2:22

사람은, 특히 타락 이후로는, 아주 물질적인(unspiritual) 피조물입니다. 그의 정신은 동물적입니다. 그는 옛 저술가들이 말하곤 했듯이 영혼과 흙으로 구성되었습니다. 오호라, 흙(soil)이 그의 영혼을 끔찍하게도 더럽힙니다(soils)! "내 영혼이 진토에 붙었사오니"(시 119:25)는 아마도 이런저런 의미에서 모든 사람의 고백일 것입니다. 우리는 첫 아담의 형상을 지니고 있으며, 그는 땅에서 났으니 흙에 속한 자입니다(고전 15:47). 우리는 어지간히도 흙에 속한 존재입니다.

널리 유행하는 물질주의라는 우리의 부패한 본성의 결과는, 우리가 신뢰의 대상으로서 만질 수 있고, 들을 수 있고, 볼 수 있는 무언가를 갈망한다는 것입니다. 우리는 만질 수 있고, 들을 수 있고, 볼 수 있고, 혹은 느낄 수 있는 무언가를 원합니다. 우리는 오직 영혼이나 정신에 호소하는 것으로는 만족하지 못합니다. 마치 사람이 너무나 물질적이어서 영이신 하나님을 믿을 수 없는 것처럼 보입니다. 하지만 영이신 하나님 외에는 그 어떤 것도 믿음의 대상으로는 불합리합니다. 인간은 하나님을 볼 수 없습니다. 그러므로 그는 그분을 믿지 않으려 합니다. 그는 그분의 음성을 듣지 못합니다. 그러므로 그는 영혼에 대한 성령의 활동에 주의하지 않습니다. 인류는 육체적이며, 죄 아래 팔렸고, 우상숭배에 감염되었습니다. 그리고 이 사실은, 거듭난 자들에게도 어느 정도는 여전히 진실입니다. 그들의 옛 본성은, 그것이 새로운 본성에 의해 억제된다는 점을 제외하고는, 달라지지 않았습니다. 죄가 우리 속에 여전히 남아 있는 한 — 이 일은 우리가 이 몸에 있는 동안에는 지속될 것입니다 — 우리의 성향은 영과 진리로 예배를 받으셔야 할 영이신 하나님께 대해 싫증을 내기 쉬울 것입니다. 우리는 예배하고 사랑하고 의지할 다른 무언가를 찾습니다. 곧 우리 본성 중에서 더 열등한 부분과 유사하기 때문에 우리가 감각들을 통해서 교감할 수 있는 대상입니다. 슬픈 일이지만, 인간 역사 전체를 통하여 언제나 그러했습니다. 또한 그 슬픈 자취들이 하나님의 교회의 역사에서도 발견됩니다.

인간은 본성상 우상숭배자입니다. 가장 우호적인 환경에서도 그는 우상들에게로 달려갑니다. 마치 개가 죽은 고기를 쫓아가는 것 같으며, 혹은 독수리가 그 먹이를 향해 서둘러 가는 것과도 같습니다. 주의 백성 이스라엘은 크고 높은 팔을 펼쳐 애굽에서 건져낸 백성이며, 하나님이 그들 가운데 계신다는 표적과 증거들이 충분히 확인되었습니다. 이는 고귀한 출발이었습니다. 이후에 그들을 둘러싼 환경들은 그들에게 매우 유익하였습니다. 그들은 광야에서 지냈습니다. 그곳에서 그들이 살기 위해서는, 그들은 하나님의 특별한 보호와 공급을 통해 살아가야 했습니다. 그들은 추수하지도 않았고, 곡식을 모아 창고에 들이지도 않았습니다. 그들이 먹었던 떡은 하늘에서 떨어졌으며, 그들이 마신 물은 하나님의 명령에 따라 모세가 친 반석에서 솟아났습니다. 그들은 한낮에는 구름 덮개로써 뜨거운 태양으로부터 보호를 받았으며, 밤에는 그 동일한 구름 덮개가 불기둥으로 변하여 그 천막 도시를 비춰주었습니다. 그들은 광야에서 홀로, 따로 떨어져서 지냈으며, 나머지 세상으로부터 차단된 채 지냈습니다. 그들은 마치 주님에 의해 둘러싸인 듯 했습니다. 그분 자신이 그들을 둘러싼 불의 성벽이었고, 그들 가운데 있는 영광이었습니다. 하나님을 믿도록 하는 일에서 이보다 더 우호적인 환경은 있을 수 없었습니다. 그럼에도 불구하고 그들은 볼 수 있는 신을 가져야만 했습니다. "우리를 위하여 우리를 인도할 신을 만들라"(출 32:1)고 그들은 크게 떠들어댔고, 아론은 그들의 악한 요구에 굴복하여 황소 형상을 만들었습니다. 보십시오! 저 하나님의 백성들이, 하나님이 애굽에서 이끌어내신 백성들이, 풀을 먹는 소의 형상 앞에서 절하고 있습니다! 모세는 그것을 '송아지' 형상이라고 비꼬았습니다. 그들은 보이지 않는 하나님의 영광을 보이는 짐승의 우상으로 바꾸고는 이렇게 소리쳤습니다. "이스라엘아 이는 너희를 애굽 땅에서 인도하여 낸 너희의 신이로다"(출 32:4). 그 때 그들은 스스로의 지위를 낮추고, 그들의 인간성을 황소의 형상을 숭배하며 땅 바닥에 엎드리게 했습니다. 인간이란 얼마나 타락한 존재인지요!

여러 세기를 지나면서 이것이 이스라엘의 한결 같은 성향이 되었습니다. 지상에서 가장 영적인 민족이었던 그들이 말입니다. 이 민족은 기적에 의해 교육받고 계시에 의해 가르침을 받았음에도 불구하고, 계속해서 잘못된 길을 따라 이방인들의 신들을 찾았습니다. 혈통으로는 아브라함의 후손들이었던 그들 중에서, 높은 영적인 믿음을 가진 점에서 아브라함을 닮은 자는 거의 없었습니다. 영적 실체들의 세계는 우리와 같이 천하고 육적인 존재들에게는 너무나 밝고 거룩하게 여겨집니다.

이사야 시대의 백성들은 그 민족의 나머지 사람들과 마찬가지였습니다. 그들은 그들 자신의 부(wealth)를 주요한 의지의 대상으로 삼음으로써, 그들의 세속성과 주의 빛 안에서 걷지 못하는 그들의 무능함을 드러내보였습니다. 우리는 7절에서 "그 땅에는 은금이 가득하고 보화가 무한하며"라고 읽습니다. 그 다음에 이런 말씀이 더해지고 있습니다. "그 땅에는 우상도 가득하므로"(8절). 오호라! 이 물질에 대한 우상숭배가 오늘날에도 하나님의 백성들 사이에 만연합니다. "오늘 우리에게 일용할 양식을 주시옵고"는 그리스도인들에게조차 일반적인 욕망의 수준에 훨씬 못 미치는 기도입니다. 우리의 요구들은 사치품들을 위한 것이고, 그것들을 많이 가지는 것입니다. 만일 이처럼 하루 벌어 하루 사는 방식 즉 날마다 일용할 양식으로 사는 방식을 따라 공급받아야 한다면, 많은 사람들이 세상에서 쓰러질 것입니다. 하지만 주 예수님께서는 우리의 입에 이 말씀을 담아 주셨습니다. 신앙을 고백한다는 일부 그리스도인들에게 하나님의 섭리는 단순한 꿈에 불과합니다. 그들은 하늘의 돌보심보다 더욱 의지가 될 만한 좀 더 확실한 무언가를 갖지 않으면 안심하지 못합니다. 여러분은 내가 빈정거린다고 생각할 것입니다. 사실이 그렇지 않습니까? 믿는 자라고 고백하는 여러분이 중요한 기회를 붙잡으려고 얼마나 갈구하는지를 보십시오. 가장 천박한 속물들처럼 그것들을 열심히 긁어모으고 저장합니다. 나는 성경이 우리에게 명하는 절약에 대해서는 한 마디도 반대하지 않습니다. 개미처럼 추울 때를 대비하여 우리는 저축해둡니다. 하지만 나는 부하기를 갈망하는 것에 대해 반대하여 말하며, 우리의 물질이 하나님의 영광을 위해서 쓰여야 한다는 것과 우리가 단지 청지기들인 것을 아예 망각하는 이기적인 소비에 대해 말합니다. 다시 말합니다. 마치 성경에는 하나님이 친히 그 오른손으로 현세적인 필요를 공급하신다는 약속이 없는 듯이, 그리고 우리의 보물을 하늘에 쌓아두라고 하는 권면도 없는 듯이, 노예처럼 살거나, 긁어모으려 하거나, 움켜쥐려고 하지 마십시오. 우리가 거짓말쟁이들입니까? 우리가 우리의 존재와 소유는 모두 주의 것이라고 말하면서, 정작 우리 자신은 마치 내세의 구원이 없는 것처럼 이런 것을 추구하면서 살지 않는가요? 설교자가 이런 의문들을 제기할 필요가 있다는 것은, 부를 숭배하려는 일반적인 경향이 있음을, 혹은 적어도 그것을 중요한 의지의 대상으로 간주하는 경향이 있음을 나타냅니다.

이스라엘 백성들과 마찬가지로 열방들도 힘(power)을 우상화하려는 경향이 있습니다. 그렇습니다. 그들은 야만적인 형태의 힘까지도 우상화합니다. 우리는 성경에서 "그 땅에는 마필이 가득하고 병거가 무수하며"라고 읽습니다. 그 시대에 육지에서의 기사(騎士)와 전차들은 이 시대에 바다에서의 철갑함(鐵甲艦)과 마찬가지의 평판을 얻었습니다. 이스라엘은 이런 것들을 신뢰했습니다. 여호와께서 자기 백성의 보호자시며, '만군의 주'가 그분의 이름입니다. 오직 그분만이 애굽과 바벨론을 상대하실 수 있었습니다. 하지만 이스라엘과 유다의 왕들은 그렇게 생각하지 않았습니다. 그들은 큰 군대가 없이는 안전하다고 느끼지 못했습니다. 그들은 말과 병거를 늘려야만 했습니다. 그들은 "구원하는 데에 군마는 헛되다"(시 33:17)는 사실을 망각했습니다. 그들은 오직 주님만이 자기 백성의 구원이심을 알지 못했습니다. 그와 비슷한 느낌이 오늘날 하나님의 백성들 가운데도 나타나고 있습니다. 우리는 보이는 힘을 갈망합니다. 그것은 상황이 요구하는 바에 따라 물리적인 것일 수도 있고 정신적인 것일 수도 있습니다. 어쨌든 우리는 어떤 인간적인 형태로 구현된 그것을 손에 넣기를 갈망합니다. 우리는 하나님만을 의지하지 못하고, "약한 그 때에 강함이라"(고후 12:10)고 느끼지 못합니다. 여호와께서는 말의 힘이 세다 하여 기뻐하지 아니하시며 사람의 다리가 억세다 하여 기뻐하지 아니하시지만(참조. 시편 147:10), 그분의 백성들은 종종 그러합니다. 웅변, 명석함, 지성, 이런 것들이 여전히 교회가 연모하는 우상들입니다. 교회는 아직 이 말씀을 이해하지 못했습니다. "이는 힘으로 되지 아니하며 능력으로 되지 아니하고 오직 나의 영으로 되느니라"(슥 4:6). 여전히 우리는 수단을 과대평가하고 신성한 일꾼(the Divine Worker)을 과소평가합니다. 여전히 음악과 건축과 웅변이, 단순한 복음과 성령의 역사를 시중드는 것보다 더 많이 기대되고 있습니다. 인간들이 보이지 아니하시는 하나님을 신뢰하게 되는 일이 얼마나 힘겨운 일인지요! 오호라! 여전히 이 말씀은 진실입니다. "그 땅에는 우상도 가득하므로, 천한 자도 절하며 귀한 자도 굴복하더라"(8-9절). 오 하나님의 교회여, 얼마나 오래 있어야 그대가 하나님을 믿으리요?

이 백성들은 열띤 우상숭배 중에 많은 우상들(idols)을 세웠습니다. 그들은 무엇이든 신으로 만들었습니다. 가난해서 은 신상을 만들 수 없는 자는 썩지 않는 나무로 우상을 만들곤 했습니다. 그것을 깎고 금빛으로 칠하고는 스스로 그 앞에 절하곤 하였습니다. 사람이 이런 짓을 할 수 있다니 이 얼마나 어리석음의 극치인지요! 여러분은 이런 우상숭배가 이방 나라들에게 한정된 것이라고 말합니다. 오호라! 그렇지 않습니다. 우상숭배는 이곳에서도 흔합니다. "자녀들아 너희 자신을 지켜 우상에게서 멀리하라"(요일 5:21)는 말씀은 여전히 선포될 필요가 있는 본문이며, 그리스도인 회중에게 설교되어야 할 본문입니다. 우상들이 주의 성소에도 침투하려 하기 때문입니다. 현대 우상들의 모양과 형태는 다양하고 교묘합니다. 우리는 힌두교도에게 두려움의 대상이 되는 코끼리의 머리를 가진 신이나, 아프리카인이 두려워하는 터무니없는 주물(呪物)을 목격하진 않습니다. 하지만 더 교묘하고 더 은밀하기 때문에 더욱 위험한 우상을 봅니다. 이는 우리들 가운데 여전히 남아 있도록 허용되는 우상숭배의 형태입니다. 오 주께서 자기 백성들에게 이 말씀을 성취하시길 빕니다. "우상들은 온전히 없어질 것이라"(사 2:18).

우리는 쉽사리 우리 스스로를 우상으로 만들지 않습니까? 우리가 그것을 채 의식하기도 전에, 우리는 이렇게 타락할 수 있습니다. 사람이 자기 자신을 숭배하는 것보다 타락의 정도를 더 잘 보여주는 것이 무엇이겠습니까? 우리는 성경에서, 어떤 이들에게 "그들의 신은 배요"(빌 3:19)라고 읽습니다. 이 '배'란 자아(自我)의 천한 부분입니다. 어떤 이방인이 자기 자신의 배를 숭배한 적이 있습니까? 하지만 우리 모두는 이따금씩 우리 자신을 지나치게 신뢰합니다. 이것이 우상숭배가 아니고 무엇입니까? 우리는 어느 정도 우리 자신을 추구합니다. 이것이 우상숭배가 아닙니까? 우리는 우리 자신의 성취와 획득을 존중하니, 이것이 우상숭배와 다를 바가 무엇입니까? 많은 사람들이 그들 자신을 신이요 또한 주로 삼아왔습니다. 장난감을 가져야 하는 아이처럼, 인간은 보이는 신뢰와 의지의 대상을 가져야 합니다. 이런 목적으로 "사람이 많은 꾀들을 낸 것입니다"(전 7:29). 그는 보이는 신이 없이 지내는 것보다는, 차라리 강에 있는 파충류들과 정원의 식물들까지 숭배하려 할 것입니다. 오호라, 불쌍하고 어리석은 인간이여!

나는 이 문제에 대해 상세히 설명할 필요가 없습니다. 여러분 모두 이런저런 방식으로 그것이 얼마나 사실인지를 압니다. 인간은 하나님을 자기의 모든 것으로 삼는 영적인 생명으로부터 벗어나, 감각적인 종교에 빠져 방황합니다. 그곳에서 그는 다른 신을 발견하든지, 그렇지 않으면 어떤 상징이나 사제가 자신과 하나님 사이에 위치하도록 허용합니다. 슬프게도 죄로 말미암아 우리의 본성은 너무나 왜곡되고 비뚤어졌으므로, 우리는 우상숭배의 마법에 빠진 듯이 보입니다.

내가 이미 말했듯이, 인간의 역사에서 사람이 사람을 믿으려 한다는 사실보다 불합리한 것이 없습니다. 나 자신보다 우월한 무언가를 숭배하는 것은, 만일 그것이 하나님이 아니라면 충분히 나쁜 것입니다. 하지만 나와 같은 사람에게 나 스스로를 의지하기 시작하고, 그래서 기껏해야 나약한 피조물에 불과한 존재인 인간으로 하여금 하나님의 자리를 차지하도록 허용하는 것은, 정녕 터무니없는 악입니다. 여러분에게는 하나님께서 이 불쾌한 어리석음에 대해, 그분의 신적 위엄의 모독에 대해 저주를 선언하신 것이 이상하게 여겨집니까? 이 저주의 말씀을 들어보십시오. "무릇 사람을 믿으며 육신으로 그의 힘을 삼는 그 사람은 저주를 받을 것이라"(렘 17:5). 죄는 그 천박함으로 인해 저주를 받는 것입니다. 하나님이 복 주시는 것은 정녕 복되며, 그분이 저주하시는 것은 정녕 저주스러운 것입니다. 나는 이 시간에 너무나 천하고 너무나 저주스러운 죄에 대해 말해야 합니다. 주께서 말씀에 복을 주셔서 우리가 그런 죄에서 떠나게 되기를 바랍니다! 여기 본문이 있습니다. "너희는 인생을 의지하지 말라 그의 호흡은 코에 있나니 셈할 가치가 어디 있느냐?"

우리는 이 본문을 이렇게 다룰 것입니다. 첫째, 인간이란 무엇입니까? 대답은 이것입니다. "그 호흡이 코에 있는 자입니다." 둘째, 인간에 대한 우리의 관계는 어떤 것이어야 합니까? "너희는 인생을 의지하지 말라." 셋째, 우리는 왜 인간을 의지해서는 안 됩니까? "셈할 가치가 어디 있느냐?" 이것이 다음의 질문을 제기합니다. 그가 존중하고 신뢰할 적절한 대상은 무엇입니까? 성령께서 유익한 묵상을 하도록 우리를 도우시길 바랍니다!

1. 인간이란 무엇인가?

우리의 첫 번째 물음은, "인간이란 무엇인가?"입니다. 이 질문은 성경에서 수없이 제기되었고, 풍부한 교훈과 더불어 빈번하게 대답이 제시되었습니다. 다윗은 하늘을 향해 "주여, 사람이 무엇입니까?"(참조. 시 8:4)라고 묻습니다. 하지만 나는 성경이 우리 앞에 제시하는 광범위한 생각들을 모두 살펴보지 않을 것입니다. 단지 나는 우리 본문의 관점에서 제기된 질문에만 답하도록 할 것입니다.

사람이 무엇입니까? 그는 확실히 아주 힘없는 피조물입니다. 그가 약한 것이 틀림없음은, "그의 호흡이 코에 있기" 때문입니다. 우리는 어떤 사슬의 힘을 그것의 가장 약한 고리에 의해 파악합니다. 설혹 다른 고리들이 강하더라도 하나가 금방이라도 끊어질 것 같다면, 우리는 그 전체 사슬이 강한 것과는 거리가 멀다 여기고, 그러므로 그것을 의지해서는 안 된다고 판단합니다. 그러면 사람이 얼마나 약한지를 보십시오. 그는 중요한 점에서 매우 약합니다. 그에게는 단단하고 오래 견디는 뼈들이 있고, 철사처럼 질기고 단단한 많은 힘줄들이 있습니다. 하지만 그에게는 약점이 있는데, 그것은 그의 목숨이 달린 문제, 곧 그의 호흡에 있습니다. 우리의 호흡이란 것이 무엇입니까? 우리가 눈으로는 거의 볼 수 없는 일종의 증기입니다. 그것은 너무나 중요하기 때문에, 우리가 그것을 가졌을 때에 눈으로 볼 수는 없지만, 우리가 그것을 잃어버릴 때는 목숨을 잃는 것입니다. 우리의 지상에서의 존재는 우리의 호흡에 달려 있으며, 그리고 그 호흡이란 단지 바람에 지나지 않습니다. 그 목숨이 호흡처럼 기체와도 같고 형체가 불확실한 것에 달려 있는 존재란 얼마나 약한 것입니까! 수증기란 덧없이 사라지는 것에 지나지 않습니다. 우리는 강한 사람들에 대해 말합니다. 어떤 사람이 강합니까? 우리는 우리의 체질의 힘에 대해 말합니다. 한 모금의 공기에 의지하는 존재가 어떻게 강하단 말입니까? 그렇게도 약한 목숨이 쉽사리 끝나지 않는 것이 놀라운 일입니다. 우리가 산다는 것이 기적적입니다. 우리가 죽는 것은 너무나 자연스럽습니다. 모래 위에도 아니고, 공기 위에 세워진 집이란 너무나도 쉽게 무너질 수 있습니다. 와츠(Watts) 박사가 다음과 같이 잘 말했습니다.

"우리의 목숨에는 일천 개의 태엽들이 있는데,

그 중 하나가 망가지면 전체가 고장이라네.
일천 개의 줄로 된 수금이
그토록 오래도록 소리를 내는 것이 신기하다네!"

우리는 흙이며, 또한 우리의 친족인 땅의 흙으로 돌아가기 위해 곧 해체될 흙입니다. 우리의 발 밑에 우리의 무덤이 있으며, 우리 위에는 별들이 있는데, 그 별들이 곧 우리의 고요한 무덤들을 내려다볼 것입니다. 나무는 잎들을 떨어뜨리지만 곧 다시 푸르게 됩니다. 우리의 경우에는 일단 삶의 영광들을 떨어뜨리면, 그것들은 다시 되돌아오지 않습니다. 그러므로 나무들이 우리보다 오래 삽니다. 나무 그늘 아래에서, 우리는 인간이 도끼에 의해 쓰러지는 나무보다 훨씬 더 약한 존재임을 상기합니다. 예, 정녕 풀이 풀 베는 사람보다 오래 삽니다. 사람은 하나의 그림자에 지나지 않습니다. 그것이 있다고 말한 지 얼마 못되어 그것은 사라지고 맙니다. 우리가 그처럼 연약한 존재, 곧 너무나 약하여 불안정한 호흡에 그 목숨이 달려 있는 피조물에 우리의 신뢰를 둔다는 것이 어리석지 않습니까? 오 사람이여, 사람을 신뢰하는 그대는 누구입니까! 만일 그대에게 조금의 지혜라도 남아있다면, 어찌 그대가 영존하시는 하나님을 떠나서 풀과 같은 존재 곧 오늘 있다가 내일 아궁이에 던져지는 그런 가련한 피조물을 의지한단 말입니까? 가서 차라리 갈대에 기대고, 나방 위에 올라타고, 거품 위에 집을 지으려 할지언정, 사람은 의지하지 마십시오.

더 나아가서, 사람이 약한 피조물인 이유는 그의 힘이 덧없는 호흡에 의해 측정되어야 하기 때문입니다. 그의 호흡은 그의 코에 있습니다. 그 호흡이 코에 있기 때문에, 마치 그의 목숨이 문 앞에 서서 막 떠나려는 것처럼 보입니다. 본문은 그의 호흡이 폐에 있다고, 즉 아래 깊은 곳에 숨겨져 있다고 말하지 않습니다. 오히려 그의 코에 있다고 말합니다. 즉 문에 있는 것이며, 얼굴 부위에서도 가장 잘 노출된 부분에, 결코 닫을 수 없는 두 개의 열린 현관 사이에 있다고 말합니다. 마치 어느 순간이라도 쉽게 떠날 수 있도록 하기 위함인 듯합니다. 형제들이여, 죽음에 이르는 데에는 일천 개의 문이 있습니다. 한 사람이 하나의 포도 씨에 의해 질식당합니다. 다른 사람은 새롭게 단장한 방에서 잠을 자다가 죽습니다. 한 사람은 냄새나는 하수구 옆을 지나가다가 죽음을 맞이합니다. 한 사람은 최상으로 가꾸어진 집에서 죽음을 발견하고, 혹은 쌀쌀한 바깥에서 걷다가 죽음을 맞기도 합니다. 건강에 좋지 않은 것이라면 무엇이든 먹지도 마시지도 않으며, 죽음의 화살들이 날아드는 지역에는 들어가지 않는 사람들도 별안간 숨을 거둡니다. 침상에서 관으로 떨어지고, 걸상에서 무덤으로 떨어집니다. 일전에 우리 형제들 중 한 사람이 의자에 앉아 있다가 잠시 잠이 들었습니다. 하지만 그것이 그의 마지막 잠이었습니다. 또 다른 사람은 그의 방에서 넘어졌다가 다시는 일어나지 못했습니다. 이들은 외관상 건강한 분들이었습니다. 목숨이란 어느 한 순간도 장담하지 못합니다. 그런데 우리가 그처럼 쉽게 사라져버리는 피조물을 어찌 의존할 수 있단 말입니까? 우리가 하루살이 곤충을 우리의 애정의 대상이요 우리의 의지의 대상으로 삼겠습니까? 우리가 우리의 보물을 거미집으로 만들어진 지갑 속에 맡길 정도로 어리석습니까? 보물을 담기에는 귀중품 상자가 적당합니다. 여러분은 여러분의 영혼을 죽을 인생에게 맡기려 한단 말입니까? 한 시간 이내에도 죽을 수 있는 그런 존재에게 말입니까? 나는 사람이 무엇이냐고 물었습니다. 하지만 그 질문에 답하기 전에, 나는 또 이렇게 물어야겠습니다. "그는 어디에 있습니까?" 그는 마치 "밤의 한 순간처럼"(시 90:4) 사라집니다. 우리가 죽어가는 인생에게 어찌 살아 있는 것을 맡길 수 있겠습니까? "너희는 인생을 의지하지 말라 그의 호흡은 코에 있나니."

사람은 약하고 깨어지기 쉬운 존재입니다. 그는 또한 죽어가는 피조물입니다. 내가 이에 대해 상세히 말할 필요가 있습니까? 슬프지만 우리 중 많은 이들이 그렇다는 것을 압니다. 여러분 중에 어떤 이들에게는 육신의 아버지가 있었지만, 그들은 일찍 떠났고, 여러분은 생계를 꾸릴 수 있기도 전에 아버지를 잃었습니다. 하나님께서 고아들을 돌보지 않으셨다면, 여러분은 정말 비참하게 되었을 것입니다. 여러분 중에 어떤 이들은 한때 남자답게 씩씩한 팔에 기대었고, 남편의 미소 짓는 얼굴을 바라보았습니다. 하지만 그 사랑하는 이가 눈물의 홍수로 젖은 무덤 속에 누워 있습니다. 여러분의 조물주(Maker)께서 죽지 않으시는 것이 여러분에게 다행입니다. 여기에는 한때 귀한 우정을 즐거워했던 이들이 있습니다. 이들은 여러분의 삶에 없어서는 안 될 존재들처럼 여겨졌습니다. 하지만 무자비한 죽음이 요나단을 다윗에게서 떨어지게 했습니다. 죽음은 어머니에게서 아이를, 남편에게서 아내를 훔쳐갔습니다. 사람이란 살아 있는 동안에도 여전히 죽어가고 있습니다. 오, 곧 벌레들이 먹을 인생에게 당신 사랑의 전부(all)를 주지 말고, 혹 당신의 신뢰를 많이(much) 주지 말 것이며, 혹은 당신의 경배를 조금이라도(any) 주지 마십시오.

죽은 자들을 곰곰이 생각해 보십시오! 지금 당신의 우상에 대해 어떻게 생각합니까? 지금 잠시 동안 사랑의 대상과 함께 앉아서 즐거운 시간을 보낼 수 있는 당신이여, 당신은 한때 당신이 끔찍하게 좋아하여 빠졌던 대상에 대해 지금은 어떻게 생각합니까? 만일 당신이 관의 덮개를 벗겨내고서 그것을 볼 수 있다면 며칠 후 당신은 이렇게 말할 것입니다. "이 역겨운 냄새에서, 이 끔찍한 부패에서, 이 무섭게 썩어버린 덩어리로부터 나를 구해 주십시오!" 그렇다면, 어리석고 헛되게도, 이렇게 되어 버릴 것을 당신의 의지와 믿음의 대상으로 삼을 이유가 있습니까? 선지자는 말합니다. "너는 어떠한 자이기에 죽을 사람을 두려워하며 풀 같이 될 사람의 아들을 두려워하느냐? 하늘을 펴고 땅의 기초를 정하고 너를 지은 자 여호와를 어찌하여 잊어버렸느냐?"(사 51:12-13). 여기서 그는 우리의 두려움을 책망하지만, 동시에 우리의 육적인 신뢰들을 꾸짖고 있습니다.

하지만 나는 본문이, 사람이란 매우 변덕스러운 피조물임을 또한 우리에게 상기시킨다고 생각합니다. 그의 호흡은 "콧구멍"에 있습니다. 그것이 그가 자기 목숨을 지니고 있는 곳이며, 이는 딱하게도 그가 변하기 쉽다는 것을 우리에게 암시합니다. 그는 오늘 사랑하다가, 내일은 미워합니다. 그는 정중하게 약속하고는 자기 말을 잊어버립니다. 그는 죽을 때까지 신실하겠다고 맹세하지만 머지않아 신뢰를 저버립니다. 그러니 사람을 의지하지 않는 것이 지혜롭습니다. 오 남자여! 오 여자여! 변덕이 그대의 이마에 새겨져 있도다! 세월의 흐름이 그대를 바꾸어놓으니, 날들과 시간의 경과가 그대를 변화시키기에 충분하구나! 우리가 그대를 의지하느니 차라리 바람과 바다 물결을 의지하는 편이 낫겠구나! 다윗은 놀란 가운데 말했습니다. "모든 사람이 거짓말쟁이라"(시 116:11). 그 말은 사실이 아닐 수 있으며, 성급한 판단의 특징을 나타낸 것일 수도 있습니다. 하지만 그것은 '거칠게 자른(rough-hewn)' 진리로서, 아첨하는 칭찬의 말보다는 훨씬 더 정확합니다. 다윗이 심사숙고했더라도, 그는 아주 확실하게 같은 말을 했을 것입니다. 어떤 의미에서는 대략적인 판단이 정확하게 있는 그대로를 표현합니다. 만일 우리가 육체의 팔을 우리의 의지로 삼는다면, 그 팔이 누구의 팔이든 간에, 우리는 부러진 갈대에 의지한 것임을 발견하게 될 것입니다. 우리의 재난의 때에, 우리가 가장 도움이 필요할 때에, 우리는 죽을 인생의 도움이란 거짓된 것이거나 혹은 약함으로 인해 불충분하다는 것을 알게 됩니다. 그 때 우리는 그 호흡이 코에 있는 사람을 의지하는 것이 저주임을 알게 될 것입니다. 우리가 비방을 받을 때에 누가 우리 곁에 서겠습니까? 겨울은 모든 제비들로 하여금 날개를 펼치게 만들지 않습니까? 영혼이 절망할 때 누가 우리를 도울 수 있습니까? 오 내 형제들이여! 우리의 심령이 상처를 입고, 슬픔의 화살들이 심장을 꿰뚫었을 때, 누가 우리를 도울 수 있습니까? 우리가 죽게 되었을 때 누가 우리를 도울 수 있습니까? 영원의 신비들이 사방을 어둡게 만들 때, 우리가 낮 동안의 빛을 떠나고, 알지 못하는 땅으로 들어갈 때에, 어떤 친구나 호의적인 사람이 우리 곁에 있을 수 있습니까? 인생에는 모든 사람이 반드시 외롭게 걸어가야 할 특정한 지점들이 있습니다. 그 때 우리는 하나님이 필요할 터인데, 만일 우리가 어떤 사람을 하나님처럼 여겨왔다면, 그 때는 어떻게 하겠습니까? 아아, 우리가 언제나 동일하신 그분을 바라보아야 할 이유가 얼마나 절실합니까! 그분이 어떻게 말씀하시는지 기억하십시오. "나 여호와는 변하지 아니하나니 그러므로 야곱의 자손들아 너희가 소멸되지 아니하느니라"(말 3:6).

여러분이 이 장 전체를 읽으면, 사람이란 두려워 떠는 피조물인 것을 발견할 것입니다. 사람이란 겁이 많은 피조물입니다. 비록 그가 겁쟁이는 아니라 해도, 그에게는 두려워할 이유가 많습니다. 19절을 보십시오. "사람들이 암혈과 토굴로 들어가서 여호와께서 땅을 진동시키려고 일어나실 때에 그의 위엄과 그 광대하심의 영광을 피할 것이라. 사람이 자기를 위하여 경배하려고 만들었던 은 우상과 금 우상을 그 날에 두더지와 박쥐에게 던지고, 암혈과 험악한 바위 틈에 들어가서 여호와께서 땅을 진동시키려고 일어나실 때에 그의 위엄과 그 광대하심의 영광을 피하리라"(19-21절). 하나님의 진노의 날을, 특히 마지막 심판의 두려운 날을 생각해 보십시오. 그 때 어떤 공포와 낙담이 많은 거만하고 위대한 자들에게 엄습할 것인지를 생각해 보십시오. 여러분은 이런 자들이 여러분이 신뢰할 대상이라고 생각합니까? 여러분은 이런 자들의 미소를 얻으려고 그리스도를 저버릴 것입니까? 그분이 오실 때 그들은 공포 속에 울부짖을 자들에 불과한 데도 말입니까? 그렇습니까? 하나님을 사랑하지 않는 어떤 젊은 남자나 여자의 사랑을 위해서, 언젠가는 심판장 앞에서 두려움에 떨 것이 틀림없는 사람의 사랑을 얻으려고, 당신의 주님과 구주를 떠나보낸단 말입니까? 그런 유혹과 관련하여, 이 본문이 당신을 천둥처럼 소리치며 꾸짖기를 바랍니다. "너희는 인생을 의지하지 말라 그의 호흡은 코에 있느니라." 주께서 나타나실 때에, 그는 두려움

속에서 두려워 도망치고 그 호흡을 잃게 될 자입니다. 이런 자들을 당신의 사랑과 신뢰의 대상으로 여기지 마십시오. 그리하여 하나님의 저주가 영원토록 당신에게 임하는 일이 없도록 하십시오. 오 나의 청중이여, 이 말을 귀 담아 들으십시오!

본문에 따라, 지금까지 사람이 무엇인지에 대해서 논했습니다. 이것이, 하나님이 홀로 계셔야 할 자리에 사람을 두는 것을 반대하는 강력한 논증이 아니겠습니까?

2. 인간에 대한 우리의 관계는 어떠해야 하는가?

둘째로, 인간에 대한 우리의 관계는 어떤 것이어야 합니까? 혹은 "너희는 인생을 의지하지 말라"고 말하는 본문은 무엇을 의미할까요? 그것은 아마도 우리가 이미 이 가련한 인생과 너무 많이 관련되어 있음을 의미하지 않을까요? 우리는 우리와 아무 관련도 없는 것에 대한 의존을 "그칠"(cease, KJV역으로는 '너희는 사람에게 의존함을 그치라'는 뜻임 — 역주) 수는 없습니다. 본문은 우리가 이미 인간과 의존의 관계를 맺었고, 그 관계는 필시 변할 수밖에 없다는 것을 암시합니다. 우리는 현재의 행동을 번복하기를 바라고, 연합을 깨뜨리고, 동맹을 취소하며, 우리 행위의 모든 취지를 변경시킵니다.

"너희는 인생을 의지하지 말라"는 첫째로, 너희의 사랑의 대상으로 그를 우상화하지 말라는 의미입니다. 여러분 중에서 살아 있는 사람을 우상시하는 사람이 있습니까? 정직하게 대답해 보십시오. 자녀들을 우상화하는 것은 아주 흔합니다. 자녀를 잃은 어느 어머니가 몹시 괴로워하며 그 문제로 하나님을 원망했습니다. 그녀는 우연히 한 신앙친교 모임에 참석하게 되었는데, 그 날 아침 그곳에 참석한 또 다른 여인이 — 나는 그 여인이 하나님의 영에 감동되었다고 확신합니다 — 이렇게 말하는 것을 듣게 되었습니다. "정말이지 나는 자녀들이 우상이라고 생각합니다." 그녀는 자녀를 잃어 슬퍼하던 여인의 상황을 알지 못했습니다. 하지만 그 말은 옳았고, 하나님께서는 그 말이 참으로 사실임을 슬퍼하는 그 여인으로 하여금 깨닫게 하셨습니다. 그녀는 자기의 반항적인 의지를 복종시켰고, 즉시 위로를 얻었습니다. 이 '작은' 남자들과 여자들을 의지하지 마십시오. 비록 여러분이 그들을 소중히 여기더라도, 그들을 의존의 대상으로 여겨서는 안 됩니다. 그들을 의지하지 마십시오. 그들의 호흡은 코에 있으며, 정녕 유년 시절에는 그 코의 호흡조차 매우 약합니다. 자녀들에 대한 적절하고 올바른 사랑은 고취되어야 합니다. 하지만 적절한 사랑의 정도를 넘어서는 것은 하나님의 영을 근심하게 하는 것입니다. 자녀들이 살아 있든지 죽었든지, 만약 여러분이 그들을 우상으로 삼는다면 그들을 위해서도 최악의 일을 하는 것입니다. 그런 어리석은 짓을 멈추십시오.

인간이 정치적으로 우상화되거나 그들의 가르침이 맹목적인 추종에 의해 우상화되는 많은 경우들을 일일이 다루지는 않겠습니다. 여러분은 어떤 목사를 우상화할 수 있습니다. 어떤 시인을 우상화할 수 있고, 특정한 후견자를 우상화할 수도 있습니다. 하지만 그렇게 함으로써 여러분은 가장 우선적이면서 가장 큰 계명을 어기는 것이고, 지존자를 노하시게 합니다. 그분은 스스로를 질투하시는 하나님이라 선언하시며, 또한 그분의 보좌를 다른 이에게 넘기지 않으실 것입니다. 이런 잘못을 범하는 자들에게 나는 이 본문을 각인시키고자 합니다. "너희는 인생을 의지하지 말라. 그의 호흡은 코에 있나니 셈할 가치가 어디 있느냐?"

다음으로, "너희는 인생을 의지하지 말라"는 신뢰의 대상으로 그를 우상화하지 말라는 의미입니다. 우리가 어느 정도는 선하고 은혜로운 사람들을 신뢰할 수 있습니다. 그들은 그럴 가치가 있습니다. 하지만 어떤 사람에 대한 맹목적인 신뢰는 전적으로 악한 것입니다. 그가 누구이건, 여러분은 그의 마음을 읽을 수 없습니다. 이 세상에서 행해졌던 가장 큰 기만들 중 일부는 아주 정직하고 신실하게 보이는 사람들에 의해 자행된 것입니다. 나는 한 사람과의 대화를 기억합니다. 그는 많은 사람들에게 손실과 파멸을 가져다준 큰 투기(投機)에 관련된 사람이었습니다. 나는 그의 정직한 얼굴을 들여다보고, 그의 허심탄회한 말을 듣고서 속으로 말했습니다. "이 사람은 강도짓을 할 수 있는 사람이 아니다. 그는 솔직하고 무뚝뚝한 농부 같아서 사기를 칠 사람이 아니다." 나는 나중에, 바로 이런 사람이 회사 규모를 부풀리거나 신뢰를 저버리는 전형적인 사람인 것을 알게 되었습니다. 만약 어떤 사람이 도둑처럼 보인다면, 여러분은 당연히 호주머니를 단단히 채워두고, 그가 투자하라고 초대해도 미소만 짓겠지요. 하지만 순박한 정직의 화신처럼 보이는 사람이 나타날 때는 경계를 풀 것입니다. 승합마차에서 여러분의 호주머니를 슬쩍하는 여인은 절대로 그런 짓을 할 수 없을 것 같이 보이는 사람이며, 바로 그렇기 때문에 그녀가 그런 짓을 할 수 있는 것입니다. 이런 지식을 다른 문제에도 적용하십시오. 그러면 그 지식이 당신의 슬픔을 덜어줄 것입니다. 만약 당신이 마땅한 선을 넘어 맹목적 확신으로 누군가를 신뢰하게 되면, 특히 당신이 당신의 영혼을 특정한 성직자나 설교자에게 의탁하게 되면, 그가 누구이든지 간에 당신은 바보이며, 또한 당신의 바보짓은 다시는 되돌릴 수 없는 영원한 불행의 결과로 이어질 수 있습니다. 이 말씀에 귀를 기울이고, 하나님께서 당신에게 가르치고자 하시는 바를 배우십시오. "너희는 인생을 의지하지 말라. 그의 호흡은 코에 있나니 셈할 가치가 어디 있느냐?" 스스로를 어떤 사람의 발치에 둠으로써, 혹은 맹목적으로 그를 따름으로써 그를 우상화하지 마십시오. 그것은 그 자체로 어리석은 짓이기도 하지만, 더 나아가 스스로 저주를 자초하는 짓이기도 하기 때문입니다.

어떤 사람에게 과도한 영예를 부여함으로써 그를 우상화하지 마십시오. 모든 사람에게 표현되어야 할 존경이 있습니다. 그래서 사도는 "뭇 사람을 공경하라"(벧전 2:17)고 말합니다. 어느 정도의 예의와 존중은 모든 사람에게 표현되어야 하며, 그 직무상 그럴만한 자에게는 특히 그러합니다. 그래서 "왕을 존대하라"(벧전 2:17)는 말씀이 기록된 것입니다. 또한 어떤 이들은 그들의 성품으로써, 추종자들에 의해 많은 존경을 받을 만합니다. 나는 우리가 결코 마땅히 "존경할 자를 존경하기"(롬 13:7)를 거절해서는 안 된다고 믿습니다. 하지만 여기에는 한계가 있습니다. 그렇지 않으면 우리가 아첨꾼들과 노예들이 될 것이며, 더 나쁘게는 우상숭배자들이 될 것입니다. 어떤 사람들은 생각조차 하지 않으려 하고, 다른 사람들은 어떻게 생각하는지 물어보는 것도 하지 않으려 합니다. 그런 사람들을 보면 슬픕니다. 어떤 회중들 가운데는 설교가 그들과 어떤 관련이 있는지조차 알지 못하는 연약한 사람들이 있습니다. 그래서 그들이 맹목적으로 모방하는 특정한 덕망 있는 비평가에게 묻습니다. 대중은 마치 양 떼와도 같습니다. 하나의 틈새가 있을 때, 만약 한 마리가 그곳을 통과하면 모든 양들이 따라갑니다. 만약 주동자가 무신론자이거나 신(新)신학(new-theology)에 빠진 사람이면 문제는 심각합니다. 만약 그가 정통주의자라면 어떤 면에서는 한결 낫습니다. 하지만 그럴 때에도 사람들이 진리를 무분별한 방식으로 추종하는 것은 딱한 일입니다. 여론이란 양심의 빈약한 대체물이며, 의와 진리를 대체할 만한 것은 없습니다. 일반적인 견해가 이 사람이나 저 사람에게 절하라고 명하면, 여러분은 그렇게 하겠습니까? 여러분은 하나님을 망각하고, 양심과 의와 진리를 망각하고, 다른 사람에게 여러분이 언제 숨을 쉬어야 하는지 가르쳐달라고 요청하겠습니까? 하나님의 백성은 그런 비굴함을 경계해야 합니다. "아들이 너희를 자유롭게 하면 너희가 참으로 자유로우리라"(요 8:36). 예수님은 그분의 군대에 속한 병사들이 그분의 탁월성을 시인하기를 원하십니다. 하지만 일단 그분을 주로 시인하면, 그분은 그들을 자유롭게 하십니다. 그들이 가르침에서나 계명에 있어서 특정한 사람이나 집단에 의해 그분의 말씀에서 벗어나는 것을 원치 않으십니다. 경배는 오직 하나님 한 분만을 위한 것입니다. 오직 그분에게만 경배하십시오. "너희는 인생을 의지하지 말라 그의 호흡은 코에 있나니."

동일하게 본문은 우리에게 사람을 두려워하는 것을 그치라고 명합니다. 오, 얼마나 많은 사람들이 어떤 남자나 여자, 부유한 친척, 혹은 영향력 있는 친구로 인해 옳은 일을 하지 못하도록 억제를 당하는지요! 직장에서 다른 사람들의 음담패설에 참여하는 자들이 있지 않습니까? 혹 그들에게서 비웃음을 당하고 위선자라는 딱지가 붙을 것이 두려워 분명한 자세로 말하지 않기 때문에 말입니다. 부유층에 속하는 자들 중에는, 대다수 신분 높은 자들이 다닌다는 이유로 특정한 예배당에 출석해야 하는 사람들이 있지 않습니까? 양심에 어떤 거리낌이 있어도, 그들은 유행을 따라야 합니다. 사람에 대한 두려움이 그들에게 있습니다. 그들은 무시당하거나 눈총 받는 것을 원치 않습니다. 하지만 내 사랑하는 친구들이여, 만일 여러분 중에 누구든 사람이 두려워 그릇된 행동을 하는 자가 있다면, 변명하지 말고 즉시 이 말씀에 순종하십시오. "너희는 인생을 의지하지 말라 그의 호흡은 코에 있느니라." 하나님 앞에서 사람을 내세우는 당신은 누구입니까? 이것이 심각하게 주제넘은 짓이 아닙니까? 하나님을 크게 경외하면 사람에 대한 두려움이 당신을 조금도 짓누르지 않을 것입니다. 한 사람이 말합니다. "나는 사람을 두려워합니다. 하지만 나는 하나님을 훨씬 더 두려워합니다." 이것이 목표에 근접한 태도입니다. 우리 주님이 말씀하셨습니다. "몸은 죽여도 영혼은 능히 죽이지 못하는 자들을 두려워하지 말고 오직 몸과 영혼을 능히 지옥에 멸하실 수 있는 이를 두려워하라"(마 10:28). 그렇습니다. 여러분에게 말하거니와 그분을 두려워하십시오! 조금이라도 여러분의 믿음을 거짓되게 만드는 비굴한 두려움을 몰아내십시오. 인생을 의지하지 마십시오!

또한 사람에 대해 염려하는 것을 그치십시오. 우리는 동료 인간들을 위해서, 그들을 바르게 세우고 또 바르게 보전하는 일이라면 가능한 모든 일을 해야 합니다. 가르침과 본으로써 그렇게 해야 합니다. 하지만 어떤 사람들은 모든 일이 그들의 바람대로 되어야 한다고 생각합니다. 그래서 만약 우리의 견해가 그들과 완전히 일치하지 않으면, 그들은 그들 자신과 우리에 대해 근심합니다. 그들에게는 이것도 옳지 않고, 저것도 옳지 않으며, 그들의 의도에 따르는 것을 제외하고는 아무것도 옳지 않습니다. 우리는 이웃의 유익과 신앙의 덕 세움을 위해 이웃을 기쁘게 합시다. 하지만 사람을 기쁘게 하려는 자가 되지는 말고, 어떤 분별없는 사람들이 우리를 만족스럽게 하지 않는다는 이유로 과도하게 슬퍼하지도 맙시다. 우리 주님께 대해서만 우리는 서기도 하고 넘어지기도 하는 것입니다. 그러므로 참견하려는 형제들은 이 점을 기억하는 것이 좋을 것입니다. 즉 우리는 그들의 종이 아니며, 오직 주 예수 그리스도를 섬긴다고 하는 사실입니다.

형제들이여, 설령 우리가 모든 사람을 바르게 세울 수 없다고 해도 지나치게 낙심하지 말도록 합시다. 진실로 정치적인 단체, 대중 사회, 그리고 특별히 교회는 우리에게 큰 근심을 야기합니다. 하지만 주께서 여전히 다스리십니다. 그러니 우리는 스스로 근심으로 죽을 지경이 되어서는 안 됩니다. 우리 주님은 우리가 모든 것을 바로잡기를 기대하시지 않습니다. 그분은 단지 그분이 우리로 하여금 가능하게 하시는 일만을 우리에게 요구하십니다. 우리는 치안판사들이 아니고 독재 권력자들도 아닙니다. 우리가 최선을 다하여 우리 자신의 의복을 깨끗이 유지하고, 신실하게 경고하고, 이 악한 시대로 인해 하나님을 향해 부르짖었다면, 그 때 이 말씀을 기억해야 합니다. "너희는 인생을 의지하지 말라 그의 호흡은 코에 있나니 셈할 가치가 어디 있느냐?"

"하지만 사람들이 말합니다." 그들이 무어라고 말합니까? 그들로 말하게 하십시오. 당신이 마음의 허리를 동이기만 한다면, 그 말이 당신을 해치지 않을 것입니다. 인생을 의지하지 마십시오. "오, 하지만 그들이 나에게 이런저런 말로 비난합니다." 그 말이 사실입니까? "아닙니다, 목사님. 그것은 사실이 아니에요. 그러니까 그런 비난이 저를 근심하게 하는 것입니다." 그것이 바로, 그 비난이 당신을 근심하게 해서는 안 되는 이유입니다. 만일 그 비난이 사실이면 그것이 당신을 괴롭게 만들어야 합니다. 하지만 그것이 사실이 아니면 그냥 내버려 두십시오. 만일 어떤 원수가 당신의 성품에 대해서 악한 말을 했다면 그에 대응하는 것은 언제나 별 가치가 없을 것입니다. 침묵 속에는 위엄과 논박이 모두 있습니다. 만일 어떤 소년이 자신의 책에 얼룩이 묻었을 때 칼을 빌려와서 그것을 제거하려 한다면, 십중팔구 그는 그 문제를 열 배나 악화시키고 말 것입니다. 그런데 당신의 경우에는 얼룩이 없습니다. 그러니 당신은 있지도 않은 것을 제거하려고 시도하다가 오히려 오점을 남길 필요가 없습니다. 선한 사람 위에 떨어진 흙은 그것이 말랐을 때에 솔로 모두 털어낼 수 있습니다. 그러므로 그로 하여금 그것이 마를 때까지 기다리게 하고, 흙이 젖었을 때에 그것을 만져 손을 더럽히지 않게 하십시오. "너희는 인생을 의지하지 말라 그의 호흡은 코에 있나니."

그리스도 안에서 형제들이여, 하나님에 대해 더 많이 생각하고 사람에 대해서는 더 적게 생각하도록 합시다. 우리 생각의 전체 영역이 주 우리 하나님으로 채워지도록 합시다. 우리의 사랑이 그분을 향하게 하고, 그분 안에서 기뻐하도록 합시다. 영원히 사시고, 결코 약속을 어기지 않으시며, 삶과 죽음과 영원에 이르기까지 우리와 함께하시는 그분을 신뢰하도록 합시다. 오, 우리가 더욱 예수님과 친밀히 교제하고, 더욱더 하나님 보시는 앞에서 살게 되기를 바랍니다! 사람이 우리에게 등을 돌리도록, 또 사탄도 그렇게 하도록 내버려 둡시다. 우리는 사람들의 미소를 구하려고 우리의 생을 보낼 수 없습니다. 하나님을 기쁘시게 하는 것이 우리가 추구하는 목적이기 때문입니다. 우리의 손과, 우리의 머리와, 우리의 마음과, 우리의 모든 소유와 존재가 온전히 주님을 위해 쓰이도록 해야 합니다. 그러므로 우리는 "인생을 의지하지 말아야" 합니다.

여러분이 인생을 의지하지 말아야 하는 이유는, 여러분이 사람 중에 최상이면서 사람보다 뛰어나신 분, 곧 주 예수 그리스도를 알게 되었기 때문입니다. 그분이 진정 여러분의 영혼에게 소중한 분이 되셨습니다. 그 무엇도 그분과 비교될 수가 없습니다. 여러분의 죄와 관련해서도 그리스도를 의지하고, 사제들에게 의존하기를 멈추십시오. 여러분의 섭리적인 돌보심과 관련해서도 저 위대하신 아버지(Father)를 의지하십시오. 그분이 여러분을 돌보시는데 왜 사람을 의지한단 말입니까? 여러분의 영적 필요에 대해서는 성령님을 의지하십시오. 왜 우리가 사람을 의지해야 한단 말입니까? 예, 여러분의 전체를 모든 것이 충만하신 하나님께, 성경이 '엘 샤다이'(El Shaddai, '전능하신 하나님'이란 뜻 — 역주)라고 부르는 그분께 던지십시오. 어떤 이들은 그 단어를 "많은 가슴이 있는" 하나님, 곧 피조물들의 모든 필요를 충분히 공급하실 수 있는 하나님이라는 뜻으로 이해합니다(어머니가 어린 자식을 품에 안아 돌보고 먹이는 이미지와 연상하여 사용한 단어인 듯함 — 역주). 그분은 우리가 구하거나 생각하는 모든 것에 더 넘치도록 능히 하실 분이십니다(엡 3:20). 오, "여호와 앞에 잠잠하고 참고 기다리며"(시 37:7), 인생을 의지하지 마십시오.

이 말씀은 구주께서 그분의 발을 씻긴 여인을 향해 하셨던 지혜롭고도 부드러운 말씀입니다. "네 죄사함을 받았느니라"(눅 7:48). 그 때 사람들이 그녀에게 트집을 잡기 시작했고, 그녀가 값비싼 향유를 허비하였다고 말하기 시작했습니다. 그러자 주님은 그녀에게 이 말을 더하셨습니다. "네 믿음이 너를 구원하였으니 평안히 가라"(눅 7:50). 마치 이렇게 말씀하신 것과도 같습니다. "그들이 너에 대해 왈가왈부할 것이다. 하지만 너는 그 소리가 미치지 않는 곳으로 가라. 그들은 네가 한 일을 비난할 것이다. 지체하다가 그런 말을 듣지 말고, 집으로 가라. 내가 너를 용납하였으니 그것으로 충분하다. 그들에 대해서는 신경을 쓰지 마라. 그들의 견해에 대해 알기를 바라지 마라." 종종 하나님의 자녀에게 줄 수 있는 최상의 조언은 이것입니다. "평안히 가라."

어떤 회의주의자들이 논쟁할 것입니다. 그들 스스로 논쟁하게 버려두고, 당신은 평안히 가십시오. 왜 당신이 최근의 새로운 의심에 대해 알기를 바라는 것입니까? 당신은 최근에 나온 새로운 독을 맛보기를 바랍니까? "모든 일을 시험하여 보십시오"(prove all things, 한글개역개정은 '범사에 헤아려'로 되어 있음 — 역주). 하지만 그것이 악한 것으로 판명되었을 때에는 그것을 버리십시오. 당신의 믿음을 흔들리게 하고 당신의 양심을 더럽힐 뿐인 것에 대해서는, 무슨 말이든 듣기를 바라지 마십시오. 당신은 이미 충분히 들어왔습니다. 평안히 가십시오. 사람들이 그리스도에 대해서와 은혜의 교리들에 대해서 트집을 잡기 시작할 때, 그들에게서 떨어지십시오. 은밀한 기도로 예수님께 다가가십시오. 당신의 주님과 나눈 5분간의 교제가 이 한가한 잡담을 5년 동안 나눈 것보다 낫습니다. 평안히 가고, 호흡이 코에 있는 인생을 의지하지 마십시오.

당신은 소위 신앙 고백자라고 하는 어떤 이가 하나님이 없다고 말하는 것과, 또 다른 사람이 섭리가 없다 말하고, 또 다른 사람이 속죄의 희생이 없다 하고, 또 다른 이는 내세가 없다고 선언하는 것을 듣습니까? 지금 우리는 한 미친 개가 돌아다니고 있는 것을 압니다. 그에게서 멀리 떨어집시다. 그가 누구이든 상관하지 마십시오. 우리는 그와 아무 상관이 없습니다. 도둑이 나를 만날 때에, 나는 멈추어 서서 그에게 "좋은 밤입니다"라고 말할 필요도 없습니다. 그런 사람에게서 떨어지십시오. 그의 코에서 내뿜는 공기는 선한 것에 대해서 죽음과도 같기 때문입니다.

3. 왜 우리가 인간을 의지해서는 안 되는가?

마지막 질문으로 설교를 마치고자 합니다. 왜 우리가 사람을 의지해서는 안 되는 것일까요? 대답은, 그가 셈할 가치가 없기 때문입니다. 우선, 사랑하는 형제들이여, 여러분 자신을 의지하는 것을 멈추십시오. 각 사람은 소망과 신뢰의 대상으로서, 먼저 자기 자신을 의지하는 것을 멈추고, 다음에는 다른 모든 사람들을 의존하기를 멈추어야 합니다. 왜냐하면 우리 자신이나 다른 사람이 그렇게 신뢰할 대상이 되지 못하기 때문입니다. "그를 셈할 가치가 어디 있느냐?" 만일 그의 호흡이 코에 있고, 또한 그가 얼마나 약한지를 우리가 본다면, 그를 중대시할 가치가 무엇이겠습니까?

우리가 사람에 대해 어떤 점수를 매길 수 있을까요? 어떤 이들은 그들 스스로에게 매우 높은 점수를 부여하기를 바라지만, 사실 영(0)의 점수로도 충분합니다. 사람에게 영점을 부여하면, 아마도 여러분은 그 점수보다 약간 높을 정도일 것입니다. 그를 셈할 가치가 어디에 있습니까? 하나님과 비교하면, 인간은 아무것도 아닌 무(無)와 다를 바가 없습니다. 사람을 그렇게 간주하고, 그렇게 간주한 대로 행동하십시오. 만약 온 지면에 사람들이 없다면, 당신은 어떻게 살아갈까요? 만약 하나님만이 홀로 당신의 모든 생각과 마음을 채우신다면, 당신이 어떻게 살아갈까요? 바로 그렇게 사십시오. 이 지구 표면에 십억의 인구가 있다 해도 — 실제로 그 이상으로 있겠지만 — 그들이 당신을 뒤흔들 수 없습니다. 이 도시에 사람이 가득하고, 광장이 그들의 시끄러운 소리로 혼잡하며, 또한 그들이 의기양양하게 국회의사당까지 몰려온다고 해도, 그것이 무엇이란 말입니까? 우리는 그들을 의지하지 않으며, 그렇게 한 것에 대해 결코 후회할 이유가 없습니다. 그들을 의지하지 않는 것이 우리에게는 전혀 손실이 아닙니다. 설혹 우리가 그들의 도움을 잃는다하여도, 그 손실을 평가해보면 아무것도 아닙니다. 그들은 셈할 가치가 없기 때문입니다. 그들을 의지하지 말고, 곧장 믿음과 의무의 길로 가십시오. 하나님을 믿고 그분을 신뢰하십시오. 헛되고 헛된 것들로 인해 염려하지 말며, 오직 진실하고 참되신 하나님 한 분을 의지하십시오.

이는 특별한 주제인데, 어떤 사람은 이렇게 말할 것입니다. "이런 본문이 불경건한 자들에게도 유용할 수 있을까요?" 예, 그것이 바로 핵심을 찌르는 말입니다. 여러분 중에서 어떤 이들은 자기 스스로를 구원하려고 노력해 왔습니다. "너희는 인생을 의지하지 말라." 당신은 지금껏 당신의 느낌을 바라보았습니다. 당신은 당신 자신에게 있는 이것저것을 살펴보았습니다. 그 악한 사람, 곧 당신 자신에게 의지하는 것을 전면 중단하십시오. 당신이 셈할 가치가 어디 있습니까? 여러분 중에 어떤 이들이 지금껏 그리스도를 멀리한 이유는, 여러분이 "하루살이 앞에서라도 무너질 자"(욥 4:19), 이 땅의 벌레, 아무것도 아니어서 한 줌 수증기에 불과한 존재를 과대평가해왔기 때문입니다. 이제는, 여러분의 죽은 자아로부터 깨어나 하나님에 대해 더 많이 생각하십시오. 그가 계신 것과 또한 그가 자기를 찾는 자들에게 상 주시는 이심을 믿으십시오(히 11:6). 그분의 성령이 여러분을 도우시어, 지금 여러분이 부활하신 구세주에게 나아와 그분의 손에 여러분을 맡기게 되기를 바랍니다. 그분은 여러분을 구원하실 수 있고, 또 여러분을 종말까지 지키실 수 있습니다. 예수님을 위하여, 하나님이 여러분을 도우시길 빕니다! 아멘.

제
4
장

격려의 말씀과 준엄한 경고

"너희는 의인에게 복이 있으리라 말하라 그들은 그들의 행위의 열매를 먹을 것임이요, 악인에게는 화가 있으리니 이는 그의 손으로 행한 대로 그가 보응을 받을 것임이니라"—사 3:10-11

여기에는 두 부류의 사람들 곧 악인과 의인이 언급되어 있습니다. 하나님의 책은 온 지구의 인구를 이 두 부류의 계층으로 구분하는데 익숙합니다. 이 책은 높은 계층과 낮은 계층의 사람들에 대해서는 거의 말하지 않습니다. 이 책은 인류를 다양하게 구분해왔던 민간 조직과 정치 기구들에 관해서는 아주 조금만 언급할 뿐입니다. 하지만 첫 페이지부터 마지막 페이지에 이르기까지, 이 책은 크게 의인들과 악인들로 구분하는 입장을 취하고 있습니다. 인류 역사의 초기에서 우리는 "여자의 후손"과 "뱀의 후손"에 대해 발견합니다(참조. 창 3:15). 우리는 가인을 만나는데, 그는 악한 자에게 속하여 그 아우를 죽였습니다. 그가 자기 아우를 죽인 이유는 자기의 행위는 악하고 그의 아우의 행위는 의로웠기 때문입니다(요일 3:12). 대홍수가 경건치 못한 자들을 멸할 때에, 노아는 의인들의 대표로서 안전하게 방주 안에 있었습니다. 멸하는 천사가 반역적인 애굽 사람들을 칠 때, 이스라엘은 안전하게 유월절을 즐겼습니다. 두 종류의 인류는 언제나 존재해왔고, 또 적대적 위치에 있었습니다. 이스라엘은 애굽에서 압제를 당했고, 광야에서는 아말렉 족속에게 공격을 당했습니다. 가나안에서는 적대자들에 의해 둘러싸였고, 포로가 되어 앗수르나 바벨론으로 끌려갔습니다. 이스라엘 민족 안에서도, 그 백성의 마음이 우상 숭배하는 자손들에 의해 부패하였으며, 결국에는 이스라엘 민족이면서도 주께서 선택하지 않으셨던 독사의 자식들의 위선에 의해 먹히고 말았습니다.

우리의 시대 곧 하나님의 교회가 이방인들 중에 있는 시대에서도, 우리는 여전히 주를 경외하는 사람들과 그분을 경외하지 않는 사람들을 가르는 큰 구분선이 있음을 발견합니다. 언제나 그랬듯이 자연적인 혈통과 은혜의 혈통이 흐르고 있습니다. 여자의 후손과 뱀의 후손은 지금도 여전히 서로를 적대시하고 있습니다. 그 경계선이 철폐되는 것은 하나님의 섭리의 의도가 아닙니다. 그분은 그분의 백성이 악의 진영과 동맹을 맺는 것을 원치 않으시며, 오히려 "그들 중에서 나와서 따로"(고후 6:17) 있기를 바라십니다. 영적인 의미에서의 '불일치'(Nonconformity)는 모든 그리스도인의 의무입니다. "너희는 이 세대를 본받지 말고 오직 마음을 새롭게 함으로 변화를 받으라"(롬 12:2). 하나님의 아들들이 사람의 딸들과 연합하였을 때에 대홍수가 임했듯이(참조. 창 6:2), 교회와 세상의 부정한 결탁이 하나님의 분노를 가장 크게 유발시킵니다. 그분은 더 이상 시간이 존재하지 않을 때까지 고귀한 것과 악한 것 사이의 구분을 유지하실 것입니다. 옛적에 하나님께서 빛과 어둠을 나누셨습니다(창 1:4). 그분은 빛을 낮이라 부르시고 어둠을 밤이라 부르셨습니다. 그러므로 그분은 우리에게 빛을 어둠이라 부르도록 하지 않으실 것입니다. 그분이 두 종자를 섞어서 뿌리는 것을 금하시고 또한 양털과 베실로 섞어 짠 것을 입지 말도록 하신 것은(신 22:9-10), 그분이 전형적으로 부정한 것과의 결합을 금하시기 때문입니다. 그분은 그분을 섬기고 그분을 경외하는 이들, 그의 귀한 아들의 치욕을 짊어지고 영문 밖으로 나아가는(참조. 히 13:13) 자들을 자신의 씨로 삼으실 것입니다. 이들은 공중 권세 잡은 자의 지배 하에 있는 다른 씨, 곧 반역적으로 "여호와가 누구이기에 우리가 그의 목소리를 듣고 순종해야 하느냐?"라고 질문하는 이들과는 영원토록 구분될 것입니다.

의인들과 악인들 사이에는 진홍빛 선이 그어져 있습니다. 그 선은 곧 속죄의 희생을 나타내는 선입니다. 믿음으로 그 선을 넘을 수 있으며, 다른 것으로는 넘을 수 없습니다. 그 뿌리에서는 보혈에 대한 믿음이 가장 큰 차이점이고, 믿음에서 솟아나는 모든 은혜들은 의인들과 세상의 불경건한 자들을 더욱더 분명하게 구분합니다. 경건치 못한 이들은 뿌리가 없으므로 열매를 맺지 못합니다. 당신은 예수 그리스도를 믿습니까? 당신은 누구 편에 서 있습니까? 당신은 우리를 위합니까, 우리의 대적을 위합니까? 당신은 십자가를 조롱하는 자입니까? 높이 들려 죽으신 구주의 사랑의 깃발이 당신의 마음을 끌고 있습니까? 그렇지 않다면, 당신은 여전히 하나님과 그리스도 밖에 머물러 있는 자이고, 이스라엘의 복된 나라 밖에 있는 외인(外人)입니다. 당신은 구주의 원수들 사이에서 당신의 몫을 얻을 것입니다.

이 구분은 너무나 예리하고 분명하기 때문에, 그 두 상태 사이의 경계지대에 거하는 자는 아무도 없습니다. 의인들과 악인들 사이에는 날카로운 구분선이 있으며, 그 선은 삶과 죽음을 분명하게 나눕니다. 한 사람이 죽음과 생명 사이에 있을 수는 없습니다. 그는 살아 있든지 죽었든지 둘 중 하나입니다. 단지 그에게 생명의 불꽃만 있다고 해도, 그는 죽은 자들과 함께 헤아림을 받지 않습니다. 그는 살았고, 또 살 것입니다. 소망을 가집시다. 더 나은 목적을 향해 살아갑시다. 하지만 만일 그가 죽었다면, 그 생명의 불꽃이 꺼졌다면, 당신이 그에게 옷을 입히고 그의 귀에 장신구를 매달며, 또 그의 입을 가장 달콤한 별미들로 가득 채운다고 해도, 그의 코에 숨을 불어넣어 그로 다시 숨쉬게 할 수 없습니다. 그는 죽었기 때문입니다. 생명과 죽음 사이에 분명한 경계선이 존재하듯이, 의인들과 악인들 사이에는 하나님에 의한 분명한 구분이 있습니다. 중간에 있는 자들은 없습니다. 은혜 안에서도 살고 은혜 밖에서도 사는 양서류와 같은 인간은 없습니다. 정체를 알 수 없는 괴물 같은 자들, 곧 성도도 아니고 죄인도 아닌 자들은 없습니다. 사랑하는 여러분, 여러분 각자는 오늘 성령의 소생시키는 힘에 의해 살아 있든지, 아니면 죄와 허물 가운데서 죽은 것입니다. 그리스도와 함께하지 않는 자는 그를 반대하는 자이며, 그와 함께 모으지 않는 자는 널리 흩어 버리는 자입니다. 그러므로 이 자리에 있는 모든 남자와 여자와 아이를 향해, 이 본문은 이중의 음성으로 말하고 있습니다. 만일 당신이 의롭다면, 당신에게 복이 있을 것입니다. 만일 당신이 의롭지 않다면, 당신이 스스로를 악하지 않다고 생각하고 또 이 본문을 당신에게 적용하는 것에 분을 느낀다고 해도, 정녕 이 본문의 선언은 당신을 의미하는 것이 틀림없습니다. "악인에게는 화가 있으리라."

오늘 설교의 시작에는 마음을 살피는 것이 있어야 하며, 각 사람이 스스로에 대해 다음과 같이 말해야 합니다.

"나는 누구인가?
내 영혼아, 깨어서 편견 없이 조사하라.
행실과 마음에서
어둠의 표징이나, 두려움의 이유는 없는가?

내 영혼은 어떤 형상을 하고 있는가?
내 속에 예수님이 새겨지고, 또 그곳에 살아계시는가?
말하라, 그분의 거룩한 형상이
생각과, 말과, 행동에서 빛나고 있는가?

그런 질문들을 하고서, 그 대답을 꿈나라에 남겨두지 마십시오. 오히려 그리스도가 당신의 것이고 또 당신이 그분의 것임을 확실히 알 때까지 은혜의 보좌에서 기다리십시오. 사랑하는 여러분, 이 아침에 위로의 말씀이 있다고 해도, 만일 당신이 의인들 중에 속하지 않았다면, 그 말씀을 당신에게 적용하지 마십시오. 만일 당신이 그리스도의 피로 말미암아 의롭게 되지 않았다면, 말씀으로부터 위험한 위로를 훔치지 마십시오. 그와는 반대로, 만일 이 엄숙한 진리의 말씀 안에 당신에게 적용될 어둡고 무서운 위협이 있다면, 그로 인해 떨고, 그것이 당신의 마음에 능력으로 와 닿게 하십시오. 왜냐하면 하나님께서 위협의 회리바람이나 폭풍 가운데서 당신을 방문하시어 책망하시는 동안에도, 당신이 그것을 사랑 안에서 발견할 수도 있기 때문입니다. 만약 주께서 당신의 마음을 깨뜨리신다면, 그것이 깨어지도록 동의하십시오. 그분이 상한 심령을 깨끗하게 하시어, 당신으로 하여금 진지하게 구주께 나아올 수 있게 해 주시고, 그래서 당신이 의로운 자들 중에 하나로 헤아림을 입을 수 있도록 간구하십시오.

이제 우리는 하나님의 도우심을 의지하여, 이 본문을 살펴보도록 하겠습니다.

1. 의로운 자들의 행복

본문을 다시 한 번 읽어 그 의미를 충분히 이해하도록 합시다. "너희는 의인에게 복이 있으리라 말하라 그들은 그들의 행위의 열매를 먹을 것임이요." 언급된 사실을 주의 깊게 살펴보십시오. 중요한 사실입니다. 의인에게 복이 있으리라는 것입니다. 이 진술은 아주 단순합니다. 묘사를 위한 형용사나 수식어가 거의 없으며, 따라서 광범위하게 제시된 이 선언과 진술에 제한도 없습니다. 단순성에 있어서 그것은 매우 장엄하며, 마치 이렇게 말하는 것과도 같습니다. "빛이 있으라 하시니 빛이 있었더라"(창 1:3). "의인에게 복이 있으리라." 그것이 선언의 전부입니다. 하지만 이 짧은 말씀이 깊은 의미를 생성하고 또 계시해줍니다.

이 본문에 묘사적인 제한이 없다는 사실에서, 우리는 의인에게 항상(always) 복이 있을 것이라고 추정할 수 있습니다. 만일 본문이 "번영의 때에 의인에게 복이 있으리라"고 말했다면, 우리는 그토록 큰 은혜에 감사했을 것이 틀림없습니다. 번영이란 위험의 때이기 때문입니다. 혹은 본문이 "박해 아래에서 의인에게 복이 있으리라"고 기록되었다면, 우리는 그토록 격려를 주는 보증의 말씀에 틀림없이 감사했을 것입니다. 박해란 견디기 어렵기 때문입니다. 하지만 시간에 대한 언급이 없을 때는, 모든 시간이 포함된 것입니다. 어떤 특별한 상황이 제외되지 않았을 때는, 모든 상황에서 그 말씀이 동일하게 진실이기 때문입니다.

"그분의 얼굴을 볼 때나
혹 큰물 속에 가라앉을 때에도
그들에게 복이 있도다.
가시밭 미로(迷路)의 환난 중에 있을 때나
혹 하나님의 산에 올랐을 때에도
그들에게 복이 있도다."

"너희는 의인에게 복이 있으리라 말하라." 연초부터 연말까지, 해가 뜰 때부터 질 때까지, 저녁 땅거미가 질 때부터 샛별이 비칠 때까지 동일합니다. 하나님께서 어린 시절의 침상에서 부르신 사무엘처럼, 의인에게는 복이 있을 것입니다. 찬미의 노래로 삶을 마치려고 침상에서 몸을 일으켰던 노년의 다윗처럼, 의인에게는 복이 있을 것입니다. 재물이 풍부했던 솔로몬처럼 의인에게는 복이 있을 것이며, 또한 거름더미 위에 누웠을 때 개가 그 헌데를 핥던 나사로와 같다고 해도 의인에게는 복이 있을 것입니다. 욥이 그 발을 기름으로 씻고 버터로 그 발자취를 씻으며, 유력자들이 그 앞에서 머리를 숙이고 땅의 큰 자들이 그에게 경의를 표하던 시절처럼(참조. 욥 29:5-10), 의인에게 복이 있을 것입니다. 하지만 욥이 시련을 당하여 자녀들을 잃고, 주저앉아 질그릇 조각으로 몸을 긁으며, 그 아내는 그에게 하나님을 저주하고 죽으라 말하며, 친구들조차 그에게 형편없는 위로자들이 되고 오직 자기 홀로 남겨졌던 때와 마찬가지로, 그 때에도 의인에게는 복이 있습니다. 의인에게는 복이 있을 것이고, 항상 있을 것입니다.

"기쁨이 샘처럼 솟을 때도 복되고
슬픔이 강처럼 흐를 때도 복되도다.
어둠이 하늘을 가릴 때도 복되며
시험의 바람이 불 때도 복되도다."

명백히 이 본문은 의인이 어떤 때에나 한결같이 복되며, 복되지 않을 때가 없음을 의미합니다. 특별한 때가 언급되지 않았고, 특정한 시기가 제외되지 않았다는 것은, 모든 때가 그러함을 의미하기 때문입니다.

"이 어떠한 격려의 말씀인지!
그들의 행복을 누가 표현할 수 있으리오?
이 땅의 시간에서와, 또 영원한 날까지
의인에게는 복이 있으리라.

특히, 의인에게는 장래에 복이 있을 것입니다. 본문은 "의인에게 복이 있으리라"고 말합니다. 의인은 종종 미래를 염려하지만, 정녕 그에게는 불신의 두려움을 가질 이유가 없습니다. 의인에게는 복이 있을(shall) 것입니다. 그가 분명히 예견되는 고난의 날을 바라볼 수도 있겠지만, 하지만 불길함을 느낄 이유는 없습니다. 다가오는 시련 속에서도 그에게 복이 있을 것이기 때문입니다. 설혹 시련이 연속으로 꼬리를 물고 찾아온다고 해도, 그에게는 복이 있을 것입니다. 이런 말씀이 기록되어 있지 않습니까? "여섯 가지 환난에서 너를 구원하시며 일곱 가지 환난이라도 그 재앙이 네게 미치지 않게 하시리라"(욥 5:19). 설혹 그가 다가올 쇠락의 세월을 미리 내다본다 해도, 시든 잎들이 땅을 덮고, "메뚜기도 짐이 되고"(전 12:5), "맷돌질 하는 자들이 적으므로 그치고 창들로 내다보는 자가 어두워질"(전 12:3) 때에도(전도서의 이 맥락은 인생의 노년과 죽음의 시기를 묘사하고 있다. 신체 기능의 약화를 비유적으로 묘사하는 것으로 해석할 때 '맷돌질 하는 자들의 수가 적다'는 것은 치아 수가 줄어드는 것을, '창들로 내다보는 자가 어두워진다'는 시력의 약화를 뜻하는 것으로 볼 수 있다 — 역주), 의인은 여전히 복될 것입니다. 의인은 황혼기에도 복되며, 그의 마지막 날들이 최상의 날들이 될 것입니다. 그는 '쁄라'(Beulah) 땅에 거할 것이고(사 62:4), 요단 강가에서 노래할 것입니다. 그의 영혼은 은혜 입은 자에게 남아 있는 안식을 미리 맛봄으로써 황홀하게 될 것이기 때문입니다. 하나님의 사람이 미래의 전망을 더 넓히면, 믿음의 망원경을 통해 알려지지 않은 세계를 응시한다면, 그는 은혜로운 약속의 빛으로써 내세의 땅에서도 복되다는 것을 확실히 인식할 수 있습니다. 본문은 끝에 대한 암시가 없으며, 우리가 어떤 시점까지만 복될 것이라고 말하지 않습니다. 이 본문은 단순하면서도 장엄하게 "복이 있으리라(shall be well)"고 말하며, 그보다 조금도 덜한 것을 말하지 않습니다. 하나님의 "있으리라"(shall)는 가장 큰 의미에서 "언제나"(always)로 이해될 수 있습니다. 그러므로 세월의 주기가 그치고, 이 거대한 기계의 수레바퀴가 고장 날 때에도, 의인에게는 복이 있을 것입니다. 민족들이 충돌하여 깨어지고, 무서운 전쟁이 닥치며, 아마겟돈이라는 최후의 공포 소리가 들려오고, 유프라테스 강물이 마르며, 바다에 갈라진 불꽃의 혀들이 널름거리며, 산들이 하나님 앞에서 밀랍처럼 녹아내리고, 뜨거운 열기에 의해 우주의 원소들이 태워진다고 해도, 저 무서운 재앙의 날에 무슨 일이 일어나건 그리스도인들에게 무엇이 문제입니까? 의인에게 복이 있으리라고 하나님이 말씀하시지 않았습니까?

항상 복되기 때문에, 미래에도 복된 것입니다. 우리는 하나님의 권위에 근거하여 복되다는 말을 덧붙일 수 있습니다. 어떤 지혜로운 사람이 우리에게 "잘 될 것입니다"라고 말할 수 있습니다. 또 그의 경험상 그의 말이 거의 틀림없이 정확할 수도 있습니다. 우리 자신도 때로는 일이 잘 될 것이라는 아주 안전한 결론을 내리기도 합니다. 하지만 오, 전능자의 손과 인(印)치심에 근거하여 그 약속을 얻는 것이 얼마나 더 좋은지요! 마음을 살피시고 은밀한 것을 보시는 그분이 의인에게는 복이 있다고 말씀하십니다. 이 위로의 보증을 말한 것은 하나님의 입입니다. 오 사랑하는 여러분, 만일 하나님이 복되다고 말씀하시면, 일만의 악한 영들이 나쁠 것이라 말해도 우리는 그들을 모두 조롱할 수 있습니다. 피조물들이 하나님의 말씀에 반박하는 말을 할 때, 우리에게 피조물의 말이 아닌 하나님의 말씀을 믿는 믿음을 주셨으니, 하나님을 찬송합니다! 그대 의인이여, 하나님이 말씀하시기를, 그대가 언제나 복되다 하십니다. 그러므로 사랑하는 이여, 비록 당신이 그것을 볼 수 없어도, 눈으로 보는 것 대신 하나님의 말씀이 당신을 굳게 세우게끔 하십시오. 그렇습니다. 당신의 눈과 느낌들이 말하는 것보다는, 하나님의 권위에 근거하여 그 말씀을 믿으십시오. 하나님이 복 주시는 이가 진정으로 복되며, 그분의 입술로 선언하는 것이 가장 확실하고 견고한 진실입니다.

또한 우리가 확신할 수 있는 것은 우리의 최상의 자아가 복되다는 사실입니다. 본문은 우리의 몸이 항상 복될 것이라고 말하지는 않습니다. 하지만 우리의 몸이 우리 자신은 아니며, 그것은 우리의 더 고귀한 본성을 담은 작은 보석상자와도 같습니다. 우리의 영혼이 잠시 동안 몸을 입고 있는 귀중한 생명입니다. 우리의 최상의 자아에 복이 있을 것입니다. 나는 이 본문을 우리의 더 귀중한 부분, 즉 하나님이 주신 우리의 새 생명에 복이 있다는 의미로 이해합니다. 설혹 그것이 불을 통과하여도, 그것은 불순물을 제거하기 위함입니다. 설혹 그것이 큰물을 통과하는 과정을 겪어야 해도, 그것은 마치 양이 씻기 위해 물을 지나는 것과도 같습니다. 우리의 더 낫고 고귀한 본성은 항상 복될 것입니다. 하나님이 우리와 함께하시어 우리를 깨끗하게 하시고 붙들어 주시기만 한다면, 최악의 환경조차 우리에게 유익이 될 것입니다.

내가 이 본문을 살피고, 내가 할 수 있는 최선으로 그것을 연구할 때, 나는 이렇게 생각합니다. "그렇다. 하나님이 복되다고 말씀하시면, 그것은 단연코 복되다는 의미일 것이다." 그 복의 의미는 중대합니다. 그것은 외관상으로 잘 된다는 피상적인 진술이 아닙니다. 그것은 깊고, 참되며, 지속적이고, 진지하게 "잘(well)" 된다는 의미입니다. 최상의 의미에서 영혼의 복됨(being well)이란 무엇일까에 대해 생각해 보십시오. 여러분이 최대한 상상할 수 있는 그 이상으로, 진정 "의인에게는 복이 있을 것입니다." 하나님 앞에서 의인은 더할 나위 없이 최상으로 복될 것입니다. 하나님의 은혜가 의인 속에서 그 목적을 성취하게 될 때, 그는 사람이 될 수 있는 최상의 정도로 정결하고, 행복하고, 고귀해질 것입니다. 하나님은 믿는 자에게 이미 그의 마음이 바랄 수 있는 모든 것을 주셨습니다. 하나님은 예수님 안에 있는 모든 것을 이미 그에게 주셨고, 시간과 영원 속에서 그가 바랄 수 있는 모든 것을 맹세와 약속으로 그에게 보증하셨습니다. 최상, 최고, 최대의 의미에서, 그리고 가장 참된 의미에서, 의인에게는 복이 있습니다.

여러분이 주목해야 할 것은, 의인은 너무 복되기 때문에 하나님께서는 그가 그 사실을 알기를 바라신다는 것입니다. 하나님은 그분의 성도들이 행복하게 되기를 바라시며, 그러기 때문에 그분의 선지자들에게 이렇게 말씀하시는 것입니다. "너희는 의인에게 복이 있으리라 말하라." 사람에게 그의 부와 지위와 미래의 전망을 상기시키는 것이 때로는 지혜롭지 않습니다. 교만이 신속하게 그 속에서 솟아나기 때문입니다. 만일 어떤 형제가 놀라운 재능들을 부여받았다면, 일반적으로 그는 머지않아 스스로 그것을 발견할 것입니다. 아마도 그에게 그런 사실을 말해주는 것이 위험할 수도 있습니다. 하지만 그리스도인에게 복될 것이라고 보증하는 것은 위험하지 않습니다. 그렇지 않다면 주님께서 경건한 자들의 귀에 그 말을 들려주라고 명하시지 않았을 것이기 때문입니다. 주님은 모든 설교자가 그분의 백성을 위로하기를 원하십니다. 그분은 이 책을 통해 그들에게 그들의 교제의 고귀함과, 그들 유업의 안전과, 그들 현재 상태의 위로와, 장차 올 세상의 영광에 대해서 분명하게 말씀하십니다. "너희는 의인에게 복이 있으리라 말하라." 그것을 자주 분명하게 말하십시오. 그 진술은 유익하기 때문입니다.

현재의 상황에서 이 사실을 말함으로써 나는 여러분이 그 복을 보고, 느끼고, 그로 인해 기뻐하게 되기를 바랍니다. 내 형제여, 내 자매여, 당신은 그리스도 안에 있습니까? 당신은 그분의 보혈의 샘물로 왔습니까? 그리고 그곳에서 씻었습니까? 당신은 예수님을 믿었습니까? 지금은 당신에게 모든 것이 잘못되어 가는 듯이 보이고, 당신이 그것을 바로잡으려고 애쓸수록 오히려 더욱 악화되는 것처럼 보일지도 모릅니다. 하지만 하나님께서 그분의 종에게 이 아침에 말씀하셨습니다. "너희는 의인에게 복이 있으리라 말하라." 그래서 나는 그렇게 말하는 것이며, 또한 당신에게 복이 있으리라고 말하는 이는 내가 아니라 하나님이십니다. 오, 당신이 그것을 믿기를 바랍니다! 아아, 만일 당신이 그것을 믿으면 당신은 매우 기쁠 것입니다. 의인이 기뻐해야 하지 않겠습니까? 그들이 크게 기뻐해야 마땅하지 않겠습니까? 이번 주에 나에게 수없이 찾아온 생각은, 내가 충분히 기뻐하지 않는다는 것과, 또한 전반적으로, 하나님의 백성이 충분히 기뻐하지 않는다는 것이었습니다. 내가 잘못 생각한 것입니까? 세상에서 가장 참된 경배가 무엇입니까? 바로 주 안에서의 기쁨입니다. "주 안에서 항상 기뻐하라"(빌 4:4). 나는 우리가 하나님을 최상으로 받들고 기쁘시게 하는 것이, 그분을 생각하며 우리의 영혼이 기쁨으로 고양될 때라고 믿습니다. 하지만 오호라! 우리는 하나님께 우리 기쁨의 달콤한 향기를 거의 드리지 않습니다. 우리는 세상의 재물에 대한 문제로, 또한 우리의 죄와 갈등과 내적 부패로 우리의 머릿속을 혼잡하게 하며, 우리에게 얼마나 좋으신 하나님이 계신지를 잊어버리고 그분의 인자하심을 망각해 버립니다. 그리스도 예수 안에서 우리의 하나님은 얼마나 복된 분이신지요! 그분은 결코 마르지 않는 기쁨의 바다요, 영원토록 흐르는 무한한 기쁨의 강입니다! 우리의 마음이 그분의 선하심을 생각하고 크게 기뻐할 것이며, 그분의 이름을 듣기만 해도 기쁨으로 펄쩍 뛰어야 할 것입니다. 하나님 자신이 우리의 큰 기쁨이십니다. 그러므로 우리로 거룩한 기쁨을 누리도록 도우시기 위해 그분이 이러한 거룩한 말씀으로 우리를 격려하시는 것입니다. "내 사랑하는 자녀여, 너에게 복이 있으리라. 너에게 지금도 복이 있고, 또 영원무궁토록 복이 있으리라."

이 진리의 이유를 상세히 설명하려면 몇 분으로는 충분하지 않습니다. 나에게는 매우 짧은 시간만이 주어졌습니다. 그러니 내가 서둘러 그리스도인의 기쁨의 이유들을 대략적으로 열거할 때 — 아마도 그 이상 언급하려는 시도는 헛될 것입니다 — 여러분이 진지한 주의를 기울여주시길 바랍니다. 그의 가장 큰 고통이 지나갔다는 사실을 고려할 때 믿는 자가 복된 것은 놀랄 일이 아닙니다. 그의 가장 큰 고통거리는 죄책이었습니다. 이것이 그를 물도 없는 토굴 감옥에 가두었습니다. 이제 그는 그곳에서 벗어났습니다. 죄가 용서되었기 때문입니다. 회개하는 그 죄인은 율법의 무서운 속박에서 자유하게 되었습니다. 그는 더 이상 죄 문제로 슬퍼하지 않습니다. 저 위대한 대속자께서 죄의 짐을 지고 멀리 가져가셨음을 알기 때문입니다. 이제 그는 용서받은 사람으로서 기뻐합니다. 그에 대해서 하나님의 정의가 책임을 묻지 않습니다. 그가 완전히 용서되었기 때문입니다. 만일 하나님이 당신의 죄를 용서하신다면, 당신이 다른 어떠한 조건도 달지 않겠다고 생각했던 때를 기억하십니까? 그분이 당신을 노예선의 노예가 되라고 명하신다 해도, 죄가 용서된다면 당신은 기꺼이 그 배의 노를 저을 수 있다고 느꼈고, 또한 율법의 채찍만 없어진다면 노예선 감독자의 채찍은 즐겁게 견딜 수 있을 것이라 느꼈습니다. 이제, 그리스도인이여, 당신의 죄는 용서되었습니다. 당신을 하나님으로부터 단절되게 했던 것이 사라졌습니다. 당신의 불의는 예수 그리스도로 말미암아 용서되었으니, 누구도 당신에게 책임을 묻지 못합니다.

또한 당신의 두 번째로 큰 고통의 운명이 정해졌습니다. 당신에게 두 번째로 가장 큰 고통은 내재하는 죄입니다. 죄의 힘이 지금 당신을 괴롭힙니다. 자, 그것의 운명은 정해졌습니다. 그리스도께서는 그분의 죽음으로써, 당신을 지배하려는 죄의 심장을 창으로 찔러 관통하셨습니다. 그것은 이제 당신을 지배하지 못할 것입니다. 당신이 율법 아래에 있지 않고 은혜 아래에 있기 때문입니다. 당신이 죄로 향하는 성향을 떨쳐 버리게 될 날이 속히 다가오고 있습니다. 오, 복된 시간이여! 오, 우리의 성향이 온통 위를 향하고, 선을 향하고, 하나님을 향한다는 것은 얼마나 복된 변화인지요! 악이나, 육체의 정욕이나, 죄의 생각이나, 정복되지 않은 욕망이 하나도 없이, 온 영혼이 깨끗이 씻기고 또 씻기어서 하나님을 닮게 되는 것이 얼마나 복된 일인지요! 거룩함이 없이는 어떤 사람도 주를 볼 수 없습니다. 거룩함은 언약을 믿는 모든 신자에게 보증된 것이며, 따라서 그의 두 번째로 큰 불행의 원인이 하나님의 은혜에 의해 제거된 것입니다. 이것이 그를 행복한 사람으로 만들어야 합니다. 죄의 가책이나 권능이 그를 저주하지 못한다면, 그가 기뻐하는 것이 마땅합니다.

그리스도인은 그의 최상의 것들이 안전하다는 것을 압니다. 설혹 배가 파선하여도, 그는 자기 보물을 이 지상의 배에 싣지 않았습니다. 설혹 도둑이 뚫고 들어와 도둑질하여도, 그 도둑은 그리스도인의 보석을 손에 넣을 수는 없습니다. 그리스도인의 보석은 하나님 안에서 그리스도와 더불어 감추어져 있기 때문입니다. 설혹 좀이 그의 의복을 먹어 상하게 하여도, 그의 영원한 의복은 결코 좀이 먹지 않습니다. 그 옷은, 그가 무덤에서 이 평상복을 벗을 때에 즉시 입을 수 있도록 준비되어 저 위 큰 집에 걸려 있기 때문입니다. 그의 최상의 것들은 모두 안전합니다. 시간도 그것들을 변하게 할 수 없고, 죽음도 그것들을 파괴하지 못하며, 사탄도 그것들을 그리스도인에게서 강탈하지 못합니다. 그의 최악의 일들도 단지 그의 유익을 위해서만 작용합니다. 그는 다른 사람들과 마찬가지로 최악의 일들을 겪기도 합니다. 그가 항상 연회를 즐기기만 할 수는 없습니다. 하지만 그의 최악의 일들도 그에게 주어진 은혜들 중에 속합니다. 그는 잃음으로써 얻고, 질병으로 인해 건강을 얻으며, 이별을 통해서 친구들을 얻고, 패배를 통해 진정한 정복자가 됩니다. 그 무엇도 그리스도인에게 해를 끼치지 못합니다. 그가 최악의 일을 겪을 때에도 그것이 거친 파도가 되어 그의 황금의 배를 본향의 항구로 휩쓸려 가게 하고, 결국 그를 부요하게 합니다. 내 사랑하는 친구들이여, 내가 그리스도인에 대해 말하고 싶은 것은, 그는 너무나 복되기에 내가 그에 대해 더 나은 것을 상상할 수 없을 정도라는 것입니다. 그는 좋은 양식을 먹습니다. 그는 예수의 살과 피를 먹습니다. 그는 좋은 의복을 입습니다. "제일 좋은 옷을 내어다가 입히라"(눅 15:22). 그는 전가된 그리스도의 의를 입습니다. 그는 좋은 거처에서 거합니다. 그는 영원히 자기 백성의 거할 처소가 되시는 하나님 안에 거합니다. 그는 혼인을 잘 했습니다. 그의 영혼은 혼인의 연합으로 그리스도와 굳게 결속되었습니다. 그는 현세에서도 좋은 공급을 받습니다. 여호와가 그의 목자시니 그에게 부족함이 없습니다. 또한 그는 미래에도 좋은 공급을 받을 것입니다.

> "이 세상도 오는 세상도 그의 것이니,
> 땅은 그의 임시 거처요, 하늘은 그의 본향 집이라네."

그리스도인이 복된 것을 다 말하자면 시간이 부족할 것입니다. 왜냐하면 하나님께서 그의 안에 많은 은혜들을 부어주셨고, 그것이 모든 일을 복되도록 도울 것이기 때문입니다. 그에게 어려움들이 있습니까? 믿음은 그것들을 비웃으며, 그것들을 극복합니다. 그에게 시련들이 있습니까? 사랑은 그것들을 수용하며, 그 모든 것들이 아버지의 손에 있음을 봅니다. 그에게 질병이 있습니까? 인내는 그 회초리에 입을 맞춥니다. 그가 지쳤습니까? 소망이 다가올 안식을 기대합니다. 하나님께서 그리스도인의 영혼 안에 부여하신 눈부신 은혜들은 그로 하여금 모든 고통들을 이기게 하며, 모든 싸움에서 이 세상으로 하여금 그의 힘에 복종하게 만듭니다. 그는 최악의 불행에서도 유익을 얻으며, 혹은 그의 안에 있는 생명의 능력으로써 그 불행을 헤쳐 나갈 것입니다.

성령께서 그의 속에 부여하신 은혜가 그를 위로하는 것 외에도, 그리스도인이 얼마나 놀라운 것을 소유하고 있는지를 주목하십시오. 즉 날마다 성령 하나님께서 새로운 생명과 새로운 능력으로 그를 방문하십니다. 만일 새로운 영적 도움 없이, 우리의 영원한 생명이 우리 속에 주어진 것에만 의존한다면, 우리가 아주 복되다고 하기는 어려울 것입니다. 하지만 겨울도 얼게 하지 못하며 여름의 열기도 마르게 하지 못하는, 끊이지 않는 샘물이 계속해서 우리에게로 흐릅니다. 우리는 아래 깊은 곳으로부터 생수를 길어 올립니다. 우리 아래 놓여 있는 저 영원한 샘은 우리의 것입니다. 그리스도의 인격 안에 간직된 하나님의 영원하신 충만이, 복된 언약에 의해 신실한 자들의 공급처가 되도록 주어졌습니다. 저 거대한 반석이 우리의 안전한 처소이며, 그리스도 예수 안에서 결코 다함이 없는 하나님의 충만이 우리에게 지속적인 공급처입니다.

그리스도인이 소유하고 있는 것들 중에서, 그가 틀림없이 복된 자임을 추론할 수 있는 몇 가지 요소들을 간략히 언급하도록 하겠습니다. 그에게는 결코 파산하지 않는 은행(Bank), 저 영광스러운 은혜의 보좌가 있습니다. 그는 원하는 것을 얻기 위해 단지 무릎을 꿇고 구하기만 하면 됩니다. 그 문 위에는 이런 글이 쓰여 있습니다. "구하라 그리하면 너희에게 주실 것이요, 찾으라 그리하면 찾아낼 것이요, 문을 두드리라 그리하면 너희에게 열릴 것이라"(마 7:7). 그의 가까이에는 언제나 가장 친절한 동반자가 있으며, 그와의 사랑의 대화는 너무나 즐거워 가장 험한 길도 평탄하게 되고, 가장 어두운 밤도 밝게 빛납니다. 가장 춥고 떨리는 날들도 그 동반자와 대화를 나눌 때는 따뜻하게 됩니다. "그가 길에서 우리에게 말씀하실 때에 우리 속에서 마음이 뜨겁지 아니하더냐?"(눅 24:32).

"캄캄한 밤중에 다니며
한 줄기 빛을 볼 수 없을 때에도,
주께서 친히 이곳에 계시니
우리가 두려워할 이유가 없네.

그분과 함께하는 밤은 밤이 아니니
그분이 계신 곳이면 어디든 빛이라네.
그분이 우리를 부르실 때, 어찌 지체하리요?
순종하는 그들은 행복하도다."

신자에게는 또한 기댈 수 있는 한 팔이 있습니다. 그 팔은 결코 피곤하지 않고, 약하지 않으며, 거두어들이지도 않는 팔입니다. 그러므로 비록 그가 울퉁불퉁한 길을 따라 올라가야 할지라도, 그 길이 험할수록 그는 더 많은 체중을 실어 의지할 수 있으며, 더 많은 은혜에 의해 그는 지탱됩니다. 더 나아가, 그는 지속적인 위로자에게 호의를 얻습니다. 그분은 하늘에 대해 속삭이는 천사가 아니라, 하나님 자신이시며, 복된 보혜사이신 성령이십니다. 그분이 모든 상처에 기름과 포도주를 부으시고, 그리스도께서 말씀하신 모든 것을 생각나게 하십니다.

선생들이여, 만약 그리스도인이 필요로 함에도 공급되지 않는 어떤 것이 있다면, 나는 그것이 틀림없이 언젠가는 그에게 해롭기 때문이라고 인정합니다. 하지만 "만물이 다 너희 것임이라. 생명이나 사망이나 지금 것이나 장래 것이나 다 너희의 것이요, 너희는 그리스도의 것이요 그리스도는 하나님의 것이니라"(고전 3:21-23)는 말씀을 내가 읽을 때, 진실로 나는 의인은 복된 것이 틀림없다고 결론을 내립니다.

의인에게는 죽을 때에도 복이 있습니다. 여기서 우리는 아는 것을 말하고, 본 것을 증언합니다(참조. 요 3:11). 성도의 죽음의 노래들이 종종 우리 귀에 들려옵니다. 런던에서 사역해 온 기간 동안 거의 줄곧, 나는 내 마음이 크게 연합된 벗, 곧 그리스도 예수 안에서 한 귀한 친구를 아는 특권을 누려왔습니다. 그는 사람들 중에서도 가장 귀하고 행복한 사람들 중의 하나였습니다. 하지만 그를 한결같이 기쁘게 만든 것은 육체적인 활력이 아니었습니다. 내가 아는 한, 그는 아주 약한 신체를 가진 사람이었습니다. 그래서 겨울철이 다가올 때면 종종 그는 이집트, 마데이라(Madeira, 대서양의 군도 이름. 포르투갈령 — 역주), 혹은 남미로 가서 겨울이 끝날 때까지 지내야 했으며, 때가 허락되는 대로 곧 돌아와 사역에 복귀하였습니다. 그에게는 인자하고 관대한 마음이 있었습니다. 그는 언제나 친구들을 사귀었고, 그 중에서 하나도 잃지 않았다고 나는 말할 수 있습니다. 그는 이곳에서의 일에 깊은 관심을 기울였고, 이 큰 회중 가운데 있을 때에 편안함을 느꼈습니다. 우리의 노래와 찬미 소리들이 그에게는 많은 물의 소리와 비교되었고, 그의 귀에 너무나 달콤했습니다. 주께서는 이틀 전에 그로 잠들게 하셨습니다. 내게는 큰 손실이었지만, 그에게는 영원한 유익이었지요. 아마도 그는 이 겨울을 견디어낼 수 있을 것이라 생각했습니다. 그래서 그의 백성과 함께 머물면서, 그가 그토록 사랑한 사람들에게 말씀을 전하고자 하는 거룩한 열망으로 뜨거웠습니다. 그의 열정이 그의 목숨을 희생시켰습니다. 그는 죽어가는 침상에서 내게 한두 통의 귀한 편지들을 썼으며, 그리고 마침내 눈을 감게 되었을 때, 그는 존 앤더슨(John Anderson)다운 마지막 증언을 남겼습니다. 그의 마지막 말은 이것입니다. "모든 것이 좋습니다(All right)! 안녕(Farewell)!" 그렇습니다. 그것이 바로 그리스도인이 살 수 있고, 죽을 수 있는 모습입니다. 그는 말합니다. "모든 것이 좋아요. 나에게 복이 있습니다. 이곳은 좋아요. 나는 내 일을 마쳤고, 하나님이 그것을 받아주십니다. 저곳 위에서도 좋습니다. 그리스도께서 나를 위한 그분의 일을 마치셨기 때문입니다. 이제 안녕, 다시 만날 때까지." 어떤 슬픔의 그림자도 없습니다. 어떤 탄식의 속삭임도 없습니다. 모든 것(all)이 좋습니다. 그는 오래도록 그의 주님을 섬겼고, 이제 기쁘게 안식에 들어갔습니다. 그는 마치 전사가 검을 칼집에 넣듯이 그의 싸움을 마쳤으며, 그의 주님의 환영의 모습을 얼핏 보고는 동료들에게 말했습니다. "모든 것이 좋습니다! 안녕!" 그는 하나님과 함께 있으며, 우리도 그 뒤를 따라가고 있습니다. 지금은 모든 것이 좋으며, 우리가 저 사랑하시는 분의 일을 다 마친다면 우리에게도 역시 모든 것이 좋을 것입니다.

끝으로, 의인에게는 죽음 후에도 복이 있습니다. 몸과 분리된 그의 영혼은 예수님의 품에 있습니다. 그것이 복되지 않습니까? 저 나팔 소리가 울릴 때, 그의 영혼은 부활의 몸을 만나기 위해 내려옵니다. 한때 멸시를 당하셨던 저 다윗의 자손이 영광스럽게 임하실 때에, 그는 그분의 통치 안에서 그분과 함께 다스리며, 그분의 승리 안에서 승리를 얻으며, 그분의 보좌 있는 곳으로 들려 올라가며, 저 영화롭게 된 교회가 있는 곳, 영원한 세상에서 그분과 함께 거할 것입니다. "너희는 의인에게 복이 있으리라 말하라."

우리는 의인에게 복이 있는 근거에 대하여 할 말을 한 마디만 남겨두고 있습니다. 본문은 "그들은 그들의 행위의 열매를 먹을 것임이요"라고 말합니다. 사랑하는 친구들이여, 그것은 옛 언약이 우리에게 복이 있을 것임을 약속할 수 있는 유일한 조건입니다. 하지만 이는 복음 아래에 있는 여러분과 나에게 해당되는 근거는 아닙니다. 만약 심판의 줄을 긋고 의의 다림줄로 측량한다면, 분명 우리에게도 행위의 열매를 먹는 것은 두려운 일입니다. 하지만 의인이 행위의 열매를 먹는 것은 제한된 의미에서 그러합니다. "내가 주릴 때에 너희가 먹을 것을 주었고 목마를 때에 마시게 하였느니라"(마 25:35)는 복음의 언어입니다. 그리고 주님께서 "너희가 여기 내 형제 중에 지극히 작은 자 하나에게 한 것이 곧 내게 한 것이니라"(마 25:40)고 말씀하실 때에는, 그 보상은 채무로서의 보상이 아니라 상급으로서의 보상이 될 것입니다. 그렇게 의인은 자기 행위의 열매를 먹는 것입니다. 하지만 나는 한 분에 대해 언급하고 싶습니다. 우리를 위한 그분의 행위가 우리 의지의 대상이며, 또한 하나님께 감사하게도, 우리는 그분의 행위의 열매를 먹을 것입니다. 주 예수님이 우리 편에 서 계십니다. 여러분은 그분이 삶과 죽음에서 우리를 위해 뿌리셨던 것이 얼마나 기쁜 추수가 될 것인지를 압니다. 그분의 삶의 거룩함, 그분의 죽으심의 순종이, 우리를 위해 헤아릴 수 없는 복들을 확보해두었습니다. 그분의 고통이 우리에게 기쁨을 가져다주었고, 그분의 기쁨이 우리에게 안식을 줍니다. 우리가 천국의 잔치 자리에 앉을 때에, 우리가 먹게 될 음식은 그분의 행위의 열매일 것이며, 우리가 얻게 될 기쁨은 그분의 슬픔의 결과일 것이며, "잘 하였도다"는 진정한 공로의 의미에서 그분의 의에 대한 보상일 것입니다. 우리에게 복이 있을 것은, 우리가 그리스도의 의로 말미암아 우리 믿음의 열매들을 먹을 것이기 때문입니다. 우리는 우리를 향하신 그분의 사랑으로 말미암아 우리의 사랑의 열매를 먹을 것이며, 그분과 함께 영원히 거하며, 그분의 영광을 보게 될 것입니다.

시간 때문에 더 이상 자세히 말할 수가 없군요. 나는 여러분을 각종 열매가 있는 정원으로, 석류 과수원으로 데려다 놓았습니다. 여러분이 원하는 대로 따서 드십시오. 여러분이 의인들의 구성원으로 간주된다면, 모든 것이 여러분의 것이기 때문입니다.

2. 악인들의 불행

본문의 두 번째 부분은 단지 몇 분 동안의 시간을 차지할 것입니다. 그것은 악인들의 불행을 보여줍니다. "악인에게는 화가 있으리니! 이는 그의 손으로 행한 대로 그가 보응을 받을 것임이니라." 내가 이 문제를 오래 다룰 필요가 없습니다. 왜냐하면 내가 이미 의인들에 대해 말한 모든 것을 부정적인 차원에서 생각하면 되기 때문입니다. 이 문제를 주의하십시오. 악인에게는 화가 있을 것인데, 항상 화가 있을 것입니다. 언급된 특정한 때가 없으니, 모든 때를 의미하는 것입니다. 그에게 항상 화가 있을 터인데, 그가 형통의 때를 보낼지라도 그것은 도살의 날을 위해 살을 찌우는 것이며, 혹은 역경의 때를 보낼 때는 장차 내릴 하나님의 영원한 정의의 소낙비를 미리 몇 방울 경험하는 것입니다. 신적 권위에 근거하여 악인에게는 화가 있습니다. 하나님께서 화가 있을 것이라 말씀하셨습니다. 그러니 틀림없이 그들에게 큰 화가 있을 것입니다. 그에게는 미래에 화가 있을 것입니다. 그의 운명은 갈수록 더욱 악화되어, 마침내 모든 악한 것이 그에게 닥칠 것입니다. 하나님을 잊은 여러분이여, 그분이 여러분을 산산이 찢지 않으시도록, 여러분을 구할 자가 아무도 없게 되지 않도록 주의하십시오! 그들 존재 가운데 최선의 부분에도 화가 있습니다. 그들의 몸이 건강하여도, 그들의 영혼은 병들었습니다. 그들의 발이 춤을 추어도, 그들의 영혼은 저주를 받았습니다. 그들의 입이 음탕한 노래를 부를 수 있어도, 하나님의 진노가 그들의 영혼 위에 머물러 있습니다. 가장 중대한 의미에서 그들에게는 화가 있습니다. 우리의 말은 미량에 불과하여도, 하나님의 말씀은 눈사태와도 같습니다. 오 회심하지 않은 남자여, 오 거듭나지 못한 여자여, 당신에게 화가 있습니다! 가장 두려운 의미에서 화가 있습니다! 당신은 알아야 합니다. 당신에게 화가 있는 것은, 하나님께서 그렇다고 당신에게 말씀하셨기 때문입니다. "악인에게는 화가 있으리라!" 오, 당신이 이를 느껴야 합니다. 그래야만 미래에 닥칠 공포를 피할 수 있기 때문입니다! 당신이 이 불행을 알기만 한다면, 그에 대한 두려움이 당신을 구주께로 이끌 수 있을 것이며, 또한 그분의 마음은 열려 있고 은혜의 문이 아직 닫히지 않았기 때문입니다. 그분은 자기를 힘입어 하나님께 나아오는 자들을 얼마든지 구원하실 수 있습니다.

하지만 악인에게는 왜 화가 있는 것일까요? 그는 틀림없이 잘못되어 있습니다. 그는 온 세계와의 관계가 뒤틀려 있습니다. 보통의 피조물들은 하나님께 순종적이지만, 이 사람은 스스로 모든 창조의 흐름에 역행하고 있습니다. 이 사람은 전능자 곧 그 힘을 누구도 대적할 수 없는 분을 원수로 두고 있습니다. 너무나 선한 분의 원수로서, 그는 그분에게 대적합니다. 화염과 싸우는 그루터기에게, 혹은 불꽃과 투쟁하는 밀랍에게 어찌 복이 있을 수 있겠습니까? 거인과 싸우는 한 마리의 곤충이 어찌 그를 이기겠습니까? 그리고 당신, 아무것도 아니면서 영원하신 하나님과 다투고 있는 불쌍한 당신이여, 당신에게 저주 이외에 무엇이 있을 수 있습니까? 죄인이여, 당신에게 화가 있는 것은 당신의 기쁨이 모두 하나의 실에 매달렸기 때문입니다. 삶의 실이 끊어질 때 당신의 즐거움은 어디에 있을까요? 당신의 감미로운 음악, 당신의 값비싼 잔들, 당신의 방탕한 눈에서 번쩍이던 환희, 그리고 당신의 생각 없는 영혼의 쾌활함, 이런 것들은 죽음이 그 앙상한 손으로 찾아와 당신의 심장을 만져 그 박동을 멈추게 할 때 어디에 있을까요? 당신에게 화가 있는 것은, 이런 기쁨들이 일단 끝나면 다시는 되돌아오지 않기 때문입니다. 당신은 이야기의 밝은 한 장(章)을 보냈습니다. 하지만 아아! 결코 끝나지 않는 장이 남았는데, 그것은 시작부터 끝까지 화로 점철되어 있습니다. 죽음의 화, 죽음 이후의 심판, 심판 이후의 정죄, 그리고 그 다음에는 그 화가 영원토록 계속하여 지속됩니다. 영원한 화이며, 결코 멈추지도 않고, 결코 줄어드는 경우도 없습니다. 하나님이 당신을 도우시길 빕니다. 죄인이여, 하나님이 당신을 도우시어 이 화에서 벗어나게 해주시길 빕니다! 지금도 당신에게는 화가 있습니다. 당신에게는 찾아갈 은혜의 보좌가 없고, 당신의 고통을 하나님께 쏟아놓을 곳이 없습니다. 당신에게는 하늘의 아버지가 없으며, 이 죽을 인생의 슬픔 가운데서 당신을 도울 이가 없습니다. 당신에게는 그 열기가 칠 배나 뜨거워진 고통의 풀무 속에서 당신과 함께 거닐 인자가 없습니다. 당신에게는 약속을 생각나게 해줄 위로자(Comforter)가 없으며, 당신에게 생각나게 할 약속 자체가 없습니다. 당신에게는 당신을 지탱시켜줄 믿음이 없습니다. 당신의 마음을 기쁘게 해줄 그리스도를 향한 사랑도 없고, 당신을 견디게 해줄 믿음의 인내도 없습니다. 당신에게는 당신의 눈을 기쁘게 해줄 소망, 곧 더 나은 다른 세계에 대한 소망이 없습니다. 비참한 파산자여, 당신은 어디에 있습니까? 당신이 꽃마차를 타고 있다 해도, 나는 당신을 부러워하지 않을 것입니다. 차라리 나는 당신보다 누더기를 입은 나사로같이 되기를 더 원합니다. 만약 당신이 빈궁하고 빠져나갈 소망도 없다면, 당신은 현세의 가난 중에서도 비참한 자입니다. 하지만 당신이 하나님 존전에서 쫓겨나서, 소망도 없이 한탄하며 타는 혀를 적셔줄 한 방울의 물도 없을 때, 그 때 있을 영원한 빈궁은 또 어떠할까요?

악인에게는 화가 있습니다. 현재의 모습이 어떠해도 그것을 의심할 수는 없습니다. 당신은 갈지 않은 밭 같아서 잡초로 뒤덮여 있습니다. 그러면서 당신은 보습으로 힘들여 간 밭을 비웃고 있습니다. 하지만 기다리십시오. 오, 갈지 않은 밭과 같은 죄인이여! 당신의 때가 올 것입니다. 잡초가 무성해지고 불결해지면 불에 타게 됩니다. 저 위대한 농부(Husbandman)는 가시와 엉겅퀴들을 계속 참고 있지 않을 것입니다. 그 때 당신은, 당신도 시련을 겪은 그리스도인들처럼 영적 고난의 쟁기를 알고 죄의 회개를 경험하였기를 바랄 것입니다. 여기서 죄로 인해 결코 울어보지 않은 눈은 무서운 고통 중에서 영원히 울게 될 것입니다. 이곳에서 당신이 흘리는 눈물의 짠 맛을 약간 맛보는 것이 당신에게는 유익할 것입니다. 그렇지 않으면 영원무궁토록 눈물의 바닷물을 끊임없이 마셔야 하기 때문입니다. 지금 당신의 영혼을 무겁게 짓누르는 하나님의 노여움을 느끼는 것이 당신에게 유익합니다. 그렇지 않으면, 그 분노가 짓밟아, 영원히 아무런 소망도 없을 정도로 으깰 것이기 때문입니다. 당신에게는 화가 있을 것입니다.

나는 멈추지 않고, 당신의 죽음의 침상을 묘사할 것입니다. 나는 한 사람을 압니다. 나와의 관계가 그리 멀리 떨어진 사람이 아니었습니다. 그가 저 우울한 시간을 밝혀줄 밝은 소망 없이 죽게 되었을 때, 그는 마지막 순간에 이 말을 할 뿐이었습니다. "너무 캄캄하구나! 너무 캄캄하구나!" 그리고 그는 불이 없는 난로를 가리키면서 말했습니다. "마치 저 어두운 난로처럼 캄캄하구나! 나는 단 하나의 소망의 불꽃도 볼 수가 없구나. 어둡구나, 온통 어둡구나!"

당신 역시 그럴 것입니다. 아니, 그보다 더 심할 것이며, 하나님의 진노의 풀무에서 타는 불길이 어른거릴 것입니다. 저 무한한 미래에 관해서도 말하지 않을 수가 없군요. 영원, 영원, 영원이로다! 악인에게는 영원히 화가 있을 것입니다. 오, 다가올 진노여! 다가올 진노여!

"덧없는 생의 호흡보다
더 오래 지속되는 고통의 죽음이 있다네.
오, 저 순간의 죽음 주위에
영원의 공포가 얼마나 매달려 있는지!

진리와 은혜의 주 하나님이시여
그 죽음을 피하도록 우리를 가르치소서.
당신 앞에서 쫓겨나지 않도록
영원히 파멸당하지 않도록 우리를 가르치소서."

하나님께서 여러분을 도우시어, 여러분이 피할 수 있는 동안에 그분의 무서운 진노에서 피하게 되기를 바랍니다. 우리 모두가 영원토록 복된 저 의인의 무리에 속하기를 바랍니다! 그렇게 되면, 불멸이 지속되고 하늘의 높은 보좌가 지속되는 한, 우리는 하나님을 향해 찬미할 것입니다.

제
5
장

끈과 수레 줄

"거짓으로 끈을 삼아 죄악을 끌며 수레 줄로 함 같이 죄악을 끄는 자는 화 있을진저"—사 5:18

본문은 "화 있을진저"로 시작합니다(영어성경에서는 'Woe'가 문장 첫머리에 옴 — 역주). 하지만 우리가 이 복된 책에서 발견하는 '화(禍)'란 경고의 차원에서 보내진 것이며, 결국 우리로 그 화에서 피하도록 하기 위함입니다. 하나님의 경고가 마귀의 환대보다 낫습니다. 하나님은 언제나 인간에게 유익을 주려는 뜻으로 말씀하시며, 그의 앞에 화를 두시는 것은 그가 그릇된 길의 위험에서 돌이키고 그 길의 끝에 놓여 있는 화를 피하도록 하기 위함입니다. 이번에 내 메시지가 거슬리게 들리고, 그 음조가 기쁘기보다는 슬프게 들리더라도, 나를 몰인정하다고 생각하지 마십시오.

사랑하는 친구들이여, 잠시 불쾌해지는 것이, 다가올 영원한 세대에 여러분의 기쁨을 위한 것일 수도 있습니다. 오늘 밤 여러분의 귀에 종소리가 계속 울릴지 모르겠습니다. 아마도 여러분은 하프의 감미로운 소리 대신, 여러분을 깜짝 놀라게 하여 생각하게 만드는 날카로운 나팔 소리를 듣게 될 것입니다. "화, 화, 화로다"라는 소리가 비록 여러분의 귀에 무서운 소음으로 들릴지라도, 아마도 그것은 여러분으로 하여금 여러분의 구주를 찾고 발견하도록 이끌기 위한 의도일 것입니다. 그리하여 영원의 시간 동안 여러분 가까이에 어떤 화도 미치지 못하도록 하려는 뜻입니다. 모든 은혜의 성령님께서 내 경고에 능력을 부으시고,

여러분으로 하여금 그 경고를 통해 유익을 얻게 해주시길 빕니다.

이는 아주 특이한 본문입니다. 처음 한 번 보아서는 그 뜻을 이해하기가 그리 쉽지 않습니다. 여기 거짓의 끈들(cords of vanity)로써 죄를 끄는 사람들이 있습니다. 그 끈들은 아주 가늘어서 미덥지 못합니다. 하지만 그들은 한편으로는 죄악을 아주 두꺼운 수레 줄(cart rope)로 끌듯이 끌기도 합니다. 그들은 죄의 마구(馬具)를 걸치고 있는데, 그 끈들은 약하고 보잘것없어, 곧 끊어질 듯이 보입니다. 여러분은 그 끈들을 만져보기도 어렵습니다. 그것들은 단지 모조품이고, 허구이며, 허식(vanity)에 불과하기 때문입니다. 허영의 거미줄보다 더 가늘고 약한 것이 무엇이겠습니까? 하지만 여러분이 그것들을 끊어 버리거나 제거하려고 시도하면, 그것들은 수레나 마차를 끄는 줄들로 변합니다. 말이나 소가 메고서 끌어야 적당한 그런 줄로 말입니다. 아무런 논리적인 힘이 없는 동기들이, 분별 있는 사람을 잠시 동안도 묶어둘 수 없을 것 같지만, 그럼에도 불구하고 대부분의 사람들을 속박의 상태로 묶어 두기에 충분합니다. 인간은 철저하게 죄의 노예이기 때문에, 빈약한 끈들보다 더 강하게 보이지 않는 무가치한 동기들과 타당성 없는 이유들에 불과한 것이, 인간을 강철 끈처럼 속박합니다. 그는 마치 말이 수레 줄로 묶여 있는 것처럼 자기 죄악의 짐을 실은 수레에 단단히 묶여 있습니다. 그것이 이번에 우리의 주제입니다. 이 주제가 많은 사람들에게 유익하도록 하나님이 도우시길 빕니다. 다른 무엇보다도, 나는 죄악의 수레를 끌고 있는 여러분이 구원 얻게 되기를 바랍니다. 하나님이 그 은혜를 주시기를 바라고, 자유의 영이 여러분을 자유롭게 하시기를 바랍니다.

우선, 나는 이 특이한 묘사를 설명할 것입니다. 일상생활의 경우들을 인용하면서 그것을 상세하게 설명할 것입니다. 두 번째로, 죄에 속박되는 것과 분명하게 관련된 화에 대해 자세히 다룰 것입니다. 나는 여러분이 이러한 수레 줄들을 끊어 버리고, 이후로는 더 이상 죄악의 수레를 끌지 않기를 기도합니다. 오, 이 시간이 여러분 중 많은 이들에게 구원의 시간이 되기를 빕니다. 삼손처럼, 여러분이 여러분을 묶어왔던 끈과 줄들을 끊을 수 있게 되기를 빕니다!

1. 이 특이한 묘사에 대한 설명

첫째로, 이 특이한 묘사를 설명하도록 하겠습니다. 여기 죄의 마차에 묶여 있는 사람들이 있습니다. 그는 많은 줄들로써 그것에 묶여 있는데, 그 모든 끈들은 마치 '거짓'처럼 가벼우면서도 수레 줄처럼 강합니다.

여러분에게 하나의 그림을 제시합니다. 여기 한 사람이 있습니다. 그는 젊은이로서, 복음을 들었고 그 영향력 아래에서 성장했습니다. 그는 지적인 사람입니다. 성경을 읽는 사람이고, 어느 정도는 신학자라고도 할 수 있습니다. 그는 성경공부 반에 참여하고, 유능한 학생이며, 성경에 대해 많은 것을 설명할 수 있습니다. 하지만 그는 경박스럽고 천박합니다. 그는 종교를 하나의 유희로, 진지한 일들을 놀이거리로 삼습니다. 그는 설교도 자주 들었기 때문에 설교 내용에 대해 말할 수도 있으며, 그가 들어왔던 그 설교자에 대해서도 말할 수 있습니다. 설교 후에, 다른 사람들이 감명을 받았을 때, 그는 즐거웠습니다. 그는 그 설교자에게서 어떤 실수를 발견했습니다. 설교자의 발음, 문장의 문법적 구성, 혹은 어떤 시로부터의 잘못된 인용을 발견했으며, 이에 대해 그는 기쁜 듯이 언급하였고, 다른 모든 유익한 내용들은 지나쳐 버렸습니다. 그는 언제나 그런 식이었습니다. 그는 그것으로써 누구에게 상처를 줄 의도는 아니었습니다. 누군가 그를 진지하게 책망하였다면, 그는 그렇게 대답했을 것입니다.

그는 이러한 종교적 경박스러움에 묶여 있습니다. 하지만 그 끝은 마치 짐꾸리는 노끈처럼 작은 '허영의 줄(a cord of vanity)'에 불과합니다. 몇 년 전 그는 이런 경박함이라는 종류의 죄에 속박되기 시작했습니다. 지금 이 순간, 나는 그가 복음을 들으러 가는지 혹은 하나님의 말씀을 읽는지 확신할 수 없습니다. 그는 자기가 장난스럽게 대했던 것을 자라서는 멸시하였기 때문입니다. 그 똑똑한 체 하던 장난꾸러기가 타락하여 악의적인 조롱자(scoffer)가 되었습니다. 그의 끈이 수레 줄이 되었습니다. 그의 삶은 지금 온통 경박스럽습니다. 여러분은 그를 진지하게 만들 수 없습니다. 그는 끊임없이 '킥킥대고 웃으면서' 자기 시간을 소비합니다. 모든 거룩한 것이 이제는 희극의 주제입니다. 벨사살처럼 그는 성전의 거룩한 그릇으로 자기 포도주를 마십니다(참조. 단 5:2). 진지함이란 그 자체로 하나의 익살에 불과합니다. 무모한 영혼은 쾌활함과 웃음을 그 수레에 실었고, 유머를 제외하고는, 하나님을 향해 생각할 수 있는 모든 정신적 능력들을 치워 버렸습니다. 이 사람은 자기 마음에서 주님을 시인하지 않습니다. 가장 엄숙한 진리들을 비웃으며, 더 고상하고 나은 어떤 것에 대해서도 생각할 수 없는 듯이 보입니다. 그는 천사의 날개에서 깃털 하나를 뽑아 그의 모자에 장식하고 싶어 합니다. 오순절의 장엄한 날에 대해, 그는 자기 엄지손톱에 갈라진 혀에 대한 그림을 그려 그 호기심을 나타내려 합니다. 이제 그에게 신성한 것은 없으며, 마침내 그가 지옥에 있을 때까지 앞으로도 없을 것입니다. 거기 가서야 그는 그의 비웃음과 조롱을 그칠 것입니다. 경멸하던 습관이 자라서 그에게 수레 줄이 되어, 그를 단단히 묶고 말았습니다. 젊은이들이여, 여러분에게 말합니다. 그 불쾌한 거짓의 끈을, 그것이 수레 줄이 되기 전에 끊으십시오. 그것이 아직 얇은 실과 같을 때에 그것을 자르십시오. 그 실들이 모이고 또 모여서 마침내 하나의 밧줄이 되어, 거인조차도 끊을 수 없을 정도가 되기 전에 그렇게 하십시오. 경박한 자들이 성숙하여 조롱자들이 되는 슬픈 경우가 많습니다. 여러분이 그런 일화의 한 예로 추가되는 것은 너무나 딱한 일입니다. 종교에 대한 경박한 태도를, 마치 여러분이 야비한 거짓 맹세와 신성모독을 피하듯이 피하십시오. 경박함이란 그 본질에 있어서는 불경스럽고 악의적인 것이기 때문입니다.

그런 습성이 또 하나의 양상 즉 말꼬리 잡기 식의 질문으로 나타나는 것을 나는 보아왔습니다. 우리는 하나님 말씀에 있는 그 어떤 것도 자세히 연구하는 것을 두려워하지 않습니다. 하지만 우리는 트집만 잡으려는 정신을 두려워합니다. 한 예로, 나는 하나님의 말씀이 더 면밀히 조사될수록 그 진실성은 더욱 분명히 확인된다고 믿습니다. 그 결과는 성경의 가르침을 더 잘 이해하게 되는 것입니다. 순금은 시련의 과정을 거침으로써 더욱 밝게 빛나게 됩니다. 하지만 습관적으로 이런 태도로 시작하는 사람이 있습니다. "나는 이것을 이해하지 못하겠다. 나는 저것도 납득하지 못하겠다. 나는 이것을 인정할 수 없으며, 저것에 대해서는 의문이다." 그것은 삶을 가시와 엉겅퀴 숲으로 몰아넣는 것이며, 수천 가지의 날카로운 의문의 가시들이 계속해서 정신을 찌르도록 만드는 것입니다. 이런 의심의 상태는 저 옛 뱀이 했던 말을 상기시킵니다. "하나님이 참으로 너희에게 동산 모든 나무의 열매를 먹지 말라 하시더냐?"(창 3:1). 만일 그 진술이 정반대의 것이었다 해도, 저 신사는 그것도 의심하려 했을 것입니다. 그는 모든 것을 의심하지 않을 수 없기 때문입니다. 그는 어느 편이든 논박할 수 있는 사람이지만, 어느 편도 옹호하지는 못하는 사람입니다. 그는 어느 저명한 법률가처럼 행동할 수 있습니다. 그 법률가는 소송에서 아주 유력하게 말하면서도 결과적으로 자기편에 불리하게 논박하는 실수를 했고, 마침내 상대편 소송 의뢰인의 변호사가 그에게 이렇게 속삭였습니다. "당신은 우리를 위해 일했소이다. 당신의 모든 논박은 당신의 소송 의뢰인에게 불리하게 작용하는 것이오." 그 법률가가 멈추고 이렇게 말했습니다. "재판장님, 나는 지금까지 내 의뢰인에게 불리할 수 있는 모든 내용을, 상대편 입장에서 말했습니다. 이제 나는 그 진술에는 아무 효력이 없다는 것을 보여드리겠습니다." 그리고 동일한 영리함으로 그는 자신이 앞서 입증했던 것들을 논박하였습니다. 정신이 그런 식으로 형성되어 있어서, 아주 명명백백한 일을 제외하고는 모든 면에서 그런 식으로 행동할 수 있는 사람들이 있습니다. 그들의 정신 구조는 아주 기이하여, 가장 유능한 혀를 가진 자라도 그것을 제대로 묘사할 수 없습니다. 나는 옛 방식의 양심을 좋아합니다. 예와 아니요, 옳고 그른 것, 참과 거짓이 분명한 것을 좋아합니다. 이런 종류의 양심은 단순하여서 그 행동 양식을 이해하는데 큰 지성이 필요하지 않습니다. 우리는 지금 너무나 '교양 있게' 자라서 많은 사람들이 저 옛 뱀처럼 되었습니다. "들짐승 중에 가장 간교하니라"(창 3:1). '새로운 방식의' 양심은 타협과 책략의 원리에 따라 행동합니다. 그것은 사실상 원칙이 아닙니다. 모든 질문에 대해 그들은 이렇게 대답합니다. "예 그리고 아니요. 지금이 몇 시입니까?" 시계에 따라서, 혹은 날씨에 따라서, 혹은 일반적으로 주머니 형편에 따라서 '예'도 되었다가 '아니요'도 되는 것입니다. 그런 것에 너무나 많이 의존합니다. 실제로 많은 사람들이 이렇게 말합니다. "빵의 어느 편에 버터가 발려 있습니까? 어느 쪽이 유리합니까? 그것을 우리에게 말해주시오. 그러면 우리는 우리가 믿는 바를 당신에게 말하겠습니다." 그런 종류의 사람들은 먼저 미심쩍게 캐묻는 정신으로 출발하였다가, 다음에는 반대하는 정신으로 진행되고, 그 다음에는 거만한 정신으로, 또 그 다음에는 계속해서 군소리만 하는 정신으로 발전합니다. 그들에게는 아무런 진지한 것이 없습니다.

한 사람이 진지한 질문자일 때, 그리고 대답을 얻기를 기꺼이 원할 때, 그는 진리를 향하는 높은 길에 있습니다. 하지만 그가 단지 질문들을 계속 제기하기만 하고, 대답을 얻기 위해 결코 멈추지 않으며, 무턱대고 트집만 잡을 때, 그는 의문을 해명해줄 필요가 없는 사람입니다. 그는 결코 대답을 바라지 않습니다. 그가 가장 두려워하는 것은 그가 어쩔 수 없이 무언가를 조금이라도 믿게 되는 것입니다. 그런 사람은 마침내는 수레 줄로 묶이듯 묶여 버립니다. 그는 무신론자가 되든지 혹은 그보다 더 심하게 됩니다. 믿음을 위한 모든 능력이 그에게서 떠났기 때문입니다. 그는, 모든 것을 조롱하는 데에 특기가 있었던 것으로 보이는 볼테르(Voltaire, 18세기 프랑스 철학자로서 종교적 회의주의자로 유명함 — 역주)처럼 경솔합니다. 여러분은 그런 사람을 구할 수 없습니다. 어떻게 믿음이 그에게 올 수 있겠습니까? 모든 것을 반드시 설명하라는 식의 그가 어떻게 믿을 수 있겠습니까? 교리 문답을 통해서 끊임없이 트집 잡기 식의 질문들에 대답할 것을 요구하는 사람이라면, 그가 어떻게 그리스도를 믿을 수 있겠습니까? 오, 회의주의라는 수레 줄이 여러분의 영혼을 얽매는 일이 없도록 주의하십시오. 진리를 부인하는 정신을 경계하십시오. 하나님이 도우셔서 여러분이 그 끈들을 끊을 수 있기를 바랍니다. 물으십시오, 하지만 믿으십시오. 질문하십시오, 하지만 진리를 받아들이십시오. 모든 것을 확인한다면 또한 선한 것을 굳게 붙잡을 것이라고 진지하게 결심하십시오. 항상 체만 사용하고 맷돌을 사용하지 않는 것은 굶주리게 하는 노동입니다. 항상 불순물들만 찾아내려 하다가 진짜 우유를 마시지 않는 것은 어리석은 습관입니다. 트집 잡기는 저주이며, 투덜거리는 것은 죄악입니다. 그것이 아직 빈약한 줄일 때에 그것을 피하여, 그것이 여러분을 단단히 옭아매는 수레 줄이 되지 않도록 하십시오.

한 사람이 이렇게 말하는 것을 듣습니다. "이 설교는 나를 감동시키지 않아. 나는 경박함이나 트집 잡기 식의 질문에 빠지지 않았어." 아니겠지요. 하지만 아마도 당신은 다른 줄에 묶인 죄수일지 모릅니다. 어떤 이들은 종교적인 일들에 대한 자연적인 혐오감을 가지고 있으며, 그래서 그런 일들에 주의를 기울이지 못합니다. 이 진술을 좀 더 설명하도록 하겠습니다. 그들은 기꺼이 예배의 장소에 참석하고 설교를 들을 준비가 되어 있습니다. 때로는 성경을 읽기도 하고, 어떤 선한 목적에 도움이 되기 위해 헌금을 하기도 합니다. 하지만 그들을 구분하는 것은 이런 점이 아닙니다. 그들은 생각하거나, 기도하거나, 회개하거나, 믿기를 원치 않으며, 그런 문제를 진지하게 마음에 담지 않습니다. 그들에게는 생각한다는 것이 거북하고 불편한 일입니다. 그들의 삶에는 곰곰이 생각할수록 소망이 될 만한 요소가 많지 않기 때문입니다. 그들은 그 땅의 황무함을 차라리 보지 않으려 합니다. 그들이 관여하고 싶지 않은 한 가지 귀찮은 일이 있는데, 그것은 소위 회개라고 하는 것입니다. 그들에게는 회개가 많이 필요하지만, 그들은 그것을 싫어합니다. 마치 약을 더 필요로 하는 어린이들이 그것을 더욱 싫어하듯이, 그들에게 회개도 마찬가지입니다. 이 사람들은 멈추고서 위험을 보고 되돌아서기보다는, 차라리 눈을 감고서 멸망으로 계속 나아가려 합니다. 과거에 대해 생각해보면서 그들은 슬퍼해야 하겠지만, 그들 중 누가 진지하게 슬퍼한단 말입니까? 그들은 마음의 변화라는 것을 회피하고, 깊이 살펴보는 것을 좋아하지 않습니다. 하루 이틀 내에 어떻게든 해야 할 어떤 일이 있어도, 해야 할 순례가 있고, 견뎌야 할 고난이 있고, 입어야 할 어떤 옷이 있어도, 그들은 그런 것에 마음을 쓰지 않습니다. 생각하고, 회개하고, 기도하고, 하나님을 찾는 것 — 그들은 이러한 영적인 요구들을 견디지 못합니다. 만일 어떤 제사를 드려야 한다면, 그들은 기꺼이 그렇게 하려고 합니다. 하지만 하나님과 화평하게 되는 것이나 그들의 마음과 정신이 새롭게 되기를 추구하는 것에 대해서, 그들은 신경을 쓰지 않습니다. 그들의 마음에는 세상이 있고, 그들은 그것을 그들 마음에서 제거하기를 원치 않습니다. 그들은 어떤 사람들이 하나님과 영혼과 영원에 관한 모든 대화는 지루한 청교도적인 대화(Puritanic talk)라고 말하는 것을 들었으며, 그들 자신도 앵무새처럼 종종 그런 표현을 하곤 합니다. 그들은 이렇게 말합니다. "우리는 청교도들이 되기를 원치 않습니다. 우리는 지나치게 엄격하고 의롭게 되는 것을 좋아하지 않습니다." 이러한 거짓의 줄로 묶인 사람들이 있다는 것이 얼마나 큰 슬픔인지요! 이런 것은 터무니없는 감정이요, 정신 나간 반감이며, 온당치 못한 편견입니다. 주께서 여러분을 그런 것에서 구원하시기를 바랍니다. 그리하여 여러분이 그분을 아는 것에 정신을 쓰고 그분을 찾는 일에 마음을 기울이기를 바랍니다.

소년으로서, 내 속에서 죄의식을 느끼기 시작했을 때, 만일 거듭나는 것이 있다면 나는 그것을 알게 되기까지 결코 쉬지 않으리라고 결심했습니다. 내 마음은 회개가 무엇을 의미하는지, 믿음은 무엇을 의미하는지, 그리고 온전히 구원받는 것이 무엇을 의미하는지를 알고자 했습니다. 하지만 지금 나는 내 청중 가운데 많은 사람들이 그들 자신과 하나님에 관한 문제를 진지하게 다루지 않고 있음을 발견합니다. 그들은 마치 영원토록 행복해지는 것을 바라지 않는 듯이 행동합니다. 그들은 선한 길에 대해 거의 생각하지 않습니다. 여러분이 보다시피 그것은 매우 근본적인 문제입니다. 거듭남은 너무나 깊은 문제이며, 따라서 그것은 사람으로 하여금 생각하게 만듭니다. 어떤 일을 버려야 하는지를 아는 자가 누구입니까? 어떤 일을 행해야 하는지를 아는 자가 누구입니까? 오, 나의 청중이여, 만일 여러분이 죄를 자각하는 초기에 그러한 반대와 지연과 편견에 빠지게 되면, 그러한 작은 노끈들이 서로 얽히고 엮여서 마침내 커다란 수레줄이 될 것입니다. 그리고 여러분은 모든 선한 것에 반대하는 자가 될 것이며,

여러분의 죄악의 거대한 수레에 단단히 묶이어, 결국 멸망하게 될 것입니다. 하나님이 여러분을 그런 상태에서 건지시기를 바랍니다.

나는 그 수레에 다른 방식으로 묶여 있는 일부 사람들을 알고 있는데, 그것은 동무들에 대한 공손함에 의한 것입니다. 그 젊은이는 그런대로 선한 것을 좋아했습니다. 하지만 그는 누군가 월요일 아침에 이렇게 말하는 것을 견디지 못했습니다. "너는 일요일에 예배당에 갔었구나." 그는 분명하게 "물론 나는 예배당에 갔었지, 너는 어디에 있었니?"라고 말하는 것을 좋아하지 않았습니다. 오히려 그는 이런 식으로 대답했습니다. "아, 그래, 그 예배당에 잠깐 들렀어. 음악을 듣기 위해 '성 베드로 성당' 혹은 '웨스트민스터 사원(the Abbey)'에 음악을 듣기 위해 갔었지." 상대방이 말합니다. "오, 나는 네가 일전에 태버너클 교회에 갔었다고 들었는걸." "그래, 호기심으로 갔었지. 단지 그 장소와 군중을 보기 위해서였어."

그가 표현하는 방식은 그러합니다. 마치 자기의 창조주를 예배하고 안식일을 지키는 것이 부끄러운 일인 듯이 말하는 것입니다. 오, 불쌍한 겁쟁이여! 또 다른 때에 그 젊은이는 어떤 엄숙한 설교를 듣고서 상담실에서 울고 있는 모습을 보았다는 비난을 받았습니다. 그는 대답하기를, 상당히 감동을 받았고, 약간은 정신을 잃고서 설복을 당하였다고 말합니다. 그리고는 마귀에게 사과하고, 더 이상 그런 설교를 듣지 않겠다고 용서를 빌듯이 말합니다. 그는 불경건한 친구들에게 복종하기 시작했고, 곧 그들의 조롱거리가 되고 말았습니다. 한 동무가 이 방향으로 귀를 잡아끌고, 다른 동무가 저 방향으로 귀를 잡아끕니다. 이런 식으로 그는 정말이지 아주 긴 귀를 가지게 되었습니다. 그는 처음에는 그릇된 길로 멀리 가지 않았습니다. 하지만 악한 사람들이 자기 위에 안장을 얹고 올라타도록 허용한 이후로, 날이 갈수록 그들이 점점 더 힘겨운 방향으로 그를 몰고 갑니다. 그를 죄로 묶은 것은 '악한 예절'이라는 일종의 얇은 노끈에 불과하였지만, 후에 그는 자기 동료들에게는 아첨하는 자요 자기 상급자들에게는 아양을 떠는 자가 되었고, 자기 영혼을 희생시키면서도 그들의 말에 따르는 자가 되었습니다. 그는 명백하게 악한 동무의 의지와 미소에 더욱 신경을 쓰고, 하나님을 기쁘시게 하기보다는 바보의 의견을 더 깊이 생각하는 자가 되었습니다.

충격적인 일입니다만, 의심의 여지 없이, 많은 사람들이 사람들에게 존중받기를 좋아하는 것 때문에 지옥으로 갑니다. 수많은 사람들이 단순히 난봉꾼에게 좋은 평가를 받기 위해서 자기 영혼을 전당잡히고, 하나님과 천국을 잃어버립니다. 젊은 여성들은 허영을 위해 자기 영혼을 잃어버리고, 생각도 없고 진심도 없는 젊은이의 사랑을 얻으려는 희망으로 죄를 짓습니다. 젊은 남성들은 교양 있는 사람으로 간주되기 위한 바람으로 구원의 모든 소망을 날려 버립니다. 그들은 그 의견이 눈곱만큼의 가치도 없는 자들로부터 "자유로운 사상가"라는 평가를 받기 위해 믿음을 저버립니다. 사랑하는 친구여, 당신에게 호소합니다. 만일 당신이 다른 사람들의 노예가 되기 시작했다면, 이 비참하고 불명예스러운 끈을 끊으십시오. 나는 많은 사람들이 명예롭게 여기는 정신적인 노예상태를 조롱합니다. 오늘 다른 사람이 나에 대해 생각하는 바가 내게 무슨 상관이란 말입니까? 이 점에서 나는 사람들로부터 가장 자유로운 사람입니다. 그럼에도 불구하고, 나는 종종 작은 노끈에 굴복하게 될 때는 곧 수레 줄을 느끼게 되는 것을 압니다. 자기 친구를 기쁘게 하려고 죄를 짓는 자는, 자기 자신을 어떤 흑인 노예보다도 더 비참한 노예가 되도록 만드는 것입니다. 영원히 자유롭기를 원하는 자는 약한 노끈이 견고한 쇠사슬이 되기 전에 그것을 끊어 버려야 합니다.

어떤 사람들은 다른 방식으로 노예가 됩니다. 그들은 점진적인 악의 습관들을 형성하고 있습니다. 기독교 신앙의 교제관계 속에서 태어나고 자란 젊은이들 가운데 그렇게 행하는 자들이 얼마나 많은지요! 그저 한 모금 정도, 아주 조금 마시는 것에 불과합니다. "저는 반 잔 이상을 마시지 않습니다." 그렇다면 그토록 작은 즐거움을 얻으려고 왜 그토록 큰 위험을 무릅쓴단 말입니까? "의사 선생님이"—오 의사들이여, 당신들은 그에 대해 대답해야 할 것입니다!—"저더러 조금은 마셔야 한다고 말씀하셨고, 그래서 제가 마시는 겁니다." 점차 그 작은 노끈이 수레 줄이 됩니다. 의사가 한 이야기가, 결국엔 어떤 의사도 정당화하지 않을 일을 행하는 것으로 종결됩니다. 그는 밤에 비틀거리면서 집으로 가고, 잠자리에 눕는 방향도 제대로 찾지 못하며, 아침에 머리가 아픈 채로 일어나면서도 이런 식으로 말할 건가요? "의사 선생님이 제게 그렇게 해야 한다고 말합니다." 그는 저 매혹적인 화주(火酒, fire-water)에서 작은 즐거움을 얻기보다, 하나님의 은혜를 구하는 편이 좋았을 것입니다. 그랬더라면 자기 욕구를 다스리는 자가 되었을 것입니다. 많은 사람들이 알고 있듯이 수레 줄은 끊기가 어렵습니다. 물론 나는 이러한 자들에게도 하나님의 은혜로써 자유를 위해 싸우도록 격려합니다.

저기 젊은이가 말합니다. "음, 그것은 저의 죄가 아닙니다." 그렇지 않다면 나는 기쁩니다. 하지만 다른 어떤 죄도 속에 간직된다면, 그것이 당신을 파멸할 것입니다. 나는 당신의 죄를 묘사하려고 시도하지 않겠습니다. 당신 자신이 그것을 묘사해 보고, 또한 곰곰이 생각해 보십시오. 하지만 부디 죄의 기만성을 기억하시기 바랍니다. 그것이 사람들에게 찾아오는 방식은 겨울철의 조용한 저녁에 서리가 호수에 내리듯이 찾아오지 않습니까? 호수는 잔잔합니다. 그리고 서리는 그것이 단지 표면에만 엷게 막을 입히듯이 내려도 좋은지를 묻습니다. 그 막은 너무나 엷어서, 당신은 그것을 얼음이라고 부를 수도 없을 정도입니다. 하지만 일단 연못에 막이 형성되면, 얼음장이 형성되기 시작합니다. 곧 그것은 일 센티미터 두께의 얼음판이 되고, 여러 시간이 지나면 짐 실은 마차도 그 위를 지나갈 수 있으며, 그 연못 전체가 마치 단단한 대리석으로 변한 것처럼 보입니다. 그와 마찬가지로 사람들은 이런저런 악한 정욕에 차례로 굴복합니다. 그 습관은 진행될수록 더욱 나빠지고, 마침내 허영의 끈이 수레 줄로 확대되며, 그들은 그들이 결박된 무거운 짐에서 벗어나지 못합니다.

나는 적지 않은 사람들이 스스로 안전하다는 망상에 빠져 있음을 염려합니다. 육신적인 안전은 거짓의 줄로 이루어집니다. 어떻게 죄인이 자기 죄가 용서받지 않은 상태에서 안전할 수 있을까요? 그가 악의 노예인 동안에 어떻게 하나님과 화평할 수 있을까요? 그러나 많은 사람들이 스스로를 충분히 선하다고 여기며, 이웃들보다 훨씬 낫다고 상상합니다. 정녕 그런 사람들이 스스로 안전하다고 여기는 것은, 그들이 아주 존경받을 만하고 좋은 성향을 가지고 있기 때문입니다. 사람은 위험에 익숙하여 마침내 그 위험을 인식하지 못할 수도 있습니다. 마찬가지로 영혼은 그런 상태에 익숙하여, 완고함과 불신앙 속에서도 아무런 위험을 알아채지 못할 수도 있습니다. 대장간의 개가 사방에 불꽃이 날아다니는 동안에도 가만히 누워 잠을 자는 것처럼, 복음에 대해 완고한 죄인은 경고와 호소가 들리는 중에도 잠들 수 있습니다. 처음에는 진리의 힘에서 벗어나기 위해서는 자기 양심을 애써 어겨야겠지만, 마침내 그의 양심은 강철로 둘러싼 듯하여, 어떤 말씀의 화살로도 그에게 상처를 입히지 못합니다. 오, 시온에서 마음이 교만하고 든든한 자여(참조. 암 6:1), 내 권면에 귀를 기울이고 육체적인 안전에서 벗어나십시오! 주여, 저들을 잠든 상태에서 깨워주소서!

이는 경고의 말씀입니다. 나는 오늘 밤에 모든 것을 상세히 다룰 시간이 없습니다. 독사의 알들을 조심하십시오. 물방울들이 어떻게 돌들을 닳게 하는지를 기억하고, 작은 도끼질이 어떻게 큰 떡갈나무를 쓰러뜨리는지를 상기하십시오. 비록 한 뼘 크기에 불과하다고 해도 코브라와 더불어 장난치지 마십시오. 벼랑 끝에서 멀리 떨어지십시오. 사자가 당신에게 뛰어 덮치기 전에 도망치십시오. 스스로를 위해 쇠 그물을 만들지 말 것이며, 당신 자신을 가둘 감옥을 건축하지 마십시오. 성령께서 여러분을 건지시기를 바랍니다. 십자가를 붙들고, 거기에서 당신을 풀어서 가게 하는 능력을 발견하시기 바랍니다.

2. 죄의 속박과 관련된 화

하지만, 오, 이곳에서 아직 자유를 발견하지 못하고 여전히 죄에 묶여 있는 모든 사람들이 오늘 밤 그것에서 벗어나게 되기를 내가 얼마나 바라는지요! 내 설교의 두 번째 요점은 이것입니다. 죄의 수레에 묶인 채로 있는 것에는 화(禍)가 있습니다. 그 화가 이 본문에 표현되어 있습니다.

죄의 짐을 끈다는 것은 이미 힘든 일이었습니다. 큰 죄에 빠지는 것은 큰 슬픔에 빠지는 것입니다. 여러분도 그것을 알고 있을 것이라고 나는 확신합니다. 역사의 많은 부분이 다행스럽게도 베일에 가려져 있기 때문에 그 내밀한 슬픔이 공개적인 불행이 되지는 않습니다. 그렇지 않다면 세상은 너무나 비참하여, 민감한 마음을 가진 사람이라면 그 속에서 살 수가 없을 것입니다. 우리가 집들의 지붕을 들어올릴 수 있고, 은밀하게 간직된 것들을 드러내고, 인간의 가슴에 담긴 내용물들을 끄집어낼 수 있다면, 그 전부는 아니라 하더라도 거의 대부분이 죄에서 비롯된 것임을 발견할 수 있을 것입니다. 젊은이가 단정치 못하고 부정직한 길을 향할 때, 그는 스스로에게 어떤 불행을 초래하는지요! 어떤 화가 그에게 미치는지요! 그의 신체적인 질병, 그의 정신적인 고뇌를 우리는 다 묘사할 수가 없습니다. 아, 그렇습니다. "사악한 자의 길은 험하니라"(잠 13:15). 그들은 미소를 짓고, 떠들썩하게 웃어대기도 합니다. 하지만 한 벌레가 그들의 심장을 갉아먹고 있습니다. 오호라, 불쌍한 노예들이여! 그들은 고통의 느낌을 달래려고 소란을 피웁니다. 하지만 냄비 아래에서 가시나무가 딱딱 소리를 내며 타는 것이 악인의 환락입니다. 성급하고, 요란하고, 순간적입니다. 지나고 나면 재밖에 남는 것이 없습니다. 설혹 죄의 길에서 더 나빠질 것이 없다 하더라도, 나는 여러분이 죄의 길에서 계속 행하지 않기를 바랍니다. 정녕 어리석게 행하던 것은 지나간 때로 족합니다. 아무런 수확물도 없이, 지금껏 불에 던질 짚단만 베어들인 것으로도 충분합니다. 나는 한 형제로서 여러분에게 현재의 속박에서 벗어나라고 호소합니다.

하지만 기억하십시오. 만일 여러분이 이 죄의 수레에 묶인 채로 머문다면, 그 무게는 가중됩니다. 여러분은 마치 먼 여행을 하면서 수백 미터를 지날 때마다 새로운 짐을 올리는 말처럼 될 것입니다. 여러분이 끌어야 할 하물의 중량이 갈수록 늘어날 것입니다. 인생을 출발하는 사람은 자기 수레에 가벼운 짐을 실은 말과도 같습니다. 하지만 소년에서 장년에 이르면서, 또한 장년에서 노년의 세월에 이르면서, 갈수록 더 많은 죄의 짐이 부가됩니다. 이제 그가 끌어야 할 죄의 짐이 얼마나 큰지요! 악한 영들은 계속해서 무거운 죄의 꾸러미들을 올리면서 이빨을 드러내며 웃을 것이며, 또한 인간들이 너무나 어리석게도 그토록 끔찍한 짐을 마치 훌륭한 오락거리인 것처럼 계속적으로 끄는 것을 보며 이상히 여길 것이 틀림없습니다. 오호라, 사람들이 죄를 범하며 자신들의 영혼을 가벼이 취급하며, 마치 자기 파멸이 어떤 재미있는 놀이라도 되는 듯이 즐기고 있습니다. 그러나 그런 와중에 진노의 날, 곧 경건치 못한 자들의 멸망의 날에 임할 진노를 쌓아가고 있습니다.

더 나아가, 나는 여러분이 그 짐이 점점 무거워지는 만큼 길이 더 험해진다는 것을 주목하기를 바랍니다. 바퀴 자국은 더 깊어질 것이고, 언덕은 더욱 가파르며, 구덩이는 진창으로 가득할 것입니다. 한창 때에 사람은 거품 방울이 자기 죄의 잔에 가득한 것을 발견합니다. 포도주의 맛은 그윽하고, 잔에 담긴 그 색깔은 곱습니다. 하지만 늙어갈수록 그는 찌꺼기에 가까운 것을 마시게 되며, 그 찌꺼기들의 맛은 마치 쑥이나 쓸개와도 같습니다. 뼛속까지 젊은 시절의 죄로 가득한 노인은 쳐다보는 것조차 끔찍합니다. 그는 다른 사람들에게 저주이며, 자기 자신에게도 짐스러운 존재입니다. 죄 속에서 오십 년의 세월을 보낸 사람은 그 뒤에 오십 마리의 울부짖는 늑대들이 뒤따르는 여행자와도 같습니다. 여러분에게 저 비참한 사람을 뒤쫓고 있는 울부짖는 소리들이 들립니까? 여러분에게 어둠 속에서 번쩍이는 저 눈들, 마치 숯불처럼 이글거리는 저 눈들이 보입니까? 그런 사람은 정말이지 불쌍한 사람입니다. 그가 어디로 도망쳐야 할까요? 혹은 어떻게 추격자들을 상대해야 할까요? 그런 운명이 기다리고 있음에도 계속해서 경솔히 행하는 자는 바보이며, 악한 날이 올 때에 그다지 동정을 받을 가치가 없습니다. 오, 죄의 짐마차를 끌고 있는 당신이여, 나는 당신이 저 병약함이라는 늪지대의 길, 노년이라는 저 거대한 습지에 이르기 전에 멈추라고 호소합니다!

친구들이여, 여러분 중에 누구라도 죄의 수레에 속박된 채로 몇 년을 지내 왔다면, 그 짐이 말을 짓눌러 쓰러지게 하는 날이 온다는 것을 기억하십시오. 뒤에 끌려오던 죄가 마침내 그것을 끌던 자를 앞지르게 될 때가 온다는 것은 무서운 일입니다. 내가 자랐던 마을에는 경사가 급한 언덕이 하나 있었습니다. 그 마을을 벗어날 때에는 반드시 그 언덕을 따라 내려가야 했지만, 그 길이 매우 가팔랐습니다. 한 번은 거리에서 비명소리를 들었던 것을 기억합니다. 거대한 짐수레가 그 언덕을 따라 내려오던 말들을 굴러 덮친 것입니다. 그 짐이 아마도 그 짐을 끌던 것으로 보이던 짐승들을 짓이겨 버렸습니다. 사람이 술을 마신다기보다 차라리 술이 그 사람을 마시는 때가 올 수도 있습니다. 그런 사람은 자기 잔 속에 빠지고, 자신이 홀짝홀짝 마시던 것에 빠져 흠뻑 젖게 됩니다. 사람이 폭식을 한다면, 마침내는 그의 식탐이 그를 삼켜 버립니다. 하나의 끔찍한 별식으로, 그는 이기적 탐욕이라는 저 옛 용의 목구멍으로 내려갈 것입니다. 혹은 사람이 색욕을 밝히는 자라면, 그의 악덕이 그를 삼킬 것입니다. 사람이 마귀를 따르는 것이 아니라, 마귀가 마치 자기 짐을 실은 당나귀처럼 그 사람을 끌고 간다는 것은 끔찍한 일입니다. 그 사람의 최악의 자아, 곧 후방에 있도록 억제당해 왔던 것이 마침내는 전면에 나서게 되고, 또한 그 사람의 더 나은 자아는 — 만일 그런 것이 있다면 —그것을 파괴하는 자의 수레바퀴 뒤에 매달려 마지못해 끌려가는 포로가 될 것입니다.

나는 이곳에 영원토록 죄인이 되기를 바라는 자는 아무도 없다고 확신합니다. 그렇다면 경계해야 합니다. 죄 속에서의 매 시간이 변화의 어려움과 곤란을 초래하기 때문입니다. 여기 있는 사람들 중에 어느 누구도 죄를 짓지 않을 수 없는 상태까지 빠지기를 원하지 않을 것입니다. 그렇다면 분별없이 죄를 즐겨서는 안 됩니다. 도덕적 제동장치가 망가지면, 마차는 내리막으로 치닫고, 계속하여 가속도가 붙다가, 마침내 그 영혼은 잃은 자가 될 것입니다. 나는 이 중에서 영원토록 자기 자신을 하나님의 분노와, 정욕과, 악함과, 그에 따르는 파멸에 내어주기를 바라는 자는 없다고 믿습니다. 그렇다면 왜 여러분은 여러분의 마음을 계속해서 완고하게 하는 것입니까? 만일 여러분이 그 내리막길로 돌진하고 싶지 않다면, 오늘 밤 제동장치를 장착하십시오. 하나님이 그렇게 하도록 여러분을 도우십니다. 혹은 이 본문으로 되돌아오자면, 저 노끈을 끊어 버리고, 저 거짓의 끈을 치워 버리십시오. 수레 줄이 영원토록 저 거대한 죄와 파멸의 수레에 여러분을 단단히 매기 전에 그렇게 하십시오.

3. 속박에서 벗어나도록 하기 위한 격려

이제 속박으로부터 벗어나도록 하기 위한 격려를 제시하고자 합니다. 나는 오늘 밤 슬프고 우울한 설교를 하고 싶지 않습니다. 오히려 이곳에 있는 모든 사람이 죄로부터 구원받기를 간절히 바랍니다. 내가 설교할 수 있는 한 헛되이 설교하지 않도록 내 마음은 하나님을 향해 부르짖습니다. 내가 여러분에게 생각한 바를 결코 회피하듯 말하지 않는 것과, 분명하고도 꾸밈없이 말한다는 것을 하나님이 아십니다. 나는 이 강단에 설 때에, 누군가 내 말이 거칠다고 말할 것이 두려워 결코 예민한 말을 하지 않겠다거나, 누군가의 기분을 상하게 해서는 안 된다거나, 혹은 흔히 있는 죄들을 다루어서는 안 된다는 생각으로 서지 않았습니다. 나는 여러분이 하나님의 아들의 죽음으로 말미암아 죄를 버리고 하나님과 화목하게 되기만 한다면, 사람들이 나에 대해 무어라고 말하는지에 관해서는 신경 쓰지 않습니다. 그것이 내 마음이 간절히 바라는 유일한 일입니다. 그 목적을 위해 나는 이 시간에 진지하게 경고하였습니다. 나는 더 이상 여러분에게 삼가듯이 말하지 않고자 하며, 할 수 있는 한 여러분에게 진지한 감동을 줄 수 있기를 바랍니다. 오 하나님의 영이시여, 저를 도우소서!

들으십시오. 사탄에게 얽매인 모든 노예들에게 희망은 있습니다. 아주 견고하게 묶인 자들에게도 희망이 있습니다. 당신은 말합니다. "오, 나는 수레 줄에 묶인 것을 두려워합니다. 나는 내 죄에서 망할 것처럼 보입니다. 나는 그것에서 벗어날 수가 없습니다." 들으십시오. 예수 그리스도께서 사슬에 매인 자들을 구하려고 세상에 오셨습니다. 즉, 하나님께서 친히 인간의 본성을 취하신 것은 바로 사람들을 죄로부터 구원하고자 하시는 이 목적을 위해서입니다. 저 복되고 완전하신 아기, 그 이전의 어떤 어머니도 본 적이 없었던 동정녀의 아기에 대해서, 사람들이 그의 이름을 지을 때에 이런 말씀이 주어졌습니다. "이름을 예수라 하라 이는 그가 자기 백성을 그들의 죄에서 구원할 자이심이라"(마 1:21). 그분이 우리의 본성으로 이 세상에 오신 것은 사람들을 죄에서 구원하시기 위해서입니다. 그분은 여러분을 사탄의 수레에 결박한 줄들을 끊으실 수 있습니다. 그분은 여러분을 수레의 끌채에서 벗어나게 하실 수 있습니다. 그분은 여러분을 오늘 밤 자유롭게 하실 수 있습니다. 여러분은 오랜 세월 동안 그 수레를 끌어왔으며, 그래서 벗어날 기회가 없을 것이라고 생각합니다. 하지만 기회 이상의 것이 있습니다. 여러분이 예수님을 의지한다면 확실한 구원이 있습니다.

나는 어느 유명한 작가가 어느 승합마차의 말에 대해 묘사한 것을 기억합니다. 그 말은 늙고 지쳤으나, 여전히 고생스럽게도 규칙적인 노선을 순회하고 있었습니다. 사람들은 결코 그에게서 마구(馬具)를 풀어주지 않았습니다. 그 불쌍하고 늙은 말의 몸통에 다시 그것을 채우지 못하게 될까 염려스러웠기 때문입니다. 그 말은 너무나 오랜 세월 동안 마구를 차고 있었기 때문에, 사람들은 그것을 말에게서 벗겨내면 그 말이 곧바로 쓰러질 것이라고 염려할 정도였습니다. 그래서 사람들은 그 말로 하여금 익숙한 마구를 늘 차고 있도록 했습니다. 어떤 사람들도 그와 꼭 마찬가지입니다. 그들은 죄의 오랜 세월 동안 죄의 끌채에 묶였기 때문에 한 번이라도 변화를 주면 쓰러져 산산조각이 난다고 생각합니다. 하지만 친구여, 그렇지 않습니다. 우리는 당신에 대해 더 나은 것들, 곧 구원에 수반되는 일들을 확신합니다. 주께서 당신을 새로운 피조물로 만드실 것입니다. 그분이 줄들을 끊으시고, 당신을 그토록 오래도록 묶어두었던 끌채에서 벗어나게 하실 때, 당신은 당신 자신이 어찌될지 알지 못할 것입니다. 이전 것들이 지날 때 당신은 많은 이들에게 놀라움의 대상이 될 것입니다.

아우구스티누스가 회심한 후의 일화입니다. 한 번은 그가 죄 중에 있을 때 알았던 한 타락한 여인을 마주쳤지만, 그냥 지나쳤습니다. 그녀가 말했습니다. "아우구스티누스, 나예요." 그러자 그가 돌아보고서 말했습니다. "하지만 나는 아우구스티누스가 아닙니다. 나는 당신이 한때 알았던 그 사람이 아닙니다. 나는 그리스도 예수 안에서 새로운 피조물이 되었기 때문입니다." 그것이 바로 주 예수 그리스도께서 당신을 위해 하실 수 있는 일입니다. 당신은 그것을 믿지 않습니까? 당신이 그것을 믿든지 믿지 않든지, 그것은 사실입니다. 오, 당신이 예수님을 바라보고 새로운 삶을 시작할 수 있기를 바랍니다! 변화가 있어야 할 때입니다, 그렇지 않습니까? 주 예수님이 아니시면 누가 당신을 변화시키겠습니까?

당신을 격려하기 위한 또 한 가지를 말씀드리겠습니다. 바로 이것입니다. 당신은 죄의 줄에 묶여 있습니다. 그리고 당신의 이 죄가 완전히 사라지도록 하기 위해, 지존자의 아들이신 주 예수께서 친히 묶이셨습니다. 사람들이 그분을 겟세마네에서 체포하였습니다. 그분의 손을 묶고, 빌라도와 헤롯에게로 끌고 갔습니다. 그들은 그분을 로마의 총독 앞으로 묶어서 데려갔습니다. 그분은 묶인 채로 채찍질을 당하셨습니다. 그분은 그들에게 사로잡힌 채 십자가를 짊어지고 가셨습니다. 그들은 그분의 손과 발을 묶어 못을 박았고, 쇠로 된 대갈못으로 그분을 십자가에 고정시켰습니다. 그분은 그곳에 매달렸고, 그 잔혹한 나무에 단단히 박히셨습니다. 당신과 같은 죄인들을 위해서입니다. 만일 당신이 오늘 밤 그분에게 나아와 그분을 신뢰한다면, 당신은 그분이 바로 여러분을 위해 하나님의 진노를 감당하신 것을 알게 될 것입니다. 당신을 위해, 당신을 자유롭게 하시려고, 그분이 죽음의 값을 치르셨습니다. 그분이 징벌을 당하신 것은 당신이 징벌을 당하지 않도록 하시기 위함이며, 그분이 죽으신 것은 당신이 죽지 않도록 하시기 위함입니다. 그분의 대속이 당신에게 구원이 될 것입니다. 오, 모든 사로잡힌 죄인들이여 오십시오. 그분의 귀한 십자가를 바라보고, 그분을 믿으십시오. 그러면 자유롭게 될 것입니다. 그렇게 되도록 지금 이 순간 하나님께서 은혜를 베푸시길 빕니다.

당신이 죄를 이기고 지금 당신을 묶고 있는 수레 줄을 끊는데 도움을 주기 위해, 격려가 되는 또 한 가지의 사실을 말씀드리겠습니다. 이 세상에는 당신이 알지 못하지만 우리 중의 일부는 알고 있는 신비스러운 존재가 있으며, 그 존재는 당신의 자유를 위해 일할 수 있습니다. 이 지상에 신비의 존재가 거하고 계시며, 그분의 임무는 타락한 자들을 새롭게 하고, 방황하는 자들을 회복케 하는 것입니다. 우리는 그분을 보거나 들을 수 없습니다. 하지만 그분은 우리들 중 일부 사람들 속에, 우리의 본성의 주님으로서 거하고 계십니다. 그분이 택하신 거처는 상한 마음과 애통하는 심령입니다. 가장 강력한 존재이신 그분은 복되신 삼위일체의 제삼위 하나님이시며, 오순절에 우리에게 주어진 성령이십니다. 성령은 결코 소환되지 않으셨으며, 오히려 하나님의 백성들을 복되게 하시려고 지상에 머무십니다. 그분이 여전히 이곳에 계십니다. 어디든 자유롭게 되어야 할 영혼이 있는 곳마다, 이 자유의 영이 있어 그를 도우십니다. 어디든 자기 자신의 부정함을 한탄하는 영혼이 있는 곳마다, 이 거룩한 영이 있어 그를 깨끗하게 하십니다. 정결하게 되기를 구하며 슬퍼하는 자가 있는 곳마다, 이 순결의 영이 기꺼이 임하시어 그 안에 거하시고, 하나님이 정결하시듯 그를 정결하게 하십니다. 오, 내 청중이여, 그분은 지금 여러분에게 복을 주려고 기다리십니다. 그분은 내가 말하는 동안에 여러분에게 은혜를 주십니다. 여러분이 청종하고 있는 동안, 마치 그분의 거룩한 힘이 말씀과 더불어 여러분의 영혼 속으로 들어가는 것처럼 나는 느껴집니다. 나는 내가 틀리다고 생각하지 않습니다. 당신이 하나님의 아들 예수 그리스도를 믿는다면, 또한 성령의 능력도 믿으십시오. 성령이 당신을 새로운 피조물로 만드시고, 당신을 깨끗하게 하시고, 당신을 모든 차꼬에서 풀어내시고 주님의 자유인(Lord's free man)으로 만드실 것임을 역시 믿으십시오.

한 가지만 더 말하고 마치려 합니다. 우리의 경험이 여러분에게 큰 격려가 되어야 합니다. 나는 줄에 묶인 여러분에게 말씀을 전하려고 시도했습니다. 마귀에게 매인 불쌍하고 지친 승합마차의 말들, 절대로 쉬는 날이 없는 사탄의 파발마들, 죄의 짐수레를 끌며, 추악한 허영의 도시에서 나오는 쓰레기들을 뒤에 매달고 가는 여러분에게 말입니다. 여러분이 말들이 아니고, 더 고귀한 목적을 위해 태어난 사람들인 것이 은혜입니다. 우리들 중 일부가 자유롭게 된 것처럼, 여러분은 자유롭게 될 수 있습니다.

오, 나도 한때 얼마나 무거운 짐을 뒤에 매달고 끌었는지 모릅니다! 타고난 내 죄의 마차는 정말이지 거대했습니다. 하나님의 은혜가 아니었다면 나는 그것을 움직여 보려는 불가능한 시도를 하는 중에 망하고 말았을 것입니다. 나는 내 수레의 짐이 여러분 중에 어떤 이들이 끌고 가는 공공연한 죄는 아니었다고 생각합니다. 나는 단지 아이였으며, 아직 세상의 어리석은 행동에 푹 빠진 것은 아니었습니다. 하지만 그 때 나는 완강한 고집, 교만한 마음, 격렬한 활동성, 앞뒤를 가리지 않는 정신을 가지고 있었고, 만일 하나님의 영이 나로 하여금 주님의 뜻에 복종하게 하시지 않았더라면 그 모든 것이 나를 멸망에 거꾸러지도록 했을 것입니다. 나는 모든 인간의 가슴속에 있는 은밀한 부패의 가마솥이 내 속에서도 끓고 있는 것을 느꼈습니다. 나는 하나님 앞에서 내가 망가진 상태인 것과, 내게는 아무런 소망이 없는 것을 느꼈습니다. 십오 세에 나의 내면적인 죄의 짐이 너무나 무거웠으므로 나는 어찌할 바를 몰랐습니다.

우리는 아랍 사람들이 니느웨의 큰 황소들을 레이야드(Leyard) 씨에게로 끌고 가는 사진들을 본 적이 있습니다. 수백 마리의 소들이 끌려가는 장면의 그림입니다. 나는 파라오의 신하들인 애굽 사람들이 그의 피라미드 건축물들을 세울 거대한 석재들을 끌어야 했을 때, 틀림없이 땀을 흘리고 고통을 겪었을 것이라고 상상합니다. 수천 명의 사람들이 하나의 거대한 석재 덩어리를 끌었을 것입니다. 나는 바로 그런 짐이 내 뒤에 달려 있는 것처럼 느꼈고, 꼼짝도 할 수 없었습니다. 나는 기도했지만, 그것은 움직일 기미도 없었습니다. 그것은 진창에 달라붙은 듯 했으며, 아무리 애를 써도 그 끔찍한 중량의 짐을 움직여볼 수가 없었습니다. 깊은 바퀴 자국이 패였습니다. 내 짐은 움직이지 않았고, 나는 무엇을 해야 하는지를 몰랐습니다. 나는 고통 중에 하나님께 부르짖었으며, 만일 끔찍한 고통에서 벗어날 수 없다면 죽어야 한다고 생각했습니다. 그래도 그것은 움직이지 않았습니다.

이제 내 뒤에는 나를 끌어당기는 짐이 없습니다. 하나님께 영광을 돌립니다! 나는 저 옛 수레의 줄에 묶이지 않았습니다! 내 뒤에는 지금 방해물이 없으며, 뒤를 돌아 한때 수레가 그토록 오래도록 멈추었던 파인 자리들을 뒤돌아보아도 그 흔적들을 볼 수가 없습니다. 그 거대한 짐은 거기에 없습니다! 그것은 사라졌습니다! 가시 면류관을 쓰신 분이 가까이에 오셨습니다. 나는 그분의 손과 발의 흔적으로 그분을 알아보았습니다. 그분이 말씀하셨습니다. "나를 의지하라, 내가 너를 자유롭게 하리라." 나는 그분을 의지했습니다. 그러자 내 뒤에 있던 그 거대한 짐이 없어졌습니다. 사라진 것입니다. 내가 예전에 들은 말대로, 그것은 그분의 무덤 속으로 떨어졌고, 거기에 매장되어 누워 있으며, 결코 다시는 밖으로 나오지 못합니다. 내 수레 줄은 끊어졌고, 내 거짓의 줄은 녹아 사라졌으며, 나는 속박에서 벗어났습니다. 그 때 나는 말했습니다. "올무가 끊어졌고, 내 영혼이 사냥꾼의 올무에서 벗어난 새 같이 되었도다(참조. 시 124:7) 내가 사는 날 동안에 내 구원의 이야기를 말하리라." 나는 오늘 밤 이렇게 말할 수 있습니다.

"피 흘리는 그분의 상처를
믿음으로 본 이후부터
구속의 사랑이 내 주제가 되었으니,
내가 죽는 날까지 그러하리라."

오, 내 사랑하는 청중이여, 내가 그랬듯이 그리스도를 믿으십시오. 복음은 슬퍼하는 각각의 죄인에게 찾아와 이렇게 말합니다. "구주를 믿으시오, 그리하면 기쁨이 임할 것이오. 믿음의 손을 움직이시오, 그리하면 가리었던 수건이 찢어질 것이오. 그대의 슬픔과, 영생에서 비롯되는 기쁨의 춤과 음악 사이는 단지 한 걸음뿐이니, 자아로부터 걸음을 내디디어 그리스도에게로 들어가시오. 그리하면 모든 것이 영원히 변할 것이오. 예수께 요청하여 그분의 못 자국난 손으로 그대의 줄을 끊어 주시도록 요청하시오. 그분이 날개를 편 제비처럼 그대를 자유롭게 하실 것이니, 어떤 새장도 그대를 가두지 못할 것이오. 그대는 그분을(Him) 볼 것이며, 또한 다시는 그대의 죄를 보지 않을 것이오."

하나님께서 예수 그리스도로 인하여 당신에게 복을 주시고, 수레 줄을 끊으시며, 거짓의 줄을 제거해 주시기를 빕니다. 아멘.

"주께서 그 일을 이루셨고,
죽기까지 우리를 사랑하셨네.
그가 다 이루시고, 우리를 구원하셨네!
그가 이루셨으니, 그의 말씀을 믿기만 하라.
와서 그를 송축하라.
그대의 속량 받은 생명으로
영원토록 그분을 송축하라.

오, 주께서 그 일 이루신 것을 믿으라!
무엇 때문에 망설이며, 무엇 때문에 의심하리오?
더러운 죄악의 얼룩을 그가 친히 지우시리니,
그가 이루셨도다!
와서 그를 송축하라.
부푼 가슴으로 크게 외쳐 감사하며
영원토록 그분을 송축하라."

제
6
장

선교사들을 위한 하나님의 부르심

"내가 또 주의 목소리를 들으니 주께서 이르시되 '내가 누구를 보내며 누가 우리를 위하여 갈꼬?' 그 때에 내가 이르되 '내가 여기 있나이다 나를 보내소서'"—사 6:8

형제들이여, 이교도들이 멸망하고 있습니다. 그들을 위한 구원의 길은 오직 하나뿐이며, 천하 사람 중에 구원을 받을 만한 다른 이름을 그들에게 주신 일이 없습니다. 영광스러운 삼위일체 하나님께서 인간들에게 생명의 길을 전파할 전령들을 부르고 계십니다. 짙은 흑암 중에서 내 귀는 그 신비한 하늘의 음성을 들을 수 있습니다. "내가 누구를 보낼까?" 여러분이 그 음성에 믿음의 귀를 기울이기만 하면, 여러분도 오늘 이 예배당에서 그 음성을 들을 수 있습니다. "내가 누구를 보낼까?" 세상이 죄의 저주 아래 놓여 있는 동안, 아무도 멸망치 않고 회개에 이르기를 원하시는 살아계신 하나님께서, 그분의 자비를 선포할 포고자들을 찾으십니다. 그분은 저 죽어가는 수백만의 사람들에게 나아가서 그분의 놀라운 사랑의 이야기를 들려줄 몇 사람을 찾으려고, 호소하는 어투로 요청하십니다. "내가 누구를 보낼까?" 마치 그 음성을 삼중으로 강력하게 하시려는 듯, 우리는 성 삼위 하나님께서 물으시는 소리를 듣습니다. "누가 우리를 위하여 갈꼬?" 아버지께서 물으십니다. "누가 나를 위해 가서 멀리 떨어진 내 자녀들을 돌이키게 할꼬?" 아들이 물으십니다. "누가 나를 위해, 내가 속량하였으나 방황하고 있는 자들을 찾을꼬?" 성령께서 물으십니다. "내가 누구 안에 거하고, 누구의 입을 통하여 저 멸망하는 무리들에게 생명의 말씀을 전할꼬?" 그 본성에서 하나이신 하나님께서 외치십니다. "내가 누구를 보낼까?" 또한 삼위 안에서 그분이 물으십니다. "누가 우리를 위하여 갈꼬?" 우리가 오늘 이 예배당에서 이러한 진지한 반응의 소리를 들을 수 있다면 행복할 것입니다. "내가 여기 있나이다. 나를 보내소서."

그리스도 안에 있는 형제들이여, 나는 이 문제를 여러분에게 매우 엄숙하게 제시할 것입니다. 여호와의 대의(大義)를 변론하려고 애쓰는 동안, 나는 성령께서 이곳에 임하시어 여러 종류의 사람들에게 이렇게 말씀하시기를 기대합니다. "내가 불러 시키는 일을 위하여 바나바와 사울을 따로 세우라"(행 13:2). 그렇습니다. 그렇게 강권하시는 음성, 곧 특별한 은혜의 부르심이 이곳에 참석한 몇 사람의 귀에 들리고, 또한 그들이 사무엘처럼 이렇게 반응하게 되기를 바랍니다. "당신이 나를 부르셨기로 내가 여기 있나이다"(참조. 삼상 3:8).

먼저, 우리는 이 아침에 저 선지자가 드린 예배와 관련된 영광의 비전, 즉 그가 본 환상을 숙고할 것입니다. 두 번째로, 위임의 환상을 숙고할 것입니다. 그가 경험한 바는 본 것 이상이었습니다. 제단의 핀 숯이 그의 입술에 닿았기 때문입니다. 세 번째로, 우리는 하나님의 음성에 대해 말할 것입니다. 그리고 진지한 반응에 대해 숙고함으로써 끝을 맺을 것입니다.

1. 영광의 비전

경건하게, 그리고 우리의 모든 마음을 기울여서, 이사야가 보았던 그 영광의 비전을 응시하도록 합시다. 그가 온전한 헌신의 마음으로 "내가 여기 있나이다. 나를 보내소서"라고 표현할 수 있기 위해서는, 순서상 이 광경을 보는 것이 그에게 필요했습니다. 그는 먼저 하나님의 최고의 영광을 보았습니다. 그는 말했습니다. "내가 본즉 주께서 높이 들린 보좌에 앉으셨는데 그 옷자락은 성전에 가득하였더라"(1절). 그가 보았던 분이 예수님이었을까요? 이 환상이 그분의 미래의 성육신의 전망들 중의 하나였을까요? 아마도 그럴 것입니다. 왜냐하면 요한이 그의 복음서 12장 41절에서 이렇게 기록하였기 때문입니다. "이사야가 이렇게 말한 것은 주의 영광을 보고 주를 가리켜 말한 것이라." 이사야는 주 예수 그리스도를 언급하고 있는 것으로 묘사합니다. 하지만 우리는 그 해석만을 주장하지는 않을 것입니다. '주'(Adonai)라고 하는 단어는 의심할 바 없이 여러 차례 하나님의 신성(Godhead) 전체를 포함하며, 따라서 그 환상은 시각적인 형태로 계시된 하나님 자신을 표현하는 것일 수도 있습니다. 그분의 절대적 본성에 대해서는 우리의 눈으로 하나님을 볼 수 없습니다. 하지만 그분이 친히 자기를 나타내 보이시기로 결정하셨습니다. 사람들이 지각할 수 있는 그러한 형태로 사람들 가운데 나타나시는 것입니다. 자, 형제들이여, 우리는 선교 사역을 위해서나, 혹은 다른 어떤 종류의 그리스도인의 노력에 있어서, 하나님의 영광을 목격하는 것보다 더 좋은 동기가 되는 것은 없음을 압니다. 이것은 영혼이 느낄 수 있는 가장 강력한 자극들 중의 하나입니다. 오 하나님의 말씀을 믿는 자들이여, 지금도 주 여호와 하나님께서는 보좌에서 물러나지 않으셨으며, 그분의 영광의 자리에 앉아 계십니다. 어떤 이들은 그분을 알지 못하고, 다른 이들은 그분을 부인하고 훼방하지만, 여전히 그분은 영원히 복되신 분으로 만유를 통치하십니다.

그분의 무한하신 위엄의 인내를 보십시오. 그분은 영원한 영광의 보좌에 침착하게 앉아 계십니다(sits). 민족들이 격렬히 노하며 헛된 일을 꾸밉니다. "하늘에 계신 이가 웃으심이여 주께서 그들을 비웃으시리로다"(시 2:4). 여전히 그분은 태연히 거하시며 그분의 목적은 성취됩니다. 그분은 언제나 동일하시고 그분의 연대는 무궁할 것입니다. 그분은 왕으로서 보좌 위에서 모든 것을 내려다보십니다. 그분은 결코 그분의 주권과 통치를 단념하지 않으십니다. 만유는 여전히 하나님의 전능의 통치를 느낍니다. "여호와께서 그의 보좌를 하늘에 세우시고 그의 왕권으로 만유를 다스리시도다"(시 103:19). 인간들의 반역이 그분의 확고한 통치를 흔들 수 있겠습니까? 그렇지 않습니다. 그분은 그들의 거친 소동에도 불구하고 질서를 세우시며, 그들의 맹렬한 저항에도 불구하고 자신의 목적을 이루십니다. 결국 주께서 통치하십니다. "여호와께서 다스리시나니 땅은 즐거워하며 허다한 섬은 기뻐할지어다"(시 97:1). 전쟁의 큰 소동과, 땅의 어두운 곳에서의 인간들의 모든 사악함과, 지존하신 분을 거역하는 이교도들의 모든 가증스러운 훼방에도 불구하고, 여호와는 결코 요동치 않는 보좌에 앉아 계십니다.

그것은 결코 낮은 보좌가 아니며, 그 위엄은 결코 작지 않습니다. 그것은 "높이 들린" 보좌입니다(1절). 그것이 다른 모든 보좌들보다 높은 것은 단지 더 큰 힘의 차원에서만 그런 것이 아니라, 그들을 다스리는 최고의 통치라는 차원에서도 그러합니다. 그분은 만왕의 왕이시며 만주의 주이십니다(참조. 계 17:14). 사랑하는 형제들이여, 나는 우리가 지존자에게 속한 그 영광과 능력과 통치를 얼핏이라도 보기를 원합니다. 만일 그렇게만 한다면, 비록 우리가 티끌처럼 낮아진다 하여도, 우리 안에서 다른 신들을 세우는 자들에 대하여 거룩한 분노가 불처럼 일어날 것입니다. 그것은 우리로 하여금, 이러한 눈멀고 귀먹고 벙어리 된 우상들에 맞서 어떤 일이라도 할 수 있는 거룩한 용기로 가득하게 할 것입니다. 그 우상들은 단순히 경멸해 버리기에는 너무나 큰 명예를 얻고 있습니다. 하지만 우리가 하나님의 영광의 보좌를 본다면, 우리는 살아 계신 하나님의 왕국의 목적이 궁극적으로 성취되리라는 확신을 느낄 것입니다. 스스로 그 손을 제어하고 계시는 지금도, 그분은 높이 들린 보좌에 앉아 계시며, 열방들을 다스리는 통치자이십니다. 정녕 모든 열방들이 그분의 보좌를 보고 그 앞에 엎드리며, 하나님이 만유 위에 계신 주이심을 보게 될 날이 올 것입니다. 우리가 섬기는 하나님은 그분 자신의 목적을 이루는 일에서 승리하실 것입니다. 여기에 우리로 하여금 그분의 목적과 왕권을 위하여 싸우도록 격려하는 하나의 자극이 있습니다.

만일 이 본문을 주 예수 그리스도를 언급하는 것으로 이해한다면, 그분에게 더 이상 가시 면류관과 잔혹한 창과 경멸의 침 뱉음이 없음을 생각하는 것이 우리에게는 기쁨입니다. 고개를 숙이시고 숨을 거두신 그분은 죽음을 떠나 더 이상 죽지 않으시며, 하나님 아버지 우편에 오르셨습니다. 하나님께서 그분을 가장 높은 곳으로 올리셨습니다. 그리하여 이제 그분은 "높이 들린" 보좌에 앉아 계십니다. 사실상 이것이 우리에게 주어진 지상명령의 근거입니다. "그러므로 너희는 가서 모든 민족을 제자로 삼아 아버지와 아들과 성령의 이름으로 세례를 베풀라"(마 28:19). 그분에게 하늘과 땅의 모든 권세가 주어졌습니다. 그러므로 우리가 가서 사람들을 그분의 발 아래에 복종시키는 것입니다. 오, 주님의 교회가 주님의 영광을 온전히 믿을 때, 교회는 그것 때문에 기뻐하고 또한 그분의 능력으로 충만해질 것이며, 이어서 그분의 성전은 그분을 따르는 자들로 채워질 것입니다. 비록 우리가 그분의 지극히 큰 영광을 볼 수는 없어도, 우리는 성령을 통한 그분의 임재가 마치 향기로운 연기와 빛나는 의복의 옷자락처럼 우리에게 알려지도록 기도하며, 또한 그분께 대한 숭배의 마음이 우리에게 가득해지기를 기도합니다. 그분의 위엄 어린 임재에 저 성전 문지방의 터가 요동하지 않았던가요? 그와 마찬가지로 우리가 주요 그리스도이신 그분 앞에 가장 겸비하게 숭배할 때 우리의 마음이 흔들리게 되기를 바랍니다.

하지만 그 때 이사야는 위대한 왕의 궁전을 또한 보았습니다. 그는 그분의 보좌 가장 가까이에서 끊임없이 경의를 표하는 영광스러운 천사들을 보았습니다. 그는 "스랍들이 모시고 섰더라"고 말합니다. 그들의 발이 땅이나 혹은 다른 견고한 물체를 디디고 있지 않음을 시사합니다. 그러면서도 그들은 그 위대하신 왕의 주위를 둘러싼 채 움직이지 않으며, 어떤 한 원의 상공에 위치하여, 마치 무지개처럼 보좌를 두르고 있습니다. 혹은 마치 호위대가 그 위엄의 보좌를 둘러싸고 있는 듯하기도 합니다. 그들은 그곳에 있습니다. 그분의 의향을 알기를 기다리며, 날개를 펴서 어떤 심부름이라도 할 준비가 되어 있으며, 기다리는 동안에는 끊임없이 그분께 찬미를 드립니다. 이 스랍들은 기독교적 예배의 한 모범을 우리에게 보여줍니다. 하나님의 보좌가 우리의 예배를 위한 하나의 자극이 되듯이, 이 스랍들이 우리에게 본보기(the model)가 될 수 있습니다. 그들은 주님 가까이에 거합니다. 우리 역시도 그렇게 해야 합니다. 그분이 그들의 중심이며 그들의 기쁨입니다. 그분은 우리에게도 그런 분이셔야 합니다. 하지만 내가 특별히 주목하고 싶은 것은 그들이 '불붙은 자들'(burning ones)이었다는 것입니다. 그것이 바로 '스랍'이라는 말의 의미입니다. 이 히브리 단어는 광야에서의 불 뱀들(fiery flying serpents)에게도 적용됩니다(참조. 민 21:6). 위대한 왕의 이 신하들은 뜨겁게 타오르는 불의 존재들입니다. 그들은 밝게 타오르면서 그분을 경배합니다. "그는 그의 천사들을 바람으로, 그의 사역자들을 불꽃으로 삼으시느니라"(히 1:7). 소멸하는 불이신 여호와는, 천사들이든 사람들이든 오직 불붙은 자들에 의해서만 합당하게 예배를 받으실 수 있습니다. 그러므로 이러한 엄숙한 질문이 대두됩니다. "우리 중에 누가 삼키는 불과 함께 거하겠으며 우리 중에 누가 영원히 타는 것과 함께 거하리요?"(사 33:14). 거룩한 사랑으로 불붙지 않은 자는 아무도 그렇게 할 수 없습니다. 그 삼키는 불의 임재 안에서, 미지근하거나 무관심한 상태로 존재하는 것은 불가능하며, 완전히 불붙어 타오르게 마련입니다. 불타오르는 하나님의 보좌 앞에서 궁정 신하로 행동하려면, 스랍 천사나 혹은 불타는 영이어야 합니다. 만일 우리가 둔감하고 맥 빠진 상태가 된다면, 하나님의 심부름을 수행하기에 합당한 자로 간주되지 못할 것입니다. 그러므로 사랑의 냉랭함이나 영혼의 혼수상태는 멀리 제거되어야 합니다. 주께서 우리를 세례 요한처럼 밝게 타오르는 빛들이 되게 하시기를 빕니다.

하나님의 이 궁정 신하들은 우리에게 타오르는 자들로 묘사되었습니다. 여섯 날개를 가지고 있는 이들이 실제로는 비가시적이지만, 단지 그렇게 묘사되었고 오직 환상에서만 그렇게 보였다는 점을 기억하십시오. 그분의 종들은 그처럼 행동에 기민하고 생명으로 충만하였습니다. 내가 아는 어떤 이들은 주님을 섬긴다고 고백하지만 전혀 날개를 갖지 못한 것처럼 보입니다. 신경이 무디고 비활동적이며, 스랍이기보다는 차라리 나무늘보에 가깝고, 날개를 달았기보다는 추를 달고 있는 자들입니다. 그분에게 가까이 나아오는 자들은 행동에서 기민하고, 활동적이며, 의욕이 넘치고, 깨어 있으며, 원기왕성하고, 주님의 일에 대해서는 신속하게 날 준비가 되어 있어야 합니다. 한 마디로, 그들에게는 여섯 날개가 있어야 합니다. 이는 그들이 중도에 지체하거나 지치지 않고, 어슬렁거리거나 늑장을 부리지 않기 위해서입니다. 우리는 그와 같이 준비된 정신이 있습니까?

생명과 활동력이 있는 이 영광스러운 영들은 그들의 힘을 매우 신중하고 분별 있게 사용합니다. 그들은 모든 날개들을 비행을 위해 사용하지 않고, 한 쌍의 날개로는 그들의 얼굴을 가립니다(2절). 여호와의 보좌의 눈부신 광채를 응시할 수 없기 때문입니다. 그러므로 그들은 겸손히 얼굴을 가리고서 하나님을 경배합니다! "그 둘로는 자기의 발을 가리었더라." 또 다른 한 쌍의 날개로는 그 몸이나 혹은 그 아래의 부분들을 가립니다. 스랍은 비록 죄가 없어도 여전히 피조물이며, 그러므로 그는 지극히 거룩하신 분의 임재 속에서 그 자신이 아무것도 아님과 무가치성을 나타내는 표현으로 자기를 가리는 것입니다. 중간에 있는 한 쌍의 날개는 비행을 위해 사용되었습니다. 수줍어하고 겸손한 것만으로는 온전한 경배를 드릴 수 없기에, 활동적인 순종과 섬김을 위하여 준비된 마음이 있어야 합니다. 이와 같이 그들은 네 날개를 경배를 위하여, 두 날개를 힘찬 활동을 위하여 갖추고 있었습니다. 날개 넷은 그들 자신을 가리기 위한 것이었고, 날개 둘은 섬김을 위한 것이었습니다. 우리가 그들로부터 배울 수 있는 것은, 그분의 임재 속에서 깊은 존경심을 가지고 겸손히 자신을 낮출 때 그분을 최상으로 섬길 수 있다는 점입니다. 경외심이 활력보다 더 큰 비중을 차지해야 하며, 경배가 활동을 능가해야 합니다. 예수님의 발치에 앉았던 마리아가 마르다와 그녀의 많은 섬김보다 나았듯이, 거룩한 숭배가 우선이고 그 다음에 활동적인 섬김이 뒤를 따라야 합니다. 천사들은 그분의 음성을 들으면서 그분의 계명들을 행합니다. 그래서 그들이 탁월한 것입니다. 우리의 탁월성 역시 그와 같은 방향에서 발견되어야 하며, 곧 예배와 일이 적정한 비율로 결합되어야 합니다. 나는 것과 마찬가지로 얼굴을 가리는 것이 필요합니다. 그 불붙은 천사는 그 날개를 펼친 것만큼이나 그 발을 가린 면에서도 거룩하였습니다. 주께서 성령의 역사로써 우리를 거룩한 열정으로 채우시고, 또한 우리를 불붙은 존재로 만드시도록 기도합시다. 그분이 우리에게 거룩한 활력의 날개를 달아주실 때, 그분이 또한 우리의 마음을 겸손케 하시고 우리에게서 모든 헛된 호기심을 제하시기를 바랍니다. 그리하여 우리가 가리지 않은 눈으로 하나님의 불가해한 무한성을 들여다보려고 시도하지 않으며, 모든 부정한 억측을 버리고, 어떤 허장성세도 부리지 않으며, 오직 거룩하신 분의 장엄한 임재 속에서 우리의 발을 가리게 되기를 바랍니다. 하나님이 우리를 부르실 때에 마치 여섯 날개를 가지고 그분을 섬기듯이, 우리가 모든 선한 말과 일에 준비되어, 어느 곳이든 신속하게 갈 수 있도록 합시다.

이사야가 성전에서 본 환상의 또 다른 부분은 끊이지 않는 노래였습니다. 이 성스러운 존재들이 계속해서 이렇게 외쳤기 때문입니다. "거룩하다 거룩하다 거룩하다 만군의 여호와여 그의 영광이 온 땅에 충만하도다"(3절). 형제들과 자매들이여, 이 외침이 우리들 각자의 삶의 노래가 되도록 합시다. 거룩하신 하나님, 완전하신 그분을 찬양합시다! 그분이 여러분에게 어떤 일을 행하시든, 한결같이 그분을 송축하고 그분의 거룩함을 노래하십시오. 그분의 섭리에 어떤 흠도 찾으려 하지 말 것이며, 감히 그분의 길에 대해 논쟁하려고 하지 마십시오. 그분은 모든 일에서 거룩, 거룩, 거룩하십니다. 창조와 섭리와 구속에서 그분은 거룩, 거룩, 거룩하십니다. 그분을 뜨겁게 찬양하십시오. 그분을 한 번 거룩하다 부르는 것으로 만족하지 말고, 그 주제를 깊이 생각하십시오. 여러분의 모든 힘을 다해 주를 높이십시오. 그분께 거룩한 노래를 거듭하여 올려 드리십시오. 아버지만을 송축할 것이 아니라, 아들과 영원히 복되신 성령도 노래하십시오. 삼위일체께서 여러분의 지속적인 찬미의 대상이 되도록 하십시오.

> "거룩하다 거룩하다 거룩하다 전능의 주 하나님!
> 이른 아침에 우리 노래가 당신을 향해 올라갑니다.
> 거룩 거룩 거룩하며, 자비로우시며 능하시도다!
> 삼위로 계신 하나님, 복되신 삼위일체시여!"

그분의 거룩하심을 노래할 때 그분의 능력을 망각하지 말고, "만군의 여호와"로서 그분을 찬미하십시오. 그분은 선하실 뿐 아니라 위대하십니다. 거룩하실 뿐 아니라 높으시며, 순결하실 뿐 아니라 강하십니다. 그분이 하늘과 땅과 그 안에 있는 만물을 창조하셨습니다. 천사들의 군단이 그분의 명을 따라 행합니다. 지혜로운 천사의 무리가 그분의 부르심을 기다립니다. 모든 자연의 힘과, 생물과 무생물들이, 그분의 명령을 따라 행진합니다. 벼락의 내려침에서부터 작은 곤충의 비행에 이르기까지 모든 것이 그분이 시키시는 대로 따릅니다. 새들의 무리가 그분의 지시대로 이동하며, 물고기 떼가 그분의 명에 따라 바다를 헤엄쳐 다닙니다. 메뚜기 떼와 작은 날벌레들이 그분의 지시를 따라 들판을 휩쓺니다. 그분의 군대는 수를 헤아릴 수 없고, 모든 살아 있는 것들이 그분의 진영의 일부로 편제되어 있으니, 그 군대는 실로 엄청납니다. 사람들 또한, 그들이 원하건 원하지 않건, 그분의 최고의 지배에 복종하여야 합니다. 지상의 군대든 바다의 군대든, 인간의 군대는 그들이 그분을 생각지 않을 때조차도 그분이 작정하신 뜻을 수행합니다. 그분은 만유의 주이십니다. 이 사실을 크게 기뻐하며, 이로 인해 여러분의 마음이 용감하게 되기를 바랍니다.

다음으로, 여러분이 선교사의 정신을 느끼려면 그 노래의 마지막 부분을 숙고해 보십시오. "그의 영광이 온 땅에 충만하도다"(3절). 어떤 의미에서 그것은 실제로 그러합니다. 만군의 여호와께서 온 땅에 충만하십니다! 하나님은 온 세계 위에서 영화로우십니다. 하늘과 땅이 그분의 영광의 위엄으로 가득합니다. 길 잃고 방황하며 고집스러운 피조물인 인간을 제외하고는 모든 것이 그분을 송축합니다. 이 찬미의 노래를 소망의 노래로 전환하여 읽을 수도 있습니다. "온 땅이여 그분의 영광으로 충만할지라." 여러분이 원한다면, 그 노래를 예언으로 읽어도 좋습니다. "온 땅은 여호와의 영광으로 충만하리라." 얼마든지 그런 식으로 읽을 수 있습니다.

오 지존자의 종들인 여러분이여, 그분의 손에 쥐어진 도구가 되도록 결심하기 바랍니다. 그분의 이름을 사람들에게 널리 알림으로써 그 예언이 성취되게 하는 수단이 되십시오. 땅과 거기에 충만한 모든 것이 주님의 것이며, 따라서 그분이 다스리셔야 합니다. 여러분은 세상이 결코 하나님께로 돌이키지 않으리라는 현대 이론에 굴복하렵니까? 인간의 역사가 마귀가 하나님의 교회를 이기는 것으로 끝나겠습니까? 주께서 연약한 인간들을 도구로 삼아 그들과 더불어 악에 맞서는 현재의 선한 싸움을 포기하실까요? 이 투쟁의 상태가 전적으로 바뀔까요? 세상 나라가 주 예수님께 바쳐질 때까지 성령께서 그 힘이 약해지실까요? 복음이 이방인들에게 전파되지 않겠습니까? 그리스도께서 무지몽매한 이방 세계에 임하실 때, 여전히 저 거짓 선지자 마호메트가 정복되지 않은 상태로 있고, 또한 저 로마의 음녀가 여전히 일곱 언덕 위에 앉아 있으며, 모든 우상들이 그들의 자리를 차지하고 있을까요? 지금 인간의 연약함으로 인해 하나님을 영화롭게 하는 이 싸움이 다른 방식으로 전개되어야 할까요?

만일 여러분이 그렇게 믿는다면, 여러분은 수치스럽게도 게으른 자의 침상에 누워 있어도 좋습니다. 하지만 내 생각에는, 그보다 훨씬 가치 있는 무언가가 있습니다. 즉 하나님께서 지금의 전투에서 또한 지금의 전투 방식으로 계속해서 승리하실 것임을 믿는 것입니다. 그분의 교회와, 그분의 말씀과, 그분의 성령에 의해 그분은 승리를 얻으실 것입니다. 그분의 은혜의 복음에 대한 연약하고 힘없는 자들의 증언에 의해, 그분은 어둠의 권세들을 정복하십니다. 우리 주님께서 하늘에 오르신 이후 거의 이천 년이 지나는 동안 그분은 계속해서 사탄을 상대해 오셨습니다.

그 원수가 최종적으로 쓰러지고, 마침내 구속받은 자들이 "할렐루야! 주 우리 하나님 곧 전능하신 이가 통치하시도다"(계 19:6)라고 함성을 외칠 때까지 그분은 결코 이 싸움을 멈추지 않을 것입니다. 저 경건한 다윗이 "온 땅에 그의 영광이 충만할지어다 아멘 아멘"(시 72:19)이라고 말했을 때의 열망이 성취되는 것을 볼 때까지, 우리의 기도는 결코 멈추지 않을 것입니다. 우리는 그 완성을 바라보고 수고할 것입니다. 비록 그런 일이 일어나지 않을 것처럼 보여도, 특히 지금처럼 선교사들이 이방인들을 회심시키는 것이 아니라 오히려 이방인들이 우리의 선교사들을 전향시키고, 아프리카의 줄루족들이 그리스도인들이 되기보다는 주교라는 자들이 줄루 사람들처럼 되는 때에도, 여전히 우리는 그 일이 실현될 것을 믿습니다. 우리가 세상이 정복될 것을 믿는 이유는 하나님의 전능하심을 믿기 때문입니다. "바다에서부터 바다까지"(시 72:8) 우리 주 예수님의 완전한 통치를 위하여 우리는 기도할 것이고 또한 섬길 것입니다. 우상들이 철저히 파괴되고, 오류와 죄는 진리와 거룩함의 빛 앞에서 도망칠 것이며, 땅의 끝이 우리 하나님의 구원을 볼 것이고, 온 땅은 그분의 영광으로 가득하게 될 것이 틀림없습니다.

2. 위임의 환상

이제 위임의 환상에 대해 생각해 보도록 합시다. 이 사람 이사야는 여호와의 이름으로 나아가야 합니다. 하지만 그토록 고귀한 대사로서의 사명을 위하여 그는 어떤 특별하면서도 필수적인 과정을 겪어야 했습니다. 그는 인간적인 판단의 관점에서는 미래에 쓰임받기에는 자격 미달인 상태, 용기가 꺾이고, 마치 상한 갈대처럼 느껴지는 상태가 되었습니다. 그가 보았던 영광스러운 환상으로 인하여 그에게는 아무런 힘도 남아 있지 않았습니다. 그는 자신의 전적인 무가치성을 의식하며 낮아지고 낙심한 상태가 되었으며, 그 자신이 아무것도 아니라고 느꼈습니다. 하나님의 임재 속에서 그는 외쳤습니다. "화로다 나여! 망하게 되었도다. 나는 입술이 부정한 사람이로다!" 그는 말합니다. "화가 내 영혼에 미쳤고, 나는 그것 때문에 망하는구나!" 그렇습니다. 사랑하는 형제여, 이것이 성공에 이르는 우리의 길입니다. 하나님께서는 먼저 우리를 완전히 '망가뜨리시기(undo)' 전까지는 결코 우리와 더불어 어떤 일을 행하시지(do) 않습니다. 우리는 산산조각 나야 하고, 파괴되는 것과 같은 과정을 겪어야 합니다. 그런 후에 우리는 더 고귀한 거푸집을 따라 새롭게 형성되고, 우리의 위대하신 주님에 의해 쓰임받기에 더욱 적당하게 됩니다. 나는 주님의 일을 위해 부름받은 여기에 있는 모든 형제들이 그 일을 위해 나아갈 수 없다고 느끼고, 자신의 무능과 무가치성과 실패를 매일같이 슬퍼한다고 해도, 유감으로 생각하지 않을 것입니다. 왜냐하면 진토에 놓이게 되는 것이 우리에게 유익하기 때문입니다. 깨어져서 땅에 버려지고, 부서지고, 갈리어서 먼지처럼 되는 일을 우리는 겪어야 합니다. 이것이 주 안에서와 그의 힘의 능력 안에서 강하게 되는 길이기 때문입니다. 자아의 죽음이 곧 은혜의 삶입니다. 우리가 약할 그 때에 우리는 강합니다. 우리 자신의 모든 자부심이 비워지고 성령으로 가득하게 됨으로써, 우리는 비로소 가장 고귀한 사명을 수행할 능력을 가지고 일어설 수 있습니다.

한편, 이렇게 기가 꺾여 있는 동안 그가 죄를 고백했다는 사실을 주목하십시오. 그는 말했습니다. "나는 입술이 부정한 사람입니다." 왜 그가 마음의 악함 대신 입술의 부정함을 한탄했을까요? 그것은 부분적으로는 그가 스랍 천사들의 노래에 참여하기를 갈망했지만 그의 입술이 정하지 못함을 느꼈기 때문입니다. 더 나아가서는 그가 선지자였고, 따라서 그의 입술이 그의 직무의 도구가 되어야 했지만, 가장 은혜가 필요하다고 느끼는 부분에서 죄를 크게 의식했기 때문입니다. 나는 이사야가 진리의 어떤 부분에서 뒤로 물러선 적이 있었는지, 혹은 그가 어울리지 않는 말투로 말했는지, 혹은 그의 예언 활동에 있어서 신실하지 못한 부분이 있었는지에 대해서는 알지 못합니다. 하지만 어쨌든 그는 자신의 부족함을 느꼈습니다. 여러분과 나는 그에게서 흠결을 찾아낼 수 없어도, 그는 그것을 보았고, 또한 그것을 느꼈습니다. 하나님께서 보내신 사역자라면, 자신의 사역을 바라보면서 부정한 입술을 가진 사람이라고 느끼지 않는 자가 어디 있겠습니까? 종종 우리의 영혼은 이렇게 말합니다. "오, 이 입술에 언어의 능력이 있다면 좋으련만. 이 입술은 보잘것없고, 벙어리 같이 둔하여 제대로 말하지 못하는구나. 오, 이 입술이 육체이기보다 불꽃이라면, 우리가 불붙은 설득과 호소와 간청과 말을 쏟아낼 수 있을 것이고, 그것이 마치 마른 그루터기의 불처럼 많은 사람들 가운데로 퍼져갈 수 있으련만." 하지만 우리는 그렇지 못합니다. 우리는 자주 냉랭하고 기력이 빠져 있으며, 그래서 부정한 입술을 가진 것을 슬퍼하는 것입니다. 하나님의 영광을, 혹은 그리스도의 사랑을 본 사람이라면, 이 고백에 동참하지 않을 자가 누구이겠습니까?

또한 이 하나님의 사람은 자신이 소속되어 거주하는 백성의 죄를 깊이 의식하였습니다. 그는 외쳤습니다. "나는 입술이 부정한 백성 중에 거주합니다." 자신의 주위를 둘러싼 죄에 눈감는 사람은 좋은 선교사가 될 수 없다고 나는 생각합니다. 주위의 죄가 그의 코를 찌르지 않으면, 그것이 그의 영혼으로 하여금 거룩한 분노로 끓게 만들지 않으면, 바울처럼 그의 마음속에서 격분이 일어나지 않는다면, 그가 어떻게 하나님의 메시지를 마땅히 전해야 하는 자세로 전할 수 있겠습니까? 악과의 친숙함은 아주 종종 예민한 감각을 둔하게 만듭니다. 그럴 때에 사람들은 자기 목전에 있는 죄를 보고서도 우는 것을 멈춥니다. 여러분이 로마의 미신들을 바라보다가, 거의 그 화려한 허식에 감탄하는 지경에 처할 수도 있습니다. 또한 여러분이 이교도의 신전들을 바라볼 때 그 건축술의 위엄 때문에 그 건물들의 추한 목적을 잊어버릴 수도 있습니다. 하지만 그래서는 안 됩니다. 우리는 입술이 부정한 백성 중에 거하고 있다고 느껴야 합니다. 우리는 마음으로 그들의 죄에 대해 부담을 느껴야 하고, 그들이 회개하지 않는 것에 대해 회개해야 하며, 그들의 마음이 하나님께 대해 완고한 것에 대해 우리의 마음을 깨뜨려야 합니다. 오직 그런 정신을 가질 때에만, 우리가 비로소 하나님의 이름으로 나아가기에 합당하게 됩니다.

여러분은 그가 하나님의 임재로 인하여 거룩한 경외심을 가진 것을 주목하십니까? 그가 만군의 주이신 왕을 본 것으로 인해 엎드리게 된 것을 보십니까? 오, 은혜를 입은 하나님의 종이여! 이사야여, 당신은 당신의 동료들 위에 존귀를 입어 하나님의 보좌와 영광을 보았습니다! 만일 그 성전에 서서 그 출입문 안을 들여다볼 수만 있다면, 그 연기를 응시하고, 그 빛나는 광채를 얼마간 바라볼 수만 있다면, 여러분과 나는 무엇이든 드리려 하지 않겠습니까? 하지만 그는 그 안에서 기뻐 날뛰지 않았습니다. 정반대로 그는 이렇게 외쳤습니다. "화로다, 나여!" 그는 그 놀라운 광경으로 인하여 위엄 있는 위치로 높아졌다는 생각을 하지 않으며, 오히려 깊은 진토 속에서 외칩니다. "나는 망하게 되었도다. 이는 만군의 여호와이신 왕을 뵈었음이로다." 자, 하나님의 임재에 대하여 경외심으로 가득한 이러한 의식이 사람으로 하여금 주님을 섬기기에 적절하고 합당하게 되도록 합니다. 하나님이 여러분의 주위 모든 곳에 계신 것을 망각해 보십시오. 여러분이 그분의 임재 속에 살고 있음과 여러분이 그분의 종인 것을 잊어버리고, 그분에게서 멀어져 보십시오. 그러면 여러분은 부주의하게 되고, 열망은 억제되고, 여러분의 양심은 무방비로 풀어질 것입니다. 하지만 사람이 하나님께서 그를 보고 계심을 느끼기만 한다면, 그리고 그가 그분의 직접적인 인도 하에 있음을 안다면, 그는 즉시 각성하여 그분의 뜻이 하늘에서 이루어진 것처럼 땅에서도 이루어지도록 행동할 것입니다. 그는 자신의 모든 힘을 기울일 것입니다. 왜냐하면 하나님은 우리가 최선을 다해 섬겨야 할 분이기 때문입니다. 하지만 그가 자신의 최선을 다했을 때에도, 그는 하나님의 영광에는 미치지 못함을 의식할 것이며, 하나님의 임재 속에 있는 자들이 마땅히 그러해야 하는 것처럼 매우 겸손할 것입니다. 오, 주 예수님이시여, 당신의 거룩한 영으로써 우리로 하여금 당신의 임재에 대한 압도적인 의식을 갖게 하옵소서! 당신께서 이런 일을 행하신다면 우리의 예배당은 먼저 예배자들로 가득할 것이고, 그 후에는 일꾼들로 가득하게 될 것입니다. 그리고 기쁨으로 당신을 찬미하고 당신을 위해 수고할 것입니다.

선지자가 본 환상의 이러한 두 번째 부분에서, 가장 주목할 만한 것은 하나님께서 그분의 종을 만나시고 결점들을 제거해주신 방식입니다. 이사야의 부정한 입술은 커다란 장애물이었습니다. 가장 능력이 필요한 부분에서 그는 자신의 부족을 가장 크게 느꼈습니다. 그래서 스랍 중의 하나가 황금의 부젓가락으로 제단에서 핀 숯을 가지고 와서 그의 입술에 댑니다. 이것이 무슨 의미일까요? 우리에게 설명이 제시되었습니다. "네 악이 제하여졌고 네 죄가 사하여졌느니라." 저 위대한 희생제물(Sacrifice)과의 친교, 영원히 복되신 예수님을 태운 숯불의 적용이 우리의 입술을 설교하도록 준비되게 하는 방식입니다. 나는 내 사랑하는 청중의 대부분이 핀 숯을 그들의 마음에 적용했으며, 그로 인해 죄가 사하여졌다고 믿습니다. 우리는 우리를 위해 죽으신 그분을 믿으며, 그분의 위대한 희생제물을 의지하고 있습니다. 하지만 우리가 섬김을 위해 준비되려면, 그 말씀이 다시금 우리의 마음에 와 닿고 마침내 우리가 불을 느낄 때까지 되어야 합니다. 우리는 그리스도의 고통과 슬픔을 나누어야 합니다. 우리 역시도 다른 사람들을 위해 불태워지기를 바란다고 느낄 필요가 있습니다. 그분을 죽음에 이르게 했던 순수한 사랑이 우리에게도 임하고 영향을 미쳐야 합니다. 그럴 때 우리 역시 다른 사람들을 위해 기꺼이 죽을 수 있을 것입니다. 우리는 바로 그것을 원합니다.

여러분은 일전에 갱(坑) 속에 빠진 가련한 사람들과 그들을 구출한 씩씩한 사람들에 대해 읽었을 때, 동료 인간으로서 기쁨을 느끼지 않았습니까? 어떤 이는 인간이 그러한 영웅적 행위를 보일 수 있다는 것으로 기뻐했습니다. 어떤 이들은 이렇게 말했습니다. "우리가 더 이상 할 수 있는 일은 없습니다. 그 갱 속으로 다시 들어가는 것은 죽음입니다. 우리는 그 불쌍한 동료들을 구출할 수 없습니다. 소용도 없는 일에 목숨을 버리는 일은 어리석은 짓입니다." 땅 속 깊은 곳에서 애를 썼던 그 용감한 사람들은, 그들 자신이 거의 죽음에 이른 것을 발견하게 되었을 때 멈추고 뒤돌아설 수도 있었습니다. 하지만 그 용감한 웨일스 사람들은 그렇게 하지 않았습니다. 한 사람이 말했습니다. "가서 그들을 구하는 것이 죽음이라 할지라도 나는 가겠습니다. 죽든지 살든지 나는 갈 것입니다." 그러자 다른 사람들도 앞으로 나서서 그들도 가겠다고 말했습니다. 내가 그 자리에 있었더라면 아마도 울었을 것입니다. 왜냐하면 광부들의 기술에 숙련되지 못했기 때문에 그들을 도울 수 없었을 것이기 때문입니다. 하지만 달리 내가 할 수 있는 일이 없다고 해도, 나는 그들을 위해 진심으로 격려했을 것이며 아주 간절히 기도했을 것입니다. 정녕 예수 그리스도께서 우리를 위해 죽으신 이후로, 우리는 다른 사람들을 영원한 파멸에서 구출하고자 하는 동일한 열정으로 감동될 필요가 있습니다. 그분의 불살라진 그 제단으로부터의 숯불이 우리에게 닿아야 합니다. 그럼으로써 우리는 그분의 목적과 다른 사람들의 영혼을 위하여 어떤 희생이라도 감수하려 할 것입니다. 제단 숯불이 입술에 닿은 것은 불이 필요했던 그 선지자를 불붙게 하려는 주님의 방식입니다. 그의 입술은 그리스도의 고뇌와 다른 사람들의 영혼을 향한 사랑으로 불에 델 필요가 있었습니다. 하나님으로부터 그런 입술을 부여받았을 때, 그는 가서 주의 이름으로 말하기에 합당하게 되는 것입니다.

여기에 그리스도인 일꾼을 위한 참된 성직수임이 있습니다. 당신 자신은 아무것도 아니며, 죄의 고백을 하며 진토 속에 엎드려 있습니다. 하지만 골고다의 위대한 희생 제물에 의해 당신은 깨끗하게 되고, 당신의 혀는 그 이야기를 전하지 않을 수 없습니다. 당신 자신이 그처럼 고귀한 왕의 은혜를, 거저 주시는 은혜를, 말할 수 없는 은혜를 느꼈기 때문입니다. 만일 당신이 그 일에 대해 말하지 않으면 거리의 돌들이 당신을 비난하며 외칠 것입니다. 내 형제여, 당신은 준비를 위해 이것이 필요합니다. 그리고 당신이 그것을 가졌다면, 당신은 위대한 목자이시며 영혼의 감독자에게서 성직을 받은 셈입니다. 다른 이의 위임은 필요치 않습니다.

3. 하나님의 부르심

한 사람이 거룩한 일에 준비되었을 때 그는 머지않아 임무를 부여받습니다. 이제 우리는 하나님의 부르심에 대해 생각할 것입니다. 나는 비록 말로 표현하지는 못해도, 내 영혼 속에서 하나님의 탄식에 공감을 느낍니다. 하나님이 그분의 보좌에서 이렇게 외치십니다. "내가 누구를 보낼까?" 아아, 나의 하나님, 당신을 섬기려는 자원자들이 없는 것입니까? 아론의 자손들인 이 모든 제사장들 중에서 당신의 심부름을 위해 달려가려는 자가 아무도 없는 것입니까? 이 모든 레위인들 중에서 자기 자신을 드리려는 자가 하나도 없는 것입니까? 아무도, 아무도 없는 것입니까? 아, 하나님의 교회에 이토록 많은 남녀들이 있음에도 불구하고 주님의 일을 위해 보내기에 합당한 자가 없어 보이고, 최소한 자기를 드려서 가려고 하는 자도 없다는 것은 너무나도 통탄스럽습니다. 그래서 그분이 이렇게 외치시는 것입니다. "내가 누구를 보낼까?" 뭐라고요? 이 모든 구원받은 자들 중에서 이방인들에게 가려고 자원하는 전령들이 아무도 없다는 말인가요? 그분의 사역자들은 어디에 있습니까? 이들 중에 이방인의 땅으로 가려고 바다를 건널 자가 아무도 없다는 것입니까? 우리 중에서 본국에서 사역하는 자들은 수천

명이나 있습니다. 우리 중에 해외로 가도록 부름받은 자는 아무도 없는 것입니까? 우리 중에 복음을 들고 해외로 갈 자가 아무도 없습니까? 아무도 갈 수 없는 것입니까? 하늘의 음성이 수천이나 되는 우리 설교자들에게 호소하지만 아무런 대답을 듣지 못합니다. 그래서 그 음성은 다시 외칩니다. "내가 누구를 보낼까?" 여기에는 그리스도인이라 고백하면서 돈을 벌고, 부자가 되고, 기름진 것을 먹고 달콤한 음료를 마시는 자들이 무수히 많습니다. 그리스도를 위해 갈 자는 하나도 없는 것입니까? 사람들은 무역을 위해서는 해외로 여행하면서, 예수님을 위해서는 가지 않는단 말입니까? 그들은 목숨을 무릅쓰고 만년설이 쌓인 곳을 오르기도 합니다. 그런데 십자가를 위해 영웅이 될 자는 없는 것입니까? 아마도 자격이 부족하고 경험도 없는 한 젊은이가 자기를 드리려고 자원할지 모르겠습니다. 그는 환영받을 수도 있고 혹은 그렇지 못할 수도 있습니다. 그런데 교육받고 지적인 다수의 그리스도인 젊은이들은 세상의 재물이 다른 사람들의 손아귀로 들어가는 것보다 차라리 이교도들이 저주를 받는 것을 더 원한단 말입니까? 오호라, 이런저런 이유들이 있겠지만, 나는 그 이유들을 묻지 않으려 합니다. 아마도 하나님께서 친히 그분의 교회를 두루 살피시면서, 아무런 자원자를 발견하지 못하고, 애처롭게 외치고 계실 것입니다. "내가 누구를 보내며 누가 우리를 위하여 갈꼬?"

하지만 여섯 날개를 가진 스랍 천사들이 있습니다. 왜 하나님께서는 그들을 보내시지 않을까요? 아, 형제들이여, 하나님은 그렇게 하실 수도 있었겠지만, 그것은 복음의 섭리에 따른 것이 아닙니다. 그분은 전도의 미련한 것으로 믿는 자들을 구원하시길 기뻐하십니다. 그러므로 전하는 자들은 다른 인류와 마찬가지로 사람들이어야 합니다. 그분의 입장에서는 사람들을 택하신 것이 커다란 겸손입니다. 하나님은 우리가 말하는 바 장차 올 세상을 천사들에게 복종하게 하시지 않았으며(히 2:5), 오히려 이 영예를 우리에게 주셨습니다. 또한 그분이 보배를 질그릇에 담으신 것은 심히 큰 능력이 오직 그분 자신에게만 있음을 알게 하려 함입니다. 우리는 이를 기뻐해야 합니다. 하지만 자원하는(willing) 무수한 스랍 천사들 가운데에서 하나님이 자원하지 않는(unwilling) 인간들을 향해 외치신다는 것은 너무나도 슬픈 일입니다. "내가 누구를 보내며 누가 우리를 위하여 갈꼬?"

이 외침이 한 분 하나님의 음성이며, 또한 성 삼위 하나님의 물음이기도 하다는 사실에 여러분이 주의를 기울이기를 바랍니다. "내가 누구를 보내며 누가 우리를 위하여 갈꼬?" 아버지와 아들과 성령이 이처럼 우리에게 물으십니다. 그 삼중의 음성에 주의를 기울여야 하지 않겠습니까?

이 음성이 특별한 종류의 사람을 찾고 있음에 주목하십시오. 그 사람은 보내어져야(sent) 할 사람이며, 강력한 이끌림을 받고, 하나님의 권위 아래에 있어야 할 사람입니다. "내가 누구를 보낼까?" 하지만 동시에 그 사람은 기꺼이 가기를 원하는 사람, 자원하는 자여야 하며, 마음속 깊은 곳에서부터 순종하기를 기뻐하는 자여야 합니다. "누가 우리를 위하여 갈꼬?" 이 얼마나 기묘한 혼합인지요! "만일 복음을 전하지 아니하면 내게 화가 있을 것입니다"(고전 9:16). 하지만 동시에 "하나님의 양 무리를 치되 억지로 하지 말고 하나님의 뜻을 따라 자원함으로"(벧전 5:2) 해야 합니다. 저항할 수 없는 충동과 즐거운 선택, 전능자의 강요와 기쁨에 찬 열망이 너무나 신비롭게 결합되는 것입니다! 우리에게는 이 두 가지의 혼합이 있어야 합니다. 나는 이러한 자유로움과 압도적인 충동을 많은 말로 표현할 수가 없습니다. 하지만 우리의 경험은 우리의 언어가 표현하지 못하는 것을 이해합니다. 우리는 자원합니다. 하지만 한편으로 능력이 우리를 덮고 있습니다. 우리는 주의 권능의 날에 즐거이 헌신하며, 새벽이슬처럼 자유롭게 나아옵니다(참조. 시 110:3). 하지만 동시에 그것은 진실로 하나님의 능력의 산물입니다.

하나님의 종은 그러해야 합니다. 만약 이 아침에 내가 이 하나님의 음성을 반복하여 메아리치게 한다면, 이 예배당에 있는 수천 명의 사람들 가운데에서, 그리고 이 말씀을 읽는 수천 명의 사람들 중에서, 적어도 소수의 선택된 사람들이 사랑으로 반응하지 않을까요? "내가 누구를 보낼까?" 그것은 여호와의 음성입니다. "누가 우리를 위하여 갈꼬?" 그것은 피 흘리시는 어린 양의 음성입니다. 그것은 사랑하시는 아버지의 음성이며, 영원토록 복되신 성령의 음성입니다. 이 순간에 벌떡 일어나 즐거이 자신을 드릴 사람이 아무도 없습니까? 내가 헛되이 말하는 것입니까? 아아, 그것은 오히려 가벼운 일입니다. 하늘의 음성이 헛되어야 하는 것입니까? 어린 사무엘은 "당신이 나를 부르셨기로 내가 여기 있나이다"라고 대답하지 않았습니까? 그런데 다 자란 성인이 영원하신 분의 음성에 대답하지 않는단 말입니까? 나는 그 문제를 여러분의 마음과 양심에 맡기겠습니다.

4. 진지한 반응

이제 마지막 요점에 이르렀습니다. 그것은 진지한 반응에 관한 것입니다. 이사야의 대답은 이러했습니다. "내가 여기 있나이다 나를 보내소서." 나는 그 응답에서 그가 다른 누구도 없는 곳에 홀로 있음을 의식했다고 생각합니다. 그것이 그로 하여금 이렇게 말할 수밖에 없도록 만들었습니다. "내가 여기 있나이다." 그 성전에는 다른 아무도 없었습니다. 달리 그 환상을 본 사람은 아무도 없으며, 따라서 주님의 음성은 마치 온 세계에 다른 사람은 아무도 없는 듯이 그에게 직접적이고도 인격적으로 임한 것입니다. "내가 여기 있나이다." 형제들이여, 어느 때에라도 선교지에서 일꾼들이 부족하다면(그렇게 되는 것은 슬픈 일이지만, 그렇게 되고 있습니다), 그 사실로 인해 각 사람은 스스로를 돌아보며 이렇게 말해야 하지 않을까요? "나는 어디에 있는가? 이 하나님의 일에서 나는 어떤 위치를 차지하고 있는가? 다른 사람들이 할 수 없는 것을 내가 할 수 있는 그 장소에 나는 있어야 하지 않는가?"

여러분 가운데 특별히 젊은이들에게 말합니다. 이 나라에 여러분을 붙들어 맬 가족의 끈도 없고, 근무하는 큰 교회도 없으며, 아직 사업의 영역에 뛰어들지도 않은 청년들이여, 여러분은 첫 사랑의 열정으로 "내가 여기 있나이다"라고 적절하게 말할 수 있는 위치에 있습니다. 만일 하나님께서 당신에게 어떤 부나 재능을 주셨다면, 그리고 당신을 어떤 호의적인 위치에 두셨다면, 당신이 바로 이렇게 말해야 하는 그 사람입니다. "아마도 나는 이와 같은 때를 위하여 그분의 나라에 들어오게 되었을 것이다. 아마도 나는 하나님의 뜻을 이루는 일에 중요한 도움이 되도록 하기 위한 목적으로 이 자리에 있을 것이다. 나는 이 자리에 있고, 영광스러운 하나님의 임재를 느낀다. 나는 그분이 내게 그분 자신을 계시하실 때에 그분의 옷자락을 목격한다. 나는 마치 천국이 지상에 가까운 것처럼 스랍 천사들의 부산한 날개 소리를 들으며, 내 영혼 깊은 속에서 나 자신을 하나님께 바쳐야 할 것 같다고 느껴진다. 내 마음은 그리스도께 빚진 것을 느낀다. 그리고 나는 이교도들의 필요를 본다. 나는 예수님 때문에 그들을 사랑한다. 바로 지금 그 불붙은 숯불이 내 입술에 닿는다. 내가 여기 있나이다! 당신께서 내가 있는 이곳에 나를 있게 하셨습니다. 주여, 저를 이 모습 이대로 받으시고 당신의 뜻대로 저를 사용하소서."

하나님의 성령께서 여러분 중에서 내 주님을 크게 사랑하는 자들을 감동하시어, 이 모든 것을 느끼게 해주시기를 바랍니다.

또한 여러분은 그가 자기 자신을 온전히 드렸음을 볼 수 있습니다. "내가 여기 있나이다." 주여, 나의 나 된 것은 당신의 은혜로 된 것입니다. 내가 여기 있나이다. 제가 만일 한 가지 재능을 가졌어도, 내가 여기 있나이다. 제가 만일 열 가지 재능을 가진 사람이어도, 내가 여기 있나이다. 제가 청춘의 활력을 유지하고 있다면, 내가 여기 있나이다. 제가 좀 더 성숙한 연령에 속하여도, 내가 여기 있나이다. 제가 재물을 가지고 있습니까? 내가 여기 있나이다. 제가 재능이 부족합니까? 내가 여기 있나이다. 제가 저 자신의 입을 만든 것이 아니며, 제가 저의 결점들을 창조한 것이 아니니, 내가 여기 있나이다. 저의 있는 모습 이대로, 저 자신을 당신의 귀한 아들에게 드려 속량받기를 원하며, 그리하여 다시금 당신의 영광을 위해 쓰임받기를 원합니다. 저는 속량을 받았으니 저 자신의 것이 아니며 오직 값 주고 사신 바가 되었나이다. "내가 여기 있나이다."

이사야는 비록 그의 사명이 슬픔으로 가득한 것이었음에도 불구하고 온전히 자기 자신을 주께 드렸습니다. 그는 사람들을 얻을 수 없을 것이며, 오히려 그들의 운명을 예고하는 진리를 제시할 것인데 그것은 거부될 것이 틀림없었습니다. 우리는 본문에서 이렇게 읽습니다. "가서 이 백성에게 이르기를 너희가 듣기는 들어도 깨닫지 못할 것이요 보기는 보아도 알지 못하리라 하여 이 백성의 마음을 둔하게 하며 그들의 귀가 막히고 그들의 눈이 감기게 하라 염려하건대 그들이 눈으로 보고 귀로 듣고 마음으로 깨닫고 다시 돌아와 고침을 받을까 하노라"(6:9-10). 우리의 임무가 그토록 어려운 임무가 아닌 것에 하나님께 감사합니다. 하나님의 영이 우리와 함께하시고, 사람들이 어둠에서 빛으로 돌아옵니다. 그러니 우리가 더욱 열정을 가지고 나아가야 하지 않겠습니까? 그것이 바로 이 전체 이야기에서 중요한 요점입니다. 본문의 호소를 애써 거부하지 말고 여러분 자신을 하나님께 바치십시오. 그분이 여러분을 부르시는 것은 그분이 맡기실 수 있는 가장 행복하고 복된 일을 위한 것입니다.

다음으로 권위와 기름 부음을 위한 이사야의 기도를 살펴봅시다. 우리가 이 본문을 바르게 읽는다면, 항상 "나를"이라고 하는 단어에만 강조점을 두는 것이 아니라, 이런 식으로도 읽을 수 있습니다. "내가 여기 있나이다. 나를 보내소서(send me)." 그는 기꺼이 가고자 했습니다. 하지만 그는 보냄을 받지 않고는 가기를 원치 않았습니다. 그러므로 그 기도는 이런 것과 같습니다. "주여, 나를 보내소서. 당신의 무한한 은혜로써 저에게 자격을 부여하시고, 저를 위해 문을 여시며, 제 길을 인도해 주시기를 간구합니다. 제가 강제력에 이끌릴 필요는 없겠지만, 그러나 위임을 받을 필요가 있습니다. 제가 강제적 충동을 구하는 것은 아니지만, 주의 인도하심을 구합니다. 저는 제가 스스로 하나님의 일을 하고 있다는 헛된 생각에 빠지기를 원치 않습니다. 그러니 오 주여, 제가 갈 수 있다면 저를 보내소서. 저를 인도하시고, 가르치시며, 준비시키시고, 강하게 하소서." 자발성과 거룩한 조심성이 결합되어 있습니다. "내가 여기 있나이다. 나를 보내소서." 나는 여러분 중에서 어떤 이들이 내 주님을 위해서 그분이 명하시는 어느 곳이든 기꺼이 가려 한다고 확실히 느낍니다. 뒤로 물러서지 말라고 여러분에게 호소합니다.

형제여, 하나님과 타협하려 하지 마십시오. 이렇게 말하십시오. "내가 여기 있나이다. 나를 보내소서. 당신이 원하는 곳으로, 가장 거친 곳으로, 죽음의 문턱까지라도 나를 보내소서. 저는 당신의 군사입니다. 당신이 원하시면 저를 싸움터의 최전방으로 보내시든, 혹은 참호 속에 누워 있도록 명하소서. 저로 하여금 제가 소속된 부대에서 용감하게 선봉에 서도록 하시든지, 혹은 조용히 원수의 요새 밑을 파고 들어가 그 토대를 약화시키도록 하소서. 당신의 뜻대로 저를 사용하소서. 나를 보내소서. 제가 가겠나이다. 다른 모든 것을 당신께 맡기나이다. 내가 여기 있나이다. 당신의 자원하는 종으로서 저를 온전히 당신께 바치나이다."

그것이 올바른 선교의 정신입니다. 하나님께서 그것을 여러분 모두에게 부어 주시고, 전 세계에 있는 그분의 백성에게 부어주시길 바랍니다. 나로서는 일백 명의 사람들이 일어서서 각각 "내가 여기 있나이다. 나를 보내소서"라고 외친다 해도, 놀라지 않을 것입니다. 그리스도의 사랑과 상처와 죽음 때문에, 여러분 자신의 구원 때문에, 여러분이 예수님께 빚진 것 때문에, 이교도들의 불쌍한 상태 때문에, 그리고 그들 앞에서 입을 벌리고 있는 저 무서운 지옥 때문에, 여러분이 이렇게 말해야 하지 않겠습니까? "내가 여기 있나이다. 나를 보내소서."

배가 난파되었습니다. 선원들이 죽어가고 있습니다. 그들은 온 힘을 다해 난파된 배의 조각을 붙잡고 있습니다. 그들은 한 사람씩 파도에 휩쓸려갈 것입니다! 선하신 하나님, 그들이 우리의 눈 앞에서 죽어갑니다. 하지만 튼튼하고 균형 잡힌 구조선이 있습니다. 우리는 사람들을 원합니다! 사람들을 그 배에 배치하기를 원합니다! 여기 노가 여럿 있지만, 하지만 그것들을 활용할 팔이 없습니다! 무엇을 해야 합니까? 여기 물결을 헤치고 갈 수 있는 훌륭한 배가 있으니, 오직 사람들만 있으면 됩니다. 아무도 없습니까? 우리는 모두 겁쟁이들입니까? 한 사람이 오빌의 정금보다 더 귀합니다. 자, 용감한 나의 형제들이여, 예수님을 위한 사랑으로, 그리고 저기 죽어가는 사람들을 위해, 누가 일어서서 노를 붙잡겠습니까? 그리고 용감한 여인들이여, 아름다운 은혜의 마음씨를 가진 이들이여, 여러분은 꾸물거리기를 부끄러워하고, 죽음과 지옥의 위험에 처한 영혼들을 위한 사랑으로 저 비바람을 무릅쓰고 나아가지 않겠습니까? 내 호소를 한 번 진지하게 생각해 보십시오. 그것은 하나님의 호소이기 때문입니다. 앉아서 저 슬프면서도 위엄에 찬 요구에 귀를 기울여 보십시오. "내가 누구를 보내며 누가 우리를 위하여 갈꼬?" 그리고 이렇게 응답하시기 바랍니다. "준비되었나이다. 구속자께서 우리를 부르시는 일이라면 무엇이든 준비되었나이다." 그분을 사랑하는 자들이, 세상의 긴박한 필요를 보여주는 끔찍한 징후들을 인식하고서, 고뇌 속에서 그리스도인의 사랑으로 이렇게 외치게 되기를 바랍니다. "내가 여기 있나이다. 나를 보내소서."

제
7
장

그리스도의 탄생

“보라 처녀가 잉태하여 아들을 낳을 것이요 그 이름을 임마누엘이라 하리라. 그가 악을 버리며 선을 택할 줄 알 때가 되면 엉긴 젖과 꿀을 먹을 것이라.”—사 7:14-15

유다 왕국이 절박한 위기 상황에 처했습니다. 두 왕들이 유다를 대항하여 동맹을 맺었고, 두 나라가 유다를 파멸시키려고 일어섰습니다. 수리아와 북이스라엘이 예루살렘 성벽을 무너뜨리고, 유다 왕을 죽이기 위해 결연한 의도를 가지고 다가왔습니다. 큰 곤경에 처한 아하스 왕은 그 성을 방어하기 위해 자신이 가진 모든 재주를 동원하였습니다. 자신의 지혜가 가르치는 여러 방안들 중에서, 그는 예루살렘 윗못의 물을 차단하는 것이 적절하다고 생각했습니다(참조. 3절). 그러면 성을 포위한 자들이 물이 부족하여 어려움을 겪을 것이라 여겼습니다. 그는 아침에 신하들을 대동하고 윗못 수도를 향해 나갔습니다. 물의 흐름이 끊어진 후의 일을 보려는 의도에서일 것입니다. 하지만 보십시오! 그는 자신의 계획들을 틀어지게 하고, 그것들을 소용없게 만드는 어떤 일과 마주칩니다. 이사야가 앞으로 나서더니, 그에게 연기 나는 그 두 부지깽이들을 두려워하지 말라고 말합니다. 하나님께서 유다를 치려고 일어난 그 두 나라를 완전히 멸하실 것이기 때문입니다. 아하스가 현재의 침공을 두려워할 필요가 없음은, 그 자신과 자기 왕국이 구원을 받을 것이기 때문입니다. 왕은 이사야를 미심쩍은 눈으로 쳐다보았고, 이런 식으로 말했을 것입니다. “설혹 여호와께서 하늘에서 병거들을 보내신다고 해도 이와 같은 일이 가능할까? 그분이 티끌에 생기를 불어넣고, 예루살렘에 있는 모든 돌들에게 생기를 불어넣어 내 대적들을 저항하게 하신다고 해도, 이런 일이 가능할 것인가?"

주께서는 왕의 믿음이 작음을 보시고 그에게 한 징조를 구하라고 말씀하십니다. "한 징조를 구하되 깊은 데서든지 높은 데서든지 구하라(11절). 태양을 십도 뒤로 물러나게 하는 것이든, 혹은 달을 한밤중에 그 행진을 멈추게 하는 것이든 구하라. 혹은 별들로 하여금 하늘에서 그 장엄한 행진의 방향을 바꾸게 하라. 원한다면 하늘 위의 어떤 징조이든 구하고, 혹은 아래 땅의 징조를 구하든, 혹은 깊은 심연이 징조를 내게 하고, 어떤 강력한 바다회오리가 일어나 길 없는 대양을 가로지르고 예루살렘 상공을 통과하게끔 하라. 하늘로 하여금 통상적으로 물을 내리는 것 대신 황금의 소낙비를 내리도록 하라. 마른 땅 위에 있는 양털이 젖게 하든지, 혹은 이슬이 내리는 중에 양털만 마르게 하라. 무엇이든 네가 원하는 대로 구하라. 네 믿음의 확증을 위하여 여호와께서 그것을 네게 허락하리라."

아하스는 이 제의를 감사함으로 받아들여야 했습니다. 하지만 그는 그 대신 겸손을 가장하여 어떤 것도 구하지 않을 것이며, 여호와 하나님을 시험하지도 않겠다고 선언합니다. 그 말에 이사야는 불끈 노하여, 그가 징조를 구하라는 하나님의 명령에 순종하지 않으려 하기 때문에, 여호와께서 친히 그에게 한 징조를 주실 것이라고 말합니다. 그것은 단지 하나의(a) 징조라기보다는 그(the) 징조이며, 온 세계에 미치는 징조이자 기사이며, 하나님의 가장 강력한 신비와 그분의 가장 심오한 지혜의 표적입니다. "처녀가 잉태하여 아들을 낳을 것이요 그 이름을 임마누엘이라 하리라."

오늘 설교의 본문으로 택한 이 구절은 하나님의 모든 말씀 중에서 가장 어려운 구절 중의 하나라고 말해져 왔습니다. 아마도 그럴 것입니다. 하지만 나로서는 정말이지 주석가들이 이 구절에 대해 말하는 것을 읽기 전까지는 그렇다고 생각하지 않았습니다. 그런데 주석가들의 글을 읽다가 나는 완전히 혼란스러워진 상태로 일어섰습니다. 한 사람이 어떤 말을 하면, 또 다른 사람은 다른 사람이 한 말을 부인합니다. 혹 내가 좋아하는 어떤 대목이 있으면, 그것은 한 사람의 주석에서 다른 사람이 베낀 것이고, 그런 식으로 그들 모두에게 퍼진 것이 분명했습니다.

한 부류의 주석들은 말하기를, 이 구절이 전적으로 이 예언 이후 불과 몇 달

내에 태어날 어떤 사람에 대해 언급하는 것이라고 합니다. 그들은 이런 식으로 말합니다. "왜냐하면 여기서 이렇게 말하기 때문이다. '대저 이 아기가 악을 버리며 선을 택할 줄 알기 전에 네가 미워하는 두 왕의 땅이 황폐하게 되리라'"(16절). 그들은 말합니다. "자, 이것은 아하스가 필요로 했던 즉각적인 구원이었으며, 신속한 구원의 약속이 주어진 것이다. 몇 년의 세월이 지나가기 전에, 그 아이가 옳고 그른 것을 구별할 수 있기 전에, 수리아와 이스라엘은 모두 그 왕들을 잃을 것이다."

그런 해석은 이 놀라운 구절의 완전한 의미를 이상하게 축소시키는 것으로 보입니다. 나는 그들이 어떻게 해서 그런 시각을 갖게 되었는지 이해할 수가 없습니다. 우리는 복음서에서 마태가 바로 이 구절을 그리스도의 탄생과 관련하여 다음과 같이 인용하는 것을 보기 때문입니다. "이 모든 일이 된 것은 주께서 선지자로 하신 말씀을 이루려 하심이니 이르시되 보라 처녀가 잉태하여 아들을 낳을 것이요 그의 이름은 임마누엘이라 하리라"(마 1:22-23). 이 말씀이 내게 심어주는 인상은, 장차 태어나게 될 이 임마누엘이 그리스도가 아닌 단순한 한 사람일 수 없다는 것입니다. 여러분은 성경의 다음 장 18절에서 이렇게 말씀한 것을 발견할 것입니다. "흘러 유다에 들어와서 가득하여 목에까지 미치리라 임마누엘이여 그가 펴는 날개가 네 땅에 가득하리라"(8:8). 여기서 임마누엘에게로 돌려지는 한 통치가 있습니다. 만일 여기서 언급된 임마누엘이 스알야숩이든지(7:3), 마헬살랄하스바스이든지(8:3), 혹은 이사야의 다른 아들 중 하나라고 가정한다면, 이러한 통치는 결코 그에게 돌려질 수 없습니다. 그러므로 나는 이 문제에 관한 그런 관점을 거부합니다. 내 생각에, 그런 시각은 이 위대한 논증의 수준을 크게 떨어뜨리는 것입니다. 그런 시각은 이 강력한 구절 밑에 있는 경이로운 심연에 대해 말하지도 않고, 우리로 하여금 말하도록 허용하지도 않습니다.

더 나아가, 나는 많은 주석가들이 16절을 14절과 15절로부터 구분하는 것을 봅니다. 그들은 14절과 15절을 전적으로 그리스도와 관계된 것으로 읽고, 16절은 이사야의 아들인 스알야숩과 관련된 것으로 읽습니다. 그들은 두 개의 징조들이 있다고 말합니다. 하나는 처녀에 의한 한 아기의 잉태이며, 임마누엘이라고 불리게 될 그 아기는 다름 아닌 그리스도라고 합니다. 하지만 두 번째 징조는 이사야 선지자의 아들인 스알야숩인데, 이사야는 그에 관해서 이렇게 말했다고 하는 것입니다. "내가 지금 너희 앞에 데리고 오는 이 아이, 이 내 아들이 선과 악을 구별할 줄 알기 전에, 그 정도로 신속하게 너희를 대적하여 일어선 두 나라들이 모두 그 왕들을 잃게 되리라." 하지만 나는 그런 설명을 좋아하지 않습니다. 왜냐하면 나로서는, 한 구절에서 언급되는 아이와 다른 구절에서 언급되는 아이가 동일한 아이인 것이 아주 명백하기 때문입니다. "이 아이가" — 같은 아이입니다. 어느 한 구절에서 언급되는 아이와 다른 구절에서 언급되는 아이에 대해 각각 달리 말하는 것이 아닙니다. 선지자가 말했던 아이, 임마누엘이라 불리게 될 그 아이를 말합니다 —"악을 버리며 선을 택할 줄 알기 전에 네가 미워하는 두 왕의 땅이 황폐하게 되리라"(16절).

가장 인기 있는 또 하나의 관점은, 이 구절이 당시에 태어날 어떤 아이에 대해 먼저 말하고, 그 후에, 가장 높은 의미에서 우리의 복되신 주 예수 그리스도에 관해 언급한다고 하는 것입니다. 아마도 그것이 이 구절은 참된 의미일 것이며, 아마도 그것이 난점을 완화시키는 최상의 방법일 것입니다.

하지만 나로서는, 설혹 그런 책들을 전혀 읽지 않고 단순하게 성경을 대하였어도, 이 구절에 관해 사람이 기록한 어떤 글에 대해 몰랐더라도, 이렇게 말할 수밖에 없었을 것입니다. "여기 그리스도가 명백히 나타나 있다. 그분의 이름이 내가 여기서 읽는 것보다 더 명료하게 기록될 수는 없을 것이다. '보라 처녀가 잉태하여 아들을 낳을 것이라.' 그것은 들어본 적이 없는 일이요, 기적의 일이며, 따라서 그것은 하나님의 일임에 틀림없다. '그 이름을 임마누엘'이라고 부를 것이며, 그가 버터와 꿀을 먹을 것이며 악을 버리고 선을 택할 줄 알게 될 것이다. 그리고 왕자 임마누엘인 그 아이가 악을 버리며 선을 택할 줄 알기 전에, 유다가 미워하는 땅의 나라들은 그 왕들을 모두 잃을 것이며, 유다는 그들의 파괴된 궁전을 보고 미소를 짓게 될 것이다."

그러므로 오늘 아침에 나는 이 본문을 우리 주 예수 그리스도와 관련된 것으로 간주할 것입니다. 우리는 여기서 그분에 대해서 세 가지를 발견합니다. 첫째는 출생이고, 둘째는 음식이며, 셋째는 그리스도의 이름입니다.

1. 그리스도의 출생

그리스도의 출생에서 시작합니다. "보라 처녀가 잉태하여 아들을 낳을 것이라."

"이제 베들레헴으로 가서 주께서 우리에게 알리신 바 이 이루어진 일을 보자" 하고 목자들이 말했습니다(눅 2:15). "하늘에 있는 별을 보고 따라가자" 하고 동방의 박사들이 말했습니다. 우리도 이 아침에 그렇게 말합시다. 국가적으로 그리스도의 탄생을 축하하는 오늘날에는 어려운 일이지만, 가서 구유 곁에 서서 예수님의 성육신의 출발을 지켜보도록 합시다. 하나님께서 최초로 자기 자신을 인간의 형태로 둘러싸시고, 사람들 가운데 머무셨던 때를 회상하도록 합시다. 그렇게 초라한 장소로 가는 것을 부끄러워하지 맙시다. 그 마을의 여인숙 곁에 서도록 합시다. 그리고 예수 그리스도, 곧 하나님이자 인간이신 그분이 한동안 유아가 되신 것을 봅시다.

먼저, 우리는 그리스도의 출생에 대해 말하면서 그것이 기적의 잉태임을 봅니다. 본문은 강조하여 말합니다. "보라, 처녀가 잉태하여 아들을 낳을 것이라." 이 표현은 성경에서도 전대미문의 표현입니다. 처녀 마리아를 제외하고는 다른 어떤 여인에 대해서도 그 말을 적용할 수 없었고, 다른 어떤 사람도 그 모친이 처녀라고 기록될 수 없었습니다. 헬라어와 히브리어 모두에서 그 모친의 참되고 진정한 처녀성을 매우 강조하고 있으며, 그것은 예수 그리스도께서 여인에게서 나시고 남자를 통하여 나지 않은 것을 우리에게 보여주기 위함입니다. 우리는 그 생각을 확대하지 않을 것입니다. 하지만 그럼에도 그것은 중요한 문제이며, 아무런 언급 없이 지나가서는 안 됩니다.

여자가 무모한 정신으로 최초로 범죄에 발을 들여놓았기 때문에, 여자가 경멸을 당하고 짓밟히지 않도록 하기 위해, 하나님께서는 그 지혜로써 여자에게서, 그리고 오직 여인만으로 인류를 구속할 신인(God-man)의 몸이 수태되도록 고안하셨습니다. 비록 여자가 처음으로 저주가 선언된 그 열매를 맛보았고 또한 그 남편을 유혹하기는 했지만(아마도 아담은 그녀를 향한 사랑으로 그 열매를 맛보았을 것입니다), 그녀가 열등하게 취급당하지 않도록 하려고, 그녀가 남편과 동등하게 서지 못하는 일이 없도록 하려고, 하나님께서는 자기 아들을 보내실 때 "여자에게서 나도록"(갈 4:4) 작정하셨던 것입니다. 최초의 약속은 남자의 후손이 아니라 '여자의 후손'이 뱀의 머리를 상하게 하리라는 것이었습니다(참조. 창 3:15).

또한 예수 그리스도께서 남자의 아들이 아니라 여인의 아들이 되도록 정하신 데에는 특별한 지혜가 있었습니다. 왜냐하면, 만일 그분이 육으로 나셨더라면, "육으로 난 것은 육"이기 때문에(요 3:6), 그분은 자연적으로 육적인 출생으로 인해 인간이 태어나면서부터 가지게 되는 모든 약점들과 죄와 결점들을 물려받았을 것입니다. 만일 그랬더라면 그분은 우리들과 다름없이 죄 중에 잉태되고, 죄악 중에 출생하였을 것입니다. 하지만 성령께서 처녀 마리아를 덮으시고(눅 1:35), 그리스도께서는 남자를 통하지 않고서 조물주의 손에서 순결하게 나실 수 있었습니다. 그리하여 유일하게 "나는 깨끗하다"고 말하실 수 있었습니다. 그렇습니다. 그분은 첫 사람 아담이 자신의 순결에 대해서 말할 수 있었던 훨씬 이상으로 말하실 수 있었습니다. 그분은 자신의 고결성을 지켜 결코 잃어버리지 않았으며, 출생부터 죽음에 이르기까지 결코 죄를 알지 못하셨고, 그 입에서는 거짓된 것이 발견된 적이 없었기 때문입니다.

오, 놀라운 광경입니다! 서서 그 광경을 바라보도록 합시다. 처녀에게서 난 아기라, 얼마나 놀라운 조합입니까! 무한과 유한이 있으며, 필멸과 불멸이 있고, 부패와 결백이 있으며, 인성과 신성이 있고, 시간과 영원이 결합하였으며, 하나님이 피조물과 연결되셨습니다. 존엄하고 무한하신 조물주, 땅이 수용할 수 없고 하늘도 담을 수 없는 광대무궁하신 분께서 땅의 한 지점에 거하려고 오십니다. 우주의 기둥들을 붙잡고, 창조 세계를 단단히 붙들고 계신 그분이, 죽을 수밖에 없는 인간의 품에 안기며 자양분을 위해 한 피조물에게 의지하고 있습니다. 오, 놀라운 출생이여! 오, 기적의 잉태로다! 우리는 그것을 바라보고 경탄합니다. 진정, 우리가 논하기에는 너무나 심오한 주제를 천사들도 살펴보기를 원할 것입니다. 처녀가 잉태하여 아들을 낳았습니다!

이 출생에서 기적적인 잉태를 살펴본 후에, 다음으로 우리는 천한 태생에 대해 주목해야 합니다. 본문은 "공주가 잉태하여 아들을 낳을 것"이라 말하지 않고, "처녀가 잉태하여 아들을 낳을 것"이라고 말합니다. 처녀성이 그녀의 최고의 영예이며, 그 외에 그녀가 가진 영예는 없습니다. 사실 그녀는 왕족의 계보에 속하였으며, 다윗을 그녀의 선조들 중의 한 사람으로, 솔로몬을 그녀의 가계(家系)에 속한 인물 중의 하나로 간주할 수 있었습니다. 비록 내가 천한 가문에 대해 말하기는 했지만, 그녀는 멸시받을 여인이 아니었습니다. 그녀가 유다 왕족의 혈통에 속하였기 때문입니다. 오! 아기여, 그대의 혈관 속에 왕들의 피가 흐르고 있도다! 고대 군주의 피가 그대의 심장으로부터 뿜어져 나와 그대 온 몸의 구석구석을 흐르고 있도다! 옛 조상들을 볼 때 그대는 비천한 부모에게서 난 것이 아니니, 그대는 당대에 가장 강력한 왕국을 통치했던 이 곧 솔로몬의 자손이며, 또한 그 마음에서 야곱의 하나님을 위하여 한 성전을 세울 것을 고안했던 자의 후예이기 때문이로다!

지적인 면에서도, 그리스도의 모친은 열등한 여인이 아니었습니다. 나는 그녀가 위대한 정신적 힘을 가졌었다고 간주합니다. 그렇지 않았더라면 그녀가 동정녀의 노래(Virgin's Song)라고 불리는 훌륭한 시, 곧 "내 영혼이 주를 찬양하며"(눅 1:46)로 시작하는 시를 지을 수 없었을 것입니다. 그녀는 멸시받을 만한 사람이 아닙니다. 나는 오늘 아침에 특히 우리 개신교도들 사이에서 발견되는 잘못이라고 간주되는 한 가지 문제를 언급하고자 합니다. 로마 가톨릭이 동정녀 마리아에게 지나친 존경을 표하고 또한 그녀에게 기도를 드리기 때문에, 우리는 그녀에 대해 어느 정도 깔보듯이 말하는 경향이 있습니다. 그녀를 결코 경멸하는 대상으로 여겨서는 안 됩니다. 왜냐하면 그녀는 진실로 이렇게 노래할 수 있었기 때문입니다. "이제 후로는 만세에 나를 복이 있다 일컬으리로다"(눅 1:48). 나는 개신교 세대들 역시 그 "만세"(all generations)에 속하기 때문에 그녀를 복되다고 일컬어야 한다고 생각합니다. 그녀의 이름은 마리아(Mary)입니다. 기이한 시인이었던 조지 허버트(George Herbert, 17세기 영국의 시인으로 많은 종교시를 지었음 — 역주)는 그 이름으로 철자 바꾸기(anagram) 시를 지은 적이 있습니다.

"그녀의 이름이 얼마나 멋지게 군대(ARMY)를 표현하고 있는지,
만군의 주께서 그녀 안에서 자기 장막을 세우셨도다."

비록 그녀가 공주는 아니었지만, 그녀의 이름 마리아는 해석상 공주를 지칭한다고 할 수 있습니다(마리아는 히브리어 미리암의 헬라 음역으로서 '높다'는 뜻을 내포함 — 역주). 또한 그녀가 비록 하늘의 왕후는 아니지만, 그럼에도 불구하고 그녀에게는 땅의 왕후들 중에 속한다고 간주될 권리가 있습니다. 또한 비록 그녀가 우리 주님의 귀부인(lady)은 아니어도, 성경에서 유명하고 유력한 여성들 중의 한 사람으로 등장합니다.

하지만 예수 그리스도의 출생은 비천한 것이었습니다. 영광의 주님께서 왕궁에서 태어나지 않은 것은 실로 기이합니다! 군주들이여, 그리스도는 그대들에게 아무것도 빚지지 않았도다! 제후들이여, 그리스도께서는 그대들의 채무자가 아니로다! 그대들은 그분을 포대기로 싸지 않았고, 자줏빛 귀한 옷으로 그분의 몸을 두르지 않았으며, 그분을 태워 흔들어줄 황금의 요람을 마련하지 않았

도다! 왕후들이여, 그대들이 그분을 무릎에 눕혀 어르지 않았으며, 그분이 그대들의 가슴에 안긴 적이 없도다! 또한 당시에 거대하고 유명했던 도시들이여, 그대들의 대리석 건물들은 그분의 작은 발걸음들로 축복받지 못했도다! 그분은 작은 고을, 가난하고 무시당하던 베들레헴에서 나셨습니다. 그 때 그곳에서, 그분은 총독의 집이나 주요 인사의 저택에서가 아니라 어느 구유에서 태어나셨습니다. 전승에 의하면 그분의 구유는 단단한 바위를 깎아서 만든 것이라고 합니다. 그분은 소들이 꼴을 먹으려고 올 만한 바로 그런 구유에 누이셨습니다. 건초와 가축의 꼴이 그분의 유일한 침대였습니다. 오! 이 얼마나 기이한 겸손인지요! 우리의 복되신 예수께서 겸손으로 옷을 입으시고, 그토록 낮아지셨던 것입니다! 아아! 그분이 낮아지셨다고 해도, 왜 그분은 그토록 천한 출생을 하기까지 낮아지셨을까요? 그분이 겸손히 몸을 굽히셨다면, 왜 그분은 단지 가난한 부모의 아들로 태어나는 정도로만 낮추지 않으시고, 그토록 비천한 곳에서 태어나셔야 했던 것일까요?

여기서 용기를 얻도록 합시다. 만일 예수 그리스도께서 바위를 파서 만든 구유에서 태어나셨다면, 그분이 바위 같은 우리의 마음속에 오셔서 거하시지 못할 이유가 무엇이겠습니까? 그분이 외양간에서 태어나셨다면, 우리 영혼의 누추한 외양간이 그분의 거처가 되지 못할 이유가 무엇입니까? 그분이 가난하게 태어나셨다면, 심령이 가난한 자들은 그분이 그들의 친구가 되어 주실 것을 기대할 수 있지 않을까요? 그분이 처음에 이처럼 지위의 격하를 참으셨다면, 그분이 자기 피조물들 중에서 가장 가난하고 천한 자들에게로 찾아오시는 것을, 그리고 자기 자녀들의 영혼 안에 거하시는 것을 수치스럽게 여기실까요? 오, 그렇지 않을 것입니다! 그분의 천한 출생에서, 그리고 여왕도 아니고 왕후도 아닌 한 비천한 여인이 영광의 주님의 모친이 되었다는 사실에서, 우리는 위로의 교훈을 얻을 수 있습니다.

그리스도의 탄생과 관련하여 우리가 한 가지 더 언급해야 할 점은 그 날이 **영광스러운 탄생일**이 되리라는 것입니다. 그리스도의 탄생을 둘러싼 모든 비하(卑下)에도 불구하고, 영광스럽고도 영예로운 부분이 아주 많이 있습니다. 다른 어떤 사람도 그리스도처럼 출생한 적이 없습니다. 선지자들과 선견자들이 그분에 대해 기록한 것처럼 다른 누군가에 대해 기록한 적이 있었던가요? 그토록 많은 서책에 그분의 이름만큼 많이 기록된 다른 이름이 있었던가요? 예언의 두루마리는 온통 신인(God-man)이신 예수 그리스도를 가리키고 있는데, 그와 같은 경우가 달리 누군가에게 있었던가요? 또한 그분의 출생과 관련하여, 언제 하나님께서 가이사의 출생을 알리기 위해 하늘에 새로운 등불을 매다신 적이 있었던가를 생각해 보십시오. 황제들은 태어났다가 죽겠지만, 결코 별들이 그들의 출생을 예언하지는 않을 것입니다. 언제 천사들이 하늘에서 내려다보며 한 유력한 인간의 출생에 대해 합창을 한 적이 있었습니까? 그렇지 않습니다. 다른 모든 이들이 무시되지만, 그러나 하늘에서 큰 빛이 비추고 있으며, 한 노래가 들려옵니다. "지극히 높은 곳에서는 하나님께 영광이요 땅에서는 하나님이 기뻐하신 사람들 중에 평화로다"(눅 2:14).

그분을 찾아와 그분의 요람에 둘러 서 있는 방문자들을 생각해보아도, 그리스도의 출생은 멸시받을 만한 것이 아닙니다. 옛 신학자가 색다르게 언급했듯이, 그 목자들과 동방의 박사들은 길을 잃지 않았습니다. 목자들이 먼저 찾아왔는데, 안내나 인도를 받지 않고서 그들이 먼저 베들레헴으로 왔습니다. 동방의 박사들은 별의 안내를 받았는데, 그들이 그 다음으로 도착했습니다. 인류의 두 부류 곧 부한 자들과 가난한 자들을 대표하는 사람들이 구유를 둘러싸고 무릎을 꿇었습니다. 황금과 유향과 몰약이 귀한 예물로서 그 아기에게 드려졌습니다. 그분이 지상의 왕들의 군주이시며, 옛적부터 그 조상 다윗의 보좌에 앉기로 정해진 분이시며, 미래에는 그 철장(鐵杖)으로 모든 나라들을 다스리실 분이십니다.

"보라 처녀가 잉태하여 아들을 낳을 것이라." 지금까지 우리는 그리스도의 출생에 대해 말했습니다.

2. 그리스도의 음식

두 번째로 우리가 말할 것은 그리스도의 음식에 관한 것입니다. "그가 악을 버리며 선을 택할 줄 알 때가 되면 엉긴 젖과 꿀을 먹을 것이라."

우리의 번역자들은 틀림없이 아주 훌륭한 학자들이었을 것입니다. 하나님께서 그들에게 많은 지혜를 주셨고, 그래서 그들은 우리의 언어를 성경 원어의 장엄한 수준으로까지 끌어올렸습니다. 하지만 여기서 그들은 아주 모순되는 실수를 범했습니다. 나는 어떻게 엉긴 젖과 꿀(butter and honey)이 아이로 하여금 선을 택하고 악을 버리도록 만드는지 이해할 수 없습니다(KJV를 기준으로 말함 — 역주). 만일 그렇다면, 버터와 꿀의 가격이 크게 올라야 합니다. 선한 사람들이 그것을 많이 필요로 할 것이기 때문입니다. 하지만 성경 원어에서는 "그가 악을 버리며 선을 택할 줄 알도록 버터와 꿀을 먹을 것이다(Butter and honey shall He eat, that he may know to refuse the evil, and choose the good)"라고 말하지 않으며, 오히려 "그가 버터와 꿀을 먹을 것이며, 마침내 그는 악을 버리고 선을 택할 줄 알게 될 것이다(Butter and honey shall He eat, till He shall know how to refuse the evil, and choose the good)"라고 말합니다. 혹은 훨씬 더 좋은 번역으로 "그가 악을 버리며 선을 택할 줄 알게 될 때, 그가 버터와 꿀을 먹을 것이라(Butter and honey shall He eat, when he shall know how to refuse the evil, and choose the good)"라고 표현할 수 있습니다.

우리는 그러한 번역을 택할 것이며, 그럼으로써 그 단어들에 담겨 있는 의미를 명료하게 밝히려 노력할 것입니다. 첫째로, 그 단어들은 우리에게 그리스도의 진정한 인성에 대해 가르쳐줍니다. 그분이 제자들에게 영이 아니라 살을 가지신 것을 확신시키려 하실 때에, 그분은 다른 사람들이 그랬듯이 구운 생선 한 조각과 벌집을 조금 드셨습니다(참조. 눅 24:42, '벌집'은 KJV에 있음 — 역주). "나를 만져 보라 영은 살과 뼈가 없으되 너희 보는 바와 같이 나는 있느니라"(눅 24:39)라고 그분은 말씀하셨습니다. 그리스도께서 죽으시고 조금 지난 후, 어떤 이단자들은 그분의 몸이 단지 그림자에 불과했으며 그분은 실제적인 인간이 아니었다고 가르쳤습니다. 하지만 여기서 우리는 그분이 다른 사람들이 그러했던 것과 마찬가지로 버터와 꿀을 먹었다고 읽습니다. 다른 사람들이 음식으로 양분을 얻은 것처럼 예수님도 그러했습니다. 그분은 진실로 그리고 영원히 하나님이시듯이, 또한 진실로 인간이셨습니다. "그가 범사에 형제들과 같이 되심이 마땅하도다 이는 하나님의 일에 자비하고 신실한 대제사장이 되어 백성의 죄를 속량하려 하심이라"(히 2:17). 우리는 성경에서 그분이 버터와 꿀을 드셨다고 듣습니다. 이는 우리에게 그분이 실제로 진정한 인간이셨으며, 후에 골고다에서 죽으신 분임을 가르쳐줍니다.

또한 버터와 꿀은 우리에게 그리스도가 평화의 때에 태어나실 것임을 가르쳐줍니다. 그러한 음식은 전쟁의 시기에는 유다에서 찾아볼 수 없었습니다. 전쟁의 참화가 수고의 아름다운 결실들을 휩쓸어가고, 물을 대지 않은 목초지에는 풀이 자라지 않으며, 따라서 버터를 구할 수가 없었습니다. 벌들이 사자의 시체에서 벌집을 만들고, 따라서 거기에도 꿀이 있을 수는 있습니다. 하지만 온 땅이 어지러울 때 누가 꿀을 모으러 다니겠습니까? 그 어미가 도망칠 때에 어떻게 아기가 버터를 먹겠으며, 특히 겨울철에 그러하다면 아기가 어떻게 모친의 젖에 매달릴 수 있겠습니까? 전쟁의 시기에는 우리가 음식을 선택할 수 없습니다. 그 때 사람들은 얻을 수 있는 것이면 무엇이든 먹으며, 종종 공급이 매우 부족하게 됩니다. 우리가 평화의 땅에 사는 것에 대해 하나님께 감사합시다. 또한 이 본문에서 그리스도께서 평화의 시기에 태어나셨다는 신비를 보도록 합시다. 로마 신화에서 야누스(Janus, 두 얼굴을 한 신 — 역주)의 신전은 하늘의 신전이 열리기 전에 닫혔습니다. 평화의 왕이 예루살렘 성전에 임하기 전에, 끔찍한 전쟁의 문이 닫혔습니다. 마르스(Mars, 로마 신화에서 전쟁의 신)가 그 칼을 칼집에 넣었고, 모든 것이 잠잠해졌습니다. 아우구스투스 카이사르가 세계의 황제였으며, 다른 누구도 세계를 통치하지 않았습니다. 따라서 전쟁은 그쳤고, 땅은 조용해졌으며, 들판에 있는 나무들의 잎이 흔들리지 않았으며, 싸움의 대양은 잔물결로 흔들리지 않았고, 전쟁의 뜨거운 바람이 인간에게 불어 괴롭게 하는 일이 없었습니다. 모든 것이 평화롭고 고요했으며, 바로 그 때 평화의 왕(the Prince of Peace)이 오셨습니다. 그분은 후에 활을 꺾고 창을 산산조각 부러뜨리며, 병거들을 불태우실 분입니다.

여기에는 또 다른 의미가 있습니다. "그가 악을 버리며 선을 택할 줄 알게 될 때, 그가 엉긴 젖과 꿀을 먹을 것이라." 이는 우리에게 그리스도의 조숙함을 가르쳐 줍니다. 무슨 의미인가 하면, 그분이 아직 아이일 때에도, 그분이 아직 유아들의 음식인 엉긴 젖과 꿀을 먹으며 살아갈 때에도, 선과 악을 구별하신다는 것입니다. 대개 어린이들은 유아 시기의 음식을 떠날 때에야 비로소 온전한 의미에서 선과 악을 구별합니다. 그런 능력이 갖추어지고, 판단력이 개발되며, 사실상 인간으로서 성숙한 역할을 수행할 수 있기까지는 몇 년의 세월이 필요합니다. 하지만 그리스도는 아직 아기일 때에도, 여전히 버터와 꿀을 먹고 사는 때에도, 선과 악을 분별하여 악을 멀리하고 선을 택하셨습니다. 오! 그 두뇌 속에는 얼마나 강력한 지력(知力)이 있었는지요! 그분이 아기인 동안에, 정녕 그분의 눈에는 비상한 재능의 빛이 반짝이고 있었음이 틀림없습니다. 지성의 불꽃이 자주 그 얼굴을 환히 비추었을 것이 틀림없습니다. 그분은 평범한 아이가 아니었습니다. 그 모친이 아직 혀짤배기 소리를 하는 어린아이에게 어떻게 놀라운 일들에 대해 말했을까요? 그분은 다른 아이들처럼 놀지 않았습니다. 그분은 한가로운 놀이에 시간을 보내는 일에 관심을 두지 않았습니다. 그분의 생각은 고상하고 놀라웠습니다. 그분은 신비들을 이해했습니다. 어린 시절 성전에 올라가셨을 때, 그리고 부모가 그분을 찾지 못했을 때, 그분은 다른 아이들처럼 공터에서나 시장에서 놀고 계시지 않았습니다. 오히려 율법 학자들 사이에 앉아서 듣기도 하고 그들에게 질문을 하기도 하셨습니다. 그분은 탁월한 지성의 소유자이셨습니다. "그 사람이 말하는 것처럼 말한 사람은 이때까지 없었나이다"(요 7:46). 그렇습니다. 어떤 아이도 그리스도처럼 생각하지 못했습니다. 그분은 놀라운 분이었고, 모든 어린이들 중에서 가장 뛰어난 경이롭고 감탄스러운 분이었습니다. 그분은 아직 어린아이일 때에도 하나님이며 인간(God-man)이셨습니다. 나는 이런 가르침이 본문의 말씀에 내포되었다고 생각합니다. "그가 엉긴 젖과 꿀을 먹을 것이며, 그 때 그는 악을 버리고 선을 택할 줄 알게 될 것이다."

어쩌면 이것이 약간은 유희처럼 보일지도 모르겠습니다. 하지만 이 주제에 관해 말을 마치기 전에, 나는 이 말을 해야겠습니다. 즉 그리스도께서 젖과 꿀을 먹고 사신 것처럼, 정녕 그분의 입술에서 젖과 꿀이 흘렀다고 믿는 것이 내 영혼에 얼마나 기쁨을 주었는지요! 그분의 말씀은 우리의 영혼에 달콤하며, 꿀과 송이꿀보다 더 바랄 만한 것입니다. 버터를 드시던 그분의 말씀은 지친 자들에게 부드러우며, 우리의 많은 슬픈 상처에 바르는 기름과도 같습니다. 버터를 드시던 그분은 상심한 자들을 싸매어주기 위해 오셨고, 땅에서 난 음식을 먹으며 사셨던 그분은 땅을 예전의 옥토로 회복하기 위해 오셨습니다. 그분은 젖과 꿀로써 모든 사람들을 부드럽게 만들고, 또한 그들의 마음에 꿀이 흐르도록 하기 위해 오셨습니다.

"제가 당신의 사랑에서 맛본 것만큼,
당신 안에서 발견한 것만큼
감미로운 것이 달리 어디에 있을까요?"

오 그리스도시여, 당신의 말씀은 꿀과 같습니다! 저는 마치 한 마리의 벌처럼 이 꽃에서 저 꽃으로 날아다녔고, 내게 향기로운 귀한 음료를 찾아다녔습니다. 하지만 저는 당신의 입술에서 떨어지는 꿀을 발견했고, 내 손가락을 당신의 입술에 대어, 그 꿀을 내 입술에 넣었습니다. 감미로우신 예수여, 저의 눈이 밝아졌습니다. 내 영혼에는 당신의 모든 말씀이 고귀합니다. 어떤 꿀도 당신과 비교할 수 없으니, 당신께서 버터와 꿀을 드신 것이 좋은 일입니다!

아마도 내가 잊지 않고 말해야 할 것은 그리스도께서 버터와 꿀을 드신 것은 우리에게 이런 점을 보이기 위함일 것입니다. 즉 그분의 외적인 모습에 있어서, 그분은 일생 다른 사람들과 다르지 않았다는 것입니다. 다른 선지자들은 사람들에게 올 때에 거친 옷을 입고 기이하고 엄숙한 태도를 취했습니다. 그리스도는 그런 모습으로 오시지 않았습니다. 그분은 사람들에게 찾아오셔서 잔치하는 자들의 자리에 참여하고, 꿀을 먹는 자들과 더불어 꿀을 드셨습니다. 그분은 누구와도 다르지 않았습니다. 그래서 그분이 "먹기를 탐하고 포도주를 즐기는 사람"(마 11:19)이라고 불리기도 했던 것입니다. 왜 그리스도께서 그렇게 하셨을까요? 비록 그것이 실제로는 비방이기는 했어도, 왜 그분은 사람들이 그렇게 말하도록 처신하셨을까요? 그것은 그분이 제자들로 하여금 음식이나 음료 자체를 중대시하지 않도록 하기 위함이었습니다. 제자들에게 사람을 더럽게 하는 것은 사람에게 들어가는 것이 아니요 사람에게서 나오는 것임을 가르치시기 위해서였습니다. 절제만 한다면, 사람을 해롭게 하는 것은 사람이 먹는 것이 아니라, 사람이 말하고 생각하는 바입니다. 우리 신앙의 근본은 음식을 금하는 것에 있지 않습니다. "손대지 말고, 맛보지 말고, 건드리지도 말라(Touch not, taste not, handle not)"는 식의 육체적인 계율이 비록 유익한 부록 사항이 될 수는 있겠지만, 그것이 우리 신앙의 토대는 아닙니다. 버터와 꿀을 그리스도께서 드셨습니다. 그러니 버터와 꿀을 그분의 백성도 먹을 수 있습니다. 더 나아가, 하나님께서 섭리 가운데 자기 백성에게 주신 것이라면 무엇이든지, 어린 시절의 그리스도께서 취하실 수 있었습니다.

3. 그리스도의 이름

이제 결론적으로 그리스도의 이름에 대해 말하겠습니다. "그 이름을 임마누엘이라 하리라."

사랑하는 친구들이여, 오늘 아침에 내 목청껏 내 주님의 이름에 대해 말할 수 있기를 바랐습니다. 나는 신속한 병거를 타고 내달리기를 바랐습니다. 하지만 바퀴가 벗어지므로, 내가 할 수 있는 만큼에서 만족하는 수밖에 없군요. 우리는 이따금씩 앞으로 나아갈 수 없을 때, 내달릴 수 없을 때, 기어서 가기도 합니다. 하지만 오! 우리가 마지막으로 살펴볼 달콤한 이름이 여기에 있습니다. "그 이름을 임마누엘이라 하리라." 옛 시대에 어머니들은 그 자녀들의 이름 속에 의미를 담아서 불렀습니다. 그들은 자녀들에게 단지 저명한 인사들의 이름이나, 그들이 자라서 미워하게 되거나 혹은 듣고 싶지 않은 이름을 부여하지 않았습니다. 자녀들은 의미가 담긴 이름을 얻었고, 이름에는 어느 정도 출생 때의 상황이 기록되어 있습니다. 가인을 낳고서, 그 모친은 "내가 여호와로 말미암아 득남하였다"고 말했습니다(창 4:1). 그녀는 그 아이의 이름을 가인이라고 불렀는데, 그것은 "얻었다" 혹은 "획득하였다"는 뜻입니다. 셋은 "지명되다"는 뜻인데, 그의 어머니는 셋을 낳았을 때 이렇게 말했습니다. "하나님이 내게 가인이 죽인 아벨 대신에 다른 씨를 주셨다(정하셨다, 창 4:25)." 노아는 "안식" 혹은 "위안"이라는 의미입니다. 이스마엘을 그 어머니가 그 이름으로 부른 것은, 하나님이 그녀의 소리를 "들으셨기" 때문입니다(창 16:11). 이삭이 "웃음"이라고 불린 것은 그가 아브라함의 가정에 웃음을 가져왔기 때문입니다. 야곱은 "탈취자" 혹은 "교활한 자"라고 불렸습니다. 그 이유는 그가 자기 형의 발꿈치를 붙잡았기 때문입니다(창 25:26). 이와 유사한 경우를 얼마든지 제시할 수 있습니다. 아마도 이러한 풍습은 히브리인들 사이에 좋은 것으로 인식되었을 것입니다. 어느 정도를 제외하고, 우리의 언어로는 그런 독특한 의미를 담아 이름을 짓는 것이 어렵습니다.

그러므로 우리는 처녀 마리아가 그 아들을 임마누엘이라고 부른 것에서, "하나님이 우리와 함께하시다"고 하는 그 이름에 담긴 의미를 봅니다. 내 영혼아, "하나님이 우리와 함께하시다"고 하는 이 말을 다시 울려 퍼지게 하라! 오! 그것은 하늘의 종소리와 같으니, 그 종소리가 다시 울려 퍼지도록 합시다. "하나님이 우리와 함께하시다!" 오, 그것은 낙원의 소네트(sonnet, 14행으로 구성된 영시의 한 형태 — 역주)의 한 구절과도 같습니다. "하나님이 우리와 함께하시다." 오, 그것은 스랍 천사들의 방언과도 같습니다. "하나님이 우리와 함께하시다." 오, 그것은 주의 교회를 기뻐하며 노래할 때 그분을 칭송하는 가사 중의 한 구절입니다. "하나님이 우리와 함께하시다." 그것을 말하고, 또 말하고, 거듭 말하십시오. 이것이 오늘날 우리에게 나신 그분의 이름입니다.

"들으라, 저 알리는 천사들의 노랫소리를!"

"하나님이 함께하시다", 이것이 그분의 이름입니다. 하나님이 우리와 함께 하십니다. 그분의 성육신으로, 존엄하신 세계의 창조주께서 이 지구 위를 걸으셨습니다. 이 지구보다 훨씬 크고 강력한 수 만의 천체들을 지으신 그분이, 이 작은 흙집의 거주자가 되셨습니다. 영원 전부터 존재하시는 그분이 이 시간의 세계 속으로 오셨고, 끝없는 두 바다 사이 좁은 지협(地峽)의 땅 위에 서셨습니다. "하나님이 우리와 함께하시다." 그분은 그 이름을 잃지 않으셨습니다. 예수님은 지상에서 그 이름을 가지셨고, 지금은 하늘에서 그 이름을 가지고 계십니다. 그분은 지금도 "하나님이 우리와 함께하시다"입니다. 믿는 자여, 그분은 당신과 함께하시며, 당신을 보호하시는 하나님이십니다. 당신은 혼자가 아닙니다. 구주께서 당신과 함께하시기 때문입니다. 나를 풀이 자라지 않는 사막에 데려다 놓으십시오. 그곳에서도 나는 "하나님이 우리와 함께하신다"고 말할 수 있습니다. 거친 대양에 나를 데려다 놓고, 내가 탄 배가 미친 듯이 물결 위에서 춤추게 하십시오. 여전히 나는 이렇게 말할 것입니다. "임마누엘, 하나님이 우리와 함께하십니다." 나로 태양이 내려쬐는 곳으로 오르게 하고, 서쪽 바다 위로 날도록 하십시오. 여전히 나는 말할 것입니다. "하나님이 우리와 함께하시다." 내 몸으로 대양 깊은 곳으로 곤두박질치게 하고, 그 깊은 동굴 속에 숨겨 놓으십시오. 여전히 나는 하나님의 자녀로서 이렇게 말할 수 있습니다. "하나님이 우리와 함께하신다." 그렇습니다. 무덤에서, 그곳에서 잠들어 부패하는 중에도, 여전히 나는 예수님의 발자국을 볼 수 있습니다. 그분은 자기의 모든 백성이 가는 길을 걸으시니, 여전히 그분의 이름은 "하나님이 우리와 함께하시다"입니다.

하지만 여러분이 그 이름이 얼마나 귀한지를 알려면 성령의 가르침으로써 그 의미를 알아야 합니다. 하나님께서 오늘 아침에 우리와 함께하셨습니까? 만일 하나님이 계시지 않다면, 예배당에 오는 것이 무슨 소용이겠습니까? 예수 그리스도께서 이곳에 방문하지 않으신다면 차라리 우리는 집에 있는 편이 나을 것입니다. 만일 성령의 감화력과 함께 "하나님이 우리와 함께하시지" 않는다면, 우리가 이 예배당에 오고 또 오더라도 마치 문이 경첩을 따라 규칙적으로 열리고 닫히는 것에 불과할 것입니다. 성령께서 그리스도께 속한 것들을 가져와 우리 마음에 적용하시지 않으면, "하나님이 우리와 함께하시는" 것이 아닙니다. 만일 그렇지 않다면 하나님은 우리에게 소멸하시는 불일 것입니다. 내가 기뻐하는 것은 "하나님이 우리와 함께하신다"는 사실입니다.

"인간의 육체로 오신 하나님을 볼 때까지
나는 위로를 찾을 수 없었다네."

이제 여러분 스스로에게 물으십시오. 여러분은 "하나님이 우리와 함께하신다"는 의미를 압니까? 여러분의 환난의 때에 하나님께서 성령의 위로와 감화로써 여러분과 함께하셨습니까? 성경을 탐구하는 것에서 하나님이 여러분과 함께하셨습니까? 성령께서 말씀에 빛을 비추셨습니까? 죄를 자각하는 문제에서, 여러분을 시내 산으로 이끄시는 과정에서, 하나님이 여러분과 함께하셨습니까? 여러분을 위로하시는 문제에서, 여러분을 다시 골고다로 이끄시는 과정에서, 하나님이 여러분과 함께하셨습니까? 여러분은 "하나님이 우리와 함께하신다"는 임마누엘 이름의 완전한 의미를 아십니까? 그렇지 않을 것입니다. 그 이름의 의미를 가장 잘 아는 사람도 적은 부분을 알 뿐입니다. 오호라, 그 의미를 전혀 알지 못하는 자는 정말이지 무지한 자입니다. 그 무지는 지독한 것이어서 그 무지는 축복이 아니라 그의 저주가 될 것입니다. 오! 하나님께서 여러분에게 임마누엘 곧 "하나님이 우리와 함께하신다!"는 의미를 가르쳐주시길 빕니다.

이제 말씀을 맺겠습니다. "임마누엘", 그것은 지혜의 신비입니다. 현인(賢人)들은 그 신비를 보고 놀라며, 천사들도 그것을 보기 원합니다. 이성의 다림줄로는 그 깊이의 절반에도 이를 수 없습니다. 과학이라는 날개로는 그토록 높이 날 수가 없으며, 독수리의 꿰뚫는 눈으로도 그 신비를 자세히 살펴 조사할 수 없습니다. "하나님이 우리와 함께하신다." 그것은 지옥의 공포입니다. 사탄은 그 소리를 듣고 두려워 떱니다. 그의 군대들이 급히 도망치며, 검은 날개를 단 저 무저갱의 용도 그 이름 앞에서는 기가 죽습니다. 그가 갑자기 여러분에게 다가올 때, 그에게 이 말을 속삭이기만 하십시오. "하나님이 우리와 함께하신다." 그는 뒤로 자빠질 것이며, 놀라서 어찌할 바를 모를 것입니다. 그 이름은 주를 위해 수고하는 자의 힘입니다. 만일 "하나님이 우리와 함께하신다"는 그 한 마디가 우리에게서 떠나간다면, 어떻게 사람들이 주를 위해 수고할 수 있을까요? 복음 전하는 자가 어떻게 복음을 전할 수 있고, 또 어떻게 무릎을 꿇고 기도할 수 있을까요? 선교사가 어떻게 외국 땅으로 갈 수 있으며, 순교자가 어떻게 화형대에 설 수 있으며, 신앙고백자가 어떻게 자기 주님을 시인할 수 있겠습니까? "하나님이 우리와 함께하신다." 그것은 고난당하는 자의 위로이며, 그의 슬픔을 진정시키는 향유이며, 그의 고통을 누그러뜨리는 진통제입니다. 그것은 하나님께서 자기의 사랑하시는 자에게 주시는 '잠'이며, 고생과 수고 뒤의 안식입니다. 아아, "하나님이 우리와 함께하신다!" 그것은 영원의 노래이고, 천국의 찬송시이며, 영화롭게 된 자들의 외침입니다. 구속받은 자들의 노래이고, 천사들의 합창이며, 천상의 위대한 오케스트라의 영원무궁한 성가곡입니다. "하나님이 우리와 함께하신다."

> "만세, 지극히 거룩하신 임마누엘이여,
> 당신 속에서 당신 아버지의 영광이 빛납니다.
> 만민의 눈이 보았고 천사들이 아는 이들 중에서
> 당신이 가장 빛나고, 가장 감미롭고, 가장 소중한 분이십니다."

여러분 모두에게 행복한 성탄절이 되길 바랍니다. 하나님이 여러분과 함께하시면 행복한 성탄절이 될 것입니다. 나는 오늘 그리스도의 위대한 탄생일에 있는 축제들에 대해 반대하는 말을 한 마디도 하지 않겠습니다. 성탄에 축제를 거행하는 것은 그다지 옳지 않다고 나는 주장합니다. 우리는 그릇된 방식으로 성탄을 축하하는 것이 마치 큰 의무인 것처럼 생각하는 자들의 무리에 결코 속하지 않을 것입니다. 하지만 내일 우리는 그리스도의 탄생에 대해 생각할 것입니다. 비록 우리가 소박한 청교도주의를 굳게 고수한다고 해도, 그렇게 하는 것이 우리의 마땅한 의무입니다. "우리가 명절을 지키되 묵은 누룩으로도 말고 악하고 악의에 찬 누룩으로도 말고 누룩이 없이 오직 순전함과 진실함의 떡으로 하자"(고전 5:8).

마치 바쿠스(Bacchus)의 축제일을 지키기를 바라는 듯이 축제를 벌이지는 마십시오. 내일 마치 여러분이 어떤 이방 신을 숭배하는 듯이 생활하지 마십시오. 그리스도인들이여, 축제를 벌이십시오. 여러분에게 그럴 권리가 있습니다. 내일 축제의 집에 가서, 여러분의 구주의 탄생을 축하하십시오. 기뻐하기를 부끄러워하지 마십시오. 여러분에게는 행복할 권리가 있습니다. 솔로몬이 말합니다. "너는 가서 기쁨으로 네 음식물을 먹고 즐거운 마음으로 네 포도주를 마실지어다 이는 하나님이 네가 하는 일들을 벌써 기쁘게 받으셨음이니라. 네 의복을 항상 희게 하며 네 머리에 향 기름을 그치지 아니하도록 할지니라"(전 9:7-8).

"신앙이란, 결코 우리의 즐거움을
줄어들게 하려는 것이 아니니."

여러분의 주님께서 버터와 꿀을 드셨다는 것을 기억하십시오. 평안히 집으로 가고, 내일은 즐거워하십시오. 하지만 즐거워하는 중에, 저 베들레헴의 사람을 기억하십시오. 그분이 여러분의 마음속에서 거하실 곳을 얻도록 하십시오. 그분에게 영광을 돌리고, 그분을 잉태한 동정녀를 생각하십시오. 하지만 무엇보다도 태어나신 그 사람, 우리에게 주신 바 된 그 아기를 생각하십시오. 다시 이 말을 하고 설교를 마칩니다.

여러분 모두에게 행복한 성탄절이 되길 바랍니다!

제
8
장

"나와 자녀들"

"보라 나와 및 여호와께서 내게 주신 자녀들이 이스라엘 중에 징조와 예표가 되었나니 이는 시온 산에 계신 만군의 여호와께로 말미암은 것이니라"—사 8:18

이 구절을 설명하는 데에는 약간의 어려움이 있습니다. 만일 성령의 감동이 이 본문 자체에 대한 해설자에게 주어지지 않았다면, 아마도 우리는 이 본문을 선지자 이사야 및 그의 아들들과 관련지었을 것입니다. 신약성경으로 눈을 돌리면 이 본문이 여러분에게 신비처럼 여겨지지 않을 것입니다. 그 열쇠는 적절한 못에 매달려 있습니다. 히브리서 2장 11절 이하에서 우리는 다음과 같이 읽습니다. "거룩하게 하시는 이와 거룩하게 함을 입은 자들이 다 한 근원에서 난지라 그러므로 형제라 부르시기를 부끄러워하지 아니하시고 이르시되 '내가 주의 이름을 내 형제들에게 선포하고 내가 주를 교회 중에서 찬송하리라' 하셨으며 또 다시 '내가 그를 의지하리라' 하시고 또 다시 '볼지어다 나와 및 하나님께서 내게 주신 자녀라' 하셨느니라"(11-13절). 이와 같이 우리는 하나님의 계시로부터 확실한 증거를 얻습니다. 본문에서 말하는 이는 우리 주님이시며, 또한 그분이 자기 백성과 자기 자녀들에 대해 말씀하시는 것입니다. 우리는 이러한 실마리를 따라갈 것입니다.

본문의 문맥은, 성경 전체를 통해 매우 일반적으로 제시되듯이, 구주의 나타남으로 인한 상반되는 결과들을 제시합니다. 그분은 많은 사람들에 의해 거절되고, 다른 사람들에 의해서는 영접됩니다. 그분은 이스라엘 중 많은 이들의 넘어짐과 일어섬을 위해 나타나십니다. 그분을 영접하는 자들에게 그분은 영광스러운 보호자이시지만, 다른 사람들에게는 "걸림돌과 걸려 넘어지는 반석"이십니다(14절). 지금도 그분의 복음은 어떤 이들에게는 "생명으로부터 생명에 이르는 냄새"이지만, 또 다른 이들에게는 "사망으로부터 사망에 이르는 냄새"입니다(고후 2:16). 은혜의 선택이 언제나 이루어지고 있으며, 분리의 과정이 진행되고 있고, 영원한 목적이 성취될 때까지 계속해서 지속될 것입니다. 주께서 택하신 자들은 구주에게서 매력을 느끼며 그분에게로 옵니다. 반면 다른 사람들은 고의적으로, 또한 악의적으로 그분의 광채에 대해 눈을 감고서 그분을 거부합니다. 그래서 그분은 그들을 그들의 의도적인 불신앙에 내버려 두십니다. "자기 땅에 오매 자기 백성이 영접하지 아니하였으나 영접하는 자 곧 그 이름을 믿는 자들에게는 하나님의 자녀가 되는 권세를 주셨느니라"(요 1:11-12).

주님을 영접한 자들로서, 우리는 성경의 기록을 통해 하나님을 증언하는 일이 우리의 책임으로 남겨지는 것을 발견합니다. "너는 증거의 말씀을 싸매며 율법을 내 제자들 가운데에서 봉함하라"(16절). 외부 세계는 하나님의 증거의 말씀을 거부합니다. 그것보다는 자기 자신의 생각과 의견들을 더 좋아합니다. 하지만 주님의 제자들 중에서는 그분의 명령들이 존중되고, 그분의 가르침들이 엄숙하게 준수됩니다. 그들은 살아 계신 하나님께서 복음에 보증의 인(印)을 치신 것을 발견하며, 또한 그들 역시 하나님의 참되심을 보증합니다. 그들은 예수님의 복음을 참된 진리로 받아들이고, 그것을 굳게 붙드는데, 곧 모든 반대자들을 무릅쓰고 그것을 굳게 지킵니다.

예수님의 참된 제자들에게 어둠의 시대가 올 수도 있습니다. 옛 시대의 교회에서도 그러했고, 앞으로도 그럴 것입니다. 하지만 그들은 한밤중에도 그리스도의 별을 빛나게 할 것입니다. 그들의 주님이시며 대표자이신 그리스도께서 여호와를 기다리면서 더 밝고 복된 시대를 위해 간구하고 계심을 그들은 바라봅니다. "야곱의 집에 대하여 얼굴을 가리시는 여호와를 나는 기다리며 그를 바라보리라"(17절)고 그분이 말씀하십니다. 유대교의 어두운 시대에서 그리스도께서는 복음의 시대가 동트기를 바라보셨습니다. 그리고 지금도 그분은 그분의 파수대에서 구속받은 백성들을 위한 황금시대가 오기를 바라봅니다. 그분은 그들의 행복에 그토록 많은 관심을 쏟고 있기에, 등불이 타오르듯이 그들의 빛이 밝게 타오를 때까지는 쉬지 않으실 것입니다.

문맥을 이 정도로 언급하였으니, 이제 본문을 자세히 살펴보고자 합니다. 이 지상에는 메시아를 영접하고, 그분의 제자들이 되고, 또한 주님으로부터 오는 모든 것을 바라는 한 백성이 존재합니다. 이러한 백성들에 대하여 본문은 "보라 나와 및 여호와께서 내게 주신 자녀들"이라고 말합니다.

여기서 우리가 주목할 것은 먼저, 그리스도께 귀속되는 놀라운 관계입니다. 둘째, 그 관계성에 대한 자연스러운 공언입니다. "보라 나와 및 여호와께서 내게 주신 자녀들이라." 셋째, 주님과 그분의 제자들에게 공통되는 직무입니다.

1. 놀라운 관계

첫째로, 여기에는 놀라운 관계가 있습니다. 예수님이 아버지로 불리십니다. 자, 이는 정확한 신학적 표현이나, 혹은 성경에 대한 좀 더 형식적인 교리적 진술과는 일치하지 않는 표현입니다. 따라서 우리는 생각에 혼동을 일으키지 않도록 주의해야 합니다. 예수님은 "아버지"가 아니십니다. 또한 우리는 하나님의 위격들을 항상 조심스럽게 구분해야 합니다. 성자는 성부와 하나이시지만, 그분이 성부는 아니십니다. 따라서 우리는 성부께 귀속되는 독특한 행동들을 성자에게 돌리지 않도록 주의해야 합니다. 정확하게 말하자면, 우리가 아버지라고 부르는 분은 성 삼위일체 중에서 제일 위격이십니다. 그분이 예수 그리스도를 죽은 자 가운데서 부활하게 하심으로 말미암아 우리를 거듭나게 하사 산 소망이 있게 하셨습니다(벧전 1:3). 우리가 "아빠 아버지", "하늘에 계신 우리 아버지", "아버지께 감사합니다"라고 말할 때, 우리는 주 예수님을 언급하는 것이 아니라 "하나님 곧 우리 주 예수 그리스도의 아버지"(엡 1:3)를 부르는 것입니다.

그렇지만, 아버지의 칭호를 많은 이유에서 우리 주 예수 그리스도께 적용할 수 있습니다. 첫째, 그분은 우리의 연합의 머리이시기 때문입니다. 우리가 "아버지 아담"이라고 말하는 것은 정확합니다. 또한 예수님을 새로운 인류의 머리가 되는 두 번째 아담, 혹은 구속받은 인류의 대표자라고 말하는 것도 정확합니다. 아담이 그랬던 것처럼 오직 그분만이 언약의 머리로서 인류를 대표하시며, 그분의 행위 속에서 다른 사람들을 관련시키십니다. 그러므로 두 번째 아담이 우리를 그분의 자녀들로 간주하는 것이 당연하고, "그의 후손을 영구하게 하리라"(시 89:29)는 언약의 약속이 그분 안에서 성취됩니다. 첫 아담이 우리 모든 세대를 바라보며 "보라 나와 및 여호와께서 내게 주신 자녀들"이라 놀라 소리칠 수 있는 것처럼, 예수님께서도 믿음의 수많은 무리를 바라보시고, 그분의 씨가 그들 중에 있는 것을 보시고, 또한 그들 속에서 자기 영혼의 수고한 것을 바라보시고 만족을 얻으십니다.

우리 주님은 또한 은혜와 영광의 복된 시대의 아버지이십니다. 이사야는 그분을 "우리에게 난 한 아기", "우리에게 주신바 된 한 아들"이라고 부르면서도 또한 "영존하시는 아버지"라고 부릅니다(사 9:6). 또한 우리의 찬송가도 그 표현을 잘 번역했습니다.

"그치지 않는 영원한 세대의 아버지,
생명의 왕이요 평화의 왕이시라."

지금 우리가 사는 시대는 '은의 시대(an age of silver)'이며 이는 그리스도의 초림(初臨)과 이어지는 복음의 선포에 의해 도래하였습니다. 하지만 장차 다가올 '황금의 시대(an age of gold)'가 있는데, 성도들이 즐거이 고대하는 시대이며, 그리스도께서 아버지와 주가 되실 시대입니다. 그 때 그분 안에서, 그분의 씨 안에서, 지구상의 모든 민족들이 복을 받을 것입니다. 진정, 거룩하게 된 성도들이 살 영원히 복된 시대란 그리스도께서 그 조상(its Father)이 되시는 시대라고 말할 수 있습니다. 따라서 그분이 "영원한 아버지" 혹은 "영존하시는 아버지"라 호칭되는 것이 당연합니다.

또 다른 의미에서도 그리스도께서는 우리의 아버지가 되시는데, 곧 그분의 가르침에 의해 우리가 하나님께 태어났기 때문입니다. 한 영혼을 그리스도께로 데려오는 목사가 그 영혼에 대해 영적인 부모라고 일컬어지는 것처럼, 주 예수님은 우리 믿음의 주로서 하나님의 가족 안에서 우리의 영적인 아버지이십니다. 하늘과 땅에 있는 모든 하나님의 가족이 그분에게 속하는 이름을 부여받습니다. 우리 주님은 많은 자녀들을 영광으로 이끄신다는 점에서 진실로 그들의 아버지이십니다. 그들을 영적인 생명에 들어가도록 부르시고, 그들을 하나님의 자녀들 중에 속하도록 만드시는 이가 그분입니다. "한 알의 밀"이 땅에 떨어져 죽지 않으면 한 알 그대로 있지만, 그분은 죽으심으로써 많은 열매를 맺으셨습니다. 우리, 곧 그분을 믿는 우리 모두는, 죽으시고 부활하신 우리 구주의 생명의 열매들이기에, 우리가 그분을 아버지라 부르는 것이 틀리지 않습니다. 그분은 우리의 맏형이시지만, 또한 그분은 "하나님의 집을 맡은" 분이시고 "우리는 그의 집"입니다(히 3:6). 우리를 소생시킨 말씀이 예수 그리스도에 의해 우리에게 임했으니, 그분은 만유의 주이십니다.

이제, 우리가 주 예수님의 자녀들로 불리는 이 은유 속에 얼마나 많은 가르침이 있는가를 살펴보도록 합시다. 그 표현은 우선, 마치 자녀들이 그 기원을 그들의 아버지에게서 찾는 것처럼, 우리의 영적 생명이 그분에게서 비롯되었음을 말해줍니다. 우리는 그분에게서 났습니다. 그분이 우리를 창조하시지 않았더라면 우리는 세상에 존재하지 않았을 것입니다. 그분이 우리를 속량하시지 않았더라면, 우리는 다가올 세상에서 분깃을 얻지 못했을 것입니다. 그분이 우리를 부르시지 않았더라면, 우리는 여전히 어둠과 죽음 가운데 있을 것입니다. 그분이 우리를 소생시키지 않으셨다면, 우리는 여전히 죄의 계곡에 있는 마른 뼈들 사이에 누워 있을 것입니다. 우리가 존재한다는 점에서, 우리는 아버지의 섭리의 혜택을 입었습니다. 하지만 우리가 거듭났다는 점에서, 우리는 우리 주 예수 그리스도의 은혜를 입고 있습니다. 그리스도께서 핵심이 되는 그 놀라운 계획이 없었더라면, 용서받은 죄인들은 없었을 것이고, 믿는 자들도, 하나님의 가족으로 입양된 자녀들도, 하나님의 상속자들도, 그리스도와 더불어 영원히 다스릴 제사장들과 왕들도 없었을 것입니다. 귀하신 예수님의 상처를 바라보면서 우리는 우리가 어디서부터 깎여서 만들어진 존재인지 그 근원인 반석을 보며, 그분이 흘리신 보혈을 바라보면서 우리 영혼의 생명의 피를 응시합니다. 그분이 우리를 지탱하는 뿌리이며, 가지된 우리들이 있을 수 있게 하는 줄기입니다.

자녀들은 그들의 아버지에게서 단지 그들의 기원만을 찾지 않습니다. 그들은 아버지에게서 그들 본성의 유사함(likeness)을 얻습니다. 이는 우리 주님과 그분의 거듭난 백성들에게도 진실입니다. 그분이 우리와 같이 되셨기 때문이고, 또 한편으로는 그분이 우리를 그분처럼 만드셨기 때문입니다. 사도가 그것을 어떻게 표현하는지를 주목하십시오. "자녀들은 혈과 육에 속하였으매 그도 또한 같은 모양으로 혈과 육을 함께 지니셨음이라"(히 2:14). "거룩하게 하시는 이와 거룩하게 함을 입은 자들이 다 한 근원에서 난지라"(히 2:11). "그가 범사에 형제들과 같이 되심이 마땅하도다"(히 2:17). 같은 혈육에 속하였으므로 아버지가 자녀들에 대해 느끼듯이, 주님도 자기 백성에 대해 애틋함과 동정을 느끼십니다. 이는 그들이 그분의 몸의 지체들이며, 그분의 뼈와 살에서 난 자들이기 때문입니다. 세상의 어떤 아버지도 예수님이 우리와 하나인 것처럼 완벽하게 하나가 되지는 못합니다.

더 나아가 우리 주님은 우리로 하여금 그분을 닮도록, 그분의 본성에 참여하는 자가 되도록 우리를 이끌고 계십니다. 참된 신자들은 마치 어린아이들이 그들의 아버지를 닮는 것처럼 그들의 주님을 닮습니다. 내가 지난 목요일 밤에 말했듯이, 그 닮음이란 어떤 점에서 '캐리커처'(caricature, 어떤 인물의 특징을 과장하여 우스꽝스럽게 묘사하는 그림 — 역주) 같을 것입니다. 우리 자신의 특징적인 모습이 우리 아이들에게서 묘사되기도 하고 또 잘못 묘사되기도 하지만, 우리는 그들 속에서 우리의 형상을 보고 미소를 짓습니다. 그와 마찬가지로 그리스도의 형상도 그분을 믿는 모든 백성에게 나타나 있습니다. 비록 그것이 많이 손상되고 매우 축소된 것이긴 하지만, 여전히 그것은 그분의 사랑의 참된 형상입니다. 사진사의 준비된 렌즈에 영상이 나타나면 사진사는 그가 알고 있는 최선의 수단을 활용하여 그것을 인화하듯이, 우리도 마찬가지입니다. 하나님의 형상이 우리 안에서 새로워졌습니다. 하지만 그것은 어느 정도 감추어져 있으며, 따라서 성령께서 그것을 가지고서 우리 안에 그리스도의 생명이 현상되도록 하십니다. 그리고 그분의 작업은 우리 구주께서 나타나실 때에 완성될 것입니다. "그가 나타나시면 우리가 그와 같을 줄을 아는 것은 그의 참 모습 그대로 볼 것이기 때문이라"(요일 3:2).

나는 본문에서 부담과 책임의 사상이 매우 분명하게 나타나 있다고 믿습니다. 어린이들은 언제나 짐이며, 이따금씩은 위로입니다. 아이를 가진 부모라면 누구나 하나님께 대해 그 아이를 돌보는 책임과 그분을 위해 양육한다는 의무를 집니다. 때로는 그 책임이 매우 무거워, 우리가 많은 근심을 하게 됩니다. 도덕관념이 살아 있는 곳이라면 어디서든지, 아버지가 되는 것은 엄숙한 일로 간주됩니다. 자, 예수 그리스도께서 자기 백성을 바라보실 때, 그들을 "하나님께서 그분에게 주신 자녀들"이라고 부르십니다. 마치 그분이 자신에게 자기 친 백성을 지키고, 가르치며, 온전케 할 책임이 부과되었다고 인식하시는 듯합니다. 수난을 받으시기 전 그분이 아버지께 했던 마지막 말을 기억하십시오. "세상 중에서 내게 주신 사람들에게 내가 아버지의 이름을 나타내었나이다 그들은 아버지의 것이었는데 내게 주셨으며 그들은 아버지의 말씀을 지키었나이다. 내가 그들과 함께 있을 때에 내게 주신 아버지의 이름으로 그들을 보전하고 지키었나이다. 그 중의 하나도 멸망하지 않고 다만 멸망의 자식뿐이오니 이는 성경을 응하게 함이니이다"(요 17:6,12). 라반의 양 떼와 함께 있었던 야곱처럼, 우리 주님은 그분이 선택하신 자들을 돌보는 일을 자기에게 부과된 책임으로 여기셨습니다. 그리고 이곳 지상의 삶을 떠나시기 전에 그분은 하늘의 아버지께 결산을 보고하신 것입니다. 지금도 저 위대한 양들의 목자께서는 자기의 값 주고 사신 자들을 보존하는 일을 책임지고 계십니다. 그리고 마지막에 그분의 속량받은 백성들 모두를 가까이 불러 모으실 때, 잃어버린 자는 하나도 없을 것이며, 그분은 이렇게 말씀하실 것입니다. "보라 나와 및 여호와께서 내게 주신 자녀들이라." 그러므로 우리가 그분을 아버지로 부르는 것은, 마치 아버지가 자기 가족을 책임지며 하나님 앞에서 그들의 훈련과 양육의 책무를 지는 것처럼, 그리스도께서도 자기 백성을 보호하시고 많은 자녀들을 영광으로 이끌 책임을 지시기 때문입니다.

자녀들을 향한 우리의 관계에는, 종종 큰 걱정과 근심이 관련되어 있습니다. 자기 자녀에 대해 "그 아이는 결코 내게 근심을 끼치지 않아요!"라고 말할 수 있는 부모는 행복합니다. 자기 가정의 모든 구성원에 대해 "그들 중 어느 누구도 내게 근심이 되는 사람은 없어요!"라고 말할 수 있는 아버지는 행복합니다. 그러나 그런 경우는 희박하다고 생각합니다. 나는 지금 우리가 말하고 있는 아버지가 자기 가족을 위해 많은 근심과 슬픔을 가지고 계셨음을 압니다. 그렇습니다. 그들을 위해 그분은 땅에 쓰러지게 만들 정도의 무거운 고뇌를 짊어지셨습니다. 오, 근심이 많은 부모들이여! 선택된 가정의 머리(Head) 되신 분이 짊어지셨던 더 큰 근심을 기억하고 위로를 얻으십시오. 모든 가족 구성원들의 연약함과 죄와 고의적인 탈선 등의 짐이 그분의 어깨 위에 놓였습니다. 자기 자녀들로 인하여, 그분의 "마음이 매우 고민하여 죽게 되었을"(마 26:38) 정도였습니다. 거룩한 부성애로 인한 고민이 그분을 겟세마네로 이끌었고 피와 같은 땀을 흘리게 하였습니다. 아아, 더 나아가 골고다와 그 수치스러운 죽음으로 이끌었습니다. 이와 같은 슬픔을 무엇에 비교하겠습니까? "나와 당신께서 내게 주신 자녀들이 여기 있나이다"라고 말씀하실 수 있기 위해, 예수님은 자기 가족을 위해 죽으셔야 했습니다. 그러므로 여러분이 주님께 그토록 많은 근심을 안겨 드렸기 때문에, 때때로 여러분의 자녀들이 여러분의 가슴에 근심의 불을 붙인다고 해서 그것을 이상한 일로 여기지 마십시오.

하지만 형제들이여, 자녀들을 가지는 것은 매우 가깝고도 귀한 사랑을 수반합니다. 여러분이 다른 사람의 자녀를 사랑하려고 노력할 수는 있겠지만, 아무리 노력해도 낯선 아이에게는 줄 수 없는 애틋한 사랑이 여러분의 자녀를 향해서는 언제나 있습니다. 여러분의 자녀가 여러분의 가슴에서 가장 따뜻한 위치를 차지하는 것이 자연스럽고 또한 옳습니다. 이와 같이 주 예수님께서도 자기 자녀들에 대해 특별한 사랑을 가지고 계십니다. 그분은 모든 사람들의 구주이시지만, 특별히 믿는 자들의 구주이십니다. 그분은 자기 자신을 그들에게는 나타내시지만 세상에는 나타내지 않으십니다. 그리스도의 사랑을 어떤 인간적인 것과 비교한다는 것은 격에 맞지 않는 일입니다. 그것은 너무나 놀랍고, 너무나 거룩하며, 비교를 초월하는 사랑입니다. 설혹 모든 부모들의 사랑을 한 곳에 모아 높이 쌓는다고 해도, 그 높은 산조차도 자기 백성을 향한 예수 그리스도의 측량할 수 없는 사랑에는 비할 바가 못 됩니다. 누가 그 높이와 깊이를, 그 길이와 폭을 이해하겠습니까? 오, 귀하신 구주시여! 우리를 향한 당신의 귀한 사랑으로 인해 우리가 당신을 단지 랍비라 부르지 않고 아버지라 부르나이다. 또한 당신께서 우리에게 "얘들아(Children), 너희에게 고기가 있느냐?"(요 21:5)고 물으실 때 우리는 이렇게 대답합니다. "예, 당신이 교회의 아버지시니, 당신의 식탁에서 우리가 배불리 먹나이다."

자녀들이 바르게 행동할 때, 그것이 그들 부모의 마음에는 달콤한 위로와 소중한 즐거움을 가져다줍니다. 오, 내가 좋아하는 생각들을 여러분에게 들려주고자 합니다. 자녀들이 하나님을 경외하는 신앙 안에서 자라는 것을 볼 때, 또한 자녀들이 좋은 성품과 자질들을 가진 것과, 옳은 것을 위해 애쓰고 그릇된 것을 피하려고 노력하는 것을 바라볼 때에, 아버지는 즐거워합니다. 그와 마찬가지로 예수님도 우리의 그런 모습을 볼 때에 기뻐하십니다. 그분은 오늘 본문에서 큰 기쁨으로 말씀하십니다. "보라 나와 및 여호와께서 내게 주신 자녀들이라." 그분은 분명히 그들을 기뻐하십니다. 그들을 보는 것이 그분에게 만족을 줍니다. 우리의 자녀들에게 어떤 선한 것이 있다면 우리는 그것을 즐거운 마음으로 바라봅니다. 우리는 그들의 좋은 점들에 대해서는 눈여겨보지만, 아마도 이따금씩 결점이나 그릇된 것에 대해서는 충분히 주목하지 않습니다. 정녕 우리 주님께서는 자기 백성의 사랑스러운 모습을 바라보는 아주 예리한 눈을 가지고 계심이 틀림없습니다. 자기 교회에 대해 그분이 이렇게 말씀하시기 때문입니다. "나의 사랑

너는 어여쁘고 아무 흠이 없구나"(아 4:7). 우리는 우리 자신들에게서 많은 흠을 볼 수 있습니다. 하지만 그분은 우리를 다른 눈으로 바라보십니다. 나는 그분이 우리를 바라볼 때 그분 자신의 의(義)의 안경을 통해서, 완벽한 사랑으로 충만한 눈으로 보신다고 생각합니다. 그분은 사람의 아들들을 기뻐하시며(참조. 잠 8:31), 우리로 말미암아 즐거이 노래 부르며 기뻐하십니다(참조. 습 3:17). 상한 마음에서 솟아나는 회개의 기도가 있을 때마다 언제나 예수님의 마음에는 기쁨이 솟아납니다. "죄인 한 사람이 회개하면 하나님의 사자들 앞에 기쁨이"(눅 15:10) 되기 때문입니다. 믿는 자가 잘못된 것과 싸우거나, 인내로써 압제를 견디거나, 혹은 죄를 이길 때에는 언제나 예수님이 기뻐하십니다. 마치 부모들이 그들의 소망스러운 어린 자녀들을 바라볼 때에 기뻐하듯이, 예수님은 믿는 자에게서 은혜가 싹트고 덕목이 자라는 것을 보실 때마다 크게 기뻐하십니다.

아들들과 딸들에 대한 우리의 기쁨은 미래를 전망하게 하고, 그들이 어떻게 될 것인가 하는 전망은 우리에게서 새로운 기운이 솟아나게 합니다. 한 어머니가 자기 아들이나 딸을 생각할 때 그 마음에 얼마나 많은 희망의 등불들이 켜지는지요! 그녀는 쇠약해지는 나이에서도 자녀들에게서 위로를 얻습니다. 우리 주님은 자기 백성이 어떻게 될 것인지를 아시며, 그로 인해 즐거워하십니다. 오, 여러분이 장래에 어떻게 될 것인지 스스로의 모습을 볼 수 있다고 해도, 여러분은 스스로를 알아보지 못할 것입니다. 여러분 장래의 영광의 모습을 담은 사진을 한 장 가질 수 있고, 또한 그것을 자세히 살필 수 있다고 해도, 아마 여러분은 이렇게 말할 것입니다. "내가 그렇게 될 수 있을까? 내가 그토록 아름답고, 밝게 빛나고, 순결하게 될까?" 자, 주 예수님은 당신이 장래에 될 모습 그대로를 보시고, 또한 당신을 기뻐하시며 이렇게 말씀하십니다. "보라 나와 및 여호와께서 내게 주신 자녀들이라."

이 모든 것을 종합해보면, 여러분은 구속된 백성들 가운데 계신 우리 주님께서, 마치 자녀들 중에 있는 아버지의 모습으로 제시된 것이 적절함을 이해할 수 있을 것입니다.

2. 자발적인 공언

이제 두 번째 요점에 대해 몇 가지를 언급하고자 합니다. 여기 자발적인 공언(a spontaneous avowal)이 있습니다. 그분이 말씀하십니다. "보라 나와 및 여호와께서 내게 주신 자녀들이라." 주께서 자기 자녀들을 시인하십니다. 때때로 그들이 그분을 시인하기를 부끄러워하니, 그분도 그들을 시인하기를 부끄러워하실 수도 있습니다. 하지만 그분은 결코 그렇게 하지 않으십니다. 그분은 그들에 대해 주저 없이 "나와 및 내게 주신 자녀들"이라고 말씀하십니다. 그들은 부정하고, 무가치하며, 진창 속에 빠져 있었고, 그들의 옷은 다 찢어졌습니다. 하지만 "그들은 내 자녀들이라"고 그분이 말씀하십니다. 그분은 결코 그들을 버릴 생각을 하지 않으십니다. 나로서는 그분이 그들에 대해 그렇게 공언하시는 것이 기이하지만, 그들을 향한 그분의 끝없는 사랑과 무한한 기쁨이 그분으로 하여금 여전히 이렇게 공언하도록 만듭니다. "내가 너를 지명하여 불렀나니 너는 내 것이라"(사 43:1).

예수님은 자기 자녀들을 이처럼 공개적으로 시인하실 뿐 아니라, 그들을 하나님이 주신 선물로서 자랑스럽게 여기십니다. "여호와께서 내게 주신 자녀들이라." 마치 그들이 보통의 자녀들 이상인 것처럼 말씀하십니다. 그들은 "자기 영혼의 수고"(사 53:11)로 약속된 열매들입니다. 그들은 그분의 고난과 죽음을 인하여 여호와께서 그분에게 주시기로 언약하신 보상입니다. 그분은 그들을 목숨을 건 큰 전투에서 얻은 전리품으로 간주하시며, 자기 생명을 바친 수고에 따른 면류관으로 여기십니다. 솔로몬은 두로 왕 히람에게 몇몇 성읍들을 주었으나, 히람은 그 성읍들을 보고 눈에 들지 않아서 '불쾌하다'는 뜻이 내포된 "가불"이라 불렀습니다(참조. 왕상 9:13). 하지만 우리 구주는 그분에게 주어진 보상을 크게 기뻐하십니다. 그분은 자신이 값 주고 사신 유업들을 그분의 가슴에 품고서, 그것으로 인해 기뻐하시며 이와 같이 말씀하십니다. "보라 나와 및 여호와께서 내게 주신 자녀들이라."

주님은 자기 백성을 시인하시고 기뻐하실 뿐 아니라 검열을 요구하십니다. 그분이 말씀하십니다. "보라! 나는 그들을 부끄러워하지 않는다. 그들을 살펴보라." "내 아버지여, 당신의 아들 안에서 너무나 영광스럽게 된 그들을 보소서. 내 피로 씻음 받고, 내 의로 옷 입은 그들을 보소서. 그들을 살펴보시고, 또한 내가 그들 안에서 얼마나 영화롭게 되었는지를 보소서. 당신은 불꽃이 가득한 눈으로 죄를 살피시지만, 그들에게서는 어떤 죄도 찾지 못하실 것입니다. 또한 당신은 불의를 응징하는 복수의 번개를 손에 움켜쥐고 계시지만, 그 번개로 그들을 치지 않으실 것입니다. 내가 그들을 위해 속죄했기 때문입니다."

"보라 나와 및 여호와께서 내게 주신 자녀들이라!" 이 말씀은 온 세계를 향해 살펴보라고 도전하시는 말씀입니다. "이 일은 한 쪽 구석에서 행한 것이 아니기"(행 26:26) 때문입니다. 예수님은 그분과 그분의 자녀들이 말(bushel) 아래에 감추어진 채 알려지지 않도록 하기 위해 세상에 오신 것이 아니며, 오히려 산 위에 있는 동네처럼 우뚝 서도록 하기 위해 오셨습니다(참조. 마 5:14-15). 예수님이 말씀하십니다. "보라 나와 및 여호와께서 내게 주신 자녀들이라. 그들을 보라. 그들을 보이게 하는 것이 내 목적이다. 그들은 모든 세대에서 '징조와 예표'로 세워진 자들이다."

재차 주목하시기 바랍니다. 이 말씀은 내가 표현할 수 있는 것보다 훨씬 강력하게 내 마음에 감동을 줍니다. "보라 나와 및 자녀들이라." 한 어머니가 자기 자신과 자녀들에 대해 이렇게 말하는 것을 나는 이해할 수 있습니다. 하지만 영광의 주이신 그리스도께서 자신의 영광스러운 이름을 흙으로 지어진 불쌍한 벌레 같은 인간들과 결합하시는 것은 아주 놀라운 일입니다. 앉아서 이 경이로운 일을 보고 그로 인해 우시기 바랍니다. "나와 내 자녀들"이라고 예수님이 말씀하십니다. 옛 로울랜드 힐(Rowland Hill)은 이처럼 훌륭하게 노래했습니다.

> "내가 숨질 때, '나를 받으소서'라고 나는 외치리라!
> 예수께서 나를 사랑하신 이유를, 나는 말할 수 없네.
> 하지만 이 한 가지를 알고 있으니, 우리는 너무나 연합되었기에
> 나를 뒤에 남겨두고서는, 그분이 천국에 계실 수 없다네."

예수님은 우리 없이 계실 수가 없습니다. 그분은 그것을 견디지 못하십니다. 여러분 어머니들은 밤이 다가올 때에 자녀들 없이 홀로 집 안에서 침대에 누워 있는 것을 생각할 수 없습니다. 여러분은 사랑하는 자녀들 역시 안전하게 집으로 들어오는 것을 원합니다. 만일 여러분이 러시아의 어느 눈 덮인 평원에서 늑대들에게 쫓긴다면, 여러분의 자녀들을 잡아먹히도록 내버려 두고서는, 설혹 여러분 자신이 도망쳤다고 해도 결코 만족하지 못할 것입니다. "나와 내 자녀들"이 여러분의 좌우명일 것입니다. 살든지 죽든지 여러분은 자녀들과 함께할 것입니다. 종종 어머니들이 눈보라 속에서 죽은 채로 발견되었을 때, 그들의 품에 안겨 있던 어린 자녀들은 여전히 살아 있는 채로 발견되는 경우가 있습니다. 어머

니는 자기 옷을 벗어 자신의 어린 아기를 감싸줍니다. 그리스도께서도 자신의 모든 명예와 안위를 벗어버리고 죽으심으로써, 자녀들을 향한 그분의 무한한 사랑을 입증하셨습니다. 정녕 그분은 자기의 사랑하는 자들과 하나로 연합하시고, 그분 자신과 그들을 하나의 거룩한 끈으로 묶으셨습니다. "나와 내 자녀들!" 내가 이 말씀에서 얼마나 큰 기쁨을 얻는지 다 말할 수 없습니다! 나는 그 말씀을 내 입과 마음에 담아두었습니다. 이렇게 말씀하신 우리 주님을 찬미합니다!

사랑하는 이여, 만일 예수께서 그토록 사랑스럽게 우리를 시인하신다면, 우리 역시도 그분을 언제나 시인하도록 합시다. 또한 그리스도께서 우리를 "나와 내 자녀들"이라는 연합적 관계로 간주하신다면, 우리도 "그리스도는 모든 것이십니다"라고 반응하도록 합시다. 그분이 우리의 관계에서 선두에 서시도록 합시다. 우리의 이름이 영원히 그분의 이름과 결합되도록 합시다. 그분이 우리를 기뻐하시는 것이 명백하니, 우리도 그분을 기뻐합시다. 그분이 우리를 자랑스러워하시는 것이 확실하니, 우리도 그분을 자랑스러워합시다. 그분이 다른 사람들을 초대하여 우리와 그분을 보라고 하시니, 우리가 모든 인류를 초대하여 우리의 영광스러운 주님을 바라보게 합시다. 우리는 우리의 주님 뒤에 따르며, 그분이 언제나 우리의 앞에 서시도록 합시다. 누가 우리를 초대하더라도, 그들로 하여금 우리가 예수님과 함께하고 있음을 모르지 않게 합시다. 만일 우리가 히스기야처럼 우리의 보화를 내보인다면, 우리는 먼저 우리의 구주를 보여 드리도록 합시다. 왜냐하면 어떤 바벨론 사람들도 우리에게 와서 그분을 빼앗아갈 수 없기 때문입니다. 우리의 "영혼이 여호와를 자랑하리니"(시 34:2), 지금부터 영원토록 어느 누구도 우리에게서 이런 자랑을 멈추게 하지 못할 것입니다. 자발적인 공언에 대해 말하는 것은 이 정도로 충분합니다. 오, 우리가 우리 주님께서 이렇게 말씀하시는 그 행복한 집단에 속하기를 바랍니다. "보라 나와 및 여호와께서 내게 주신 자녀들이라!"

3. 공동의 직무

셋째로, 내가 이 설교에서 힘을 기울여 전하고 싶은 바는 공동의 직무가 있다고 하는 것입니다. 그리스도와 그분의 백성들은 "이스라엘 중에 징조와 예표가 되었나니 이는 시온 산에 계신 만군의 여호와께로 말미암은" 것입니다.

그리스도와 그분의 백성 모두에게 한 가지 목적이 주어졌습니다. 첫째, 그들은 증언을 위해서 "징조와 예표들"이 되어야 합니다. 우리 주님은 "하나님의 말씀"으로 불리십니다. 말씀이란 지성을 가진 당사자들 사이에서 의사소통의 수단입니다. 하나님은 그리스도에 의해(by Christ) 사람들에게 말씀하십니다. 아니, 그리스도는 그분의 말씀입니다. 만일 여러분이 하나님께서 여러분에게 말씀하고자 하시는 바를 알기를 원한다면, 그리스도가 어떤 분이셨고 또 어떤 분이신지를 보십시오. 그보다는 열등한 정도이지만, 마찬가지의 방식으로, 신자들은 사람들을 향한 하나님의 목소리입니다. 그분은 자기 백성을 통해 세상에 말씀하십니다. 어느 행복한 그리스도인 안에서 하나님이 말씀하십니다. "내가 이 사람을 행복하게 만든 것처럼 너도 행복하게 할 것이다." 기도에 응답을 얻은 믿음 있는 그리스도인을 통해서 하나님이 사람들에게 이렇게 말씀하십니다. "만일 네가 이 사람처럼 나의 약속 안에서 믿음으로 기도한다면 나는 너의 기도를 들을 것이다." 모든 자연 세계가 하나님을 드러내지만 그 계시는 불완전합니다. 그것은 분명하고 명백한 음성이 아니며, 차라리 어떤 그림이나 상형 문자에 의한 가르침과도 유사합니다. 하지만 나의 형제들이여, 우리는 사람들 사이에서 하나님의 입이 되어야 합니다. 우리의 대화, 우리의 고백, 우리의 삶 전체가 인간들을 향한 하나님의 증언이 되도록 해야 합니다. 진리와 의와 거룩함을 위한 증언이 되어야 하며, 소생시키시는 성령의 능력과, 속죄의 피의 효력과, 하나님의 계시를 담은 모든 진리를 위한 증언이 되어야 합니다. 우리는 백지가 되어서는 안 되며, 혹은 얼룩만 묻어 있고 다른 아무 내용도 담지 않은 종이가 되어서도 안 됩니다. 우리는 하나님이 쓰신 편지들이 되어야 합니다. 회람용 편지처럼 하나님이 말씀하고자 하시는 바를 사람들이 우리에게서 읽을 수 있어야 합니다. 자, 그리스도 안에서 너무나 명백한 것은, 그분의 거룩한 생애와 죽음이 사람들을 향한 놀라운 증언이 된다는 사실입니다. 그리고 주님은 우리에게 대해서도 이렇게 말씀하셨습니다. "너희도 내 증인들이다." 나는 이곳에 있는 신앙을 고백하는 많은 사람들에게 묻고 싶습니다. 여러분은 진정으로 사람들을 향한 하나님의 목소리입니까? 그렇지 않다면, 여러분의 '벙어리' 신앙은 무슨 소용이 있습니까?

둘째, 우리가 죄인들 사이에서 징조와 예표인 것은 경이를 위한 것입니다. 사람들이 판단하기에, 신자들은 하나님의 증언을 선포하는 것 때문에 더욱더 기이한 사람들로 여겨집니다. 그리스도인 아니면 누구도 그리스도인을 이해하지 못합니다. 영적인 사람은 모든 일을 분별하지만, 영적이지 않은 사람은 영적인 사람을 분별하지 못합니다. 육적인 생각을 가진 자들은 우리를 분간하지 못합니다. 왜냐하면 "우리가 죽었고 우리 생명은 그리스도와 함께 하나님 안에 감추어졌기 때문입니다"(참조. 골 3:3). 어떤 특이한 것을 가졌다는 인상을 결코 주지 않는 사람, 세상 사람들과 똑같은 사람은 아마도 그리스도인이 아닐 것입니다. 당신이 진정으로 예수 그리스도를 믿는 사람이라면, 거듭나지 못한 자들이 당신을 오해하고 당신에 대해 잘못된 진술을 할 것입니다. 하지만 모든 사람이 당신을 기뻐한다면, 하나님이 당신을 기뻐하시지 않는 것이 분명합니다. 왜냐하면 "세상과 벗된 것이 하나님과 원수됨"(약 4:4)이기 때문입니다. 진짜 그리스도인들은 일반적으로 세상에 의해 특이한 사람들로 간주됩니다. 예를 들어, 회심했다고 고백하며, 어떤 기적적인 변화를 경험했습니다. 그들은 전에 죽었던 삶과 비교해 볼 때, 새로운 생명을 가졌음을 시인합니다. 세상은 이런 것을 난센스라고 부릅니다. 중생이라니! 광신주의로구나! 휫필드(Whitfield)와 웨슬리(Wesley)의 시대에, 방종한 정신을 가진 자들은 거듭난다는 생각을 심하게 놀려댔습니다. 중생을 전하는 설교자는 '멍청한 놈'(Mr. Wildgoose)이라는 별명으로 호칭되었고, 그의 추종자들은 광신도 집단이라고 불렸습니다. 지금 세상은 교묘하게도 우리의 용어와 표현들을 마치 다른 무언가를 뜻하는 것처럼 사용합니다. 마치 세례로써 거듭나는 것처럼 말하는 식입니다. 그것이야말로 난센스입니다. "거듭나는"(born again) 것은 여전히 사람들에게 하나의 경이입니다.

진정한 그리스도인은 섭리를 믿고, 하나님을 믿는 사람입니다. 그래서 그는 고난의 때에도 침착하며 요동하지 않습니다. 그는 백합화가 길쌈을 하지 않아도 옷을 입고, 까마귀들이 심지도 않고 거두지도 않으면서도 양식을 얻는 것을 믿습니다. 그러므로 매우 근면하게 일하긴 하지만, 그는 염려 없이 평안 중에 살아갑니다. 세상은 그런 그를 부러워하면서도, 그를 이해하지는 못합니다. 더 나아가, 그리스도인은 기도에 능력이 있는 사람입니다. 그는 구하는 것을 받습니다. 그가 두드리면 그에게 문이 열립니다. 세상은 그런 사실을 믿지 않거나 혹은 그것을 이상한 일처럼 바라봅니다. 그렇게 되는 것이 당연합니다. 우리는 세상이 보고 이상하게 여기는 대상이 되어야 합니다. 나는 그리스도인들이 비범하고 경이로운 사람들이라고 말하는 것이 아닙니다. 나는 여러분이 그렇다고 생각하지 않습니다. 경이로운 것은 여러분이 스스로를 '그리스도인들'이라고 감히 부를 수 있다는 그 사실 자체입니다. 내 말의 의미는 진정한 그리스도인은 많은 점에서 독특한 사람이고, 너무나 독특하여 다른 사람들이 그의 수수께끼를 이해하지 못한다는 것입니다. 어떤 사람이 믿지 않는 가정에서 회심하게 되었을 때, 그는 마치 오리 둥지에 있는 어린 백조와도 같습니다. 그 가족들도 그를 이해하지 못합니다. 그들은 말합니다. "이는 이상한 새로다! 그가 어디에서 왔을까?" 그들은 그가 못생겼다고 간주합니다. 그가 나머지 가족들과 다르기 때문입니다. 빈번하게도 경건하지 못한 친척들은 그 어린 회심자를 미쳤다고 보든지, 혹은 지적으로 매우 약해진 것으로 간주합니다. 그들은 그가 슬픔에 빠져 있을 때는 미친 자로 여기고, 그가 즐거워할 때는 바보 천치인 것처럼 간주합니다.

세상은 시련에 처한 그리스도인의 인내를 이해하지 못하며, 오직 그것을 마음이 둔한 것이라고 취급합니다. 그들은 그가 차분하고 평온한 것을 봅니다. 그는 노하여 소리치지도 않고, 불경스러운 말을 쏟아내지도 않으며, 자기 머리를 쥐어뜯지도 않습니다. 최악의 일이 닥칠 때에도 그는 여전히 이런 식으로 말합니다. "그분이 나를 죽이실지라도 나는 그분을 신뢰하리라"(KJV, 욥 13:15). 이런 일이 세상 사람들을 당혹스럽게 합니다. 그런 반응이 놀랍지 않은 것은, 그리스도인의 그런 태도가 마귀조차도 당혹스럽게 만들기 때문입니다. 마귀는 그를 거름더미 위에 올려놓았고, 온 몸에 종기가 나게 했으며, 질그릇 조각으로 몸을 긁도록 만들었고, 그의 친구들이 그를 저주하도록 만들었습니다. 하지만 알렉산더나 나폴레옹보다 더욱 위대한 정복자인 그 사람은 여전히 이렇게 말합니다. "우리가 하나님께 복을 받았은즉 화도 받지 아니하겠느냐? 주신 이도 여호와시요 거두신 이도 여호와시오니 여호와의 이름이 찬송을 받으실지니이다"(욥 2:10; 1:21). 이 모든 일에 욥은 범죄하지 아니하고 하나님을 향해 어리석게 원망하지 않았습니다. 주님께서 우리에게 그와 유사한 어떤 시련을 허락하실 때, 그리고 우리를 시련 중에서 붙들어주실 때, 우리는 많은 사람들에게 "이상한 징조(wonder) 같이"(시 71:7) 됩니다.

경건하지 못한 자들에게 가장 큰 경이 중의 하나는 그리스도인의 임종의 자리입니다. 신앙을 전적으로 멸시해왔던 불경건한 자들이, 죽어가는 성도들의 거룩한 승리를 보고서 양심에 고통을 느끼고 거의 그리스도인이 되기도 합니다. 많은 무신론자들이 자기 어머니의 거룩한 삶을 기억합니다. 그녀는 얼마나 평화롭고 얼마나 사랑스러웠는지, 언제나 그 집안을 행복하게 만들었습니다. 또한 그는 그녀가 자기 아들이 신앙의 회의주의자가 되어가기 시작할 때 얼마나 슬퍼했던가를 기억합니다. 그녀가 죽어갈 때에 남겼던 말이 언제나 그의 기억 속에서 울립니다. 죽어갈 때 그녀의 눈에는 뒤에 남은 자들을 위한 것을 제외하고는 눈물이 고이지 않았습니다. 그녀의 눈에 깃들였던 즐거운 승리의 표정, 숨이 꺼져갈 때의 그 노래, 그 승리의 외침을 그는 잊어버릴 수가 없습니다. 만약 어떤 사람이 회의주의자가 되기를 원한다면, 그는 참된 그리스도인들이 살든지 죽든지 하는 모습을 보지 말아야 할 것입니다. 만일 그런 모습을 본다면, 그것이 그의 의지를 흔들 것이고, 의심하는 것을 힘들게 만들 것입니다.

선을 위한 신자의 증언이 이해되지 않는 경이로 취급될 때, 후에 그가 멸시의 대상이 된다고 해도 놀랄 일은 아닙니다. 세상이 주님께 대해서 무어라고 말했습니까? "집 주인을 바알세불이라 하였거든 하물며 그 집 사람들이랴?"(마 10:25). 그분은 사람들에게서 멸시를 받고 거절을 당했습니다. 그렇다면, 만일 당신이 그분의 제자들 중의 하나라면, 세상이 당신도 멸시할 것입니다. 그들이 우리에 대해서 뭐라고 말하는지 들려주지요. "그들은 모두 바보 멍청이들이야. 한 사람에 의해 코가 꿰어 끌려가는 자들이지. 그들은 그가 말하는 것이라면 무엇이든지 믿을 거야." 이 모든 일은 여러분이 여러분의 목사에게와 하나님의 말씀에 대해서 진실하기 때문에 일어납니다. 만약 여러분이 한 사람에 의해 인도를 받지 않고 스스로 생각하는 것을 본다면 어떨까요? 그들은 그런 모습을 보자마자 이렇게 외칩니다. "아하, 너는 고집이 센 자들 중의 하나로구나. 너는 결코 가르침을 받으려 하지 않는군. 왜 너는 너의 조상들이 믿었던 것처럼 믿지 않고, 오랜 교회의 전통을 지키지 않는 거야?" 만일 세상이 어느 한 방향에서 우리에게 상처를 입힐 수 없으면, 그것은 다른 방향에서 상처를 주려고 시도합니다. 우리의 원수들은 우리를 검다고 비난하지 못한다면, 우리를 창백한 흰색이라고 비난할 것입니다.

비난하는 자들은 그들의 달콤한 목소리를 바꾸어 이렇게 소리칠 것입니다. "아하! 그것은 모두 돈을 얻으려는 계략이지." 만일 목사가 열정적이면 그들은 이렇게 말합니다. "자기 유익이 그 밑바탕에 깔려 있지. 설혹 그것이 돈을 사랑하는 것이 아니라 해도, 권력이나 영향력을 사랑하는 것이야." 그리스도인들을 향해 그들은 말합니다. "의심할 것 없이 당신은 그것으로 인해 당신 사업을 확장한다. 많은 사람들이 신앙을 돈벌이로 삼는데, 그것이 놀랍게도 수지맞는 일인 것을 알지." 그들은 속으로는 여러분이 어떤 나쁜 동기를 갖지 않은 것을 잘 알면서도, 여러분을 올바로 판단하지 않습니다. 그들은 사탄과 마찬가지로 이런 식으로 말합니다. "욥이 어찌 까닭 없이 하나님을 경외하리이까? 주께서 그와 그의 집과 그의 모든 소유물을 울타리로 두르심 때문이 아니니이까?"(욥 1:9-10). 어쩌다가 여러분이 신앙으로 인해 가난하게 되면, 그들은 다른 장단으로 노래를 부릅니다. "그리스도인이 된다는 것은 참 딱한 일이야! 왜냐고? 너는 이제 곧 신을 신발도 없이 지낼 테니까! 먼저 너 자신과 너의 가족을 위해 할 수 있는 일이나 살피는 것이 좋을 걸!" 만일 하나님께서 좋은 보상을 주시면 마귀는 이렇게 말합니다. "너는 보상 때문에 그를 섬길 뿐이야." 만일 현재의 은혜가 적으면, 그 오랜 참소자는 비웃으면서 이렇게 소리칩니다. "너는 인색한 주인을 섬기는구나. 그가 너를 얼마나 가난하게 만드는지를 보라고!" 우리가 세상을 기쁘게 할 수는 없으며, 또 굳이 세상을 기쁘게 하고 싶지도 않습니다! 바울이 말했듯이, "세상이 나를 대하여 십자가에 못 박히고 내가 또한 세상을 대하여 그러하니라"(갈 6:14).

나는 또한 다른 사람들이 말하는 투도 알고 있습니다. 그들은 자신들의 지성을 자랑하며 우리는 시대에 뒤떨어진 사람들로 얕잡아봅니다. 그들은 말합니다. "우리는 기도의 효용을 믿고, 회심을 기대하며, 속죄와 전가된 의를 의지하는 이런 일을 참을 수 없어. 왜냐고? 그것이 명백하게 어리석은 짓이기 때문이지! 그런 설교는 청교도들의 무덤에서나 메아리치는 설교에 불과해. 청교도주의는 크롬웰(Cromwell)의 시대에는 힘을 발휘했지만, 이제는 시대에 뒤떨어진 사상이야. 철로에서 기차가 달리고, 위대한 진보가 있으며, 우주가 그 자체로 만들어졌음을 발견해 낸 이 계몽된 시대에 우리는 좀 더 진보된 사상을 요구한다. 우리는 이처럼 지성적인 시대에 뒤떨어지는 것을 용납할 수 없으며, 따라서 다른 사람들처럼 눈부신 발전을 위해 몰두해야 해."

만일 이런 식의 말이 우리에게 상처를 입히지 못하면 그들은 이렇게 말할 것입니다. "이 사람들은 사상가들이 아니야. 그들에게는 교양이 없어." 그런 식으로 그들은 우리를 바보들로 취급합니다. 그에 대해 우리는 크게 기뻐합니다. 그리스도를 위한 바보들이 되는 것을 우리가 즐거워하기 때문입니다. 그리스도인들은 모든 시대에서 바보들로 간주되어왔습니다. 만일 여러분이 스위스를 여행하면서 어떤 바보를 만나면, 그는 "크레틴"(crétin)이라고 하는데 곧 그리스도인이라는 뜻입니다. 그렇습니다! 그런 식으로 조소하는 것입니다. 그 바보가 그리스도인으로 불리고, 그리스도인은 바보로 간주되는 것입니다. 우리는 만족하며 이런 시대를 견딜 것입니다. 세상적으로 지혜로운 자들이 다른 이들에 의해 어리석은 자들이라고 불릴 뿐 아니라, 그들 스스로도 끝없는 절망 중에서 스스로를 바보들이라고 시인할 시대가 올 것임을 알기 때문입니다.

하지만 그들은 이런 식으로도 말합니다. "이 사람들은 너무 정확해, 그들은 삶을 따분하게 만드는군!" 우리는 우리 자신의 평가에 따르면 세상에서 가장 행복한 사람들입니다. 이곳에서도 천국을 누리며 더할 나위 없이 행복한 사람들이 바로 우리들입니다. 하지만 우리가 그들의 헛된 쾌락과, 돼지들이나 먹는 그들의 찌꺼기 음식에 관심을 기울이지 않는다는 이유로, 그들은 마치 우리가 엄격하고 비참한 사람들인 것처럼 여깁니다. 하지만 우리에 대해 아무것도 모르는 사람들만이 그렇게 생각할 뿐입니다. 우리에게는 그들이 알지 못하는 먹을 양식이 있습니다. 다니엘과 그의 친구들처럼, 비록 우리가 세상의 진미를 맛보지는 않아도, 그것을 먹는 자들보다 훨씬 더 잘 지내고 있습니다.

세상에 속한 사람들은 이런 식으로 말하곤 합니다. "당신들은 고집불통 집단들이군요. 당신들은 당신들을 제외하고는 모두가 잘못되었다고 생각합니다." 만일 우리가 우리를 옳다고 생각한다면 그것은 멋진 일이 아닙니까? 우리에게 반대하는 자들도 옳을 수 있음을 우리는 믿지 않습니다. 만일 우리가 둘에 둘을 더하면 넷이 되는 것을 안다면, 둘에 둘을 더하면 다섯이 될 수 있다고 주장하는 것을 용납하지 않습니다. 동일한 문제에 대해서 '예스'와 '노'가 동일하게 옳을 수 있다고 믿는 것은 지성의 붕괴입니다. 종교를 장난으로 다루는 자들은 그런 우둔함에도 동의하겠지만, 진지한 사람들은 그렇게 할 수 없습니다. 만일 하나님이 말씀하신 것이 참되다고 확신하는 것이 고집불통이라면, 우리는 그런 고집불통임을 인정합니다. 우리 주님이 말씀하십니다. "믿고 세례를 받는 사람은 구원을 얻을 것이요 믿지 않는 사람은 정죄를 받으리라"(막 16:16). 우리는 이 말씀을 믿습니다. 정죄와 관련된 문장도 마찬가지입니다. 이런 믿음이 고집불통으로 간주될는지 아닌지에 대해서, 우리는 마지막 큰 날의 심판을 기다릴 것입니다.

우리를 멸시하는 자들은 종종 이렇게 소리칩니다. "이들의 자만심과 교만을 보라! 그들은 스스로를 하나님이 선택하신 자들이라고 생각한다. 그분이 그들에게 특별한 호의를 가지고 계시고, 그들의 죄를 용서하시며, 그들을 구원하신다고 생각하는구나!" 바로 그렇습니다! 그것을 가지고 자만심이라고 부르려면 부르라고 하십시오. 우리는 부끄러워하지 않고 그렇다고 시인할 것입니다. 어떤 부자가 거리를 지나갈 때, 누군가 무례하게도 그를 향해 이렇게 말한다고 생각해보십시오. "그가 얼마나 자만에 빠졌는지를 보라. 그는 자기가 일만 파운드의 가치가 있는 줄로 생각하는구나." 그 부자는 조용히 미소를 지으며 이렇게 대답할 것입니다. "나는 그렇게 생각합니다. 또 그렇게 생각하는 것이 정당합니다. 왜냐하면 나는 일만 파운드의 수백 아니 수천 배의 가치가 있기 때문입니다." 그들은 우리가 기뻐한다는 이유로 우리가 자만에 빠졌다고 말합니다. 우리가 마땅히 기뻐해야 할 때 기뻐하는 것임에도 말입니다. 주님께서 우리를 위해 큰 일들을 행하셨고, 우리는 감히 그것을 부인하지 않으며, 또 부인하고 싶지도 않습니다. 그분이 우리를 그분의 아들들과 딸들로 삼으셨습니다. 그러므로 우리는 그분의 이름 안에서 기뻐하는 것이 마땅합니다. 다른 사람들이 우리의 기쁨을 교만으로 오해한다 해도 우리로서는 어쩔 수 없습니다. 우리의 영으로 하나님께 영광을 돌리는 것이 옳음을 잘 알기 때문입니다.

이와 같이 신자들이 경멸의 대상이 될 때, 그들은 맹렬한 조롱을 받으며, 퍼부어지는 비방을 당할 것입니다. 나쁜 동기가 있다고 모략을 당하고, 그들이 죽기까지 위하는 진리가 그들의 인격과 증언의 양면 모두에서 공격을 받을 것입니다. 그들은 비난을 참아내야 하며, 만일 그들이 그렇게 한다면 그들은 다시 경이의 대상이 될 것입니다. 만약 그들이 고통을 겪으면서도 보복을 하지 않는다면, 욕설에 욕설로 되받지 않고 참고 또 견딘다면, 그들의 인내가 그들을 또다시 경이의 대상으로 만들 것입니다. 시간이 흘러가면서, 거룩한 자들, 경건한 자들, 그리스도를 닮은 자들, 예수님과 그의 자녀들은 승리를 거듭할 것입니다. 다가오는 모든 세대에서, 비록 박해가 지난 시대에 그랬던 것처럼 몰아친다 해도, 하나님의 교회는 그것을 견딜 것이며, 그렇게 함으로써 그것을 이길 것입니다. 미신과 이단과 세속주의가 들어올 것입니다. 하지만 교회는 그 폭풍을 헤쳐나갈 것입니다.

그리고 마지막에 진리가 승리할 때, 겟세마네가 낙원으로 변하고, 골고다 십자가의 수치가 "크고 흰 보좌"의 영광 안에서 감추어질 때, 더 이상 가시 면류관이 없고, 못과 해면과 신포도주가 없으며, 오직 예수님께서 "만왕의 왕이시며 만주의 주"로 선포될 때, 그리고 그분의 모든 백성이 그분과 더불어 왕 노릇 할 때에, 그 때 성도들은 정녕 "징조와 예표"가 될 것입니다. 여러분이 하나님 우편의 배석 판사들로 앉아서 천사들을 판단할 것을 알지 못합니까? 여러분이 그 날에 그리스도의 영광이 될 줄을 알지 못합니까? 불경건한 자들이 "바위들이여, 산들이여, 우리 위에 떨어져 우리를 가리라!"(계 6:16)고 소리칠 때, "의인들은 자기 아버지 나라에서 해와 같이 빛나리라"(마 13:43)는 것을 알지 못합니까?

형제들이여! 끝까지 견디십시오. 겸손하고 침착하게 믿음을 지키십시오. 경이(wonder)의 대상이 되려고 애쓰지(try) 말고, 예표가 되도록(be) 하십시오. 주목을 끌려고 어떤 놀라운 일을 하려고 애쓰지 말고, 오직 "여러분의 빛이 사람 앞에 비치게 하여 그들로 여러분의 착한 행실을 보고 하늘에 계신 여러분의 아버지께 영광을 돌리게 하십시오"(참조. 마 5:16). 이 시대의 통속적인(common) 기독교가 누군가를 천국에 데려다준다고 믿지 마십시오. 그것은 모조품이고 속임수입니다. 그것은 사람들을 그들의 동료와 달라지게 하지 않으며, 믿는 체하지만 실제로는 믿음이 없으며, 사랑에 대해 말하면서 그것을 보여주지는 않습니다. 그것은 진리에 대해 자랑하듯 떠벌리면서, 자유주의적 관용이라는 불쾌한 공기 속에 그것을 증발시켜 버립니다. 하나님께서 우리에게 진정한 것을 되돌려주시길 바랍니다. 곧 복음에 대한 철두철미하고 강력한 믿음과, 예수님께 대한 참된 믿음, 그분을 향한 참된 기도, 그리고 진정한 영적 능력입니다. 그럴 때 다시 박해가 있겠지만, 그것은 쭉정이만 날릴 뿐, 순수한 알곡은 남겨둘 것입니다! 우리가 세상을 더 좋아하면 그것 때문에 세상도 우리를 더 좋아할 것입니다. 우리가 우리의 특색을 버리고 우리의 칼을 칼집에 꽂고 겁쟁이처럼 처신하면, 세상이 우리를 친구라 부를 것입니다. 하지만 우리가 옛 사도들의 방식으로 복음을 전하고 또 복음대로 살면, 마귀가 곧 우리 진영을 둘러싸고 으르렁거릴 것이며, 뱀의 후손이 사방에서 쉿 소리를 낼 것입니다. 하지만 우리는 두렵지 않습니다. "만군의 여호와께서 우리와 함께 하시니, 야곱의 하나님이 우리의 피난처"(시 46:7)이시기 때문입니다.

제
9
장

그의 이름 – 영존하시는 아버지

"영존하시는 아버지라."—사 9:6

우리 주 예수님의 명칭은 얼마나 다양한지요! 선지자는 거의 단숨에 그분을 "아기", "모사", "아들", "영존하시는 아버지" 등으로 부르고 있습니다. 이는 서로 모순이 아니며, 우리에게 불합리하게 보이지도 않습니다. 하지만 '한 아기'이신 그분이 동시에 무한자가 되시며, 슬픔의 사람이셨던 그분이 동시에 영원히 복되며 만유보다 높은 하나님이시라는 사실은 놀랍습니다. 삼위일체로 존재하시는 그분이 언제나 '아들'로 불리시고, 그러면서도 '영존하시는 아버지'로 불리시는 것이 정확하다는 사실은 놀랍지 않을 수가 없습니다. 이는 우리 주 예수 그리스도의 인격을 신중하게 연구하고 올바르게 이해할 필요성을 우리에게 강력히 상기시켜 줍니다! 우리는 한 번 얼핏 보고서 그분을 이해하리라고 상상해서는 안 됩니다. 한 번 믿음으로 보는 것이 영혼을 구원할 수 있지만, 구주를 아는 지식으로 채워지는 것은 인내의 묵상으로만 가능한 일입니다.

그분의 인격 안에는 영광스러운 신비들이 감추어져 있습니다. 그분은 우리에게 가장 분명한 언어로 말씀하시며, 자신을 공공연히 우리들 가운데 나타내시지만, 그분의 인격 자체는 높고도 깊어서 인간의 지성으로는 측량할 수가 없습니다. 경건한 관찰자가 그분의 사랑스러운 미덕들을 오래도록 꾸준히 바라볼 때, 그 아름다움은 너무나 황홀하여 우리가 넋을 잃을 정도입니다. 성령의 능력에 의한 지속적인 묵상은 영혼을 기쁨의 감탄에 빠져들도록 인도하며, 그러한 감탄은 사려 깊지 못한 사람이 알 수 없는 것입니다.

우리 주님의 인격의 신비는 너무나 깊어서 그분이 자기 자신을 우리에게 나타내셔야 하며, 그렇지 않으면 우리가 결코 그분을 알지 못합니다. 그분은 인간의 연구와 이성으로 발견되거나 식별되는 분이 아닙니다. 그리스도께서 베드로에게 말씀하셨습니다. "바요나 시몬아 네가 복이 있도다 이를 네게 알게 한 이는 혈육이 아니라"(마 16:17). 바울 사도는 "은혜로 나를 부르신 이가 그 아들을 내 속에 나타내시기를 기뻐하셨다"고 말했습니다(갈 1:15-16). 또 다른 사도는 이렇게 주님께 여쭈었습니다. "주여 어찌하여 자기를 우리에게는 나타내십니까?"(요 14:22). 예수님의 빛이 없으면 아무도 그분을 볼 수 없습니다. 그분은 문이지만, 예수님 자신이 아니고서는 아무도 그 문을 열 수 없습니다. 왜냐하면 그분이 "열면 닫을 사람이 없고 닫으면 열 사람이 없기"(계 3:7) 때문입니다. 그분은 교훈이면서 또한 교사이십니다. 그분은 열쇠이자 자물쇠이고, 수수께끼와 대답이시며, 길과 안내자이십니다. 그분은 보이는 분이시기에 우리가 그분을 바라보아야 합니다. 하지만 우리가 그분을 바라볼 수 있는 것은 그분에 의해서만 가능합니다. 그분이 눈먼 자에게 빛을 주시기 때문입니다.

그러므로 사랑하는 친구들이여, 만일 우리가 모든 학문 중에서도 가장 뛰어난 학문, 곧 십자가에 못 박히신 그리스도의 학문을 진정으로 이해하고자 한다면, 주님 자신이 우리의 '랍비'가 되시도록 간구해야 하며, 마리아처럼 주님의 발치에 앉도록 허락을 구해야 합니다. 이것이 우리의 기도가 되도록 합시다. "우리로 그분을 알게 하소서!" 또한 이것이 우리의 소원이 되게 합시다. "우리 주 곧 구주 예수 그리스도의 은혜와 그를 아는 지식에서 자라가게 하소서"(참조. 벧후 3:18). 우리로 그분을 알아 "구원에 이르는 지혜가 있게" 하소서(참조. 딤후 3:15).

오늘 본문의 제목이 된 그분의 칭호는 다소 어렵습니다. 몇 해 전에 나는 여러분에게 "그의 이름은 기묘자라(Wonderful)"는 구절로 설교한 적이 있습니다. 나는 그 구절은 좀 더 쉽게 설명할 수 있다고 느꼈습니다. 우리는 "그의 이름은 모사라(Counsellor)"는 내용까지 다루었고 거기서 한동안 멈추었습니다. 그 이후 우리는 "전능하신 하나님"에 대해서도 설교를 들었습니다. 하지만 우리는 이 특별한 칭호를 설명할 수 있을지에 대해서는 머뭇거려 왔습니다. 그 속에는 우리가 가늠할 수 없는 깊이가 있기 때문입니다. 오늘 아침 나는 이 단어의 심오한 깊이 속으로 파고들 수 있다고 감히 상상하지 않습니다. 단지 나는 제비가 바다 위 수면을 스쳐지나가듯 표면을 스쳐지나갈 수 있을 뿐입니다. 깊은 배움의 은이나 심오한 생각의 금이 내게는 없습니다. 하지만 나는 내가 가진 것을 여러분에게 줄 것입니다. 비록 내 바구니가 보리떡 한 덩이와 작은 물고기 몇 마리 이상을 담을 수 없다고 해도, 연회장(宴會長)이신 주님께서 그 음식을 떼는 중에 그것을 증대시켜 주시고 그분의 백성들에게 충분한 음식이 되게 해 주시길 빕니다.

우선 여기서 메시야가 "아버지"라고 불리시는 분과 혼동을 일으키는 차원에서 "아버지"로 호칭되지 않는다는 점을 주목할 필요가 있습니다. 신성과 관련하여, 우리 주님의 적절한 이름은 아버지가 아니라 아들이십니다. 혼동하지 말도록 합시다. 아들은 아버지가 아니며, 아버지도 아들이 아니십니다. 비록 아버지와 아들이 한 분 하나님이시고 본질적으로 영원히 하나이시지만, 그럼에도 위격에는 구분이 있습니다. 그 부분을 신중하게 믿고 진술해야 합니다. 우리는 "위격들"이라는 단어를 위해 주장을 펼치는 것이 아닙니다. 그것은 단지 임시변통의 단어로서, 우리가 그 이상 더 나은 용어를 알지 못하기 때문에 쓰는 용어입니다. 하지만 아버지가 아들이 아니며, 아들이 아버지가 아니라는 사실은 너무나 중요합니다. 이 본문은 각각의 위격과 관련하여 삼위의 위치나 칭호들에 대해 언급하는 것이 아닙니다. 그것은 삼위 하나님 사이의 관계 자체를 가리키는 것이 아니라, 단지 예수 그리스도와 우리의 관계를 지칭하는 것입니다. 그분은 우리에게 "영존하시는 아버지"이십니다.

본문의 빛은 그 자체로 세 가지 광선으로 구분됩니다. 예수님은 "영존하십니다(Everlasting)." 그분은 "아버지(Father)"이십니다. 그분은 "영존하시는 아버지(Everlasting Father)"이십니다.

1. 예수 그리스도는 영원하시다.

첫째로, 예수 그리스도는 영존하는 분이십니다. 그분에 대해 우리는 다윗과 더불어 이렇게 노래할 수 있습니다. "하나님이여 주의 보좌는 영원합니다"(시 45:6). 이는 우리에게 크게 즐거운 주제입니다. 믿는 자여, 어제나 오늘이나 영원토록 동일하신 예수 그리스도 안에서 즐거워하십시오.

예수님은 언제나 계셨습니다. 베들레헴에서 태어나셨던 그 아기는 말씀과 연합되신 분으로서, 태초부터 계신 분이며, 만물은 그로 말미암아 지은 바 되었습니다. 밧모에 있을 때의 요한에게 자기를 나타내셨던 예수 그리스도의 칭호는 "이제도 계시고 전에도 계셨고 장차 오실 이"입니다(계 1:4). 옛적부터 계셨던 그 분이 "그 머리와 털의 희기가 흰 양털 같고 눈 같은"(계 1:14) 분으로 나타나셨습니다.

"죄가 생기기 전, 또는 사탄이 타락하기 전에,
그가 새벽 별들을 이끄셨네.
당신의 시초를 누가 능히 알 수 있으며,
당신의 연대를 누가 능히 세겠나이까?"

예수님은 멜기세덱과 같은 제사장으로서, "시작한 날도 없고 생명의 끝도 없는"(히 7:3) 분이십니다. 그분의 유래에 대해 솔로몬은 이렇게 선포했습니다. "아직 바다가 생기지 아니하였고 큰 샘들이 있기 전에 내가 이미 났으며 산이 세워지기 전에, 언덕이 생기기 전에 내가 이미 났으니 하나님이 아직 땅도, 들도, 세상 진토의 근원도 짓지 아니하셨을 때에라. 그가 하늘을 지으시며 궁창을 해면에 두르실 때에 내가 거기 있었고, 그가 위로 구름 하늘을 견고하게 하시며 바다의 샘들을 힘 있게 하시며, 바다의 한계를 정하여 물이 명령을 거스르지 못하게 하시며 또 땅의 기초를 정하실 때에, 내가 그 곁에 있어서 창조자가 되어 날마다 그의 기뻐하신 바가 되었으며 항상 그 앞에서 즐거워하였으며, 사람이 거처할 땅에서 즐거워하며 인자들을 기뻐하였느니라"(잠 8:24-31). 하나님의 아들에게 시작된 날이 있었다고 생각하지 마십시오.

"저 푸른 하늘들이 넓게 펼쳐지기 전에
영원 전부터 말씀이 계셨다네.
그가 하나님과 함께 계셨고, 그 말씀이 곧 하나님이셨으니,
그는 하나님으로 찬미를 받기에 합당하신 분이라네.

만일 그분이 영원 전부터 계신 하나님이 아니라면, 우리는 그분을 경건한 마음으로 사랑할 수 없습니다. 만일 그렇다면 우리는 그분이 모든 언약의 축복들이 흘러나오는 샘인 영원한 사랑과 관계가 있다고 느낄 수 없습니다. 영원한

목적 속에서 자기 몫을 가진 자는 영원해야 합니다. 우리의 구주께서 아버지와 함께 영원 전부터 계셨기 때문에, 우리는 아버지와 복되신 성령님과 동일한 차원에서 하나님의 사랑을 그분에게서 발견하는 것입니다. 우리는 세상의 기초가 세워지기도 전에 그분 안에서 선택받았고, 우리의 영원한 선택 속에서 그분이 영광의 빛을 발하시는 것입니다. 우리가 그분을 "아들"의 이름으로 찬미하고 높이는 것에는 그분에게 어떤 출생이나 시작이 있었다는 의미를 내포하지 않습니다. 오히려 우리는 아버지께서 영원히 아버지이신 것처럼 그분이 영원히 아들이신 것과, 따라서 그분이 영원 전부터 하나님으로서 간주되어야 함을 압니다. 왜냐하면 그분은 "보이지 아니하는 하나님의 형상이시요 모든 피조물보다 먼저 나신 이시니, 만물이 그에게서 창조되되 하늘과 땅에서 보이는 것들과 보이지 않는 것들과 혹은 왕권들이나 주권들이나 통치자들이나 권세들이나 만물이 다 그로 말미암고 그를 위하여 창조되었고, 또한 그가 만물보다 먼저 계시고 만물이 그 안에 함께 섰기"(골 1:15-17) 때문입니다.

우리 주님은 언제나 계셨듯이, 또한 영원토록 동일하게 계십니다. 예수님은 죽지 않으셨습니다. 그분은 영원히 살아 우리를 위해 간구하십니다. 그분은 우리의 시야에서 멀어지셨지만, 아버지 우편에 앉아 계십니다. 그분에 대해 우리는 성경이 다음과 같이 말하는 것을 듣습니다. "주여 태초에 주께서 땅의 기초를 두셨으며 하늘도 주의 손으로 지으신 바라. 그것들은 멸망할 것이나 오직 주는 영존할 것이요 그것들은 다 옷과 같이 낡아지리니, 의복처럼 갈아입을 것이요 그것들은 옷과 같이 변할 것이나 주는 여전하여 연대가 다함이 없으리이다." 예수님은 진실로 여호와께서 호렙의 떨기나무 불꽃 가운데서 모세에게 말씀하셨듯이 "스스로 있는 자(I AM)"이십니다. 그분은 살아계십니다! 그분은 살아계십니다! 이것이 여러분의 위로의 기초입니다. 그분이 살아계시니 여러분도 살 것이기 때문입니다. "그러므로 우리에게 큰 대제사장이 계시니 승천하신 이 곧 하나님의 아들 예수시라 우리가 믿는 도리를 굳게 잡을지어다. 우리에게 있는 대제사장은 우리의 연약함을 동정하지 못하실 이가 아니요 모든 일에 우리와 똑같이 시험을 받으신 이로되 죄는 없으시니라. 그러므로 우리는 긍휼하심을 받고 때를 따라 돕는 은혜를 얻기 위하여 은혜의 보좌 앞에 담대히 나아갈 것이니라"(히 4:14-16). 필요의 때마다 그분에게 나아가십시오. 그분은 여러분에게 복을 주려고 언제나 기다리시기 때문입니다. 그분은 하늘보다 높은 분이시지만, 그러면서도 죄인들을 영접하시고, 그들의 죄를 효과적으로 없애주십니다. 그가 "자기를 힘입어 하나님께 나아가는 자들을 온전히 구원하실 수 있으니 이는 그가 항상 살아 계셔서 그들을 위하여 간구하심이라"(히 7:25).

예수 우리 주님은 영원히 계실 것입니다. 만약 언젠가는 그분이 존재하지 않으신다고 상상이라도 할 수 있다면, 그분을 "영존하시는" 분이라고 부를 수 없습니다. 믿는 자여, 하나님이 여러분의 목숨을 칠십 년 동안 살려두신다고 해도, 여러분은 정결케 하시는 그분의 샘이 여전히 열려 있는 것을 볼 것이며, 그분의 보혈의 능력이 여전히 그 힘을 잃지 않았음을 발견할 것입니다. 여러분은 자기 피로써 그 치유의 샘을 채우시는 제사장이 여전히 살아 여러분을 모든 불의에서 깨끗하게 하심을 알게 될 것입니다. 싸워야 할 마지막 싸움이 남아 있을 때, 여러분은 여러분의 승리의 대장(Captain)의 손이 여전히 약해지지도 않고, 그의 구원의 팔이 짧아지지도 않았음을 발견할 것입니다. 살아계신 구주께서 살아있는 성도에게 힘을 주실 것입니다. 이것이 전부가 아닙니다. 죽음이 강물처럼 여러분을 덮칠 때, 여러분 세대의 모든 사람이 풀 깎는 자의 낫 아래 놓인 풀처럼 스러질 때, 예수님은 살아계실 것이며, 또한 여러분도 하늘에 들려 올라가서, 거기서 주께서 새벽 이슬 같은 자기 백성들을 안고 계신 것을 발견할 것입니다. 태양의 불타는 눈이 세월에 의해 약해지고, 하늘의 등불들이 영원한 어둠 속으로 그 빛을 잃어갈 때, 그리고 마치 봄이 다가옴에 따라 겨울의 눈이 녹듯이 이 모든 세계가 녹아질 때, 그 때에도 여러분은 주 예수님이 여전히 살아계셔서 끊이지 않는 기쁨의 샘과 자기 백성의 영화를 유지하고 계심을 발견할 것입니다. 이 거룩한 샘에서 여러분은 생명수를 길어 올릴 것입니다! 예수님은 언제나 계셨고, 언제나 계시며, 언제나 계실 것입니다. 그분은 그분의 모든 속성에서도 영원하시며, 그분의 모든 직무와 힘과 능력에서도 영원하시고, 택하신 자기 백성을 축복하고 위로하며 영화롭게 하시려는 의지에서도 영원하실 것입니다.

"아버지"라는 단어와 "영존하시는" 단어의 결합에서, 우리는 우리 주님께서 아버지로서 영원하신 분이라고 정당하게 진술할 수 있습니다. 그분 자신이 "영존하시는 아버지"라고 호칭되는 분이기에, 고대의 부성애와 관련하여 의미하는 바가 여기서 그리스도께로 돌려집니다. 물론 우리의 상식에 따르면 아버지가 아들 이전에 존재해야 합니다. 하지만 우리는 성경에서 신성을 나타내기 위해 사용되는 용어들이 문자적으로 이해되도록 하거나, 정확하게 현세적인 의미에서 표현된 것이 아님을 이해합니다. 그 용어들은 설명적인 차원에서 그렇게 제시되었을 뿐이며 모든 진리를 포함하는 것은 아닙니다. 인간의 언어란 천상의 일들에 관하여 그 실체를 충분히 전달하기에는 턱없이 부족하기 때문입니다. 하나님께서 황송하게도 인간에게 말씀하실 때, 인간은 그분 앞에서 유아들일 뿐이기에, 그분은 그들이 쓰는 유아들과 같은 언어들을 채택하시고, 그분의 높은 생각을 그들의 작은 수용 능력에 맞추어 말씀하십니다. 아기들에게는 상원 의원이나 철학자들의 사상에 걸맞는 말들이 없습니다. 만일 그런 문제들을 어린아이들에게 어느 정도 알리려면, 반드시 어린아이들의 언어로 진술해야 하며, 따라서 그 진술은 불가피하게도 위대한 사실들을 전하기에는 턱없이 부족할 수밖에 없습니다. 아버지와 아들의 관계가 바로 그러한 경우 중의 하나입니다. 그것은 지상의 아버지와 아들 사이의 관계와는 정확하게 동일하지 않습니다. 하지만 인간들에게 전달하기 위해서는 종종 그 표현이 가장 가까운 접근법일 수 있습니다. 우리는 그 용어와 관련하여 해석상의 확대와 과장을 주의해야 하며, 우리로 하여금 진리의 정신에서 벗어나게 만들 수 있는 문제에서는 특히 그러해야 합니다. 예수 그리스도는 아버지와 마찬가지로 영원하십니다. 그렇지 않다면 그분이 결코 "영존하시는 아버지"로 불리지 않았을 것입니다.

어떤 사람이 특정한 부분에서 두드러질 때 그 사람을 그 분야의 아버지로 부르는 것이 동양인들의 방식입니다. 오늘날까지, 아랍인들 사이에서 지혜로운 사람은 "지혜의 아버지"로 불리며, 아주 어리석은 사람은 "바보들의 아버지"로 불립니다. 그 사람에게서 두드러진 특징이 그에게 귀속되어, 마치 그것이 그의 자녀이고, 그는 그것의 아버지로 간주되는 것입니다. 자, 여기서 메시야는 히브리어로 "영원의 아버지(the Father of eternity)"로 불립니다. 이는 그분이 하나의 속성으로서 영원성을 소유한 분이심을 의미합니다. 그러므로 "영원의 아버지"라는 용어는 예수님이 영원한 분이신 것을 의미합니다. 영원성은 그분에게 귀속되는 속성으로서 두드러진 것입니다. 어떤 언어로도 우리 주 예수님의 영원성을 이보다 강력하게 전달하지 못합니다. 특별히 이 말씀의 의미를 확대하지 않고서도, 나는 여기서 영원성이 그리스도께 돌려질 뿐 아니라, 그분이 영원성의 기원으로 선포된다고 말할 수 있습니다. 인간의 상상력으로는 이것을 파악하지 못합니다. 영원이란 우리의 차원을 뛰어넘는 것이기 때문입니다. 하지만 비록 영원성이 그 기원을 가질 수 없는 것처럼 보인다고 해도, 예수님이 본질적으로 영원한 분이

신 것과, 그분이 여기서 영원성의 근원이요 아버지로 묘사되고 있음을 기억해야 합니다. 예수님은 영원성의 자녀가 아니라 그것의 아버지이십니다. 영원성이 그 강력한 내부로부터 그분을 태동시킨 것이 아니라, 그분이 영원성을 생겨나게 하셨습니다. 독립적이고, 스스로 유지되며, 창조되지 않은 영원한 실재가 우리의 주이시며 하나님이신 예수님과 함께 있습니다.

그러므로 가장 고상한 의미에서, 예수 그리스도는 "영존하시는 아버지"이십니다. 아주 잠시 동안 나는 이 교리로부터 실제적인 교훈을 끌어내고자 합니다. 비록 우리의 임마누엘이 정녕 영원하고 영존하시는 분이시지만, 그분을 죽고 안 계신 분 즉 우리가 잃어버린 분이라고 생각해봅시다. 죽은 그리스도를 생각하는 것보다 더 슬픈 일이 무엇이겠습니까? 그분은 살아계시고, 살아계셔서 우리를 돌보시는 분입니다. 그분은 살아계시며 지상에서 광채를 발하셨던 그분의 모든 속성은 한결같습니다. 그 때 그러하셨던 것처럼 그분은 지금도 부드럽고 온유하시며 은혜로우십니다. 그리스도인이여, 그분에게 오십시오. 지금 그분을 의지하십시오. 바로 이곳에서 그분이 눈에 보이시는 것처럼 그렇게 하십시오. 그러면 당신은 그분의 귀에 당신의 고난들을 아뢸 수 있을 것이며, 당신의 죄들을 그분의 발치에서 고백할 수 있을 것입니다. 그분은 영적으로 이곳에 계십니다. 당신의 눈은 그분을 볼 수 없어도, 믿음이 당신의 시력보다 더 나은 증거가 될 것입니다. 당신의 걱정거리들을 그분에게 맡기십시오! 당신의 현재적인 어려움들을 그분에게 의탁하십시오!

그리고 가련한 죄인인 당신이여, 만일 그리스도께서 이 강대상에 계시다면 당신은 다가와서 그분의 옷자락을 만지며 이렇게 소리치지 않겠습니까? "예수여, 당신의 동정 어린 눈으로 저를 바라보시고 제 마음을 변화시켜주소서." 사랑하는 친구여, 예수님은 살아계십니다. 그분은 지금도 예루살렘 거리에 계실 때와 동일하십니다. 그러니 비록 당신의 발이 당신을 그분에게 데려다 주지 못해도, 당신의 소원이 발 대신 당신을 그분에게 데려다 줄 것입니다. 당신의 손가락이 그분을 만지지 못해도, 당신의 믿음이 당신의 손을 대신할 것입니다. 지금 그분을 믿으십시오! 사랑 때문에 죽으셨던 그분은 여전히 살아 계십니다. 그분의 보혈은 영원히 그 힘을 잃지 않습니다. 그대여 지금 오십시오. 겸손하게 오십시오. "영존하시는 아버지"를 의지하십시오.

2. 예수 그리스도는 아버지이시다.

두 번째로, 우리는 이 주제의 어려운 부분에 도달했습니다. 즉, 그리스도께서 아버지로 호칭되고 있습니다.

어떤 의미에서 예수님은 아버지이실까요? 이렇게 대답하겠습니다. 첫째, 그분은 연합적으로(federally) 그분 안에 있는 자들을 대표하는 아버지이십니다. 마치 한 부족의 족장이 그 후손들을 대표하는 것과 마찬가지입니다. 우리의 도움이 되기 위해 여기에 사도 바울이 찾아옵니다. 인상적인 고린도서신들에서 그는 아담 안에 있는 자들에 대해서 말하고, 그 다음에는 두 번째 아담에 대해 말합니다. 아담은 모든 산 자들의 아버지입니다. 그는 연합적으로 우리를 대표하여 동산에 있었고, 연합적으로 타락하여 우리 모두를 파멸시켰습니다. 그는 대표자였으며, 그가 순종했더라면 우리는 복을 누렸겠지만, 그의 불순종을 통해 우리는 죄인들이 되었습니다. 우리 중 누구도 동료 인간들을 대신하지 못하지만 아담은 우리를 대표하는 관계이기 때문에, 타락의 저주가 우리에게 임했습니다. 그는 우리 모두를 대표하는 머리였습니다. 그가 넘어졌을 때 그 타락은 얼마나 엄청난 것이었던지, 그의 후손인 우리 모두가 아담 안에서 함께 타락한 것입니다! "아담 안에서 모든 사람이 죽었습니다"(고전 15:22).

그날 이후로 인류에 대해 연합적인 차원에서 또 다른 아버지가 되었던 이들이 있었습니다. 사실 노아는 현 인류의 아버지였습니다. 우리 모두가 그에게서 났기 때문입니다. 하지만 노아에게는 그가 자기 후손을 대표한다는 언약이 없었습니다. 그가 보였던 순종의 어떤 조건도 우리의 보상이 되지 못하며, 율법을 어기는 어떤 불순종의 조건도 우리에게 고통을 주진 않습니다. 하나님 앞에서 유일하게 인류를 대표하는 또 다른 사람은 두 번째 아담, 곧 인간이셨던 예수 그리스도, 하늘로부터 오신 주님이십니다. 형제들과 자매들이여, 우리는 슬퍼하며 아담을 아버지라고 부릅니다. 그 때문에 우리가 에덴에서 쫓겨났으며 이마에 땀을 흘리며 땅을 경작하기 때문입니다. 고통 속에서 우리의 어머니들이 우리를 출산하였고, 슬픔 속에서 우리는 무덤으로 가야 합니다. 하지만 예수님을 믿은 우리는 또 다른 사람(Man)을 아버지로 부릅니다. 곧 주 예수님이십니다. 우리는 그분을 슬퍼하며 부르지 않고 기뻐하면서 부릅니다. 그분이 더 나은 낙원의 문을 열어 주셨기 때문입니다. 그분이 영적으로 우리의 이마에서 수고의 땀을 닦아주셨습니다. 믿는 자들은 "안식으로 들어가기" 때문입니다. 그분은 친히 죄로 인해 우리에게 임했던 고통들을 짊어지셨고, 우리의 질고를 지고 우리의 슬픔들을 감당하셨습니다. 그 자체로는 가장 무거운 고통인 죽음을 그분이 이기셨습니다. 그리하여 살아서 그분을 믿는 자는 결코 죽지 않으며, 이 세상을 통과하여 천국의 생명으로 들어가는 것입니다.

우리에게 주어진 큰 질문은 이것입니다. 우리는 여전히 옛 행위 언약 아래에 있습니까? 만일 그렇다면, 아담이 우리의 아버지이며, 아담 아래서 우리가 죽은 것입니다. 하지만 우리가 은혜 언약 아래에 있습니까? 그렇다면 그리스도가 우리에게 아버지시며, 그리스도 안에서 우리는 살게 될 것입니다. 출생(generation)은 우리를 아담의 자손들로 만들지만, 거듭남(regeneration)은 우리를 그리스도의 자녀들이 되게 합니다. 우리의 첫 번째 출생에서 우리는 저 타락한 이의 부권(父權) 아래로 들어오게 되며, 두 번째 출생에서 우리는 죄 없으시며 완벽하신 분의 부권 아래로 들어옵니다. 첫 번째 아버지 안에서 우리는 흙의 형상을 입고, 두 번째 아버지 안에서 우리는 하늘의 형상을 부여받습니다. 아담과의 관계를 통해 우리는 부패하고 약하게 되며, 몸은 치욕과 부패와 약함과 부끄러움 중에 무덤으로 들어갑니다. 하지만 우리가 두 번째 아담의 통치 아래로 들어올 때 우리는 소생시키는 힘을 얻고, 내적이고 영적인 생명을 부여받습니다. 그리하여 우리 몸은 마치 뿌려진 씨앗처럼 다시 일어납니다. 영광스러운 추수 때에 하늘의 형상을 입고, 명예와 능력과 행복과 영원한 생명으로 사는 것입니다.

이런 의미에서 그리스도는 아버지로 불리십니다. 또한 은혜 언약이 행위 언약보다 더 오래된 것과 마찬가지로, 아담은 그렇지 못하지만 그리스도는 "영존하시는 아버지"이십니다. 우리와 관련하여 행위 언약은 지나갔으며, 은혜 언약은 결코 없어지지 않고 영원히 존속할 것입니다. 그리스도는 은혜 언약의 머리이자 연합적 대표자로서 "영존하시는 아버지"이십니다.

둘째로, 그리스도는 창립자라는 의미에서 아버지이십니다. 아마도 여러분이 기억하고 있는 바를 내가 상기시키자면, 히브리인들은 무언가를 발명한 사람을 무언가의 아버지라 부르는 습관이 있습니다. 예를 들어, 창세기 4장에서 유발은 수금과 퉁소를 잡는 모든 자의 조상(father)이라고 불렸으며, 야발은 장막에 거주하며 가축을 치는 자들의 조상이라고 불렸습니다(21-22절). 이들이 문자 그대로 그런 사람들의 아버지들이었다는 것이 아니라, 그러한 직업의 창안자들이었다는 것입니다. 야발은 처음으로 유목민의 장막 생활을 시작했으며, 양 떼나

소 떼들과 함께 떠도는 본보기가 되었던 것입니다. 그리고 야발은 처음으로 그의 손가락으로 악기 줄을 퉁겼으며, 그 입술로는 피리에 바람을 불어넣어 아름다운 선율의 소리가 나게 했던 것입니다. 주 예수 그리스도는 이런 의미에서 놀라운 체계의 아버지이십니다. 자, 우리 주 예수 그리스도는 빛에 생명과 도덕성을 부여하셨고, 이 세상에 새로운 차원의 예배를 소개하셨습니다. 그러니 그분은 그런 관점에서 아버지이십니다. 그분은 모든 그리스도인들의 아버지이시며, 기독교의 아버지, 은혜가 의를 통해 왕 노릇하는(롬 5:21) 모든 제도의 아버지이십니다. 예수님은 위대한 교리적 체계의 아버지이십니다. 우리가 하나님께 속한 귀한 진리로서 여러분의 귀에 들려주는 모든 위대한 진리들은 하늘로부터 내려온 것이며, 가장 먼저 예수님의 입술에서 분명하고 강력하게 떨어진 것들입니다. 이런 일들은 율법 의식들 안에서는 희미하게 암시되었지만, 그리스도께서는 최초로 그것들을 분명한 글자로 명시하여 달려가는 자라도 그것을 읽을 수 있게 하셨습니다. 실제로 우리에게 선택적 사랑의 교리를 가르치신 분은 예수님이십니다. 우리에게 피에 의한 속량을 계시하신 분도 그리스도이십니다. "네가 거듭나야 하겠다"(요 3:7)고 분명히 말씀하심으로써 성령의 역사에 의한 거듭남을 계시하신 분도 그리스도이십니다. 성도의 견인을 계시하신 분이 그리스도이십니다. 사실상, 기독교 교리는 모두 그분의 가르침과 그분의 영의 비추임 속에서 밝히 제시된 것이기 때문에, 우리는 정당하게 그분을 기독교 교리의 아버지라고 부를 수 있습니다.

셋째로, 우리의 위대하신 스승은 위대한 실천적인 가르침의 아버지이시기도 합니다. 만일 세상에 "이웃을 제 몸처럼" 사랑하는 하는 이들이 있다면, 저 나사렛 사람이 그들의 아버지이십니다. 왜냐하면, 비록 율법이 그 모든 것을 지시하고는 있지만, 사람들이 그 율법을 발견하지 못해서가 아니라 율법을 오독(誤讀)했기 때문입니다. "눈에는 눈으로, 이에는 이"가 그들의 율법 해석이었습니다. 하지만 그리스도께서 오셔서 말씀하십니다. "나는 너희에게 이르노니 악한 자를 대적하지 말라 누구든지 네 오른편 뺨을 치거든 왼편도 돌려 대라"(마 5:39). 만일 누군가 인내로써 견디고 악을 선으로 갚을 수 있으며, 그리함으로 숯불을 원수들의 머리에 쌓아 놓는(참조. 롬 12:20) 사람이 있다면, 그런 사람은 그리스도의 자녀입니다. 만약 영으로 하나님을 섬기고 육을 신뢰하지 않는 사람들이 있다면, 그리고 어떤 특정한 장소만을 거룩하게 여기는 것이 아니라 모든 장소를 거룩한 장소로 여기고 사람은 어느 곳에든 거룩해야 한다고 인식하는 사람들이 있다면, 이런 자들은 진실한 그리스도의 자녀들입니다. 그분이 이렇게 말씀하셨기 때문입니다. "하나님은 영이시니 예배하는 자가 영과 진리로 예배할지니라"(요 4:24). 그분은 영적인 예배의 아버지이십니다. 일반적으로 소크라테스를 "철학의 아버지"라고 부릅니다. 예수님은 구원의 철학의 아버지이십니다. 갈렌(Galen)을 "의학의 아버지"라고 부르지만, 예수님은 영혼들을 다루는 의학의 아버지이십니다. 헤로도토스(Herodotos)를 "역사의 아버지"라고 부르지만, 예수님은 하늘과 땅의 아버지이십니다. 그분은 이타적인 삶의 아버지이시며, 인간들을 향한 참된 사랑의 아버지이십니다. 그분은 자기 원수들을 용서하는 아버지이시며, 사실상 기독교적 삶이라고 하는 거룩한 삶의 방식의 아버지이십니다.

구원의 체계는 그리스도를 그 아버지라고 주장할 수 있습니다. 누가 이렇게 말했던가요? "너희는 그 은혜에 의하여 믿음으로 말미암아 구원을 받았으니 이것은 너희에게서 난 것이 아니요 하나님의 선물이라"(엡 2:8). 바로 예수 그리스도의 사도였던 사람이 아닙니까? 누가 사람들에게 말하기를, 그들이 구원받은 것은 그들이 행한 바 의로운 행위로 말미암지 않고, 오직 그리스도의 고난의 공로와 그분의 생명 덕택이라고 말했던가요? 그리스도가 아니라면 누가 사람들에게 믿음의 길과 "믿으면 살리라"는 위대한 교리를 계시할 수 있었을 것이며, 또한 영접한 사람은 하나님의 자녀가 된다고 주장할 수 있었을까요? 그리스도는 기독교 신앙의 아버지이십니다. 내 형제들이여, 정녕 기독교 신앙은 세상을 위하여 이미 많은 일을 했습니다. 그것은 옛 로마 시대 원형경기장에서의 싸움들을 그치게 했고, 이교도 국가의 야만스러운 우상들을 무너뜨렸습니다. 그것은 지금까지도 세상을 위해 많은 일을 하고 있으며, 거대하고 불결한 인간성의 마구간을 깨끗이 하는 데 도움을 주고 있으며, 계속해서 더 많은 일을 할 것입니다. 그것은 전쟁을 추방할 것이며, 오류를 무너뜨릴 것이며, 인류를 갱신할 것입니다. 이와 같이 인간을 정결하게 하며, 이미 인간들에게 최선의 결과들을 낳게 한 교리적이면서도 실천적인 체계의 아버지는 주 예수님이십니다. 기독교 신앙의 체계는 옛적부터 고안되었고, 세상이 존재하는 한 지속될 것입니다. 그러므로 예수님은 그런 의미에서도 "영존하시는 아버지"로 불리십니다.

네 번째의 의미가 있습니다. 선지자는 그것을 이해하지 못했을 수도 있으나, 우리는 그런 의미를 받아들입니다. 즉 예수님은 생명의 수여자(Life Giver)라는 큰 의미에서 아버지이십니다. 그것이 상식적인 차원에서 "아버지"의 주된 의미입니다. 우리는 우리의 아버지들을 통해 이 세상으로 부름을 받았습니다. 신적 생명의 에너지가 영혼으로 전달되는 것은 그리스도에 의해서이며, 그분과 그분의 가르침과 그분이 주신 성령과 그분이 흘리신 보혈을 통해, 생명이 죄와 허물로 죽었던 자들에게 주어지는 것입니다. 보좌에 앉으신 그분이 말씀하십니다. "보라, 내가 만물을 새롭게 하노라"(계 21:5). "누구든지 그리스도 안에 있으면 새로운 피조물이라 이전 것은 지나갔으니 보라 새 것이 되었도다"(고후 5:17). "증거는 이것이니 하나님이 우리에게 영생을 주신 것과 이 생명이 그의 아들 안에 있는 그것이라"(요일 5:11). "아버지께서 죽은 자들을 일으켜 살리심 같이 아들도 자기가 원하는 자들을 살리느니라. 진실로 진실로 너희에게 이르노니 죽은 자들이 하나님의 아들의 음성을 들을 때가 오나니 곧 이 때라 듣는 자는 살아나리라. 아버지께서 자기 속에 생명이 있음 같이 아들에게도 생명을 주어 그 속에 있게 하셨느니라"(요 5:21, 25–26).

우리는 예수 그리스도를 통하여 신적 생명이 우리에게 주어짐을 압니다. "그 안에 생명이 있었으니 이 생명은 사람들의 빛이라"(요 1:4). 그분이 생명수를 주시며, 그럴 때 그것은 우리 안에서 "영생하도록 솟아나는 샘물"(요 4:14)이 됩니다. 그분은 한 알의 밀로서 땅에 떨어져 죽으셨으며, 그리하여 한 알 그대로 남아 있지 않고 많은 열매를 맺는 뿌리가 되셨습니다. 그 열매가 지금의 우리들입니다. 마치 식물의 줄기가 그것이 솟아난 씨앗으로부터 생명을 받는 것처럼 우리는 그분으로부터 생명을 받습니다. 예수님은 그런 의미에서 우리의 아버지이십니다. 영혼 안에서 활동하여 우리를 살게 하시는 분은 하나님의 영이지만, 예수 그리스도의 복음은 그 성령께서 역사하시는 통로이며, 따라서 예수 그리스도는 우리에게 참 생명이십니다. 그리스도를 영접하면서 우리는 생명을 부여받으니, 그분이 없이는 우리가 생명을 얻지 못합니다. "아들을 믿는 자에게는 영생이 있고 아들을 순종하지 아니하는 자는 영생을 보지 못하고 도리어 하나님의 진노가 그 위에 머물러 있느니라"(요 3:36). 아담의 정력을 통해 이 넓은 세상에 사람들의 수가 늘어났고, 언덕과 골짜기들이 사람들로 붐비게 되었습니다. 그와 마찬가지로 우리 주 예수 그리스도의 생명의 에너지를 통해 하늘의 평지들과 천상의 언덕들에 누구도 능히 셀 수 없는 많은 사람들이 살게 되었습니다. 모든 영역과 민족과 방언에서와, 뙤약볕의 열기가 피부를 구릿빛으로 태우는 지역이나 얼어붙는 북극의 지역에서도, 그리스도는 친히 소생시키실 사람들을 찾아내시고, 그분의 영의 능력을 통해 그들을 살리십니다. 그렇게 그분은 그들에게 영존하시는 아버지가 되십니다. 그 생명은 영존하고 결코 죽어 없어지는 것이 아니기에, 바로 그런 의미에서도 예수 그리스도는 "영존하시는 아버지"로 불리십니다.

우리 안에 있는 모든 것이 그리스도를 "아버지"로 부릅니다. 그분은 우리 믿음의 시작이요 마침이십니다. 만약 우리가 그분을 사랑한다면, 그것은 그분이 먼저 우리를 사랑하셨기 때문입니다. 만약 우리가 참고 인내한다면, 그것은 "죄인들이 이같이 자기에게 거역한 일을 참으신 이를"(히 12:3) 생각하기 때문입니다. 그분은 우리 안에 있는 모든 은혜들에게 물을 주시고 또 지탱하시는 분이십니다. 우리는 그분에 대해 이렇게 말할 수 있습니다. "나의 모든 신선한 샘물은 모두 당신 안에 있는 것입니다." 성령께서는 우리에게 이 '베들레헴의 우물'로부터 물을 길어 오시지만, 예수님은 우물 그 자체이십니다. 오, 우물물아 솟아나라! 우물물아 솟아나라! 하늘의 아버지, 복되신 예수여, 오늘 아침에 당신의 말씀대로 우리 영혼을 소성케하시어 당신이 아버지이심을 나타내소서!

나는 우리가 아직 "영존하시는 아버지"라는 칭호를 충분히 다루지는 못했다고 생각합니다. 다섯 번째로, 이 용어는 예수 그리스도께서 미래에 한 세대의 가장(the Patriarch of an age)이 되신다는 의미를 내포합니다. 많은 번역자들이 이 용어를 "미래 세대의 아버지(the Father of the future age)"라고 표현합니다. 포프(Alexander Pope, 18세기 영국의 시인)는 메시야에 관한 그의 유명한 시에서 그렇게 이해했으며, 그분을 "미래 세대의 약속된 아버지"라고 부릅니다. 사람들은 관행적으로 시대에 대해 "청동 시대 및 철의 시대" 또는 "황금의 시대" 등으로 말합니다. 우리는 언제나 황금의 시대를 기대합니다. 세상 사람들의 얼굴은 지속적으로 그쪽을 향하고 있습니다. 그 기대가 크기 때문에 돌팔이들이 사람들의 단순함을 이용하여 이러한 황금의 시대가 오고 있다고 말하면서, 그들에게서 푼돈을 뜯어내고, 때로는 큰돈을 갈취하기도 합니다. 마치 그들이 다가오는 좋은 시대에 대해서 무언가를 알고 있는 것처럼 말하는 것입니다. 실상 그들은 그것에 대해 아는 바가 없습니다. 그들은 맹인으로서 맹인을 인도하는 자들입니다.

하지만 소위 황금의 시대가 올 것을 바라보는 모든 자에게 한 가지 분명한 것은, 이토록 가련하고, 어둡고, 수렁에 빠진 세계에, 상상으로 그릴 수 있는 것보다 훨씬 더 밝은 시대가 동튼다고 하는 것입니다. 나는 애타는 심정으로 여러분이 이 교리를 잊지 않기를 바랍니다. 다른 사람들이 이 교리를 부끄러운 방식으로 상업화한다는 이유로 그것을 혐오하지 않기를 바랍니다. 형제들이여, 날짜를 계산하지 말고, 앉아서 도표를 고안하지도 말며, 다만 이 사실 하나로 만족하십시오. 즉 장차 한 나라가 통치하는 시대가 임할 것이며, 그 나라에서는 나라들을 소란스럽게 하는 분쟁이 없다는 것입니다. 그 나라에서는 예수님이 왕으로 나타나실 것이며, 그분의 찬란한 영광이 그 나라의 모든 시민들을 환히 비출 것입니다. 그것은 하늘로부터 임하는 새 예루살렘입니다. 그것은 하나님이 예비해 두신 도성이며, 마치 신부가 신랑을 위해 단장한 것처럼 주님께 어울릴 것입니다. 그것이 가시 면류관과, 그 어깨에 당하신 채찍질과 수치와 침 뱉음과 십자가에 합당한 보상입니다.

내 형제들이여, 십자가를 높이 드십시오. 그것이 높이 올려질 것이기 때문입니다. 그리스도에 대해 숨죽여 말하지 마십시오. 그분이 왕으로 임하실 것이기 때문입니다. 여러분 그리스도인들이여, 비록 사람들에게 멸시받고 거부당한다 해도, 여러분 스스로를 천한 태생의 사람들로 간주하지 마십시오. 왜냐하면 "장래에 어떻게 될지는 아직 나타나지 아니하였으나 그가 나타나시면 우리가 그와 같을 줄을 아는 것은 그의 참 모습 그대로 볼 것이기 때문"입니다(요일 3:2). 즐겁게 쓴 잔을 들이키십시오. 왜냐하면 그 잔을 마신 이후에는 곧 여러분이 훌륭하게 빚어진 포도주를 마실 것이기 때문입니다. 즐거운 마음으로 어둠을 통과하십시오. 동이 트고, 날이 밝으며, 어둠이 물러갈 것이기 때문입니다. 만물의 찌끼처럼 되는 것에 만족하십시오. 언젠가, 왕들이 그분 앞에 엎드려 절하고 열방이 그분을 복되다고 칭할 때, 여러분도 그분의 영광에 참여할 것이고 왕자들로서 보좌에 계신 그분과 함께 있을 것이기 때문입니다. 그렇습니다. 그분은 미래 세대의 아버지가 되실 것입니다. 사람들은 어떤 위대한 애국자들을 그들 조국의 아버지라고 불러왔습니다. 오늘 우리는 그리스도를 우리들의 세계의 아버지라고 부릅시다.

오 예수여, 당신이 지구를 단지 하나의 창조물 이상이 되게 하셨습니다. 당신은 그것을 혼돈에서 질서로 형성하셨고, 그 다음에는 그것을 어둠에서 빛으로 이끄셨으며, 그 다음에는 죽음으로부터 따뜻하고 아름다운 빛으로 이끄셨습니다. 그뿐 아니라 당신은 창조 이전의 혼돈보다 더 나쁜 상태에서 그것을 회복시키셨으며, 태고의 어둠보다 더 나쁜 암흑으로부터, 그리고 원시 상태의 죽음보다 더 끔찍한 죽음으로부터 그것을 구해내셨습니다. 당신은 이 진주, 이 버려진 세계를 건지려고 깊은 곳으로 내려오셨습니다. 모든 물결과 파도가 당신을 덮쳤지만, 당신은 힘센 잠수부처럼 잠수하여 마침내 이 진주를 캐내어 다시 물 위로 올라오셨습니다. 당신이 천사들과 모든 창조된 영들로부터 칭송을 받으실 때, 당신이 건지신 그 진주는 영원토록 당신의 면류관에서 빛날 것입니다. 이것이 천사들과 구원 얻은 영혼들의 찬송 중에서 가장 달콤한 부분일 터인데, 즉 당신이 죽임을 당하시고, 당신의 피로써 우리를 속량하여 하나님께 드리셨다는 것입니다. 그러므로 당신께 영원토록 영광이 있을 것입니다! 바로 이런 의미에서, 그리스도는 영원한 세대의 아버지이십니다.

이 본문의 풍부한 의미를 한 가지 더 말하자면, 그리스도는 자애롭고 다정하게 아버지의 임무를 수행하신다는 의미에서 아버지로 불리십니다. 여기 본문이 내가 의미하는 바를 보여주고 있습니다. 하나님은 고아들의 아버지라 불리십니다. 내 생각에, 욥은 스스로에 대해 말하기를, 그가 가난한 자들에게 아버지가 되었다고 했습니다(참조. 욥 29;16). 물론 여러분은 그것이 무슨 의미인지를 단번에 이해할 것입니다. 그것은 그가 아버지의 역할을 수행했다는 의미입니다. 자, 물론 양자의 영(the Spirit of adoption)이 우리에게 하나님을 아버지로 부르도록 가르치시지만, 우리 주 예수 그리스도께서 그분의 모든 백성에게 아버지의 역할을 수행하신다고 말하는 것도 틀리지는 않습니다. 옛 유대의 풍습에 따르면 맏형이 아버지의 부재 시에는 그 가족의 아버지였습니다. 맏이가 다른 모든 자녀들에 우선하였고, 아버지의 위치를 차지하였습니다. 그와 마찬가지로 많은 형제들 중에 맏형이신 주 예수님께서도 아버지의 직무를 우리에게 행하십니다. 그렇지 않습니까? 우리가 곤경에 처할 때마다 그분이 마치 아버지가 자기 자녀를 돕듯이 우리를 도우시지 않습니까? 그분은 마치 아버지가 자기 자녀들에게 빵을 공급하듯이 하늘의 양식을 우리에게 공급하시지 않습니까? 그분은 매일같이 우리를 보호하시지 않았습니까? 아니 그 이상으로, 어린 자녀들인 우리를 보호하시려고 자기 생명도 버리시지 않았습니까? 마지막에 그분이 이렇게 말씀하시지 않을까요? "나와 및 여호와께서 내게 주신 자녀들이 여기 있으니, 내가 그들 중 아무도 잃어버리지 않았나이다." 또한 마치 아버지가 그 자녀를 징계하듯이 그분이 우리에게서 자기를 숨기심으로써 우리를 징계하시지 않던가요? 그분이 그분의 영으로써 우리를 가르치시고, 모든 진리 가운데로 인도하시는 것을 우리는 알지 않습니까? 그분이 말씀하시기를, 우리의 참된 안내자와 지도자라는 의미에서는 "땅에 있는 자를 아버지로 부르지 말라"고 하시지 않았던가요?(참조. 마 23:9). 우리는 그분의 발치에 앉아서 그분을 우리의 랍비라 부르고, 우리의 권위 있는 선생으로 여겨야 하지 않습니까? 그분은 지상에서도 우리들 가정의 머리이시며, 우리와 함께 거하십니다. 그분이 친히 이렇게 말씀하시지 않았습니까? "내가 너희를 고아와 같이 버려두지 아니하고 너희에게로 오리라"(요 14:18). 그분의 오심은 마치 아버지로서 오심과도 같습니다. 그분이 아버지이시면, 우리가 그분을 존중해야 하지 않겠습니까? 그분이 가정의 머리이시면, 우리가 그분에게 순종해야 하며, 마음으로 이렇게 말해야 하지 않을까요? "다른 주인들이 우리를 지배해왔지만, 지금부터는 당신이 영존하시는 아버지이십니다. 우리는 당신을 공경할 것입니다." 이상의 모든 의미에서 그분은 "영존하시는 아버지"이십니다.

"우리로 당신을 찬미하게 하시고,
모든 영광과 권세와 지혜와 힘을 당신께 돌리게 하소서.
당신의 무한한 사랑을 인하여,
하늘의 천사들과 더불어, 그치지 않는 감사를 드리나이다."

3. 예수 그리스도는 영존하시는 아버지이시다.

마지막으로, "영존하시는 아버지"라는 말을 숙고하고자 합니다. 나는 이미 이 말이 무엇을 의미하는지를 설명했습니다. '한 아기'가 "영존하시는 아버지"로 불리는 이유는, 그분이 아버지로서 죽거나 자기 직무에서 물러나지 않으시기 때문입니다. 그분은 계속해서 자기 백성의 연합적인 대표이자 아버지이시며, 기독교 복음과 진리 체계의 창시자이십니다. 그분은 주교들이나 교황들이 그분의 대리자로서 지위를 차지하도록 허락하지 않으십니다. 그분은 참된 생명의 수여자이시며, 그분의 상처와 죽음으로 인해 우리가 살아났습니다. 그분은 지금도 가부장적인 왕으로서 다스리시며, 여전히 가정의 자애로운 머리이십니다. 그러한 모든 의미에서 그분은 아버지로서 살아계십니다. 여기에 우리를 즐겁게 하는 생각이 있습니다. 그분은 결코 죽지 않으시며, 자녀들이 없는 상태로 되시지 않습니다. 그분은 결코 자기 자녀들을 잃지 않으십니다. 만일 그분의 교회가 멸망할 수 있다면, 그분은 아버지가 아니실 것입니다. 아들 없이 어떻게 아버지가 될 수 있겠습니까? 그리고 무엇보다 좋은 것은 그분이 자기 자녀들에게 "영존하시는 아버지"시라는 사실입니다. 만일 당신이 이러한 관계 속으로 들어와 그리스도와 연합하였다면, 그리고 그분의 옷자락으로 감싸졌다면, 당신은 그분의 자녀이며, 따라서 당신은 영원히 존재할 것입니다. 그리스도가 언제나 아버지이시듯, 우리는 언제나 그분의 자녀입니다. 그분은 자기를 의지하는 모든 자에게 영원한 아버지이시며, 어느 한순간에도, 자녀들 중 어느 한 사람에게라도, 아버지이시기를 포기하는 경우가 없습니다. 오늘 아침 여러분은 고통 중에서 이곳에 왔을지 모릅니다. 하지만 그리스도는 여전히 여러분의 아버지이십니다. 오늘 당신의 영혼은 많은 것으로 눌리고, 의심과 두려움으로 가득한 상태일지도 모릅니다. 하지만 참된 아버지는 여전히 살아계십니다. 예수님은 아버지이시고, 자녀들에게 자애로운 분이시기에, 당신을 사랑하시고 불쌍히 여기십니다. 그분이 당신을 도우실 것입니다. 그분에게 가십시오. 그러면 당신은 그분이 육신으로 계실 때처럼 여전히 부드럽고 인자한 친구이심을 알게 될 것입니다.

그분은 영원한 제도의 창시자이십니다. "영존하시는 아버지"라는 말씀을 대할 때, 나는 그분이 영원한 체계의 설립자시라고 생각했으며, 스스로에게 말했습니다. "아, 그렇다면, 기독교라는 종교는 결코 사라지지 않을 것이다!" 예수님이 "영존하시는 아버지"라면, 그분 안에 있는 진리가 사라지는 일은 불가능합니다. 휴 래티머(Hugh Latimer)가 리들리(Ridley)를 격려하면서 했던 말을 인용할 수 있을 것 같습니다. 그는 말했습니다. "리들리 선생, 용기를 내십시오. 우리가 이 시대에 영국에서 들고 있는 이 하나의 촛불은 결코 꺼지지 않을 것입니다." 저기 십자가에 달리신 그리스도를 바라보십시오! 그분은 그 시대에 결코 꺼지지 않는 하나의 촛불을 밝히셨습니다. 그분은 "영존하시는 아버지"이십니다. 그분이 십자가에서 죽으실 때 마치 진리의 눈송이 하나를 굴리시는 것과도 같았습니다. 하지만 여러분은 그 눈송이가 높은 산에서 어떤 일을 일으키는지를 압니다. 아마도 새의 날개가 그것을 구르게 하고, 그것이 또 다른 눈송이들과 계속해서 결합하다가, 그것이 내려올 때는 커다란 눈덩이가 되어 구릅니다. 점차 그것은 험한 바위들을 뛰어넘고, 갈수록 점점 커져서, 마침내 얼음과 눈이 뭉쳐진 거대한 덩어리가 되어 눈사태를 일으키고, 계곡을 채우고, 그 앞에 있는 모든 것을 휩쓸어 버립니다. 그와 마찬가지로 십자가에 달리신 이 영원하신 아버지도 강력한 힘으로써, 강력한 교훈의 덩어리들을 뭉쳐지게 하여 계속해서 커지도록 하십니다. 그리하여 마침내는 그것이 저항할 수 없는 눈사태처럼 굴러 내려와, 바티칸의 궁전들과 로마의 탑들 위로 떨어지는 날이 올 것입니다. 그 때에 또한 마호메트의 모스크들과 우상의 신전들이 그 엄청난 무게에 짓눌려 붕괴될 것입니다. 영존하시는 아버지께서 그 일을 행하실 것입니다.

마지막으로, 그분이 "영존하시는 아버지"이신 것은 그분이 자기의 모든 백성에게 아버지이시며 또한 영원한 생명이시기 때문입니다. 아담이여, 그대는 한 아버지이지만, 그대의 자손들은 어디에 있는가? 오 어머니 하와여! 만일 그대가 지상으로 돌아올 수 있다면, 어디서 그대의 자녀들을 발견할 것인가? 내 생각으로는 그녀가 땅을 두루 돌아다녀도 풀 덮인 흙무덤, 뗏장으로 덮인 무더기들, 그리고 때로는 그녀의 자녀들이 전투 중에 흘린 피로 붉게 적셔진 계곡들 외에는 찾지 못할 것입니다. 나는 그녀가 자기 자녀들로 인해 슬피 우는 소리를 듣습니다. 자녀들이 없기에 그녀는 위로를 얻지 못할 것입니다! 하지만 쉿, 어머니 하와여, 그대는 그들에게 어떤 생명을 주었던가? 아버지 아담이 자기 아들들과 딸들에게 물려준 생명은 무엇입니까? 오직 지상의 생명뿐이니, 거품 같은 생명, 녹아 사라져버린 생명이 아닙니까? 하지만 예수님은 다시 오실 때에 자기 자녀들이 아무도 죽지 않은 것을, 자기 아들들과 딸들 중에서 아무도 잃은 자가 없음을 보실 것입니다. 그분이 살아계시니 그들도 역시 사는 것입니다. 그분이 영존하시는 아버지이시며, 그분으로 말미암아 살고 호흡하는 모든 자에게 영원한 생명을 주시기 때문입니다. 이 본문의 진리와 관련된 이는 진정 복된 자입니다!

자, 사랑하는 여러분, 여러분에게 묻겠습니다. 그리스도는 여러분에게 영존하시는 아버지이십니까? 다른 아버지들이 있습니다. 유대인들은 이렇게 말했습니다. "아브라함이 우리 조상이다"(마 3:9). 오늘날까지도 어떤 신학자들은 우리의 육신의 아버지 덕택에 언약의 권리를 가지고 있다고 가르칩니다. 그들은 아브라함의 언약을 유대인의 방식대로 믿습니다. "아브라함이 우리 조상이다." "태어나면서 교회에 속하였다"는 이유로 세례 받을 권리가 있고, 교회의 지체들이라고 합니다. 예, 나는 사람들이 "태어나면서 교회에 속하였다"고 말하는 것을 들었습니다. 누구도 여러분을 속이지 못하게 하십시오. 이것은 그리스도의 가르침이 아닙니다. "당신은 거듭나야 합니다"(참조. 요 3:7). 그렇지 않다면, 비록 당신의 어머니가 천국에 있는 성도라 해도, 그리고 당신의 아버지가 분명히 하나님의 사도라 해도, 당신은 그것에서 아무런 유익을 얻지 못합니다. 당신 스스로가 거듭나지 않았다면 오히려 그 사실로부터 엄숙한 책임이 뒤따를 것입니다. 속으로 "아브라함이 우리 조상이라"고 말하지 마십시오. 하나님은 돌들을 일으켜 아브라함의 자손들이 되게 하실 수 있기 때문입니다.

그리 멀지 않은 과거에 우리는 이 태버너클 예배당에서 아주 기억에 남는 사건을 경험했습니다. 곧 하나님께서 때로는 어떻게 부랑자들에게 은혜를 주시고, 또 때로는 경건한 부모의 자녀들이 마음의 완고함 속에서 죽도록 버려두시는지를 말입니다. 마을에 너무나 철저히 타락하여 '사탄'의 이름으로 불리며 살아가는 한 사람이 있었습니다. 이 사람은 뱃사람이었습니다. 마침 또 다른 선원이 있었는데, 그는 출항한 어떤 배의 모든 선원들을 회심에 이르게 한 통로가 되었던 사람이었습니다. 이 사람은 그와 함께 항해하기를 바랐는데, 그를 시험하여 그의 신앙을 깨부수기를 원했기 때문입니다. 그는 최선을 다했지만 아무런 소용이 없었습니다. 그들이 런던에 다가오고 있을 때, 그의 친구가 그에게 태버너클 교회에 함께 가지 않겠느냐고 물었습니다. 그는 내 설교를 듣는 것에 거부감이 없었습니다. 마침 내가 그가 살았던 마을 근처에서 자랐기 때문입니다. 이 '사탄'이 주일 아침에 이곳으로 왔고, 그 때 말씀이 이 악의 화신 같은 사람에게 임했습니다. 여러분 중에 일부는 그날 그 사람을 보았을 것입니다. 그는 앉아서 설교를 듣다가 흐느껴 울었습니다. 너무나 상심하여 그는 이런 말 외에 아무 말도 할 수 없었습니다. "사람들이 나를 보고 있어요. 내가 밖으로 나가는 것이 좋겠어요." 하지만 그의 동료가 그를 나가지 못하게 붙들었습니다. 그날 그 사람은 영원한 아버지에 의해 다시 나게 되었고, 지금까지도 살아 진리 안에서 행하고 있습니다. 그는 진실한 신자로서 하나님 나라의 확장을 위해 할 수 있는 모든 것을 하고 있으며, 교리에 대한 지식에서도 아주 분명합니다. 악한 길에서 가능한 모든 악을 행하던 한 사람이 여기 있었지만, 하나님이 그 사람을 만나주셨습니다. 아마도 여러분 중에서는 '아브라함'을 아버지로 둔 이들, 곧 경건한 사람들을 친족으로 둔 사람들이 있을 것입니다. 하지만 여러분은 지금까지 들어온 모든 설교로 인해 오히려 갈수록 완고해지기만 합니다. 하나님께서 그런 여러분을 불쌍히 여기시어 구원하시기를 바랍니다! 육신의 아버지를 둔 것으로 만족하지 마십시오. 그리스도로부터 오는 영적인 부성애를 얻으십시오.

아마 여러분 중에서 이렇게 말하는 사람도 있을 것입니다. "음, 우리는 우리의 선행을 신뢰할 수 있습니다." 글쎄요, 그렇다면, 아담이 당신의 아버지이겠군요. 그렇다면 당신에게 어떤 일이 일어날는지 잘 아시기 바랍니다. 아담은 낙원에서 쫓겨났습니다. 또한 당신은 결코 그곳에 들어가도록 허락되지 않을 것입니다. 아담은 그의 모든 소망을 잃어버렸으니, 당신도 당신의 소망들을 잃을 것입니다. 율법으로는 의롭다 하심을 얻을 육체가 없습니다.

오호라! 여기에 있는 많은 사람들이 다른 아버지를 둔 것에 대해 나는 두렵습니다. 그리스도께서 그에 대해 뭐라고 말씀하십니까? "너희는 너희 아비 마귀에게서 났으니, 그의 일을 너희도 하느니라"(참조. 요 8:44). 간음이나, 부정이나, 도둑질과 같은 공개적인 죄의 행실뿐 아니라, 그리스도께 대한 반대 역시 명백히 마귀에게 속한 일입니다. 그리스도에 대한 불신앙이야말로 마귀의 가장 큰 일입니다. 만약 당신이 주 예수님을 의지하지 않는다면, 오늘 밤 잠자리에서 무릎을 꿇고서 "하늘에 계신 우리 아버지여"라고 말하지 마십시오. 당신의 아버지는 하늘에 있는 것이 아니라 지옥에 있기 때문입니다. 예수의 피로 나아가서 당신의 모든 불의가 씻음을 받도록 간청하십시오. 그런 다음에 당신은 그 영존하시는 아버지로 말미암아 이렇게 말할 수 있을 것입니다. "오 하나님, 당신이 저를 당신의 자녀로 삼으셨으니, 제가 당신을 사랑하며 당신의 이름을 찬미하나이다." 예수님으로 인하여 하나님께서 여러분 모두에게 은혜 베푸시기를 바랍니다. 아멘.

제
10
장

그의 이름 – 기묘자!

"그의 이름은 기묘자라"—사 9:6

지난 주 중 한 날 저녁에 나는 폭풍이 몰아치는 바닷가에 서 있었습니다. 주의 음성이 파도 소리 가운데 들렸습니다. 파도 소리를 따라 내 주님의 음성이 들리는데, 어찌 내가 집 안에 머물 수 있겠습니까? 나는 일어서서 그분의 등대에서 비치는 불빛을 바라보았으며, 그분의 천둥소리의 영광에 귀를 기울였습니다. 바다와 천둥이 서로 경쟁하고 있었습니다. 바다가 워낙 우렁찬 소리로 천둥의 굵은 저음 소리를 잠재우려 했기에, 그분의 음성이 잘 들리지 않았습니다. 하지만 노호하는 파도 소리 너머로, 화염과 더불어 바다 물결을 가르시는 하나님의 음성을 들을 수 있었습니다. 어두운 밤이었고, 하늘은 짙은 구름으로 덮여 있었습니다. 폭풍 구름의 갈라진 틈 사이로 간간이 몇몇 별들이 보였습니다. 하지만 어느 순간 나는 멀리 수평선을 주목하여 보았고, 바다 저편 몇 킬로미터 떨어진 곳에서 금처럼 밝게 빛나는 것을 보았습니다. 그것은 구름 뒤에 숨어 있어서 우리에게 빛을 비출 수가 없었던 달이었습니다. 하지만 달은, 아주 멀리 구름이 방해할 수 없는 곳에서, 그 광선을 물 위로 쏘아 보낼 수 있었습니다.

어제 저녁 성경의 이 장을 읽는 동안, 나는 이사야 선지자가 이 본문의 말씀을 기록할 때에 이와 비슷한 입장에 처해 있었을 것이라고 생각했습니다. 선지자의 주위는 온통 어두운 먹구름이었습니다. 그는 노호하는 예언의 천둥소리를 들었고, 하나님의 복수의 번갯불이 번쩍이는 것을 보았습니다. 어둠과 구름들이 역사의 현장에 넓게 드리워져 있었습니다. 하지만 그는 멀리서 한 밝은 지점을 보았습니다. 곧 선명한 빛이 하늘로부터 내려오는 지점이었습니다. 그래서 그는 앉아서 펜으로 이 말씀을 기록했습니다. "흑암에 행하던 백성이 큰 빛을 보고 사망의 그늘진 땅에 거주하던 자에게 빛이 비치도다"(2절). 비록 그는 사방에서 "어지러이 싸우는 군인들의 신과 피 묻은 겉옷"(5절)을 보았지만, 미래의 밝은 한 지점에 시선을 고정시켰습니다. 그리고 평화와 번영과 축복의 희망을 보았다고, 다음과 같이 선언했습니다. "한 아기가 우리에게 났고 한 아들을 우리에게 주신 바 되었는데 그의 어깨에는 정사를 메었고 그의 이름은 기묘자라."

내 사랑하는 친구들이여, 우리는 오늘 밝은 지점의 가장자리에 살고 있습니다. 세상은 이 어둠의 구름들을 통과해왔으며, 이제는 우리에게 서광이 비치고 있습니다. 마치 아침의 첫 햇살이 반짝이는 것과도 같습니다. 우리는 더 밝은 시대로 다가가고 있습니다. "어두워 갈 때에 빛이 있으리로다"(슥 14:7). 하나님이 더 이상 필요로 하지 않으실 때, 어둠과 구름들은 마치 망토가 벗어지듯 벗어질 것입니다. 그가 영광 중에 나타나실 것이며, 그의 백성들은 그와 함께 기뻐할 것입니다. 하지만 여러분이 주목해야 할 것은, 이 모든 밝음이 우리에게 난 이 아기(Child), 우리에게 주신 한 아들(Son), 그 이름이 기묘자(Wonderful)인 분으로 말미암았다는 것입니다. 만일 우리가 우리의 마음이나 역사 속에서 밝은 빛을 찾을 수 있다면, 그것은 다른 어느 곳에서도 아닌 "기묘자요, 모사요, 전능하신 하나님"이라고 불리는 분으로부터 온 것입니다.

이 본문이 말하고 있는 내용은 의심의 여지 없이 우리 주 예수 그리스도이십니다. 그분은 한 아기로 나셨고, 이는 그분의 인성에 대한 언급입니다. 그분은 동정녀에게서 아기로 나셨습니다. 하지만 그분은 우리에게 주신 아들이며, 이는 그분의 신성에 대한 언급입니다. 그분은 나셨을 뿐 아니라 주신 바 된 아들이신데, 신성이 여인에게서 날 수는 없기 때문입니다. 그리스도의 신성은 영원 전부터 있었고 앞으로도 영원할 것입니다. 그분은 한 아기로서 나셨고, 한 아들로서 주신 바 되었습니다. "그의 어깨에는 정사를 메었고 그의 이름은 기묘자"입니다.

사랑하는 이여, 세상에는 특정한 이름으로 호칭되면서도 정작 그 이름에 걸맞은 속성이 없는 것들이 무수히 있습니다. 하지만 나는 이 본문으로 설교하면서, 먼저 그리스도께서 "기묘자"로 호칭되시는 것은 그분이 그런 분이시기 때문임을 선언합니다. 성부 하나님은 그분의 아들에게 결코 걸맞지 않은 이름을 부여하시지 않았습니다. 여기에는 어떤 과장된 찬사가 없으며, 아첨도 없습니다. 그것은 그분에게 어울리는 꾸밈없는 이름입니다. 그분을 가장 잘 아는 이들은 그 이름이 결코 그분의 뛰어남을 과장되게 표현한 것이 아니며, 오히려 그분의 영광스러움을 표현하기에는 그 단어가 한없이 부족하다고 여길 것입니다. 그분의 이름은 기묘자입니다. 또한 우리가 주목할 점은, 본문이 하나님께서 그에게 기묘자의 이름을 주셨다고 단순하게 말하는 것이 아니라, 그의 이름이 그렇게 불리게 될(shall be called) 것이라고 말한다는 것입니다. 그렇게 될(shall) 것입니다. 바로 이 시간에도 그분은 그분의 모든 믿는 백성들에 의해 기묘자로 불리시며, 또 앞으로도 그렇게 불리실 것입니다. 달이 존재하는 한, 언제나 그분에게 합당한 이름으로 그분을 부를 인간들과 천사들과 영광스럽게 된 영들을 볼 수 있을 것입니다. "그의 이름은 기묘자라 할 것임이라."

나는 이 이름이 두세 가지로 해석할 수 있는 의미를 담고 있다고 이해합니다. 그 단어는 성경에서 이따금씩 '기이한'(marvelous)이라고 번역됩니다. 예수 그리스도는 기이한 분으로 불릴 수 있습니다. 학식이 있는 어느 독일 해석자는, 그 단어에는 의심의 여지 없이 '기적적인'(miraculous)이라는 의미도 내포되어 있다고 말했습니다. "그의 이름은 기적(Miraculous)이라 할 것임이라." 그분은 사람 이상이며, 하나님의 최고의 기적이시기 때문입니다. "크도다 경건의 비밀이여, 하나님이 육신으로 나타난 바 되셨도다"(KJV, 딤전 3:16).

그 단어는 또한 '분리된'(separated) 혹은 '구분된'(distinguished)이라는 의미를 가질 수도 있습니다. 예수 그리스도께서 이런 의미로 불리시는 것도 당연합니다. 마치 사울이 백성의 누구보다도 어깨 위만큼 더 큼으로써 그들 모두와 구분되었던 것처럼(삼상 10:23), 그리스도께서도 모든 인간들 위에 구별되는 분이십니다. 그분은 즐거움의 기름부음을 받아 동류들보다 뛰어나게 되신 분이며(히 1:9), 또한 그분의 성품과 행동에서 세상의 어떤 사람과도 비교할 수 없을 정도로 구별되신 분입니다. "왕은 사람들보다 아름다워 은혜를 입술에 머금으니"(시 45:2). 그분은 "많은 사람 가운데에 뛰어나며, 그 전체가 사랑스럽습니다"(아 5:10,16). "그의 이름은 구별된 자(the Separated One)라 할 것임이라." 그는 구분된 분, 고귀한 분, 인류의 보통 사람들과 구별된 분이십니다.

하지만 오늘 아침 우리는 오랜 번역본을 고수하여 단순히 이 본문을 이렇게 읽을 것입니다. "그의 이름은 기묘자라." 먼저, 나는 예수 그리스도는 그분의 과거의 모습으로 인해 기묘자로 불릴 자격이 있음을 언급할 것입니다. 둘째로, 그분이 그분의 모든 백성에 의해 기묘자로 불리는 것은 그분의 현재 모습 때문이기도 합니다. 셋째로, 그분은 그분의 미래의 모습때문에 기묘자로 불리실 것입니다.

1. 예수 그리스도의 과거의 모습

첫째로, 그리스도는 그분의 과거의 모습으로 인해 기묘자로 불릴 것입니다. 내 형제들이여 잠시 여러분의 생각을 그리스도께 집중해 보십시오. 그러면 여러분은 그분이 얼마나 놀라운 분인지 금방 인식할 것입니다. 그분의 영원한 존재를 생각해 보십시오. 그분은 세상이 생기기 전에 성부에게서 나셨으며, 본질(substance)에서 성부와 동일하십니다. 그분은 나셨으나, 만들어지지 않았고, 모든 속성에 있어서 아버지와 동등하시고 동일하게 영원하신 분으로, "참 하나님에게서 나신 참 하나님"(very God of very God)이십니다(니케아 신경에서 표현된 부분임 — 역주). 한때 그분은 유아가 되셨으나, 한편으로는 유구한 세월의 왕(King)이시고 영존하시는 아버지이시며, 영원 전부터 계시고 영원토록 계시는 분이심을 기억하십시오. 그리스도의 신성은 진정 놀랍습니다.

한 노인의 일생에는 얼마나 많은 관심거리들이 발생하는지를 잠시 생각해 보십시오. 그가 경험했던 다양한 일들을 들려줄 때, 연령에 있어서 아직 어린 우리들은 경이와 찬탄으로 그를 바라봅니다. 하지만 노인의 일생이란 무엇이겠습니까? 그에게 그늘을 제공해주었던 나무의 연령에 비하면 그것은 너무나 짧습니다. 그 나무는 그 노인의 아버지가 세상에 태어나 아주 연약한 유아로서 기어다니기 오래전부터 존재했습니다. 얼마나 많은 폭풍이 그 나무의 이마에 불어닥쳤는지요! 그 사이에 얼마나 많은 왕들이 왔다가 떠났는지요! 저 오랜 상수리나무가 그 도토리 열매 속 요람에서 잠들어 있던 때 이후로, 얼마나 많은 제국들이 흥망을 거듭했는지요!

하지만 그 나무의 일생이란 것도 그것이 자라난 토양과 비교해보면 얼마나 되겠습니까? 토양은 얼마나 놀라운 이야기를 들려줄 수 있을까요! "태초에 하나님이 천지를 창조하신" 이래로, 그 지나간 세월의 길이 동안 흙은 얼마나 많은 변화들을 겪었을까요? 저 상수리나무에게 자양분을 제공해주었던 검은 흙덩이의 모든 알갱이들이 놀라운 이야기들과 관련되어 있습니다. 하지만 흙도 그것이 의지하고 있는 바위, 저기 우뚝 솟은 바위의 놀라운 역사에 비하면 무엇이겠습니까? 오! 바위는 우리에게 어떤 이야기를 들려줄 수 있으며, 그 속에 어떤 비밀들을 감추고 있는지요! 아마도 그것은 "땅이 혼돈하고 공허하며 흑암이 깊음 위에 있던"(창 1:2) 때의 이야기를 들려줄 수 있을 것입니다. 아마도 그것은 "저녁이 되고 아침이 되니 이는 첫째 날이며, 또 저녁이 되고 아침이 되니 이는 둘째 날"(창 1:5,8)이라고 하던 날들에 대해 우리에게 말해줄 수 있을 것입니다. 또한 그것은 하나님께서 어떻게 이 경이로운 기적의 작품, 곧 세상을 만드셨는지에 대한 신비에 대해 우리에게 설명할 수 있을 것입니다.

하지만 바위 절벽의 이야기도, 땅 밑에서 흐르는 바다, 곧 그 위로 수많은 해군 함대들이 지나갔어도 아무런 고랑의 흔적도 남기지 못한 저 깊고 푸른 대양의 이야기에 비하면 얼마나 되겠습니까! 그리고 바다의 이야기도, 저 광대한 공간에 휘장처럼 펼쳐져 있는 하늘들의 역사에 비하면 무엇이겠습니까? 저 하늘의 무리들, 곧 태양과 달과 별들이 행진했던 역사는 얼마나 장구한지요! 누가 그들의 연대를 말할 수 있고, 누가 그들의 전기를 기록할 수 있겠습니까? 하지만 하늘의 역사도, 천사들의 역사와 비교하면 무엇이겠습니까? 그들은 이 세계가 안개의 배내옷에 감싸져 있던 날에 대해 여러분에게 말해줄 수 있습니다. 그때 마치 갓 태어난 유아처럼, 하나님의 자녀들 중의 막내처럼, 세상이 하나님으로부터 나서 존재하게 되었을 때, 아침의 별들이 함께 노래하였고, 하나님의 아들들이 기쁨으로 소리쳤습니다.

하지만 뛰어난 능력의 존재인 천사들의 역사조차도, 주 예수 그리스도의 역사에 비하면 무엇이겠습니까? 천사도 그리스도의 역사에 비하면 어제의 한 날에 불과한 존재로서, 그리스도의 날들에 대해 아무것도 알지 못합니다. 그리스도는 영원한 분으로서 "천사들이라도 미련하다 하시며"(욥 4:18), 그들을 자기 뜻대로 부리는 영들로 간주하십니다. 오 그리스도인들이여, 깊은 존경과 경외심을 가지고 여러분의 위대한 구속자이신 그분의 보좌 주위로 모이십시오. "그의 이름은 기묘자"이시기 때문입니다. 그분이 만물보다 먼저 계셨고, "만물이 그로 말미암아 지은 바 되었으니 지은 것이 하나도 그가 없이는 된 것이 없기"(요 1:3) 때문입니다.

또한 그리스도의 성육신에 대해서도 생각해 보십시오. 그러면 여러분은 그분의 이름이 "기묘자"로 불리는 것이 합당하다고 말할 것입니다. 오! 내가 보는 것이 무엇입니까? 오! 경이로운 일이로다, 내가 보는 것이 무엇입니까? 영원하신 분, 그 머리와 털의 희기가 흰 양털 같고 눈 같으신 분이 한 아기가 되셨습니다! 그것이 가능합니까? 그대들 천사들이여, 놀랍지 않습니까? 그분이 한 아기가 되시고, 동정녀의 품에 매달리고, 한 여인의 가슴에서 영양을 공급받다니요! 오, 경이 중의 경이로다! 베들레헴의 구유여, 너는 기적들이 네 속에 쏟아지는 것을 보았구나! 이는 다른 모든 것을 능가하는 광경입니다. 해와 달과 별들에 대해 말해 보십시오. 주의 손가락으로 만드신 하늘과, 그분이 베풀어두신 달과 별들을 생각해 보십시오. 하지만 우주의 모든 경이들도, 주 예수 그리스도의 성육신의 신비에 비하면 아무것도 아닌 것이 되고 맙니다. 여호수아가 해를 향하여 멈추어 서라고 명한 것은 놀라운 일이었습니다. 하지만 하나님께서 멈추어 서신 듯이 보인 것, 즉 그분이 더 이상 앞으로 나아가지 않고, 마치 아하스의 해 시계 위에 드리웠던 해 그림자가 십도 뒤로 물러갔던 때처럼, 그분이 자기 영광을 구름 속에 감추신 일은 더욱더 놀랍습니다. 기묘하고 놀라운 광경들이 벌어질 때, 우리는 그것을 오래도록 바라보고서도, 뒤돌아서서 이렇게 말할 수 있습니다. "나는 이 일을 이해할 수 없어. 내 생각이 미칠 수 없는 깊이, 내가 감히 뛰어들 수 없는 심연이 여기에 있구나. 이것은 가파른 절벽, 끝이 보이지 않는 높이로구나. 너무 높아 나로서는 도저히 오를 수가 없구나!"

하지만 이 모든 일들도 하나님의 아들의 성육신에 비하면 아무것도 아닙니다. 나는 천사들이 그 일 한 번을 제외하고는 놀란 적이 없었으며, 또한 그들이 그 일을 본 이후로는 끊임없이 놀랐을 것이라고 믿습니다. 그들은 그 놀라운 이야기를 결코 쉬지 않고 말하며, 계속적인 놀람으로 그 일에 대해 말합니다. 즉 예수 그리스도, 하나님의 아들이, 동정녀 마리아에게 나시어 사람이 되셨다고 하는 그 사건을 말입니다. 그분이 기묘자로 불리는 것이 정당하지 않습니까? 그분은 무한자이시면서 한 아기이셨고, 영원한 분이면서 한 여인에게서 나셨으며, 전능자이시지만 한 여인의 품에 안기셨고, 우주를 지탱하시지만 한 어머니의 팔에 안겨야 했던 분입니다. 천사들의 왕이시지만 요셉의 아들이라고 알려지셨고, 만유의 상속자이시지만 천대받는 한 목수의 아들이셨던 분입니다. 오 예수님, 당신은 놀라운 분이시니 당신의 이름은 영원히 "기묘자"일 것입니다.

하지만 구주의 삶의 자취를 따라가 보십시오. 그분이 가신 길 전체가 놀랍습니다. 그분이 원수들의 비웃음과 조롱을 겪으셨다는 것이 놀랍지 않습니까? 일생동안 그분은 바산의 힘센 소들이 그분을 둘러싸고, 개들이 그분을 에워싸는 것을 허용하셨습니다(참조 시 22:12,16). 그분의 거룩한 인격에 대해 훼방의 말이 쏟아질 때에도 그분이 화를 참으셨다는 것이 기이하지 않습니까? 만일 여러분이나 내가 그분의 비길 데 없는 힘을 가졌다면, 우리를 향해 모욕을 퍼붓는 원수들을 향해 돌진하였을 것입니다. 우리는 결코 수치와 침 뱉음 당함을 허용하지 않았을 것입니다. 우리는 그들을 격렬한 분노의 표정으로 노려보았을 것이며, 그들의 영혼을 영원한 고통 속으로 던져 버렸을 것입니다. 하지만 그분은 그 모든 것을 참으셨습니다. 그분의 고귀한 정신을 지키셨고, 유다 지파의 사자이시면서도 여전히 어린 양과 같은 성품을 유지하셨습니다.

> "원수들 앞에 선 겸손한 사람,
> 가득한 고통 중에 지치셨던 사람이여."

나는 나사렛의 예수가 하늘의 왕이었지만 또한 가난하고, 멸시받으며, 핍박받고, 비방을 당한 사람이었음을 믿습니다. 하지만 나는 그것을 믿으면서도 결코 그것을 이해하지는 못합니다. 나는 그 일로 인해 그분을 송축합니다. 나는 그로 인해 그분을 사랑합니다. 나는 그분이 불멸의 존재로서 한없이 자기를 낮추시고 나를 위해 고통당하신 것으로 인해 그분의 이름을 찬송하기를 원합니다. 하지만 감히 그것을 이해한다고는 자처할 수가 없습니다. 그분의 전 생애를 생각할 때 진정 그분의 이름은 기묘자로 불리어야 마땅합니다.

하지만 그분이 죽으시는 것을 보십시오. 오 내 형제들이여, 여러분 하나님의 자녀들이여, 이리로 오십시오. 십자가 주위로 모이십시오. 여러분의 주님을 보십시오. 거기에 그분이 달려 있습니다. 여러분은 이 수수께끼를 이해할 수 있습니까? 하나님이 육체로 나타나시고, 사람들에 의해 십자가에 달리신단 말입니까? 내 주님이시여, 저는 어찌하여 당신이 존엄한 머리를 숙이어 이와 같은 죽음에 이르셨는지 이해할 수가 없습니다! 어찌하여 당신께서 옛적부터 쓰고 계셨던 빛나는 별들로 장식된 화관을 벗으셨는지를 저는 이해하지 못합니다. 하지만 당신께서 어찌하여 그 이마에 가시 면류관을 두르도록 허용하셨는지가 저를 더욱 놀라게 만듭니다. 당신이 어찌하여 그 영광의 망토를 벗으셨는지, 당신의 영원한 제국인 하늘을 떠나셨는지, 저는 미처 이해할 수가 없습니다. 하지만 어찌하여 당신께서 저 수치스러운 홍포를 잠시 동안 두르시고, 그런 후 사악한 사람들에 의해 조롱의 절을 받으시고, 그들에게서 왕을 사칭한다는 조롱을 받으시며, 수치스럽게도 옷을 벗기어 아무것으로도 그 몸을 가리지 못하셨다는 사실이 저로서는 훨씬 더 납득할 수 없는 일입니다. 진정 당신의 이름은 기묘자이십니다. 오, 당신이 저를 사랑함이 기이하여 여인의 사랑보다 더하나이다(참조. 삼하 1:26). 당신이 겪으신 것과 같은 슬픔이 또 어디에 있겠습니까? 그 슬픔의 수문을 열게 만들었던 당신의 사랑과 같은 사랑이 또 어디에 있습니까? 당신의 슬픔은 강과 같습니다. 하지만 그러한 강물과 같은 슬픔을 쏟아낼 수 있는 근원이 어디에 있습니까? 거대한 원천이 되어 그토록 엄청난 슬픔의 강물을 흐르게 만들었던 강력한 사랑이 또 어디에 있었습니까? 여기 비길 데 없는 사랑이 있습니다! 비길 데 없는 사랑이 그분으로 하여금 고통을 겪게 만들었고, 비길 데 없는 능력이 그분으로 하여금 아버지의 모든 진노의 짐을 감당하게 했습니다. 그분이 친히 아버지의 뜻에 묵묵히 따르셨고, 그분이 친히 겪은 고난이 아니고서는 사람들이 구원을 얻을 수 없었으니, 여기 비길 데 없는 정의가 있습니다! 또한 여기 죄인들의 괴수들을 향한 비길 데 없는 은혜가 있으니, 곧 그리스도께서 그들을 위하여서도 고난을 겪으신 것입니다. "그의 이름은 기묘자라."

하지만 그분은 죽으셨습니다. 그분이 죽으셨습니다! 예루살렘의 딸들이 사방에서 슬피 우는 것을 보십시오. 아리마대 요셉이 십자가에서 내려진 그 시신을 가져갔습니다. 사람들이 그것을 싸서 무덤으로 가져갔고, 한 동산에 두었습니다. 여러분은 지금 그분을 기묘자라 부르지 않습니까?

> "이 분이 오래전에 예고된 구주,
> 황금의 시대로 선도(先導)하실 분이 아니던가?"

그런 그분이 죽으셨습니까? 그분의 손을 들어 보십시오! 그 손이 아무런 움직임 없이 옆구리에 늘어져 있습니다. 그분의 발에는 못 자국이 선명하며, 아무런 생명의 흔적이 없습니다. 저 유대인들이 소리칩니다. "아하, 이자가 메시야더냐? 그는 죽었다. 그는 조금만 시간이 지나면 부패될 것이다. 오, 경비병이여, 그의 제자들이 그의 시신을 훔쳐가지 않도록 잘 감시하라! 그들이 훔쳐가지만 않는다면 그의 몸이 다시는 무덤에서 나오지 못할 것이다. 그가 죽었기 때문이다. 이자가 기묘자요, 모사이더냐?" 하지만 하나님은 그의 영혼을 음부에 버려두지 않으시고, 그분의 몸이 썩음을 보도록 하지 않으셨습니다. 예, 그분은 죽음에서도 기묘자이십니다. 그 흙처럼 차가웠던 시신이 기묘합니다. "사망의 사망이 되시고 지옥의 파멸이 되시는" 그분이 잠깐 사망의 줄에 묶이심을 참으셨다는 이것이 아마도 모든 경이 중에 가장 큰 경이일 것입니다. 하지만 여기에 또 다른 차원의 경이가 있습니다. 그분은 사망의 줄에 매여 있을 수 없었습니다. 그 사슬들, 곧 아담의 후예들인 무수한 남녀들을 속박했던 그 사슬들, 한 가지 기적을 제외하고는 어떤 인간의 힘에 의해서도 결코 끊어지지 않았던 그 사슬들이, 그분에게는 단지 약한 버들가지 정도에 불과했습니다. 죽음이 우리의 삼손을 단단히 묶었고, 이렇게 말했습니다. "이제 내가 그를 붙들었다. 내가 그의 힘의 원천을 제거했다. 그의 영광이 떠났고, 이제 그는 내 소유가 되었다." 하지만 인류를 사슬로 묶었던 그 손들은 구주에게는 아무것도 아니었습니다. 제삼일에 그분은 그 줄들을 끊으셨고, 죽은 자 가운데서 다시 살아나셨으며, 그 때 이후로 다시 죽지 않으셨습니다. 오! 죽음에서 일어나신 구주시여, 당신은 썩음을 볼 수 없었나이다. 당신은 부활에 있어서도 기묘자이십니다. 당신은 또한 승천에 있어서도 기묘자이십니다. 나는 당신께서 "사로잡힌 자들을 취하시고 선물들을 사람들에게서 받으시는" 것을 봅니다. "그의 이름은 기묘자라 할 것임이라."

여기서 잠시 멈추어, 그리스도께서 뛰어나게 놀라운 분이심을 생각해 봅시다. 내가 방금 여러분에게 말했던 짧은 이야기 속에는 탁월하게 놀라운 요소가 내포되어 있습니다. 여러분이 여태까지 보았던 그 어떤 경이들도 이것과 비교하면 아무것도 아닙니다. 우리는 다양한 나라들을 다니면서 한 가지 경이로운 일을 보았습니다. 그런데 우리보다 나이 많은 어느 여행자가 이렇게 말했습니다. "예, 이것은 여러분에게 놀라운 일이겠지요. 하지만 나는 여러분에게 그것을 완전히 무색하게 만드는 어떤 것을 보여줄 수 있습니다." 우리는 어떤 놀라운 경치를 보았습니다. 장엄한 산들을 보았습니다. 독수리가 뜨개질하듯이 이리저리 비행하면서 마치 산과 하늘을 하나로 묶어놓은 것 같은 그곳에 올라, 우리는 아래를 내려다보며 말했습니다. "이 얼마나 놀라운가!" 그런데 그 사람이 말합니다. "나는 이보다 아름다운 경치를 보았습니다. 이보다 훨씬 더 장엄하고 훌륭한 광경이었지요." 하지만 우리가 그리스도에 대해서 말할 때는, 누구도 그분보다 더 놀라운 이를 본 적이 있다고 말하지 못합니다. 여러분은 이제 모든 것 중에서도 가장 높은 곳의 정상에 올라 경이로움을 느낄 수 있습니다. 이 신비에 비견될 만한 다른 신비들이 없으며, 이 경이에 비견될 만한 다른 경이는 없습니다. 우리가 그리스도를 바라볼 때 느끼는 경탄과 놀라움에 비교될 만한 것은 그 어디에도 없습니다. 그분은 모든 것을 능가하십니다.

여러분이 알다시피, 경이란 짧게 지속되는 감정입니다. "놀라움은 9일 만에 백발이 된다(wonder grows grey-headed in nine days)"는 속담이 있습니다. 놀라움이 가장 길게 지속되는 기간이 아마도 그 정도일 것입니다. 그것은 잠시 동안만 지속되는 것입니다. 하지만 그리스도는 영원토록 경이로운 분입니다. 여러분은 그분에 대해 칠십 평생을 생각할 수 있으며, 그래도 처음보다 나중에 그분에 대해 더욱 놀라게 될 것입니다. 아브라함은 자기 당대에 먼 미래를 내다볼 때에 그리스도에 대해 놀랐을 것입니다. 하지만 아브라함조차도 오늘날 천국에서 가장 작은 자가 그분을 보고 놀라는 것만큼 놀라지는 못했습니다. 우리는 아브라함보다 더 많은 것을 알기에, 그래서 더욱더 놀라는 것입니다. 거듭 생각해 보십시오. 여러분은 그리스도에 대해서 그분이 기묘자로 불리기에 합당하다고 말할 것입니다. 단지 그분이 탁월하여 놀라운 정도가 아니라, 그분 자체가 전적으로 경이로운 분이기 때문입니다. 과학이나 예술 분야에서 우리는 어떤 위대한 기술적인 업적을 보아왔습니다. 일상생활에서 찾을 수 있는 놀라운 일을 한 예로 든다면, 전보(telegraph)를 생각해보십시오. 그것이 얼마나 놀라운지요! 우리가 이해하는 한, 전보에는 많은 놀라운 요소들이 있습니다. 그러나 그 분야에는 많은 신비로운 요소들이 있지만, 그 신비들을 여는 열쇠가 되는 부분들이 있습니다. 그래서 비록 우리가 그 수수께끼 전체를 풀 수는 없어도, 그 신비의 일부분은 벗길 수 있습니다. 하지만 여러분이 그리스도를 바라본다면, 어떻게 해도, 아무리 해도, 그분은 여전히 온통 신비입니다. 그분은 전적으로 기묘한 분이시고, 항상 바라보아도 항상 놀라운 분입니다.

또한 그분은 보편적으로 놀라움의 대상이 됩니다. 사람들은 그리스도께 대한 신앙이 나이든 여성들에게나 매우 좋다고 말합니다. 나는 일전에 한 사람에게 '찬사'를 들었는데, 그는 내 설교가 흑인들에게 매우 적절할 것으로 믿는다고 했습니다. 물론 그의 의도는 칭찬이 아니었지만, 나는 이렇게 대답했지요. "아주 좋습니다, 선생. 내 설교가 흑인들에게 적절하다면, 백인들을 위해서도 아주 적절할 것이라고 생각합니다. 피부색이란 아주 작은 차이에 불과하니까요. 나는 사람들의 피부를 향해 설교하는 것이 아니라, 그들의 마음을 향해서 하지요." 자,

우리는 그리스도가 보편적으로 경이로운 분이라고 말할 수 있습니다. 가장 강력한 지성을 가진 자들도 그분을 보고 놀랄 것입니다. 로크나 뉴턴 같은 사람들도 십자가 아래에 설 때면 어린 소자들인 것처럼 느낍니다. 경이는 나이든 부인들에게나, 어린아이들에게나, 나이든 여성들이나 죽어가는 사람들에게만 한정되는 것이 아닙니다. 가장 높은 지성과 가장 고상한 정신을 가진 사람들도 모두 그리스도를 보고 경탄에 빠졌습니다. 나는 사람들을 경탄하도록 만드는 것이 어려운 일이라고 확신합니다. 신중한 사색가들과 세심한 수학자들은 쉽게 놀라지 않습니다. 하지만 그런 사람들도 그 손으로 얼굴을 가리고, 진토에 자기 자신들을 던지며, 놀람과 경이로움 때문에 어쩔 줄 몰랐다고 고백해 왔습니다. 그러니 그리스도께서 기묘자로 불리는 것이 당연합니다.

2. 예수 그리스도의 현재

"그의 이름은 기묘자라 할 것임이라." 그분은 그분의 현재 모습으로 인해서도 기묘자이십니다. 나는 여기서 길게 설명하기보다는 여러분에게 개인적으로 호소하려고 합니다. 그분이 여러분에게 놀라운 분이십니까? 나는 여러분에게 그리스도께 대한 나 자신의 놀라움을 들려주고자 합니다. 그것을 말함으로써, 나는 하나님의 모든 자녀들의 경험들을 말하는 것이 될 것입니다. 내가 그리스도에 대해 경이를 느끼지 못하던 시절이 있었습니다. 나는 그분의 아름다움에 대해 들었지만, 그분을 본 적이 없었습니다. 나는 그분의 능력에 대해서도 들었지만, 그것이 내게는 해당되지 않았습니다. 그것은 먼 나라에서 행해진 어떤 일에 대한 소식과도 같았습니다. 나는 그 일과 상관이 없었고, 그래서 나는 그 일에 주목하지 않았습니다.

하지만 어느 때엔가, 검고 무서운 생김새를 한 자가 내 집에 왔습니다. 그는 문을 세게 두드렸고, 나는 문을 꽉 걸어 잠그려고 애를 썼습니다. 그는 계속해서 세차게 문을 두드렸고, 마침내 그가 들어왔습니다. 그가 거친 목소리로 나를 부르고서 이렇게 말했습니다. "나는 너에게 하나님의 전갈을 가지고 왔다. 너는 너의 죄로 인해 유죄를 선고받았다." 나는 놀란 상태로 그를 쳐다보았고, 그의 이름을 물었습니다. 그가 말했습니다. "내 이름은 율법이다." 나는 죽은 자처럼 그의 발 앞에 엎드렸습니다. "전에 율법을 깨닫지 못했을 때에는 내가 살았더니 계명이 이르매 죄는 살아나고 나는 죽었도다"(롬 7:9). 내가 그곳에 머무는 동안,

그가 나를 세게 쳤습니다. 그는 기필코 내 늑골을 모두 부러뜨리고 내 모든 내장들을 쏟아지게 할 듯이 나를 때렸습니다. 내 마음은 내 속에서 밀랍처럼 녹았습니다. 나는 마치 어느 선반 위에 쭉 뻗은 채 누워, 뜨겁게 달군 쇠로 고문을 당하고, 쇠줄로 만든 뜨거운 채찍으로 매를 맞는 듯했습니다. 극심한 고통이 내 마음을 지배했습니다. 나는 감히 눈을 들어 쳐다볼 수는 없었지만 속으로는 이렇게 생각했습니다. '희망이 있을 것이다. 나를 위해 자비를 베푸실 것이다. 아마도 내가 노엽게 해 드렸던 하나님께서 내 눈물을 보시고, 행동을 개선하고자 하는 약속을 받으실 것이며, 나는 살게 될 것이다.' 하지만 그런 생각을 하는 동안, 내 괴로움과 근심은 이전보다 더 심해졌습니다. 마침내 희망은 전부 사라졌고, 나는 의지할 곳이 없었습니다. 짙은 어둠이 내 주위로 엄습했고, 마치 슬피 울며 이를 가는듯한 소리가 사방에서 들려오는 듯 했습니다. 내 영혼이 내 속에서 말했습니다. "나는 그분 앞에서 쫓겨났다. 나는 전적으로 하나님이 미워하시는 자가 되었고, 그분이 진노 중에 거리의 진흙 구덩이에서 나를 짓밟으셨구나."

그 때 한 분이 다가오셨습니다. 슬픔에 차 있으면서도 사랑스러운 용모를 한 그분이 몸을 숙이시고서 내게 말씀하셨습니다. "잠자는 자여 깨어서 죽은 자들 가운데서 일어나라 그리스도께서 너에게 비추이시리라"(엡 5:14). 나는 놀라서 일어났습니다. 그분이 나를 붙잡아 십자가가 서 있는 곳으로 이끌어가셨고, 그리고는 내 시야에서 사라지셨습니다. 하지만 그분은 곧 다시 그곳에 매달리신 모습으로 나타나셨습니다. 나는 나무에 달려 피를 흘리시는 그분을 바라보았습니다. 그분의 말할 수 없는 사랑의 눈빛이 내 영혼을 꿰뚫었고, 그분을 바라보고 있던 어느 한순간, 내 영혼에 고통을 주던 상처들이 나음을 입었고, 찢어진 상처들이 치유되었습니다. 부러진 뼈들이 회복되어 즐거워했고, 나를 덮고 있던 누더기들이 모두 치워졌습니다. 내 영혼은 먼 북부 지방의 티 없는 눈처럼 희게 되었습니다. 내 영혼이 내 속에서 노래했습니다. 내가 나무에 달리셨던 그분으로 말미암아 구원받았고, 씻음받았으며, 깨끗해졌고, 용서받았기 때문입니다. 오, 내가 용서받다니 얼마나 놀라운 일인지요! 내가 그토록 놀란 것은 단순히 용서 자체 때문이 아닙니다. 내가 놀란 것은 그 용서가 내게 임했다는 것입니다. 내가 지은 죄들, 곧 너무나 많고 너무나 추한 죄들을 그분이 다 용서하실 수 있다는 것에 나는 놀랐습니다. 내 속에는 커다란 양심의 송사가 있었지만, 그분에게는 내 영혼 속에 일던 모든 풍랑을 잠잠케 하실 능력이 있었습니다. 그분은 내 영혼을 마치 강의 수면처럼 되게 하시어, 고요하고, 평온하며, 잔잔케 하셨습니다. 그 때 내 영혼에게, 그분의 이름은 기묘자였습니다. 하지만 형제들과 자매들이여, 만일 여러분이 이런 일을 느낀 적이 있다면, 혹은 지금 이 순간 여러분의 마음이 놀랍고도 황홀한 경이로움을 느끼고 있다면, 여러분도 그분을 기묘자라고 생각하고 말할 수 있을 것입니다.

여러분이 처음 그분의 은혜의 음성을 들었던 그 경이로운 시간 이후에도, 그분은 여러분에게 기묘자가 아니었습니까? 여러분이 슬픔과 질병과 고통에 처했을 때가 얼마나 자주 있었는지요! 하지만 여러분의 고통은 가벼워졌습니다. 예수 그리스도께서 여러분의 병상에 여러분과 함께하셨기 때문입니다. 여러분의 근심은 전혀 근심이 되지 못했습니다. 여러분이 근심의 짐을 그분에게 맡길 수 있었기 때문입니다. 여러분을 부셔버릴 듯 위협했던 시련도, 오히려 여러분을 하늘 높이 들어 올려주었으니, 여러분은 이렇게 말할 수 있었습니다. "예수 그리스도의 이름이 그런 위로와, 그런 기쁨과, 그런 평화와, 그런 확신을 주다니 이 얼마나 놀라운가!"

거의 이 년이라는 시간이 지난 일이지만, 그 시기 동안에 겪었던 여러 가지 일들이 떠오릅니다. 사랑하는 여러분, 우리는 결코 주의 판단을 잊지 않을 것입니다. 그 때 이 교회에 성공을 달라는 우리의 기도에 그분은 의롭고도 무서운 일들로 응답하셨습니다. 그 때 사람들이 어떻게 흩어졌는지를 우리는 잊을 수 없습니다. 일부 양들이 어떻게 죽임을 당하고, 목자 자신도 어떻게 매를 맞았는지를 우리는 기억합니다. 나는 나 자신이 겪었던 고통의 이야기를 여러분에게 들려주지 않았을 것입니다. 아마도 정신 이상이라는 불타는 용광로에 그토록 가까이 가고서도 아무런 해를 입지 않은 영혼은 또 없을 것입니다. 나는 그 불 가까이에서 걸었으며, 마침내 내 머리털이 거기서 나오는 열기로 인해 파삭파삭하게 부서질 정도였습니다. 내 머리는 심한 고통을 겪었습니다. 나는 감히 하나님을 쳐다볼 수 없었습니다. 한때 기도는 내게 위안이었지만, 그 당시는 내가 기도를 시도하려면 그것이 오히려 공포와 두려움의 원인이었습니다. 내가 처음으로 회복되어 정신을 찾을 수 있었던 때를 나는 결코 잊지 않을 것입니다. 나는 한 친구의 정원에 있었습니다. 나는 홀로 외로이 걷고 있었고, 내 고통을 되씹고 있었습니다. 인정 많은 내 친구의 친절 때문에 많이 즐거워지긴 했지만, 내 영혼의 짐은 여전히 너무나 무거웠습니다. 그 때 별안간 예수님의 이름이 내 머릿속으로 번쩍이듯 스쳐갔습니다. 마치 그리스도께서 내 눈에 보이는 듯 했습니다. 나는 가만히 멈추어 섰습니다. 내 영혼의 불타는 용암이 식었습니다. 내 고뇌가 잠잠해졌습니다. 나는 그곳에서 경배했고, 겟세마네처럼 여겨졌던 그 동산이 내게 낙원이 되었습니다. 그 때 너무나 신기하게도, 예수의 이름 외에는 다른 아무것도 생각나지 않았습니다. 정녕 그 때 나는 내 일생 중 어느 때보다 그분을 더 사랑한다고 생각했습니다. 내가 놀란 것은 두 가지였습니다. 나는 그분이 내게 그토록 선하신 것에 놀랐으며, 또한 내가 그분에게 그토록 감사할 줄 몰랐다는 것에 더욱 놀랐습니다. 하지만 그 때부터 그분의 이름이 내게 "기묘자"가 되었으니, 나는 그분이 내 영혼을 위해 행하신 일을 새겨두어야 합니다.

형제들과 자매들이여, 여러분의 시련과 고난이 무엇이든지, 오히려 그런 일들로 인해, 여러분은 일생동안 그분이 더욱더 기묘한 분이심을 발견할 것입니다. 그분은 고난들을 마치 보석 뒤에 대는 검은 박편(薄片)의 용도로 쓰이도록 보내시며, 그로 인해 그분의 이름이라는 금강석이 더욱더 밝게 빛나게 만드십니다. 만일 하나님이 행하시는 경이로운 일들을 용광로 속에서 발견하는 것이 아니라면, 여러분은 하나님의 경이들을 결코 알지 못할 것입니다. "배들을 바다에 띄우며 큰 물에서 일을 하는 자는 여호와께서 행하신 일들과 그의 기이한 일들을 깊은 바다에서 보는도다"(시 107:23-24). 깊은 바다에서가 아니면 우리는 하나님의 기이한 일들을 볼 수 없습니다. 그분의 구원의 능력과 힘이 얼마나 놀라운지를 보기 위해서는 먼저 우리가 깊은 곳으로 내려가야 합니다.

이 주제를 마무리하기 전에 한 가지를 더 언급해야겠습니다. 여러분과 내가 그리스도께 대하여 이렇게 말한 적이 여러 번 있었을 것입니다. "그분의 이름은 정녕 놀랍도다. 그 이름으로 인하여 우리는 전적으로 세상 위로 옮겨져서, 천국 문까지 올라가는구나." 사랑하는 이여, 만일 당신이 내가 지금 말하려는 구절들의 뜻을 이해하지 못한다면, 나는 당신을 딱하게 여길 것입니다. 그리스도인에게는 지상의 매력들이 모두 깨어지고 날개가 처진 듯이 느껴지는 순간들이 있습니다. 그 때 그는 다시 날기를 시작하고, 마침내 지상의 슬픔들을 잊고 멀찌감치 뒤에 남겨둡니다. 계속해서 그는 오르다가, 마침내 지상의 기쁨들도 잊습니다. 마치 태양을 향해 날아가는 독수리가 산 정상들을 아래 쪽 멀리에 남겨두는 것과도 같습니다. 계속해서 오르다보면, 그는 구주를 거의 눈앞에서 보는듯한 기쁨에 도취됩니다. 그의 마음은 온통 그리스도로 충만하고, 그의 영혼은 자기의 구주를 바라보며, 그의 시야를 가려 구주의 얼굴을 볼 수 없게 했던 구름이 사라진 듯합니다. 그럴 때 그리스도인은 다음과 같이 말했던 바울과 공감할 수 있습니다. "몸 안에 있었는지 몸 밖에 있었는지 나는 모르거니와 하나님은 아시느니라! 하지만 사실 나는 셋째 하늘에 이끌려 간 자라"(참조. 고후 12:2-3). 이런 황홀감을 무엇으로 만들어내겠습니까? 피리와 수금과 나팔과 각종 악기들의 음악 연주로 만들 수 있을까요? 아닙니다. 그러면 무엇으로 가능합니까? 부로, 명성으로, 재물로 가능한가요? 아아, 아닙니다. 강한 정신력으로 가능할까요? 활력이 넘치는 기질로 가능할까요? 아닙니다. 예수의 이름으로 가능합니다. 오직 그 이름 하나가, 그리스도인을 저 높은 곳까지, 곧 천사들이 화창한 날씨에 날아다니는 지역의 가장자리까지 이끌어주기에 충분합니다.

3. 예수 그리스도의 미래

비록 본문의 의미는 무한하고, 설교자가 이에 대해 영원토록 설교할 수는 있어도, 이 요점에서만 머물 시간이 더 이상 없군요. 이제 나는 그분의 이름이 미래에도 기묘자로 불릴 것임을 언급하고자 합니다.

그 날, 곧 진노의 날이자 불의 날이 다가옵니다. 시대가 종결되고, 마지막 세기가 마치 황폐화된 신전의 마지막 남은 기둥처럼, 붕괴되고 말 것입니다. 시계의 침이 마지막 시각에 가까워지고 있습니다. 이제 곧 종이 울릴 것입니다. 만들어진 모든 것들이 틀림없이 사라지고 말 때가 올 것입니다. 오, 나는 땅 밑이 움직이는 것을 봅니다! 수많은 무덤들이 죽어 잠자는 자들을 토해냅니다. 한때 전쟁터로서 피로 거름을 주어 풍요한 추수를 거두던 들판에는 더 이상 거둘 것이 없습니다. 새롭게 추수할 곡식들이 자라났습니다. 들판은 사람들로 가득합니다. 바다는 다산(多産)의 어머니가 되었습니다. 비록 그녀가 살아 있는 사람들을 삼켜왔지만, 이제 그녀는 그들을 다시 내보냅니다. 그리고 그들은 하나님 앞과 거대한 군대 앞에 섭니다. 죄인들이여! 당신들은 무덤에서 일어났습니다! 하늘의 기둥들이 기우뚱거리고, 하늘이 이리저리로 흔들립니다. 이 거대한 세계의 눈인 태양이 마치 미치광이의 눈동자처럼 흔들리며, 당황스럽게 그 눈을 번득입니다. 오랫동안 밤을 비추었던 달이 끔찍한 어둠이 되고, 핏덩이와 같은 색으로 변했습니다. 상상을 초월하는 징조와 표징과 기사들이 하늘을 흔들리게 하고, 사람들의 마음을 공포로 움츠러들게 합니다. 별안간 인자(the Son of man)와도 같으신 이가 구름을 타고 오십니다.

죄인들이여! 여러분이 그분을 뵐 때 느낄 두려움과 놀라움을 그려 보십시오. 볼테르(Voltaire)여, 그대는 어디에 있는가? 그대는 이렇게 말하였다. "내가 저 천한 자를 짓밟으리." 와서 지금 그분을 짓밟아보라! 볼테르는 말합니다. "아니, 그분은 제가 생각하던 그 사람이 아닙니다." 오, 그리스도가 어떤 분이신지를 알게 될 때 볼테르는 얼마나 놀랄까요? 자, 유다여, 와서 그분에게 배신자의 입맞춤을 보내라! 그는 말합니다. "아아, 아닙니다. 저는 내가 입맞춤했던 분이 누구신지 몰랐습니다. 저는 단지 마리아의 아들에게 입맞춤했다고만 생각했습니다. 하지만 오, 그분이 영원한 하나님이시로군요!" 자, 그대 왕들과 제후들이여, 그대들은 서로 꾀하여 여호와와 그의 기름 부음 받은 자를 대적하며 이렇게 말하였었지. "우리가 그의 맨 것을 끊고 그의 결박을 벗어 버리자"(시 2:3). 이제 오라, 다시 한 번 음모를 꾸며보라. 지금 그분을 대항하여 반역을 꾸며보라! 오! 여러분은 부주의하고 망령된 불신자들과 소지니주의자들(Socinians)이 그리스도가 어떤 분이신지를 알게 될 때 느낄 놀라움과 당혹과 낙심을 상상할 수 있습니까? 그들은 말할 것입니다. "오! 이분은 기묘하시구나. 나는 그가 이와 같은 분이라고는 생각지 못하였구나." 그 때 그리스도께서 그들을 향해 말씀하실 것입니다. "너희는 내가 너희와 같은 줄로 생각했구나. 하지만 나는 그런 자가 아니다. 내가 내 아버지의 모든 영광으로 온 것은 산 자와 죽은 자들을 심판하기 위해서이다."

바로는 그의 군사들을 홍해 가운데로 이끌었습니다. 그 길은 자갈이 많은 마른 길이었습니다. 그 길 양편으로는 희고 맑은 물기둥이 서 있었으며, 그것은 마치 서리의 입김에 얼어붙어 대리석처럼 굳은 듯 했습니다. 물기둥은 그곳에 그렇게 서 있었습니다. 여러분은 그 물의 담벼락이 곧 합쳐져 덮치려 할 때 바로의 군사들이 느꼈을 놀라움과 당혹스러움을 상상할 수 있겠습니까? "보라, 그대 멸시하는 자들이여, 놀라고 멸망할 것이로다!" 그리스도께서 오실 때, 곧 오늘까지 당신들이 멸시해왔던 그리스도, 당신들이 구주로서 받아들이지 않았던 그리스도께서 오실 때 당신들의 당혹감이 그와 같을 것입니다! 당신들은 그분에 관해 기록해둔 성경을 읽지 않았고, 그분의 안식일을 멸시하였으며, 그분의 복음을 거부하였으니, 그분이 아버지의 영광과 그의 모든 천사들과 함께 오실 때 당신들은 바로의 군사들처럼 놀랄 것입니다. 아아, 그 때 정녕 당신들은 "보고, 놀라고, 멸망할 것이며"(참조 행 13:41), 또한 이렇게 말할 것입니다. "그분의 이름은 기묘자라."

하지만 아마도 심판의 날에 가장 놀라운 일은 바로 이점일 것입니다. 여러분은 저 모든 공포들을 보고 있습니까? 캄캄한 어둠, 끔찍한 밤, 충돌하는 혜성들, 창백한 별들, 병들고 여윈 별들이 마치 무화과 열매들이 나무에서 떨어지듯 떨어집니다. 여러분은 그 소리치는 소리들을 듣습니까? "바위들아, 우리를 가리라. 산들아, 우리 위에 떨어지라"(참조. 계 6:16). "용사의 모든 싸움은 혼란스런 소리"(KJV, 사 9:5)이지만, 이런 싸움은 전에 있었던 적이 없습니다. 이 싸움은 진정 불과 연기로 가득합니다.

하지만 여러분은 또한 저곳을 바라봅니까? 너무나 평화로우며, 너무나 평온하고 조용한 저곳을 말입니다. 저기 속량을 받은 수많은 무리들이 비명을 지르고, 소리치며, 슬피 울고 있습니까? 아닙니다. 그들을 보십시오! 그들이 모여들고 있습니다. 저 보좌 주위로 모여듭니다. 악한 자들에게 죽음과 파멸을 선고했던 바로 그 보좌가 모든 믿는 자들에게는 빛과 행복의 태양이 됩니다. 여러분은 흰 옷을 입은 무리들이 밝은 날개를 달고 오는 것을 봅니까? 그분 주위로 모여들면서 그들은 그들의 얼굴에서 수건을 벗습니다. 그들이 이렇게 외치는 소리를 듣습니까? "거룩하다, 거룩하다, 거룩하다, 만군의 주 하나님! 일찍이 죽임을 당하셨으나 죽은 자 가운데서 살아나신 이여! 사망이 사망을 당했을 때 당신이 살아 다스리심이 합당하나이다."

여러분은 저 외침을 듣습니까? 그것은 온통 노래이지 비명소리가 아닙니다. 여러분은 그 광경을 봅니까? 그것은 온통 기뻐하는 광경이지 공포의 광경이 아닙니다. 그들에게도 그분의 이름은 기묘자이십니다. 하지만 그들에게 놀라움은 경탄의 놀라움이고, 황홀한 놀라움이며, 애정의 놀라움이지, 공포와 당황의 놀라움이 아닙니다.

주의 성도들이여! 여러분은 그분의 이름의 기묘하심을 알게 될 것입니다. 그 때 여러분은 그분의 계신 그대로 그분을 뵈올 것이며, 그가 나타나시는 날 그분처럼 될 것입니다. 오! 황홀감에 도취된 내 영혼이여, 비록 너 자신은 죄인들 중의 괴수이자 모든 성도들 중에서 가장 작은 자로서 합당한 자격이 없으나, 너는 네 구속자의 승리에서 네 분깃을 얻을 것이로다! 네 눈이 직접 그분을 뵈올 것이라. "내가 알기에는 나의 대속자가 살아 계시니 마침내 그가 땅 위에 서실 것이라. 내 가죽이 벗김을 당한 뒤에도 내가 육체 밖에서 하나님을 보리라"(욥 19:25-26). 오, 그대 처녀들이여, 깨어 준비하십시오! 보라, 신랑이 오십니다! 일어나 여러분의 등불을 들고, 그분을 맞으러 나가십시오. 그분이 오십니다. 오십니다! 그분이 오십니다! 그분이 오실 때, 여러분은 기쁨으로 그분을 만나 뵙고 이렇게 말할 것입니다. "만세, 당신의 이름은 기묘자이십니다! 주여 환영합니다!"

제
11
장
—

그의 이름 – 모사

—

"이는 한 아기가 우리에게 났고 한 아들을 우리에게 주신 바 되었는데 그의 어깨에는 정사를 메었고 그의 이름은 기묘자라, 모사라 할 것임이라."—사 9:6

지난 주일 아침 우리는 그리스도의 첫 번째 호칭에 대해 살펴보았습니다. "그의 이름은 기묘자라." 오늘 아침 우리는 두 번째 호칭인 "모사(Counsellor)"에 대해 살펴볼 것입니다. 당연히 이 호칭들이 오직 주 예수 그리스도께 속하는 것임을 굳이 반복해서 말할 필요는 없습니다. 이 구절을 메시야를 지칭하는 것으로 이해하지 않으면, 우리는 이 구절을 올바로 이해하지 못하는 것입니다. 이 세계가 망쳐진 것은 한 상담자(counsellor)에 의해서였습니다. 사탄이 뱀으로 가장하고, 간교한 술책으로 여인에게 조언하였으며, 그래서 그녀가 하나님처럼 되고자 하는 욕망으로 선악을 알게 하는 나무의 실과를 따 먹지 않았습니까? 우리의 어머니로 하여금 자기의 창조주께 반역하도록 하고, 그 죄의 결과로서 이 세상에 사망과 사망에 수반되는 모든 고통을 들어오게 만든 것은 바로 그 악한 충고(counsel)가 아니었던가요? 아아! 사랑하는 이여, 만약 세상이 한 상담자에 의해 파괴되었다면, 그것을 회복하기 위해서도 한 상담자(Counsellor)가 있어야만 할 것입니다. 타락이 상담으로 인한 것이었다면, 분명 상담 없이는 세상이 회복되어 일어설 수 없을 것입니다. 하지만 그러한 상담자를 둘러싼 어려움들에 주목하십시오. 해를 끼치는 상담을 하는 것은 쉽지만, 지혜롭게 상담하는 것은 어렵습니다! 무너뜨리기는 쉬워도 세우는 것은 얼마나 어려운지요! 이 세상을 혼란스럽게 하고, 일련의 악을 세상에 초래하기란 쉽습니다. 한 여인이 그 열매를 땄고, 불행한 결과가 초래되었습니다. 하지만 이 혼돈을 질서로 회복하고, 이 아름다운 지구를 뒤덮은 해악들을 제거하는 일, 이 일은 정말 어렵고 "놀라운" 일입니다. 그래서 그리스도께서 그 일을 시도하려고 앞으로 나섰으며, 그분이 그의 풍성한 지혜로써 그 일을 확실히 성취하셨습니다. 그 일이 그분에게는 영예와 영광이 되고, 우리에게는 위로와 구원이 되었습니다.

우리는 이제 그리스도께 부여된 이 칭호, 우리의 구속자에게 부여된 이 독특한 칭호에 대해 논하려고 합니다. 여러분은 왜 그분에게 그런 칭호가 부여되었는지, 그리고 왜 그러한 모사가 꼭 필요하였는지에 대해 이해할 것입니다.

자, 우리 주 예수 그리스도는 삼중의 의미에서 모사이십니다. 첫째로, 그분은 하나님의 모사이십니다. 그분은 하늘의 왕의 내각 회의에 앉아 계십니다. 그분은 왕의 내실에 입회하는, 하나님과 함께 있는 모사이십니다. 둘째로, 그리스도는 칠십인 헬라어 역본(Septuagint)이 이 용어에 부여한 의미에서 모사이십니다. 칠십인 역에서 그리스도는 거대한 평의회의 천사로 언급됩니다. 그분은 하나님을 위하여 우리에게 의사를 전달하신다는 점에서, 세상의 기초가 세워지기 전에 그 위대한 평의회에서 행해진 바를 전해주신다는 점에서 모사이십니다. 셋째로, 그리스도는 우리에게 그리고 우리와 함께하는 상담자이십니다. 왜냐하면 우리가 그분께 상담을 요청할 수 있고, 그분이 우리에게 바른 길과 평화의 길에 대해 상담과 조언을 제공하실 수 있기 때문입니다.

1. 하나님의 모사

우선, 그리스도께서 모사로 불리시기에 합당한 이유는 그분이 하나님과 함께하시는 모사이기 때문입니다. 여기서 우리는 아주 엄숙한 주제로 들어가기 때문에 경외심을 가지고 말해야 합니다. 우리에게 계시되어 온 바는 세상이 존재하기 전에, 아직 하나님께서 별들을 만드시기 전에, 우주 공간이 생겨나기 오래 전에, 전능의 하나님께서 자기 자신과 엄숙한 회의를 개최하셨다는 것입니다. 아버지와 아들과 성령이 함께 무엇을 행할 것인지에 대해 신비의 회의를 여셨습니다. 그 회의에 대해서는 비록 우리가 성경에서 아주 적은 부분만을 읽을 뿐이지만, 그럼에도 그 회의가 있었던 것은 확실합니다. 우리는 그에 대한 풍부한 흔적들을 가지고 있습니다. 비록 그 가르침이 어떤 사람도 접근할 수 없는 광채로 인해 분명하게 감지하기가 어렵고, 단순하게 교리적으로 설명되지는 않지만, 그럼에도 불구하고 우리는 그 위대하고 영원하며 놀라운 회의에 관하여 빈번히 나타나는 흔적들과 언급들을 대할 수 있습니다. 그 회의는 세계가 시작되기 전에 삼위일체 하나님의 영광스러운 세 위격 사이에 개최된 것입니다.

우리가 우리 자신에게 첫 번째 던지는 질문은 왜 하나님께서 회의를 개최하셨을까 하는 점입니다. 여기서 우리가 대답해야 하는 바는, 하나님께서 회의를 여신 것은 그분의 지식의 어떤 결핍 때문이 아니라는 것입니다. 하나님은 처음부터 모든 것을 이해하십니다. 그분의 지식은 고상한 모든 지식의 총합이며, 그 총합은 무한하며, 우리가 고상하다고 여기는 모든 것을 무한히 능가합니다. 오 하나님, 당신은 우리가 미처 헤아릴 수 없는 생각들을 가지고 계시며, 당신은 죽을 인생이 결코 얻을 수 없는 지식을 가지고 계십니다! 또한 하나님께서 자문 회의를 여신 것은 그분의 만족을 증대시키기 위해서도 아닙니다. 때때로 사람들은 무언가를 하기로 결심하고서도, 친구들의 조언을 구하려 합니다. 그들은 말합니다. "만약 그들의 조언이 내 생각과 일치한다면 그것이 내 만족감을 더해줄 것이며, 내 결심을 더욱 굳게 해주겠지." 하지만 하나님은 영원토록 자기 자신으로 만족하시는 분이며, 그분의 목적을 흐리는 어떤 의심의 그림자에 대해서도 알지 못하십니다. 그러므로 그 회의는 그런 식의 동기나 의도에 따라 개최된 것이 아니었습니다. 또한 그것은 심사숙고의 관점에서 개최된 것도 아닙니다. 사람들은 어려운 난제들로 뒤엉킨 한 가지 일을 생각하는데 몇 주나 몇 달, 때로는 몇 년씩 걸리기도 합니다. 그들은 많은 연구로 실마리를 찾아야 합니다. 겹겹이 신비로 둘러싸인 문제에 대해서, 그들은 한 겹 한 겹씩 벗겨내어야만 비로소 꾸밈없이 드러난 영광스러운 진리를 발견합니다. 그러나 하나님은 그렇지 않습니다. 하나님의 심사숙고는 번개의 비췸과도 같습니다. 그것은 마치 그분이 영원토록 숙고해 오신 것과 마찬가지로 지혜롭습니다. 그분이 마음에 품은 생각들은 비록 번개처럼 빠르다고 해도, 우주 전체의 체계만큼 완벽합니다. 하나님께서 회의를 여신 것으로 표현되는 이유는, 내 생각이 옳다면, 이런 것입니다. 즉 하나님이 얼마나 지혜로우신지 우리가 이해할 수 있도록 하기 위함입니다. 모사들이 많은 곳에 지혜가 있습니다. 분리되지 않는 삼위일체의 각 위격은 전지(全知)하시며 지혜로 충만하시기 때문에, 영원한 삼위 하나님의 회의에서는 틀림없이 모든 지혜의 총합이 있었을 것이라고 우리로 생각하도록 하기 위함입니다. 또 한편으로 그것은 성 삼위의 만장일치와 협력을 우리에게 보여주시기 위함이었습니다. 창조나 구원에 있어서 성부 하나님 홀로 행하신 것은 아무것도 없습니다. 예수 그리스도께서 홀로 행하신 것은 아무것도 없습니다. 심지어 그분의 구속 사역조차도, 비록 그분이 어떤 의미에서는 홀로 고난을 당하셨다고는 해도, 그 일이 완성되기 위해서는 성령의 지원하시는 손길과 성부의 용납하시는 미소가 필요했습니다. 하나님은 "내가 사람을 만들리라"고 말씀하신 것이 아니라, "우리가 우리의 형상을 따라 사람을 만들자"라고 말씀하셨습니다(창 1:26). 하나님은 단지 "내가 구원하리라"고 말씀하시지 않습니다. 오히려 성경의 선언들을 유추해볼 때, 복되신 삼위일체의 세 위격들의 계획이 있었습니다. 그 계획이란 사람들을 구원하여 그들로 삼위를 찬미하도록 하기 위한 것입니다. 그러므로 하나님을 위해서가 아니라 우리를 위하여, 그 회의는 개최되었습니다. 곧 우리로 하여금 영광스러운 삼위 하나님의 합의와 그 계획의 깊은 지혜를 알도록 하기 위함입니다.

그 회의와 관련하여 또 한 가지를 진술하겠습니다. 이런 질문이 있을 수 있습니다. "아직 태양이 그 위치를 알기 전, 행성들이 그 궤도 위를 달리기 전에 열렸던 그 처음 회의에서 논의된 주제들이 무엇이었을까요?" 우리는 이렇게 대답합니다. "첫 번째 주제는 창조였습니다." 우리는 우리가 읽은 성경 구절들에서 (잠언 8장), 지혜로 자기를 나타내셨던 주 예수 그리스도께서 세상이 창조되기 전에 하나님과 함께 계셨다고 들었습니다. 우리는 이 구절들을 그분이 하나님과 함께 계셨을 뿐만 아니라 하나님과 협력하셨다는 의미로 이해해야 합니다. 그렇게 믿을 충분한 이유가 있습니다. 그 구절들 외에도 "만물이 그로 말미암아 지은 바 되었으니 지은 것이 하나도 그가 없이는 된 것이 없음"(요 1:3)을 입증하는 다른 성경구절들이 있습니다. 이 진리를 확실하게 뒷받침하는 다른 구절을 인용할 수도 있습니다. 하나님이 말씀하셨습니다. "우리가 사람을 만들자(Let us make man)." 여기서 그 논의의 일부는 세상을 만드는 것과 관련된 것이었고, 또한 세상에 거주할 피조물들을 만드는 것이었음을 알 수 있습니다. 나는 그 영원한 어전(御殿) 회의에서 산들의 무게가 저울에 달려 측정되고, 언덕들이 천칭 저울에 놓였었다고 믿습니다. 그 때 그 어전 회의에서 바다가 어디까지 뻗을 수 있는지, 그 경계선이 어디인지가 정해졌습니다. 마치 거인이 자기 어둠의 방에서 나오듯 태양이 언제 일어나 뜰 것인지, 또 그가 자기 안식의 처소로 언제 되돌아갈 것인지가 정해졌습니다. 그 때 하나님께서 어느 순간에 "빛이 있으라"고 말씀할 것인지, 언제 태양이 어두워지고, 달이 핏빛으로 어두워질 것인지의 여부가 작정되었습니다. 그 때 그분은 모든 천사들의 형태와 크기를 정하셨고, 모든 피조물들의 목적을 정하셨습니다. 그 때 그분이 무한한 지혜의 생각으로 하늘로 솟아오르는 독수리와 땅 속으로 파고드는 벌레들을 구상하셨습니다. 그 때 큰 일과 더불어 작은 일도, 광대한 것뿐 아니라 미세한 것도, 하나님의 주권적인 작정에 포함되었습니다. 그곳에서 책이 기록되었는데, 그에 대해 와츠(Watts) 박사는 다음과 같이 노래합니다.

> "그분의 보좌 곁에 한 책이 놓여 있으니,
> 모든 인간의 운명과
> 모든 천사들의 형태와 크기가
> 영원한 펜으로 기록되었도다."

그리스도는 창조에서 모사였습니다. 그분은 다른 누구와 더불어 의논하지 않으셨고, 다른 누구도 그를 교훈하여 가르치지 않았습니다(참조. 사 40:14). 그리스도는 하나님의 모든 놀라운 일들을 위한 모사이셨습니다.

이 회의에서 논의된 두 번째 주제는 섭리의 활동이었습니다. 하나님이 세상에 대해 행동하는 방식은, 사람이 시계를 만들고서 그것이 멈출 때까지 방치해 두는 것과는 다릅니다. 그분은 섭리라는 장치의 모든 톱니바퀴를 통제하시는 분이십니다. 그분은 어떤 것도 방치하시지 않았습니다. 우리는 일반적인 법칙들에 대해 말하고, 철학자들은 우리에게 세계는 법칙들에 의해 통치된다고 말합니다. 그렇게 말하면서 그들은 전능자를 국외자(局外者) 취급합니다. 한 나라가 주권자 없이, 혹은 법을 시행하는 치안판사들이나 통치자들 없이 어떻게 법률만으로 다스려질 수 있을까요? 모든 법들은 법령집 안에 있을 수 있습니다. 하지만 모든 정책들을 제거하고, 모든 행정장관들을 없애고, 법을 논의하는 입법부를 제거한다면, 법률이 무슨 소용이겠습니까? 법률이란 그것들을 시행하는 행정 기관이 없으면 스스로 통치하지 못합니다. 자연이란 것도 단지 법칙의 힘에 의해 영원히 순환하며 나아갈 수 없습니다. 하나님이 모든 만물의 위대한 동력이십니다.

그분은 만유 안에 계십니다. 그분은 만물을 만들기만 하신 분이 아닙니다. 만물은 그분에 의해 지탱되고 있습니다. 영원 전부터, 그리스도께서는 섭리와 관련하여 아버지의 모사이셨습니다. 첫 번째 사람이 언제 태어나야 하는지, 그가 언제 방황하고, 또 그가 언제 회복될 것인지, 첫 번째 군주가 언제 세워지고, 그의 해가 언제 저물어야 하는지, 그분의 백성이 어느 곳에 자리를 잡아야 하는지, 언제까지 그곳에 있어야 하는지, 또 어느 곳으로 그들이 옮겨가야 하는지, 이 모든 섭리의 과정에서 그리스도는 성부와 함께하는 모사이십니다. 민족들에게 그 유업을 나누어주신 분이 지존자(the Most High)가 아니십니까? 그분이 우리의 거주의 경계들을 정하시지 않았습니까?

오, 하늘의 상속자여, 저 위대한 회의가 있던 날, 그리스도께서는 당신의 시련의 무게에 관해 아버지께 조언하셨고, 만약 은혜를 수로 헤아릴 수 있다면 당신에게 베푸신 은혜들의 수를 조언하셨습니다. 당신이 그분께로 인도될 시간과 방법과 수단들에 대해서도 마찬가지입니다. 당신의 매일의 삶에서 일어나는 일들 중에 먼저 영원 속에서 계획되지 않은 일들은 없습니다. 당신의 유익과 선을 위해, 당신의 지속적인 유익을 위해, 모든 것이 합력하여 선을 이루도록 하기 위해, 예수 그리스도에 의해 협의되지 않은 일은 아무것도 없습니다. 하지만 나의 친구들이여, 하나님께서 섭리의 위대한 책에 관하여 그분 자신과 논의하셨을 때, 그 지혜의 깊이는 측량할 수 없는 것이었습니다! 오, 섭리란 여러분과 나에게 얼마나 낯설게 보이는지요! 그것은 마치 꾸불꾸불한 모양의 선 같습니다. 이리로 갔다가 저리로 가며, 뒤로 갔다가 앞으로 가며, 마치 이스라엘 자손들이 광야에서 여행하는 것과도 같습니다. 아아! 하지만 내 형제들이여, 그것이 하나님께는 곧은 선입니다. 똑바로, 하나님은 언제나 그분의 목적을 향해 나아가십니다. 하지만 우리들에게는, 그분이 종종 둘러서 가시는 것처럼 보입니다. 오, 야곱이여, 가나안에 기근이 있을 때, 주께서는 애굽에서 당신에게 식량을 제공하려 하시며, 또한 당신의 아들 요셉을 위대하고 강력한 인물로 만들려 하십니다. 요셉은 노예로 팔려야 했으며, 그는 억울하게 누명을 써야 했습니다. 그는 구덩이에 갇혀야 했고, 감옥에서 고난을 받아야 했습니다. 하지만 하나님께서는 줄곧 그분의 목적을 향해 직선으로 가고 계셨습니다. 그분은 야곱의 가족들이 식량을 제공받을 수 있도록 요셉을 앞서 애굽으로 보내셨습니다. 그 선한 족장이 "이는 다 나를 해롭게 함이로다"(창 42:36)고 말했을 때, 그는 하나님의 섭리를 인식하지 못했습니다. 일어나는 일의 전체 목록 중에서 단 한 가지 일도 그를 해롭게 하는 것은 없었으며, 모든 것이 그의 행복을 위해 정해졌기 때문입니다. 섭리에 관하여는 저 모사의 손에 맡기는 법을 배우도록 합시다. 그분은 너무나 지혜로우셔서 그의 예정에 있어서 실수하지 않으심을 확신합시다. 그분은 너무나 선하여 우리에게 몰인정하실 수 없습니다. 저 영원한 회의에서 작정될 수 있는 최상의 일이 작정되었음을 확신합시다. 만약 여러분과 내가 그곳에 있었다면, 우리는 그 절반만큼도 좋게 예정할 수가 없었을 것이며, 오히려 쓸데없이 그 일에 참여함으로써 영원한 바보가 되고 말았을 것입니다. 안심하고 확신하십시오. 결국에는 모든 것이 잘 되었으며, 영원토록 잘 되었음을 우리가 볼 것입니다. 섭리의 문제에서 하나님과 의논하셨던 그리스도는 "기묘자이며 모사"이십니다.

이제 은혜의 문제들에 대해 말하고자 합니다. 이 문제들 역시 저 영원한 회의에서 논의되었습니다. 성 삼위 하나님께서 엄숙하고 조용한 회의에서 은혜의 활동에 관하여 논의하셨을 때, 삼위께서 우선적으로 논의하셨던 일들 중의 하나는, 어떻게 하나님이 자기도 의로우시며(just) 또한 경건치 못한 자들을 의롭게 하는 분(Justifier)이 되실 수 있는지(참조. 롬 3:26), 그리고 어떻게 세상으로 하여금 자기와 화목케 할 것인지에 관한 것이었습니다. 스가랴서 6장 13절을 읽으면 이런 구절이 있습니다. "이 둘 사이에 평화와 의논이 있으리라." 하나님의 아들이 성부와 성령과 더불어 평화의 논의가 있었습니다. 그래서 다음과 같이 결정되었습니다. 아들이 고난을 받아야 합니다. 그가 대속자가 되어야 하며, 자기 백성의 죄를 짊어지고 그들 대신 형벌을 받아야 합니다. 아버지는 아들의 대속을 받아들이고, 자기 백성이 해방되도록 허락하셔야 합니다. 그리스도께서 그들의 빚을 갚으셨기 때문입니다. 그런 다음 살아 계신 하나님의 영은 피로써 용서받은 그 백성을 깨끗하게 하시고, 그럼으로써 그들이 하나님 곧 성부 앞에 받아들여지도록 해야 합니다. 그것이 그 위대한 회의의 결과입니다. 하지만 오 내 형제들이여, 만약 그 회의가 없었더라면, 어떤 의문이 해결되지 않은 채로 남아 있겠습니까? 여러분과 나는 어떻게 그 둘이 서로 조화를 이룰 수 있는지, 즉 어떻게 은혜와 정의가 산처럼 쌓인 우리의 죄 위에서 서로 입맞춤을 할 수 있는지, 결코 이해하지 못했을 것입니다. 나는 언제나 생각해 왔습니다. 복음이 하나님께로 말미암았다는 가장 위대한 증거들 중의 하나는, 그리스도께서 죄인들을 구하기 위해 죽으셨다는 그 계시에 있다고 말입니다. 그것은 너무나 독창적이고, 너무나 새롭고, 너무나 놀라운 생각입니다. 여러분은 세상의 다른 어떤 종교에서도 그런 사상을 찾을 수 없습니다. 그러므로 복음은 오직 하나님께로부터 온 것임에 틀림없습니다. 학교에 다니지 못해 글을 배우지 못한 어떤 사람에게서 들었던 말을 나는 기억합니다. 처음 내가 그에게 그리스도께서 어떻게 자기 백성을 대신하여 형벌을 당하셨는지에 대해 단순한 이야기를 들려주었을 때, 그는 놀라는 태도로 소리쳤습니다. "믿음! 그것이 복음입니다. 나는 알겠습니다. 어떤 사람도 그런 것을 만들어낼 수 없습니다. 그것은 하나님으로부터 난 것이 틀림없습니다." 그 놀라운 생각, 하나님이 친히 죽으신다는, 그분이 친히 우리의 죄를 지신다는, 그래서 성부 하나님께서 최대한의 형벌을 요구하시면서도 용서하실 수 있다는 그 생각은 인간에게서 날 수 없는 생각입니다. 인간을 뛰어넘고, 천사를 뛰어넘으며, 그룹과 스랍 천사들조차 그것을 고안해낼 수 없었습니다. 오직 그 생각은 저 영원한 회의에서 하나님의 지성에서 비롯되었으며, "기묘자이시며 모사"이신 그리스도께서 성부와 함께 계실 때 비롯되었습니다.

한편, 저 위대한 회의의 다른 부분은 이것이었습니다. "누가 구원을 받을 것인가?" 내 친구들이여, 아마 여러분이 옛 칼빈주의 교리를 좋아하지 않으면 놀라겠지만, 나로서는 어쩔 수 없습니다. 나는 지상에 발을 디디고 걷는 사람을 기쁘게 하려고 내가 믿는 교리를 수정하는 일을 결코 하지 않을 것입니다. 오히려 나는 이 문제에 관하여 하나님의 보증이 있음을 성경에서 입증할 것입니다. 그것은 나 자신의 발명이 아닙니다. 내가 말하는 바는 하나님께서 누구를 구원하기로 할 것인지에 대한 예정(豫定)이 저 영원한 회의의 일부였다는 것입니다. 그것을 입증할 성경 구절을 읽어 드리겠습니다. "모든 일을 그의 뜻의 결정대로 일하시는 이의 계획을 따라 우리가 예정을 입어 그 안에서 기업이 되었으니"(엡 1:11). 하나님 백성 중 모두에 대한 예정이 저 영원한 회의에서 결정되었습니다. 그곳에서 하나님의 뜻은 마치 군주의 판단처럼, 그리고 아무런 논박이 없었던 협의회의 결정처럼 세워졌습니다. 그곳에서 각각의 구속받은 자들에 대해 언급이 있었고, "그 때에 내가 그를 내 은혜로써 부르리라. 내가 그를 영원한 사랑으로 사랑하였으니, 나의 인자함으로 그를 이끌 것이라"는 발언이 있었습니다. 택함 받은 자의 양심에 언제 화목제물의 피가 뿌려질 것인지, 그리고 살아 계신 하나님의 영이 어느 때에 그 사람의 마음에 위안과 기쁨을 불어넣을 것인지가 그 논의에서 비롯되었습니다. 선택받은 자는 "구원을 얻기 위하여 믿음으로 말미암아 하나님의 능력으로 보호하심을 받는다"(벧전 1:5)는 원칙이 거기서 정해졌습니다. 하나님은 거짓말을 하실 수 없으므로, 택함을 받은 자는 영원히 구원을 얻으며, 멸망의 위기를 넘어 영원토록 구원을 받는다는 것이 불변하는 사실로 확정되었습니다. 사도 바울은 저 영원한 회의에 관하여 한 마디라도 말하기를 두려워하는 어떤 설교자들과는 다릅니다. 그는 히브리 성도들에게 보내는 그의 서신에서 이렇게 말합니다. "하나님은 약속을 기업으로 받는 자들에게 그 뜻이 변하지 아니함을 충분히 나타내시려고 그 일을 맹세로 보증하셨나니"(히 6:17). 자, 여러분은 어떤 이들이 약속의 불변성에 대해 말하는 것을 듣습니다. 그것은 좋습니다. 하지만 하나님의 뜻의 불변성에 대해 말하는 것, 그것은 은혜의 교리들을 최대한으로 통찰하는 것입니다. 영원 전부터 하나님의 뜻은 불변입니다. 단 한 가지 목적이라도 그분은 변개치 않으셨고, 단 한 가지 작정이라도 그분은 바꾸지 않으셨습니다. 그분은 영원의 기둥에 그분의 작정들을 못으로 박아 고정해두셨습니다. 비록 마귀가 그분의 궁전의 그 장소에서 그것들을 떼어내려고 시도해왔지만, 그분은 이렇게 말씀하십니다. "내가 나의 왕을 내 거룩한 산 시온에 세웠다(시 2:6). 내 뜻은 굳게 서리니, 내가 나의 기뻐하는 바를 행하리라." "주는 옛적의 정하신 뜻대로 성실함과 진실함으로 행하셨음이라"(사 25:1). 주여, 주께서 태초에 하늘을 지으시고 땅의 기초들을 두셨나이다. 당신께서 당신의 계획과 목적들을 정하셨으니, 그 뜻이 영원히 굳게 서리이다!

본성, 섭리, 은혜라고 하는 초월적인 문제들에 있어서, 그리스도께서 어떻게 저 영원의 회의실에서 모사이셨던가에 대해 충분히 선포했다고 생각합니다. 하지만 이제 하나님과 함께하시는 그런 모사가 있었다는 것이 얼마나 큰 은혜이며, 또한 그리스도께서 그런 모사가 되시기에 얼마나 적합하셨던가에 대해 여러분이 주목하기를 바랍니다. 그리스도는 지혜이십니다. 그분은 그의 천사들이라도 미련하다 하실 수 있는 분입니다(참조. 욥 4:18). 그분은 홀로 지혜로우신 하나님이십니다. 만약 어느 바보가 상담자 역할을 하면, 그의 조언 역시 어리석습니다. 하지만 그리스도께서 상담자의 역할을 하셨을 때, 그의 조언은 지혜로 충만하였습니다. 하지만 상담자가 되기 위해서는 또 한 가지 필요한 자격이 있습니다. 아무리 지혜로운 사람이라도, 그에게 일정한 존엄과 지위가 없다면 왕의 상담자가 될 자격이 없습니다. 우리 회중 가운데는 어떤 위대한 재능을 가진 사람이 있을 수 있습니다. 하지만 만약 내 친구가 내각 회의에 자기 모습을 나타내어 견해를 제시한다면, 그는 틀림없이 격식에 맞지 않다고 추방될 것이며, 사람들은 그에게 이렇게 말할 것입니다. "당신이 왕의 모사입니까? 그렇지 않다면, 당신은 무슨 권리로 이곳에 있는 것입니까?" 그리스도는 영광스러운 분입니다. 그분은 아버지와 동등하시며, 따라서 하나님에게 의견을 제시하고, 하나님과 의논할 수 있는 권리를 가지십니다. 만약 어느 천사가 하나님께 자기 조언을 제시했다면 그것은 참을 수 없는 무례가 되었을 것입니다. 그룹이나 스랍 천사가 한 마디라도 조언의 말을 했더라면 그것 역시 불경스러운 일이 되었을 것입니다. 그분은 자기 피조물로부터 어떤 조언도 듣지 않으십니다. 왜 지혜(Wisdom)가 그 보좌에서 허리를 숙이고 피조물의 어리석은 견해를 묻는단 말입니까? 하지만 그리스도는 모든 정사와 권세들 위에 계시고 모든 이름 위에 뛰어난 이름을 가지신 분이기에, 그분은 그분의 지혜뿐 아니라 그분의 신분으로 인하여, 하나님의 모사가 될 자격이 있었습니다.

사람에게는 상담자가 되기 전에 한 가지 필요한 것이 있습니다. 우리나라의 입법 체계와 관련하여 여러분이나 내가 그다지 좋아하지 않는 법률가들이 더러 있습니다. 그들의 논의에서 우리들 대부분이 망각된다고 느끼기 때문입니다. 농업에 종사하는 우리의 친구들은 아마도 그들을 기뻐할 것입니다. 그들은 아마도 그들의 유익과 관련하여 자문을 제공할 것입니다. 하지만 가난한 자들에게 자문을 제공하는 법률상담가에 대해 들어본 적이 있습니까? 혹은 자기 민족의 경제와 유익을 위하여 진정으로 논의한 사람의 이름을 최근 몇 년 간 들어본 적이 있습니까? 우리를 위하여 논의하겠다고 약속했던 사람들은 얼마든지 있습니다. 만약 우리가 그들을 의회로 보내주기만 하면, 틀림없이 우리를 위하여 지혜를 발휘할 것이며, 따라서 우리를 세계에서 가장 행복하고 진보된 나라의 백성이 되게 할 것이라고 약속했던 사람들은 넘쳐납니다. 하지만 오호라! 일단 자리를 차지하고 나면, 그들은 우리에게 진심 어린 공감을 보여주지 않습니다. 그들은 우리 대부분의 사람들과는 다른 부류에 속해 있습니다. 그들은 중산층과 가난한 사람들의 필요와 욕구에 대해 동정하지 않습니다. 하지만 그리스도께 대해서는 우리가 모든 것을 신뢰할 수 있습니다. 그 영원한 회의에서 그분이 사람들을 동정하셨음을 우리가 알기 때문입니다. 그분이 말씀하십니다. "내가 인자들을 기뻐하였느니라"(잠 8:31). 모사이신 그분의 기쁨의 대상이 된 사람들은 행복합니다! 더 나아가, 그분은 비록 그 때는 사람이 아니셨지만, 장차 우리의 "뼈 중의 뼈요 살 중의 살"이 되실 것을 내다보셨습니다. 그 영원의 회의에서 그분은 자기 자신과 우리를 위하여 호소하셨습니다. 이는 그분이 장차 모든 점에서 우리와 같이 시험을 받으시고, 우리의 고통들을 겪으시며, 또한 우리와 연합하여 우리의 언약의 머리가 되실 것을 잘 아셨기 때문입니다. 친절한 상담자시여! 저는 당신께서 그 영원의 회의에서 저의 친구(Friend)가 되셨고, 위급한 때를 위하여 난 형제(Brother)가 되셨음을 생각하며 기뻐합니다!

2. 큰 평의회의 천사

지금까지 첫 번째 요지를 살펴보았으니, 계속해서 칠십인 역에 따라 두 번째 요지를 살펴보고자 합니다. 그리스도는 **큰 평의회의 천사**(the Angel of the great council)이십니다. 여러분과 나는 저 영원한 회의에서 무엇이 말해졌고 행해졌는가를 알고 싶어 하지 않습니까? 예, 우리는 그렇습니다. 운명에 관해 무언가 알기를 원하지 않는 사람이라면, 나는 그가 누구이든 무시할 것입니다. 천박한 사람들이 마법사에게나, 하늘의 뜻을 아는 체하는 무당에게 찾아가서 호소하고, 점성술사에게 문의하고, 예언자인 체하는 점쟁이의 책을 읽는 것은 무엇을 의미할까요? 곧 사람이 저 영원한 회의에 관해 무언가를 알고 싶어 한다는 것을 의미하지 않습니까? 어떤 사람들이 예언에 관하여 혼란스러운 연구를 하는 것은 무슨 의미일까요? 나는 아주 종종 예언에서 끌어온 추측들이 결과적으로 노르우드(Norwood) 지역에 사는 집시들의 추측보다 더 나을 것이 없다고 생각합니다. 세계의 종말을 예언하는데 너무나 분주한 사람들은 차라리 그들 자신의 책의 종말에 대해 예고했더라면 훨씬 더 좋았을 것입니다. 그들은 아무런 근거도 없이 예언들을 해석한다고 하면서 각종 예고들을 발표하며 대중들을 속여 왔습니다. 하지만 사람들의 경신성(輕信性, 남의 말을 가벼이 믿는 성향)으로부터 우리가 배울 것이 있습니다. 즉 좀 더 무지한 사람들뿐 아니라 좀 더 높은 계층의 사람들 중에서도 영원한 운명에 관해 알고자 하는 강한 욕망이 있다는 사실입니다.

사랑하는 이여, 우리는 오직 한 가지 유리창을 통해서만 저 희미하게 가리어진 과거를 들여다볼 수 있고, 하나님의 의도를 읽을 수 있으니, 그 유리창은 바로 예수 그리스도의 인격입니다. 세상의 기초가 놓이기 전에 인간의 구원에 관하여 하나님이 정해 놓으신 바를 내가 알기 원합니까? 나는 그리스도를 바라봅니다. 나는 그것이 그리스도 안에서 정해졌음을 발견합니다. 그분이 첫 번째 선택된 자가 되고, 한 백성이 그분 안에서 선택될 것입니다. 여러분은 하나님이 구원하기로 작정하신 방법에 관해 묻습니까? 나는, 그분이 십자가로써 구원하기로 정하셨다고 대답합니다. 여러분은 하나님이 어떻게 용서하기로 작정하셨는지를 묻습니까? 대답은 이렇습니다. 그분은 그리스도의 고난을 통해 용서하기로 하셨고, 그의 죽은 자 가운데서 부활하심으로 말미암아 의롭게 하기로 정하셨습니다. 하나님이 정하신 바에 관하여 여러분이 알기를 원하는 모든 것, 여러분이 알아야 할 모든 것을, 여러분은 예수 그리스도의 인격 안에서 발견할 수 있습니다. 또한 내가 운명의 저 큰 비밀에 관해 알기를 간절히 원합니까? 나는 그리스도를 바라보아야 합니다. 이 전쟁들, 이 혼란, 피에 묻어 굴러다니는 이 의복들이 무엇을 의미합니까? 나는 그리스도께서 동정녀에게서 나시는 것을 보고, 그 이후의 세계의 역사를 읽으면서, 이 모든 것이 그리스도의 오심으로 이어지는 것을 이해합니다. 나는 이 모든 것이 서로에게 기대어 있는 것이 마치 바위 덩어리들이 서로에게 기대어 서 있는 것과 같음을 이해하며, 또한 위대하고 으뜸가는 반석이신 그리스도께서 그 위의 모든 지나간 역사를 전체로 짊어지고 계심을 이해합니다.

또한 만약 내가 미래에 관해 알기를 원한다면 나는 그리스도를 바라봅니다. 하늘에 올라가신 그분이 하늘에 오르실 때와 같이 다시 하늘에서 오실 것을 나는 배웁니다. 그리하여 모든 미래가 내게 충분히 선명해집니다. 나는 로마의 교황이 보편적인 통치권을 얻었는지 아닌지에 대해 알지 못합니다. 나는 러시아의 황제가 대륙의 모든 나라들을 삼킬 것인지의 여부에 대해 신경 쓰지 않습니다. 내가 아는 한 가지가 있습니다. 하나님이 타도하고, 뒤엎고, 전복시키시어, 마침내 그 권리를 가지신 그분이 다스리신다는 사실입니다. 또한 내가 아는 것은, 비록 벌레들이 내 육체를 먹는다 해도, 그분이 훗날 지상에 서시는 날에 내가 육체 밖에서 하나님을 보리라는 사실입니다. 그것으로 내게는 충분합니다. 역사의 나머지 부분은 그러한 종말과 목적에 비하면 중요치 않습니다. 첫째 언약(Testament)의 종말은 그리스도의 초림입니다. 두 번째 언약의 종말은 구주의 재림입니다. 그 때 시간에 관한 책이 닫힐 것입니다. 하지만 그리스도로 말미암지 않고는 어느 누구도 구약의 역사를 펼쳐서 이해할 수 없습니다. 아브라함은 그것을 이해할 수 있었습니다. 그리스도께서 오실 것을 그가 알았기 때문입니다. 그리스도께서 그를 위해 책(the Book)을 펼쳐 보이신 것입니다. 그와 마찬가지로 현대의 역사도 그리스도로 말미암지 않고는 결코 이해되지 않습니다. 어린 양이 아니고서는 어느 누구도 봉인된 그 책을 취하여 펼칠 수 없습니다. 하지만 그리스도를 믿는 자는 그분의 영광스러운 재림을 바라봅니다. 그는 그 책을 펴서 읽고 이해할 수 있습니다. 그리스도 안에서 저 영원한 회의의 계시가 그 책에 있기 때문입니다.

한 사람이 말합니다. "목사님, 저는 한 가지를 알고 싶습니다. 그것을 안다면, 무슨 일이 일어나도 개의치 않을 것입니다. 저는 하나님께서 영원 전부터 저를 구원하기로 작정하셨는지를 알고 싶습니다." 좋습니다. 친구여, 그것을 어떻게 알 수 있는지 말해주지요. 아마 당신은 그것을 확실히 이해할 수 있을 것입니다. 한 사람이 말합니다. "아니요, 내가 그것을 어떻게 안단 말입니까? 당신은 운명의 책을 읽을 수 없습니다. 그것은 불가능합니다." 나는 어떤 신학자, 아주 과도하게 높은 학파에 속하는 신학자가 이렇게 말하는 것을 들은 적이 있습니다. "아, 복되신 주님을 찬양합니다. 여기에 하나님이 사랑하시는 백성들 중 일부가 있군요. 나는 그들의 얼굴 표정으로 그들을 알 수가 있습니다. 나는 그들이 하나님의 선택받은 자들 중에 있음을 압니다." 그는 로울랜드 힐(Rowland Hill)의 절반만큼도 분별이 없습니다. 로울랜드 힐은 오직 선택된 자들에게만 설교하라는 충고를 들었을 때 이렇게 말했습니다. "먼저 모든 선택된 자들의 등에 흰 분필로 표시를 할 수 있다면 틀림없이 그렇게 하겠습니다." 그런 일은 누구에 의해서도 시도될 수 없었습니다. 그래서 로울랜드 힐은 계속해서 모든 만민에게 복음을 전했던 것이며, 나 역시 그렇게 하기를 바랍니다. 하지만 여러분은 여러분이 그분의 선택된 자인지를 알 수 있습니다. "어떻게요?"라고 한 사람이 말하는군요. 그리스도는 언약의 사자이시므로, 그분을 바라봄으로써 당신은 그것을 알 수 있습니다. 많은 사람들이 먼저 그리스도를 바라보기 전에 그들의 선택을 알려고 합니다. 사랑하는 이여, 그리스도 안에서 바라보지 않으면, 당신은 결코 당신의 선택에 대해 알 수가 없습니다.

당신이 당신의 선택에 관해 알기를 원한다면, 당신은 이런 방식으로 하나님 앞에서 당신의 마음을 안심시킬 수 있을 것입니다. 당신은 오늘 아침 길 잃은, 죄 많은 사람이라고 느낍니까? 곧장 그리스도의 십자가로 가십시오. 그리고 그리스도께 아뢰되, 당신이 성경에서 읽은 바를 그분께 아뢰십시오. "내게 오는 자는 내가 결코 내쫓지 아니하리라"(요 6:37). 성경에 기록된 말씀으로 그분께 아뢰십시오. "미쁘다 모든 사람이 받을 만한 이 말이여 그리스도 예수께서 죄인을 구원하시려고 세상에 임하셨다 하였도다. 죄인 중에 내가 괴수니라"(딤전 1:15). 그리스도를 바라보고 그분을 믿으십시오. 그러면 당신은 곧장 당신의 선택의 증거를 얻을 것입니다. 당신이 믿는 한, 당신은 틀림없이 선택된 자이기 때문입니다. 만약 당신이 당신 자신을 온전히 그리스도께 맡기고 드리기를 원한다면, 당신은 하나님의 택함을 입은 자들 중의 하나입니다. 하지만 만약 당신이 중도에 멈추어 "먼저 내가 선택된 자인지를 알고 싶습니다"라고 말한다면, 그런 일은 불가능합니다. 만약 무언가 덮개로 가려진 것이 있다면, 나는 이렇게 말합니다. "자, 이것을 보려면 먼저 덮개를 걷어야 합니다." 그런데 당신은 이렇게 말합니다. "아니요, 나는 그 덮개를 통하여 곧장 보기를 원합니다." 그럴 수는 없습니다. 먼저 가리고 있는 덮개를 걷으십시오. 그러면 보게 될 것입니다. 죄인이여, 당신의 있는 모습 그대로 그리스도께 가십시오. 당신의 선택에 관한 모든 궁금한 의문들을 그대로 남겨두십시오. 추하고, 헐벗고, 가진 것 없고, 가련한 당신의 모습 그대로 곧장 그리스도께로 가서 이렇게 말하십시오. "제 손에 가진 것이 아무것도 없어 그저 당신의 십자가만 붙드나이다."

그러면 당신의 선택을 알 것입니다. 성령의 확신이 당신에게 주어질 것이며, 당신은 이렇게 말하게 될 것입니다. "내가 믿는 자를 내가 알고 또한 내가 의탁한 것을 그 날까지 그가 능히 지키실 줄을 확신함이라"(딤후 1:12). 자, 이것에 주의하십시오. 그리스도께서는 저 영원한 회의에 계셨습니다. 그분은 당신이 선택되었는지 아닌지에 대해 당신에게 말씀하실 수 있습니다. 하지만 당신은 다른 방식으로는 그 일에 대해 알 수 없습니다. 당신은 그분에게 가서 그분을 의지하십시오. 그러면 어떤 대답이 주어질 것임을 나는 압니다. 그분의 대답은 이러할 것입니다. "내가 영원한 사랑으로 너를 사랑하기에 인자함으로 너를 이끌었다"(렘 31:3). 당신이 그분을 선택한 것에 대해 의심을 느끼지 못할 때, 그분이 당신을 선택하셨는지에 대한 의심도 사라질 것입니다.

두 번째 요점에 대해서는 이 정도로 다루겠습니다. 그리스도는 모사이십니다. 그분은 큰 회의의 천사이시니, 이는 그분이 하나님의 비밀들을 우리에게 알려주시기 때문입니다. "여호와의 친밀하심[비밀, KJV]이 그를 경외하는 자들에게 있음이여 그의 언약을 그들에게 보이시리로다"(시 25:14).

3. 우리를 위한 상담자

마지막 요점으로, 그리스도는 우리를 위한 상담자이십니다. 나는 여기서 하나님의 백성들에게 실제적인 조언들을 얼마간 제시하고 싶습니다. 형제들이여, 어떤 식으로든 사람이 홀로 거하는 것은 좋지 못합니다. 외로운 사람은 딱한 사람이라고 나는 생각합니다. 또한 상담자가 없는 사람은 필연적으로 그릇된 길로 간다고 나는 생각합니다. 솔로몬이 말합니다. "의논이 없으면 백성이 망하느니라"(KJV, 잠 11:14). 나는 대부분의 사람들이 그것을 알 것이라고 생각합니다. 한 남자가 말합니다. "음, 나에게는 나만의 방식이 있습니다. 나는 누구에게도 묻지 않을 것입니다." 선생, 당신만의 방식이라, 그것을 고집해 보십시오. 그러면 당신은 아마도 당신 자신의 방식이 가능한 최악의 방식이었음을 알게 될 것입니다. 우리 모두는 때를 따라 상담자가 필요하다고 느낍니다. 다윗은 하나님의 마음에 합한 사람이었고 하나님과 많은 교제를 했습니다. 하지만 그에게는 아히도벨이 있었고, 그에게서 그는 귀중한 조언을 얻었으며, 그들은 하나님의 집 안에서 동행하여 다니기도 했습니다. 왕들에게는 반드시 조언자들이 있어야 합니다. 나쁜 상담자를 가진 자에게는 화가 있습니다. 르호보암은 노인들의 조언을 멀리하고 젊은이들의 의견을 채택했습니다. 그들이 그에게 상담한 결과, 르호보암은 그의 제국의 십이분의 십을 잃었습니다. 어떤 이들은 냉혹한 자들의 견해를 받아들입니다. 우리는 그리스도께 가는 대신 어리석은 점쟁이들에게 조언을 구하는 이들이 많은 것을 압니다. 그들은 그리스도 한 분 외에는 의지하고 신뢰할 자가 없다는 것을 배우게 될 것입니다. 아무리 상담자가 필요하다고 해도, 모사이신 예수 그리스도 외에 우리의 필요를 충족시켜 줄 자는 아무도 없습니다. 나는 이 상담자, 곧 예수 그리스도에 관하여 한두 가지를 언급하고자 합니다.

먼저, 그리스도는 꼭 필요한 상담자이십니다. 우리가 하나님의 뜻을 묻지 않고 무언가를 행하면 반드시 곤경에 처하게 됩니다. 이스라엘은 기브온과 화친을 맺었습니다. 그들의 겉모습만 보고 주님의 입으로부터 나오는 뜻을 묻지 않았기에, 결국 그들은 기브온 사람들이 그들을 속인 것을 나중에 알게 되었습니다. 만일 그들이 먼저 주께 물었더라면 아무리 간교한 속임수라도 통하지 않았을 것입니다. 기스의 아들 사울은 길보아의 산에서 죽었습니다. 역대기에는 그가 여호와께 묻지 않고 신접한 자에게 가르치기를 청하였기 때문에 여호와께서 그를 죽이셨다고 기록되어 있습니다(대상 10:13-14). 위대한 장군이었던 여호수아는 모세를 계승하기로 지명되었을 때 홀로 남겨지지 않았습니다. 성경에는 이렇게 기록되어 있습니다. "그는 제사장 엘르아살 앞에 설 것이요 엘르아살은 그를 위하여 우림의 판결로써 여호와 앞에 물을 것이라"(민 27:21). 옛 시대에 모든 위대한 사람들은 어떤 행동을 취하려 할 때 잠시 멈추고 제사장에게 말했습니다. "에봇을 내게로 가져오라"(참조. 삼상 30:7). 제사장은 우림과 둠밈을 입고서 여호와께 물었으며, 그러면 응답이 임하고 합당한 조언이 주어졌습니다. 여러분과 나는 항상 하나님의 조언을 구하는 것이 얼마나 필요한지를 배워야 합니다. 어려운 문제를 두고서 무릎을 꿇고 하나님의 조언을 구하였을 때 일을 그르친 적이 있었던가요? 형제들이여, 나는 내 하나님을 위해 증언할 수 있습니다. 내가 지도해 주시는 하나님의 영에 내 의지를 복종시킬 때, 나는 언제나 그분의 지혜로운 조언으로 인해 감사할 이유를 발견할 수 있었습니다. 하지만 이미 내 뜻을 정해두고서 그분의 도우시는 손길만을 구하였을 때, 그리고 나 자신의 방식대로 행하였을 때에는, 마치 하나님이 이스라엘을 하늘의 메추라기로 먹이시되 고기가 아직 그들의 이 사이에 있어 씹기도 전에, 하나님의 진노가 그들에게 임했던 것과도 같았습니다. 결코 구름 기둥을 앞서 가지 않도록 항상 주의하도록 합시다. 구름 기둥을 앞서서 행하는 자는 헛걸음을 하는 자이며, 곧 되돌아오게 될 것입니다. 어느 옛 청교도는 다음과 같이 말하곤 했습니다. "자기 자신을 위해 조각을 하는 자는 손가락을 다치게 될 것입니다. 하나님께서 섭리 안에서 당신을 위해 조각하시도록 맡기십시오. 그러면 잘 될 것입니다. 하나님의 인도를 구하면 아무것도 잘못될 수가 없습니다." 이런 조언이 필요합니다.

다음으로, 그리스도의 조언은 충실한 조언입니다. 아히도벨이 다윗을 떠났을 때, 그가 다윗에게 충실하지 않았음이 입증되었습니다. 그리고 후새가 압살롬에게로 가서 그에게 조언을 했을 때, 그는 교묘하게 조언하여 압살롬을 위한 아히도벨의 선한 조언을 무산시켰습니다. 아아! 우리의 친구들이 얼마나 자주 교묘하게 우리에게 조언을 하는지요! 우리는 그들이 그렇게 하는 것을 압니다. 그들은 먼저 그들 자신의 이익을 생각하며 이런 식으로 말합니다. "만약 당신이 그를 움직여 이러저러한 일을 하게 만들 수 있다면, 그것이 당신을 위해 최선일 것입니다." 우리가 그들에게 묻는 이유는 그런 것 때문이 아닙니다. 그것이 우리 자신을 위해 최선일지는 모릅니다. 하지만 우리는 그리스도를 신뢰하며, 그분의 조언에는 자기 유익이란 것이 있을 수 없습니다. 그분은 분명 아무런 사심 없는 동기로 우리에게 조언을 주실 것이며, 그것이 우리에게도 선한 것이고, 우리 자신을 위해서도 유익이 될 것입니다.

또한 그리스도의 상담은 진심 어린 상담입니다. 나는 상류층의 법률가를 찾아가서 사업상의 문제로 이야기하는 것을 싫어합니다. 최악에 속하는 대화는 법률가와의 대화라고 생각합니다. 여기 당신의 소송 건이 있습니다. 친구여, 당신은 그 일에 얼마나 많은 관심을 느끼는지요! 당신이 그에게 가서 사정을 펼쳐 보입니다. 그러면 그는 이렇게 말합니다. "둘째 페이지에 정확하지 않은 단어가 하나 있습니다." 당신이 그것을 보고는 말합니다. "아! 그것은 전혀 중요하지 않습니다. 그것이 문제가 아닙니다." 그는 또 다른 문장을 보다가 이렇게 말합니다. "오, 상당한 액수로군요." 당신이 말합니다. "선생, 나는 이 글이 땅이나 재산이나 기타 상속에 대해 말하든지, 문장 상의 사소한 문제에 관심이 있는 것이 아닙니다. 내가 당신에게 원하는 것은 법의 관점에서 이 어려움을 올바로 잡는 것입니다." 그가 말합니다. "성급하게 굴지 마시오." 당신이 아주 복잡한 상담 절차를 참아내고 나서야 비로소 그가 문제의 핵심에 도달합니다. 그 사이 중요한 문제에 대한 관심으로 인해 당신은 속이 탑니다. 하지만 그는 더할 나위 없이 냉정합니다. 당신은 마치 대리석 덩어리에게 조언을 구하고 있다고 느낍니다. 물론 그의 조언은 결국에는 바른 것일 터이고, 그것이 당신에게 유익할 수도 있습니다. 하지만 그의 조언에 애정은 담겨 있지 않습니다. 그는 그 문제에서 당신의 심정과 공감하지 않습니다. 그에게 중요한 것은 당신이 성공할 것인가 말 것인가, 당신의 목적을 이룰 것인가 말 것인가 하는 것입니다. 그는 단지 직업적인 관심을 보일 뿐입니다. 솔로몬이 말합니다. "기름과 향이 사람의 마음을 즐겁게 하나니 친구의 충성된 권고가 이와 같이 아름다우니라"(잠 27:9). 어떤 사람이 당신의 사건에 진심으로 관심을 가질 때 그는 이렇게 말합니다. "내 사랑하는 친구여, 당신을 도울 수 있는 일이라면 무엇이든 하겠습니다. 그 사정을 내게 알려주시오." 그리고 그는 그 문제에 대해 당신 자신과 마찬가지로 깊은 관심을 기울입니다. 그는 말합니다. "내가 만일 당신의 입장이라면, 나는 이렇게 저렇게 하겠습니다. 그런데 여기 잘못된 표현이 하나 있군요." 아마도 그는 당신에게 그렇게 말할 것입니다. 하지만 그가 그렇게 말하는 것은 모든 것이 잘 되기를 진심으로 바라기 때문입니다. 당신은 그의 관심이 당신이 관심을 두고 있는 것과 동일한 방향으로 향하는 것을 볼 수 있습니다. 그가 바라는 것은 오직 당신의 유익입니다. 오!

당신의 심정과 하나로 통할 수 있는 상담자가 계십니다! 그분은 진심 어린 상담자이십니다. 그분의 관심과 여러분의 관심은 하나로 묶여 있으며, 따라서 그분은 당신에게 애정을 보이실 것입니다.

또 다른 종류의 상담이 있습니다. 다윗은 후에 그의 원수가 되었던 한 사람에 대해 말합니다. "우리가 같이 재미있게 의논하였도다"(took sweet counsel, 시 55:14). 그리스도인이여, 다정한 의논(sweet counsel)이 무언지 아십니까? 당신은 고난의 날에 주님께 갔으며, 당신의 골방 은밀한 곳에서 주님께 심정을 토로하였습니다. 마치 히스기야가 산헤립이 보낸 편지를 받아보고 그러했던 것처럼 당신은 그분 앞에서 모든 사정과 고통을 아뢰었습니다. 그리고 그 때 당신은 비록 그리스도께서 그곳에 살과 피로 임하시지는 않았지만 영으로 그곳에 계시어서 당신에게 조언하신다고 느꼈습니다. 당신은 그분의 상담이 마음에서 우러나온 것이라고 느꼈습니다. 하지만 그분의 상담에는 마음에서 우러나오는 그 이상의 무언가가 있습니다. 그분의 상담에는 다정함이 있고, 사랑의 광채가 있으며, 충만한 교제가 있기에, 당신은 이렇게 말했습니다. "오, 이와 같이 다정한 상담을 받을 수 있다면, 매일같이 어려움에 처하여도 좋으리라!" 그리스도는 내가 매 시간 의논하고 싶은 상담자이십니다. 나는 그분의 내실(內室)에 앉아 온 낮과 온 밤을 지낼 수 있기를 원합니다. 그분과 의논하는 것은 언제나 다정하고, 따뜻하고, 지혜로운 상담을 받는 것이기 때문입니다. 당신에게는 아주 다정하게 대화해주는 친구가 있을 것입니다. 그런 친구에 대해 당신은 이렇게 말할 것입니다. "음, 그는 아주 친절하고 좋은 마음씨를 가졌지요. 하지만 나는 그의 판단력을 온전히 신뢰할 수는 없습니다." 당신에게 또 다른 친구가 있습니다. 그는 상당히 훌륭한 판단력을 가졌으며, 따라서 당신은 그에 대해 이렇게 말합니다. "분명히 그는 많은 사람들을 능가하는 분별력을 가진 사람이야. 하지만 나는 그에게서 동정심을 발견할 수가 없어. 나는 결코 그에게서 따뜻한 마음을 얻을 수 없어. 그가 그렇게 거칠고 무례하다면, 나는 그가 따뜻한 마음 없이 분별력을 가진 것보다 차라리 분별력이 없어도 따뜻한 마음을 가지는 편이 좋겠어." 하지만 우리가 그리스도께 가면 우리는 지혜를 얻고, 사랑을 얻습니다. 따뜻한 동정을 받으며, 우리가 상담자에게서 바랄 수 있는 모든 것을 얻습니다.

이제 한 가지에 주목하면서 말씀을 맺고자 합니다. 그리스도께서는 오늘 아침에 우리 각 사람을 위하여 특별한 조언을 가지고 계십니다. 그것이 무엇일까요? 시련을 당하는 하나님의 자녀여, 당신의 딸이 아픕니다. 당신의 금이 불 속에서 녹았습니다. 당신 자신이 병들었고, 당신의 마음이 슬픕니다. 그리스도께서 당신에게 이렇게 조언하십니다. "네 짐을 여호와께 맡기라 그가 너를 붙드시고 의인의 요동함을 영원히 허락하지 아니하시리로다"(시 55:22).

젊은이여, 당신은 세상에서 위대해지기를 구하고 있군요. 그리스도께서 오늘 아침에 당신에게 조언하십니다. "네가 너를 위하여 큰 일을 찾느냐 그것을 찾지 말라"(렘 45:5). 나는 결코 미드서머 커먼(Midsummer Common, 케임브리지 내 한 지역의 이름 — 역주)을 잊지 못할 것입니다. 나에게 야심이 있었습니다. 나는 대학에 가기를 바랐으며, 나 자신이 어떤 대단한 인물이 되기 위해 광야에 있는 나의 가련한 백성들을 버려두려 했습니다. 하지만 내가 그곳을 걷고 있을 때 이 구절이 능력으로 내 마음에 임했습니다. "네가 너를 위하여 큰 일을 찾느냐 그것을 찾지 말라." 아마도 당시 일 년에 약 사십 파운드가 내 수입의 전부였을 것입니다. 나는 어떻게 수지타산을 맞출 지를 생각하고 있었고, 내가 맡은 책임을 사임하고 나 자신을 위해 더 나은 개선책을 찾는 것이 나를 위해 훨씬 더 좋지 않을까 고심했습니다. 하지만 이 본문이 내 귓전을 때렸습니다. "네가 너를 위하여 큰 일을 찾느냐 그것을 찾지 말라." 나는 말했습니다. "주여, 나 자신의 견해가 아닌 당신의 조언에 따르겠습니다." 나는 지금까지 그 때 일을 후회할 이유를 찾지 못했습니다. 항상 주님을 당신의 안내자로 삼으십시오. 그러면 당신의 길이 잘못되는 일은 결코 없을 것입니다.

믿음을 배반한 자여! 당신은 살았다 하는 이름은 가졌으나 죽은 자이거나, 혹은 거의 죽게 된 자입니다. 그리스도께서 당신에게 충고하십니다. "내가 너를 권하노니 내게서 불로 연단한 금을 사서 부요하게 하고 흰 옷을 사서 입어 벌거벗은 수치를 보이지 않게 하라"(계 3:18). 그리고 하나님에게서 멀리 떠난 죄인이여! 그리스도께서 당신을 위해 조언하십니다. "수고하고 무거운 짐 진 자들아 다 내게로 오라 내가 너희를 쉬게 하리라"(마 11:28). 그것이 사랑의 조언임을 믿으십시오. 그 조언을 받아들이십시오. 집으로 가서 무릎을 꿇으십시오. 그리스도를 찾으십시오. 그분의 조언에 복종하십시오. 그러면 당신은 그분의 음성에 귀를 기울이고, 그에게서 듣고, 살게 된 것으로 인해 기뻐할 것입니다.

제
12
장

그의 이름 – 전능하신 하나님

"그의 이름은 전능하신 하나님이라."—사 9:6

이 거룩한 칭호에 대한 다른 번역들이 여러 저명하고 유능한 학자들에 의해 제안되어 왔습니다. 그 이유는 이 번역이 정확하지 못하다고 주장하기 위함이 아니라, 우리가 흔히 "하나님"(God)이라는 명칭으로 표현하는 단어가 성경 원어에는 다양하기 때문입니다. 좀 더 명확하고 정확한 의미를 보여주기 위해 이 단어를 다양하게 해석해 보는 것도 가능합니다. 예를 들어, 어느 저자는 그 용어를 "조명자"(Irradiator)로 번역할 수 있다고 생각합니다. 그분이 사람들에게 빛을 주시기 때문입니다. 어떤 이들은 그 단어가 "빛나는 분"(the Illustrious), 즉 밝게 빛을 비추는 분이라는 의미를 지닌다고 생각합니다. 하지만 "전능하신 하나님"(the mighty God)이라고 하는 현재의 번역이 아주 믿을 만하고 적절하게 제시된 번역이라는 사실을 논박하려는 이는 거의 없습니다.

여기서 하나님을 나타내기 위해 사용된 용어인 '엘'(El)은 히브리 어원에서 온 것인데, 그것은 내가 이해하기로는 힘(strength)을 나타내는 것입니다. 문자적으로 이 칭호를 번역한다면 아마도 "강한 분"(the Strong One), 혹은 "강한 하나님"(the strong God)이 될 것입니다. 하지만 이 단어에 강력함을 표현하는 히브리 형용사가 첨가되었고, 그래서 두 단어가 합해져 그리스도의 전능을 표현하고 있습니다. 그분의 참된 신성과 전능은 선지자가 바라본 그분의 속성들 가운데 가장 두드러지고 으뜸가는 것이었습니다. "전능하신 하나님"(The mighty God)!

오늘 아침에 그리스도의 신성의 증거에 관해 어떤 논증을 하려는 것이 내 의도가 아닙니다. 왜냐하면 이 본문이 나에게 그것을 요구하는 것으로 보이지 않기 때문입니다. 본문은 그리스도께서 "전능하신 하나님"이 될 것이다(shall be)라고 말하지 않습니다. 그것은 성경의 다른 많은 곳에서 확증되었습니다. 여기서는 그가 기묘자로, 모사로, 전능하신 하나님으로 불릴(shall be called) 것이라고 말합니다. 그러므로 내가 여기서 그 사실 자체를 입증하려고 시도할 필요는 없습니다. 그리스도께서는 정녕 이 시대에도 그러하고 장차 세상의 종말에도 "전능하신 하나님"으로 불릴 것이기 때문에, 나는 다만 여기서 예언된 말씀이 진리임을 확증할 수 있을 것이라 생각합니다.

우선, 오늘 아침에, 나는 그분을 따르는 자라고 고백하면서도 그분을 "전능하신 하나님"이라고 부르지 않는 이들의 어리석음에 대해 말할 것입니다. 둘째로 나는 참된 신자는, 자신의 구원과 관계된 많은 행동에 있어서, 어떻게 실질적으로 그리스도를 "전능하신 하나님"으로 부르는지를 보여주려고 시도할 것입니다. 그런 다음 나는 예수 그리스도께서 어떻게 그 자신이 "전능하신 하나님"인지를 입증하셨으며, 또한 그분의 교회의 경험 속에서 그렇게 하셨는가를 언급함으로써 말씀을 맺을 것입니다.

1. 그리스도의 제자라 고백하면서 그를 하나님으로 부르지 않는 자들의 어리석음

먼저 나는 그리스도의 제자들이라 고백하면서 그분을 하나님으로 부르지도 않고 부르려 하지도 않는 자들의 어리석음을 지적하고자 합니다. 이따금씩 내게 이런 질문을 하는 사람들이 있습니다. 즉 그리스도의 신성을 주장하는 자들이 그것을 부인하는 자들을 향해 어찌하여 그토록 냉정한 태도를 드러내느냐 하는 질문입니다. 우리는 그리스도의 신성과 관련된 오류들은 치명적인 잘못이라고 계속해서 단호하게 주장할 것입니다. 만약 어떤 사람이 하늘의 모든 목적의 중심이며 땅의 모든 희망의 기초인 그리스도를 바르게 생각하지 않는다면, 복음의 어떤 부분에서도 바른 판단을 할 수 없다고 우리는 주장합니다. 우리는 이곳에서 어떤 자유주의(latitudinarianism)도 용인할 수 없습니다. 우리는 그리스도께서 "참된 하나님에게서 나신 참된 하나님"(very God of very God)이심을 부인하는 자들과 그리스도인으로서의 인사를 나눌 수 없습니다. 그 이유가 무어냐고 물으며, 우리의 반대자들은 때때로 이런 식으로 말합니다. "우리는 당신에게 교제의 오른손을 내밀 준비가 되어있는데, 왜 당신은 우리에게 그렇게 하지 않는 것이오?" 간략하게 말해 우리의 대답은 이러합니다. "당신들은 우리에게 불평할 권리가 없습니다. 이 문제에 있어서 우리의 입장은 방어적이기 때문입니다. 당신들이 스스로 그리스도가 하나님의 아들이 아니라고 믿을 때, 비록 여러분이 그것을 의식하지 않을지는 몰라도, 당신들은 우리를 향해 죄의 전체 목록 중에서도 가장 악한 죄를 범하고 있다고 비난하는 셈이기 때문입니다."

유니테리언들(Unitarians, 그리스도의 신성을 부인하며 결국 삼위일체를 부인하는 자들 — 역주)은 그들 자신의 입장에 모순이 없으려면, 그리스도께 경배하는 우리들 전체를 우상숭배자들이라고 비난해야 합니다. 우상숭배는 가장 해로운 성격의 죄악입니다. 그것은 사람에게 대해 잘못을 범하는 것이 아니라 하나님의 위엄에 대해 참을 수 없는 잘못을 범하는 것입니다. 그들의 일관된 입장에 따르자면 우리는 호텐토트(Hottentots, 남아프리카의 미개한 부족 — 역주)일 것입니다. 그들은 말합니다. "아니요, 우리는 당신들이 당신들의 예배에서 진지하다고 믿습니다." "호텐토트족도 그러합니다. 그들도 돌이나 나무 조각으로 된 주물(呪物) 앞에 절합니다. 그래서 우상숭배자인 것입니다. 비록 당신들이 우리에게 사람 앞에 경배한다고 직접 비난하지 않더라도, 우리는 당신들이 참을 수 없이 추잡한 죄명으로 우리를 비난한다고 주장합니다. 그러니 우리는 어느 정도 엄격한 태도로 당신들의 비난을 배격하는 수밖에 없습니다. 당신들이 그리스도의 신성을 부인함으로써 우리에게 그토록 모욕을 주고, 큰 죄를 범한 것으로 우리를 비난하였으니, 당신들은 우리가 차분히 앉아서 모든 비방에 대해 온화한 미소를 지어보이기를 기대할 수 없습니다."

사람이 무엇을 경배하든, 그 경배의 대상이 하나님이 아니라면, 그는 우상숭배자입니다. 진흙으로 된 우상을 숭배하는 것이나 금으로 된 신상을 숭배하는 것 사이에는 원리상 차이가 없습니다. 더 나아가, 양파를 숭배하는 것과 태양이나 달이나 별들을 숭배하는 것 사이에도 차이가 없습니다. 이들이 우상숭배자들인 것은 마찬가지입니다. 비록 소지니주의자(Socinian)는 그리스도를 사람들 중에서 최상이며 그 자체로 완벽한 분이라고 고백하지만, 만약 그분이 그 이상 아무것도 아니라면, 그들은 대부분의 기독교인들을 향해 우상숭배자들이라는 무례한 비난으로 고의적인 공격을 하는 셈입니다. 그러므로 우리를 향해 우상숭배의 죄로 비난하는 자들은 우리에게서 따뜻한 환대를 받을 것이라고 기대해서는 안 됩니다. 이성의 낮은 근거에 비추어 보아도 우리가 그렇게 하는 것은 어울리지 않는 일이며, 계시의 높은 근거에 비추어 보아도 우리가 그렇게 하는 것이 은혜와 진리에 속하는 일이 아닙니다. 인간으로서, 우리는 기꺼이 그들에게 존중을 보일 것입니다. 그들을 배려하고, 그들을 위해 기도할 것입니다. 우리는 그들에 대해 분노나 적대감을 갖고 있지 않습니다. 하지만 신학의 입장에서는, 우리가 그리스도를 따르는 자들이라고 고백하는 한, 우상숭배라는 무섭고 추한 죄로 우리를 비난하는 것을 나약하게 지켜보고 있을 수만은 없습니다.

나는 우상숭배를 정당화하는 신앙을 가졌다고 비난받기보다는, 살인죄를 가볍게 여기는 신앙을 가졌다고 비난받는 편이 차라리 낫겠다고 고백합니다. 살인은 물론 큰 죄악이지만, 사람을 죽이는 것에 지나지 않습니다. 하지만 우상숭배는 그 본질에 있어서 하나님을 죽이는 것입니다. 그것은 영원하신 여호와를 그분의 보좌에서 밀어내려는 시도이며, 그분의 손으로 만드신 작품 또는 인간이 스스로의 상상으로 만든 피조물을 그분의 자리에 놓는 것입니다. 다른 사람이 나에 대해 비난하기를, 내가 정신이 나가서 단지 인간에 불과한 대상을 숭배한다고 말합니까? 그가 나에 대해 조롱하기를, 내가 지능 면에서 너무나 천박하고 비열하여 나와 같은 피조물을 숭배하려고 몸을 숙인다고 말합니까? 그러고서도 그를 같은 신앙을 고백하는 형제로서 받아주기를 그가 내게 기대한단 말입니까? 나는 그의 뻔뻔함을 이해할 수 없습니다. 우리 마음의 존엄에 대한 비난이 너무 끔찍하고, 또 그 고소가 너무나 놀랍기 때문에, 논쟁에서 어느 정도의 엄격함과 신랄함이 있다고 해도, 그 죄는 우리의 상대편에게 있는 것이지 우리에게 있는 것이 아닙니다. 그가 우리를 너무나 무서운 죄로 비난했기 때문에, 정직한 사람이라면 그것을 모욕으로 여기고 반박해야 합니다.

더 나아가, 만일 예수 그리스도께서 신적인 분이 아니라면, 만일 그가 단지 사람일 뿐이라고 상상이라도 할 수 있다면, 나는 차라리 그리스도보다는 마호메트를 더 좋아하겠습니다. 왜 그런지 그 이유를 내게 묻는다면, 나는 마호메트가 그리스도보다 더 위대한 선지자임을 명확히 입증할 수 있다고 생각합니다. 만일 예수 그리스도가 하나님의 아들이 아니며, 아버지와 동등하지도 아버지와 더불어 영원히 계시는 분이 아니라면, 그는 반대자들뿐 아니라 그의 제자들의 정신까지도 그렇게 믿도록 속인 것밖에 안 됩니다. 신성의 단일성과 관련하여, 마호메트는 너무나 분명하고 명확하기에, 오늘날에도 우상숭배에 빠진 이슬람교도는 없습니다. 마모메트를 믿는 사람들 전체를 통틀어 살펴보아도, "오직 한 분 하나님이 계시며, 마호메트는 그분의 선지자이다"라고 하는 그들의 부르짖음은 단호하고 그들의 믿음은 신실합니다. 만약 그리스도가 단지 훌륭한 사람이자 선지자에 불과하다면, 왜 그분이 좀 더 명확하게 그렇다고 말하지 않았을까요? 왜 그분은 그리스도인들을 위해 마호메트가 그랬던 것처럼 분명하고 단호한 "선전구호"(war cry)를 기록해두지 않았을까요? 만일 그리스도께서 그분 자신이 하나님이심을 가르치기를 의도하지 않으셨다면, 최소한 그분은 그렇지 않다는 자기부정에서 분명하지 않았던 것이며, 또한 그의 제자들을 캄캄한 어둠에 남겨놓은 셈입니다. 그것은 다음의 사실에서도 입증됩니다. 즉 오늘날 그리스도의 제자들이라고 고백하는 전체 인원 중에서, 일천 중의 구백구십아홉은 그분을 참 하나님으로 받아들이고, 또 그렇게 믿고 그분 앞에 경배한다는 사실입니다.

만약에 그분이 하나님이 아니시라면, 나는 그분이 선지자로 존중받을 자격도 없다고 생각합니다. 만약 그분이 하나님이 아니라면, 그분은 협잡꾼, 곧 지금껏 존재한 사기꾼 중에서도 가장 크고 위대한 사기꾼이 될 것입니다. 물론 이런 논증은 그 신앙을 부인하고, 그리스도의 제자라고 공언하지 않는 사람에게는 중요하지 않을 것입니다. 하지만 그리스도를 따르는 자에게는, 나는 이 논증이 반박될 수 없는 논증이라고 주장합니다. 만일 그분이 스스로에 대해 공언하신 것과 동일한 분이 아니라면, 하나님과 동등하게 여김을 받는 하나님의 아들이 아니고, 참 하나님이 아니며, 만물이 그에 의해 만들어지고 그로 말미암지 않고는 지어진 것이 하나도 없는 그런 분이 아니라면, 그분은 선하고 위대한 선지자도 되지 못했을 것입니다.

또 한 가지를 말하고자 합니다. 이 말이 신자를 놀라게 할지도 모르겠습니다. 하지만 내 말의 의도는 그리스도가 하나님이 아니라는 이단적인 가르침의 불합리성을 드러내기 위한 것입니다. 만약 그리스도가 하나님의 아들이 아니라면, 그분의 죽음은 속죄와 무관한 것이 되며, 아주 마땅하고 당연한 벌로서의 죽음이 됩니다. 그분을 심문했던 산헤드린은 그 나라의 인정받고 권위 있는 입법기관이었습니다. 그분은 산헤드린 앞으로 이끌려 갔으며, 신성모독으로 고발을 당했고, 그 고발에 근거하여 그들은 그분이 죽음에 해당한다고 정죄했습니다. 그분이 스스로를 하나님의 아들이라고 했기 때문입니다. 자, 나는 주저하지 않고 정직하게 단언하겠습니다. 만일 내가 그 사건을 변호하도록 부름을 받았다면, 나는 그 소환에 응했을 것입니다. 더 나아가, 내 앞에 있는 사건은 명백한 사건으로서, 만약 나사렛 예수가 스스로를 하나님의 아들이라고 선언했다는 혐의로 고발을 당했다면, 거짓말이나 위증이 제기될 수 없는 사건이라고 말하고 느꼈을 것입니다. 왜요? 그의 모든 가르침은 비할 데 없는 권위에서 비롯된 것이기 때문입니다. 그분의 행동과 말 속에는 지속적으로 자신이 사람이 주장할 수 있는 바 그 이상의 누구임을 주장하는 요소가 있었습니다. 그분이 산헤드린 앞에 이끌려 왔을 때, 그분이 스스로 하나님의 아들이라고 주장했음을 입증할 만한 증인들은 얼마든지 찾을 수 있었습니다. 만일 그분이 하나님의 아들이 아니라면, 신성모독이라고 하는 정죄는 역사상 가장 정당한 선고이며, 골고다에서의 십자가형은 정부의 손에 의해 집행된 역사상 가장 의로운 형 집행이었을 것입니다. 신성모독이라는 비난으로부터 그분을 자유롭게 하는 것은, 그분이 진실로 하나님이라는 사실 자체입니다. 그분이 하나님이시며, 그분의 신성이 부인될 수 없다는 바로 그 사실이, 그분의 죽음을 무법한 자들에 의한 부당한 죽음이 되게 하는 것입니다. 그 사실 때문에 그분의 죽음이 하나님 앞에 속죄의 희생 제물로 받아들여지게 되고, 그분은 그 귀한 피로써 사람들을 속량하는 것입니다. 반복해서 말합니다. 하지만 만약 그분이 하나님이 아니라면, 신약성경이 기록되었어야 할 이유는 전혀 없습니다. 그분이 하나님이 아니라면, 신약성경에는 죽어 마땅한 한 사람의 정당한 사형 외에 달리 중심이 될 만한 숭고한 사실이 없는 셈이기 때문입니다.

내 사랑하는 친구들이여, 여러분은 사도 바울이 고린도서신에서 죽은 자의 부활에 관해 전했을 때, 만약 그 진리가 뒤집혀질 수 있는 것이라면, 그에 따른 자연적인 결과가 무엇인지를 보여주기 위해 그가 어떻게 '과거의 사실'(*ex post facto*)을 근거로 활용했는지 기억하십니까? 그는 말합니다. "그리스도께서 만일 다시 살아나지 못하셨으면 우리가 전파하는 것도 헛것이요 또 너희 믿음도 헛것이며, 너희가 여전히 죄 가운데 있을 것이라"(고전 15:14,17). 지금 나는 그리스도의 신성 및 하나님의 아들이심과 관련하여 사도의 논리를 정당하게 활용할 수 있습니다. 그분의 부활이 너무나 분명한 논증을 제공했습니다. "그리스도께서 만일 하나님의 아들이 아니시면 우리의 전파하는 것도 헛것이요, 또 여러분의 믿음도 헛것이며, 여러분은 여전히 죄 가운데 있을 것입니다." 하늘에 대한 우리의 모든 비전도 망가지고 시들어 버립니다. 우리 소망의 밝은 빛이 영원히 꺼집니다. 만약 그리스도께서 하나님이 아니라고 판명된다면, 우리의 믿음이 세워진 반석이 단지 모래에 지나지 않았던 것으로 판명될 것입니다. 그분의 피가 우리의 죄를 속하기에 충분하다는 믿음 안에서 우리가 이 세상에서 누리는 모든 기쁨과 위안은 한낱 꿈과 공상이며 "머리로 지어낸 허구"에 불과해집니다. 우리가 그분과 지금껏 누려온 교제는 몽상과 몽환(夢幻)에 지나지 않으며, 우리가 가진 바 모든 소망 즉 영광 중에 그분의 얼굴을 보게 될 것이고, 우리가 깰 때에는 그분처럼 되어 만족하리라는 소망들은 인간을 속여 왔던 모든 희망들 중에서 가장 불쾌한 속임수에 불과할 것입니다.

오, 내 형제들이여, 여러분 중에 어느 누가 모든 순교자들의 피는 거짓말에 대한 증언으로서 흘려진 것이라고 믿을 수 있겠습니까? 그리스도는 하나님이시라고 증언한 것 때문에, 로마의 지하 감옥에서 썩었거나 화형대에서 불탔던 모든 자들이 모두 헛되이 죽은 것입니까? 정말이지, 만일 그리스도가 하나님이 아니라면, 우리는 모든 사람들 중에 가장 불쌍한 사람입니다. 우리가 날마다 중상과 비방을 참고 견딘 것에 무슨 목적이 있을 것이며, 우리의 회개와, 우리의 탄식과, 우리의 눈물에는 무슨 목적이 있겠습니까? 우리 신앙에는 또 무슨 목적이 있을까요? 우리의 두려움과 불안을 희망과 확신으로 대체하는 것에 무슨 소용이 있습니까? 만약 그리스도가 하나님의 아들이 아니시라면, 우리가 무엇 때문에 기뻐하고 즐거워한단 말입니까? 여러분은 모두 스스로를 바보들이라고 깎아내릴 것입니까? 여러분은 하나님의 말씀이 여러분을 오도하였다고 상상할 수 있습니까? 선지자들과 사도들과 순교자들과 성도들이 모두 연합하여 여러분을 함정에 빠뜨리고 여러분의 영혼을 미혹시킨 것입니까? 그렇게 생각할 수 없습니다. 그리스도의 신성을 부인하면서도 그분의 추종자들이라고 고백하는 어리석음과 정신착란에 비교될 만한 어리석음은 세상에 달리 없습니다.

"인간이 고안한 모든 형식들을 동원하여
교묘한 기술로 우리의 신앙을 공격하여도,
우리는 그 모든 것을 헛된 거짓말이라 부르며
복음을 우리 마음에 깊숙이 간직하세!"

우리는 우리 깃발의 전면에 이런 글을 새겨둘 것입니다. "그리스도는 하나님이시다. 성부와 동등하고 동일하게 영원하신 분, 참 하나님에게서 나신 참 하나님이시며, 하나님과 동등하게 되는 것을 부당한 강탈이라고 여기지 않으셨던 분이시다."

2. 참된 신자는 사실상 그리스도를 "전능하신 하나님"으로 부른다.

이는 우리를 이 주제의 두 번째 부분인 다음 질문으로 이끌어줍니다. 우리는 어떻게 그리스도를 "전능하신 하나님"으로 부릅니까? 여기에는 논쟁의 여지가 없습니다. 나는 순수하게 사실의 문제에 대해서만 말하려고 합니다. 그리스도께서 전능하신 하나님이시든 아니든, 우리가 지속적으로 그분을 그렇게 부르고 있는 것은 확실한 사실입니다. 내 말의 의미는, 단지 용어상으로만 그렇게 표현한다는 것이 아니라, 더 강력한 방식으로 그렇게 부르고 있다는 것입니다. 즉 우리는 행동으로써 말보다 더 크게 그렇게 말하고 있습니다.

사랑하는 여러분, 여러분과 내가 습관적으로 그리스도를 하나님으로 부르고 있음을 곧 입증하겠습니다. 내가 이 점을 먼저 입증하려는 이유는, 그분께 하나님의 속성들이 있다고 여기는 것이 우리의 즐거움이자 기쁨이며 우리의 특권이기 때문입니다.

경건한 묵상의 시간에, 우리는 얼마나 자주 그분을 영원하신 아들(the Eternal Son)로 바라보는지요. 여러분과 내가 골방이나 기도의 집에 앉아서, 저 위대한 은혜의 언약을 음미할 때, 우리는 습관적으로 자기 백성을 향한 우리 주 예수 그리스도의 영원한 사랑에 대해 말합니다. 이는 우리 삶의 소중한 보석들 중의 하나이며, 마치 신부가 그러하듯 우리 자신을 꾸미는 장식물들 중의 하나입니다. 이는 그 맛이 꿀 섞은 과자와도 같은 만나의 일부이며, 우리의 영혼은 늘 그것을 양식으로 먹습니다. 우리는 하나님의 영원한 사랑에 대해 말합니다. 우리의 이름이 그분의 영원한 책에 기록되어 있음에 대해 말하며, 그리스도께서 세상의 기초가 놓이기도 전에 우리의 대제사장으로서 그 이름들을 그분의 품에 간직하여, 하늘 보좌 앞에서 우리를 늘 기억하고 계심에 대해 말합니다. 그렇게 함으로써 우리는 실질적으로 그분을 전능하신 하나님으로 불러왔습니다. 왜냐하면 하나님 외에는 누구도 영원에서 영원까지 살아 계실 수가 없기 때문입니다. 자주 선택의 교리에 대해 고백하면서 우리는 그리스도를 전능하신 하나님으로 부릅니다. 자주 영원한 언약에 대해 말함으로써 우리는 그분을 하나님으로 선포합니다. 왜냐하면 그럴 때마다 우리는 그분을 영원한 분으로 말하는 것이며, 또한 자존하시는(self-existing) 하나님이 아니고서는 누구도 영원할 수 없기 때문입니다.

또한 우리가 얼마나 자주 이 귀한 성경구절을 반복합니까? "예수 그리스도는 어제나 오늘이나 영원토록 동일하시니라"(히 13:8). 우리는 언제나 불변성(immutability)을 그분에게 돌립니다. 우리가 부르는 최상의 찬송가들 중의 일부는 그 점에 근거하고 있으며, 우리의 최상의 소망들은 그분의 그러한 속성에서 흘러나옵니다. 우리는 모든 것이 변하는 것을 압니다. 우리는 우리 자신이 바람처럼 변하기 쉽고, 또한 파도에 휩쓸리는 모래처럼 쉽게 요동하는 것을 압니다. 하지만 우리는 우리의 구속자가 살아 계심을 알며, 그분의 사랑과 목적 또는 그분의 능력에 어떠한 변화가 있을 수 있다는 의심을 품지 않습니다. 우리는 얼마나 자주 이런 노래를 부르는지요!

"그분의 뜻은 변하지 않네.
비록 내 기분은 우울해질 수 있어도
그분의 사랑의 마음은
여전히 변치 않고 동일하시네.
내 영혼은 많은 변화를 겪겠지만
그분의 사랑은 결코 변하지 않네!"

하나님 외에는 변치 않는 이가 없기 때문에, 여러분이 실질적으로는 그리스도를 하나님으로 불러왔다는 것을 이해하겠습니까? 피조물은 변합니다. 이 글이 피조물들의 이마에 기록되어 있습니다. "변하라(Change)!" 그 이마에 주름살이 생기지 않는 강력한 대양(大洋)도 때로는 변합니다. 때때로 그 수면(水面)은 요동합니다. 그것이 이리저리로 요동하며, 마치 갈라진 불의 혀처럼 넘실거리는 것을 우리는 압니다. 하지만 우리는 그리스도의 불변성을 인식합니다. 따라서 우리는 사실상 그분의 신성을 인식하는 것입니다. 하나님 외에는 그 무엇도 불변일 수가 없기 때문입니다.

또한 어느 곳이든 두세 사람이 그리스도의 이름으로 모인 곳에는, 그들 중에 그분도 계심을 믿는 것이 우리의 기쁨이 아닌가요? 우리의 모든 기도 모임에서 우리는 그것을 반복하여 고백하지 않습니까? 오늘 호주에 있는 어느 목회자가 예수 그리스도께서 그들 가운데 계심을 묵상하면서 공적 예배를 시작했다면, 내가 오늘 여기에 올 때도 동일한 묵상이 나를 위로하였습니다. "내가 세상 끝날까지 너희와 항상 함께 있으리라"(마 28:20). 그리스도인이 있는 곳이면 어디든, 그곳에 하나님이 계십니다. 비록 겨우 두 세 사람이 헛간에서 모이건, 혹은 푸른 하늘을 지붕 삼아 잔디밭에 모이건, 그곳에는 그리스도께서 임재하십니다. 이제 나는 여러분에게 묻습니다. 우리는 그리스도께 편재(遍在, omnipresence)의 특성을 돌리지 않습니까? 하나님 외에 누가 편재할 수 있단 말입니까? 그러므로 우리는 표현 그대로는 아니어도, 사실상 그리스도를 "하나님"으로 부르는 것이 아닙니까? 우리가 어떻게 그분이 여기와 저기, 그리고 모든 곳에 계신다고 생각하는 것이 가능할까요? 그분이 아버지의 품에 계시고, 천사들과 함께 계시며, 동시에 모든 통회하는 자들의 마음에 계신다면, 그분이 하나님이 아니시겠습니까? 그분이 무소부재(無所不在)하시는 것을 여러분이 인정한다면, 하나님 외에는 어느 곳에나 있을 수 있는 이가 없으므로, 여러분은 그분을 하나님으로 인정하는 것입니다.

또한 우리는 그리스도께 전지(全知, omniscience)의 속성이 있다고 인정하지 않습니까? 그러므로 말로 표현하지 않아도, 여러분은 말보다 더 크고 분명하게 그분을 전능하신 하나님으로 불러온 것입니다. 그분이 전지하심을 인정하였기 때문입니다. 하나님에게서 나신 참 하나님 외에 전지할 수 있는 이가 누구입니까?

내가 그리스도의 다른 속성들을 상세히 열거하지는 않겠지만, 나는 우리 각 사람이 일상의 삶에서와 지속적인 신뢰와 기도에 있어서, 그리스도께 신성의 모든 속성들이 있음을 인정해왔다고 생각합니다. 이곳에 있는 많은 하나님의 사랑스러운 자녀들의 마음에 그것이 진실이라고 나는 확신합니다. 우리는 그분을 전능하신 하나님으로 불러왔습니다. 비록 다른 사람들은 그렇게 부르지 않았어도, 본문은 우리의 믿음에 의해 진실임이 증명됩니다. "그의 이름은 기묘자라, 모사라, 전능하신 하나님이라 할 것임이라." 실로 그분은 그러하며, 영원히 그러하실 것입니다.

그리스도께서 "전능하신 하나님"으로 불리신다는 또 다른 증거를 제시하고자 합니다. 우리는 그분의 많은 직무들(offices)에 있어서 그분을 그렇게 부릅니다. 오늘 아침 우리는 그리스도를 하나님과 사람 사이의 중보자로 믿습니다. 우리가 중보자(mediator) 혹은 중재자(daysman)라는 용어를 이해하고자 한다면, 우리는 그 용어를 욥이 그랬던 것처럼 "우리 사이에 손을 얹을 판결자"(욥 9:33)로 해석해야 합니다. 우리는 예수 그리스도를 신약의 중보자라고 말하는 데 익숙합니다. 또한 우리는 우리의 기도를 그분을 통해 하나님께 드립니다. 그분이 우리와 아버지 사이에서 중재하신다고 믿기 때문입니다. 그리스도를 중보자라고 인정하는 것은 곧 여러분이 그분의 신성(神性)을 인정한다는 것입니다. 여러분은 그분을 실제로 하나님의 아들이라 불러왔으며, 또한 그분의 인성(人性)을 인정해왔습니다. 그분이 그 양자(both) 사이에 손을 얹을 분이시기 때문입니다. 그분은 우리의 본성에 손을 얹으셔야 하고, 우리의 약함을 느끼며, 모든 면에서 우리와 같으셔야 합니다. 하지만 그분이 하나님께 손을 얹을 수 없다면, 영원하신 분의 동료로서 신성모독 없이 하나님과 손을 잡으실 수 있는 분이 아니라면, 그분은 우리의 중보자가 아니십니다. 양자 모두에게 손을 얹지 못하면 중보자가 될 수 없습니다.

그런데 하나님 외에 하나님께 손을 얹을 수 있는 이가 누구이겠습니까? 그룹이나 스랍 천사들이 하나님께 손을 얹는다고 감히 말할 수 있겠습니까? 그들이 무한자에게 접촉할 수 있겠습니까? 피조물은 그분의 옷자락의 빛조차 감당할 수 없거늘, 모든 것을 삼키시며 소멸하시는 하나님의 영광스러운 본체 안에 거하는 이가 누구이겠습니까? 오직 하나님만이 하나님께 손을 얹을 수 있습니다. 그리스도는 이 높은 특권을 가지셨지만, 만일 신성과 인성의 두 가지가 모두 결합되지 않았더라면, 중재권은 성립되지 못했을 것입니다. 여러분이 만일 다리를 세우고자 한다면 강의 이 편에서 공사를 시작할 것입니다. 하지만 그것을 강의 저 편과 연결하지 못했다면 아직 여러분은 다리를 완공한 것이 아닙니다. 두 당사자들이 완전히 연결된 것이 아니면 중재는 성립되지 못합니다. 사다리는 땅에 받침대를 두어야겠지만 하늘까지 닿아야 하며, 만일 그 중의 하나만 부러져도 우리는 정상에서 떨어져 죽고 말 것입니다. 양자 사이에는 완벽한 교통이 있어야 합니다. 그러므로 우리가 그리스도를 중보자로 부름으로써, 실질적으로 그분을 전능하신 하나님으로 불러왔다고 이해할 수 있는 것입니다.

또한 우리는 그리스도를 우리의 구주(Savior)로 부릅니다. 여러분 중에 영원한 영혼의 구원을 위해 어떤 사람을 의지할 만큼 어리석고 경박스러운 믿음을 가진 사람이 있습니까? 만일 당신이 그러하다면, 나는 당신을 불쌍히 여깁니다.

당신이 있어야 할 적절한 장소는 프로테스탄트 회중이 아니라, 로마의 미혹된 숭배자들 사이입니다. 만일 당신이 당신의 영혼의 보전을 당신 자신과 같은 이에게 맡길 수 있다면 나는 진정 당신을 위해 슬퍼하겠으며, 당신이 좀 더 잘 배우게 되도록 기도하겠습니다. 하지만 당신이 당신의 구원을 하나님이 속죄를 위해 보내신 그분께 의탁한다면, 오 당신은 예수님을 따르는 자가 아니겠습니까? 당신의 모든 소망이 그분께 고정되어 있으며, 그분이 당신의 구원이며 소망의 전부라고 말할 수 있습니까? 당신의 영혼은 그분의 완전한 속죄, 그분의 죽음과 장사지냄, 그분의 영광스러운 부활과 승천이라는 든든한 기둥에 의지하고 있습니까? 당신이 사람을 의지하고 있는지, 혹은 그리스도를 "전능하신 하나님"으로 공언해왔는지를 잘 살피십시오. 정직하게 말하자면, 내가 그분을 신뢰한다고 말할 때, 만일 내가 그분을 하나님으로 믿지 않는다면 그분을 신뢰하는 것이라고 할 수 없습니다. 나는 단지 창조된 어떤 존재에게 나를 맡길 수 없습니다. 그런 어리석음을 하나님이 금하십니다. 다른 어떤 사람을 신뢰하느니 나는 차라리 나 자신을 신뢰하겠습니다. 하지만 감히 나 자신도 신뢰할 수 없는 것은, 그렇게 하면 내가 저주를 받을 것이기 때문입니다. "무릇 사람을 믿으며 육신으로 그의 힘을 삼는 그 사람은 저주를 받을 것이라"(렘 17:5).

내가 그리스도께 대한 믿음을 전하고 내 청중이 그리스도를 신뢰한다 하여도, 만약 소지니주의자(Socinian)가 주장하는 것처럼 그리스도가 사람에 지나지 않는다면, 나의 청중들 역시 저주를 받을 것입니다. 왜냐하면 다시 반복하건대 "사람을 믿으며 육신으로 그의 힘을 삼는 그 사람은 저주를 받을 것"이기 때문입니다. 여러분은 예수를 믿어서 복을 받습니다. 하지만 어떻게요? 그것은 다음의 이유 때문이 아니겠습니까? "무릇 여호와를 의지하며 여호와를 의뢰하는 그 사람은 복을 받을 것이라"(렘 17:7). 그리스도는 바로 여호와이시며, 따라서 그를 의지하는 자들에게 복이 임하는 것입니다. 그러므로 여러분이 영원한 분으로서 그리스도를 의지한다면, 여러분은 그분을 "전능하신 하나님"으로 불러온 것입니다.

이 주제는 크게 확대될 수 있으며, 오늘 늦게까지 이 주제를 다루어도 여러분의 충분한 관심을 끌 수 있다고 믿습니다. 하지만 그렇게 하지 않겠습니다. 적어도 우리가 지속적인 습관 속에서 그리스도를 "전능하신 하나님"으로 불러왔음을 입증할 만큼은 충분히 말했다고 생각합니다.

3. 예수 그리스도는 스스로 "전능하신 하나님"이심을 우리에게 입증하셨다.

세 번째로, 그리스도는 어떻게 스스로 "전능하신 하나님"이심을 우리에게 입증하셨는가를 설명하고자 합니다. 사랑하는 여러분이여, 논박의 여지 없이 여기에 하나님의 위대한 신비가 있습니다. 본문의 한 구절이 "한 아기가 우리에게 났다"고 말하기 때문입니다. 한 아기! 한 아기가 무엇을 할 수 있겠습니까? 한 아기! 걷는 것도 기우뚱거리고, 걸음마다 흔들리는 것이 새로 태어난 아기입니다. 태어난 아기! 어머니의 품에 매달려 있는 유아, 여인으로부터 자양분을 공급받는 유아가 아닙니까? 그런 아기가 이적들을 행한단 말입니까? 예, 선지자는 말합니다. "우리에게 한 아기가 났고." 그런 다음 이 말이 덧붙여집니다. "한 아들을 우리에게 주신 바 되었는데." 그리스도는 났을(born) 뿐 아니라 주어졌습니다(given). 인간으로서 그분은 태어난 아기이며, 하나님으로서 그분은 주신 바 된 아들입니다. 그분은 높은 곳에서 내려오셨습니다. 그분은 우리의 구속자가 되도록 하나님이 주신 분입니다. 하지만 여기서 놀라운 경이를 보십시오! "그의 이름은", 이 아기의 이름은, "기묘자라, 모사라, 전능하신 하나님이라 할 것임이라." 이 아기가 우리에게 전능하신 하나님이시라는 말이 아닙니까? 만일 그렇다면, 오 형제들이여, 여기에 진정 하나님의 놀라운 신비가 있지 않습니까? 하지만 여기서 교회의 역사를 살펴보고, 그 신비를 입증할 충분한 증거가 우리에게 있는지를 찾아보도록 합시다.

이 아기는 태어났고, 이 아들은 주신 바 되었으며, 죄와 싸우기 위해서 이 세상에 왔습니다. 삼십 년 이상을 그는 그 이전의 어떤 인간보다도 더 많고 더 혹독한 유혹들에 맞서 싸워야 했습니다. 아담은 단지 한 여인이 그를 유혹했을 때 넘어졌습니다. 하와는 단지 한 뱀이 그녀에게 실과를 제안했을 때 넘어졌습니다. 하지만 두 번째 아담이신 그리스도는 비록 모든 면에서 우리와 마찬가지로 시험을 받으셨지만 사탄의 모든 화살과 창들의 공격을 견디셨습니다. 지옥의 화살 통에 담긴 모든 화살들이 한 발도 남김이 없이 그분을 향해 쏘아졌습니다. 모든 화살들이 그분을 겨냥했고, 사탄의 궁수들이 모든 힘을 다해 쏘았으니, 그것은 결코 무시할 공격이 아닙니다! 하지만 그분은 아무런 죄나 죄의 흔적도 없이, 굳게 서서 승리하셨습니다. 광야에서 홀로 사탄에 맞서셨고, 성전 꼭대기에서 그와 상대하셨고, 분주한 군중들 사이에서도 그와 겨루셨지만, 그분은 언제나 승리자가 되셨습니다. 그분은 대적자가 그분과 상대하기 원하는 곳이면 어디서든 싸우셨고, 마침내 사탄이 자기의 모든 힘을 결집하여 구주를 겟세마네 동산에서 사로잡고, 그분을 쳐서 그분으로 하여금 땀을 핏방울처럼 흘리게 하였을 때, 그 때에도 구주께서는 "그러나 나의 원대로 마시옵고 아버지의 원대로 하옵소서"(마 26:39)라고 말씀하셨습니다. 그렇게 하여 유혹자는 격퇴되었습니다. "떠나가라! 떠나가라"고 그리스도께서 말씀하시는 듯 했습니다. 그렇게 유혹자는 떠나갔고, 감히 돌아오지 못했습니다.

그리스도께서는 죄를 이기신 모든 승리에서 그분의 신성을 확증하신 듯이 보입니다. 나는 다른 어떤 피조물이 이와 같은 유혹을 이기어냈다는 말을 들어본 적이 없습니다. 하늘의 천사들을 보십시오. 그곳에 어떻게 유혹이 들어갈 수 있었는지 나는 모릅니다. 하지만 내가 아는 것은 이것입니다. 천사장이었던 사탄이 죄를 범했다는 것입니다. 또한 나는 그가 다른 동료들의 유혹자가 되어, 하늘의 별들의 삼분의 일을 그에게로 끌어 모았다는 것입니다. 천사들은 단지 조금의 유혹을 받았을 뿐이며, 그들 중 일부는 전혀 유혹을 받지 않았음에도 타락했습니다. 그리고 인간을 보십시오. 그의 유혹은 가벼운 것이었습니다. 하지만 그는 타락했습니다. 유혹에 맞서는 힘은 피조물에게 있지 않습니다. 유혹은 충분히 강하면 피조물은 굴복하기 마련입니다. 하지만 그리스도는 맞서 이기셨습니다. 그것으로써 그분은 온전히 빛나는 순결과 흠 없는 거룩함을 입증하신 듯이 보입니다. 그분 앞에서는 천사들도 그 얼굴을 가리고 외칩니다. "거룩하다 거룩하다 거룩하다 만군의 여호와여"(사 6:3).

하지만 이 증거들로는, 만일 그분이 그 이상의 일을 성취하지 않으셨다면, 불충분한 것으로 보일 수 있습니다. 우리는 그리스도께서 다음의 사실로부터도 자신을 "전능하신 하나님"으로 입증하셨음을 압니다. 즉 그가 최종적으로 자기 백성의 모든 죄들을 모아 어깨 위에 짊어지셨고, "친히 나무에 달려 그 몸으로 우리 죄를 담당하셨다"(벧전 2:24)는 사실입니다. 그리스도의 마음은 마치 산들 가운데 있는 저수지와도 같습니다. 자기 백성의 모든 불의의 지류(支流)들과 모든 죄의 물방울들이 흘러서 하나의 거대한 호수에 모여듭니다. 그 호수는 지옥처럼 깊고 영원처럼 끝이 없습니다. 이 모든 것들이 그분의 마음에 고이지만, 그분은 그 모든 것들을 책임지십니다. 인간의 약함이라는 많은 표징을 가지고 계시면서도, 동시에 신적 전능의 확실한 증거들을 가지고 계시므로, 그분은 우리의 모든 질고를 지고 슬픔을 감당하십니다. 내적인 신성이 그분의 인성을 강화시킵니다. 비록 파도가 연이어 그분의 머리 위를 덮쳐, 마침내 그분이 더 이상 디디고 설 곳이 없는 깊은 진창 속에 가라앉고, 또한 하나님의 모든 진노가 그분 위에 쏟아졌다 해도, 결국 그분은 자신의 머리를 들고 승리자가 되셨고, 자기 백성의 죄들을 공개 처형시켰습니다. 그것들은 죽었습니다. 그것들은 죽어 없어졌습니다. 그것들을 찾으려 해도 더 이상 영원히 발견할 수가 없습니다. 이것이 확실한 사실이므로, 정녕 그분은 "전능하신 하나님"이십니다.

하지만 그분은 이보다 더한 일을 하셨습니다. 그분은 무덤 속으로 내려가셨습니다. 그곳에서 그분은 잠드셨고, 죽음의 차가운 사슬에 매여 계셨습니다. 하지만 정해진 시간이 되자, 제삼일의 햇살이 시간을 알리자, 그분은 죽음의 밧줄들을 마치 삼베 줄에 불과한 듯이 끊어 버리고, "생명과 영광의 주"로서 살아나셨습니다. 그분의 육신은 썩음을 보지 않으셨으니, 이는 그분이 사망의 줄에 매여 있을 수 없었기 때문입니다. 하나님 외에 누가 사망의 사망이 되고, 무덤의 재앙이 되고, 파멸의 파괴자가 될 것입니까? 불멸의 생명을 가진 자, 자존자(Self-existent)가 아니고서는, 누가 지옥의 불을 밟아 끄겠습니까? 시작도 끝도 없는 영원한 존재가 아니고서는, 누가 무덤의 족쇄를 깨뜨릴 수 있겠습니까? 그러므로 그분이 사로잡힌 자들을 사로잡으시고(참조. 시 68:18; 엡 4:8), 죽음을 깨뜨리시고, 그 사지를 절단하여 가루로 만드셨을 때, 그 때 그분은 스스로를 전능하신 하나님으로 입증하신 것입니다.

오 내 영혼아, 너는 그분이 네 마음속에서도 자신을 전능하신 하나님으로 입증하셨다고 말할 수 있도다! 그분이 너의 많은 죄를 사하셨고, 쓰라린 죄의식으로부터 너의 양심을 안심시키셨으며, 헤아릴 수 없는 너의 근심들을 누그러뜨리셨고, 이길 수 없는 유혹들을 이기도록 하셨도다! 한때는 불가능했던 미덕들을 그분이 불어넣어 주셨고, 충만한 은혜를 그분이 약속하셨으며, 또한 그 은혜를 넘치도록 주셨도다! 내게 이루어진 일들은 결코 단지 한 사람에 의해 행해질 수 없는 일이었음을 내 영혼은 증언할 수 있습니다. 또한 여러분도 만일 필요하다면 여러분의 자리에서 일어나서 이렇게 말할 수 있을 것이라고 나는 확신합니다. "예, 저를 사랑하신 분, 저를 죄에서 씻기셨고, 지금의 저를 만드신 분은 하나님이심에 틀림없습니다. 그분이 행하신 일은 하나님이 아니고서는 행할 수 없는 일이었습니다. 그토록 참고 인내하시고, 그토록 아낌없이 은혜를 주시며, 그토록 너그러이 용서하시고, 그토록 무한히 부요하게 하셨기 때문입니다. 그분이 그러하시기에, 틀림없이 그런 분이시기에, 우리는 그분께 합당한 '전능하신 하나님'의 칭호의 면류관을 드립니다."

결론적으로, 여러분을 지치지 않도록 하기 위해, 이제 참석한 여러분 모두에게 당부하는 말씀을 드리고자 합니다. 성령 하나님의 도우심을 따라서, 와서 예수 그리스도를 의지하시기 바랍니다. 그분은 "전능하신 하나님"이십니다. 오 그리스도인들이여, 그분을 이전보다 더욱 잘 믿으시기 바랍니다. 끊임없이 여러분의 근심들을 그분께 맡기십시오. 그분은 "전능하신 하나님"이십니다. 여러분의 모든 곤경 중에서 그분께 가십시오. 원수가 홍수처럼 밀려올 때, 이 전능하신 하나님이 여러분에게 구원의 길을 내실 것입니다. 그분에게 여러분의 슬픔을 가져가십시오. 이 전능하신 하나님이 그 모든 짐을 가볍게 하실 수 있습니다. 그분에게 여러분의 죄와 잘못들을 고하십시오. 이 전능의 하나님께서 그 모든 것을 제하실 것입니다.

그리고 오 죄인들이여, 구주가 필요하다고 느끼는 여러분이여, 그리스도께 와서 그분을 의지하십시오. 그분은 "전능하신 하나님"이십니다. 여러분의 집으로 가서, 무릎을 꿇고서 여러분의 죄들을 고백하십시오. 여러분의 가련하고, 죄 많고, 무기력하며, 헐벗고, 의지할 데 없는 영혼을 그분의 전능하심에 맡기십시오. 그분은 자기를 힘입어 하나님께 나아가는 자들을 온전히 구원하실 수 있습니다. 이는 그분이 죽으셨을 때 신성이 없이 인성만 가지신 분이 아니라 "전능하신 하나님"이셨기 때문입니다. 우리는 오늘부터 영원무궁토록 이것을 우리의 깃발에 새길 것입니다. 이것이 우리의 기쁨이 되고, 우리의 노래가 될 것입니다. — 우리에게 난 한 아기, 우리에게 주신 바 된 한 아들은 "전능하신 하나님"이라!

제
13
장

크리스마스의 질문

"한 아기가 우리에게 났고 한 아들을 우리에게 주신 바 되었는데"—사 9:6

전에 나는 이 구절의 중요 부분을 설명한 바 있습니다. "그의 어깨에는 정사를 메었고 그의 이름은 기묘자라, 모사라, 전능하신 하나님이라." 하나님이 허락하신다면, 나는 언젠가 이 구절의 다른 칭호들인 "영존하시는 아버지, 평강의 왕"에 관해서도 말씀을 전할 수 있기를 바랍니다. 하지만 오늘 아침에 우리가 주목해야 할 말씀은 "한 아기가 우리에게 났고 한 아들을 우리에게 주신 바 되었는데"라고 하는 부분입니다. 이 문장은 중문(重文, double sentence)이지만, 그 속에 용어의 반복은 없습니다. 신중한 독자라면 한 가지 특징을 발견할 것인데, 곧 두 문장 사이의 차이를 나타내는 특징입니다. "한 아기(child)가 우리에게 났고(born), 한 아들(Son)을 우리에게 주신 바 되었는데(given)." 예수 그리스도는 인간의 본성에 있어서는 한 아이이며, 태어나셨고, 성령에 의해 나신 바 되었고, 동정녀 마리아에게 나셨습니다. 그분은 틀림없이 한 아이로서 태어나셨고, 이는 지구상에 살았던 다른 어느 인간과 다를 바 없습니다. 그분은 인성에 있어서 태어난 한 아기(a child born)입니다.

하지만 예수 그리스도는 하나님의 아들이시기에, 그분은 나신 것이 아니라 주어진(given) 분입니다. 그분은 세상이 생겨나기도 전에 아버지에게서 나신 분입니다. 이 의미는 그분이 창조되었다는 것이 아니라, 아버지와 동일한 본질로서 존재하셨다는 것입니다. 그리스도의 영원한 기원에 관한 교리는 우리의 거룩한 신앙의 진리로서 의심 없이 받아들여져야 합니다. 하지만 그것을 설명하는 문제에 관한 한, 어떤 사람도 그것을 감히 시도해서는 안 됩니다. 그것은 하나님의 깊은 신비 중에 머물러 있기 때문입니다. 그것은 진정 신성한 신비들 중의 하나이기에, 천사들조차 감히 그 속을 들여다보지 않으며, 그것에 관해 꼬치꼬치 캐물으려 하지도 않습니다. 그것은 우리가 깊이를 재려고 시도할 수 없는 신비이며, 유한한 존재의 이해력을 전적으로 초월하는 문제입니다. 유한한 피조물이 영원하신 하나님을 파악하려고 하는 것은 마치 하루살이 곤충이 대양(大洋)의 물을 마시려 시도하는 것과도 같습니다. 우리가 파악할 수 있는 하나님은 하나님이 아닐 것입니다. 우리가 그분을 파악할 수 있다면 그분은 무한자일 수 없습니다. 우리가 그분을 이해할 수 있다면, 그분은 신이 아닐 것입니다.

그러므로 내가 말하거니와, 예수 그리스도는 한 아들로서는 우리에게 나신 분이 아니라 주신 바 된 분입니다. 그분은 우리에게 주어진 은혜입니다. "하나님이 세상을 이처럼 사랑하사 독생자(only begotten Son)를 **주셨고**, 그 아들을 세상에 **보내셨으니**"(요 3:16,17). 그분은 하나님의 아들로서는 세상에 나신 것이 아니라 보내진(sent) 분이며, 혹은 주어진(given) 분입니다. 그렇게 여러분은, 그 차이가 중요한 것을 암시하며, 우리에게 많고 유익한 진리를 전해주고 있음을 분명하게 인식할 수 있을 것입니다. "한 아기가 우리에게 났고, 한 아들을 우리에게 주신 바 되었는데."

오늘 아침, 내 설교의 주된 목적, 아니 유일한 목적은, "우리에게(unto us)"라고 하는 이 짧은 두 단어 속에 담긴 힘을 끌어내는 것입니다. 여러분은 이 구절 속에 충만한 힘이 놓여 있음을 인식하게 될 것입니다. "한 아기가 우리에게 났고 한 아들을 우리에게 주신 바 되었는데(For unto us a child is born, unto us a son is given)." 내 설교는 매우 단순하게 다음과 같이 나누어집니다. 첫째, 그것이 그러한가? 둘째, 그것이 그러하다면 그 다음은 무엇인가? 셋째, 만일 그것이 그렇지 않다면 그 다음은 무엇인가?

1. 우리에게 아들을 주신 것이 사실인가?

우선, 그것이 그러합니까? 우리에게 한 아기가 났고, 우리에게 한 아들을 주신 바 된 것이 사실입니까? 한 아기가 난 것은 사실입니다. 그 문제에 대해서는 논하지 않겠습니다. 우리는 그것을 하나의 사실로 받아들이며, 역사에 있었던 다른 어떤 사건보다 더 확실하게 정립된 사건으로 받아들입니다. 하나님의 아들이 사람이 되셨고, 베들레헴에서 태어나셨으며, 강보에 싸이셨고, 구유에 누이셨습니다. 한 아들이 주어졌다는 것 역시 사실입니다. 그에 대해 우리는 어떤 의문도 갖지 않습니다. 성경을 믿는다고 고백하는 우리들은 하나님이 독생자를 사람들의 구주로 주셨음을 부인할 수 없는 진리로 받아들입니다. 그리고 불신자들은 이에 대해 논박하려 할 것입니다. 하지만 질문의 요지는 이것입니다. 즉 이 아이가 우리에게 났는가 하는 것입니다. 그분이 우리에게 주어졌습니까? 이것이 마음을 죄게 하는 의문입니다. 우리는 베들레헴에서 난 그 아기에게 개인적인 관심을 가지고 있습니까? 우리는 그분을 우리의 구주로 알고 있습니까? 그분이 우리에게 복된 소식을 가져다주신 것과, 그분이 우리에게 속하였음을 압니까? 나는 이것이 매우 중대하고도 엄숙하게 살펴야 할 문제라고 생각합니다.

신앙이 매우 훌륭한 사람들도 그리스도와 관련된 문제에서 때때로 고민을 하는 것을 발견할 수 있습니다. 이 문제와 관련하여 전혀 고민조차 해보지 않은 사람은 흔히 뻔뻔스러운 기만자이며 이 문제와 아무런 관련이 없는 사람일 가능성이 높습니다. 내가 종종 목격해온 바로는, 아주 확신이 있을 것이라고 내가 느꼈던 사람들 가운데 정작 그들 스스로는 최소한의 확신도 갖지 못한 사람들이 있었습니다. 시몬 브라운(Simon Brown)이라는 이름의 한 경건한 사람의 이야기가 생각납니다. 그는 예전에 런던에서 목회하던 분이었습니다. 그는 마음이 극도로 슬퍼지고, 심령이 의기소침해져서, 마침내 자기 영혼이 소멸되었다는 생각까지 품게 되었습니다. 그 선한 사람에게 대화를 시도해도 소용이 없었고, 그가 영혼을 가졌다고 설득할 수 없었습니다. 하지만 그런 와중에도 그는 설교하고 기도하고 있었으며, 영혼이 없기는커녕 마치 두 개의 영혼이 있는 것처럼 일하고 있었습니다. 그가 설교할 때 그의 눈은 눈물의 홍수를 쏟아내었고, 그가 기도할 때 모든 간구에는 거룩한 열정과 감화력이 있었습니다. 많은 그리스도인들의 경우가 그러합니다. 그들은 경건의 화신처럼 보입니다. 그들의 삶은 칭찬할 만하고, 그들의 대화는 경건한데, 정작 그들은 언제나 이렇게 부르짖고 있습니다.

"내가 알고 싶은 것이 한 가지 있으니
자주 그것이 걱정스런 생각을 하게 만든다네.

나는 주님을 사랑하는 것일까, 아닐까?
나는 그분의 것일까, 아닐까?"

그런 일이 있습니다. 최악의 사람들이 앞뒤 생각도 없이 믿는 문제에 대해 최상의 사람들은 의문을 갖습니다.

아아, 나는 보아왔습니다. 내가 그들의 영원한 운명에 관해서 심각한 의문을 가지고 있으며, 그들의 삶의 모순이 눈에 띄게 역력함에도 불구하고, 이스라엘 내에서의 그들의 분깃에 관해서와 장래의 확실한 소망에 관하여 지껄여대는 사람들을 말입니다. 그들은 다른 사람들도 그들처럼 쉽게 속아 넘어가는 얼간이들인 줄 아는 것 같습니다. 자, 이 어리석은 완고함을 어떻게 이해해야 할까요? 이 예화를 통해 배우시기 바랍니다. 여러분은 많은 사람들이 바닷가 절벽 끝에 있는 좁은 길을 따라 말을 타고 가는 것을 봅니다. 그것은 매우 위험한 길입니다. 길은 울퉁불퉁하고 길 바로 옆에는 거대한 낭떠러지가 있기 때문입니다. 말이 한 발만 헛디디면 그들은 아래로 곤두박질쳐 파멸에 이르고 맙니다. 말을 탄 사람들이 얼마나 조심스럽게 가는지를 보십시오. 그 말들이 얼마나 조심스럽게 발걸음을 옮기는지를 보십시오. 하지만 저기 말 탄 자가 보입니까? 그가 얼마나 빠른 속도로 질주하고 있는지 보입니까? 그는 마치 사탄과 더불어 장애물 경주를 하는 것 같습니다. 여러분은 두려움에 몸부림치며 손을 움켜쥐고 있으며, 매 순간 그가 탄 말의 발이 미끄러져서 그가 넘어지지나 않을까 떨고 있습니다. 그리고 여러분은 그가 왜 그렇게 부주의하게 말을 타느냐고 묻습니다. 그 사람은 눈먼 말을 탄 눈먼 기수이기 때문입니다. 그들은 그들이 어디에 있는지를 보지 못합니다. 그 기수는 자신이 안전한 길 위에 있다고 생각합니다. 그래서 그토록 빨리 말을 모는 것입니다. 장면을 바꾸겠습니다. 어떤 사람들은 이따금씩 잠든 채로 걷습니다. 그들은 다른 사람들이 감히 생각지도 못하는 곳에 오릅니다. 우리가 생각하기에는 아찔한 높이가 그들에게는 충분히 안전하게 보입니다. 그와 같은 영적인 몽유병자들이 우리 중에는 많이 있습니다. 그들은 자신들이 깨어 있다고 생각하지만, 실상은 그렇지 않습니다. 감히 자기 확신(self-confidence)의 높은 곳에 오르려는 뻔뻔함이 그들이 몽유병자들이며, 깨어 있지 않았음을 입증합니다. 하지만 사람들은 잠든 중에 걷기도 하고 말하기도 합니다.

그러므로 나는 이것이 정녕 최종적으로 옳기를 바라는 모든 사람들이 진지하게 물어야 할 문제라고 말합니다. — 이 아기는 우리에게 났고, 이 아들은 우리에게 주신 바 된 아들입니까? 이제 나는 여러분이 그 질문에 대답하도록 돕고자 합니다.

1) 이 아기가 당신에게 났다면 당신은 거듭났다.

내 청중이여, 만약 여러분의 믿음의 눈 앞에 놓여 있는 이 아기가, 강보에 싸여 베들레헴의 구유 속에 누워 있는 이 아기가, 당신에게 났다면, 그렇다면 당신은 거듭났습니다! 당신이 이 아기에게(to this Child) 나지 않았다면, 이 아기가 당신에게 나지 않기 때문입니다. 그리스도 안에서 분깃을 가진 모든 자들은, 정해진 때에, 은혜에 의해 회심하고, 소생하며, 새롭게 됩니다. 모든 구속된 자들이 아직 회심하지는 않았어도, 그들은 회심하게 될 것입니다. 죽음의 때가 오기 전에 그들의 본성은 변화될 것입니다. 그들의 죄는 씻기어지고, 그들은 죽음에서 생명으로 옮겨가게 될 것입니다. 만일 누군가 중생을 경험하지 못하고서도 그리스도가 그의 구속자라고 말한다면, 그의 신앙은 헛것이며, 그의 소망은 기만에 불과합니다. 오직 거듭난 사람들만이 베들레헴의 그 아기를 그들에게 주어진 분이라고 주장할 수 있습니다.

한 사람이 말합니다. "하지만 내가 거듭났는지 아닌지를 어떻게 안단 말입니까?" 또 다른 질문으로써 그 질문에 답하시기 바랍니다. 당신 안에(within you) 하나님의 은혜의 효력으로 인한 변화가 있었습니까? 당신이 사랑하는 것은 예전에 당신이 사랑했던 것과는 정반대입니까? 지금 당신은 한때 당신이 흠모했던 것들을 헛된 것들이라고 미워합니까? 그리고 한때 당신이 멸시했던 것을 값진 진주로 여기고 추구합니까? 당신의 마음은 추구하는 목표에 있어서 철저하게 새로워졌습니까? 당신의 욕망의 방향이 전환되었습니까? 당신의 얼굴은 시온을 향하고 있으며, 당신의 발은 은혜의 길을 걷고 있습니까? 한때 죄의 깊은 수렁을 향하던 당신의 마음은 지금 어디에 있으며, 거룩해지기를 갈망하고 있습니까? 한때 당신은 세상의 향락들을 사랑했었지만, 이제는 그것들이 당신에게 찌꺼기요 불순물에 불과한 것이 되었습니까? 지상에서의 향락을 즐기기보다는 내세의 충만한 기쁨을 누리는 것을 더욱 바라고 있습니까? 당신의 내면은 새롭게 되었습니까? 내 청중이여, 신생(the new birth)이란 잔과 쟁반의 겉을 씻는 것에 있지 않고, 속 사람을 깨끗이 씻는 것에 있습니다. 무덤 앞에 돌을 세워두고서 그것을 아무리 깨끗이 씻고 계절 꽃들로 장식한들 모두 소용이 없습니다. 무덤 자체가 깨끗해져야 합니다. 인간의 마음이라고 하는 납골당에 놓인 죽은 사람의 뼈가 깨끗이 치워져야 합니다. 아니, 그것들이 살아나야 합니다. 더 이상 마음이 죽음의 무덤이 되어서는 안 되며, 생명의 성전이 되어야 합니다. 내 청중이여, 당신의 모습이 그러합니까? 기억하십시오. 당신이 아무리 겉으로 달라졌어도, 속에서 변화되지 않았다면, 그 아기는 당신에게 나지 않은 것입니다.

또 하나의 질문을 제시하겠습니다. 거듭남의 주된 문제는 인간 내면의 문제이지만, 그럼에도 불구하고 그것은 그 자체로 밖으로 드러납니다. 자, 그러니 말해보십시오. 외적인 면에서도 당신에게 변화가 있습니까? 당신이 생각하기에, 당신을 바라보는 다른 사람들이 "이 사람은 예전의 그 사람이 아니다"라고 말할 수밖에 없습니까? 당신의 동료들이 변화를 목격하고 있습니까? 그들이 당신의 청교도주의와 엄격함을 보고서 위선이라 여기고 당신을 비웃은 적이 있습니까? 만일 한 천사가 당신의 은밀한 사생활을 따라가서 관찰하고, 당신의 골방에서 무릎을 꿇고 있는 당신을 본다면, 전에 결코 볼 수 없었던 무언가를 천사가 볼 수 있을까요? 내 사랑하는 청중이여, 외적인 삶에서도 반드시 변화가 있어야 합니다. 그렇지 않다면 내적인 변화도 없는 것입니다. 당신이 나를 나무로 데리고 가서, 그 나무의 본성이 변화되었다고 말로 하는 것은 소용이 없습니다. 만약 내가 그 나무가 여전히 들 포도를 맺고 있는 것을 본다면, 그것은 여전히 들 포도나무인 것입니다. 내가 당신에게서 소돔의 사과들과 고모라의 포도들을 본다면, 당신의 모든 달콤한 경험에도 불구하고 당신은 여전히 저주받을 운명의 나무입니다. 그리스도인의 증거는 삶 속에 있습니다. 다른 사람들에게, 회심의 증거는 당신이 느끼는 바에 있지 않고, 당신이 행하는 바에 있습니다. 당신 자신에게는 당신의 느낌이 충분히 좋은 증거이겠지만, 당신을 판단하는 목사나 다른 사람들에게는 외적인 행실이 판정의 주된 근거입니다.

동시에, 한 사람의 외적인 삶이 많은 점에서 그리스도인의 삶 같다고 하더라도, 그 사람 속에는 전혀 신앙심이 없을 수도 있습니다. 여러분은 칼을 가지고 서로 싸우는 시늉을 하는 곡예사들을 본 적이 있습니까? 그들이 어떻게 상대방을 베고, 치며, 난도질을 하는지를 보십시오. 아마도 여러분에게는 두려움이 생기고 곧 살인이 저질러질 듯이 보입니다. 그들이 너무나 진지하게 보이기 때문에, 여러분은 그들을 떼어놓기 위해 경찰을 부르고 싶은 생각이 들 정도입니다. 한 쪽이 상대방의 머리를 향해 얼마나 끔찍한 공격을 가하는지 보십시오. 그의 동료는 절묘한 타이밍의 방어 동작으로 능숙하게 그 공격을 막아냅니다. 그들을 잠시 동안 유심히 살펴보면, 여러분은 곧 이 사람들이 미리 짜놓은 순서대로 찌르고 베는 것을 알 것입니다. 그 싸움에는 진정성이 전혀 없습니다. 만일 그들이 진짜 원수들이라면 그렇게 대충 싸우지 않습니다. 그와 마찬가지로, 나는 때때로 죄에 대해 매우 화가 난 것처럼 시늉하는 사람을 본 적이 있습니다. 하지만 그를 한동안 살펴보면, 여러분은 그것이 단지 검술가의 속임수일 뿐임을 알 수 있습니다. 그는 순서를 벗어나서 칼을 휘두르지 않으며, 그의 휘두름에는 어떤 진지함도 없습니다. 그것은 모두 시늉이고, 연극 공연을 흉내 내는 것에 불과합니다. 검술 곡예사들은 공연을 마친 후에 서로 악수를 나누며, 감탄한 군중들이 그들에게 준 동전들을 나눕니다. 이 사람도 그런 식입니다. 그는 은밀히는 마귀와 악수하고, 그 두 협잡꾼들은 약탈품을 나눕니다. 그 위선자와 마귀는 결국 아주 사이좋은 친구들입니다. 그들은 공통으로 얻는 유익을 즐거워합니다. 마귀는 신앙고백자의 영혼을 얻은 것으로 낄낄대며, 그 위선자는 금전을 대가로 얻고서 웃습니다. 그러므로 조심하십시오. 여러분의 외적인 삶이 단지 무대의 공연이 되지 않도록 하십시오. 죄에 대한 여러분의 적대감이 실제적이고 강렬한 것이 되도록 하십시오. 마치 괴물을 죽이려는 듯이, 검으로 좌우를 치고, 그 자른 사족들을 하늘의 바람에 날려 버리십시오.

또 다른 질문을 제시하겠습니다. 만일 당신이 거듭났다면, 당신을 시험해 볼 수 있는 또 하나의 문제가 있습니다. 당신의 내적 자아가 변화되고 당신의 외적인 행실이 변화되었을 뿐 아니라, 당신의 삶의 근본적인 뿌리와 원리가 전체적으로 새로워져야 합니다. 죄 속에 있을 때 우리는 자아를 향해 살고, 거듭났을 때 우리는 하나님을 향해 삽니다. 우리가 거듭나지 못한 동안에는, 우리의 삶의 원리는 우리 자신의 즐거움을 찾는 것이며, 우리 자신의 출세를 추구하는 것입니다. 하지만 이것으로부터 아주 달라진 목표를 가지고 살지 않는 사람은 진정으로 거듭나지 않았습니다. 한 사람의 근본 원리가 바뀌면, 그 사람의 감정이 바뀌고, 그 사람의 행동까지도 바뀝니다. 은혜는 사람의 근본 원리를 변화시킵니다. 그것은 나무의 뿌리에 도끼를 댑니다. 은혜는 어떤 큰 가지를 잘라내는 것이나 수액(樹液)을 변화시키려 애쓰는 것이 아니라, 우리에게 새로운 뿌리를 주고 새로운 토양에 우리를 심는 것입니다. 사람의 내적 자아, 곧 행동의 흙 아래 깊은 곳에 놓여 있는 근본 원리의 바위가 철저하게 바뀌는 것입니다. 그런 사람이 그리스도 안에서 새로운 피조물입니다.

한 사람이 말합니다. "하지만, 나는 내가 거듭나야 하는 이유를 모르겠습니다." 아, 불쌍한 사람이여, 그것은 당신이 당신 자신을 제대로 본 적이 없기 때문입니다. 당신은 하나님의 말씀의 거울 앞에 선 사람을 본 적이 있습니까? 그는 얼마나 이상한 괴물의 모습인지요! 당신은 원래는 발이 있어야 할 곳에 심장이 있는 사람을 압니까? 무슨 말인고 하면, 그의 발이 밟고 서 있어야 할 땅에 심장이 붙은 경우를 말합니다. 더욱 이상한 것은, 그의 발꿈치들은 그의 심장이 있어야 할 곳에 있다는 것입니다. 말하자면, 그는 위의 것들을 사모해야 함에도 하늘의 하나님을 향해 발로 차며 반항한다는 것입니다. 인간은 본성적으로 그가 가장 선명하게 볼 때에도 아래로 내려다보고 있을 뿐이며, 자기 아래에 있는 것들을 볼 수 있을 뿐입니다. 그는 위의 것들을 볼 수 없습니다. 이상한 말이지만 하늘의 햇볕이 그를 눈멀게 했습니다. 그는 하늘로부터의 빛을 구하지 않습니다. 그는 어둠 속에서 자기의 빛을 구합니다. 땅이 그에게는 하늘입니다. 그는 진흙탕에서 태양을 보고, 그곳에 있는 오물들에서 별들을 봅니다. 그는 사실상 거꾸로 뒤집힌 사람입니다. 우리 본성의 타락이 그토록 심하기 때문에, 지구상에 있는 가장 괴물 같은 존재는 다름 아닌 타락한 인간입니다. 고대인들은 그리핀(griffins, 그리스 신화에서 독수리의 머리와 날개에 사자 몸을 한 괴물), 용, 키메라(chimera, 그리스 신화에서 사자의 머리에 염소의 몸, 뱀의 꼬리를 하고서 불을 뿜는 괴물 — 역주) 등 모든 종류의 소름끼치는 것들을 그리곤 했습니다. 하지만 기술자의 손이 사람을 정교하게 그릴 수 있다면, 우리 중 어느 누구도 그 그림을 보려 하지 않을 것입니다. 그것은 지옥에 있는 잃은 자들을 제외하고는 결코 본 적이 없는 모습이기 때문입니다. 그들이 어쩔 수 없이 항상 그들 자신을 바라보아야 한다는 것은 그들의 견딜 수 없는 고통의 일부입니다. 자, 그러니 당신이 거듭나야 하는 이유를 알지 못하겠습니까? 이 아기가 당신에게 나지 않았다면 당신이 바로 그런 자입니다.

2) 이 아기가 당신에게 났으면 당신은 아기이다.

계속해서 이 문제를 다루겠습니다. 만일 이 아기가 당신에게 났다면, 당신은 한 아기(a child)입니다. 여기에서 한 질문이 발생합니다. 당신이 그러합니까? 자연적으로, 인간은 유아에서 성인으로 자랍니다. 은혜 안에서, 인간은 성인에서 유아로 자랍니다. 우리가 참된 어린아이에 가까워질수록, 우리는 그리스도의 형상에 더 가까워집니다. 그리스도께서는 "한 아기"로 불리셨고, 심지어 승천하신 후에도 "당신의 거룩한 아기 예수"(thy holy child Jesus, KJV, 행 4:27,30)로 불리시지 않았습니까? 형제들과 자매들이여, 여러분은 어린아이가 되었다고 말할 수 있습니까? 여러분은 하나님의 말씀을 있는 그대로 받되, 여러분의 천부께서 단지 그렇게 말씀하셨기 때문에 받아들일 수 있습니까? 당신은 신앙의 신비들에 대해 설명해줄 것을 요구하지 않고서 믿는 것에 만족합니까? 당신은 어린 자로서, '유아반'에 앉을 준비가 되어 있습니까? 당신은 교회의 품에 기꺼이 매달리고자 하며, 변질되지 않은 말씀의 젖을 먹고자 합니까? 당신의 거룩하신 주님께서 계시하시는 것을 잠시도 의심하지 않고, 그것이 이성을 초월하든지, 이성에 미달하든지, 혹 이성에 반하는 것처럼 보이더라도, 오직 그분의 권위에 근거하여 그것을 믿습니까? 자, "너희가 돌이켜 어린아이들과 같이 되지 아니하면"(마 18:3), 이 아기가 여러분에게 나지 않았으면, 여러분이 겸손하고, 가르침을 받으며, 순종적이고, 아버지의 뜻을 기뻐하고 그분께 모든 것을 기꺼이 맡기고자 하지 않으면, 여러분에게 이 아기가 났는지에 대하여 심각하게 질문해 보아야 합니다. 사람이 회심하고 어린아이가 되는 것을 보면 얼마나 즐거운지요! 한때 이성으로써 그리스도를 반대하고, 사전에도 없는 험한 말로 그리스도의 사람들을 욕하곤 했던 엄청난 불신자가 하나님의 은혜로 복음을 믿는 것을 볼 때, 내 마음은 기쁨으로 뜁니다. 그 사람이 조용히 앉아 흐느끼며, 구원의 온전한 능력을 느낍니다. 그 때 그의 의문들이 눈물방울들과 함께 떨어집니다. 그는 예전의 그와 정반대의 사람이 됩니다. 그는 자신을 믿는 자 중에서 가장 낮은 자보다 더 낮은 자로 여깁니다. 그는 그리스도의 교회를 위해 가장 천한 일도 하기를 마다하지 않습니다. 그는 강력한 기독교 철학자들인 로크(Locke)나 뉴턴(Newton)과 함께하는 것이 아니라, 예수님의 발치에 앉아 배웠던 마리아처럼 단순하게 배우는 자의 자리에 앉는 것에 만족합니다. 만약 여러분이 어린아이들이 아니라면, 이 아기는 여러분에게 나지 않은 것입니다.

3) 이 아들이 '우리에게' 주신 바 되었는가?

이제 본문의 두 번째 문장에서 한두 가지 질문을 이끌어내고자 합니다. 이 아들이 우리에게 주신 바 되었습니까? 여기서 잠시 멈추어, 여러분의 개인적인 주의를 요청합니다. 나는 할 수만 있다면, 이 설교를 통해 여러분 모두가 스스로에게 물어보도록 만들기를 원합니다. 나는 여러분 중에서 어느 한 사람도 이 검증으로부터 제외되지 않고, '한 아들을 내게 주신 것이 진실인지'를 스스로 물어보라고 호소합니다. 만약 이 아들이 당신에게 주어졌다면, 당신 자신도 한 아들입니다. "영접하는 자 곧 그 이름을 믿는 자들에게는 하나님의 자녀가 되는 권세를 주셨으니"(요 1:12). 그리스도는 모든 면에서 그의 형제들과 같이 되신 한 아들이 되셨습니다(참조. 히 2:17). 하나님의 아들은, 나 역시 하나님의 아들이 아니라면, 내가 즐거워하고 사랑하고 기뻐할 대상이 아닙니다. 내 사랑하는 청중이여, 여러분은 하나님께 대한 경외심(fear)을 가지고 있습니까? 자녀로서의 경외심, 곧 자녀가 그 부모를 근심하게 하지 않으려는 그런 경외심이 여러분에게 있습니까? 말해보십시오. 당신에게는 하나님을 향한 자녀의 사랑(love)이 있습니까? 당신은 그분을 당신의 아버지로서, 당신의 공급자로서, 또한 당신의 친구로서 신뢰(trust)합니까? 당신 속에는 "양자의 영" 곧 "아빠, 아버지"라고 부르짖는 영이 있습니까? 무릎을 꿇고서 "내 아버지, 내 하나님"이라고 말하는 때가 있습니까? 성령이 당신의 영과 더불어 당신이 하나님께로 난 것을 증언하십니까? 그리고 이 증언이 있을 때, 당신의 마음은 당신의 아버지이자 당신의 하나님을 향해 날아올라 갑니까? 그러는 와중에, 오래전에 언약의 사랑 안에서, 효과적인 은혜의 팔로써 당신을 껴안으셨던 그분을 껴안는 황홀감을 누립니까? 내 청중이여, 명심하십시오. 만일 당신이 시온의 아들이나 딸이 아니라면, 당신 자신을 속이지 마십시오. 이 아들은 당신에게 주신 바 되지 않았습니다.

4) 우리는 그 아들에게 주어졌다.

그것을 다른 방식으로 표현해보겠습니다. 만일 한 아들이 우리에게 주어졌다면, 그 때 우리는 그 아들에게 주어졌습니다. 이 질문에 대해 당신은 어떻게 대답하겠습니까? 당신은 그리스도께 주어졌습니까? 당신에게는 그분을 영화롭게 하는 것 외에 지상에서 살아갈 다른 이유를 느끼지 못합니까? 당신은 마음으로부터 이렇게 말할 수 있습니까? "위대하신 하나님, 제가 잘못 생각하는 것이 아니라면 저는 전적으로 당신의 것입니다." 당신은 오늘 헌신의 서약을 다시 할 준비가 되어 있습니까? 당신은 이렇게 말할 수 있습니까? "저를 취하소서! 저 자신과 제가 가진 모든 것은 영원히 당신을 위한 것입니다. 저는 제가 가진 모든 소유들을 포기하고, 저의 모든 힘과, 모든 시간들을 바칩니다. 저는 당신의 것, 전적으로 당신의 것이 되길 원합니다." "너희는 너희 자신의 것이 아니라. 값으로 산 것이 되었느니라"(고전 6:19,20). 만약 하나님의 이 아들이 당신에게 주신 바 되었다면, 당신은 당신 자신을 전적으로 그분께 헌신하게 될 것입니다. 그분의 명예가 당신의 삶의 목적이라고, 또한 그분의 영광이 당신의 영혼이 애타게 갈망하는 것이라고 느낄 것입니다. 내 청중이여, 당신에게 그러합니까? 스스로에게 이 질문을 해보십시오. 그리고 그 대답에 스스로를 속이지 않기를 호소합니다.

위에 언급한 네 가지 다른 증거들을 간략히 반복하고자 합니다. 만일 한 아기가 나에게 났다면, 그 때 나는 거듭났습니다. 그리고 그 신생의 결과 지금 나는 한 아기입니다. 또한, 만약 한 아들이 내게 주어졌다면, 나는 한 아들입니다. 그리고 내게 주어진 그 아들에게 나는 다시 주어졌습니다. 나는 이 검증들을 본문이 암시하는 방식으로 제시하려고 시도했습니다. 나는 여러분이 그 말씀을 간직한 채 집으로 가시길 바랍니다. 내 청중이여, 설혹 여러분이 그 말씀들을 기억하지 못한다 해도, 여러분 스스로를 살펴서 "나에게 이 아들이 주신 바 되었다"고 말할 수 있는지를 확인해 보십시오. 정녕 그리스도가 나의 그리스도가 아니라면, 그분은 내게 아무 소용이 없기 때문입니다. 만약 내가 "그분이 나를 사랑하셨고 나를 위하여 자기 자신을 주셨다"고 말할 수 없다면, 그분의 모든 의가 내게 무슨 소용이고, 그분의 속죄의 풍성함이 내게 무슨 의미이겠습니까? 상점에 있는 빵은 충분히 좋은 것이지만, 내가 배고프고 또 그것을 얻지 못한다면, 양식이 가득해도 나는 굶주릴 것입니다. 강에 있는 물은 충분히 좋은 것이지만, 내가 만약 사막에 있어서 그 물에 이르지 못한다면, 멀리서 그 소식을 들을 수 있다고 해도 나는 갈증으로 쓰러져 죽어갈 것입니다. 흐르는 시냇물 소리와 강물 소리는 나를 괴롭힐 뿐, 나는 절망 중에 죽을 것입니다. 내 청중이여, 그리스도의 이름이 계속적으로 찬미되고 그분께 영광을 돌리는 곳에서 살았더라도, 그분 안에서 아무런 분깃도 없다면, 그분의 복음으로 어떤 은혜도 얻지 못하고, 그분의 피로 씻음 받지 못하고, 그분의 의의 옷을 입지 못한 채 무덤으로 내려간다면, 차라리 아프리카의 미개인들처럼 죽고 어떤 미개한 나라의 거주민으로 살다가 무덤으로 내려가는 편이 여러분에게 더 나을 것입니다. 하나님이 도우시어, 여러분이 그분 안에서 복을 받고 이렇게 달콤한 노래를 부를 수 있기를 바랍니다. "한 아기가 우리에게 났고 한 아들을 우리에게 주신 바 되었도다."

2. 우리에게 아들을 주신 것이 사실이라면, 그 다음은 무엇인가?

이는 두 번째 대지로 우리를 이끌어주는데, 그것에 대해서는 간략히 다루고자 합니다. 만약 그렇다면, 그 다음은 무엇입니까? 우리에게 아들을 주신 것이 사실이라면, 오늘 나는 왜 염려하는 것입니까? 왜 내 영혼은 의문을 품는 것입니까? 왜 나는 그 사실을 인식하지 못합니까? 내 청중이여, 만약 아들이 당신에게 주신 바 되었다면, 어찌하여 당신은 오늘 당신이 그리스도의 것인지 아닌지에 대해 묻고 있습니까? 왜 당신은 애써 당신의 부르심과 선택을 확인하려고 합니까? 왜 당신은 의심의 평지에 머물고 있습니까? 일어나십시오. 일어나서 확신의 높은 산으로 오르십시오. 당신이 잘못 생각하고 있는 것이 아닌지에 대해 두려움 없이 다음과 같이 말할 수 있을 때까지 오르기를 멈추지 마십시오. "나는 나의 구속자가 살아계신 것을 압니다. 내가 의탁한 것을 그분이 능히 지키실 줄을 확신합니다." 아마도 이 중에는 그리스도께서 그들의 것인지 아닌지에 대해 불확실성의 문제로 고민하는 이들이 많을 것입니다. 오, 나의 사랑하는 회중이여, 그리스도께서 여러분의 것이고, 여러분 또한 그리스도의 것임을 확실히 알게 될 때까지는 결코 만족하지 마십시오.

내일 신문에서 어떤 부자가 당신에게 어마어마한 재산을 남겼음을 공지하는 글을 보았다고 가정해 보십시오. 당신이 그 글을 읽으면서, 당신은 신문에서 언급된 사람이 당신의 친척임을 잘 알기에, 그것이 사실일 것이라고 가정해 보십시오. 아마도 당신은 내일 가족 모임을 준비해 두었고, 요한 형제와 마리아 자매 및 그들의 어린 자녀들과 만찬을 나누기를 기대하고 있었을지 모릅니다. 하지만 당신은 그 사실이 정말로 그러한지를 가서 확인하기 위해 그 식탁에서 빠지지 않을까 나는 궁금히 여깁니다. 당신은 이렇게 말할 것입니다. "오, 만약 내가 이 문제를 확실히 알 수 있다면 성탄절 만찬을 더욱 잘 즐길 수 있을 것이라고 확신합니다." 설혹 가지 않더라도, 당신은 하루 종일 기대감으로 흥분된 상태로 지낼 것입니다. 당신은 그것이 사실인지 아닌지를 알게 되기까지는 줄곧 마음을 졸일 것입니다.

자, 오늘 널리 공지된 것이 하나 있으니, 그것은 사실입니다. 그것은 곧 예수 그리스도께서 죄인들을 구하시려고 세상에 임하셨다는 것입니다. 당신과 관련된 질문은 그분이 당신을 구하셨는지의 여부, 달리 말하면 당신이 그분 안에서 분깃을 가졌는지의 여부입니다. 내 간곡히 호소하건대, "하늘의 처소들에 붙은 당신의 명패"를 분명히 읽기까지는 당신의 눈으로 잠들게 말며, 당신의 눈꺼풀로 하여금 졸도록 허용하지 마십시오. 이보시오! 당신의 영원한 운명을 불확실성의 문제로 방치한단 말입니까? 뭐라고요? 천국이든 지옥이든, 어느 것이 당신의 영원한 운명이 될는지 알게 될 때까지 쉬고 있겠단 말입니까? 하나님이 당신을 사랑하시는지, 혹은 그분이 당신에게 노하셨는지가 의문인 상태에서 당신은 만족하고 있겠단 말입니까? 당신이 죄 속에서 정죄되었는지, 혹은 그리스도 예수 안에 있는 믿음으로 말미암아 의롭게 되었는지가 의문인 상태에서, 당신은 편안히 머물 수 있단 말입니까? 이보시오, 일어나시오! 살아 계신 하나님의 이름으로, 또한 당신 영혼의 안전을 위해 간곡히 호소하니, 일어나서 기록들을 읽으십시오. 찾아서 살피십시오. 당신 자신을 시험하고 검증하십시오. 그것이 그러한지 아닌지를 확인하십시오. 만약 그러하다면, 우리가 그것을 알아야 하지 않겠습니까? 만약 그 아들이 나에게 주신 바 되었다면, 내가 그것을 확인해야 하지 않겠습니까? 만약 그 아기가 나에게 났다면, 내가 그것을 확실히 알아야 하지 않겠습니까? 그래야 내가 지금도 나의 특권을 즐거워하는 중에 살아갈 수 있지 않겠습니까? 그 특권이야말로 내가 영광에 이를 때까지는 결코 완전히 알 수 없는 귀한 가치입니다.

만약 그러하다면, 또 한 가지의 질문이 있습니다. 왜 우리는 슬퍼합니까? 나는 지금 미소를 짓고 있으면서도 그 미소로써 쓰린 마음을 가리고 있는 얼굴들을 보고 있습니다. 형제와 자매여, 만일 한 아기가 우리에게 났고 한 아들을 우리에게 주신 바 되었다면, 왜 이 아침에 우리는 슬퍼합니까? 저 외침에 귀를 기울이십시오! 그것은 수확을 축하하는 소리입니다! 춤추는 처녀들을 보십시오. 즐거워하는 청년들을 보십시오. 이 기쁨의 이유가 무엇입니까? 그것은 그들이 지상의 귀한 열매들을 저장하고 있기 때문이며, 장차 소비할 곡식들을 거두어 창고에 들이고 있기 때문입니다. 형제들과 자매들이여, 우리에게는 영원히 지속될 식량이 있는데 왜 슬퍼한단 말입니까? 세상 사람도 자신의 식량 수확이 증대되면 기뻐하거늘, "한 아기가 우리에게 났고 한 아들을 우리에게 주신 바 되었는데" 왜 우리가 기뻐하지 않는단 말인가요? 저 소리를 들어보십시오! 저 런던탑의 대포 소리가 무엇을 의미합니까? 교회 첨탑들에서 울리는 이 모든 종소리들은 무슨 까닭입니까? 온 런던이 마치 미친 듯이 기뻐하지 않습니까? 황태자가 났기 때문입니다. 그래서 폭죽을 터뜨리고 종들을 울리는 것입니다. 아아, 그리스도인들이여, 여러분의 마음의 종들을 울리십시오. 여러분의 가장 기쁜 소리로 축하의 노래를 부르십시오. "한 아기가 우리에게 났고 한 아들을 우리에게 주신 바 되었도다!" 오 내 마음이여, 춤을 추며 기쁨의 함성을 외칠지어다! 내 혈관

속의 모든 핏방울들이여, 너희는 모두 춤출지어다! 오, 내 모든 신경들은 수금의 줄들이 되고, 천사의 손가락들을 튕겨 감사의 소리를 낼지어다! 오 내 혀와 입술이여, 내게 "한 아기가 너에게 났고, 한 아들을 너에게 주신 바 되었다"고 말씀하신 그분을 찬양하며 외칠지어다! 눈물을 닦으십시오! 한숨을 그치십시오! 불평의 소리를 멈추십시오. 당신의 가난이 무슨 대수입니까? "당신에게 한 아기가 났습니다." 당신의 질병이 무슨 대수입니까? "당신에게 한 아들이 주신 바 되었습니다." 당신의 죄가 무슨 문제입니까? 이 아기가 그 죄를 가져갈 것이며, 이 아들이 천국에 합당하도록 당신을 씻을 것이기 때문입니다. 만약 그러하다면, 나는 이렇게 권면합니다. "기운을 내고, 목소리를 높여 크게 기뻐하십시오! 주의 성도들이여!"

또 다시 말합니다. 만약 그렇다면, 그 다음은 무엇입니까? 왜 우리의 마음이 그토록 차갑습니까? 우리에게 그토록 많은 일을 행하신 그분께 우리는 왜 그토록 적은 일을 하는 것입니까? 예수여, 당신은 저의 것입니까? 저는 구원받았습니까? 그렇다면 제가 당신을 이토록 적게 사랑함은 어찌된 일인가요? 왜 저는 말씀을 전할 때 더욱 뜨겁지 못하고, 왜 저는 기도할 때에 더욱 열렬하지 못한 것입니까? 우리에게 자기 자신을 주신 그리스도께 우리가 거의 아무것도 드리지 못함은 어찌된 연유입니까? 우리를 그토록 완벽하게 섬겨주신 그분을 우리가 이토록 슬퍼하면서 섬김은 무슨 까닭입니까? 그분은 자신의 전부를 바치셨습니다. 그런데 우리의 헌신은 그토록 흠이 많고 부분적이니, 이 어찌된 영문입니까? 우리는 끊임없이 자아를 위해 애쓸 뿐 그분을 위해서는 희생하지 않으니, 이 어찌된 일입니까?

오 사랑하는 형제들이여, 이 아침에 여러분 자신을 드리십시오. 여러분이 세상에서 가진 것이 무엇입니까? 한 사람이 말합니다. "오, 저는 아무것도 없어요. 저는 가난하고 무일푼이며, 집도 없는 신세랍니다." 당신 자신을 그리스도께 드리십시오. 당신은 어느 헬라 철학자의 학생들의 이야기를 들은 적이 있을 것입니다. 특정한 날에 스승에게 선물을 주는 것이 그들의 풍습이었습니다. 한 사람이 와서 스승 철학자에게 금을 주었습니다. 또 다른 학생은 금을 가져올 수는 없었지만 은을 가지고 왔습니다. 한 학생은 의복을 가져왔고, 또 다른 학생은 귀하고 맛있는 음식을 가지고 왔습니다. 그런데 그들 중의 하나가 와서는 이렇게 말했습니다. "오, 스승님, 저는 가난합니다. 저는 당신께 가져올 것이 아무것도 없습니다. 하지만 제게는 당신께 드려진 이 모든 것들보다 더 나은 무엇이 있습니다. 저는 저 자신을 당신께 드립니다." 자, 만약 당신에게 금과 은이 있다면, 이 세상의 어떤 물건을 가졌다면, 그 중 얼마를 그리스도께 드리십시오. 하지만 그 무엇보다 당신 자신을 그분께 드릴 것이며, 또한 오늘부터는 이렇게 부르짖으십시오.

"가장 귀하신 주님, 제가 당신을 사랑하지 않습니까?
제 마음을 살피고 보옵소서.
그리고, 감히 당신에게 맞서려는
모든 저주받은 우상들을 쫓아내어 주소서.

제가 영혼 깊은 곳에서부터 당신을 사랑하지 않습니까?
그렇다면 저로 아무것도 사랑하지 말게 하소서.
예수님을 감동하시게 할 수 없다면
제 마음이 모든 기쁨에 대해 죽게 하소서."

3. 우리에게 아들을 주신 것이 아니라면, 그 다음은 무엇인가?

이제 말씀을 거의 마쳤습니다. 그러나 마지막 요점을 전할 때에 여러분의 엄숙한 주의를 요청합니다. 만일 그것이 그렇지 않다면, 그 다음은 무엇일까요 사랑하는 청중이여, 나는 당신이 어디에 있는지 알지 못합니다. 하지만 당신이 이 예배당 어느 곳에 있든지, 내 마음의 눈은 당신을 찾고 있습니다. 그리고 내 눈이 당신을 찾을 때, 내 눈은 당신으로 인해 울 것입니다. 아아! 불쌍한 사람이여, 당신에게는 소망도 없고, 그리스도도 없고, 하나님도 없구려! 당신에게는 성탄의 기쁨이 없습니다. 당신을 위해서는 아기가 나지 않았기 때문입니다. 당신에게 아들이 주어지지 않았습니다.

지난 주 중에 잔혹한 배고픔과 추위로 인해 거리에서 가난한 사람들이 쓰러져 죽은 것은 슬픈 이야기입니다. 하지만 당신의 운명은 훨씬 더 딱하고, 당신의 상태는 훨씬 더 끔찍합니다. 그 날 당신은 타들어가는 혀를 식히기 위해 한 방울의 물을 위해 소리칠 것이며, 그것마저 당신에게 거절될 것입니다. 그 때는 당신이 죽기를 구하여도, 그 음울하고 냉혹한 죽음을 마치 친구인 듯이 구하여도, 당신은 그 죽음조차 찾지 못할 것입니다. 지옥의 불은 꺼지지 않고, 그 공포는 소멸되지 않을 것이기 때문입니다. 당신은 죽기를 갈망할 것입니다. 하지만 당신은 영원한 죽음에 머무를 것이고, 매 시간 죽어갈 뿐, 당신이 마치 혜택처럼 여기고 갈망하는 죽음을 얻지 못할 것입니다. 이 아침에 내가 당신에게 무슨 말을 해야 할까요? 오, 주님! 지금 제가 때에 맞는 말을 할 수 있도록 도와주소서! 내 청중이여, 당신에게 호소합니다. 만약 그리스도께서 이 아침에 당신의 것이 아니라면, 성령 하나님께서 당신을 도우시어 내가 지금 당신에게 명하는 것을 행하게 하시길 바랍니다. 다른 어떤 것보다, 당신의 죄를 고백하십시오. 내 귀에 대고 고백하지도, 다른 어떤 사람의 귀에 대고 고백하지도 마십시오. 당신의 골방으로 가서 당신의 악함을 고백하십시오. 하나님의 주권적인 은혜가 없이는, 당신이 영락없는 파산자임을 그분께 고백하십시오.

하지만 그 고백 속에 어떤 공로가 있다고 생각하지 마십시오. 거기에는 아무 공로도 없습니다. 비록 하나님께서 죄를 자백하고 죄를 떠나는 자를 용서하신다고 약속하셨지만, 당신의 모든 고백이 용서를 위한 공로가 될 수는 없습니다. 어떤 채권자에게 일천 파운드의 빚을 진 채무자가 있다고 가정해 보십시오. 그는 채무자를 불러 이렇게 말합니다. "내 돈을 요구합니다." 하지만 채무자가 말합니다. "나는 당신에게 아무것도 빚지지 않았습니다." 그 사람은 체포되어 감옥에 갇힐 것입니다. 하지만 채권자가 이렇게 말합니다. "나는 당신에게 자비롭게 대하기를 원합니다. 솔직하게 시인하십시오. 그러면 모든 빚진 것을 탕감해 주겠습니다." 채무자가 말합니다. "좋아요. 나는 당신에게 이백 파운드를 빚진 것을 인정합니다." 채권자가 말합니다. "아니요, 그 말로는 불충분합니다." "좋습니다, 선생, 내가 당신에게 오백 파운드를 빚졌다고 고백하지요." 점차 그는 자신이 일천 파운드를 빚졌다고 고백하기에 이르렀습니다. 그 고백에 어떤 공로가 있습니까? 전혀 없습니다. 하지만 이 이야기를 통해, 당신은 어떤 채권자도 빚을 인정하지 않는 채무자를 용서할 생각이 없다는 점을 이해할 것입니다. 당신의 죄를 고백하는 것은 당신이 할 수 있는 최소한의 일일 뿐입니다. 비록 그 고백 속에는 진실이 없어도, 하나님은 그분의 약속에 진실하시기에, 그리스도로 말미암아 당신을 용서하실 것입니다. 그것이 당신에게 주는 충고입니다. 그 충고를 받아들이십시오. 그것을 바람에 던져 버리지 마십시오. 이 엑시터 홀(Exeter Hall)을 나가자마자 그것을 잊어버리지 마십시오. 그 충고를 간직하여, 오늘이 여기에 있는 많은 사람들에게 고백의 날이 되기를 바랍니다.

다음으로, 당신이 고백했을 때에, 당신 자신에 대해서 단념하라고 권고합니다. 아마도 당신은 당신 스스로를 더 나아지게 하려는 어떤 소망에, 즉 당신 자신을 구원하고자 하는 소망에 머물러 왔습니다. 그 기만적인 환상을 포기하십시오. 당신은 누에를 보았을 것입니다. 그것은 계속해서 실을 내고, 또 내기를 반복하다가, 마침내 자신이 낸 실로 수의(壽衣)처럼 자기 자신을 덮은 다음에는 죽습니다. 당신의 선행들은 당신의 죽은 영혼을 위해 스스로 실을 자아내어 수의를 만드는 것에 지나지 않습니다. 당신의 최상의 기도로도, 당신의 최선의 눈물로도, 혹은 최상의 일로도, 영원한 생명의 공로가 될 만한 일은 아무것도 할 수 없습니다. 하나님께 헌신된 그리스도인이라도 스스로는 거룩한 삶을 살 수 없다고 말할 것입니다. 바다에 있는 배가 스스로 올바른 방향을 잡고 나아갈 수 있습니까? 목수의 작업장에 놓여 있는 목재들이 스스로 결합하여 배가 되고, 그런 후 스스로 바다로 나아가서 아메리카로 항해할 수 있습니까? 당신이 상상하는 바가 바로 그런 식입니다. 하나님의 작품인 그리스도인은 스스로는 아무것도 할 수 없거늘, 당신은 스스로 무언가를 할 수 있다고 생각하는 것입니다. 이제 자아를 포기하십시오. 하나님이 당신을 도우시어, 당신이 할 수 있다는 헛된 생각을 깨뜨려주시길 바랍니다.

이제 마지막으로, 당신이 죄를 고백하고, 자력 구원(self-salvation)의 모든 소망을 포기하였을 때, 그 다음에는 예수님이 고통 가운데 죽으신 곳으로 갈 수 있도록 하나님이 당신을 도우시길 빕니다. 묵상 중에서 골고다로 가십시오. 그곳에 그가 매달려 계십니다. 셋 중에서 가운데에 있는 십자가입니다. 나는 지금 그분을 바라봅니다. 초췌해지신 그분의 얼굴을 봅니다. 그분의 얼굴은 다른 어떤 사람의 얼굴보다 상했습니다. 가시로 찔린 그분의 관자놀이 주변에서 여전히 구슬 같은 핏방울들이 맺혀 있습니다. 대충 얽어맨 가시 면류관의 흔적들입니다. 아아, 나는 그분의 벗은 몸을 봅니다. 수치를 드러낸 모습입니다. 우리는 그분의 모든 뼈들에 대해 말할 수 있습니다. 거기에서 그분의 손은 거친 쇠못으로 인해 갈라져 있고, 그분의 발은 못으로 찢어졌습니다. 못들이 그분의 살을 관통했습니다. 못으로 박혀 구멍 난 상처뿐이 아닙니다. 무게로 인해 그분의 몸은 아래로 처지고, 못은 그분의 살을 더욱더 찢습니다. 그분의 체중은 팔에 매달려 있고, 못들이 약한 신경들을 찢고 있습니다.

들으라! 땅이여, 놀랄지어다! 그분이 외칩니다. "엘리, 엘리, 라마 사박다니?" 오 죄인이여, 그처럼 비명을 질러본 적이 있습니까? 하나님이 그를 버리셨습니다. 그분의 하나님이 그분께 은혜로우시기를 그치셨습니다. 그분의 영혼은 극도의 슬픔에 싸여 죽을 지경이 되었습니다. 하지만 다시 들으십시오! 그분이 외치십니다. "내가 목마르다!" 그분에게 물을, 그분에게 물을 주십시오! 그대 경건한 여인들이여, 그분을 마시게 하십시오. 하지만 아닙니다. 그분을 죽인 자들이 그분을 고문합니다. 그들은 그분의 입에 쓸개를 탄 신 포도주를 밀어 넣습니다. 마지막으로, 오 죄인이여, 그분의 음성을 들으십시오. 여기에 당신의 소망이 있기 때문입니다. 나는 그분이 고개를 숙이시는 것을 봅니다. 하늘의 왕이 죽으십니다. 땅을 만드신 왕이 사람이 되셨고, 그 사람이 이제 숨을 거두려 합니다. 그분의 소리를 들으십시오. 그분이 외치십니다. "다 이루었다!" 그리고는 영혼이 떠나십니다. 속죄가 이루어졌습니다. 값이 지불되었고, 피의 속량이 이루어졌고, 그 희생이 받아들여졌습니다. "다 이루었다!"

죄인이여, 그리스도를 믿으십시오. 가라앉든 헤엄을 치든, 그분께 당신을 던져 맡기십시오. 그분을 당신의 모든 것으로 여기십시오. 지금 당신의 떨리는 팔로 그 피 흘리는 몸을 안으십시오. 지금 십자가 밑에 앉아, 떨어지는 보혈을 느껴보십시오. 여러분이 돌아가실 때, 여러분 각 사람이 마음으로 이렇게 말할 수 있기를 바랍니다.

"죄 많고, 연약하며, 어찌할 수 없는 벌레 같은 내가
친절하신 그리스도의 팔에 떨어지네.
그분이 나의 힘이요 나의 구원이시니
나의 예수님, 당신이 저의 모든 것이십니다."

그리스도를 위하여 하나님께서 여러분이 그렇게 하도록 도우시길 빕니다.

제
14
장

그리스도의 안식과 우리의 안식

"그가 거한 곳이 영화로우리라."—사 11:10

"이새의 뿌리에서 난 한 싹"이시며, 이 장의 첫 구절에서 언급된 대로 "이새의 줄기에서 난 한 싹"이신 주 예수 그리스도는 모든 이스라엘 백성의 중심이십니다. 또한 그분은 이방인들을 결집시키는 구심점이기도 하십니다. 그분이 "원수 된 것 곧 중간에 막힌 담을 자기 육체로 허시고"(엡 2:14) 유대인과 이방인을 하나로 되게 하셨기 때문입니다. 이제 그분의 영화로우신 이름의 깃발 주변에 모든 믿는 무리들이 즐거이 모여서 하나가 되었습니다. 그분은 유대인의 왕이시며, 또한 우리들의 왕이십니다. 그래서 바울과 더불어 우리는 외칩니다. "영원하신 왕 곧 썩지 아니하고 보이지 아니하고 홀로 하나이신 하나님께 존귀와 영광이 영원무궁하도록 있을지어다. 아멘"(딤전 1:17). 사랑하는 친구들이여, 하나님의 모든 백성들의 위대한 기수(Standard-bearer)이신 그리스도를 항상 바라봅시다. 할 수 있는 한 그분의 깃발 가까이에 우리의 장막을 세우고, 계속해서 그분의 깃발이 길을 인도하는 대로 따라갑시다.

본문은 "그가 거한 곳이 영화로우리라"고 말합니다(KJV로는 'His rest shall be glorious', 곧 '그의 안식이 영화로우리라'로 번역됨 — 역주). 나는 이 본문을 그분의 안식의 영광이 그분이 행하신 모든 일의 영광과 일치함을 의미한다고 간주합니다. 가장 힘들게 수고한 사람에게 안식이란 매우 즐겁습니다. 그가 앞서 행했던 바로 그 수고가 안식의 달콤함을 그에게 예비해줍니다. 그리스도의 안식의 영광은 상당 부분 그분이 그것을 획득하기 위해 겪으셨던 과정에 있습니다. 그분 자신이 영화로우십니다. 그분의 섬김과 고난이 모두 영화롭습니다. 그분의 죽음도 가장 진정한 의미에서 영광스럽습니다. 그리고 이제, 완성된 그분의 섬김 뒤에 따르는 안식은 최고도로 영화롭습니다. 그렇습니다. 그 자체가 "영광"입니다. 여러분이 성경의 난외주를 읽어보면, 이 본문이 이렇게도 읽힐 수 있음을 발견할 것입니다. "그의 안식은 영광이리라(His rest shall be glory)."

서론을 더 이상 길게 하지 않고, 이 말씀을 숙고해보도록 합시다. "그의 안식은 영화로우리라." 혹은 "그의 안식은 영광이리라." 첫째, 나는 이 본문을 그리스도께서 친히 얻으신 안식에 적용합니다. 둘째, 그분이 자기 백성에게 주신 안식에 적용합니다. 셋째, 이 주제를 오늘 저녁의 성찬 예식과 밀접히 연관시키기 위해, 이 본문을 그리스도께서 이 사랑의 연회에서 베푸시는 안식에 적용합니다. 그분이 그의 식탁에서 우리에게 베푸시는 안식은 진실로 영화롭습니다. 오, 우리 모두가 너무나 즐겁고 특별한 그 안식을 누리게 되기를 바랍니다! 그렇게만 된다면, 굳이 내가 여러분에게 그것이 영화롭다고 말할 필요가 없으리라고 나는 확신합니다. 여러분이 직접 그렇다고 실감할 것이기 때문입니다. 하나님께서 모든 믿는 자의 마음에 주시는 안식을 누리게 될 때, 여러분은 거룩한 노래를 부르며 가슴이 터질듯하게 될 것입니다.

1. 그리스도께서 친히 얻으신 안식

먼저, 이 본문을 그리스도께서 개인적으로 누리셨고, 누리고 계시며, 장차 누리실 안식과 관련하여 살펴보도록 합시다.

우리의 복되신 주님이 누리셔야 했던 첫 번째 안식은 그분의 교회 안에서의 안식입니다. 스바냐 3장 17절에서 우리는 이런 구절을 읽습니다. "그가 너를 잠잠히 사랑하시며[KJV는 'He will rest in His love', 즉 '그가 그의 사랑 안에서 안식하실 것이며'로 되어 있음 — 역주] 너로 말미암아 즐거이 부르며 기뻐하시리라." 이 구절에 담긴 사상은 우리 모두가 그릇된 길에서 방황하고 길을 잃고 황폐화되었으나, 하나님께서 자기 백성에게 사랑을 고정시키고, 그들을 구원하기로 결심하셨다는 것으로 보입니다. 만약 이러한 비유가 묵인될 수 있다면, 하나님께는 자기 백성을 정당하게 구원하실 한 계획을 세우고 확정하시기까지는 안식이 없었습니다. 그 큰 문제가 완수되었을 때, 삼위일체 사이에 거룩한 협의가 이루어졌을 때, 주 예수 그리스도께서 자기 백성의 보증이 되시고 그들의 입장에서 아버지와 언약의 협정을 맺으셨을 때, 그 때에야 비로소 그분은 온전히 안식할 수 있었습니다. 아버지께서 인간들을 아담의 타락 안에서 죄로 가득 덮인 상태로 보는 것이 아니라, 두 번째 아담이신 예수 그리스도 안에서 보실 때에, 그 때 그분의 성스러운 만족감은 자기의 택하신 백성들을 향하여 흘러나왔습니다. 하나님은 그들을 자기의 독생자요 기뻐하시는 아들의 인격 안에서 바라보셨고, 비로소 그분은 그의 사랑 안에서 안식하였습니다. 모든 것이 정리되었고, 언약은 서명이 되고 봉인되었습니다. 그분은 그분의 모든 계획들 중에서도 가장 위대한 계획이 정해진 때에 틀림없이 완수될 것이라고 느꼈고, 그래서 그의 사랑 안에서 안식하셨습니다.

하나님은 자기 백성과 관련된 목적을 변경시킬 마음을 한 번도 갖지 않으셨고, 그들을 버리실 생각을 단 한 번도 하신 적이 없습니다. 그들은 큰 값을 주고 사신 바 된 자들이며, 한편으로 그들 자체로는 값을 주고 살 가치가 거의 없는 자들이었습니다. 하지만 그분은 그분이 친히 그들을 선택하셨고, 그들을 그분의 분깃으로 따로 떼어 구별하셨으며, 그들을 온 마음을 다해 사랑하셨고, 그들에게 선한 일을 계획하셨다는 사실에서 안식하셨습니다. 그분의 목적은 하나님에게 어울리는 훌륭한 목적이었으며, 따라서 그분은 그 목적 안에서 안식하셨습니다. 그분은 그의 신성에 더 큰 영광을 가져다줄 한 계획을 고안하셨고, 그분의 사랑의 목표들과 관련하여 안식하셨습니다. 그분은 이 언약에 자신의 인(印)을 찍으셨고, 그리하여 그들 모두가 속량을 받고, 구원을 얻으며, 온전하여지고, 본향에 이르렀을 때 그분의 사랑의 자녀들로서 의로운 중에 그분의 얼굴을 뵐 수 있도록 하셨습니다. 저 무한히 영광스러운 분이 "영원한 언약을 세우사 만사에 구비하고 견고하게 하신"(삼하 23:5) 그 일에서 편히 안식하셨습니다. 사랑하는 여러분, 그러므로 여러분과 나는 그분의 안식이 영화롭다고 느끼는 것입니다. 우리는 저 영원하고 위대한 사랑의 언약 속에 감추어진 모든 영광을 영원무궁토록 말할 수 있습니다. 우리는 이곳에서 그 영광에 대해 말하는데, 그것은 실로 매력적인 주제입니다. 우리는 그것에 대해 노래하는데, 하늘 아래 그보다 더 높고 장엄한 곡조는 없을 것입니다.

이제 장면을 바꾸어, 무덤 속에서의 그리스도의 안식에 대해 생각해봅시다. 하나님의 거룩하신 아들이 정해진 때에 열등한 우리 인간의 외투를 취하여 입으셨습니다. 그분은 '인간 아기'(man-child)로서 베들레헴에 나타나셨고, 가장 연약한 모습으로 우리의 본성을 취하셨습니다. 그분은 이곳 지상에서 고생스러운 삶을 사셨고, 거의 안식을 누리지 못하셨습니다. 그분의 수고가 그분에게 달콤한 위안을 제공하였는데, 그분은 아버지의 뜻을 행함에서 그분의 제자들이 알지 못했던 음식을 드신 것입니다. 하지만 안식은 거의 그분의 몫이 아니었습니다. 그분이 이곳에 오신 것은 섬김을 받기 위해서가 아니라 섬기기 위해서이며, 온 힘을 다해 수고하기 위해서였습니다. 하지만 마침내 그분의 수고가 마쳤을 때, 그분은 머리를 숙이시고 말씀하셨습니다. "다 이루었다." 그리스도께서는 자신의 사역을 모두 끝내고서야, 그분의 귀한 몸으로 더 이상 하실 일이 남아 있지 않았을 때에 비로소 잠이 드셨습니다. 그 몸은 십자가에 매달려서야 비로소 조용히 쉴 수 있었습니다. 나는 요셉과 그의 친구들이 못들을 뽑는 것을 봅니다. 그 몸을 사다리 아래로 끌어내리는 것을 봅니다. 그들이 엄숙하게 그 몸을 씻고, 좋은 세마포와 비싼 향유로 감싸고, 명예의 무덤 속에 안치하는 것을 봅니다. 사람들은 그분을 중죄인의 무덤에 장사지내려 했지만 그렇게 되지 않았습니다. 그분이 자기 무덤으로 부자이면서 존경할 만한 아리마대의 무덤을 사용하셨기 때문입니다. 오늘 아침 나는 여러분을 요셉과 니고데모와 경건한 여인들이 그분을 무덤에 뉘였던 그 장소로 안내합니다. 그곳에서 그분은 안식하셨습니다. 나는 그 유대인들의 안식일에 대해 생각하기를 좋아합니다. 그 때 그분은 더 위대한 안식을 취하셨으며, 썩음을 보지 않으셨습니다. 그토록 더운 기후에 만약 하나님의 능력이 아니었더라면, 그분의 몸은 그렇게 보존되지 않았을 것입니다. 하지만 그분의 몸은 죄의 오점이 전혀 없었기 때문에 썩음을 볼 수가 없었습니다. 그곳에서 저 위대한 승리자가 누워 안식하셨습니다. 나는 그분이 누워 계신 장소에 천사들이 와서 하나는 머리 편에 하나는 발치에 앉아 있었다는 사실을 이상히 여기지 않습니다. 그 안식에는 매우 영광스럽고 숭고한 무언가가 있었기 때문입니다. 그곳에 누워 계시는 동안 그분은 그분의 원수들에게 공포의 대상이었습니다. 그들은 무덤을 봉인하였고, 그 몸이 무덤에서 빠져나가지 못하도록 경비를 세웠습니다. 그분이 무덤에 계실 때, 그분의 친구들은 비통에 빠졌습니다. 그분이 영영 떠나셨다고 생각했기 때문입니다. 그들이 만일 무엇을 해야 하는지를 알았더라면, 그리스도께서 그들에게 하셨던 말씀을 기억하고 이해했더라면, 그들은 그분이 잠시 휴식을 취하고 계시다는 것과 곧 죽은 자들 가운데서 일어나 영광을 얻으실 것을 깨달았을 것입니다. 내가 말하고자 하는 바는, 그분이 그

새 무덤에서 잠들어 계시던 때에도, 그분의 안식은 영화로웠다는 것입니다.

"그분의 모든 일과 전투가 완수되었네."

그분은 그 모든 것을 완수하셨고, 이제 안식하십니다. 그 자체로 불멸의 생명이신 그분이 죽음의 팔에 에워싸인 채 누워 계십니다. 모든 영들을 만드신 그분이, 모든 코에 그 호흡의 생기를 불어넣으신 분이, 잠깐 스스로 사망의 결박에 몸을 맡겨 포로가 되십니다. 바로 그 행위로써 그분은 자기의 모든 백성들을 위하여 사망을 죽이셨고, 죄를 끝장내셨으며, 복되신 하나님의 영원한 목적을 성취하셨고, 모든 신자들에게 천국 문을 활짝 여셨습니다. 오, 우리의 귀하신 주님이 한때 잠드셨던 그 장소를 가벼이 밟으며 걸어보십시오. 그 잠드심 속에서도 그분은 진정 영화로우셨습니다!

사랑하는 친구들이여, 우리의 거룩하신 주님은 우리에게서 떠나 그의 영광의 안식으로 들어가셨습니다. "오직 그리스도는 죄를 위하여 한 영원한 제사를 드리시고 하나님 우편에 앉으사 그 후에 자기 원수들을 자기 발등상이 되게 하실 때까지 기다리시나니"(히 10:12-13). 그리스도는 그 모든 일을 완수하셨기에 이제는 안식하십니다. 이와 같이 하나님 우편에 앉으시는 것은 그분에게 영화로운 일임에 틀림없습니다. 그분은 지금 전사처럼 싸우고 계신 것이 아닙니다. 그분이 이미 에돔에 가신 바 있고, 그분의 진노의 포도주 틀에서 모든 원수들을 짓밟고서, 의복을 피에 묻힌 채 돌아오셨기 때문입니다(참조. 사 63:1-3). 이제 그분은 안식하십니다. 깨뜨려지지 않는 평온함을 누리며, 시대가 흘러 마침내 종말의 날이 오기를 기다리십니다. 그 때 그분은 사탄을 최종적으로 그분의 발로 짓밟으실 것이며, 최후의 위대한 소환 명령을 내리실 것입니다. "나의 성도들을 내 앞에 모으라 그들은 제사로 나와 언약한 이들이니라"(시 50:5). 그 때가 오기까지 그분은 영광 중에 안식하시며, 또한 그분의 안식은 영화롭습니다.

하지만 나는 이 본문이 마지막 시대에 지상에 임할 안식과 특별한 관련이 있다고 생각합니다. 나는 날짜에 대해서나, 미래에 있을 사건들의 순서에 대해서는 묻지 않으려 합니다. 이 본문이 포함된 장 전체를 읽으면, 여러분은 커다란 사건이 명백하게 예고되었음을 발견할 것입니다. "공의로 가난한 자를 심판하며 정직으로 세상의 겸손한 자를 판단할 것이며 그의 입의 막대기로 세상을 치며 그의 입술의 기운으로 악인을 죽일 것이며, 공의로 그 허리띠를 삼으며 성실로 그의 몸의 띠를 삼으리라. 그 때에 이리가 어린 양과 함께 살며 표범이 어린 염소와 함께 누우며 송아지와 어린 사자와 살진 짐승이 함께 있어 어린 아기에게 끌리며, 암소와 곰이 함께 먹으며 그것들의 새끼가 함께 엎드리며 사자가 소처럼 풀을 먹을 것이며, 젖 먹는 아기가 독사의 구멍에서 장난하며 젖 뗀 어린 아기가 독사의 굴에 손을 넣을 것이라. 내 거룩한 산 모든 곳에서 해 됨도 없고 상함도 없을 것이니 이는 물이 바다를 덮음 같이 여호와를 아는 지식이 세상에 충만할 것임이니라"(4-9절). 모든 사람이 회심하지는 않겠지만, 모든 사람에게 빛이 비추일 것이며, 악으로 향하는 모든 성향이 억제될 것임을 나는 압니다. 비록 늑대가 여전히 늑대로 남아있다 해도, 그것은 어린 양을 해치지 않고 함께 어울려 지낼 것입니다. 지상에 그러한 행복과 평화의 날들이 올 것이며, 그 때 인간들은 칼을 벽에 걸어두고, 더 이상 전쟁할 궁리를 하지 않을 것입니다. 어린이들이 아버지들에게 오랜 칼과 창과 투구와 총기류의 용도가 무엇이었는지를 물을 것이며, 그들은 더 이상 고귀한 생명을 파괴하는 일에 종사하지 않을 것입니다. 죄의 권세가 깨어지고, 생명과 빛과 진리와 사랑과 자유의 원리가 널리 확산되어 온 지구에 가득할 것입니다. 그러니 우리가 이렇게 노래함이 마땅합니다.

> "오, 오래도록 기다렸던 날이 시작되었네.
> 재앙과 죄악의 영토 위에 새벽이 밝아오도다."

주님이 오시는 그 날, "그분의 안식은 영화로울 것입니다." 그 때 사람들은 말할 것입니다. "영광의 왕이 다스리시네. 그분의 고통 없는 왕국이 지상에 세워졌도다." 우리는 살아 그 날을 볼 수 없을지 모르며, 그 날이 언제일지 알 수도 없습니다. 예언에 대해서 단정적으로 말하는 것은 언제나 유감스러운 일입니다. 예언이란 언제나 그것이 성취되었을 때에 이해될 것이며, 그 때가 되기까지는 아마도 예언의 대부분은 이해되지 못할 것입니다. 계시록의 놀라운 책에 담긴 모든 예언들이 성취되었을 때에, 그 때에 우리가 얻게 될 빛으로 바라보았을 때, 우리는 우리가 전에는 그것을 제대로 이해하지 못했음을 깨닫고는 놀랄 것입니다. 섭리가 모든 봉인을 풀어서 우리 앞에 그 책을 펼쳐줄 때까지, 우리는 그 예언의 신비들을 다 이해할 수 없을 것입니다. 하지만 확실한 것은, 언제든 그리스도의 통치가 지상에서 시작될 때에 "그의 안식이 영화로우리라"는 것입니다.

그 이후에, 그리스도께서는 사망과 지옥으로 하여금 아담이 참패하고 몰락했던 그 전쟁터에서 또 다른 아담이 하나님과 인간의 원수들을 참패시키는 것을 보게 하실 것입니다. 그 큰 싸움이 끝나고, 저 긴 평화의 천년왕국 역시 끝날 때, 그 때 그리스도께서는 나라를 하나님 아버지께 드릴 것이며, 하나님으로 하여금 만유 안에 계시도록 하실 것입니다. 그 때 그리스도와 그의 백성들은 함께 영원한 안식으로 들어갈 것입니다. "그런즉 안식할 때가 하나님의 백성에게 남아 있도다"(히 4:9). 오, 황홀한 천국의 안식이여! 오, 깊고도 고요한 영혼의 평온을 그리스도와 함께 영원히 누릴 터이니, 그곳에서 우리는 그분과 하나 되는 것에서 안식을 발견할 것입니다. 영원토록 그분의 얼굴을 뵈옵고, 영원토록 그분을 찬미하며, 저 신인(God-man)이신 분 곧 우리의 구주이며 주님이신 그분과 영원토록 하늘의 교제를 나누며 즐거워할 것입니다! 나에게, 천국의 절정이란 영원히 그리스도와 함께 있는 것에 있다고 여겨집니다. 나는 천국에서의 성도들의 교제를 믿으며, 우리가 서로 알아보고 사랑할 것이라고 믿습니다. 나는 우리가 영원히 사는 동안에 종사할 일들이 있다고 믿습니다. 나는 그 복된 나라에 수많은 기쁨의 원천들이 있음을 믿습니다. 그곳에 즐거움이 있을 것이라고, 곧 하나님 우편에서 영원토록 누릴 즐거움이 있을 것이라고 믿습니다. 하지만 몽블랑(Mont Blanc, 프랑스, 이탈리아, 스위스 국경에 걸쳐 있는 알프스 산맥에서 가장 높은 산 — 역주)의 정상은 다른 주변의 산들보다 높이 솟아 있습니다. 그 눈 덮인 순백의 정상은 하늘을 찌를 듯합니다. 그와 마찬가지로, 천국에 대한 내 기대감의 정상은 그리스도와 함께 있는 것입니다. 그분을 만나고, 그분의 얼굴을 뵈오며, 그분의 승리의 기쁨과 안식을 함께 누리는 것입니다. "그의 안식은 영화로울" 것이며, 그분의 안식은 곧 우리의 안식이니, 우리의 안식 역시 영화로울 것입니다. 그러므로 내 사랑하는 형제들이여, 이 안식을 위해 준비하시기 바랍니다. "잠시 잠깐 후면 오실 이가 오시리니 지체하지 아니하시리라"(히 10:37). 짧은 세월이 조금 더 지난 후에, 우리는 저 영원한 행복의 정상 곧 끝없는 낮이 지속되고 저녁이 다시 오지 않는 곳에서 "영원토록 주와 함께 있을" 것이기 때문입니다.

2. 그리스도께서 자기 백성에게 주신 안식

이제 이 주제의 두 번째 부분을 살펴보도록 합니다. 이에 대해서는 좀 더 간략히 말할 것입니다. 그리스도께서 자기 백성에게 주시는 안식은 영화롭습니다.

그렇지 않습니까? 나는 내가 처음으로 죄의 용서 안에서 안식을 누렸을 때를 기억합니다. 그것은 너무나 영광스러워서 나는 하루 종일 "할렐루야!"를 외치고 싶었습니다. 죄의 무거운 짐을 지고 있던 자에게 예수님이 찾아오셔서 손을 대시자 그 모든 짐이 사라졌습니다. 그리고 나는 절대적으로, 완벽하게, 영원히 용서받은 것을 알았습니다. 나는 떨 듯이 기뻐했습니다! 찬송가 가사에도 용서받은 영혼의 기쁨을 충분히 표현할 말이 없습니다. 용서의 영광은 우리가 정당하게 용서받는다는 사실에 있습니다. 하나님은 "자기도 의로우시며 또한 예수를 믿는 자를 의롭다 하시는" 분이십니다(롬 3:26). 죄인은 자비의 행위에 의해 용서됩니다. 그것은 사실입니다. 하지만 그 자비의 행위가 하나님의 정의라는 눈처럼 흰 의복을 더럽히지는 않습니다. 내 마음은 그리스도의 피로 말미암은 용서의 기쁨을 어떻게 표현해야 할지를 모르겠습니다. 그 용서는 마치 하나님의 정죄가 정당한 것과 마찬가지로 정당한 것입니다. 오, 이 얼마나 놀라운 하나님의 속성들의 결합인지요! 예수님을 믿는 가련하고 죄 많은 죄인의 구원에서 공의와 인애가 서로 만날 수 있고, 의와 화평이 서로 입맞춤할 수 있습니다(참조. 시 85:10)! 진실로 죄의 용서에서 오는 안식은 영광스럽습니다.

여러분과 나는 그 안식을 누리게 된 이후에도 여전히 슬퍼하고 초조하고 있습니까? 오호라, 그렇습니다! 우리의 죄가 모두 용서받은 이후에도, 우리는 종종 이런저런 일로 염려하고 걱정합니다. 우리의 가족들이나, 우리의 사업, 우리의 가련하고 약한 육체, 그 외 모든 종류의 일들에 대해 우리는 걱정합니다. 오, 하지만 우리가 그 모든 짐들을 가지고, 우리의 죄의 짐들을 내려놓은 곳에 내려놓으면, 예수님은 그 모든 일에 대해서도 우리에게 안식을 주십니다. 염려를 내려놓는 것에서 오는 안식은 진실로 영광스럽습니다! 그것은 부주의에서 오는 안식이 아니며, 오히려 그와는 정반대입니다. 내가 그리스도 안에서 안식할 때, 나는 해결되어야 하는 바로 그 일에 대한 염려를 해결한 것입니다. 나를 돌보시는 그분께 내 염려를 맡겼기 때문입니다. 할 수 있는 최선의 일을 하고서, 여전히 내 마음에 고민을 남겨둘 이유가 무엇이겠습니까? 나는 내가 복용해야 할 가장 쓴 약이 아주 이롭다는 것을 압니다. 나는 내가 달콤한 것만을 물리도록 먹지 않을 것임을 아는데, 주께서 나를 위하여 그렇게 하지 못하도록 하시기 때문입니다. 그분은 모든 것을 합력하여 나에게 선을 이루실 것이고, 그러니 나는 확신을 가지고 이렇게 말할 수 있습니다. "주여, 당신이 제게 원하시는 것을 행하소서. 저는 염려하지 않습니다. 불안해하지도, 염려하지도 않을 것입니다. 당신께 모든 것을 맡겼기 때문입니다."

다음으로, 마음을 만족케 하는 점에서 그리스도께서 자기 백성에게 주시는 안식은 얼마나 영광스러운지요! 어떤 인간도 인간의 마음을 채우지 못합니다. 인간이 인간의 본성적인 마음을 채우는 것보다 깨진 양동이로 밑 빠진 독을 채우는 일이 쉬울 것입니다. 바다에 있는 물방울들처럼 많은 세상이 있다고 해도, 세상에 있는 것으로 인간의 마음을 채울 수 있는 것이 어디에 있습니까? 우리는 알렉산더 대왕의 이야기를 알고 있습니다. 그는 전 세계를 수중에 넣었지만, 정복할 또 다른 세계가 없다는 이유로 탄식했습니다. 만약 그가 또 다른 세계를 정복할 수 있었다고 해도, 그는 또다시 그보다 두 배나 되는 세계를 정복하려고 울부짖었을 것입니다. 그리고 두 배가 되는 세계를 정복한 후에는 네 배나 큰 세계를 가지려 했을 것이고, 네 배나 되는 세계를 얻은 후에도 다시 여덟 배 되는 세계를 얻으려는 야심을 가졌을 것입니다. 만약 그가 그만큼을 얻었다고 해도, 그의 야망의 굶주림은 그에 비례하여 커졌을 것이며, 따라서 그는 결코 만족하지 못했을 것입니다. 하지만 이제 그리스도 안에서 안식을 누리고 있는 하나님의 자녀를 보십시오. 만일 그가 올바른 마음 상태에 있다면, 그는 이렇게 말할 것입니다. "주 예수 그리스도가 저의 것입니다. 하나님의 섭리는 이 세상과 오는 세상에서 저를 위한 것입니다. 때가 되면 하늘들의 하늘도 나의 것이 될 것입니다. 나는 내가 원하는 모든 것을 가졌습니다. 더 이상 내 욕망이 나를 그릇된 길로 이끌지 않습니다. 내가 그리스도와 혼인하였고, 내 마음이 그분 안에서 최고의 만족을 찾기 때문입니다. 내가 이 세상에서 그분을 영화롭게 할 수 있고 또 장래의 세상에서 그분을 영원히 즐거워할 수만 있다면, 나는 더 이상 바랄 것이 없습니다." 그런 사람은 다윗이 여호와 앞에 들어가 앉아서 이렇게 말했을 때처럼 느낍니다. "주 여호와여, 내가 누구이기에 나를 여기까지 이르게 하셨나이까?"(삼하 7:18). 나는 그리스도인들이 자주 이러한 안식을 느끼고, 누리고, 또 말하게 되기를 바랍니다. 만약 여러분이 그것이 무엇인지를 알지 못한다면, 즉시 그것을 위해 그리스도께 가십시오. 우리 중에 어떤 이들은 그것이 무엇인지 알며 그로 인해 주님을 찬송합니다. 물론 우리는 이런 식의 노래는 부를 수 없습니다. "우리의 평화로운 가슴에는 고난의 파도가 몰려오지 않네."

하지만 우리는 파도가 몰려올 때에도, 그것이 우리 영혼의 평온함을 깨뜨리지는 못한다고 느낍니다. 고난이 닥쳐올 때에도, 그것이 우리 영혼의 깊은 동굴 속에 자리 잡은 복된 고요함을 방해하지 못합니다.

사랑하는 이여, 이 주제와 관련하여 한 가지 더 언급하고 싶은 점은 우리 기쁨의 완성에서 누리는 안식입니다. 우리는 이 죽을 목숨의 끝을 향해 서둘러 가고 있습니다. 이 교회의 사랑하는 몇몇 지체들은 지금 깊은 강물 안에 있습니다. 그들은 얼마 전에 강 속에 들어갔으며, 점점 깊은 곳으로 나아가다가 마침내 강물이 무릎 깊이에 불과한 것을 발견했습니다. 어떤 이들에게 강물은 가슴 높이의 차가운 물이지만, 그것이 그들의 기쁨을 소멸시키거나, 그들의 열정을 식게 하거나, 혹은 그들의 노래를 침묵시키지 않았습니다. 나는 이 교회에서 가장 행복한 지체들은 죽음이 임박한 자들이라고 믿습니다. 내가 관찰한 바에 따라 말하자면, 그들은 이곳에 앉아 있는 우리들 중 어느 누구보다 훨씬 더 기뻐하고 있습니다. 내가 알기로 그들 중 대부분은 거룩한 황홀감으로 충만하고, 떠나려는 열망으로 가득합니다. 천국을 향한 일종의 향수병이 그들에게 있습니다. 그들은 본향에 있기를 갈망합니다. 그들은 모국(母國) 곧 새 예루살렘에서 울리는 종소리들을 들어왔습니다. 그들은 천상의 수금이 연주되는 소리를 감지하였습니다. 이따금씩 바람을 따라 그 소리가 하나님의 백성들에게 들려오고, 그 나라를 위해 준비되어 있는 자들의 귀에 영원한 찬송의 곡조가 얼핏 들려오기 때문입니다.

다시 말하지만 우리 중에서 가장 행복한 지체들은 본향으로 가고 있는 자들입니다. 사랑하는 이여, 여러분과 나는 그 길 위에 있으며, 우리의 얼굴은 아직은 우리에게 밝히 드러나지 않은 그 영광의 광채의 일부로 인해 이미 빛나고 있습니다. 우리의 가슴은 이 영원한 안식일을 지키며 즐거워할 전망으로 황홀합니다. 그런 기대감이 이곳 지상에서도 우리로 하여금 천국을 어느 정도 맛보게 합니다. 우리가 아직 그 유업을 손에 넣지는 않았지만, 그것은 하나님의 약속과 은혜의 선물에 의해 이미 우리의 것이 되었습니다. 우리에게는 이곳에서도 지닐 수 있는 천국의 꽃봉오리들이 있습니다. 잠시만 기다리면, 우리는 꽃들이 결코 지지 않는 나라에서 완전히 만개한 장미를 가지게 될 것입니다. 나는 우리의 사랑하는 친구들 몇 사람들에게 축하의 말을 건넵니다. 확실히, 그들에게 슬픔과 탄식이 영원히 사라지게 될 날이 얼마 남지 않았기 때문입니다. 본향에 먼저 도착하게 될 사랑하는 형제들과 자매들이여, 우리도 여러분을 뒤따를 것입니다. 좀 더 젊은 우리들은 가능한 최대로 빨리 늙어갈 것이며, 우리는 그것을 기뻐합니다. 그럴수록 우리가 혼인한 사랑하는 주님이 계신 본향에 더 일찍 도착할 것이기 때문입니다. 우리는 혼인 잔치를 열망합니다. 우리는 이미 그분에게서 입맞춤을 받았으며, 그러므로 영원히 그분과 함께 있게 될 때까지는 결코 만족할 수가 없습니다. 우리의 좋으신 주님은 얼마간의 만나를 우리에게 내려 보내주셔서 천사들이 무엇을 먹고사는지를 알게 하셨습니다. 그분은 아직 우리가 이곳 슬픔의 골짜기에 머무는 동안에도 몇 모금의 달콤한 음료를 맛보게 하셨습니다. 우리는 계속해서 힘써 앞으로 나아갈 것입니다. 우리는 지금의 시간이 예전의 그 어느 때보다 빨리 지나가는 것을 기뻐합니다. 우리가 탄 병거의 바퀴들이 그 차축이 뜨거울 정도로 빠른 속도로 달리는 것을 기뻐합니다. 우리는 곧 사랑하는 주님과 함께 있게 될 것이며, 그 때, 그분의 안식과 우리의 안식은 정녕 영화로울 것입니다.

3. 그리스도께서 성찬에서 베푸시는 안식

천국의 안식에 대해서 더 이상의 말을 하지 않겠습니다. 이제 나는 세 번째 요점으로 마치고자 하는데, 그것은 이 성찬의 식탁에서 베풀어지는 안식이 매우 영화롭다는 것입니다.

가로로 된 난간으로 나아와서, 무릎을 꿇고 빵과 포도주를 받는 형식을 나는 신용하지 않습니다. 그것은 우리 주님 당시에는 결코 행해지지 않았고, 그 이후에도 수세기 동안 행해지지 않았던 것입니다. 레오나르도 다 빈치의 유명한 그림인 최후의 만찬을 보십시오. 우리의 주님과 사도들은 식탁 주위에 둘러 앉은 것으로 묘사되어 있습니다. 언제나 그러해야 합니다. 가능한 편안한 자세로 앉는 것 외의 어떤 자세도 만찬의 의미를 위반하는 것입니다. 그리스도께서 사람들에게 식탁에 앉거나 혹은 비스듬히 기대라고 말씀하실 때에, 그들이 그렇게 하지 않고 무릎을 꿇는 것이 이상하지 않습니까? 또한 그것은 만찬(supper)임에도 불구하고, 많은 사람들이 아침 식사 이전의 시간에 성찬을 하는 것을 최우선의 원칙으로 삼습니다. 어떤 이들은 매사에 그리스도의 명령과는 정반대로 행합니다. 고교회주의(High-churchism)는 그리스도께 대한 '고차원적인(high)' 반역입니다. 그것이 그 문제를 간단한 영어로 표현한 것입니다. 물론 나는 그런 오류에 빠진 사람들 중에서 마음이 올바르고 주 예수 그리스도를 참되게 믿는 신자들도 많은 것에 대해서 하나님께 감사합니다. 하지만 적어도 그들의 상징적인 가르침에 대해서는 그런 식으로 말할 수 있습니다. 나는 성찬식이 주님의 조반(breakfast)이 아니라 "주의 만찬(the Lord's supper)"이라고 믿습니다. 그래서 나는 성찬식을 저녁에 거행하기를 좋아합니다. 비록 하루 중 어느 때에라도 하나님께 받아들여지겠지만, 분명 저녁 시간이 더 선호되어야 합니다. 그리고 성찬은 결코 제병(祭餠, wafer, 가톨릭에서는 성체라고 부름 — 역주)을 숭배하는 것이 아니었습니다. 그것은 그리스도께서 그분의 제자들과 함께 비스듬히 기대어 드셨던 평범한 식사였습니다. 그들 중 한 명은 실제로 구주의 품에 그의 머리를 기대었으며, 그들 모두가 가능한 편하게 누울 수 있었습니다. 그것이 성찬에 담긴 교훈의 일부입니다. 애굽에서의 유월절 식사는 모든 이스라엘 백성이 허리띠를 두르고, 손에는 지팡이를 쥐고 먹어야 했습니다. 그 때는 그들이 안식에 들어가지 않았기 때문입니다. 그들은 여전히 압제자의 나라에 있었고, 안식에 이르려면 광야를 통과해야 했습니다. 하지만 주의 만찬에 참여할 때에는, 손에 지팡이를 쥔 채 서둘러 먹을 이유가 없습니다. 여러분은 여러분의 여행의 끝에 이르렀고, "이미 믿는 우리들은 저 안식에 들어가기"(히 4:3) 때문입니다.

그렇다면, 우리가 주의 만찬의 식탁에서 누리는 안식이 무엇입니까?

먼저, 우리가 그분의 자녀들인 것을 아는 달콤한 안식을 누릴 것입니다. 나는 그분의 식탁에서 떨어지는 빵 부스러기를 얻기를 갈망했던 때를 기억합니다. 그 때 만일 그분이 내게 자녀의 떡을 취하여 개에게 던지는 것이 합당치 않다고 말씀하셨다면, 나는 이렇게 대답할 것이라고 느꼈습니다. "주여, 옳습니다만 작은 개들도 주인의 상에서 떨어지는 부스러기는 먹을 수 있나이다. 약간의 빵 부스러기라도 저에게는 충분합니다." 나는 한때, 탕자가 그의 아버지에게 "나를 품꾼의 하나로 보소서"(눅 15:19)라고 말하고자 결심하였을 때의 심정을 느꼈다고 생각합니다. 품꾼의 지위를 얻은 것으로도 나는 기뻐했을 것입니다. 하지만 그것은 우리 주님께서 친히 영접하신 자들을 대하는 방식이 아닙니다. 나사로는 그분의 식탁에 함께 앉았던 자들 중에 있었습니다(참조. 요 12:2). 만약 당신이 하나님의 자녀라면 그것은 당신의 자리입니다. 당신은 그리스도의 식탁의 동반자입니다. 아서(Arthur) 왕과 그의 기사들은 원탁에 앉음으로써, 어느 누구도 다른 누구보다 더 높은 것처럼 보이지 않게 했습니다. "너희 선생은 하나이요 너희는 다 형제니라"(마 23:8). 우리는 그분의 살과 피를 받기 위해 함께 앉을 것입니다. 그리고 친절하신 그분의 영의 도움으로써 우리는 같은 음식을 먹고, 같은 잔의 음료를 마실 것입니다. 하나님이 은혜를 주시어, 우리가 그분의 자녀들임을 깨달음으로 달콤한 안식을 얻게 해주시길 빕니다.

이 교제의 식탁에서 발견하는 안식은 우리가 영원히 부양받는다는 사실입니다. 식탁에는 떡과 포도나무에서 나는 과실이 있습니다. 하지만 영적으로는 그리스도의 살과 피가 놓여 있을 것입니다. 우리는 떡을 먹고 잔을 마실 것이지만, 이것이 상징하는 신성한 양식을 결코 다 먹어 없앨 수는 없을 것입니다. 그분의 살은 그분이 구속하신 자들의 영원한 양식이며, 그분의 피는 우리의 영원한 영적인 영양분입니다. 우리는 영원히 양식을 공급받을 것입니다. 우리에게는 결코 상하지 않는 만나가 있으며 결코 시어지지 않는 포도주가 있습니다. 우리에게는 영원한 생명을 얻게 하는 양식이 있습니다. 그러므로 사랑하는 이여, 잠잠히 안식하십시오. 여러분이 양자의 영을 가졌으면, 여러분이 이곳에서와 천국에서 필요로 하는 모든 것이 공급될 것입니다.

이러한 복된 진리에서보다 더욱 달콤한 안식을 얻을 수 있는 무언가가 있습니다. 그것은 곧 여러분이 그리스도와 하나가 되었다는 것입니다. 여러분은 교제의 식탁이 상징하는 바를 이해합니까? 정녕, 그리스도의 살이 우리의 영적 양식이 되고 그리스도의 피가 우리의 영적인 음료가 되었을 때보다 더 친밀한 연합은 있을 수 없습니다. 그것은 실제적이고, 살아 있으며, 사랑이 깃들어 있고, 지속적이며, 해체될 수 없는 연합입니다. 우리는 그리스도와 하나입니다. "우리는 그 몸의 지체임이라"(엡 5:30). 일전에 한 번, 아직 무언가를 알지 못하는 어떤 사람의 저작에서, 내가 신성모독에 가까운 진술을 했다고 나를 비방하는 대목을 본 적이 있습니다. 그는 내가 "우리는 그의 몸 곧 그의 살과 뼈의 지체들이다"라고 말한 것을 비판했습니다. 예, 비평가 선생, 내가 그렇게 말했소이다. 하지만 그 때 나는 그것을 성경에서 인용했소이다. 그 문장에서 흠을 잡으려는 자들은 바울로 하여금 그것을 기록하도록 감동하셨던 하나님의 영과 그 문제를 다투어야 할 것입니다. 모든 믿는 자의 영혼은 마치 손이 한 지체로서 머리와 하나인 것처럼 그리스도와 하나이며, 몸이 그것을 살게 하는 영혼과 하나인 것과 마찬가지로 그리스도와 하나입니다. 그렇다면, 누가 우리를 떼어놓겠습니까? 누가 그리스도의 손과 발을 찢겠습니까? 누가 그리스도에게서 그분의 작은 손가락을 떼어놓아, 그분을 불구가 된 그리스도로 남겨놓겠습니까?

어떤 사람들은 하나님의 자녀들이 은혜에서 떨어질 수 있다고 믿습니다. 만일 그것이 사실이라면, 그리스도의 신비의 몸의 지체들이 그분의 몸에서 잘려나갈 것이며, 그분은 더 이상 온전한 그리스도가 아닐 것입니다. 나는 그런 가르침을 믿지 않습니다. 내가 만약 그리스도와 하나라면, 나는 나를 그분에게서 찢어놓으려는 마귀를 대항하여 싸울 것입니다.

"한 번 그분 안에 있으면, 영원히 그분 안에 있는 것이니,
아무것도 그분의 사랑에서 나를 떼어낼 수 없으리."

사랑하는 이여, 그 영광스러운 진리에 기대어 안식을 누리십시오. 고통스러운 마음에 그와 같은 안식의 베개는 없습니다. 당신과 예수 그리스도 사이의 혼인상의 연합, 혹은 영원히 복되신 하나님과 그분의 사랑을 받는 백성 사이의 연합에 의한 영원한 안식을 의식하는 것에서 솟아나오는 평화와 같은 것은 없습니다. 거기에 안식을 위한 충분한 이유가 있습니다.

우리가 성찬의 식탁에 나아오면서 누리는 또 다른 안식은, 우리가 그분의 다시 오심과 그분의 영원한 통치를 확신하는 사실에서 생겨납니다. 우리가 언제까지 이 성찬의 식탁으로 나아올까요? 우리가 언제까지 이 떡을 먹으며, 이 잔을 마셔야 할까요? "그분이 오실 때까지"입니다. 그분이 다시 오시기만 하면 우리의 기쁨을 완성하기 위해 더 필요한 것은 없습니다. 그분이 제자들에게 말씀하셨습니다. "내가 다시 너희를 보리니 너희 마음이 기쁠 것이라"(요 16:22). "내가 너희를 위하여 거처를 예비하러 가노니, 가서 너희를 위하여 거처를 예비하면 내가 다시 와서 너희를 내게로 영접하여 나 있는 곳에 너희도 있게 하리라"(요 14:2-3). 어쩌면 우리 중에 어떤 이들은 그리스도께서 다시 오실 때까지 살 수도 있습니다. 나는 그에 대해서는 모르며, 특별히 그에 대해 관심을 기울이지 않습니다. 내가 아는 것은 이것입니다. 즉, 만약 우리가 그분이 오시기 전에 그분 안에서 잠들면, 주의 오실 때까지 살아남은 자들이 예수 안에서 잠든 자들보다 앞서지 못한다는 것입니다. 나팔이 불 때, 그리스도 안에서 죽은 자들이 먼저 일어날 것이며, 그 후에 살아남은 자들도 그들과 함께 구름 속으로 끌어올리어져 공중에서 주를 영접할 것이기 때문입니다(참조. 살전 4:15-17). 그리하여 우리는

항상 주와 함께 있을 것입니다.

누군가 손가락으로 당신의 눈꺼풀을 닫아 죽음을 확인하고, 당신이 흙 속에서 잠든다 해도 무슨 상관입니까? 나로 하여금 당신의 귀에 욥이 한 말을 속삭이게 하십시오. "내가 알기에는 나의 대속자가 살아 계시니 마침내 그가 땅 위에 서실 것이라. 내 가죽이 벗김을 당한 뒤에도 내가 육체 밖에서 하나님을 보리라. 내가 그를 보리니 내 눈으로 그를 보기를 낯선 사람처럼 하지 않을 것이라"(욥 19:25-27). 이보다 당신으로 하여금 평온과 행복을 느끼게 하는 것이 무엇일까요? 당신은 죽고 싶지 않다고 말합니다. 아마도 당신은 결코 죽고 싶지 않을 것입니다. 하지만 왜 당신은 죽음을 무서워합니까? 왜 당신은 무덤을 두려워합니까? 우리 주 예수께서 우리가 쓰도록 그분의 세마포 수의(壽衣)를 남겨두셨습니다. 또한 그분은 우리 친구들이 눈물을 닦을 수 있도록 조심스럽게 수건을 접어서 따로 남겨두셨습니다. 우리가 이 지상에서 마지막 잠을 자러 갈 때에, 벌거벗은 채로 아무런 비품도 없는 방으로 가서 자는 것이 아닙니다.

> "그것은 단순히 울타리를 친 납골당이 아니라.
> 모른 채 버려진 폐허도 아니고
> 슬픔과 부패의 장소도 아니라.
> 가로막던 돌이 치워졌도다."

그러므로 이 말로 서로를 위로하십시오. 그리고 예수께서 우리에게 주시는 안식이 정녕 영화로운 것임을 믿으십시오.

나는 이곳에 있는 모든 사람이 안식을 얻게 되기를 바랍니다. 유감스럽지만 여러분 중에 어떤 이들은 전혀 안식을 얻지 못했습니다. 여러분이 예수님께 나아오기까지는 차라리 아무런 안식도 얻지 못하기를 나는 바랍니다. 단순한 믿음의 행위로써 예수님을 붙잡고, 그분을 여러분의 영원한 안식으로 삼으십시오. 아멘.

제 15 장

새 마음을 위한 새 노래

"그 날에 네가 말하기를 '여호와여 주께서 전에는 내게 노하셨사오나 이제는 주의 진노가 돌아섰고 또 주께서 나를 안위하시오니 내가 주께 감사하겠나이다' 할 것이니라."—사 12:1

이 예언은 누군가 산헤립의 침략과 관련하여 한 말입니다. 그 재앙의 위협은 하나님의 진노가 무섭게 표현될 것임을 보여주는 것이었습니다. 앗수르의 세력이 유다 전체를 완전히 황폐화시키는 일이 피할 수 없을 것처럼 보였습니다. 하지만 하나님께서 자기 백성의 구원을 위해 개입하실 것과, 앗수르 왕의 완고한 마음을 벌하실 것을 약속하셨습니다. 그 날에는 그분의 백성들이 이렇게 말할 것입니다. "주께서 전에는 우리에게 노하시어 우리를 징계하시려고 앗수르 왕을 보내셨사오나, 이제는 주의 진노가 돌아섰고 또 주께서 우리를 안위하시오니 우리가 주께 감사하겠나이다." 만일 이 본문이 그런 의미라면, 그것은 거룩한 징벌의 한 사례이며, 그것이 우리에게 주는 교훈은 우리가 징계의 매로 아픔을 겪을 때마다 그 매가 거두어질 때를 기대할 수 있다는 것입니다. 그것이 우리에게 주는 또 다른 교훈은, 우리가 시련을 벗어날 때에, 감사의 찬양으로 그 사건을 기념해야 한다는 것입니다. 기념비를 세우고, 그 위에 감사의 기름을 붓도록 합시다. 그 위에 노래로써 화환(花環)을 씌우고, 그 노여움은 잠깐이지만 그 인자하심이 영원무궁하신 하나님을 송축합시다.

다른 사람들은 이 본문이 주로 종말의 시대와 관련되었다고 생각합니다. 나로서는 그러한 관련성을 분명하게 느끼지 않고서 11장을 읽는 것은 불가능하다고 여깁니다. 이리가 어린 양과 함께 살고, 사자가 소처럼 풀을 뜯으며, 젖 먹는 아이가 독사의 굴에 손을 넣을 때가 있을 것입니다. 그 때 주께서 다시 그분의 손을 뻗어 자기 백성 중에서 남은 자들을 회복하실 것입니다. 애굽과 홍해에서 기이한 일들을 되풀이하실 것이며, 그리하여 모세의 노래가 다시 들려지도록 하실 것입니다. "여호와는 나의 힘이요 노래시며 나의 구원이시로다. 그는 나의 하나님이시니 내가 그를 찬송할 것이요 내 아버지의 하나님이시니 내가 그를 높이리로다"(출 15:2). 그 날, 그리스도의 피가 그 머리에 돌려졌던 유대 백성들, 오랜 세월 동안 흩어져서 고생하고, 만국 중에서 마치 체로 체질을 당하듯 했던 한 백성이 돌아옵니다. 이러한 자들이 회복되어 고국 땅으로 돌아오고, 유다의 흩어졌던 자들이 사방의 땅 끝에서 돌아옵니다. 그들이 천년왕국 통치의 모든 영광에 동참할 것이며, 기쁨으로 구원의 샘에서 물을 길을 것입니다. 온 이스라엘이 구원을 받고 유다가 안전히 거하게 될 그 시대에, 기쁨에 찬 감사의 노래가 들릴 것입니다. "여호와여 주께서 전에는 내게 노하셨사오나 이제는 주의 진노가 돌아섰고 또 주께서 나를 안위하시오니 내가 주께 감사하겠나이다." 모든 백성이 한 마음으로 노래할 것입니다. 마치 그들이 한 사람인 듯이 나뉘지 않은 마음으로 노래할 것이며, 그 수를 복수로 표현해야 할 때에 단수를 사용할 것입니다. "내가(I) 주께 감사하겠나이다." 그것이 한때 나뉘었으나 다시 연합된 백성의 외침이 될 것입니다.

비록 이 두 가지 해석이 모두 옳으며, 모두 교훈적이지만, 이 본문에는 다양한 측면이 있으며 따라서 다르게 읽을 수도 있습니다. 만일 우리가 이 본문을 어둠에서 하나님의 기이한 빛으로 이끌림을 받았을 때에 그분의 백성 모두에게 일어나는 실례로 간주한다면, 그리고 그들 각자가 진노 아래에 있는 억압의 영으로부터 해방되고, 양자의 영에 의해 인도되어 그리스도께서 자유하게 하시는 그 자유에 이른 모든 자에게 일어나는 사건으로 이해한다면, 우리는 이 본문에 담긴 의미의 정수를 발견할 것입니다. 그 날에 이 말씀이 성취될 것이라고 나는 확신합니다. 그 때 믿는 자는 기뻐하며 이렇게 말할 것입니다. "여호와여 주께서 전에는 내게 노하셨사오나 이제는 주의 진노가 돌아섰고 또 주께서 나를 안위하시오니 내가 주께 감사하겠나이다."

이러한 관점으로 본문을 숙고하면서, 우리는 먼저 이 기쁜 노래의 서곡을 살펴볼 것입니다. 그런 다음, 두 번째로, 우리는 그 노래 자체에 귀를 기울일 것입니다.

1. 이 노래의 서곡(序曲)

먼저, 나는 여러분에게 이 매력적인 노래의 서곡을 숙고해보라고 요청합니다. 이 음악에는 어떤 전주(前奏)의 단계가 있습니다. 그것은 본문의 첫 번째 줄에 담겨 있습니다. "그 날에 네가 말할 것이라." 여기서 수금의 조율이 있으며, 본격적인 곡조는 이어지는 문장에서 뒤따라옵니다. 이 짧은 여섯 마디의 서곡에 많은 교훈이 담겨 있습니다.

우선, 여기에 기록된 기쁨의 노래를 부를 때(a time)가 있음을 주목하십시오. "그 날에(In that day)." "그 날"이라는 용어는 이따금씩 재앙의 날을 지칭하는데 사용되며, 종종 축복의 시기를 언급하는 데 사용되기도 합니다. 공통의 용어로 두 가지 모두를 가리키는 것입니다. 그 날들은 모두 하나님의 능력이 나타나는 날입니다. "그 날"은 하나님의 원수들에게는 대단히 당혹스러운 날입니다. "그 날"은 하나님의 벗들에게는 큰 위로의 날입니다. 어떤 경우이든 그 날은 하나님이 팔을 걷어붙이시는 날이며, 그분의 힘을 나타내 보이시는 날입니다. 사람이 그리스도 안에서 기뻐하는 그 날은, 그의 편에서 그의 마음과 양심에 하나님의 능력이 나타나는 날이며, 성령이 그를 그리스도의 통치에 복종시키는 날입니다. 하나님께서 항상 그런 능력으로 인간의 마음에서 역사하시는 것은 아닙니다. 그분에게는 친히 정해두신 때가 있습니다. 종종 인간 목회자의 말에 효력이 없음이 입증됩니다. 설교자가 권면하고 청중은 경청합니다. 하지만 그 권고의 말에 순종이 따르지는 않습니다. 이따금씩 마음의 욕구는 자극을 받지만 아무것도 성취되는 것이 없을 때가 있습니다. 그러한 좋은 느낌들은 마치 나무에서 피어나지만 아무런 열매를 맺지 못한 채 땅에 떨어지는 꽃들과도 같습니다. 하지만 하나님의 선택의 부르심을 위한 정해진 때가 있습니다. 그 때는 여호와께서 은혜의 능력으로 그의 선택하신 자들을 방문하시는 때이며, 그 때 그들은 그 은혜의 힘에 저항할 수 없습니다. 그분은 그의 능력을 보이시는 날에 그들로 하여금 소원을 갖게 하십니다. 그 날은 단순히 복음을 듣기만 하는 날이 아니며, 우리의 전하는 말이 믿어지는 날입니다. 여호와의 팔이 나타나기 때문입니다.

솔로몬에 따르면, 범사에 때가 있습니다. 허물 때가 있고 세울 때가 있으며, 전쟁의 때가 있고 평화의 때가 있습니다. 죽일 때가 있고 치유할 때가 있습니다. 그와 마찬가지로 죄를 깨달을 때가 있고 위로받을 때가 있습니다. 혹 어떤 이들이 영혼의 큰 비탄 속에 빠져 있을 때, 그 때는 하나님이 상처를 내시고 죽이시는 때일 수 있습니다. 그들의 자기 신뢰가 아직 너무 강경하고, 그들의 육적인 의가 아직 너무 살아 있을 때, 그들의 신뢰는 상처를 입어야 하고 그들의 의는 죽임을 당해야 합니다. 그렇지 않고서는 그들이 은혜에 복종하지 않을 것이기 때문입니다. 하나님께서는 우리를 벗게 하시고서야 비로소 옷을 입히십니다. 그분은 먼저 우리에게 상처를 주시지 않고서는 치유하지 않으십니다. 죽지 않은 자들을 그분이 어떻게 살게 하실 수 있겠습니까? 은혜가 우리의 마음속에 소망을 세우기 전에, 먼저 우리의 마음속에서 그것을 세울 토대를 찾아내는 일이 있어야 합니다. 토대를 놓지 않고 세우려는 자에게는 화가 있습니다. 그의 집이 무너질 것이기 때문입니다. 용서의 필요를 느끼기도 전에, 회개도 없고, 상한 심령도 없이, 별안간 평화로 도약하려는 자에게는 화가 있습니다. 그런 자는 그의 성급한 열매가 그가 보는 앞에서 시드는 것을 볼 것입니다. 하나님께서 효과적으로 복을 주시는 때는 이따금씩 "사랑의 때(a time of love)"라고 불립니다(참조. KJV, 겔 16:8). 그 때가 우리에게는 깊은 슬픔의 때일 수 있습니다. 하지만 그 때가 하나님께는 사랑의 때이며, 지존자의 작정과 계획 속에서 지혜롭게 결정된 때입니다. 그 때가 은혜 언약에 관심을 가진 자에게 치유의 은혜가 도달하는 최상의 때입니다.

어떤 사람은 이렇게 질문할는지 모릅니다. "하나님께서 저로 하여금 '주의 진노가 돌아섰나이다'라고 말할 수 있게 하실 때가 언제라고 생각합니까?" 내 사랑하는 형제여, 당신이 그것을 쉽게 분간할 수는 없습니다. 나는 하나님께서 우리에게 위로를 주시는 때가 대개 우리가 낮아졌을 때, 그래서 우리가 그분이 우리에게 쏟아 부으시는 진노의 정당성을 시인할 때라고 믿습니다. 마음의 겸손함은 다가올 은혜의 한 가지 확실한 표징입니다.

몇 해 전 독일의 한 귀족이 툴롱(Toulon)에 있는 갤리선들(galleys, 노예나 죄수들로 하여금 노를 젓게 하는 돛배 — 역주)을 시찰하였습니다. 그곳에서 그는 범죄 때문에 프랑스 정부에 의해 갤리선의 노를 젓도록 형을 선고받은 많은 사람들을 보았습니다. 신망이 높은 군주이기에, 그는 그 수용자들 중 누군가에게 자유를 줄 수 있는 호의적인 권한을 부여받았습니다. 그는 그들 가운데 다니면서 그들에게 말을 걸었습니다. 하지만 만나는 경우마다 그들 스스로 잘못된 대우를 받고 있으며, 억압을 받고, 부당하게 벌을 받는다고 생각하고 있음을 발견하였습니다. 마침내 그는 이렇게 고백하는 한 사람을 만났습니다. "저의 경우에, 선고는 가장 정당하며 오히려 자비롭기까지 합니다. 만일 제가 이런 식으로 억류되지 않았더라면, 저는 오래전에 어떤 더 큰 범죄로 인해 사형을 당했을 것입니다. 저는 매우 큰 범죄자였고, 법이 제 남은 인생을 갇힌 상태에서 보내도록 한 것은 마땅히 해야 할 바를 행한 것입니다." 그 독일 귀족은 그 갤리선들의 감독자에게 되돌아와서 말했습니다. "이 사람이 이 모든 무리 중에서 내가 석방하고 싶은 유일한 사람입니다. 나는 자유를 얻을 사람으로 이 사람을 선택했습니다."

우리의 위대한 해방자이신 주 예수 그리스도께서도 마찬가지입니다. 그분은 자신의 잘못을 자백하고, 하나님의 진노의 정당성을 시인하며, 자기 자신을 위해서는 한 마디도 하지 않는 영혼을 만나실 때, 이렇게 말씀하십니다. "너의 많은 죄가 사하여졌도다." 그분의 진노가 돌아설 때는 당신이 그분의 진노의 정당성을 시인할 때이며, 겸손히 엎드려 은혜를 간청할 때입니다. 무엇보다, 은혜의 때는 당신이 그리스도만을 바라볼 때 찾아옵니다. 당신이 당신 자신 안에 있는 어떤 선한 것을 바라보고, 더 나아지기를 바라고, 혹은 더 낫게 행동하기를 바라는 동안, 당신은 위로를 향해서는 한 발짝도 나아가지 못합니다. 하지만 당신이 절망 중에서 당신 자신에 근거를 둔 모든 소망을 포기하고서, 그분의 귀한 상처들을 바라보고, 당신을 위해 하늘에서 내려와 고난당하신 하나님의 아들을 바라볼 때, 그 때 당신이 이렇게 말할 수 있는 날의 동이 틉니다. "여호와여, 내가 주께 감사하겠나이다." 나는 여러분에게 은혜를 베푸실 그 정해진 때가 지금 임하기를 간절히 기도합니다. 비가 그치고, 비둘기의 소리가 여러분의 땅에서 들리기를 바랍니다.

이 노래의 서곡을 살펴보면서, 여러분은 한 단어가 노래하는 자를 지칭하고 있음을 주목할 것입니다. "그 날에 네가 말하리라." "네가(Thou)." 그것은 단수 대명사입니다. 한 개인을 지칭하고 있습니다. 한 사람 한 사람씩 우리는 영원한 생명과 평화를 받습니다. "네가." 개인으로서 "당신"이 양심에서 하나님의 진노를 느끼고, 그런 다음 여호와의 사랑을 누리도록 선택되었음을 지칭합니다. 아아! 형제들이여, 우리가 무리 중에서 개별적으로 선택되지 않으면 결코 은혜의 날은 없습니다. 우리는 각자가 회심하여야 합니다. 여러분 중에서 많은 이들은 기독교 국가에 살고 있기 때문에 모든 것이 잘될 것이라고 상상합니다. 내가 단언하거니와, 설혹 외적인 특권들을 누리고 많은 책임들을 맡았다고 해도, 그런 것이 당신에게 구원의 은혜를 가져다주지 못했다면 그 모든 것은 당신에게 재앙입니다. 아마도 당신은 당신의 가족의 신앙이 어느 정도 당신에게 도움이 될 것이라고 상상하겠지요. 어떤 기독교회들의 잘못된 예배의식들이 이런 그릇된 생각을 조장합니다. 하지만 그렇지 않습니다. 타고난 경건이란 없습니다. "당신은 거듭나야 합니다." 첫 번째 출생이 당신에게 도움을 주지 않습니다. "육으로 난 것은 육이요 영으로 난 것은 영"(요 3:6)이기 때문입니다. 또한, 나는 당신이 경건한 회중 속에 섞여서, 그들이 노래할 때에 노래하고 기도할 때에 기도하면 잘될 것이라고 상상하는 것을 압니다. 하지만 그렇지 않습니다. 영원한 생명으로 들어가는 좁은 문은 한 번에 한 사람만 들어가도록 허용합니다.

성경에 이렇게 기록되지 않았던가요? "너희 이스라엘 자손들아, 과실을 떠는 것 같이 너희를 하나하나 모으시리라"(사 27:12). 스가랴 선지자가 선언한 대로, 다윗의 집을 위하여 더러움을 씻는 물이 열릴 때에(슥 13:1) "온 땅 각 족속이 따로 애통하되 다윗의 족속이 따로 하고, 그들의 아내들이 따로 하며, 나단의 족속이 따로 하고, 그들의 아내들이 따로 하리라"(슥 12:12)는 것을 알지 못합니까? 여러분 각자가 여러분의 영혼 속에서 하나님의 진노를 느끼고, 또한 그것이 여러분에게서 떠난 것을 느껴야 합니다. 그래야만 하나님 안에서 구원의 즐거움을 누릴 수 있습니다.

그렇다면 사랑하는 청중이여, 당신에게는 그런 일이 있었습니까? 당신은 즐거이 구원의 노래를 부르는 자입니까? 당신은 다음과 같이 말할 수 있도록 선택된 무리 중의 하나입니까? "주의 진노가 돌아섰고 또 주께서 나를 안위하시나이다." 일반적인 것에 안주하지 마십시오. 개별적인 것이 아니면 만족하지 마십시오. 그리스도의 죽음이 당신과 무관하다면, 그분이 일만의 사람들을 위해 죽으신 것은 그다지 중요하지 않습니다. 용서받은 것으로 인해 수많은 사람들의 마음에 기쁨이 있다고 해도, 만약 당신이 용서받지 못한 채 죽는다면, 그런 것이 당신에게는 아무런 축복이 되지 못합니다. 그리스도 안에서 개인적인 관계를 추구하십시오. 구체적으로 당신의 마음속에서 당신의 죄가 은혜의 한 행동에 의해 제거되었다고 만족스럽게 계시되지 않았다면 결코 만족하지 마십시오. 이 말을 기억하기를 바랍니다. "네가(Thou)"는 슬픔으로 인해 낙심의 단계에 떨어진 자들을 향한 단어입니다. "그 날에 네가 말하기를, 여호와여 주께서 전에는 내게 노하셨사오나 이제는 주의 진노가 돌아섰나이다." 그대 가련하고 낙심한 영혼이여, 그대는 어디에 있습니까? 슬픔 마음을 가진 여인이여, 기뻐하십시오. 그 은혜의 날에 당신이 기뻐할 것이기 때문입니다. 그대 양심의 고통으로 인해 스스로를 부숴 버리고 싶을 정도로 상심한 죄인이여, 하나님의 넘치는 은혜의 날에 당신도 기뻐할 것입니다. 영혼 속에서 하나님의 타오르는 진노를 느꼈던 당신까지도, 당신의 많은 죄가 용서받은 것으로 인해 한층 즐거운 목소리로 말하게 될 것입니다. 슬피 우는 자들이여, 그것을 깊이 생각하십시오. 하나님께서 은혜를 주시어, 그런 일이 당신에게 개인적으로 실현되기를 바랍니다.

다음으로 이 서곡에서 언급되어야 할 것은 그 교사(the Teacher)입니다. "그 날에 네가 말하리라." 이 말을 하는 이가 누구입니까? "네가 말하리라(thou shalt say)"고 이처럼 단정적으로 선언할 수 있는 이는 오직 하나님 한 분이십니다. 사람의 마음과 언어에 대해 이렇게 명하실 수 있는 분이 여호와 외에 누구이겠습니까? 오직 여호와만 그렇게 하실 수 있습니다. 우리를 만드신 분은 우리 영혼의 주인(Master)이십니다. 그분은 물질세계뿐 아니라 정신세계에서도 전능의 능력으로 다스리십니다. 모든 일들이 그분이 정하신 대로 일어납니다. 그분이 말씀하십니다. "그 날에", 즉 하나님 자신의 때에, "네가 말하리라." 또한 이렇게 선언하시는 그분이 그 말씀대로 이루실 것입니다. 여기에 하나님의 뜻이 계시되어 있습니다. 주께서 뜻하시는 바는 이루어질 것이며, 그분이 선언하신 바는 정녕 그대로 성취될 것입니다. 그 말씀이 이루어지지 않을 것을 두려워하는 연약한 자들을 향한 위로가 여기에 있습니다.

"네가 말하리라(thou shalt say)"는 하나님의 말씀이며, 따라서 실패할 수가 없습니다. 오직 주님만이 사람에게 이렇게 말할 수 있는 권한을 주십니다. "주의 진노가 돌아섰나이다." 만약 어떤 사람이 지존자로부터 아무런 보증도 받지 못한 채 스스로 추정하여 "하나님이 내게서 그 진노를 돌이키셨다"라고 말한다면, 그 사람은 스스로에게 거짓말을 하는 것입니다. 하지만 "네가 말하리라"고 성경에 기록되었다면, 그것은 마치 하나님께서 이렇게 말씀하신 것과 다름없습니다. "내가 그 일을 이루리라. 그래서 너는 그 선언 속에서 온전히 의롭게 되리라."

하지만 그 이상의 위로가 여기에 있습니다. 그러한 복이 주어졌을 때에도,

우리는 종종 연약함 때문에 그것을 누리지 못합니다. 종종 우리의 불신이 너무 커서 실현된 많은 일들을 받아 누리지 못합니다. 죄의식으로 낙심한 채, 하나님의 은혜는 너무나 크기 때문에, 비록 그것이 표현할 수 없을 정도로 즐거운 것이라고 해도, 우리에게 선물로 주어진 것으로 받아 누리기는 어렵다고 여깁니다. 하나님을 찬송합니다! 성령께서는 우리의 불신앙을 몰아내실 방법을 알고 계시며, 우리에게 그 복을 감싸 안을 수 있는 힘을 주십니다. 그분은 우리로 하여금 언약의 복을 받아들이게 하실 수 있으며, 또한 그 안에서 즐거워하면서 그 기쁨을 고백하도록 하실 수 있습니다.

여러분 중에는, 위로가 되는 진리들을 믿도록 하기 위해 내가 애를 썼지만 결국 나로서는 어쩔 수 없었던 사람들이 더러 있습니다. 나는 여러분에게 복음을 분명히 제시했습니다. 그 약속들이 여러분에게 해당되는 것이라고 확실히 느꼈기 때문입니다. 나는 속으로 말했습니다. "정녕 오늘 아침에 위로받는 자들이 있을 것이다. 분명 그들의 상한 마음이 그 은혜의 말씀에 의해 싸매어질 것이다." 하지만 오! 나는 여러분으로 하여금 "여호와여, 내가 주께 감사하겠나이다"라고 말하게 할 수 없습니다. 나는 여러분을 믿음과 평화로 이끌 수 없습니다. 하지만 여기에 내 기쁨이 있습니다.

내 주님께서는 그분의 종이 할 수 없는 것을 하실 수 있습니다! 그분은 벙어리의 혀로 노래하게 만드실 수 있습니다. 그분은 낙심한 영혼들을 돌보기를 기뻐하십니다. 인간의 극한 곤경이 그분에게는 기회가 됩니다. 우리의 가장 애정 어린 말도 실패하는 곳에서, 그분의 복되신 성령의 위로는 말할 수 없을 정도로 효과적입니다. 그분은 기름과 포도주를 가져오실 수 있을 뿐 아니라, 그것들을 어떻게 상처에 부을 것인지, 통회하는 자의 마음의 고통을 어떻게 치유할 것인지 그 방법을 알고 계십니다. 홀로 이 노래를 우리에게 가르치실 수 있는 그분께 기도합니다. 여러 달 동안 안식을 구했으나 찾지 못했던 이들에게 은혜를 주시어 이렇게 노래하도록 가르치시길 빕니다. "나는 네게 유익하도록 가르치는 네 하나님 여호와라"(사 48:17). 그분은 한 노래를 여러분의 입 속에 넣어주실 수 있습니다. 은혜의 한도를 넘는 것은 아무것도 없기 때문입니다.

다시 한 번 반복합니다. "그 날에 네가 말하리라." 여기에 이 노래의 또 다른 전주가 있습니다. 바로 그 노래의 **음조**(the tone)에 대한 것입니다. "네가 말하기를(shall say), 내가 주께 감사하겠나이다." 이 노래는 공개적인 노래가 될 것입니다. 음성으로 외쳐지고 공언되는 노래이며, 사람들에게 들려지고 널리 전파될 노래입니다. 그것은 침묵 중에서 느끼기만 하는 노래가 아니며, 달콤하게 마음 속에 녹아드는 일종의 부드러운 음악이 아닙니다. 오히려 그 날에 당신은 말할 것입니다. 당신은 그것을 공공연하게 말할 것이며, 주께서 당신을 위해 행하신 일을 증언할 것입니다. 사람이 죄의 용서를 받을 때, 그는 그 비밀을 드러내지 않을 수가 없습니다. "여호와께서 시온의 포로를 돌려보내실 때에 우리는 꿈꾸는 것 같았도다. 그 때에 우리 입에는 웃음이 가득하고 우리 혀에는 찬양이 찼었도다(시 126:1-2). 설혹 그 용서받은 사람이 자기 혀로는 말할 수가 없어도, 그의 눈으로는 그것을 말할 수 있습니다. 그 얼굴의 표정, 그의 태도, 그의 걸음걸이가 그의 감정을 드러낼 것입니다. 은혜의 비밀은 어떤 태도에 의해서든 밖으로 새어나오기 마련입니다. 영적인 사람들은 어떻게 해서든 그것을 발견할 것이며, 감사하면서 그 기쁨의 증거들을 주목할 것입니다.

내가 구주를 만나기 전에 여러분이 나를 알았더라면, 여러분은 내게서 홀로 외로이 빠졌던 습관들을 관찰했을 것입니다. 여러분이 나를 추적하여 내 방을 살펴보고, 내 성경과, 내가 무릎 꿇는 것을 살펴보았더라면, 여러분은 신음소리와 한숨 소리들을 들었을 것입니다. 바로 슬픔에 빠진 영혼의 증거들이었지요. 그 시절 젊은이들의 흔한 오락들이 내 마음을 끌지 못했습니다. 즐거운 대화도 내게는 위로를 주지 못했습니다. 하지만 내가 "땅 끝의 모든 끝이여 내게로 돌이켜 구원을 받으라"(사 45:22)는 복음의 메시지를 들었던 그 날 아침, 나를 알았던 사람치고 내 얼굴 표정의 변화에 주목하지 않을 사람이 없었을 것입니다. 내 심령에 변화가 찾아왔습니다. 내가 기억하기에, 그 변화는 내 걸음걸이의 방식에서도 나타났을 것입니다. 우울하고 무거웠던 발걸음이 한층 즐거운 걸음으로 바뀌었습니다. 영적인 상태는 몸의 상태에도 영향을 주는데, 그것이 내게는 아주 분명했습니다. 용서받은 나의 기쁨은 흔한 마음의 흥분이 아니었습니다. 나는 기쁨으로 펄쩍 뛸 수도 있었습니다.

"슬픔으로 가득하여 온 밤을 울며 지새웠지만
아침에는 위로가 찾아왔다네.
전에 내 뼈를 부러뜨렸던 그 손이
그 후 내 슬픔의 결박을 끊어 버렸다네.

그가 나의 슬픔이 변하여 춤이 되게 하시며
나의 베옷을 벗기고 기쁨으로 띠를 띠우셨네.
주여, 잠깐 당신의 진노가 타올랐으나
당신의 인자는 오래 지속되나이다."

내가 만약 내 구원을 공언하지 않았더라면 틀림없이 돌들이 외쳤을 것입니다. 그것을 내 마음속에만 간직할 수가 없었습니다. 설혹 그러기를 내가 바랐더라도 그렇게 하지 못했을 것입니다.

하나님의 은혜가 마음속으로 찾아오는 것은, 거지가 곡식창고 안으로 들어가 숨어서 하룻밤을 투숙하는 것과는 다릅니다. 그렇지 않습니다. 은혜의 방문은 온 집에 알려지며, 영혼의 모든 방이 그 임재를 증언합니다. 은혜는 마치 한 다발의 라벤더와 같아서, 그 향긋한 냄새로 스스로를 드러냅니다. 나이팅게일(새)처럼 보이지 않는 곳에서도 그 소리를 들을 수 있습니다. 그것은 마치 짚단에 떨어진 하나의 불씨처럼 불을 붙이고, 밝게 타오르며, 태우기 때문에, 그 활발한 작용을 스스로 드러냅니다.

오, 죄의 짐을 지고 있는 영혼이여, 그리스도께서 오셔서 당신을 용서하시기만 하면, 머지않아 당신의 모든 뼈들이 이렇게 외칠 것이라고 나는 장담합니다. "주여, 주와 같은 이가 누구입니까?" 당신은 다윗과 같은 마음으로 이렇게 말할 것입니다. "하나님이여 나의 구원의 하나님이여 피 흘린 죄에서 나를 건지소서 내 혀가 주의 공의를 높이 노래하리이다"(시 51:14). 당신은 다윗과 더불어 즐거이 말할 것입니다. "하나님이여 내가 주께 서원함이 있사온즉 내가 감사제를 주께 드리리니, 주께서 내 생명을 사망에서 건지셨음이라"(시 56:12-13). 당신은 당신에게 이루어진 은혜의 큰 일들을 차분하게 말할 수도 있겠지만, 아마도 주체할 수 없는 기쁨이 근엄한 예절의 한계를 뛰어넘도록 하여 그렇게 하기가 어려울 것입니다. 정확하고 느긋한 정신을 가진 이들은 당신을 비난하겠지만, 당신은 그런 비난에 신경 쓸 필요가 없습니다. 마치 다윗이 언약궤 앞에서 춤을 추었을 때 미갈에게 보였던 것과 같은 경우이기 때문입니다. 당신이 "할렐루야"를 외치며 또는 손뼉을 쳐도, 나는 결코 당신을 비난하지 않을 것입니다. 감정을 드러내는 것을 비난하는 것이 우리의 냉정한 풍습입니다만, 나는 성경이 그러한 비난을 보증하지 않는다고 확신합니다. 우리는 이런 성경 구절들을 찾을 수 있기 때문입니다. "너희 만민들아 손바닥을 치고 즐거운 소리로 하나님께 외칠지어다"(시 47:1). "큰 소리 나는 제금으로 찬양하며 높은 소리 나는 제금으로 찬양할지어다"(시 150:5). 거룩한 기쁨이 흘러넘치는 것이 무질서하게 비쳐진들 어떻습니까? 하나님께서 그것을 받으신다면, 그것이 무슨 문제입니까? 오랫동안 옥에 갇혔던 사람이, 자유를 얻었을 때 한두 번 껑충껑충 뛰면서 넘치는 기쁨을 표현하는 것이 당연하지 않습니까? 누가 그를 탓하겠습니까? 오래도록 굶주렸던 사람이 식탁이 차려진 것을 보았을 때, 공손하게 먹기보다는 음식에 빠지듯이 열심히 먹는 것을 양해해주어야 하지 않겠습니까? 오, 그렇습니다! 그들은 말할 것입니다. 이렇게 외칠 것입니다. "내가 주께 감사하겠나이다." 그 표현의 무질서함 속에서도, 그들은 더욱 힘차게 외칠 것입니다. "여호와여 주께서 전에는 내게 노하셨사오나 이제는 주의 진노가 돌아섰으니 내가 주께 감사하겠나이다."

지금까지 이 노래의 서곡에 대해 다루었습니다. 이제는 그 노래 자체를 들어봅시다.

2. 그 노래 자체

그 노래 자체에서, 그 모든 것이 주님과 관련되었다는 사실을 여러분이 주목하길 바랍니다. 그 모든 것은 그분에 대해 말하고 있습니다. "여호와여, 주께서 전에는 내게 노하셨으나 이제는 주의 진노가 돌아섰으니 내가 주께 감사하겠나이다."

한 영혼이 죄의 속박에서 벗어나고 용서받았음을 의식하게 될 때, 그것은 일전에 다른 주일 아침에 내가 설교했듯이 마치 사도들이 다볼 산(Mt. Tabor, 갈릴리 호수의 서남에 있으며, 예수님이 변화하신 산이라는 전설이 있으나 확실치 않음 — 역주)에 올랐을 때와 비슷합니다. 주님 외에는 아무것도 보이지 않습니다. 은혜를 갈망할 때 여러분은 목사나, 예배나, 외적인 어떤 형식을 많이 생각합니다. 하지만 여러분이 그리스도의 보혈을 통해 하나님 안에서의 평화를 발견하는 순간 여러분은 오직 용서하시는 하나님에 대해서만 생각합니다. 오, 그 귀한 십자가 앞에 있을 때, 구주 하나님께서 사랑으로 죽으신 그곳에 있을 때, 다른 모든 것은 얼마나 작아지는지요! 우리의 모든 죄악이 바다 깊은 곳으로 던져졌음을 생각할 때, 우리는 더 이상 한때 우리의 자랑이었던 것을 자랑할 수 없습니다. 평화가 우리에게 임했던 수단들은 언제나 우리에게 소중합니다. 우리는 구원의 소식을 우리에게 전하는 복음 설교자를 우리의 영적인 아버지로서 귀하게 여기지만, 그를 찬미하려는 생각은 결코 하지 않습니다. 우리는 우리의 하나님께만 모든 영광을 돌릴 것입니다. 우리 자신에 대해 말하자면, 그리스도를 발견하였을 때 자아(自我)는 마치 납처럼 물속으로 가라앉습니다. 죄악이 용서되었을 때 하나님이 모든 것의 모든 것이 되십니다.

나는 종종 복음을 전했지만 그 속에 하나님의 은혜가 조금밖에 없었던 내 형제들 중 어떤 이들을 생각합니다. 그들이 만일 회심에 있어서 죄의 자각(conviction of sin)에 대해 좀 더 많은 것을 느꼈더라면, 그들은 좀 더 분명하고 더욱 은혜롭게 복음을 전했을 것입니다. 요즘 많은 사람들이 죄의 자각 없이 평화로 도약하려는 것처럼 보입니다. 그들은 죄책(the guilt of sin)이라는 것이 무엇을 의미하는지도 모르는 것처럼 보입니다. 그들은 죄의 짐을 느끼기도 전에 평화로 들어가려고 기를 씁니다. 판단은 내 몫이 아니지만, 나로서는 주의 두려우심을 결코 느끼지 않은 자들이 염려스럽다고 고백해야겠습니다. 나는 죄의 자각이 바르게 가르침을 받은 그리스도인을 위한 좋은 토대라고 간주합니다. 한 사람이 율법의 감옥에 갇히게 되고, 죄의 자각이라는 무거운 사슬로 매이게 되었을 때, 마침내는 보혈을 통한 자유를 획득하게 되는 것을 하나의 법칙이라고 나는 간주합니다. 그는 하나님의 은혜를 부르짖어 구할 것이며, 또한 그 은혜를 찬미할 것임이 매우 분명합니다. 그는 자신의 경우에 있어서 구원이란 처음부터 끝까지 은혜임에 틀림없다고 느낄 것이며, 자연스럽게 하나님의 은혜를 강조하고 찬미하는 신학체계를 선호할 것입니다. 이런 것을 느끼지 않았고, 회심이 좀 더 쉬웠던 경우의 사람들, 즉 깊은 생각에 의한 것이기보다는 다소간의 흥분에 의해 회심이 이루어진 경우의 사람들은, 내가 보기에 얄팍한 신학을 선택하는 것 같습니다. 그런 신학체계에서는 인간이 두드러지고, 하나님은 좀 덜 간주됩니다.

내가 확신하는 한 가지는 이것입니다. 즉 나는 개인적으로, 나 자신의 경우에 있어서, 회심을 전적으로 하나님의 은혜의 덕분으로 돌리며 그 영광을 모두 하나님께 드리길 원합니다. 하나님의 영원한 작정과, 하나님의 직접적인 대리자로서의 효과적인 성령과, 성령을 통한 하나님의 지속적인 활동 외에, 조금이라도 다른 것에서 회심의 원인을 찾는 것이라면, 나는 그런 회심을 몹시 두려워합니다. 내 형제들이여, 하나님께 찬미를 드리십시오. 만일 여러분이 하나님의 진노가 무엇인지를 느꼈고, 또한 그 진노가 돌아섰음을 철저하게 느꼈다면, 여러분은 반드시 그렇게 해야 합니다.

이 노래에서 다음으로 주목할 것은, 그것이 참회의 기억들을 포함하고 있다는 것입니다. "주께서 전에는 내게 노하셨사오나, 이제는 주의 진노가 돌아섰으니 주께 감사하겠나이다." 하나님께서 우리에게 노하셨음을 우리가 의식하던 때가 있었습니다. 그 때가 언제입니까? 하나님이 우리에게 노하셨음을 우리가 어떻게 느꼈습니까? 문외한들은 우리가 회심에 대해 말할 때 우리가 단지 감정적인 이론들에 대해 말하고 있다고 생각합니다. 하지만 여러분에게 단언하건대, 그것이 우리의 영적인 본성과 관계된 사실의 문제인 것은, 마치 질병과 회복의 느낌이 여러분에게 실제적인 것과 마찬가지입니다. 우리 중 어떤 이들이 하나님의 말씀을 읽을 때, 그것을 성령으로 감동된 책이라고 믿으면서 읽었을 때, 우리는 그 책에서 거룩하고 의로운 법이 내포되어 있음과, 그 법의 위반은 영원한 죽음이라고 경고되는 것을 인식하였습니다. 그 책을 읽으면서, 우리는 그 법을 어긴 것을 발견하였습니다. 몇 가지 점에서가 아니라 모든 면에서 어겼음을 발견하였습니다. 그 책을 읽으면서, 우리는 죄인들을 향한 그 책의 모든 심판의 선고들이 실질적으로 우리를 향한 선고들임을 느끼지 않을 수 없었습니다. 아마도 우리는 그 이전에도 성경을 읽었겠지만, 그 내용을 심각하게 여기지 않았습니다. 하지만 마침내 어느 시점에서, 우리는 성경에 내포된 하나님의 법에 의해 우리가 정죄된 상태임을 보게 되었습니다. 그 때 우리는 하나님께서 우리에게 노하셨다고 느꼈습니다. 그것이 단순히 우리들의 생각이 아니었던 것은, 이 책이 증명하고 있습니다. 만약 이 책이 정녕 진실이라면, 우리가 정죄 받았다고 느낄 수밖에 없었습니다. 우리는 감히 이 오랜 책이 교묘하게 고안된 이야기라고 생각하지 않았습니다. 그렇지 않다는 것을 우리는 알았습니다. 따라서 성경의 증언으로부터 우리는 하나님이 우리에게 노하셨다고 결론을 내렸습니다. 우리가 이 책에서 이토록 무서운 진리를 배우게 됨과 동시에, 별안간 우리의 양심이 깨어나 그 사실을 확증하였습니다. 양심은 이렇게 말했습니다. "그 책이 선언하는 바는 옳다. 의로우신 하나님께서 너와 같이 죄 많은 자에게 노하였음이 틀림없다." 양심이 우리가 거의 잊고 있었던 많은 일들을 생각나게 했습니다. 그것은 우리 마음의 많은 악을, 곧 우리가 알고 싶지 않았던 것을 드러내었습니다. 이렇게 우리가 양심의 빛으로 성경을 보았을 때, 우리는 우리가 아주 무서운 곤경에 처하였으며, 하나님께서 우리에게 노하셨다는 결론에 이르렀습니다. "진리의 성령이 오시면 죄에 대하여 세상을 책망하시리라"(요 16:8,13). 그분이 오셨습니다. 그분이 우리 죄를 자각시키셨습니다. 그 방식은, 그분이 아니고서는 성경이나 양심 자체로는 할 수 없는 그런 방식이었습니다. 그분의 빛이 우리에게 임했을 때, 우리는 전에 결코 느끼지 않았던 것을 느꼈습니다. 그 때 죄가 극도로 악한 것으로 드러났으며, 또한 그 죄가 무한한 사랑과 인자하심을 거역하여 자행된 것임이 드러났습니다. 그 때 마치 지옥이 금방이라도 나를 삼킬 것만 같았고, 하나님의 진노가 틀림없이 나를 불사를 것 같았습니다. 오, 그 때 전율과 두려움, 낙담과 놀람이 내 영혼을 사로잡았습니다!

하지만 내 형제들이여, 바로 이 때, 그 죄의 기억이 감사의 이유가 되었습니다. 히브리어로, 이 본문에 쓰인 말은 우리가 영어에서 이해하는 의미와는 약간 다릅니다. 영어 번역자들은 아주 지혜롭게도 히브리어 본문에서 나타나는 것보다 약간 앞에 "비록"(though thou wast angry with me, 한글개역개정에 '노하셨사오나'에 해당되는 부분임 — 역주)이라는 말을 넣었습니다. 히브리 성경은 이와 같은 순서로 되어 있습니다. "오 여호와여, 내가 주께 감사하겠나이다. 주께서 전에 내게 노하셨나이다." 아마 여러분은 이렇게 말할 것입니다. "뭐라고요? 진노를 느끼는 것이 감사의 이유란 말입니까?" 아닙니다, 내 형제여. 그것만으로는 그렇지 않습니다. 하지만 그것이 우리에게서 그리스도께로 전가되었기 때문입니다. 만일 장래에 우리에게 진노가 기다리고 있다면, 그것은 끔찍하고도 깊은 공포의 이유가 될 것입니다. 하지만 그것이 이곳에서 우리에게 어느 정도 표현되었습니다. 우리가 양심에서 이렇게 정죄를 받은 것은, 우리가 마지막에 정죄를 당하지 않도록 하기 위함이며, 그것이 감사의 큰 이유라는 것입니다. 만약 우리가 그분의 진노를 느끼지 않았더라면, 결코 그분의 사랑도 느끼지 못했을 것입니다. 우리는 절박한 필요 때문에 그분의 은혜를 붙잡습니다. 어떤 영혼도 그렇게 해야 할 때까지는 예수 그리스도를 영접하지 않을 것입니다. 자기 절망의 상태로 몰리기까지는 결코 믿음으로 이끌려오지 않습니다. 하나님의 노하신 얼굴이, 그리스도의 사랑의 얼굴이 우리에게 그토록 귀하게 여겨지도록 만듭니다. 먼저 하나님께서 사나운 폭풍을 통해 우리를 노려보시고 우리를 두렵게 하시기 전까지, 우리는 결코 그리스도를 바라보려 하지 않습니다. "제가 주께 감사하겠나이다. 당신께서 저로 당신의 진노를 느끼도록 하신 것은, 저로 하여금 어떻게 해야 그 진노가 돌아설 수 있는지를 발견하도록 하기 위함입니다." 이처럼 여러분은 이 노래의 저변에 심령을 무겁게 압박하던 죄의 회상이 있음을 이해할 것입니다.

이 본문의 노래에는 복된 확실성이 내포되어 있습니다. "주께서 전에는 내게 노하셨으나, 이제는 주의 진노가 돌아섰으니 내가 주께 감사하겠나이다." 사람이 그것을 알 수 있습니까? 사람이 자기가 용서받은 것을 확신할 수 있습니까? 아아, 그럴 수만 있다면, 사람이 자기 존재를 확신하는 것처럼, 마치 수학의 정리(定理)를 오류 없이 확신할 수 있는 것처럼, 자신의 용서를 확신할 수 있다면 얼마나 좋을까요? 한 사람이 말합니다. "아니, 하지만 그것이 어떻게 가능합니까?" 내 형제여, 비록 이것이 영적인 사람들에게 해당되는 문제이기는 하지만, 동시에 그것은 인간의 판단으로 단정할 수 있는 다른 문제와 마찬가지로 그것은 확실한 문제입니다. 인간이 용서받은 것에 대한 확신, 하나님의 진노가 그에게서 돌아섰다는 것에 대한 확신은, 단지 그럴 것이라는 느낌이나 혹은 그럴 것이라고 믿는 그의 믿음에 근거를 두지 않습니다. 당신은 당신의 행실이 당신을 어떤 편안한 마음 상태에 이르게 해준다는 이유로 용서받는 것이 아닙니다. 그런 이유로 당신이 용서받았다고 생각한다면, 그것은 기만일 수 있습니다. 당신은 스스로 그렇게 믿기 때문에 하나님의 진노에서 구원받는 것이 아닙니다. 당신은 거짓말을 믿을 수도 있으며, 당신이 좋아하는 것을 믿을 수도 있습니다. 하지만 그렇다고 그것이 진실이 되지는 않습니다. 그 이전에 선행되는 사실이 있어야 하며, 만약 그 사실이 없다면, 당신은 당신이 선택하는 것을 믿더라도 그것은 순전히 상상에 지나지 않을 것입니다.

어떤 근거로 사람이 하나님의 진노가 돌아선 것을 알까요? 나는 이렇게 대답합니다. 이 책의 근거입니다. "기록되었으되"가 우리 확신의 근거입니다. 나는 이 책을 펼쳐봅니다. 그리고 하나님의 아들이신 예수 그리스도께서 세상에 오시어 특정 사람들을 위한 대속물이 되신 것을 발견합니다. 또한 그분이 그들의 죄를 가져가셨고, 그들을 대신하여 벌을 받으셨으며, 그리하여 하나님의 정의를 훼손시키지 않고서 많은 사람들로 하여금 그리스도의 피로 씻음받고 용서받게 하신 것을 발견합니다. 그렇다면 내 질문은 이것입니다. 누구를 위해 그리스도께서 죽으신 것입니까? 내가 성경을 펼쳐볼 때, 나는 이 책에서 이렇게 선언하고 있음을 똑똑히 발견합니다. "그리스도 예수께서 죄인을 구원하시려고 세상에 임하셨다"(딤전 1:15). 나는 죄인이며, 나는 그것을 분명히 압니다. 그것이 내게 어느 정도의 희망을 줍니다. 하지만 다음으로 나는 "그를 믿는 자는 심판을 받지 아니한다"(요 3:18)는 말씀을 발견합니다. 나 자신을 살펴보면서 나는 내가 진정으로 믿는 것을, 즉 내가 예수님을 신뢰하고 있음을 발견합니다. 아주 좋습니다. 그 다음, 나는 내가 심판을 받지 않을 것을 확신합니다. 하나님께서 내가 심판을 받지 않는다고 선언하셨기 때문입니다. 다시 나는 읽습니다. "믿고 세례를 받는 사람은 구원을 얻을 것이라"(막 16:16). 나는 내가 믿는 것을, 즉 내가 나의 구원을 위해 그리스도께 의지하였음을 압니다. 그리고 그분의 명령에 순종하여 세례를 받았습니다. 그렇다면 나는 구원을 받았으며, 또한 구원을 받을 것입니다. 성경이 그렇게 말하기 때문입니다.

이것은 내가 받아들인 것에 대한 증언의 문제입니다. 그리스도를 믿는 사람은 하나님의 증언을 받아들입니다. 그것이 그가 필요로 하는 유일한 증거입니다. 당신이 당신의 영혼 속에서 어떤 특별한 계시를 얻거나, 마치 빛과 같은 어떤 섬광을, 혹은 어떤 특별한 통지를 받은 것으로 생각할 수도 있지만, 그런 종류의 것은 어떤 것도 절대적으로 필요한 것이 아닙니다. 나는 성령이 우리 영과 더불어 우리가 하나님에게서 난 것을 증언하심을 압니다. 하지만 최우선적이고 본질적인 문제는 말씀 안에서의 하나님의 증언입니다. "하나님을 믿지 아니하는 자는 하나님을 거짓말하는 자로 만드나니 이는 하나님께서 그 아들에 대하여 증언하신 증거를 믿지 아니하였음이라"(요일 5:10). 그 아들에 관한 하나님의 증언은 이것입니다. 즉 당신이 그분의 아들을 믿으면 당신이 구원받는다는 것입니다. 그분의 아들이 당신을 위해 고난을 당하셨습니다. 그분의 아들이 당신의 죄에 합당한 형벌을 당하셨습니다. 하나님이 선언하시는 바는, 당신이 그리스도 때문에 용서받는다는 것입니다. 그분은 한 범죄에 대해 두 번씩 벌하시지 못합니다. 즉 처음에는 그분의 아들을, 다음에는 당신을 벌하시지 못합니다. 그분은 자신의 정의를 정당화하기 위해, 먼저는 당신의 대속자에 대해서, 그 다음에는 당신에 대해서 두 번씩 율법의 징벌을 요구하시지 못합니다.

그리스도는 당신을 위한 대속자이셨습니까? 그것이 질문입니다. 당신이 그분을 믿으면, 그분이 당신의 대속자이셨습니다. 그분을 신뢰하는 당신의 믿음이 그분이 당신을 위한 대속자라는 증거입니다. 자, 하나님의 진노 아래에 있던 내가 내 영혼을 영원히 그리스도의 손에 맡긴 순간, 하나님의 진노는 내게서 돌아섰습니다. 왜냐하면 그 진노가 그리스도께로 전환되었기 때문입니다. 그리고 나는, 나 스스로는 죄 많은 죄인이지만, 용서받은 자로서 하나님 앞에 서 있으며, 그 어떤 것도 나를 정죄할 수 없다고 느낍니다. 내 죄가 그리스도께 옮겨졌고, 그리스도께서 형벌을 당하셨기에, 나는 깨끗해졌습니다. 이제 내가 주를 향하여 무슨 말을 해야 할까요? "여호와여 주께서 전에는 내게 노하셨사오나 이제는 주의 진노가 돌아섰고 또 주께서 나를 안위하시오니 내가 주께 감사하겠나이다."

그것은 확실한 문제입니다. 그것은 "만약"의 문제가 아니며, "그리고"와 "그러나"로 이어지는 모호한 문제가 아니라 오직 사실의 문제입니다. 오늘 아침에 당신은 용서를 받았든지, 그렇지 못했든지 둘 중 하나입니다. 당신이 하나님 보시기에 깨끗하든지, 혹은 하나님의 진노가 당신 위에 머물러 있든지 둘 중 하나입니다. 나는 당신이 어디에 속하였는지를 알 때까지는 편히 쉬지 말라고 호소합니다. 만약 당신이 용서받지 못하였음을 발견한다면, 구주를 찾으십시오. "주 예수를 믿으라, 그리하면 구원을 받으리라"(행 16:31). 하지만 당신이 그분을 믿는다면, 당신은 더 이상 유죄가 아닙니다. 당신은 용서받았습니다. 주저앉은 채 마치 유죄인 것처럼 초조해하지 말고, 하나님의 자녀들의 자유를 누리십시오. 믿음으로 의롭다 하심을 얻었으니 당신의 주님이신 예수 그리스도로 말미암아 하나님과 화평을 누리십시오.

시간이 많지 않군요. 하지만 나는 우리의 노래가 거룩한 결심들을 포함하고 있음을 덧붙여 말해야겠습니다. "내가 주께 감사하겠나이다." 저는 제 마음 깊은 곳으로부터 그렇게 할 것입니다. 저는 홀로 침묵의 찬송으로 당신을 노래할 것입니다. 저는 앉아서 마음에서 솟아나는 눈물 젖은 감사의 노래를 부를 것입니다. 저는 하나님의 교회에서 당신을 찬양할 것입니다. 저는 다른 믿는 자들을 찾아내어, 그들에게 하나님께서 저를 위해 행하신 일을 말할 것입니다. 저는 당신의 백성들과 운명을 같이할 것입니다. 비록 그들이 멸시를 받아도, 저는 그들과 함께 수치를 감당할 것이며, 그것을 명예로 여길 것입니다. 저는 그들과 하나로 연합할 것이며, 섬김으로 그들을 돕겠습니다. 만약 제가 저의 증언으로써 그들 가운데에서 그리스도를 높일 수 있다면, 저는 그렇게 할 것입니다. 저는 제 삶에서 당신께 감사하겠나이다. 만약 제 존재의 모든 것과 제 소유의 모든 것이 당신을 기쁘시게 하지 않는다면, 저는 만족하지 않을 것입니다. 저는 온 우주를 수금으로 삼고, 땅과 하늘과 공간과 시간을 내 즐거운 손가락들로 연주할 현(絃)으로 삼아, 고결한 감사의 곡조를 연주할 것입니다. 오 나의 하나님, 제가 주께 감사하겠나이다. "하나님이여 내 마음이 확정되었고 내 마음이 확정되었사오니 내가 노래하고 내가 찬송하리이다"(시 57:7). 제가 죽을 때에, 아니 그보다는 이생에서 다음 생으로 옮겨갈 때에, 귀하신 구주로 말미암아 그토록 많은 죄를 용서받은 저로서는, 계속해서 당신을 찬미할 것입니다.

"오, 그분의 발치에서 경배하는 합창단이여,
내가 그곳에 참여하기를 내가 얼마나 바라는지!
주여, 제 마음의 소원을 곧 허락하소서!
곧, 곧, 당신의 일을 끝마치소서!"

이 노래의 성격은 독특하며 오직 하나님의 백성에게만 적합하다는 점을 다시금 주목하십시오. 나는 이 노래에 대해 "속량함을 받은 자들 외에는 능히 이 노래를 배울 자가 없더라"(계 14:3)고 말할 수 있습니다. 오직 자신의 죄악을 느끼고, "피로 가득한 샘"에서 그것을 씻은 자만이 이 노래의 달콤함을 알 수 있습니다. 그것은 바리새인의 노래가 아닙니다. 그것은 "하나님이여 나는 다른 사람들과 같지 아니함을 감사하나이다"(눅 18:11)는 말과 닮지 않았습니다. 그것은 "주께서 전에는 내게 노하셨나이다"라고 고백하며, 그럼으로써 이 노래를 부르는 자는 자신이 다른 사람들과 다를 바 없음을 인정합니다. 그것은 무한한 은혜로 말미암아 하나님의 진노가 돌아선 것을 기뻐하며, 오실 구주를 의지합니다. 그것은 사두개인의 노래가 아닙니다. 그 가락에는 어떤 의심도 뒤섞이지 않았습니다. 그것은 "하나님이 계실 수도 있고, 계시지 않을 수도 있다"고 하는 철학자의 의문이 아니며, 오직 믿는 예배자의 음성입니다. 그것은 "내가 죄가 있는지 없는지 모르겠다"는 식의 노래가 아닙니다. 그것은 모든 음조에 있어서 매우 명확하고 단정적입니다.

"주께서 전에는 내게 노하셨나이다." 나는 그것을 압니다. 그것을 느낍니다. 하지만 "이제는 주의 진노가 돌아선" 것도 나는 확신합니다. 나는 그것을 하나님의 증언에 근거하여 믿으며, 나는 그분의 말씀을 의심할 수가 없습니다. 그것은 강한 믿음의 노래이며, 그러면서도 겸손의 노래입니다. 그 노래의 정신은 많은 값비싼 성분의 재료로 만들어진 귀한 향유와도 같습니다. 우리는 여기서 한 가지 미덕만을 보는 것이 아니라, 진귀하고 탁월한 많은 미덕들을 봅니다. 겸손이 고백합니다. “주께서 전에는 내게 노하셨나이다.” 감사가 노래합니다. “이제는 주의 진노가 돌아섰나이다.” 인내가 외칩니다. “주께서 나를 안위하시나이다.” 그런 와중에 거룩한 기쁨이 솟아나서 말합니다. “내가 주께 감사하겠나이다.” 믿음과 소망과 사랑의 곡조들이 모두 여기에 있으며, 겸손의 베이스부터 영광송(榮光頌)의 최고음인 알토에 이르기까지, 각 파트의 음역(音域)들이 나타납니다. 그것은 충만한 노래이며, 마음에서 우러나오는 완전 협화음의 증감(增減)이 있는 노래입니다.

이 주제에서 얻을 수 있는 실제적인 결과를 몇 가지 언급하고서 마치고자 합니다. 한 가지는 위안의 말입니다. 오늘 아침 하나님의 진노 아래에 있는 당신을 위한 위안입니다. 내 마음은 당신을 향하고 있습니다. 나는 당신의 슬픔이 무엇인지 압니다. 나는 오 년의 기간 동안 죄와 죄의 저주 때문에 슬퍼한 적이 있기 때문에 그것을 압니다. 아! 가련한 영혼이여, 당신은 정녕 슬픈 처지에 놓여 있습니다. 하지만 용기를 내십시오. 내 말을 믿으시기 바랍니다. 당신의 품에는 지금 당신이 갇혀 있는 ‘의심의 성’(Doubting Castle, 존 번연의 천로역정에 나오는 내용임 — 역주)에 있는 모든 자물쇠를 열 수 있는 열쇠가 있습니다. 당신이 당신의 품에서와 하나님의 말씀에서 그것을 꺼내기만 한다면, 그리고 그것을 사용하기만 한다면, 자유가 가까이 있습니다. 내가 그 열쇠를 당신에게 보이겠습니다. 잘 보십시오. “내게 오는 자는 내가 결코 내쫓지 아니하리라”(요 6:37). 당신이 말합니다. “오, 하지만 그것은 꼭 들어맞지가 않습니다.” 그렇다면 여기에 다른 열쇠가 있습니다. “그 아들 예수의 피가 우리를 모든 죄에서 깨끗하게 하실 것이라”(요일 1:7). 그것이 당신의 경우에는 맞지 않습니까? 그렇다면 다시 한 번 시도해보겠습니다. “예수는 자기를 힘입어 하나님께 나아가는 자들을 온전히 구원하실 수 있으니”(히 7:25). “온전히”라고 했습니다. 그것을 곰곰이 묵상해 보십시오. 그리고 위로를 얻으십시오. 나는 하나님이 한 영혼을 죄의 자각이라는 감옥에 영영히 가두시지 않는다고 믿습니다. 그분은 조만간 갇힌 자를 풀어주실 것입니다. 주님은 정녕 죄의 자각이라는 지하 감옥으로부터 당신을 이끌어내실 것입니다.

세상에서 최악의 일은 징계를 당하지 않고 지내는 것입니다. 죄를 지으며 그 꿀을 먹도록 허용되는 것, 이는 저주의 전조입니다. 하지만 죄를 짓고서, 그것과 더불어 회개라는 쓴 쑥을 먹는 것, 이는 구원의 서곡입니다. 만약 주께서 당신의 죄를 쓰게 만드셨다면, 그분은 당신을 향해 사랑의 계획을 가지고 계십니다. 그분의 진노는 돌아설 것입니다. "가련하고 가난한 자가 물을 구하되 물이 없어서 갈증으로 그들의 혀가 마를 때에 나 여호와가 그들에게 응답하겠고 나 이스라엘의 하나님이 그들을 버리지 아니할 것이라"(사 41:17).

둘째는 권고의 말씀입니다. 여러분 중의 일부는 용서를 받았습니다. 하지만 여러분은 마땅히 그래야하듯이 하나님께 감사하고 있습니까? 나는 우리의 교회들에서 하나님을 위해 실질적인 일을 하는 사람들이 5퍼센트도 채 안 된다는 말을 들었습니다. 이 교회에서는 그것이 사실이 아니겠지요. 만약 그렇다면 나는 매우 유감일 것입니다. 하지만 내가 염려하는 것은 5퍼센트 이상의 사람들이 아무것도 하지 않고 있다는 것입니다. 그분의 진노가 지나갔음을 느꼈음에도, 그분께 감사하지 않는 당신은 어디에 있습니까? 자, 분발하십시오. 분발하여 예수님을 섬기도록 애쓰십시오. 당신이 구원받은 것이 영혼들을 얻는 자가 되도록 하기 위함임을 알지 못합니까?

미국의 양봉업자는 한 통의 꿀벌을 채집하고자 할 때, 먼저 한 마리의 벌을 잡습니다. 그는 그것을 한 조각의 벌집과 함께 상자 안에 넣어두고서 문을 닫습니다. 얼마 후, 벌이 잘 먹고 난 후에, 그는 그 벌을 내보냅니다. 그 벌은 꿀을 더 얻기 위해 되돌아오는데, 동료들을 데리고 옵니다. 그리고 그들이 꿀을 먹은 후에는 언제나 더 많은 수의 무리를 데리고 옵니다. 그렇게 해서 점차 꿀벌 통을 채울 만큼의 충분한 무리들이 모이는 것입니다. 당신도 이런 식으로 행동해야 합니다. 만약 당신이 은혜를 발견했다면, 당신은 하나님께 감사하고 그것을 다른 사람들에게도 말해야 합니다. 그렇게 함으로써 그들도 믿고, 그들 역시 또 다른 사람들을 예수님께로 인도하게 될 것입니다. 이것이 하나님 나라가 자라는 방식입니다. 나는 여러분이 이 점에서 잘못을 범하지 않는지 염려됩니다. 사랑하는 형제여, 주의하십시오. 사랑하는 자매여, 주의하여 당신이 무슨 유익을 끼치는지 돌아보십시오.

무덤의 경계선에 있었던 그리스도의 귀한 종이 있었습니다. 그는 매우 늙고 병들었으며, 자주 혼수상태에 빠졌습니다. 의사는 간호사를 제외하고는 누구도 그 방에 들어가지 말도록 했습니다. 한 어린 주일학교 소년이, 약간의 호기심을 가지고서, 그 목사님을 보기 위해 문을 슬쩍 들여다보았습니다. 그 가련하게 죽어가던 하나님의 종이 그 소년을 보았습니다. 죽음을 앞두고도 그의 열망은 강했습니다. 그가 그 소년을 불러 말했습니다. "데이비드, 너는 예수님과 가까이 지낸 적이 있니? 나에게는 그런 때가 많이 있었단다. 너도 그럴 수 있기를 간절히 바래." 오십 년 후에, 그 소년은 그 선한 사람이 죽어가면서 했던 말이 그를 예수님께로 이끌었노라고, 그 말 때문에 그가 그리스도께로 가까이 인도되었노라고 증언하곤 했습니다.

여러분이 말하기만 하면, 그 한 마디의 말이 어떤 일을 일으킬지 모릅니다. 오, 여러분의 아내, 여러분의 남편, 여러분의 자녀, 여러분의 아랫사람에게 구원을 가져다줄 수 있는 복된 소식을 혼자만 간직하지 마십시오. 오늘 아침 만약 당신이 진정으로 주의 진노가 지나갔다고 느낀다면, 집으로 돌아가 당신의 방에서 무릎을 꿇고 이 서약을 반복하십시오. "나의 하나님, 제가 주께 감사하겠습니다! 저는 게으름뱅이였으며, 당신에 대해 침묵해오던 자였습니다. 당신께 마땅히 드려야 할 것을 드리지 않은 것이 두렵습니다. 저는 제 마음을 당신께 드리지 못하였음을 확실히 압니다. 하지만 오, 지나간 일을 용서하시고, 다시 한 번 당신의 가련한 종을 받아주소서. 그러면 제가 주께 감사하며 말할 것입니다. '여호와여 주께서 전에는 내게 노하셨사오나 이제는 주의 진노가 돌아섰고 또 주께서 나를 안위하시나이다.'"

그리스도를 위하여 하나님이 여러분에게 복을 주시길 빕니다.

제
16
장

단단한 곳에 박힌 못

"못이 단단한 곳에 박힘 같이 그를 견고하게 하리니 그가 그의 아버지 집에 영광의 보좌가 될 것이요, 그의 아버지 집의 모든 영광이 그 위에 걸리리니 그의 후손과 족속 되는 각 작은 그릇 곧 종지로부터 모든 항아리까지니라. 만군의 여호와께서 이르시되 '그 날에는 단단한 곳에 박혔던 못이 삭으리니 그의 못이 부러져 떨어지므로 그 위에 걸린 물건이 부서지리라 하셨다 하라' 나 여호와의 말이니라."—사 22:23-25

우리는 이 본문의 배경이 되는 사건을 읽었습니다. 서기관이었던 셉나가 교만하고 허영심이 강하여져서 쫓겨나게 되었습니다. 그의 지위는 그보다 더 나은 사람이 차지할 것이고, 하나님은 그에게 은총을 굳게 약속하셨습니다. 셉나가 쫓겨나게 되었을 때 그것은 마치 외견상 잘 박힌 못이 뽑히는 것 같았고, 그로 인해 그 못에 매달려 있던 모든 것이 떨어져 내린 것 같았습니다. 셉나의 가족도 그의 죄로 인해 고통을 겪었습니다. 그런 일은 오늘날에도 마찬가지입니다. 악에 빠진 사람들이 이 문제를 숙고하면 좋을 것입니다. 고통 받는 것은 그들만이 아닙니다. 인간 사회의 질서와 체제와 공익이 모두 피해를 입습니다. 남편이 죄를 지으면, 가정 전체가 많은 고통을 겪습니다. 종종 아내와 자녀들이 그들 자신의 잘못이 아닌 가장의 잘못 때문에 쓴 잔을 마셔야 했고, 그로 인해 몸부림쳐야 했습니다. 오늘 밤 이 예배당에 들어온 사람 중에 혹 옳지 않은 일에 손댈 것을 곰곰이 생각하는 사람이 있습니까? 자기 자신에게 닥칠 결과와, 자기 품속에 있는 자녀들과 아내에게 닥칠 결과를 감수하고서라도 감히 그런 생각을 품는 자가 있습니까? 그들의 삶을 고통으로 채우지 않도록, 혹은 가난과 수치 가운데 일찌감치 그들을 무덤에 내려 보내는 일이 없도록, 잠시 멈추어 생각해 보십시오.

하지만 그것이 내가 말하고자 하는 주제는 아닙니다. 셉나가 제거되었을 때, 엘리아김을 위한 자리가 났습니다. 이것이 영적인 교훈을 위한 열쇠를 제공합니다. 일반적으로 주석가들과 강해자들은 엘리아김이 우리 주 예수 그리스도의 예표(type)라고 인정하고 제안해 왔습니다. 이 본문이 문자적으로는 엘리아김을 언급하고 있지만, 이 속에는 주 예수님께 적용되는 것으로 이해될 만한 매우 큰 교훈의 요소들이 있습니다. 나는 본문을 그렇게 활용할 것입니다. 첫 번째 요점은 이것입니다.

1. 예수 그리스도를 위해 다른 누군가가 쫓겨나야 한다.

예수 그리스도를 위한 자리를 마련하기 위해서는 다른 누군가의 폐위(廢位)가 있어야 합니다. 마치 엘리아김을 위한 자리가 마련되기 위해서, 단단한 곳에 박혀 있던 못처럼 보이던 셉나가 반드시 쫓겨나야 하고, 그의 영광이 몰락되어야 하는 것과 마찬가지입니다.

사랑하는 이여, 예수 그리스도께서 마음속에 들어오실 때마다, 그분이 인간 영혼이라는 성에 좌정하시기 전에, 하나의 전투, 투쟁, 싸움이 있습니다. 죄의 형상이 무너지고 난 후, 그 자리에 십자가를 세울 수 있습니다. 모든 사람은 날 때부터 어느 정도 일종의 의(義)에 대한 개념을 가지고 태어납니다. 자기 자신을 누더기로 감싸지 않는 자, 즉 스스로를 포장하여 자신이 어느 정도의 영적·도덕적 탁월성을 가지고 있다고 믿지 않는 사람은 없습니다. 그리스도께서 마음에 오실 수 있기 위해서는, 이러한 모든 자연적인 탁월성이 산산조각 나야 합니다. 전에 우리 자신을 높이 세우고 있던 성벽의 모든 돌이 무너져야 하며, 예수 그리스도라는 영원한 초석(礎石) 위에 올바르고 견고하게 세우기 전에 다른 토대들은 철저히 파괴되어야 합니다. 우리 자신의 의라고 하는 과거의 자만이 철저히 붕괴되어야 합니다.

아마도 우리는 세례 받았다는 이유로, 혹은 성찬에 참여한다는 이유로 스스로를 치켜세울지 모릅니다. 마치 며칠 전에 한 장로님의 방문을 받았던 사람과도 같습니다. 그 장로님은 그녀가 병들어 죽어가는 것을 보고서 그녀에게 물었습니다. "좋은 소망을 가지고 있습니까?" "오! 장로님, 그렇답니다. 선하고 복된 소망이지요." "그것이 무엇입니까?"라고 장로님이 물었습니다. 그녀가 대답했습니다. "음, 저는 오십 년 동안 규칙적으로 성찬에 참여했답니다." 여러분은 기독교 국가에서 복음 사역에 참여했던 사람의 입술에서 나온 그 말을 어떻게 생각하십니까? 그녀의 확신은 외적인 예식에 참여해왔다는 단순한 사실에 근거하고 있습니다. 아마도 그녀에게는 그런 예식에 참여할 권리가 전혀 없었을 것입니다! 이처럼 단순히 종교적 의식에만 의존하는 자들이 수백 수천이 될 것입니다. 그들은 어려서부터 예배당에 출석해온 자들입니다. 그들은 병든 경우를 제외하고는 정기적인 예배의 장소에 빠진 적이 없습니다. 참으로 한가한 영혼들이여! 그런 것은 공기주머니와도 같습니다. 그들은 그것을 의지하여 영원히 헤엄을 칠 수 있기를 바라지만, 그것들은 틀림없이 터질 것이며, 영원히 못쓰게 될 것입니다.

어떤 이들은 그들의 확신을 그들이 좀 더 심각한 악행에 빠지지 않았다는 사실에 근거를 두고 있습니다. 다른 이들은 상업적 거래에서 양심적이고 정직했다는 것에 확신의 근거를 둡니다. 어떤 이들은 좋은 남편이었다는 사실에, 또 다른 이들은 인정 많은 이웃이었다는 사실에 근거를 둡니다. 나는 보잘것없이 얇은 종잇장 같은 것으로는 인간이 타고난 헐벗음을 덮을 수 없다는 것을 압니다. 그 누더기 같은 천은 한 올도 남김없이 모두 풀어헤쳐질 것입니다. 어떤 사람도 자기 자신의 의복을 벗기까지는 예수 그리스도의 의의 옷을 입을 수 없습니다. 그리스도께서는 우리의 구원을 결코 공동으로 분담하지 않으실 것입니다. 하나님이 하늘을 분담하여 지으시지 않으셨으며, 어떤 다른 영이 창조의 거대한 일을 마무리하게 두지 않으셨습니다. 하물며 그분이 우리의 구원에 관한 일을 다른 이와 분담하시겠습니까? 그분은 홀로 창조주이신 것처럼 홀로 구세주이심에 틀림없습니다. 예수님은 그분의 고난의 포도주 틀에 홀로 서 계셨습니다. 어떤 사람도 그분과 함께 그곳에 있지 않았습니다. 어떤 천사도 그분의 전능의 사역에서 그분을 도울 수 없었습니다. 그 싸움에서 그분이 홀로 나셨고, 홀로 이기셨으며, 홀로 승리자가 되셨습니다. 그러므로 당신은 그분에 의해서만 구원받아야 합니다. 그분에게만 전적으로 의지해야 하며, 당신 자신의 의는 찌끼와 배설물에 지나지 않는다고 간주해야 합니다. 그렇지 않고서는 당신은 결코 구원받을 수 없습니다. 셉나는 무너져야 합니다. 그렇지 않고서는 엘리아김이 서지 못합니다. 자아는 붕괴되어야 합니다. 그렇지 않으면 결코 그리스도와 함께 서지 못합니다. 자기 의(self-righteousness)는 예수님의 의를 위하여 그 자리를 비켜주어야 합니다. 그렇지 않으면 예수님의 의는 결코 우리의 의가 될 수 없습니다.

마찬가지 차원에서 우리는 우리 자신의 결심이나, 맹세나, 노력들에 대한 모든 신뢰를 철저히 포기할 준비가 되어 있어야 합니다. 과거에 그러했듯이 미래를 위해서도 오직 그리스도만을 의지해야 합니다. 많은 사람들이 과거에는 실족하고 넘어졌음에도 불구하고 미래에는 굳게 서리라는 생각을 하고 있음을 나는 압니다. 그들이 과거에 결심하지 않았습니까? 그들이 그것을 할 수 있지 않을까요? 그들이 의지대로 실천할 수 있지 않을까요? 자만심은 그렇게 말합니다. 하지만 사람이 자기 자신을 알게 될 때, 그리고 그리스도를 알게 될 때, 그는 다른 곡조로 노래합니다. 어느 고령의 성도가 경찰서에 붙잡혀 온 사람들에 대해 들었습니다. 그들 중 일부는 사형 선고를 받았고, 다른 이들은 유배형을 선고받았습니다. 그들에 대해서 들은 그 성도가 말했습니다. "아아! 오늘은 그가 그렇게 되었지만, 만약 하나님의 은혜가 나를 막지 않았더라면 내일은 내가 그렇게 되었을 것입니다." 다른 사람들의 큰 범죄에 대해서 들을 때, 진실로 겸손한 사람은 모두 이렇게 말할 것입니다. "오늘은 그들이 그런 죄를 지었지만, 은혜가 그들의 나쁜 본보기를 따르지 않도록 간섭하지 않았더라면 내일은 내가 그렇게 되었을 것입니다."

형제들이여, 미래를 위한 우리의 유일한 소망은 여기에 있습니다. 즉 예수님을 의지하는 자들은 예수님의 손 안에 있으며, 그분은 그분께 자기를 의뢰한 자들을 능히 구원하실 수 있다는 것입니다. 예수님을 의지하는 자들은 성령이 그들 안에 거하시고, 그들 안에서 행하신다는 약속을 가졌습니다. 성령께서 그들의 마음에 율법을 새기시고, 그들의 마음을 새롭게 하시며, 그들의 성품이 그리스도의 성품을 닮도록 빚으실 것입니다. 그리하여 그들로 하여금 악을 미워하게 하시며, 선한 것을 택하게 하실 것입니다. 그리스도의 보혈이 아니라면, 여러분은 여러분 자신의 노력으로 결코 단 하나의 악의 성향도 죽이지 못합니다. 우리의 마음에 있는 뱀들은 저 위대한 희생의 피가 뿌려지기까지는 결코 죽지 않습니다. 예수님이 오시어 우리 마음을 채우실 때, 그 때에야 비로소 악은 그분의 발 아래서 짓밟혀 죽으며, 그리스도가 우리 안에 영광의 소망으로 온전히 형성되는 것입니다.

지난 시절을 자랑하는 것과 자기 속에서 미래의 소망을 찾는 것, 사람이 이 두 가지를 포기하기란 어렵습니다. 가난뱅이가 되어, 자비의 문을 두드려 적선을 구하기란 어렵지만, 오직 우리는 가난뱅이들로만 올 수 있습니다. 나는 오직 외적으로 큰 죄인들을 향해서만 이런 말을 하는 것이 아닙니다. 나는 많은 면에서 선하고 뛰어나며 도덕적인 남녀들을 향해서도 말합니다. 여러분은 불쌍한 세리처럼 "하나님이여 불쌍히 여기소서 나는 죄인이로소이다"(눅 18:13)라고 하며 나아와야 합니다. 이것이 하나님의 조건입니다. 그분은 다른 것으로는 여러분을 받지 않으십니다. 오! 교만하여 그 조건을 차 버리지 말고, 영원한 사랑의 명령에 복종하십시오. 여러분의 허영심과 자기 견해가 낮아져야만 예수 그리스도께서 여러분에게 가장 소중한 존재가 되십니다.

이 요점을 끝내기 전에, 이 말을 덧붙이고자 합니다. 즉 이런 일은 우리가 예수 그리스도께 나아오기 전에 행해져야 하고, 또한 우리가 일생 부단히 깨어서 유지해야 하는 일입니다. 인간의 본성이란 이 땅에 사는 동안에는 우리 자신에게서 의지할 무엇을 찾고자 하기 때문입니다. 우리가 이 점을 확실히 알지 않고는 여호와의 얼굴 빛으로 만족하지 못합니다. 잠시 동안 우리에게 주어진 은혜의 싹이 트고 꽃이 핀다면, 우리는 곧 우리 자신의 선함을 상상하고서 자만심에 빠지기 시작합니다. 우리의 탁월성이란 모두 빌려온 것임에도, 우리는 그것을 자랑하기 시작하고, 우리의 모든 구원과 안전이 그분 안에 있다는 것을 잊어버립니다. 이러한 깨어짐은 유지되어야 합니다. 육은 성령을 거스르기 때문입니다. 우리가 교만하여 스스로 자랑할 수 있는 무언가를 세운다면, 주께서는 무서운 폭풍을 보내어 그 담을 무너지게 하시며, 그리하여 우리의 삶의 경험에서 예수 그리스도만이 높임을 받게 하십니다.

첫 번째 요점에 대해서는 이 정도로 다루겠습니다. 우리가 매달려 있을 수 있는 다른 못이 박히기 위해서는, 이전의 못이 뽑히고 내던져져야 합니다. 이제 두 번째 요점을 생각하도록 합시다.

2. 우리 의존의 특성은 무엇인가?

23절과 24절의 말씀에 제시되었듯이, 우리의 진정한 의존의 특성이 무엇인가 하는 점입니다. 진정으로 구원받은 영혼이 의존하는 것은 오직 예수 그리스도의 인격과 사역과 의(義)입니다. 이 의존은 하나님의 약속의 결정에 의해 보증을 받습니다. 23절을 보십시오. "못이 단단한 곳에 박힘 같이 그를 견고하게 하리라(I will fasten him)." 25절에 있는 다른 못에 대해서는 하나님이 결코 견고하게 하시지 않지만, 이 못은 견고하게 하십니다. 또한 하나님이 행하시는 일은 영원히 지속됩니다.

사랑하는 여러분, 당신은 당신의 구원을 위해 오직 예수님께만 의존하고 있습니까? 그렇다면 이 점을 기억하십시오. 당신은 결코 떨어지지 않을 것입니다. 만일 그렇게 된다면, 하나님께서 실수를 하신 셈이기 때문입니다. 그렇게 생각하는 것은 신성모독입니다. 만약 하나님께서 예수 그리스도를 죄의 속죄물이 되도록 정하시고도 그 제물을 사용하지 않으신다면, 어딘가에 잘못이 있는 것입니다. 만약 하나님께서 나에게 나의 전부를 그분의 아들에게 의지하라고 말씀하시고, 또 내가 그렇게 의지하였음에도 견고히 지탱되지 않는다면, 그 때는 내 입장에서뿐 아니라 무한한 지혜의 입장에서도 큰 실수가 있는 것입니다. 하지만 우리는 그런 일을 상상할 수 없습니다. 여호와께서는 그의 독생자를 죄인을 지탱해주는 힘으로 지정하시고, 죄인으로 하여금 그분에게 의지하도록 말씀하셨을 때에, 무엇을 하는지를 아셨습니다. 하나님은 예수님이 결코 실패하지 않을 것을 아셨습니다. 예수님은 하나님이 그러하시듯 모든 면에서 능력을 구비하셨고, 완벽한 인간으로서도 빗나가지 않으셨습니다. 피의 보증으로서 그분은 골고다에서 우리의 죄의 빚을 모두 갚으셨습니다. 그분은 자기를 의지하여 하나님께 나아오는 모든 자들을 능히 구원하실 수 있었습니다.

나는 계속하여 이 강단에 서기 때문에 세상의 다른 어느 곳보다 이 장소가 익숙합니다. 내가 이곳에서 여러 모양과 방식으로 항상 외치는 것, 지치지 않는 열의를 가지고 제시하는 것은 이 한 가지 진리입니다. 예수 그리스도, 하나님의 아들이 골고다의 십자가에서 죽으셨습니다. 그분을 의지하는 모든 사람의 죄를 지고, 완전한 속죄를 이루신 그를 믿는 모든 사람을 위하여 그가 죽으셨습니다. 그리하여 그들의 죄가 용서되는 것입니다. 그리스도께서 그들의 채무를 갚으셨고, 그들은 자유입니다. 그분이 그들을 위해 벌을 받으셨으니, 그들은 벌을 받을 수 없습니다. 하나님은 같은 죄로 두 번 벌하실 수 없습니다. 만약 그분이 그리스도를 벌하신다면, 그분은 그리스도께서 위하여 죽으신 어느 누구도 벌하시지 않을 것입니다. 자, 만약 이 진술이 내가 꾸며낸 생각이고, 만약 내가 나 자신의 생각에서 나온 것을 공표했다면, 그것은 받아들일 가치가 없습니다. 하지만 하나님께서 그분의 말씀 안에서 그 일을 계시하셨으므로, 오, 이는 기독교 신앙의 골수요 정수입니다! 만약 여러분이 속는 것이라면, 그런 일이 가능하다면, 여러분을 위협하는 모든 공포에 대해 하나님의 자비의 선언에 호소하는 일에서 여러분이 무슨 위안을 얻겠습니까? 하지만 그런 일은 있을 수 없습니다. 불가능합니다! 오 죄인이여, 그것은 진리입니다. 당신이 아무리 죄 많은 사람이어도, 이 진리를 믿으십시오. 그리스도는 당신을 구원하실 수 있습니다. 가서 그분께 당신을 던지십시오. 그분이 완수하신 일을 의지하십시오. 하나님은 참되시기에, 그분은 그분의 엄숙한 맹세와 약속을 어기지 않으실 것이며, 어기실 수도 없습니다. "그를 믿는 자는 심판을 받지 아니하는 것이요 믿지 아니하는 자는 하나님의 독생자의 이름을 믿지 아니하므로 벌써 심판을 받은 것이니라"(요 3:18). 그러므로 그리스도인의 신뢰는 하나님의 결정에 관한 것입니다.

또한, 믿는 자의 신뢰는 하나님의 보증에 관한 것입니다. "못이 단단한 곳에 박힘 같이 그를 견고하게 하리니 그가 그의 아버지 집에 영광의 보좌가 될 것이라." 하나님이 미래를 보증하십니다. 그리스도께서는 항상 그분의 백성에게는 그들의 영광과 보호가 되실 것입니다. 여러분이 알다시피, 우리는 어떤 큰 계약에 대해서 좋은 이름을 붙이기를 좋아합니다. 모든 상업 거래에 있어서, 특히 큰 거래에 있어서, 우리는 믿을 만한 선하고 안전한 사람을 좋아합니다. 하지만 그런 사람을 요즘 시대에 어디서 찾겠습니까? 그들 중에 가장 훌륭하다고 하는 사람도 가시 울타리보다 날카롭습니다. 오, 정직이여! 그대는 떠났고, 죽었으며, 오래전에 매장되었도다! 한때 그대가 걸쳤던 누더기 옷마저 지금은 썩어 버렸도다! 하지만 여기에, 다른 어느 곳에도 없지만, 여기 복음 안에서 우리는 우리가 신뢰할 수 있는 이름을 얻습니다. 곧 거짓말을 하실 수 없는 지극히 거룩하신 하나님의 이름입니다. 그분이 선언하시기를, 그의 아들을 그 백성의 구주로서 견고하게 하겠다고 하십니다. 하나님이 자신의 말씀을 약속으로 보증하셨는데, 그것을 믿도록 내가 굳이 합리적인 정신에 호소할 필요가 있을까요? "사람은 다 거짓되되 오직 하나님은 참되시다 할지어다"(롬 3:4). 만일 여러분이 하나님의 말씀을 가졌다면, 서슴지 말고 그분의 말씀에 여러분 자신을 맡기십시오. 그분이 실패하시는 것을 결코 보지 않을 것입니다. 여러분은 약속하신 모든 말씀을 성취하신 하나님의 신실하심과 영원한 의에 대해서, 천국에서 노래하며 기뻐할 것입니다.

더 나아가, 믿는 자의 위대한 기초요 의지가 되시는 주 예수 그리스도는 또한 그리스도인의 영광의 원천이시기도 합니다. "그가 그의 아버지 집에 영광의 보좌가 될 것이라." 엘리아김이 존귀하게 됨으로써 그의 아버지 집 전체가 존귀하게 됩니다. 그와 마찬가지로 주 예수 그리스도께서 존귀하게 되심으로 모든 그리스도인이 존귀하게 됩니다. 본성으로는 우리는 하찮은 존재일 뿐입니다. 하나님이 손가락으로 만드신 작품인 하늘을 생각할 때, 우리는 너무나 작아 피조세계에서 점들이라고 불리기도 합당치 않습니다. 우리의 가득한 죄악을 바라본다면, 우리는 그 관점으로는 더욱더 위축되고 낮은 존재입니다. 계속하여 새로운 죄를 지으려는 우리의 성향을 본다면, 우리는 이렇게 말하지 않을 수 없습니다. "사람이 무엇이기에 주께서 그를 생각하시나이까?"(시 8:4). 하지만 사람은 그리스도를 의지할 때 영예로운 피조물입니다. 그 때 그는 높여지고, 하나님이 손으로 지으신 모든 피조물을 다스리게 됩니다. 모든 만물이 예수 그리스도의 발아래에 놓여져 있습니다. 예수 그리스도를 믿는 사람에게 부여된 영예를 능가하는 영예란 전 우주에 없으며, 천사들의 영광조차도 그것을 능가하지 못합니다. 나는 우리가 언제나 그렇게 생각하기를 바랍니다. 정녕 그러하기 때문입니다.

옛 시대에, 한 사람이 치안 판사 앞에 끌려와서 그의 기독교 신앙 때문에 정죄를 받고 죽음을 선고받았을 때의 일입니다. 그는 당당한 얼굴로, 자기 영혼이 구주를 의지하고 있음을 공언하기를 부끄러워하지 않았습니다. 사람들이 그에게 누구냐고 물었습니다. "그리스도인입니다." "당신의 이름이 무엇이냐?" 그가 대답했습니다. "내 이름은 그리스도인입니다." "그러면 당신의 직업은?" "내 직업은 그리스도인입니다." "그러면 당신의 재산은 얼마이고, 당신의 지위나 계급은 무엇인가?" 그가 말했습니다. "나는 그리스도인입니다." 모든 질문에 대해서 그는 오직 이 한 가지로 대답했습니다. "나는 그리스도인입니다. 나는 그리스도인입니다." 이 세상의 모든 부와 모든 영광은, 그리스도와 진정으로 연합한 사람, 비록 가장 천하다고 할지라도 진정으로 그리스도인이라 불릴 수 있는 사람에게 찾아올 영광에 비하면 아무것도 아닙니다.

궁핍한 자들이여, 여러분의 머리를 드십시오. 그대 짓밟히고 억압된 자들이여, 기뻐하십시오. 고생하는 노동자들이여, 사람들 중에서 잊혀진 자들이여, 만약 여러분의 운명이 한때 십자가에 못 박히신 이와 연계되었다면, 여러분은 그분이 나타나시는 날 그분의 영광에 참여할 것입니다. 영원토록 여러분의 주님을 둘러싼 그 영광에 영원히 참여하게 될 것입니다.

이 사실이 우리에게 많은 위안을 줍니다. 우리가 의지하는 그분은 하나님이 예정하신 분이고, 하나님이 붙드시는 분이십니다. 그분은 그의 모든 영광의 빛을 우리에게 비추십니다. 하지만 계속해서 다음 사실을 주목하십시오.

3. 그리스도인은 전적으로 주 예수 그리스도께 의존한다.

24절에서 선포되었듯이, 그리스도인은 전적으로 주 예수 그리스도께 의존합니다. 그 비유는 이런 것입니다. 궁전에 못이 하나 박혀 있습니다. 그곳에 갑옷을 걸 수도 있고, 무엇이든 그 궁전의 소유주가 선택하는 것을 걸 수 있습니다. 하지만 그런 것 대신 황금의 포도주 잔들과 다른 술잔들이 걸려 있습니다. 그것들 중의 일부는 작은 그릇들이며 많은 용량을 차지하지 않습니다. 그것들 중 다른 것들은 많은 양을 담기에 적합한 큰 병들입니다. 그것들이 모두 이 하나의 고리에 걸려 있으며, 마치 전리품들처럼 매달려 있습니다. 만일 못이 빠지면, 작은 그릇들은 떨어질 것이며, 큰 그릇들도 그럴 것입니다. 그것들 모두 그 못에 매달려 있기는 마찬가지이기 때문입니다. 그것들을 떨어지지 않도록 지탱해주고, 바닥에 부딪쳐 깨어지지 않도록 해주는 것은 그 모든 것을 붙들고 있는 그 하나의 핀입니다.

그리스도께서도 그분의 모든 백성에게 그러합니다. 은혜를 담을 수 있는 그릇의 용량에 있어서 모든 그리스도인들이 같지는 않습니다. 어떤 이들은 많이 담을 수 있습니다. 그들은 지식과 열정과 소망과 기쁨과 믿음으로 가득합니다. 다른 이들은 오직 작은 그릇에 불과합니다. 그들은 믿습니다. 하지만 그들의 믿음은 불신앙과 섞여 있습니다. 그들은 작은 일밖에 하지 못합니다. 그들은 적은 재능만을 가집니다. 그들의 지식은 불명확하며, 거룩한 생명에 있어서 그들의 진보는 미약합니다. 하지만 그 모든 것에도 불구하고, 그들 모두 오직 그리스도에게만 의존하고 있습니다. 그들은 다른 무언가에 더 이상 의존할 필요가 없습니다. 큰 자들도 그리스도에게만 의존할 뿐, 그 이상 다른 무언가에 의존할 수도 없습니다. 작은 잔은 꽤 안전합니다. 큰 물병과 마찬가지로 그 못에 달려 있기 때문입니다. 진실로 사람이 더 많은 양을 담을 수 있는 큰 물병이 되어 주님을 기쁘시게 하려는 야망을 가질 수는 있지만, 그릇이 작다고 해서 그 안전성에 영향을 미치는 것은 아닙니다. 매달려 있는 모든 그릇의 안전은 못의 견고함 곧 그 못의 힘과 안정성에 달려 있습니다. 안전이나 위험은 그릇의 크고 작음의 여부에 달린 것이 아닙니다. 모든 그릇이 그 못을 의지할 뿐입니다. 하나님의 모든 교회가 그러합니다. 우리 모두는 예수 그리스도께서 완성하신 사역에 매달려 있습니다. 비록 우리가 그분을 잘 섬겨왔고, 오랫동안 섬겨왔다고 해도, 그것 때문에 자랑할 이유가 전혀 없습니다. 오직 우리는 스스로 어찌할 수 없는 죄인들로서 복되신 주님께 전부를 의존하고 있기 때문입니다. 만일 우리가 죄에 빠지고 믿음을 배반한 적이 있다고 해도, 여전히 우리는 다시 돌아와 우리를 회복시켜 주실 수 있는 그분의 공로를 바라봅니다. 혹은 우리가 그분의 풍성한 은혜로 인해 흠 없는 삶을 살았다고 해도, 여전히 그 모든 것이 또 다른 의존의 대상이 되지는 못합니다. 다른 모든 성도들과 마찬가지로 우리는 전적으로, 유일하게, 오직 예수님만 의지합니다.

이는 단순한 용어로 표현된 매우 단순한 교리입니다. 하지만 내가 이 가르침을 듣기 몇 해 전에 누군가 이 말을 해 주었더라면 얼마나 좋았을까요? 왜냐하면 나는 언제나 내가 행한 무언가로, 혹은 내가 느끼는 어떤 것으로써 구원받을 거라는 생각을 하고 있었기 때문입니다. 나는 그것이 큰 신비라고 상상하였으며, 몇 달이나 몇 해가 걸려도 풀기 어려운 문제라고 생각했습니다. 그래서 절박한 위기감을 가지고 이 헤아리기 어려운 주제를 탐구하더라도 결국 실망으로 끝날 것이라고 여겼습니다. 오! 나 스스로 행할 것이 아무것도 없으며, 오직 단순히 오기만 하면 되는 것을, 그리고 그리스도께서 나를 위해, 나와 같은 죄인들을 위해 행하신 일에 단순히 나 자신을 맡기면 된다는 것을 좀 더 일찍 들었더라면 얼마나 좋았을까요! 또한 내가 만일 전적으로 그분을 의지하기만 하면, 내 죄에서 구원을 받고, 죄의 성향으로부터도 건짐을 받으며, 그리스도 예수 안에서 거룩하게 된다는 것을 좀 더 일찍 들었더라면 얼마나 좋았을까요! 지금, 이 문제에 대해 말할 때마다, 나는 언제나 그것을 가장 단순한 언어와 가장 짧은 문장들로 말하고 싶습니다. 이곳에 한 소년, 구원을 찾고 있는 한 어린아이가 있다면, 그가 내가 그랬던 것처럼 구원을 받기 위해 무엇을 해야 하는지 알려고 애를 쓰면서도 몇 달 혹은 몇 년을 어둠 속에 갇혀 있지 않도록 하기 위함입니다.

형제여, 자매여, 당신이 누구이건, 당신을 구원하기 위한 일은 끝났습니다. 그리스도께서 그 모든 일을 행하셨습니다. 천국에서 당신이 입어야 할 옷이 이미 다 만들어졌습니다. 당신이 베틀에 앉아서 당신의 죄를 가릴 의복을 만들려고 애를 쓰지 않아도 됩니다. 당신이 잠겨 씻음 받아야 할 샘을 당신이 채울 필요가 없으며, 그것을 완전하게 하려고 눈물 한 방울도 더할 필요가 없습니다. 임마누엘의 혈관에서 쏟아낸 피로 가득한 샘이 있습니다. 당신이 해야 할 일은 단순히 그것을 믿음으로써 그 속에 들어가는 것입니다. 그것이 전부입니다. 그리스도를 믿으십시오. 그리스도를 의지하십시오. 그리스도께 기대십시오. 그렇게 하였다면, 당신은 구원받은 것입니다. 그 못에 달려 있는 큰 물병들과 작은 잔들은 그곳에서 안전합니다. 예수님께 매달려 있는 당신은 이제 안전합니다. 오늘 밤에도 안전하고, 당신의 일생 동안 안전하며, 영원한 영광 중에서 안전할 것입니다.

이제 나는 여러분을 집으로 보내기 전에, 두세 가지 질문을 하고자 합니다. 오늘 밤 이곳에는 다른 사람들을 가르치는 교사들이 많습니다. 여러분 중에는 집사들, 장로들, 주일학교 교사들과 거리의 전도자들이 있습니다. 여러분이 활동적인 사람들이고, 그리스도를 위해 많은 일을 하고 있는 것에 대해 하나님께 감사합니다. 내가 여러분에게, 그리고 나 자신에게 묻고 싶은 질문이 있습니다. 다른 사람들을 가르치는 우리는 우리 자신이 그리스도를 믿은 것이 확실합니까? 우리가 구원받은 것이 정녕, 정녕, 확실합니까? 그 질문을 하는 것이 좋습니다. 정말이지, 구원받지 못한 사람이 그리스도를 위해 일하기 시작하는 것은 매우 위험한 일입니다. 그가 부지런히 일하는 것으로 구원받을 자격이 있다고 간주할 가능성이 있기 때문입니다. 많은 경우에 있어서 그런 자는 결코 구원 얻기를 추구하지 않으며, 결코 자기 자신을 살펴보려고 멈추지 않으며, 계속해서 일할 뿐입니다. 그는 하나님을 위해 일한다고 고백하지만, 정작 하나님의 일에 문외한일 수 있습니다.

오래전에 어딘가에서 정신병동의 한 환자에 대해 읽었던 것이 기억납니다. 어느 날 그가 매우 야윈 요리사를 보았습니다. 그 환자가 요리사에게 다가가서 말을 건넸습니다. "요리사님, 당신은 좋은 음식을 만듭니까?" "예"라고 요리사가 대답했습니다. "확실합니까?" "예." "그 음식을 먹고 살찌는 사람이 있습니까?" 요리사는 "예"라고 역시 같은 대답을 했습니다. "그렇다면", 그 환자가 말했습니다. "당신은 이 말을 염두에 두는 것이 좋을 것입니다. 감독자가 순시를 할 때, 그는 당신을 나와 함께 수용시킬 것입니다. 왜냐하면 당신이 좋은 음식을 만들면서도 당신 자신은 그 음식을 먹지 않아 그렇게 야위었으니, 당신은 미친 것이 틀림없기 때문입니다. 그렇지 않다면 당신은 살이 쪘을 것입니다!"

그 말에 어느 정도 일리가 있습니다. 당신은 다른 사람들을 가르친다고 말합니다. 당신은 그들에게 영적인 음식을 제공합니다. 하지만 왜 당신 자신은 그 음식을 먹지 않는 것입니까? 선생이여, 당신 자신이 먼저 배우지 않는다면 무슨 권리로 남을 가르치는 것입니까? 의사여, 의사여, 당신 자신을 치유하시오! 형제여, 만일 우리가 잃은 자라면 당신이나 나는 무척 고통스러울 것입니다. 만일, 다른 사람들을 강으로 인도하고서 우리 자신은 마시지 않는다면, 다른 사람들을 하늘의 양식이 있는 곳으로 안내하고서 우리 자신은 영적 기근으로 죽는다면, 우리가 왜 다른 사람들의 교사가 된단 말입니까?

내가 이 교회의 모든 지체들과 모든 봉사자들 사이에 돌아다니면서 한 사람씩 손을 잡고 이렇게 말할 수는 없을 것입니다. "내 사랑하는 형제여, 혹은 자매여, 속지 마십시오. 그리고 우리를 계속해서 속이지 마십시오." 하지만 때때로 나는 그렇게 할 수 있기를 바랍니다. 나는 오늘 밤 여러분에게 그렇게 말하기를 원합니다. 우리 중에는 끔찍한 위선자들이 더러 있기 때문입니다. 우리 중에 들어와서 외적으로는 아주 바르게 행동하지만, 가증스러운 위선자에 지나지 않는 자들, 철저히 썩은 자들이 있습니다. 그런데도 우리는 그들을 선의로 대하며 그들을 결코 의심하지 않습니다. 만약 우리가 우연히 그런 사람을 발견하면 우리는 놀라서 선 채로 이렇게 말할 것입니다. "주여, 제가 나의 주님을 팔았던 유다와 이렇게 가까이 있어야 합니까?" 교회 전체에 악독이 가득하여 헛된 신앙고백 속에서 죽은 경우가 아니라면, 그런 위선자들이 겉으로 드러나 발견되지 않았던 교회는 없었습니다. 그러니 권징을 시행하려는 의향이 거의 없다는 것도 놀랄 일이 아닙니다. 그리스도의 열두 제자 중에는 유다가 있었듯이, 모든 교회들은 주님이 거대한 키로 곡식을 타작하실 때, 불 속에 던져질 쭉정이가 발견될 것을 예견해야 합니다.

형제들과 자매들이여, 여러분에게 호소합니다. 이 교회나 혹은 다른 교회의 회원이 된 것으로써 스스로를 기만하지 마십시오. 오! 내가 어떻게 표현해야 할지, 어찌 말해야 할는지요! 다른 사람의 회심에 대해 생각하기에 앞서, 당신 자신의 회심이 이루어졌는지를 살피십시오. 그 못에 매달리기까지는 결코 당신 스스로 안전하다고 여기지 마십시오. 당신 자신이 먼저 그리스도를 의지하기 전까지는, 다른 사람들에게 그리스도를 믿는 것에 대해 말할 필요가 없습니다.

아주 오랫동안 내 설교를 들어왔던 청중들 가운데는, 비록 그 수가 많지는 않다 하더라도, 말씀의 가르침을 받고서도 결코 그 가르침에 순종하지 않은 자들이 있지 않겠습니까? 사람이 복음을 알기 전에 죽는 것은 무서운 일일 것입니다. 하지만 그가 복음을 알았을 때 죽는 것, 구조의 밧줄이 손닿는 곳에 있음에도 물에 빠져 죽는 것은 정말이지 끔찍한 일입니다. 그것은 빛을 얻을 수 있을 때 어둠 속에서 죽는 것입니다. 탄탈루스(Tantalus, 그리스 신화에서 제우스의 아들. 호수에 턱까지 잠기어 물을 마시려 하면 물이 빠지고, 머리 위의 나무열매를 먹으려 하면 나뭇가지가 뒤로 물러가는 벌을 받았음 — 역주)처럼 황금의 사과가 입술 가까이에 있음에도 기근으로 죽는 것, 물이 목까지 차서 흐르는 데도 갈증으로 죽는 것과 같습니다!

오! 주일 종소리가 울리는 것을 들어도, 잃어버린 자들의 귀에는 그 소리가 공포의 소리일 것입니다. 만약 그 소리가 잃어버린 자들이 거주하는 음산한 지역에까지 울려 퍼진다 해도, 그 소리가 그들에게는 주님의 날을 낭비하고 태만히 한 것을 상기시켜줄 뿐입니다. 그들이 지상에 있을 때 익숙하게 들었던 소리, 설교자의 호소하는 음성, 그들에게 호소하고, 책망하고, 위협하고, 울고, 구원받도록 호소한 음성들 역시 그러할 것입니다. 혹 그곳에도 침묵이 있을 수 있다면, 모든 것을 망각하는 것이 가능하다면, 그것은 전능자의 진노라고 하는 격렬한 폭풍 중의 일시적 잠잠함일 것입니다. 하지만 그들은 결코 잊을 수 없습니다. 이런 말씀을 들었기 때문입니다. "아들아, 기억하라. 아들아, 기억하라." 그들은 부름을 받고서도 오지 않았던 것을, 초대를 받고서도 잔치에 참여하지 않았고, 방향 지시를 받고서도 눈을 감았던 일을 기억할 것입니다. 호소 어린 소리를 들었으나, 목을 곧게 하여 그들 자신의 잘못된 생각을 선택했던 것을 기억할 것입니다. 오! 내 청중이여, 복되신 하나님의 은혜로써, 여러분의 이름이 저 유죄 판결을 받은 끔찍한 무리들 가운데 기록되지 않기를 바랍니다.

이따금씩 그저 무관심한 청중으로 와서는, 우리가 말하려고 애쓰는 것에서 무언가 선한 것을 얻기보다는, 우리의 실수와 우리의 태도와 우리의 몸짓이나 옷차림에서 잘못된 것만 기억하는 자들이 더러 있지 않을까요? 여러분 중에 어떤 이들에게는 그런 태도로 이곳에 앉아서 듣는 것이 오락일 수 있겠지만, 서서 전하는 우리에게는 죽음처럼 끔찍한 일입니다. 내 말의 의도는, 사람이 이렇게 느끼는 것이 어린아이의 유희가 아니란 말입니다. "나는 오늘 밤 하나님을 대신하여, 저 사람들을 향하여 서 있다. 마치 하나님께서 나를 도구로 사용하여 그들에게 호소하시는 것과도 같다. 나는 그리스도를 대신하여, 그들에게 하나님과 화목하도록 호소해야 한다." 자기 사역을 가지고 장난을 치고, 마치 그것을 거래처럼 혹은 다른 어떤 직업의 일처럼 여길 수 있는 사람은 결코 하나님께 부름을 받은 자가 아닙니다. 하지만 가슴을 누르는 부담을 가지고 있고 귀에서는 비통한 소리가 들리는 자, 마치 지옥의 부르짖음을 들은 듯하고 또한 그를 내려다보고 계시는 하나님을 본 듯이 설교하는 자, 오, 그 사람은 그의 청중이 헛되이 듣지 않도록 하나님께 얼마나 탄원하는지요!

하지만 오호라, 오호라, 이곳에 설교를 들으러 오는 자들 중에 좋은 것은 모두 잊어버리고 오직 무가치한 것만 간직하는 자들이 얼마나 많은지요! 금 세공업자의 가게에 간 사람들 중에서, 한 사람은 진주를 쳐다보고 있고, 또 한 사람은 루비를 보고 감탄하며, 또 다른 사람은 다이아몬드를 사고 싶어 애가 타는 사람이 있는 반면, 바닥에 떨어진 석탄 한 덩이를 주워들고는, 그것을 자기 것이라 생각하고, 손에 검댕을 묻힌 채 그것을 집으로 가져가면서, 그것을 바닥에 떨어뜨린 보석세공인의 흠이나 잡는 사람이 있습니다. 그와 마찬가지로 어리석고 지혜롭지 못한 자는 복음 안에 있는 귀한 것에서 전혀 끌리는 것을 찾지 못하고, 오직 강단에서 떨어진 찌꺼기를 수집하기에만 부지런합니다.

오! 선생들이여, 만약 여러분이 우리에게서 흠을 찾아야 한다면 얼마든지 그렇게 하십시오. 하지만 여러분이 구원을 받고자 한다면 우리가 말한 문장 속에 진리가 있음을 잊지 마십시오. 당신은 오직 예수님의 사역에만 의지해야 합니다. 당신은 구원이 필요합니다. 오늘 밤 구원이 필요합니다. 당신이 구원을 찾을 기회가 다시는 없을 수도 있습니다. 기회는 지금 당신에게 주어졌습니다. 성령께서 당신에게 그 기회뿐 아니라 자원하는 심령을 주시어, 당신으로 하여금 이렇게 말할 수 있게 하시기를 바랍니다.

"비록 내 죄가 산처럼 높아도,
나는 예수께 가렵니다.
내 그분의 궁전을 알고 있으니,
그 무엇이 가로막아도 그곳에 들어가렵니다.

그분의 보좌 앞에 꿇어 엎드려
거기서 내 죄를 자복하리니,
그분의 주권적인 은혜가 아니고서는
가망 없는 파산자임을 그분께 아뢰리."

예수님을 위하여, 하나님이 이 말씀으로 은혜 베푸시길 바랍니다.

제
17
장

한 성읍의 노래, 그리고 평강의 진주

"주께서 심지가 견고한 자를 평강하고 평강하도록 지키시리니 이는 그가 주를 신뢰함이니이다."—사 26:3

이 말씀은 건조하고 교훈적인 진술이 아니라, 하나의 노래에서 따온 구절입니다. 우리는 계시의 시인들 가운데 있으며, 그들은 흘러가는 민요풍의 노래를 지은 것이 아니라 하나님의 백성들이 훗날에 부를 단시(短時, sonnet)를 지은 것입니다. 나는 여러분에게 "한 성읍의 노래(the song of a city)"에서 하나의 연(聯, stanza)을 인용합니다. 유다는 이전에 하나님 앞에서 이런 노래를 부른 적이 없습니다. 하지만 유다는 배워야 할 노래가 많으며, 언젠가는 이 시편도 배우게 될 것입니다. "우리에게 견고한 성읍이 있음이여 여호와께서 구원을 성벽과 외벽으로 삼으시리로다"(1절). 경계가 트인 나라로 적들은 쉽게 진군합니다. 하지만 벽으로 둘러싸인 성은 침공하는 원수에게는 하나의 장벽입니다. 포로로서 이리저리로 끌려 다녔던 백성, 빈번하게 침입자들에 의해 재산을 강탈당했던 백성들은 그들 중에 한 성읍, 튼튼하게 방어막이 갖추어진 성이 건설되는 것을 보고 기뻐했습니다. 그 성은 그 백성의 중심이 되고, 그 나라의 방패가 될 것이었습니다.

하지만 이 성읍의 노래는 유다 백성에게 해당되는 만큼이나 우리에게도 해당되는 노래입니다. 또한 우리는 그들이 알지 못했던 더 깊은 의미를 얻을 수 있습니다. 우리는 한때 영적인 악으로부터 보호받지 못했고, 우리의 날들을 끊임없는 두려움 속에서 보냈습니다. 하지만 주께서 우리를 위하여 보호의 한 성읍,

하나의 도피성을 세우셨습니다. 우리는 우리 모두에게 어머니와 같은 새 예루살렘에서 시민권을 가지고 있습니다. 또한 그 강한 성 안에서 안전하게 거주합니다. 이 아침에 "우리에게 견고한 성읍이 있음이여"라고 노래합시다. 속죄의 희생제물을 통하여 하나님과 화평하게 된 사람은 완벽하게 안전한 곳으로 들어온 것입니다. 그는 그곳에서 거주할 수 있습니다. 아아, 그곳에서 공격받을 두려움 없이 영원토록 거할 수 있습니다. 우리는 더 이상 공포의 무리들에 의해 쫓기지 않으며, 캄캄한 절망에 의해 짓밟히지 않습니다. 우리에게는 견고한 성읍이 있습니다. 그 성이 적들을 두렵게 할 것이며, 우리를 평온하게 할 것입니다. 우리의 복음의 시편들은, 가장 진실한 영적인 의미에서, 마음의 고통을 이기도록 하나님께서 제공하신 것을 받아들임으로써 공포의 종말을 본 사람들의 노래들입니다.

이 노래가 그 성읍의 강함에 대해 어떻게 설명하고 있는지를 주목하십시오. "여호와께서 구원을 성벽과 외벽으로 삼으시리로다." 우리의 피난처를 면밀하게 조사해봅시다. 우리는 이중으로 보호를 받습니다. 높은 성벽들이 그 성읍의 안전을 위해 중요한 역할을 합니다. 성벽이 강하고 높을 때, 그것이 사다리를 타고 오르거나 공성(攻城) 기계를 가지고 공격하는 원수를 막아줍니다. 성의 외곽, 곧 성벽의 해자(垓子) 바깥으로는 외벽이라고 불리는 것이 놓여 있습니다. 그것은 일종의 방벽이자 토루(土壘)로서, 평화의 시기에는 성읍 사람들이 즐거이 산보를 하는 곳입니다. 그들의 안전을 지키는 방벽이 그들이 환담을 나누는 대로(大路)인 셈입니다. 여호와 우리 하나님께서 자기 백성 주위로 보호막을 이중으로 세워두셨습니다. 섭리와 은혜의 모든 능력이 성도들을 보호합니다. 물리적이고 영적인 힘들이 그들을 둘러싸고 있습니다. 여호와께서 성벽과 외벽으로써 자기 백성을 이중으로 보호하시며, 그래서 그분이 거듭 평강에 대해 말씀하시는 것입니다. "주께서 심지가 견고한 자를 평강하고 평강하도록 지키시리라." 하나님은 어떤 일도 어중간하게 행하시지 않습니다. 오히려 모든 것을 이중으로 완벽히 행하십니다. 그분의 구원은 작정되고 예정되었으며, 이것이 그분의 모든 선택된 백성들의 깨뜨려지지 않는 평화의 근거입니다.

하지만 그 노래는 그 성읍에 관한 구절로 끝나지 않으며, 우리를 그 성벽 안으로 안내합니다. "너희는 문들을 열고 신의를 지키는 의로운 나라가 들어오게 할지어다"(2절). 우리가 서 있는 이 은혜 안으로 입장하는 것은 귀중한 특권입니다. 참된 경건의 가장 큰 기쁨은 우리가 그 안으로 들어갈 수 있다는 사실에 있습니다. 만약 하나님의 성이 우리에게 닫혀져 있다면, 그것은 정말이지 우리에게 슬픈 일일 것입니다. 만약, 오늘 여러분과 내가 그 은혜의 성 바깥에 있다면, 그 성벽과 외벽이 우리에게 무슨 소용이 있겠습니까? 하나님이 그 백성들에게 무엇을 행하셨건, 우리가 만일 거기에 참여하지 못한다면, 그 모든 것은 우리에게는 기쁨이 아니라 도리어 슬픔을 증대시킬 뿐입니다. 그리스도께서 계시지만 내게는 그리스도가 없고, 깨끗이 씻는 일이 있지만 나는 여전히 더러운 채로 있으며, 아버지의 사랑이 있지만 나는 여전히 낯선 자로 있고, 천국이 있어도 나는 지옥으로 떨어진다면, 그것은 쓰린 고통이며 가중된 슬픔일 것입니다. 그러므로 우리는 그 하나님의 성에 개인적으로 입장하는 것에 대해 노래하도록 합시다. 음악과 잔치가 성문 바깥에는 없습니다. 그것들을 즐기기 위해서는 안으로 들어가야 합니다. 지금 우리의 시민권은 하늘에 있습니다. 우리를 가로막는 장벽은 아무것도 없습니다. 다윗의 자손이 우리 앞에 열린 문을 세워두셨고, 어떤 사람도 그 문을 닫을 수 없기 때문입니다. 우리의 기회를 방치하지 않도록 합시다. “그들이 믿지 아니하므로 능히 들어가지 못한 것이라”(히 3:19)는 말씀이 우리에게 해당되지 않도록 합시다. 오히려 구원의 노래가 우리의 노래가 되도록 하고, 그것을 즐거이 누리도록 합시다. 우리의 음악이 결코 중단되는 일이 없도록 합시다.

강한 성이 있고, 그 안으로 들어왔을 때, 우리는 누가 그 성을 지키고 방비하는지를 알면 더 큰 기쁨을 누릴 것입니다. 바깥에 수많은 원수들이 있을 때 성을 지키는 일이 필요하기 때문입니다. 모두를 안전하게 보호하려면 그 백성을 위한 지도자 겸 대장이 있어야 합니다. 그는 백성을 보호하고 성을 포위한 원수들을 쫓아낼 능력을 가진 지도자여야 합니다. 본문은 이 강한 성이 어떻게 안전을 유지하는지를 우리에게 말해줍니다. 너무나 안전하여 성의 거주민들 어느 누구도 마음의 불안을 느끼지 않을 것입니다. “주께서 심지가 견고한 자를 평강하고 평강하도록 지키시리니 이는 그가 주를 신뢰함이니이다.”

다시 한 번 이 본문이 노래의 한 구절임을 여러분에게 상기시킵니다. 나는 여러분이 내가 설교하는 동안 줄곧 노래하고 있는 것처럼 느끼기를 바랍니다. 그리고 이 본문의 말씀이, 여러분의 마음에서 마치 구름과 폭풍우 너머에 있는 나라에서 들려오는 깊고 신비로운 종소리처럼 울리기를 바랍니다. “주께서 심지가 견고한 자를 평강하고 평강하도록 지키시리니 이는 그가 주를 신뢰함이니이다." 나는 이제 여러분을 주 앞에 있는 안식으로 들어가게 하기를 원합니다. "나는 초조하고 걱정스럽습니다. 이 평화에 이르지 못했기 때문입니다"라고 말하지 마십시오. 오히려 이 아침에 그것을 누리도록 기도하십시오.

오 평화의 수여자이신 주님, 우리의 믿음에 즉각 응답하여 주소서! 오, 주를 신뢰하는 자들이여, 즉시 그 평화의 성의 열린 문으로 들어가십시오. 그리고 여러분이 다시는 쫓겨날 수 없는 것으로 인해 하나님을 송축하십시오. 주께서 여러분의 보호와 안전이 되기로 약속하시기 때문입니다. 위로자이시며, 이 평안의 열매를 맺게 하시는 성령님, 우리 각 사람 안에 평화가 있도록 역사하소서!

1. 이 완벽한 평화란 어떤 것인가?

먼저, 우리는 가능한 최선을 다해 이 질문에 답하고자 합니다. 이 완벽한 평화(perfect peace, KJV)란 무엇일까요? 원어에서는 이 본문이 "주께서 그를 평강, 평강으로 지키시리라"(Thou will keep him in peace, peace)로 표현되어 있습니다. 이는 평강을 강조하는 히브리어의 방식으로서 진정하고 참된 평화, 이중의 평화, 깊고도 폭넓은 평화를 의미합니다. 여러분 중에 많은 이들이 그것이 무엇인지를 압니다. 그러니 아마도 여러분은 내 대답이 아주 초라할 거라고 생각할 것입니다. 나는 할 수 있는 한 최선을 다해 설명하려고 애쓸 뿐, 그 이상은 어쩔 수가 없습니다. 만약 여러분이 내 대답에서 부족함을 보충한다면, 우리 형제들이 유익을 얻겠지요. 우리 믿음이 강하고 하나님께 대한 우리의 신뢰가 적절한 수준의 높이에 이르면 누릴 수 있는 그 평화를 나는 충분히 묘사하지 못할 것이라고 고백합니다. 우리는 이 소중한 것의 질과 양에 제한을 받지 않습니다. 평강은 너무나 값진 것이어서, 오직 자기의 모든 소유를 팔아 그것을 산 자만이 그 가치를 제대로 평가한 자입니다. 그것을 묘사한다고요? 아니요, 정말이지 우리는 실패할 것입니다.

이 "평강하고 평강하도록"이란 말씀은, 내가 생각하기에, 전쟁이 없고, 전쟁의 불안이 전혀 없음을 의미하는 것입니다. 포위 공격, 습격, 약탈, 강탈의 의미를 충분히 이해할 수 있는 사람은, 한 성이 더 이상 군대의 발굽 소리를 듣지 않게 되고, 그 성벽과 망루에서 아무런 적군의 흔적도 발견할 수 없으며, 모든 것이 평화로울 때의 행복한 상태에 대해서도 상상할 수 있을 것입니다. 주께서 평강으로 지키실 때에 하나님의 백성들의 상태가 바로 그런 것입니다. 한때 하나님께서 친히 우리를 대적하시는 듯이 보였습니다. 그분의 율법이라는 열 개의 거대한 대포가 우리의 성벽을 조준하고 있었습니다. 온 하늘과 땅이 전투를 위해 소집되었습니다. 하나님이 우리를 적대시하셨으며, 적어도 우리의 양심이 그 망루에서 그렇게 보고하였습니다. 하지만 예수 그리스도를 믿은 지금 이 순간, 우리는 안식에 들어갔으며, 우리의 이전의 죄에 대해서 완벽한 평강을 소유하고 있습니다. 오, 하나님과 화목하게 된 그대여, 당신을 해할 수 있는 자가 누구입니까? "만일 하나님이 우리를 위하시면 누가 우리를 대적하리요?"(롬 8:31). "누가 능히 하나님께서 택하신 자들을 고발하리요?"(롬 8:33). 우리는 믿음으로 하나님과 완벽한 화해의 상태에 도달했습니다. 하늘의 아버지께서 우리의 허물을 덮어주셨습니다. 우리는 양자의 영을 받았고, 사랑과 절대적인 확신의 영을 받았습니다. 모든 것이 평온합니다. 우리가 우리 아버지의 집에 거하기 때문입니다. 위를 바라보십시오. 여러분은 삼키는 화염을 발사하는 진노의 보좌가 없음을 인식할 것입니다. 아래를 바라보십시오. 여러분은 지옥을 발견하지 않을 것입니다. 그리스도 예수 안에 있는 자들에게는 정죄가 없기 때문입니다. 뒤를 바라보십시오. 죄가 도말되었습니다. 주위를 바라보십시오. 하나님을 사랑하는 자에게는 모든 것이 합력하여 선을 이룹니다. 저 너머를 바라보십시오. 미래의 휘장을 통해 영광이 빛나고 있음이 마치 아침 안개를 통해 해가 비침과도 같습니다. 밖을 바라보십시오. 들판의 돌들과 짐승들이 평화롭게 우리와 함께 있습니다. 안을 바라보십시오. 모든 지각에 뛰어난 하나님의 평강이 그리스도 예수 안에서 우리의 마음과 생각을 지킵니다. 주님께서 "거기는 사자가 없다"(사 35:9)고 한 길을 따라 우리를 잔잔한 물로 인도하여 너무나 복된 시간을 누리게 하십니다. 만약 여러분이 예수를 믿으면서도 평상시에 이 평강을 누리지 못한다면, 그 잘못은 바로 당신에게 있습니다. 그 불안은 당신 스스로 만든 것입니다. 하나님께서는 당신에게 "평강하고 평강하도록" 말씀하십니다. 당신의 마음이 그분에게 머물기만 한다면 그분이 당신을 지키십니다. 싸움을 끝낸 자들, 그리스도 예수 안에 있는 믿음으로써 전쟁을 종결한 자들에게 복이 있습니다.

더 나아가, 이 완벽한 평화는 그 영역 안에 있는 모든 것을 지배합니다. 가까이에 적이 없을 뿐 아니라, 성읍의 거주민들 모두가 평안하고 그들의 모든 일들이 행복합니다. 어떤 불안의 요소가 조금이라도 있다면 완벽한 평화라고 말할 수 없습니다. 하지만 우리 주님의 말씀에 따르면 하나님의 자녀는 이 완벽한 평강을 소유합니다. 그러므로 신자는 모든 불안의 상태에서 구원을 받았음에 틀림없습니다. 당신이 말합니다. "뭐라고요? 그에게 불신이라는 악한 마음이 있지 않습니까?" 예, 신자는 불신앙을 경계해야 하지만, 그것이 그의 마음속에 어떤 공포를 조장하지는 못합니다. "하나님은 우리 마음보다 크시고"(요일 3:20), 죄가 더한 곳에 은혜가 더욱 넘치기 때문입니다. 육(肉)은 사형집행 영장을 받았고, 불신앙은 죽을 운명에 처한 육의 일부에 불과합니다. 우리 안에 있는 거룩한 생명이 반드시 승리합니다. "우리는 미쁨이 없을지라도 주는 항상 미쁘시니 자기를 부인하실 수 없으시리라"(딤후 2:13). 비록 우리가 꺼져가는 심지와 같을지라도, 우리는 곧 빛을 발할 것이며, 그가 우리에게 승리의 판정을 내리실 것입니다.

한 사람이 말합니다. "아, 하지만 내 가정에 걱정거리가 있습니다. 나에게는 거칠고 통제할 수 없는 아들이 있답니다." 혹은 "나에게는 병들어 수척한 아이가 있어요. 그는 폐병으로 인해 곧 내 곁을 떠날 겁니다!" 예, 친구여, 하지만 당신의 마음이 하나님 안에 머무르면, 당신은 그런 문제를 하나님께 맡길 수 있습니다. 이런 일로도 당신은 완벽한 평강을 잃지 않아야 합니다. 무엇 때문에 근심하는 것입니까? 당신의 근심이 폐병에 걸린 아이를 조금이라도 더 강하게 할 수 있습니까? 혹은 당신의 우울증이 반항적인 아들의 반항심을 억제할 수 있을 것 같습니까? 그렇지 않습니다. "오직 의인은 믿음으로 말미암아 살리라" 하였으니, 역시 믿음으로 승리할 것입니다. 당신의 병든 아이를 예수님의 발치에 내려놓는 것이 당신의 힘일 것입니다. 통제할 수 없는 당신의 아들의 문제를 들고 와서 이렇게 말하는 것이 당신의 소망일 것입니다. "주여, 제 아이에게서 귀신을 쫓아내시고, 그 아이로 하여금 당신을 향해 살게 하소서." 어떤 것도 믿는 자의 평강을 깨뜨리도록 허용해서는 안 됩니다. 믿음의 방패로 모든 불화살을 막아내야 합니다. 그리스도로 인해 당신의 죄가 용서되었음과, 그 일이 단번에 영원히 이루어졌음을 기억하십시오. 그리스도께서 당신을 그분의 소유로 삼으신 것을 기억하십시오. 당신은 그분의 것입니다. 그분은 당신을 결코 잃지 않으실 것이며, 세상과 죽음과 지옥을 이기도록 당신을 굳게 붙드실 것입니다. 또한 당신의 천부께서 섭리로 다스리시고, 당신에게 필요한 것을 제공하심을 생각하십시오. 그분이 이렇게 말씀하시지 않았습니까? "정직하게 행하는 자에게 [내가] 좋은 것을 아끼지 아니할 것이라"(참조. 시 84:11). 그분이 권능으로 다스리시며, 모든 위험을 예견하고 계십니다. 그분이 선언하셨습니다. "너를 치려고 제조된 모든 연장이 쓸모가 없을 것이라. 일어나 너를 대적하여 송사하는 모든 혀는 네게 정죄를 당하리라"(사 54:17). 하나님의 평강은 모든 영역을 포함합니다. 인간 영혼의 모든 거리에서 임마누엘이 임하셨음을 알리십시오. 그 성벽 안에 있는 모든 거주민에게 하나님의 평강이 기쁘게 즐겁게 소유할 수 있도록 허락되었음을 공표하십시오.

나는 우리가 이 평강에 대해 어느 정도 알아가고 있다고 믿습니다. 물론 말씀의 의미를 충분히 전달할 수는 없지만, 우리들 자신이 그것을 알아야 합니다. 이 평강이 실제적이며 참된 것이라고 말할 수 있으니 기쁩니다. 만일 모든 두려움의 은밀한 원인이 해결되고 제거되지 않았다면 완벽한 평강을 누리지 못합니다. 그 성읍의 문 앞에서와 모든 숙소를 다니면서, 성이 불의의 습격을 받을지도 모르며 동쪽 성문 아래 수풀에서 정탐꾼이 발견되었다고 속삭여보십시오. 그러면 곧장 성읍에는 소란이 생길 것입니다. 불안의 조짐이 성읍 거리에 출몰할 때 평강은 숨죽일 수밖에 없습니다. 우리의 평화란 어리석은 평화, 바보의 평화일 수도 있습니다. 우리는 육신적인 안전에 속아 넘어갈 수 있습니다. 정치적으로, 철공장에서 전쟁 무기를 만드는 망치소리가 울려 퍼지는 동안, 나라들은 자기 신뢰감 속에서 평화를 꿈꾸어 왔습니다. 그래서 불행이 그들에게 발생했습니다. 영적으로, 정녕 모든 것이 잘못되어 가고 있는 동안, 자기 영혼에 아무 문제가 없다고 생각하는 수많은 사람들이 있습니다. 두려운 일이지만 어떤 강력한 속임수를 받아들여 "거짓 것을 믿게"(살후 2:11) 된 사람들이 더러 있습니다. 자, 우리는 완벽한 평강이 단지 표면에만 있고, 속을 들여다볼 수 없는 것이라고 말할 수 없습니다. 우리는 공개된 뜰에 앉아 있는 평강을 원하지, 눈가리개를 하고 입마개를 한 평강을 원하지 않습니다. 이런저런 일에 대해 입단속을 요구하는 평강은 거짓 평강입니다. 그런 평강은 하나님의 평강과는 정반대의 것입니다. 만일 누군가 하나님의 백성을 고발한다면, 그는 이 말씀으로 도전을 받을 것입니다. "누가 능히 하나님께서 택하신 자들을 고발하리요?"(롬 8:33). 하나님이 우리에게 주시는 용서는 우리의 죄를 슬쩍 덮어 버리는 것이 아니며, 정의에 눈감는 것도 아닙니다. 하나님은 그분의 심판에서뿐 아니라 그분의 용서에 있어서도 정당하십니다. 우리는 종말에 보게 될 것입니다. 믿는 자들이 영광에 들어갈 때, 잃은 자들이 율법에 의해 지옥에 떨어지는 것과 마찬가지로 그들은 율법에 의해 천국으로 들려올라갈 것입니다. 주 예수 그리스도께서는 그분의 온전한 순종과 속죄로써 율법의 요구를 보상하셨습니다. 따라서 하나님 편에서는 믿지 않는 자들을 정죄하시는 것과 마찬가지로 그가 선택하신 자들을 구원하는 점에서도 정당하십니다. 우리는 우리의 평강이 정당하고 옳다고 주장합니다. 그것은 조사와 검증을 받을 수 있습니다. 이 점에서 우리는 아무것도 꾸며내어 말하지 않습니다. 만약 해 아래에서 진리가 발견될 수 있다면, 그것은 하나님의 아들의 보혈로 말미암은 평강 안에 있습니다. 하나님이 우리에게 주시는 평강은 철저한 것이며 영원한 진리와 조화를 이룹니다.

우리는 주의 깊은 눈으로 이 진리를 응시할 수 있습니다. 하지만 그럴수록 더욱 선명하게 주 예수 그리스도를 믿는 자는 구원으로 성벽과 외벽을 삼는 것을 보게 될 것입니다. 예수를 믿는 자는 어느 면에서도 안전합니다. 당신은 일종의 시련의 상황에 처할 수도 있고, 특히 죽음의 가장자리에까지 갈 수도 있으며, 하나님의 법정 가까이에 갈 수도 있습니다. 하지만 사랑하는 친구여, 당신이 의지하는 하나님은 당신을 버리지 않으실 것입니다. 당신의 마음이 그분의 약속과 신실하심을 의지하고 있으니, 그 평화가 깨어질 이유가 전혀 없습니다.

이것이 완전한 평화가 아닙니까? 만일 내가 시련을 견디지 못하는 일종의 열광적인 확신을 전하려고 이곳에 섰다면, 나 자신이 부끄러울 것입니다. 하지만 모든 지각에 뛰어난 하나님의 평강을 전한다면, 그 무엇도 방해할 수 없고, 그 어떤 것도 궁극적으로 깨뜨릴 수 없는 평강을 전한다면, 나는 소유할 만한 가치가 있는 것을 전하는 셈입니다. 나는 이곳에 있는 모든 남녀들이 내가 아는 것처럼 그것에 대해 알게 되기를 간절히 바라고 또 기도합니다. 나는 하나님과 화평하며, 그러므로 내 마음이 기쁩니다. 오, 이곳에 참석한 여러분 모두가 지금 하나님을 믿고, 또한 그분 안에 거하기를 바랍니다. 그렇다면 여러분은 "평강하고 평강하라!"는 주의 음성을 들을 것입니다.

또한 성읍에서의 평강은 상업 활동의 중단과 일치하지 않을 것입니다. 완벽한 평강의 기간 중에는 주변의 모든 지역들과 왕래가 이루어질 것이며, 그 성읍은 무역으로 부강해질 것입니다. 하나님과 더불어 완벽한 평강이 있는 곳에는, 인간의 영혼과 천국의 통상 교역이 번창할 것입니다. 선한 사람들은 선한 사람들과 교제하며, 그래서 그들의 평화의 느낌은 더욱 증대합니다. 만약 여러분이 완벽한 평화를 소유하였다면 여러분은 모든 성도들과 교제할 것입니다. 개인적인 질투, 분파적인 반목, 거룩하지 못한 다툼이 모두 사라질 것입니다. 오, 천국의 상속자를 마음에서 배척하는 어떤 편견도 없고, 경건한 자들과의 교제를 가로막는 어떤 유별한 고집들이 없을 때, 우리는 진정 복된 상태에 있는 것입니다. 오, 자연스럽게 이렇게 말할 수 있는 것이 얼마나 복된지요! "만약 그가 하나님의 자녀라면 나는 그를 사랑한다. 그가 천국 가족의 일원이라면, 그는 나의 형제이며, 나는 그를 환영할 것이다!" 우리가 하나님의 모든 백성과 하나가 될 때, 우리는 전쟁으로 가득한 세상에서 벗어나는 것입니다.

더 좋은 것은, 우리가 날마다 기도와 찬양으로 지존하신 분과 교제를 나눌 때, 하나님과 우리의 마음 사이에 달콤한 평강이 있다는 것입니다. 하나님을 망각한 상태에서 누리는 평강이란 그 어떤 것이든 끔찍한 것입니다. 그것은 잘못된 평화로서, 마치 죽음의 화살이라는 공격이 있기 전에 조용히 덮이어 끼는 안개의 독소와도 같습니다. 그것은 태풍이나 지진에 앞서 찾아오는 죽음의 정적입니다. 하나님이 주시는 완벽한 평강은 하나님 앞에서 즐기는 햇살과도 같습니다. 그것은 작열하는 햇살 속에 사는 열대의 꽃이며, 또한 여름철 정오의 햇볕 아래에서도 유유자적하는 무지개 색 날개의 새와 같습니다. 하나님께서는 우리가 더욱더 온전히 그분에게 빠져듦으로써 이 완벽한 평강을 더욱더 누리게 되기를 바라십니다. 그리스도 예수 안에서 하나님과 하나가 될 때, 우리는 영원한 평강에 도달한 것입니다.

하나님이 우리에게 주시는 이 평강에 대해 조금 더 말할 수 있기를 원합니다. 그것은 영혼의 안식에 놓여 있습니다. 여러분은 침상에 몸을 던지고, 어떻게 그 모든 팔다리들을 편히 누이는지를 압니다. 그와 마찬가지로 우리의 영적인 본성도 편안히 쭉 뻗어 쉴 수 있습니다. 하나님의 사랑에 우리 마음을 기대고, 그분의 지혜에 우리의 모든 판단을 맡깁니다. 우리의 소원들은 편히 기대어 쉬고, 소망은 휴식을 취하며, 기대는 안식합니다. 영혼은 그 모든 체중과 피곤함을 주께 맡깁니다. 그 때 완벽한 평화가 뒤를 따릅니다. 이러한 절대적인 의존에 더하여, 하나님의 뜻에 대한 완벽한 순종이 추가됩니다. 만일 당신이 하나님과 다투면, 당신의 평강은 끝납니다. 하지만 당신이 "이는 여호와이시니 선하신 대로 하실 것이니라"(참조. 삼상 3:18)고 말할 때, 당신은 완벽한 평강의 주된 요소들 중의 한 가지를 얻은 것입니다. 주님의 뜻을 기꺼이 순종하며 받아들일 때, 다툼의 원인이 되는 모든 근거가 소멸되고 평강은 깊어집니다.

완벽한 평강은 또한 하나님께 대한 달콤한 신뢰에 달려 있습니다. 하나님이 행하시는 일에 대해 어떠한 의심의 그림자도 없을 때, 당신은 다른 것들에 대해서는 몰라도, 오직 하나님께서는 참되시며 옳으시며 또한 인자하시어, 모든 일에서 당신을 위해 선을 이루실 것임을 확신하기 때문입니다. 그럴 때 당신은 영원한 능력을 가지신 하나님을 신뢰함으로 모든 것을 하나님께 맡길 수 있습니다. 이것이 평강입니다. 그것은 사실상 하나님이라는 대양(大洋) 속에 자아가 잠기는 것, 우리의 모든 존재와 모든 소유를 맡기는 것을 의미합니다. 전적으로 하나님께 맡겼으므로 그 후로부터는 우리가 근심할 수가 없는 것입니다.

그 때 복된 만족감이 찾아옵니다. 우리는 더 이상 바라는 것이 없습니다. 충분히 가졌기 때문입니다. "내 심령에 이르기를 여호와는 나의 기업이시니 그러므로 내가 그를 바라리라 하도다"(애 3:24). 그분을 가졌으므로, 내 모든 소원이 만족한 상태로 그분과 함께 지냅니다. 저로 주님을 더 알게 하소서! 그리하면 말로 다 표현할 수 없는 주님의 아름다움과 완벽함에 내 영혼은 더욱 만족할 것입니다!

나는 여러분이 이 평강을 알게 되기를 바랍니다. 만일 여러분이 그것을 알게 된다면, 그것이 의기소침함과 같은 모든 것으로부터의 자유를 의미함을 내가 굳이 말할 필요가 없을 것입니다. 주의 평강이 마음을 지켜주실 때에 불신이 싹틀 수 없습니다. 철로 만든 증기선에서는 나침반을 높은 곳에 둡니다. 그것이 선박의 금속에 의해 영향을 많이 받지 않도록 하기 위함입니다. 비록 나침반의 작동에 잘못된 영향을 미칠 수 있는 환경에 둘러싸였지만, 그릇된 영향력이 미칠 수 있는 곳 위에 두었기 때문에 나침반의 바늘은 항상 극을 향하고 있습니다. 하나님의 자녀도 그러합니다. 주께서 평강을 주실 때, 그는 슬픔의 환경을 초월하는 위치로 높이어지며, 그의 마음은 주변의 모든 슬픔으로부터 해방됩니다.

그리하여 우리는 성급함 같은 모든 것으로부터도 보호를 받습니다. 하나님을 의지하면 악한 성급함에 빠지지 않습니다. 우리를 구원하실 하나님의 때를 기다릴 수 있습니다. 지연되는 것에는 사랑의 이유가 있음을 알기 때문입니다. 우리는 마치 길들여지지 않은 황소가 가시채를 뒷발질하는 것처럼 하지 않으며, 우리의 고랑을 따라 더욱 성실하게 나아갑니다. 하나님이 우리에게 나타나실 때까지 끝까지 수고를 멈추지 않습니다. 그리하여 우리는 시련과 더불어 찾아오기 쉬운 유혹들로부터 구원을 받습니다. 우리는 용광로의 시련의 과정을 통해 불순물을 제거합니다. 우리는 슬픔을 견디면서도 죄를 피합니다. 이것이 이 눈물의 골짜기를 지나는 순례자에게는 충분한 기쁨입니다.

오 친구들이여, 이 완벽한 평강을 가진 자는 세상에서 가장 부요한 자입니다! 마음에 근심이 있다면 넓은 땅을 소유한들 무슨 소용입니까? 수백만 냥의 금화를 은행에 보관해 두었어도, 재앙의 때에 찾을 하나님이 없다면 그 모든 것이 무슨 소용입니까? 내세의 희망이 없고, 영원한 사랑의 보화가 없다면, 당신이 황태자이건, 왕이건, 왕후이건 그것이 무슨 유익입니까? 그러므로 나는 여러분에게 이 "평강", 이 완벽한 평강을 얻고 간직하라고 호소합니다.

2. 누가 이 평강을 우리에게 줄 수 있고 또 보존할 수 있는가?

이제 또 다른 문제에 대해 말하고자 합니다. 고통스런 병을 앓고 있는 이 때에, 주님이 저에게 힘을 주시길 빕니다. 오직 누구만이 우리에게 이 평강을 줄 수 있고, 또한 그것을 우리 속에 보존할 수 있을까요? 그 대답은 이 노래의 다음 소절에 있습니다. "주께서 심지가 견고한 자를 평강하고 평강하도록 지키시리라." 보십시오, 하나님이 이 평강을 우리에게 주실 수 있으며, 또 그것을 우리 안에서 유지하실 수 있습니다. 그 대답은 하나이며 분리될 수 없습니다. 내가 이 말을 하는 동안 여러분 중에 어떤 이들은 이렇게 말합니다. "저 목사님은 매우 높은 차원의 삶의 방식에 대해 말씀하시는군. 우리가 어떻게 그런 수준에 이를 수가 있지?" 하지만 평강이 하나님의 선물이라면, 그리고 주께서 친히 그것을 우리 속에서 지키신다면, 우리는 우리 자신을 그분의 손에 맡겨드림으로써 손쉽게 그것을 얻을 수 있습니다! 평강을 찾아서 얻기란 어려운 일입니다. 우리가 아무리 애써 그것을 찾으려 해도 그 흔적을 놓쳐 버리기 때문입니다. 하지만 우리가 이 말씀을 읽을 때 얼마나 그 문제의 방식이 다르게 보이는지요? "주께서 심지가 견고한 자를 평강하고 평강하도록 지키시리라!"

주께서는 자기 백성을 어떻게 평강하도록 지키십니까? 먼저 나는 이렇게 대답합니다. 시련의 때에 마음에 작용하는 특별한 활동에 의해서입니다. 우리는 12절에서 다음과 같이 읽습니다. "여호와여 주께서 우리를 위하여 평강을 베푸시오리니 주께서 우리 모든 일도 우리를 위하여 이루심이니이다." 만일 이것이 그러하다면, 우리는 주께서 다른 모든 일들 중에서 우리 안에 어떻게 평강을 이루시는지를 이해할 수 있습니다. 인간의 마음에 작용하는 하나님의 활동이 있습니다. 그것은 신비하여 측량할 수 없지만 그 결과는 매우 명백합니다. 그 결과들 중에는 마음의 평온, 영혼의 평화가 있으며, 그것은 다른 어떤 방식으로도 올 수 없는 것입니다. "주께서 평강하고 평강하도록 지키시리라." 우리 마음의 창조주는 그의 성령으로써 어떻게 마음에 작용해야 하는지를 아십니다. 여러분이 마음과 의지의 방향을 자유롭게 선택하여도, 주님께서 그 뜻대로 여러분의 마음과 의지를 움직이십니다. 우리가 수금의 줄을 조율할 수 있듯이, 주께서도 우리 마음의 줄들을 조율하여 즐거운 평강의 상태가 되도록 하실 수 있습니다. 하나님의 말씀과 말씀에 대한 우리의 묵상에 의해서뿐만 아니라, 그분의 직접적인 작용에 의해서도, 주님은 인간의 영혼이라는 깊은 바다 속에 평강을 창조하실 수 있습니다. 주께서는 외적인 수단들과 별개로도 인간에게 임하시어 가장 고상한 목표를 위하여 그들에게 영향을 끼치실 수 있습니다. 말씀 묵상과는 별개로, 나는 갑작스럽고도 직접적으로 하나님께로부터 오는 독특한 고요와 평화를 받은 적이 있습니다. 거센 물결을 헤치며 지나갔던 몇 번의 경험이 기억납니다. 바람은 거칠었고, 내가 탄 작은 배는 어느 순간 물결의 높은 곳으로 치솟았다가, 다음 순간에는 순식간에 가장 낮은 곳으로 떨어지곤 했습니다. 그 때, 별안간, 마치 여름날의 저녁처럼 모든 것이 고요했습니다. 마치 어느 외딴 고지대의 작은 마을에 안식일의 평온함이 찾아오는 것과도 같았습니다. 내 마음은 즐거웠습니다. 완벽한 평강 속으로 들어갔기 때문입니다. 나는 여러분의 경우에도 틀림없이 그런 일을 경험한 적이 있었으리라고 생각합니다. 일반적으로, 우리가 이 평강에 들어가는 것은 하나님의 약속에 대한 묵상에 의한 것임을 나는 인정합니다. 하지만 이따금씩은 그것과는 별개로, 우리가 그 이유와 원인을 알지 못하는 와중에, 마음에 작용하시는 하나님의 영의 분명한 활동에 의해, 별안간 우리가 어둠에서 빛으로 미끄러지듯 들어갈 때가 있습니다.

하지만 통상적으로 주님께서 그의 백성을 완벽한 평강으로 지키시는 것은 특정한 숙고의 과정을 통해서이며, 그것이 그분이 무한한 지혜로 의도하신 방식입니다. 예를 들어, 죄에 대한 생각이 떠오르면 그것이 우리를 동요하게 할 수 있습니다. 하지만 우리가 성경의 기록대로 그리스도께서 우리 죄를 인하여 돌아가신 것을 숙고할 때, 그 불안을 잠재울 수가 있습니다. 주 예수님께서 그분의 죽으심으로써 그를 믿는 모든 백성을 위해 온전한 대속의 제물을 하나님께 드리신 것을 숙고할 때, 우리는 그것을 숙고함으로써, 즉시 완벽한 평강의 상태로 들어오게 됩니다. 혹은 일시적인 시련이 마음을 어지럽힌다고 가정해봅시다. 그것으로 인해 불안해진 사람이 성경을 읽고서, 그 환난이 율법적인 형벌로 찾아온 것이 아니라 아버지의 사랑의 징계로 온 것임을 알게 될 때, 그 때 시련으로 인한 쓰라린 슬픔은 사라집니다. 사람이 그의 모든 시련들이 합력하여 선을 이루는 것을 알면, 불만족의 모든 이유들이 제거됩니다. 그 사람은 그를 둘러싼 불행에서도 선이 있음을 주목합니다. 정녕 그는 주께서 어디서든 활동하고 계심을 인식하며, 따라서 의심 없이 섭리의 계획을 받아들이고, 마음의 화평을 누립니다. 사랑하는 친구여, 이 말을 믿으십시오. 비록 당신이 메뚜기처럼 내던져지더라도, 당신은 성경의 들판을 날아다니면서 평강을 발견할 것입니다. 이 주님의 정원에는, 마음의 모든 상처들을 치유하는 데 소용되는 향기를 발하는 꽃들이 있습니다. 영혼의 고통에 자물쇠가 채워져 있어도, 하나님의 말씀에는 그것을 여는 열쇠가 반드시 있습니다. 우리 영혼의 고통을 위해, 여기 진통제가 있습니다. 우리의 어둠을 밝히기 위해, 여기 등불이 있습니다. 우리의 외로움을 달래기 위해, 여기 한 친구가 있습니다. 그것은 마치 에덴 동산과도 같아서, 평강의 강들이 그 동산을 지나며 흐르고 있습니다. 그러므로 주님의 말씀으로 나아가십시오. 주의 백성들과의 교제로 나아가고, 기도와 찬양과 거룩한 예배를 향해 나아가십시오. 그러면 하나님께서 여러분을 완벽한 평강으로 지키실 것입니다.

나는 또한 주님께서 자기 백성을 섭리의 분명한 작용들에 의해 완벽한 평강으로 지키신다고 믿습니다. 사람의 행실이 주님을 기쁘시게 할 때, 그분은 그의 원수들조차 그와 화평하도록 하십니다. 은밀한 활동으로써 그분은 대적들을 잠잠케 하실 수 있으며, 마치 돌처럼 가만히 있도록 하실 수 있습니다. 오, 주여, 그리하여 마침내 당신의 백성들이 환난을 면하는 것입니다! 어느 한 가지 섭리가 외견상으로는 당신을 대적하는 것 같을 때, 또 다른 섭리가 당신을 구출하려고 찾아옵니다. 자기 백성을 향하신 주님의 생각은 선한 생각이며, 악한 생각이 아닙니다. 그분의 백성들은 과연 그러하다는 것을 보게 될 것입니다. 환난을 당하는 그의 백성들은 어떤 안식의 장소에 도달하든지, 혹은 곱절의 시련을 감당하기 위해 곱절의 힘을 얻을 것입니다. 하나님께서는 그의 섭리 가운데에서 자기의 친 자녀에게 불리한 싸움을 결코 허락하지 않으십니다. 섭리 안에 있는 모든 싸움은 분명 여러분을 위한 것입니다. 만약 당신이 하나님의 요나라면, 그리고 바다에 던져진다면, 틀림없이 한 고래가 당신을 기다리고 있습니다. 또한 당신이 하나님의 종이라면, 그리고 애굽의 가장 깊은 지하 동굴에 갇힌다면, 바로가 직접 당신을 불러내어 보좌에 앉힐 것이 틀림없습니다.

오, 매일의 불안 때문에 잿더미 위에 웅크리고 있는 자들이여, 이제 여러분의 눈을 드십시오! 더 이상 땅에 머리를 처박은 채로 비굴하게 굴지 마십시오! 여호와가 당신의 왕이십니다. 그 무엇도 당신의 평화를 깨뜨릴 수 없습니다. 저기 별들과 구름들을 지으신 창조주, 온 우주의 주관자, 모든 자연의 군왕을 생각해보십시오. 당신은 그분이 신속하게 구원을 베푸실 수 없다고 생각합니까? 그분은 오랜 세월 동안 당신을 사랑해오셨습니다. 그런데 당신은 그분을 믿지 못하는 겁니까? 그분은 참새들을 먹이시고, 바다의 물고기들을 먹이시며, 또한 오직 그분의 눈에만 보이는 미미한 생명체들까지도 친히 먹이심을 당신은 알지 못합니까? 그분의 곡식창고에는 한계가 없으며, 그분의 능력에는 제한이 없습니다. 당신은 그분이 당신을 도우시고, 당신에게 안식을 주실 것임을 믿지 못합니까?

우리의 평강은 여러 가지 방식으로 찾아오지만 오직 그분에게서 옵니다. 그러므로 평강을 다른 곳에서 찾지 말라고 여러분에게 간절히 호소합니다. 시련이 없게 해 달라는 기도로 평강을 구하지 마십시오. 주님이 여러분과 함께하시면, 여러분이 환난을 면할 때이든 혹은 환난 중에(in) 있을 때이든, 여러분은 마찬가지로 행복할 수 있습니다. 마음을 무디게 함으로써, 혹은 영혼의 문제에 무관심함으로써 평강을 얻으려 하지 마십시오. 그래선 안 됩니다. 당신이 괴로움을 겪을 때, 당신은 그것을 느껴야 합니다. 하나님은 그렇게 되길 원하십니다. 당신은 그것을 느끼면서도, 온전히 평강을 누리는 법을 배워야 합니다. 철학을 통해서나, 이성에서 이끌어낸 어떤 사상들을 통해서나, 혹은 경험에서 이끌어낸 지식을 통해 평강을 얻을 수 있다고 상상하지 마십시오. 당신이 완벽한 평강이라는 달콤한 물을 길어낼 수 있는 우물은 오직 하나입니다. 그 우물의 테두리에는 이러한 고상한 글이 새겨져 있습니다. "오 여호와여, 주께서 심지가 견고한 자를 평강하고 평강하도록 지키시리라." 하나님이 주시는 그러한 평강은 우리로 하나님을 닮게 합니다. 그 평강은 그분의 사랑으로 우리를 채우고, 우리로 하여금 그분의 거룩하심을 따라 행동하도록 만듭니다. 그런 와중에, 우리는 그분의 궁전에서 살 수 있도록 준비되어집니다. 그 궁전은 모든 방에서 영원한 평강이 향기를 발하며, 그 모든 구조물이 영광으로 장식된 궁전입니다.

3. 누가 이 평강을 얻을 것인가?

나는 오늘 아침에 또 하나의 질문에 대답해야 합니다. 그것은 누가 이 평강을 얻을 것인가 하는 것입니다. "주께서 심지가 견고한 자를 평강하고 평강하도록 지키시리라." 히브리어는 매우 복잡하고 이해하기 어렵습니다만, 우리가 그 가르침을 이렇게 이해한다면 틀리지 않을 것입니다. "이 평강을 얻기 위해서는 우리의 존재 전체가 하나님을 신뢰해야 한다."

"심지(mind)"라는 말은 매우 모호합니다. 하지만 그것은 우리의 생각들(thoughts)을 포함해야 합니다. 만일 당신의 생각이 하나님을 의뢰하는 상태에 머무른다면, 당신은 완벽한 평강을 얻을 것입니다. 우리의 슬픔은 빗나가고, 방황하며, 안정되지 못한 생각들에서 옵니다. 만약 당신이 하나님과의 관계 외에는 아무것도 생각하지 않는다면, 오직 자비로우신 하나님과의 관계에서 당신의 죄를 생각하기만 하면, 신실하신 하나님과의 관계 속에서 환난을 생각하기만 하면, 그리고 주님이 언제나 당신의 목전에 계시거나 당신의 우편에 계시는 듯이 여기기만 한다면, 당신은 요동치 않을 것입니다. 하지만 당신의 생각을 사로잡아 온전히 그분을 의뢰하는 상태에 머물게 하는 법을 배우지 못한다면, 완벽한 평화의 상태를 누리지 못할 것입니다. 이것은 상상력을 포함합니다. 상상이란 아주 길들이기 어려운 야생 동물과도 같으며, 나약한 마음속에서 공포의 세상을 만들어냅니다. 오, 은혜가 상상력을 사로잡아 주님의 새장 속에 붙들어두기를 바랍니다! 우리는 주님을 몰인정하거나 진실치 못한 모습으로 그리는 어떠한 종류의 상상도 허용해서는 안 됩니다. 여러분의 상상이 하나님 안에 머물도록 기도하십시오. 그래서 하늘에 계신 아버지의 은혜와 인자하심과 사랑에 반하는 그 어떤 것도 상상하지 않기를 바랍니다. 이렇게만 된다면 어떤 평강이 우리의 마음을 지배하겠습니까!

나는 이 본문이 특별히 욕망들(desires)을 포함한다고 생각합니다. 욕망이란 움켜쥐려는 것입니다. 세속적인 인간의 마음을 만족시키기란 불가능합니다. 인간이 지금 그가 바라는 모든 것을 가진다 해도, 그런 다음 그는 틀림없이 지옥처럼 자기 욕망을 키우고, 더 많은 것을 요구할 것입니다. 하지만 사랑하는 친구여, 당신은 당신의 욕망에 어느 정도의 한계를 정하고 그 안에 머물러야 합니다. 하나님께 대한 신뢰 속에 머무는 것보다 더 적절한 것이 무엇이겠습니까? 이렇게 말하십시오. "하나님께서 저에게 주기를 원하시는 것 외에, 저는 아무것도 바라지 않습니다. 하나님께서 그분의 영광과 그리고 저의 유익을 위하여 생각하시는 것 외에, 저는 아무것도 구하지 않습니다." 당신의 모든 상상력과 욕망들이 당신의 영원한 분깃이신 하나님의 영역 안에 장막을 치고 머무는 단계에 이른다면, 완벽한 평강이 유지될 것입니다.

심지가 견고하다는 것은 어떤 의미를 가질까요? 그것은 안식한다는 의미가 아닐까요? 당신의 생각들이 하나님의 계시된 뜻 안에서 머물고 쉴 때에, 그것이 하나님을 신뢰하는 상태에 머무는 것입니다. 하나님께서 채워주심으로써 당신의 소원들이 채워졌을 때, 그리고 그 이상을 바라며 더 이상 탐욕스러운 입을 벌리지 않을 때, 그것이 머무는 것입니다. 그것은 거기에서 멈춘다는 의미가 아니겠습니까? 우리는 어느 장소에 머무는 것에 대해 말합니다. 자, 우리의 생각들이 하나님 안에 머물 때, 우리는 하나님에게서 멈추는 것입니다. 우리는 그 이상의 여행을 하려고 나아가지 않습니다. 우리는 그분이 이끄시는 길을 앞서 나아가기를 원치 않습니다. 우리의 마음은 크신 아버지의 사랑 안에 뿌리를 내리고 터를 잡습니다. 그렇게 우리 영혼은 그분 안에 머뭅니다.

심지가 견고하다는 것은 하나님께 기대는 것을 의미합니다. 우리는 기둥에 대해 말하고, 대들보에 대해 말합니다. 그것은 우리가 의지하고 기대는 무언가를 의미합니다. 그 사람은 그 집안의 대들보라고 말할 때, 그가 그 집을 지탱하고 유지한다는 것입니다. 그러므로 당신의 영혼이 하나님께 기대도록 하고, 날마다 그렇게 하도록 유의하십시오. 어떤 이들은 친구에게 의지합니다. 다른 이들은 그들 자신의 능력에 기댑니다. 하지만 하나님께 기대는 자가 복이 있습니다. 우리는 전능자의 팔 안에 있을 때가 아니면 확신을 가질 수 없습니다. 오직 그분의 팔에만 우리는 기댈 수 있습니다. 우리가 하나님을 힘입어 살며 기동하며 존재할 때(참조. 행 17:28), 그것이 피조물로서는 최상의 상태입니다. 오, 우리의 전 존재가 주님의 것임을 느낀다면, 그분이 우리를 기뻐하게 하시든 슬퍼하게 하시든, 우리는 동일하게 만족할 것입니다. 그분의 뜻에 우리를 맡겼기 때문입니다. 나는 착실한 사람들을 좋아합니다. 여러분은 그들이 어떤 사람들이고 어디에 있는지를 압니다. 그들은 한 자리에서 쉽게 떠나지 않으며, 한 번 채택한 대의를 쉽사리 저버리지도 않습니다. 하나님께 머물러 있는 자가 세상에서 가장 건실한 사람입니다. 그는 굳세고, 기반이 든든하며, 뿌리를 내렸습니다. 그는 복음의 복된 소망으로부터 뽑혀질 수가 없습니다. 그처럼 마음이 건실한 사람이 완벽한 평강을 얻을 것입니다. 오, 마음이 확정되지 못한 자들이여, 당신들은 어디를 다니는 것입니까? 오, 불쌍한 영혼들이여, 당신들은 어디를 떠도는 것입니까? 당신은 모든 산들을 돌아다니며 방황할 것입니까? 하나님과 더불어 숙소를 정하고, 그분 안에 거하며 안식하지 않겠습니까? 여러분은 이 점을 분명히 알아야 합니다. 여러분의 영혼은 날개를 달고 있습니다. 주 하나님 안에 내려앉지 않으면, 여러분의 영혼은 영원히 날갯짓을 멈추지 못할 것입니다. 하나님 안에 안식이 있습니다. 다른 곳에는 없습니다. 온 땅과 하늘도, 시간과 영원도, 상처 입은 영혼을 위해 평강을 만들어내지 못합니다. 하지만 주의 말씀은 상상하는 것 이상으로 우리에게 평강을 가져다줍니다.

본문이 "당신에게 기대는"(stayed on Thee, KJV. 한글성경은 '심지가 견고한 자'라고 되어있음 — 역주)이라고 한 것에 주목하십시오. 특별히 그 점을 집중적으로 생각하십시오. 자기 자신에게 기대는 많은 방식들이 있습니다. 하지만 당신이 하나님께 기대어야 함을 잊지 마십시오. 당신의 천부께 기대십시오. 그분은 당신에게 좋은 것을 아끼지 않으십니다. 당신의 구주께 기대십시오. 그분은 하나님 우편에서 당신을 위해 간구하십니다. 성령님께 기대십시오. 그분은 당신 안에 거하십니다. 삼위 하나님께 기대십시오. 그분이 말씀하십니다. "내가 과연 너희를 버리지 아니하고 너희를 떠나지 아니하리라"(히 13:5).

자, 더 많은 말을 하기보다는, 나는 우리 각 사람이 성령의 도우심으로써 염려를 주께 맡겨 버리는 상태를 경험하기를 바랍니다. 우리 자신을, 우리의 존재 전체와 우리의 모든 소유를, 그리고 우리가 해야 하는 모든 일과 우리가 겪어야 하는 모든 것들을 우리를 사랑하시는 하나님의 보호에 맡기도록 합시다. 우리를 돌보시는 그분께 우리의 모든 염려를 맡깁시다. 여기 우리는 하나님 안에 있으며, 하나님 안에 거하기를 원합니다. 우리는 어제의 은혜를 아쉬워하지 않으며, 내일의 은혜를 위해 한숨짓지 않습니다. 우리는 우리의 현재 위치에서 하나님과 함께 거하는 것에 만족합니다. 우리의 닻은 내려졌고, 그것을 다시 끌어올리길 원치 않습니다. "하나님이여 내 마음이 확정되었고 내 마음이 확정되었사오니 내가 노래하고 내가 찬송하리이다"(시 57:7). 한 사람이 말합니다. "아, 당신은 나의 고통을 알지 못합니다!" 그럴 것입니다. 하지만 나는 폰테노이(Fontenoy) 전투에 참여했던 어느 불쌍한 감리교도의 이야기를 기억합니다. 그는 양쪽 다리를 잃었습니다. 외과의사가 그를 돌보기 위해 다가왔을 때, 명백히 그는 피를 흘려 죽기 직전이었습니다. 하지만 그는 외쳤습니다. "나는 낙원 문 앞에 있기에 너무나 행복합니다!" 자, 이러한 죽음의 순간에, 고통을 겪는 중에도 행복이 흘러넘쳤던 그와 마찬가지로, 여러분과 나도 완벽한 평강을 누릴 수 있습니다. 나는 여러분 모두가 와츠(Watts) 박사처럼 되기를 원합니다. 오래전에 그가 말하기를, 잠자리에 들어 이 세상에서 깨어날 것인지 혹은 다음 세상에서 깨어날 것인지에 대해, 조금의 근심도 없다고 했습니다. 하나님의 말씀 안에서 안식하는 것, 하나님의 언약 안에서 기뻐하는 것, 하나님의 희생 제물을 의지하는 것, 하나님의 뜻에 순응하는 것, 하나님 자체를 기뻐하는 것, 이것이 하나님께 기대는 것이며 심지가 견고한 것입니다. 그 다음에 따르는 결과는 완벽한 평강입니다.

4. 왜 하나님은 심지가 견고한 자를 완벽한 평강으로 지키시는가?

왜 주님은 심지가 견고한 자를 완벽한 평강으로 지키실까요? 그 대답은 이것입니다. "이는 그가 주를 신뢰함이니이다." 사랑하는 친구들이여, 분명 그것은 믿음 안에는 평강을 생성하고 자라게 하는 성향이 있다는 의미일 것입니다. 믿음 외에 다른 방식으로 하나님 앞에 살려고 노력하는 것은 불안을 야기합니다. 하지만 믿는 자는 안식을 누립니다. 믿음은 열이 오른 이마에 시원한 손을 갖다대는 것이며, 두려운 마음의 열기를 제거해줍니다. 믿음은 낭랑한 목소리를 가지고 있으며, 그 목소리로 이렇게 속삭입니다. "평안하라, 잠잠하라." 평온한 삶을 영위하게 하는 것으로서, 하나님의 약속의 신실성과, 약속하신 그분이 또한 능히 행하실 수 있다는 사실을 확고하게 신뢰하는 것보다 더 나은 것은 없습니다.

더 나아가, 본문은 이것을 의미합니다. 즉 사람이 하나님을 신뢰할 때에, 믿음이 그에게 평강을 가져올 뿐 아니라, 그의 믿음이 평강으로 보상을 받는다는 것입니다. 주님은 승인의 표시로서 그에게 평강을 주십니다. 우리 천부의 가족에게는 일종의 훈련이 있습니다. 그것은 재판장들이 범죄자들에게 주는 보응과 형벌이 아니라, 아버지로서 자녀에게 주시는 것입니다. 이러한 징계로써 우리는 아버지의 집 곧 천국의 거처에서 살 수 있는 훈련을 받는 것입니다. 만일 우리가 하나님을 신뢰하면 평강을 얻을 것입니다. 만약 우리가 그렇게 하지 않으면, 우리는 안식을 누리지 못하고, 심한 불안에 빠질 것입니다. "너희는 마음에 근심하지 말라 하나님을 믿으니 또 나를 믿으라"(요 14:1). 고난에 대한 압박감은 믿음의 쇠퇴와 함께 옵니다. 여러분이 더 많이 믿으면, 그것이 여러분을 더 부요하게 만들지는 않겠지만, 여러분은 가난을 그렇게 예민하게 느끼지 않을 것입니다. 당신이 더 많이 믿으면, 그것이 당신을 육체적으로 건강하게 만들지는 않을지라도, 당신은 질병 때문에 조바심을 치지 않을 것입니다. 만일 당신이 더 많이 믿으면, 그것이 땅에 묻힌 자들을 당신에게 되돌려주지는 않겠지만, 당신의 마음은 더욱 높은 차원의 사랑으로 채워질 것입니다. "믿는 자에게는 능히 하지 못할 일이 없으며"(막 9:23), 그러한 가능성 안에 평강이 있습니다. 하지만 당신이 믿지 않는다면, 당신은 견고히 서지 못할 것이며, 당신의 불신앙이 당신의 등에 회초리가 되고, 당신의 잔에 쓴 맛이 될 것입니다. 당신이 당신의 하나님을 신뢰하지 않으면, 당신은 메마른 땅에서 방황하게 될 것이며, 안식을 구하여도 찾지 못할 것입니다. 오십시오, 형제들과 자매들이여, 그런 운명에서 벗어납시다. 완벽한 신뢰의 보상으로 주어지는 완벽한 평강을 얻도록 합시다.

마지막으로, 나는 이 평강이 믿음에서 나온다고 생각합니다. 왜냐하면 그것이 스스로를 선포하는 믿음의 방식이기 때문입니다. 하나님이 당신에게 완벽한 평강을 주신다면, 당신은 집으로 돌아갈 때에 친구들에게 "나는 믿는 자이다"라고 소리칠 필요가 없습니다. 그들이 곧 그것을 알아볼 것입니다. 당신에게 매우 귀하면서도 영적으로 잃어버린 자들이 있습니다. 당신은 그것 때문에 불평하고 투덜거리는 대신, 하나님의 입에 손을 맞추고, 인내하며 매일의 의무를 다할 것입니다. 그것이 성령의 놀라운 열매로서, 믿음으로 가꾼 것입니다. 이와 같은 방식으로 믿음은 눈에 보입니다. 어떤 사람에게 화재가 발생했거나 혹은 다른 형태의 손실을 입었을 때, 그는 자신의 위안거리를 잃은 셈입니다. 만약 그가 불신자라면, 우리는 그가 자기 머리를 쥐어뜯고, 하나님을 저주하며, 불같이 화를 내는 것을 보아도 놀라지 않습니다. 하지만 그가 하나님을 신뢰하는 자라면, 그는 평강을 누릴 것이며 이와 같이 말할 것입니다. "주께서 그 일을 행하셨습니다. 그는 여호와시니 그가 보시기에 선하신 대로 행하실 것입니다."

여러분이 인내하며 여러분의 마음을 다스릴 때에, 이로써 여러분은 그리스도의 제자들임이 알려질 것입니다. 만사가 형통할 때에만 작동하는 믿음은 믿음의 모조품입니다. 하나님께서 여러분이 소원하는 대로 주실 때에만 하나님을 찬미하는 사랑은 개들이 그들의 주인을 향해 보이는 사랑과 다를 바 없습니다. 얻어먹는 뼈다귀의 수만큼 그 애정을 주인에게 보이는 것이지요. 여러분은 그와 같은 타산적인 애정에 머무를 것입니까? 이런 상태에 도달하는 것이 훨씬 더 좋지 않을까요? "그가 나를 죽이실지라도 나는 그를 신뢰하리라"(욥 13:15, KJV, 한글개역개정은 '그가 나를 죽이시리니 내가 희망이 없노라'고 되어 있음 — 역주). 당신 안에 이 믿음이 있다면, 당신의 평화는 강 같을 것입니다. 모든 지각에 뛰어난 하나님의 평강이 그리스도 예수 안에서 당신의 마음과 생각을 지키실 것입니다.

여러분을 떠나보내면서 간절히 당부하고 싶은 것이 있습니다. 사랑하는 친구들이여, 여러분은 이 평강 얻는 것을 목표로 삼아야 합니다. 그것은 복음을 널리 전파하는 한 가지 방식으로서, 결코 멸시를 당하지 않는 방식입니다. 수많은 사람들이 하나님의 백성들의 거룩한 인내를 보고서 회심하였습니다. 그들은 그것을 보고 감명을 받아 이런 말을 합니다. "신앙 안에는 이러한 평강을 주는 무언가가 있음에 틀림없다." 여러분이 근심하며 조바심을 낼 때, 여러분은 여러분 목사의 활동을 망치고 있는 셈입니다. 하나님의 백성이 지나치게 근심하고, 일이 바라던 대로 되지 않는다는 이유로 삶을 무거운 짐으로 간주할 때, 그들은 실제로 그들의 천부를 비방하고 있는 것이며, 또한 방황하는 자들이 하나님께 돌아오는 것을 가로막고 있는 셈입니다. 회심하지 않은 자들은 이렇게 말합니다. "저렇게 비참하게 되려면 왜 우리가 하나님께로 간단 말인가?"

오, 유배를 당한 백성이여, 기뻐하십시오! 오, 환난을 겪는 이들이여, 기뻐하십시오! 비록 잠시 동안, 필요하기 때문에, 여러분이 무거운 짐을 지고 많은 시험을 겪는다 해도, 여러분의 머리를 드십시오. 구원이 여러분 가까이에 오고 있습니다. 잠시 잠깐 후에, 여러분은 화려하고도 아름다운 의복을 입을 것이며, 애통의 상복(喪服)을 벗을 것입니다. 그러므로 남자답게 행하십시오. 더 나아가, 그리스도인답게 행하십시오. 모든 사람으로 하여금 하나님이 계시는 곳에는, 주께서 마음을 다스리시는 곳에는, 반드시 깊고도 심오한 평강이 있음을 알게 하십시오. 그리스도 예수를 위하여 하나님이 여러분에게 은혜를 주시길 빕니다. 아멘.

제
18
장

포도원지기

"나 여호와는 포도원지기가 됨이여 때때로 물을 주며 밤낮으로 간수하여 아무든지 이를 해치지 못하게 하리로다."—사 27:3

오늘 저녁 내 설교는 설교라고 불리기가 어려울 것입니다. 그것은 약간의 경험적인 진리에 대한 단순한 대화에 불과할 것입니다. 하지만 나는 이것이 주의 백성들 일부에게는 유익할 것이라고 믿습니다.

본문은 여호와께서 "견고하고 크고 강한 칼로" 원수들을 죽이리라고 위협하시는 무서운 구절 뒤에 옵니다. 하지만 하나님께서 원수들을 향해 무섭게 진노하시는 바로 그 때에도, 여전히 그분은 자기 백성을 향해서는 사랑으로 가득하십니다. 여기서 하나님의 교회는 포도원에 비유됩니다. 포도나무는 약한 식물이며, 지속적인 돌봄을 필요로 합니다. 만약 울타리를 잘 세우고 방비를 잘 해놓지 않으면, 포도원의 원수들이 들어와 그것을 망쳐놓을 것입니다. 교회는 "적포도주의 포도원"(vineyard of red wine, 한글개역개정에는 '아름다운 포도원'이라고 되어 있음 — 역주)이라고 불립니다(2절). 붉은 포도는 팔레스타인 지방에서 자라는 최상의 품종이라고 알려졌기 때문입니다. 그와 마찬가지로, 하나님의 교회는 그분에게 최상 중에서도 최상이며, 지상에서 가장 뛰어나며, 그분에게 흡족한 대상입니다. 하지만 전체 교회에 해당되는 진실은 그 모든 지체들에게도 해당되는 진실입니다. 포도원을 지키시는 하나님께서 모든 포도나무들을 역시 보호하십니다. 아니, 그럴 뿐만 아니라, 그분의 돌봄은 포도나무의 모든 작은 가지들과, 돋아난 모든 잎사귀들과, 매달려 있는 모든 덩굴에까지 미칩니다. 그분은 밤낮 그것을 지키는 일을 감당하십니다. 그것을 토플레디(Toplady)는 이렇게 멋지게 노래했습니다.

"뜨거운 열기로 말라버린 내 잎사귀 위로
소성케 하는 이슬방울이 떨어지네.
주의 오른손이 돌보시는 식물은
결코 뿌리 뽑히지 않으리.

매 순간 수분이 공급되도록 돌보시고
전능의 힘으로 울타리를 쳐 주시니,
주의 가장 연약한 가지일지라도
영생에 이르는 열매를 맺으리."

우리의 본문은 꼭 필요한 두 가지 은혜를 언급합니다. 나는 그 두 가지에 대해 간략하게 말하고자 합니다. 먼저, 우리는 본문에서 지속적인 보호를 발견하며, 둘째로는 지속적인 물주기를 발견합니다. 주님의 이 은혜로운 말씀에서, 우리는 외부로부터의 적들과 내부로부터의 적들에게서 보호받는다는 약속을 얻습니다. 하나님은 그분의 백성들에게 성벽(wall)이면서 우물(well)입니다. 즉 그들을 원수들로부터 보호하는 성벽이 되시고, 동시에 충만하고도 영원히 흐르는 생명의 원천에서 흘러넘치는 우물이 되어 그들의 필요를 공급하십니다.

1. 지속적인 보호

먼저, 주께서 그의 포도원에게 약속하신 지속적인 보호에 대해 살펴보도록 합시다. "나 여호와는 포도원지기가 됨이여… 밤낮으로 간수하여 아무든지 이를 해치지 못하게 하리로다." 나는 경험적인 방식으로 그 보호에 대해 말하고자 합니다. 질문의 형태로 그 주제를 여러분에게 제시할 것이며, 그것은 전체로서의 교회에 적용될 뿐 아니라 믿는 자 개인에게도 적용될 수 있을 것입니다.

먼저, "나는 보호를 필요로 합니까?" 나는 하나님의 은혜로 부름을 받았다고 믿습니다. 예수의 피로 씻음을 받았고, 주님의 자녀들 중 하나가 되었다고 믿습니다. 나는 보호를 필요로 합니까? 아! 만약 나 자신에 대해 조금이라도 안다면, 나는 정녕 그것을 필요로 한다고 대답하지 않을 수 없습니다. 내 원수들은 헤아릴 수가 없고, 나는 포도나무와 같아서, 모든 종류의 재난과 위험에 노출되어 있기 때문입니다.

내 형제들이여, 원수들의 우두머리가 있습니다. 그는 도끼로 하나님의 포도나무들을 베어 버리기를 얼마나 간절히 바라는지요! 우리가 만약 그의 권세 아래 있다면, 여러분과 나에게는 조금의 믿음이나 사랑의 불씨도 남아 있지 않을 것입니다. 그는 우리를 소유하기를 바랍니다. 우리를 곡식처럼 가려내어 얻기 위한 차원이 아니라 쭉정이처럼 불사르기 위해서입니다. 우리가 그의 악의와 교활함을 생각할 때, 우리는 이렇게 기도하는 것이 마땅합니다. "원수의 계략에 넘어가지 않도록 우리를 구원하소서." 하나님의 백성이 사탄과 만나서 백병전 전투를 벌일 때, 그들은 언제나 그것이 힘겹고 어려운 싸움인 것을 발견합니다. 사탄은 무시무시하고, 악의에 가득 차 있으며, 강력하기 때문입니다. 사탄이 우리와 싸우려고 다가올 때는, 단지 우리를 위협하기 위해서가 아니라 할 수만 있으면 삼키기 위해서입니다. 그러니 우리는 보호를 필요로 합니다. 그 원수 하나만으로도, 만약 우리가 그의 손아귀에 붙잡히기만 하면 단숨에 끝장나 버리기 때문입니다.

포도나무처럼, 우리가 두려워하는 대상으로 우리를 베어 버리려고 하는 자만 있는 것이 아닙니다. 숲 속에 야생 멧돼지가 있습니다. 그놈은 우리를 뿌리째 짓밟으려고 합니다. 그 불신앙이라는 야생 멧돼지가 끊임없이 우리 주위를 맴돌며 기웃거리고 있습니다. 그것이 그 뾰족한 엄니로 우리의 포도나무들과 무화과나무들을 파헤치려고 얼마나 혈안이 되어 있는지요! 사랑하는 친구들이여, 여러분은 불신이 여러분의 위로를 어떻게 빼앗는지, 그것이 여러분의 힘을 어떻게 약화시키고, 또한 여러분을 얼마나 쓸모없게 만드는지를 압니다. 아마도 여러분 중에 어떤 이들은 이따금씩 여러분이 주의 백성인지 아닌지를 알기가 힘들 정도일 것입니다. 성찬식이 있던 지난 주일에 설교했던 우리의 친구는 하나님의 백성이 결코 의심과 두려움을 가져서는 안 된다고 말했습니다. 나는 그래야 하는 것을 인정합니다. 하지만 실제로 그들이 의심과 두려움을 가지고 있다는 것은 너무나 분명합니다. 나는 와츠(Watts) 박사의 훌륭한 옛 찬송가를 좋아하며, 그 노래 가사를 음미하며 노래합니다.

> "저 하늘의 거처에서
> 내 명패를 분명히 읽을 수 있을 때에,
> 나는 모든 두려움에 작별을 고할 것이며
> 내 눈에서 눈물을 닦으리."

사랑하는 형제들이여, 나는 두렵습니다. 만일 여러분이 언제나 확신에 넘치고, 뒤돌아보면서 믿음의 증거들을 잃어버린 것 때문에 울 만한 이유가 결코 없다면, 여러분과 나는 같은 길을 여행하는 것이 아닙니다. 내가 아는 것은 이것입니다. 내가 주님을 의심하지는 않지만, 그분 안에 내가 기업을 가졌는지에 대해서는 의심할 때가 이따금씩 있습니다. 그럴 때 나는 그분께 처음 왔을 때처럼 그분께 나아와야 합니다. 빈손뿐인 죄인으로서, 거저 주시는 그분의 은혜를 받아들여야 합니다. 그렇습니다. 만일 주께서 우리를 지키시지 않으면 불신앙의 야생 멧돼지가 곧 우리를 갈기갈기 찢어놓을 것입니다. 우리에게 은혜가 남아 있지 않을 것이며, 영원히 쓸모없이 되고 말 것입니다.

다음으로, 여러분이 알다시피 포도나무는 종종 여러 종류의 곤충들에 의해 해를 입기가 쉽습니다. 열매를 맺는 거의 모든 식물들이 때때로 잎을 삼키는 특이한 종류의 해충에 의해 공격을 받아, 열매를 맺지 못하게 됩니다. 특히 포도나무가 이런 종류의 공격에 쉽게 노출됩니다. 그리스도인들도 마찬가지입니다. 우리에게는 교만이라는 해충이 있습니다. 만약 저 큰 원수가 우리를 자르기 위해 오지 않고, 불신앙이 우리의 뿌리를 뽑으려 시도하지 않으면, 다름 아닌 여름철의 고요하고 차분한 공기가 저 치명적인 해충을 번식시킬 것이며 우리를 파멸시키려 할 것입니다. 나는 우리가 육신적인 안전의 영향, 자기 신뢰, 교만을, 사탄의 직접적인 공격보다 더 두려워할 이유가 있다고 생각합니다. 내 형제들이여, 여러분의 경우는 어떤지 모르겠습니다. 하지만 이따금씩 나는 거의 죽은 듯이 느껴져 사탄의 유혹을 환영할 정도입니다. 그래서 그것에 대항하기 위해 내 속에서 영적 생명이 분발하는 것을 느끼고 싶을 정도입니다. 우리의 영적 경험에는 우리의 마음에 큰 슬픔을 야기했던 어두운 시절이 있습니다. 하지만 우리는 일종의 선망의 시선으로 그 슬픈 시절을 되돌아보며, 그 시절을 다시 경험하고 싫어 합니다. 이는 우리가 적어도 우리 속에 새 생명의 맥박이 뛰고 있음을 느끼고 싶기 때문입니다. 오, 무서운 교만의 해충이여!

존 번연은 『거룩한 전쟁』(*Holy War*)이라는 책에서 우리에게 말합니다. "인간 영혼(Mansoul)의 마을에서 임마누엘을 쫓아낸 것은 육신의 안전(Carnal-security)이었다. 임마누엘은 언제나 그곳에 머물고자 했고, 인간 영혼에게 고귀한 안식을 주었다. 하지만 아버지가 자부심(Self-conceit) 씨이고 어머니가 무사안일(Fear-nothing) 여사인 그 불쾌하기 짝이 없는 육신의 안전 씨(氏)가, 마을 사람들에게 그들 자신의 위대성을 인식하게 하는 사상을 불어넣었다. 그리하여 임마누엘의 복된 왕은 슬픔과 분노를 느끼며 떠나 버렸다." 오호라 우리가 이렇게 말하는 것은 재앙입니다. "내 산이 견고하게 섰으니, 나는 요동하지 않으리라." 그럴 때 우리는 가장 긴박한 위험에 처한 것입니다. 자만심의 자벌레, 교만의 모충(毛蟲), 육신적 안전의 황충(蝗蟲)이 곧 하나님의 포도원을 파괴할 것이기 때문입니다. 만약 이 말씀의 기록대로 보호를 받지 않으면 반드시 그렇게 될 것입니다. "나 여호와는 포도원지기가 됨이여 때때로 물을 주며 밤낮으로 간수하여 아무든지 이를 해치지 못하게 하리로다." 이 약속은 여호와께서 우리를 불신앙의 공격에서뿐 아니라 교만의 공격에서 지키실 것이며, 또한 우리 영혼의 모든 원수들의 악의로부터 우리를 지키실 것임을 보증합니다.

사랑하는 친구들이여, 내가 언급했던 원수들 말고도, 포도나무는 솔로몬이 아가에서 말했던 작은 여우들의 공격에도 취약합니다. "우리를 위하여 여우 곧 포도원을 허는 작은 여우를 잡으라"(아 2:15). 요즘에도 갖가지 종류의 여우들이 사방에 많이 있습니다. 이 말의 뜻은 거짓된 교리와 회의적인 사상의 가르침이 많다는 것입니다. 이 교활한 여우들 중의 일부는 우리를 조금씩 물어뜯고 있으며, 우리로 하여금 성경의 영감설에 대해 의심하게 만들려고 애를 씁니다. 그들 중 일부는 감히 그리스도의 신성에 대한 우리의 확신을 뿌리째 뽑으려고 시도합니다. 이 작은 여우들 중 다른 무리는 훨씬 더 교활합니다. 그들은 외적인 은혜의 수단들로부터 우리를 떠나게 만들려고 시도하며, 하나님의 성도들의 모임을 폐하는 것을 목적으로 삼습니다. 사람들이 우리의 귀에 온갖 이단 사설과 거짓말들을 쏟아 부으며, 마침내 우리 영혼이 진리와 오류를 거의 분간조차 못하도록 만듭니다. 우리는 갈팡질팡하며 힘겨운 싸움을 싸우고 있습니다. 아! 만약 주께서 그분의 교회를 지키시지 않으면, 교회는 곧 대적들의 술수에 먹히고 말 것입니다. 하지만 그분은 그분의 포도원을 작은 여우들로부터 지키시며, 또한 큰 여우들로부터도 지키십니다. 그분의 포도나무에는 연약한 포도송이들이 달려 있으며, 여우들은 할 수 있으면 그것들을 삼키려 합니다. 하지만 주님께 감사하게도, 그들은 그렇게 할 수가 없습니다! 우리 주님이 우리를 지키십니다. 주께서 우리를 원수들의 모든 계략과 술수로부터 지켜주십니다.

이뿐 아니라, 사랑하는 친구들이여, 우리에게 익어가기 시작하는 약간의 포도들이 있을 때, 와서 그 열매를 따려는 새들이 있습니다. 우리 모두에게 다가오는 세속주의와 이기주의가 어두운 날개를 단 그 새들입니다. 우리는 우리 자신을 향해 말하기 시작합니다. "잘 하였도다!" 하지만 그럴 때는 언제나 잘못된 것입니다. 하박국 선지자는 "그물에 제사하며 투망 앞에 분향하는"(합 1:16) 자들에 대해 우리에게 들려줍니다. 만약 우리가 우리의 성공을 우리 자신의 인내심과 우리 자신의 열정과 같은 것에 돌린다면, 우리는 주인에게 속한 열매를 훔치려는 새들과 같이 될 것입니다. 혹은 정원을 가꾸도록 임명받았으나, 그들을 임명한 주인에게서 수확물을 속여 취하는 부정직한 일꾼들처럼 될 것입니다. 결코 우리 주인의 돈을 가지고서 고리대금 놀이를 하려고 들지 맙시다. 이자 수입이 들어올 때 그것을 우리 마음대로 소비하려고 하지 맙시다. 이기심의 유혹, 이 세상에서 혼자 살려고 하는 것, 혹은 단지 우리 자신을 크게 보이도록 하려고 열매를 맺는 것, 그런 이기심의 유혹은 강력하며 우리에게 너무나 쉽게 찾아옵니다. 만일 주께서 우리를 지키시지 않으면, 우리 중 어느 누구도 단 한 시간도 우리의 신앙을 유지하지 못할 것입니다. 모두가 세속주의와 이기주의, 그리고 각기 다른 형태의 죄에 빠지고 말 것입니다.

나는 서두에 제기했던 질문을 다시 제기하고자 합니다. 나는 여러분이 이 질문을 여러분 스스로에게 해 보기를 바랍니다. "나는 지켜주심을 필요로 하는가?" 오, 내 마음이여, 연약한 포도나무가 정원사의 돌봄을 필요로 하는 것 훨씬 이상으로 그대는 주님의 보호를 필요로 하는구나! 너는 유아와도 같아서, 많은 종류의 질병에 시달리지만 그 중의 어느 한 가지도 스스로 치료할 수 없구나! 너는 무기력하고 연약하니, 너의 아버지 곧 하나님께서 떠나시면 너는 절망 중에 죽는 수밖에 없구나! 사랑하는 형제들과 자매들이여, 우리가 노출되어 있는 위험들을 깊이 의식하도록 합시다. 이는 우리가 두려워 떨면서 살기 위해서가 아니라, 자기 신뢰에서 떠나 하나님을 더욱 가까이 하기 위함이며, 또한 언제나 그분의 전능의 보호 아래에서 살기 위함입니다.

여기 있는 어떤 이들에게는 이런 질문이 떠오를 것입니다. "비록 이 모든 위험들에 직면한다고 해도, 내가 만약 아주 깨어 있고 기도하면 나 스스로를 지킬 수 있지 않을까? 나 자신의 능력과 경계로써 이 대적들을 물리칠 수 있지 않을까?" 아! 그 질문 자체에 무언가 잘못된 것이 있습니다. 누가 나로 하여금 깨어있도록 하며, 누가 나로 하여금 기도하게 한단 말입니까? 나의 깨어 있음과 기도가 나 자신에게 달려 있다면, 나는 잠들고 말 것이며, 따라서 나는 곧 파멸당하고 말 것입니다. 형제들이여, 본문은 우리 스스로 포도원을 지켜야 한다고 말하지 않으며, 오히려 "나 여호와가 지키리라"고 말합니다. 그것이 큰 은혜입니다. 깨어 있음은 우리의 의무입니다. 진지하게 기도에 힘쓰는 삶을 사는 것은 우리의 특권입니다. 하지만 깨어 기도하는 상태를 유지하기 위해서는 하나님의 능력이 지속적이고도 은밀하게 공급되어야 합니다. 우리의 경성과 기도는 하나님의 은혜가 활동하고 있다는 증거들입니다. 교회라는 포도원과 각 개별적인 포도나무가 보존되고 있는 진정한 이유는 언제나 이 복된 확신 속에서 발견되어야 합니다. "나 여호와는 포도원지기가 됨이여 때때로 물을 주며 밤낮으로 간수하여 아무든지 이를 해치지 못하게 하리로다." 당신이 무어라고 말했습니까? "내가 나 자신을 지킬 수 있지 않을까요?" 오호라! 당신 자신이 당신의 최악의 원수입니다. 아우구스티누스(Augustine)는 이렇게 말하곤 했습니다. "주여, 저를 저 악한 사람, 곧 나 자신에게서 구하소서." 같은 기도를 할 충분한 이유가 여러분과 나에게 있습니다. 우리는 쉽게 우리 자신을 파멸시킬 수는 있지만, 결코 우리 자신을 구원하지는 못합니다. 웨슬리의 다음 찬송가 구절 중에서는 전혀 진리 비슷한 것도 찾을 수 없기에, 나는 주님께 감사합니다.

"내가 맡은 책임은(A charge to keep I have)
하나님을 영화롭게 하고(A God to glorify),
결코 죽지 않는 영혼을 구원하여(A never-dying soul to save),
천국에 합당하도록 하는 것일세(And fit it for the sky)."

(한글 새찬송가 595장에는 다음과 같이 되어 있음 — 역주)

"나 맡은 본분은 구주를 높이고
뭇 영혼 구원 얻도록 잘 인도함이라."

자기 백성들의 영혼을 구하는 이는 주님이시며, 천국에 합당하도록 그들을 예비시키는 이도 주님이십니다. 만일 그들이 그 일을 자기 스스로 해야 한다면, 그들 중 단 한 영혼도 그들을 받아주시는 주님의 얼굴을 뵙지 못할 것이며, 그분의 보좌 앞에 기쁘게 서지 못할 것입니다. "나 여호와는 포도원지기가 됨이여 때때로 물을 주며 밤낮으로 간수하여 아무든지 이를 해치지 못하게 하리로다." 언제나 그렇게 표현되어 있습니다. 우리로서는 육적인 힘에 관한 모든 생각들을 전적으로 제거하는 것이 옳으며 또한 안전합니다. 우리 스스로는 너무나 연약하고, 마치 하루 만에 죽는 곤충들처럼 미약하며, 모든 참된 능력을 위해서는 오직 하나님을, 하나님 한 분만을 바라보아야 한다고 느끼는 것이 잘하는 것입니다.

분명한 것은, 우리가 스스로 강하다고 상상할 때만큼 약할 때가 없으며, 또한 우리가 가장 약함을 의식할 때만큼 강할 때가 없다는 것입니다. 이것은 하나의 수수께끼입니다. 하지만 우리의 경험상 그것이 사실임이 자주 증명되어왔습니다. 우리가 부하다고 상상하는 것은 일반적으로 깊은 영적 빈곤의 징표입니다. 반면 가난함을 의식한다는 것은 믿음이 누리고 있는 것 곧 눈에 띄지 않는 부요함을 나타내는 표시입니다. 사랑하는 여러분, 매일같이 아무것도 가지지 않은 자처럼, 그러면서도 모든 것을 소유한 자처럼 살아가는 법을 배우십시오. 계속적으로 당신이 필요로 하는 모든 은혜를 위하여 하나님을 의지하는 삶, 이것이 하나님께서 우리에게 바라시는 삶입니다. 아침에 일어날 때, 당신은 시험과 시련들을 예상해야 하며, 그러면서도 그런 것으로부터 구원해주시도록 주님께 부르짖어야 합니다. 그 날을 사는 동안 스스로 지킬 생각을 할 것이 아니라, 오직 당신 자신을 하나님의 손에 거듭 맡겨 드려야 합니다. 그분은 포도원인 그분의 교회에 대해 이렇게 말씀하셨습니다. "나 여호와는 포도원지기가 됨이여 때때로 물을 주며 밤낮으로 간수하여 아무든지 이를 해치지 못하게 하리로다." 그리고 그 날이 다 지났을 때, 이것이 여러분의 저녁 노래가 되도록 하십시오.

"용서의 피로써 새롭게 뿌려주시어
저로 편히 눕게 하소서.

내 하나님의 품에 안긴 듯이,
혹은 내 구주의 가슴에 안긴 듯이 쉬게 하소서."

한 가지 질문만 더 언급한 후에 이 부분을 마무리하려 합니다. 나는 이 보호를 누리고 있습니까? 이 질문은 여러분의 마음을 살피도록 하는 질문입니다. 당신은 이 보호를 누리고 있습니까? 우리를 지켜주시도록 매일 하나님을 바라보는 것이 여러분과 나의 습관입니까? 아침에 깰 때에 이것이 우리의 우선적인 바람입니까? "주여, 오늘 당신의 날개 그늘 아래에 저를 지켜주소서." 우리가 일을 하러 나갈 때에, 혹은 우리 주님을 섬길 때에, 우리는 계속해서 주님의 눈 아래에 있는 것을 의식합니까? 그리고 그분의 능력으로 보호받는 것을 의식합니까? 언제라도 우리가 실수하여 미끄러질 때마다, 우리는 선한 목자에게서 떠나 방황한 것처럼 잘못 행동한 것에 대해 슬퍼하며 회개합니까? 그리고 밤에, 우리가 하루의 일을 되돌아볼 때, 보이지 않게 베푸신 모든 은총에 대해 하나님을 찬미하는 것이 우리의 습관입니까? 우리를 둘러싼 모든 은밀한 영적인 위험들로부터 우리를 보호하신 것에 대해 그분을 찬미하는 법을 우리는 배웠습니까? 사실상, 이 본문이 경험적으로 우리 자신에게 해당되고 있습니까? "나 여호와는 포도원지기가 됨이여 때때로 물을 주며 밤낮으로 간수하여 아무든지 이를 해치지 못하게 하리로다."

사랑하는 이여, 당신은 종종 하루 온 종일을 마치 하나님이 안 계신 것처럼 산다고 생각하지 않습니까? 때로는 마치 하나님과 당신이 서로에게 낯선 관계인 것처럼, 세상을 떠돌아다니는 당신을 발견하지 않습니까? 아주 이따금씩은, 무모하게도 폭풍이 부는 바다를 향해 당신의 항해사(Pilot)도 배에 태우지 않고서 출발하지는 않습니까? 또한 밤에, 당신의 일시적인 안식처인 방에 들어왔을 때, 당신은 종종 이렇게 주님을 향해 말할 수밖에 없었다고 생각하지 않습니까? "오호라, 오호라! 내 하나님이시여, 이 하루를 사는 동안 당신이 저를 보호해주셨습니다. 저는 그것을 의심치 않습니다. 하지만 저는 당신을 염두에 두지 않았고, 당신을 바라보지 않았으며, 당신의 품에 매달리지 않았고, 마치 병아리들이 암탉의 날개 아래에 숨는 것처럼 당신의 날개 아래에 머물지 못했습니다." 나는 교회의 지체들로서 여러분과 내가 모두 이 본문의 복된 교훈을 배우기를 바랍니다. "나 여호와는 포도원지기가 됨이여 때때로 물을 주며 밤낮으로 간수하여 아무든지 이를 해치지 못하게 하리로다. 내 백성의 역경의 밤이나 그들의 번영의 낮 동안에 그들을 지키리라. 그들의 영혼의 슬픔의 밤들과 거룩한 즐거움의 날들에 그들을 지키리라. 그들의 영혼이 누워 잠들어 있는 밤에나, 내 얼굴의 빛이 그들에게 비치어 그들이 힘차게 나가 내 뜻을 행하려고 수고하는 낮 동안에, 모든 상황 속에서 나는 그들을 지키리라. 나는 결코 그들을 떠나지도 않고 버리지도 않을 것이라."

하나님의 백성의 안전에 대해 전할 때마다, 나는 여러분이 육신적인 안전을 추구하지 않을까 염려합니다. 말하자면, 그 귀한 교리와 그것의 실천적인 교훈을 깨닫는 것이 아니라 그것의 외적인 껍질만 대하고 만족하지는 않을지 염려가 됩니다. 나는 여러분이 하나님이 여러분을 지키시는 것을 알 뿐 아니라, 여러분의 영혼 깊은 곳에서 그 복된 진리의 힘을 느끼고, 누리며, 그에 따라 살아가기를 바랍니다. 꿀을 쳐다보는 것 혹은 그 맛이 달다는 말을 듣는 것과, 여러분 스스로 그 달콤함을 확인하는 것은 별개의 문제입니다. 요나단처럼 지팡이 끝을 내밀어 이 본문의 꿀을 찍고 입에 가득히 넣어 보십시오(참조. 삼상 14:27). 그러면 여러분의 눈이 밝아질 것이며, 매일 이렇게 말할 수 있을 것입니다. "여호와는 나를 지키시는 이시라 여호와께서 내 오른쪽에서 내 그늘이 되시도다. 주는 나를 돕는 이시니 내가 무서워하지 아니하겠노라. 사람이든 마귀든 내게 어찌하리요?"

2. 지속적인 물주기

자, 더 간략하게 나는 여러분에게 이 주제의 두 번째 부분에 대해 말하고자 합니다. 그것은 주님의 지속적인 물주기에 대한 것입니다. 지키시는 그분이 물을 주십니다. "나 여호와는 포도원지기가 됨이여 때때로 물을 주며 밤낮으로 간수하여 아무든지 이를 해치지 못하게 하리로다."

일전에 나는 어느 유명한 원예가가 이런 말을 하는 것을 인상 깊게 들었습니다. "말할 것도 없이, 물주기는 정원사의 일 중에서 빼놓을 수 없는 부분입니다." 더운 날씨에는 특히 그렇습니다. 꽃들이 지속적으로 핀 상태를 유지하려면, 그리고 화단을 신선하고 아름답게 보이게 하려면, 물뿌리개를 빈번하게 사용해야 합니다. 여름에는 풀들이 얼마나 쉽게 갈색으로 변하며, 꽃들이 얼마나 신속하게 그 꽃 머리를 숙이는지 모릅니다. 그리고 잎들이 쉽게 말라 부서지는 것은 모두 물주기를 하지 않아서입니다! 자, 우리는 이 본문에서 주님의 포도나무들의 필요를 충족시키는 은혜로운 자양분을 얻습니다. 포도원지기이신 그분이 친히 말씀하십니다. "내가 때때로 물을 주리라."

우리는 이 주제를 앞서 다른 부분을 다루었던 방식과 같이 질문의 형식으로 다룰 것입니다. 그 첫 번째 질문은 이것입니다. "나는 밖으로부터의 보호를 필요로 하는 것과 마찬가지로 내부로부터의 물주기를 필요로 하는가?" 대답은 이러해야 합니다. "예, 그렇습니다. 내가 가진 은혜 중에서, 하나님으로부터 물을 공급받지 않으면 한 시간도 살 수 있는 것이 없기 때문입니다." 많은 신앙고백자들이 교회의 회원이 되는 것을 나는 보아왔습니다. 그들은 어떤 종류의 믿음으로 충만하고, 또 어떤 특정한 방식에 따라 열정이 가득하였습니다. 하지만 불과 몇 달 후에 — 물론 어떤 위선자들은 몇 년이고 버티기도 하지만 — 그들은 시들해지기 시작합니다. 그들은 한때 그랬던 것처럼 하나님의 집에 관심을 기울이지 않고, 점점 세속적이고 부주의하게 되어갑니다. 그러다가 마침내 그들의 신앙고백을 전적으로 저버립니다. 그들의 실패의 원인이 무엇일까요? 바로 이것입니다. 그들은 물을 공급받지 못했습니다. 그들은 그들의 뿌리에 자양분을 공급해주는 살아 있는 수액을 가져본 적이 없습니다. 그들은 결코 하나님의 은혜의 생수를 빨아들이지 않으며, 지존자로부터 물을 공급받지 않습니다. 그래서 그들의 꽃은 모두 시들고, 꽃 머리는 모두 축 늘어졌으며, 결국 죽고 말았습니다. 이런 결과에 놀랄 이유가 없습니다. 자기 속에 가진 힘이 전부인 사람은 마치 눈과 같아서, 녹아지고 결국 사라져 버립니다. 오직 그 힘을 하나님께로부터 끌어오는 사람만이 온 종일을 힘차고 밝게 비치는 태양처럼 될 것입니다. 내가 가진 은혜 중에서, 위로부터의 물주기를 필요로 하지 않는 은혜란 없습니다.

그것 외에도, 내가 심겨진 토양은 매우 건조합니다. 그리스도인 중 누구라도 붙잡고 세상에서 진정한 유익을 얻은 적이 있는지 물어보십시오. 당신이 나가는 일터는 매우 건조하다고 여기지 않습니까? 일전에 당신은 당신의 일터를 바꾸고 싶다고 말했습니다. 그렇게 한다면 당신은 바보입니다. 그것은 단지 어려움의 종류를 바꾸는 것에 불과하기 때문입니다. 당신에게 현재의 시련을 주신 하나님은 그것이 당신에게 최선임을 아십니다. 만약 세상에 있는 모든 십자가들을 한 곳에 쌓아두고, 나더러 그 중에서 자유롭게 고르라고 한다면, 나는 내가 지금 가지고 있는 것들을 선택할 것입니다. 나는 그 십자가들이 무엇인지를 알고, 하나님은 내 등이 그것들을 지기에 알맞은 것을 아십니다. 하지만 나는 다른 짐들을 알지 못하며, 내가 그 짐들을 질 수 있다는 증거가 없습니다. 여러분은 내 고난의 짐을 지지 않는 것이 좋습니다. 그 짐들이 여러분의 허리를 뭉개버릴 것이기 때문입니다. 반면 나는 내게 주어진 하나님의 힘으로 그것들을 짊어질 수 있습니다. 하지만 내가 여러분의 짐을 진다면, 그것들이 나를 짓누를 것입니다. 반면에 여러분은 하나님의 은혜로 그것들을 참을성 있게 감당하겠지요. 하지만 이 땅은 그리스도인의 성장을 위해서는 전혀 좋은 토양이 아닙니다. 속물들은 그 안에서 번성할 것입니다. 만일 그리스도인이 생수를 얻으려면, 그는 반드시 그것을 이 땅이 아닌 다른 곳에서 얻어야 합니다. 영적으로, 이 땅은 메마르고 건조한 땅이며, 물이 없는 곳이기 때문입니다.

또한 우리 주변의 공기 역시 자연적으로는 어떤 물도 우리에게 제공하지 않습니다. 은혜의 수단들은, 우리 머리 위에 떠도는 구름과도 같은데, 종종 그것들은 그저 구름일 뿐입니다. 그것들은 왔다가 가지만 우리는 그것들로부터 어떤 비도 얻지 못합니다. 일전에, 우리는 구름을 바라보면서 곧 비가 내릴 것이라고 말했습니다. 하지만 어떻게 되었습니까? 그 먹구름은 곧 떠나고 말았습니다! 그와 마찬가지로, 여러분은 때때로 하나님의 집으로 올라가면서 스스로에게 말합니다. "우리 목사님은 자주 우리를 격려하고 위로해왔지. 아마 그는 오늘도 우리를 위해 좋은 말씀을 전해 주실 거야." 그리고 본문이 낭독되고, 설교가 시작될 때, 여러분은 이렇게 생각하기 시작합니다. "여기 구름이 있다. 지금 당장 약간의 비가 내릴 것 같다." 하지만 그것이 여러분의 잘못인지 혹은 목사의 잘못인지 굳이 말할 필요는 없겠지만, 종종 여러분의 심령을 시원하게 하는 한 방울의 수분도 떨어지지 않습니다. 그 이유는, 여러분이 효과적으로 소생하려면 오직 주님이 친히 물을 주셔야 함을 우리로 알도록 하기 위해서입니다. 주님은 여러분에게는 물의 공급이 필요하다는 것을 가르쳐주실 것입니다. 또한 여러분이 소유하고 있는 모든 은혜들은 하나님으로부터 새롭고도 지속적인 은혜의 공급을 필요로 함을 가르쳐주실 것이며, 그 물의 공급은 오직 그분으로부터 직접적으로 얻어야 함을 가르쳐주실 것입니다.

내가 보기에 이 본문의 아름다움은 이 구절의 마지막 두 단어에 있는 것처럼 보입니다. "내가 매 순간 그것에 물을 주리라"(I will water it every moment, KJV, 한글개역개정에는 '때때로 물을 주며'라고 되어 있음 — 역주). 매 순간 물을 주어야 하는 식물은 '은혜의 식물'(a plant of grace) 외에는 없습니다. 하지만 우리는 그것이 필요합니다. 나는 그리스도인을 비유할 대상으로 저기 있는 가스등(gaslights) 중의 하나보다 좋은 것이 없다고 생각합니다. 신자는 양초가 아닙니다. 양초는 일단 불이 붙으면 스스로 타오를 수 있습니다. 그 자체에 연소되는 물질들을 가지고 있기 때문입니다. 어떤 특정한 의미를 제외하면, 그리스도인은 저장된 기름을 공급받는 등잔도 아닙니다. 그리스도인은 가스등 중의 하나와도 같습니다. 마개를 돌려서, 가스 용기와의 연결을 끊어보십시오. 그러면 즉시 불이 꺼집니다. 가스등의 불을 유지하기 위해서는 지속적으로 관을 통해 계속해서 가스가 흘러야 합니다. 그리스도인의 영적인 삶도 그러합니다. 지속적으로 주님으로부터 은혜의 흐름이 있어야 합니다. 주님으로부터 흐르는 그 생명의 흐름이 끊기면 그리스도인은 불과 십 분의 일 초 동안도 살 수가 없습니다. 여러분의 손을 보십시오. 만약 잠시라도 여러분의 피의 순환이 한꺼번에 멈춘다면, 마치 여러분의 손을 몸으로부터 잘라내는 것처럼 피의 흐름을 완전히 끊어 버린다면, 비록 그것이 짧은 순간이라 할지라도, 생명력은 떠나고 맙니다. 그와 마찬가지로, 만약 그리스도인이 잠시라도 그리스도와의 연합에서 떨어지고, 하나님의 은혜의 공급을 받지 못하게 되면, 그는 즉시 죽고 말 것입니다.

성찬의 식탁에 둘러앉아야 하기 때문에 더 이상 길게 말하지 않겠습니다. 하지만 나는 이 한 가지 질문만 더 제기하고자 합니다. 경험적인 차원에서, 우리 모두는 주님이 매 순간 우리에게 물을 주시는 것을 깨닫고 있습니까? 형제들이여, 이 은혜로운 약속의 온전한 의미를 배운 사람은 우리 중에서 소수에 불과하지 않을까 하는 생각이 듭니다. 아마 당신은 이렇게 말할 것입니다. "주님은 저에게 매 주일과, 월요일 밤과, 목요일 밤에 물을 주십니다." 더 나아가서 당신은 이렇게 말할지도 모르겠습니다. "그분은 매일 아침과 저녁에 제게 물을 주십니다." 하지만 매 순간 물을 공급받는 것에 대해서, 그리스도와의 친밀한 관계를 의식하면서 실제로 지속적으로 그분의 은혜를 공급받는 것에 대해서, 당신은 이렇게 묻습니다. "이런 경험이 가능할까요? 그것은 목사님에게는 가능하겠지요. 목사님은 이런 일들에 대해 생각할 충분한 시간이 있으니까요. 하지만 우리 같이 이마에 땀을 흘리고 일을 해야 빵을 살 수 있는 노동자들에게는 가능하지 않습니다. 또한 하루 종일 계산하는 일에 매달려 장사를 해야 하는 사람들에게도 가능하지 않습니다."

하지만 사랑하는 이여, 주님의 백성들 중에는 이런 복을 얻는 것이 가능하다는 것을 입증한 사람들이 더러 있습니다. 그들은 세상에서도 하나님을 가까이 하며 살고, 그분으로부터 매 순간 물을 공급받는 것이 가능함을 입증하였습니다. 여러분은 어느 가난한 종이 "쉬지 말고 기도하라"는 구절의 의미를 잘 설명한 것을 듣지 못했습니까? 어떤 사람들은 사람이 어떻게 쉬지 않고 기도하는 것이 가능한지 그 의미를 이해하지 못합니다. 하지만 마리아는 이렇게 말했습니다. "아침에 옷을 입을 때, 저는 마음속으로 내 주님의 의의 옷을 입을 수 있기를 바란다고 기도합니다. 제가 불을 지필 때, 저는 성령님께서 제 마음에 거룩한 사랑의 불꽃을 일으켜 주시도록 기도합니다. 아침에 식탁보를 깔 때, 저는 하나님께 하늘의 양식으로 저를 먹여주시도록 요청합니다. 저는 하루 종일 무슨 일을 하든지, 그 일을 통해 하나님을 가까이 하며 살아가려고 노력한답니다!"

사랑하는 친구들이여, 분주한 삶도 영적인 삶이 될 수 있음을 여러분은 알지 못합니까? 여러분이 알다시피, 취미에 몰입하면서도 업무를 볼 수 있으며, 여가 활동도 꽤 즐기는 사람들이 더러 있습니다. 아마도 그들이 어떤 수학적인 문제로 씨름하고 있을 때, 여러분은 그들이 상점에 들어가는 것을 볼 수 있을 것입니다. 하지만 그들은 그런 와중에도 줄곧 그 문제에 대해 생각하고 있습니다. 갑자기 무언가 떠오를 때 그들은 종잇조각 위에 무언가를 쓰면서 계산하기도 하고, 그 문제를 풀려고 시도합니다. 그 날 무슨 일이 일어나든지, 그 사람은 항상 그 문제를 생각하고 있습니다. 그가 집으로 돌아올 때, 아마도 말을 타고 오는 중에도 여전히 그 한 가지를 생각하고 있을 것입니다. 왜냐하면 그의 마음이 온통 그것으로 가득하기 때문입니다. 여러분도 그럴 수 있습니다. 여러분이 생업에 종사하고 있는 동안, 그리고 일상적인 일들을 하는 동안에도, 여러분의 마음은 언제나 하나님을 향할 수 있습니다.

나는 한 친구의 말을 인상 깊게 들은 적이 있습니다. 그 친구는 아무개 씨가 고딕풍(Gothic)이라면 무엇이든 너무나 좋아해서, 그의 의자들도 고딕, 침대도 고딕, 그 외에도 그의 집 안에 있는 모든 가구가 고딕풍이라는 말을 들려주었습니다. 나는 그리스도인이라면 모든 것에서 그리스도로 가득해야 한다고 생각합니다. 그래서 그는 무엇을 먹든지 마시든지, 무엇을 하든지, 모든 것을 하나님의 영광을 위해서 해야 합니다. 아이작 암브로스(Isaac Ambrose, 1604-1664)는 먹는 것도 마시는 것도 잠자는 것도 영원한 생명이었다고 하는데, 우리 각 사람도 그렇게 되어야 합니다! 때때로, 우리가 어떤 귀중한 것을 마음에 간직할 때, 우리는 다른 수천 가지의 일에 신경을 쓰면서도, 우리가 아끼는 그 애정의 대상을 잊어버리지는 않습니다. 어머니는 어떤 용무로 인하여 상당히 오랫동안 떠나있어야 할 때가 있지만, 집에 있는 그녀의 병든 아이는 언제나 그녀의 마음에 있습니다. 우리도 그렇게 그리스도와 성령님과 하늘에 계신 우리들의 아버지를 지속적으로 우리 마음에 모시기를 바랍니다. 그런 방식으로 우리는 이 구절의 의미를 배우는 것입니다. "나 여호와는 포도원지기가 됨이여 때때로 물을 주며 밤낮으로 간수하여 아무든지 이를 해치지 못하게 하리로다."

이제 설교를 마치면서, 나는 여러분 중에 구원받지 못한 이들이 더러 있을 것을 염려합니다. 그런 이들에게 나는 다음의 개인적인 질문을 제시해야 할 것입니다. "오늘 밤이 여러분의 구원의 때가 될 수 있지 않겠습니까?" 왜 여러분은 오늘 밤 태버너클 교회에 오셨습니까? 여러분 중에 일부는 예배 시간 동안 줄곧 서 있어야 했기 때문에 불편했을 것입니다. 나는 여러분이 이곳에 와서 아무것도 얻지 못하게 되기를 바라지 않습니다. 주님이 여러분을 이 예배당의 계단을 오르도록 이끄셨을 때, 나는 그분이 여러분에게 복을 주기 원하셨다고 믿습니다. 의로우신 하나님이 반드시 죄를 벌하신다는 것을 기억하십시오. 하지만 그분의 아들 예수 그리스도께서 그를 믿는 모든 자들을 대신하여 벌을 받으신 것을 또한 기억하십시오. 그분을 믿는다는 것은, 그분을 의지하는 것입니다. 여러분은 그렇게 하셨습니까? 그렇다면, 비록 여러분의 죄가 주홍빛 같을지라도, 지금 여러분은 눈보다 더 희게 되었습니다. 만일 여러분이 예수님을 의지하였다면, 여러분의 죄악이 검은 구름 같았을지라도 이제는 모두 물러갔습니다. 여러분은 온전히 구원받았기에 이제 여러분에게 정죄는 없습니다. 여러분이 그리스도 안에 있기 때문입니다. 하나님께서 여러분을 이끌어 그리스도를 의지하게 하시길, 그분을 믿게 하시길 빕니다! 여러분이 구원받기를 바랍니다!

이제 우리는 성찬의 식탁에 둘러 모일 것입니다. 하나님의 특별한 임재와 은혜가 우리에게 임하길 빕니다! 아멘.

제
19
장

복음의 훈계를 거부하는 자들

"전에 그들에게 이르시기를 이것이 너희 안식이요 이것이 너희 상쾌함이니 너희는 곤비한 자에게 안식을 주라 하셨으나 그들이 듣지 아니하였도다."—사 28:12

단연코 이사야는 가장 웅변적인 설교자들 중의 한 사람이었습니다. 하지만 "그들이 듣지 아니하였다"고 기록된 것처럼 그는 그가 대상으로 말하는 사람들의 귀와 마음을 얻지 못했습니다. 의심의 여지 없이 그는 철저히 복음적이었습니다. 와츠(Watts) 박사가 바르게 말했듯이, 그는 다른 모든 선지자들보다 예수 그리스도에 대해 더 많이 말했습니다. 하지만 그 사랑의 메시지는 마치 한가한 잡담처럼 취급당하고 말았습니다. 그의 가르침은 대낮처럼 환하고 분명했지만 사람들은 그것에 주목하지 않았습니다. 그래서 그는 슬퍼하며 이렇게 물을 수밖에 없었습니다. "우리가 전한 것을 누가 믿었느냐 여호와의 팔이 누구에게 나타났느냐?"(사 53:1). 이스라엘이 그의 경고를 거절한 것은 설교자의 잘못 때문이 아닙니다. 모든 잘못은 그 불순종하고 거역하는 민족에게 있습니다.

그가 말씀을 전한 대상이었던 그 백성들은 이중적인 의미에서 술에 취했습니다. 그들은 포도주에 만취해 있었으며, 그것이 너무나 일반화되었기에 이 악에 대해 이사야는 이렇게 말합니다. "이들은 포도주로 말미암아 옆걸음 치며 독주로 말미암아 비틀거리며 제사장과 선지자도 독주로 말미암아 옆걸음 치며 포도주에 빠지며 독주로 말미암아 비틀거리며 환상을 잘못 풀며 재판할 때에 실수하나니 모든 상에는 토한 것, 더러운 것이 가득하고 깨끗한 곳이 없도다"(7-8절). 복음 진리의 요점을 무디게 만드는 것으로서 폭음과 무절제보다 더 강력한 것이 무엇이겠습니까? 사람이 포도주에 만취한 상태일 때 어떻게 하나님의 영이 그 사람 안에 거하실 수 있겠습니까? 이러한 퇴폐적인 악에 의해 귀먹은 자에게 어떻게 진리의 말씀이 들어갈 수 있겠습니까? 독한 술에 취해 버린 사람의 양심에 어떻게 하나님의 말씀이 역사할 수 있겠습니까? 여러분 중에 술에 빠진 사람이 있다면, 그 속박의 줄이 강하게 여러분을 옭아매기 전에, 그 습관에 사로잡혀 가망 없이 되기 전에, 그 파괴자에게서 벗어나라고 간절히 호소합니다. 설교자가 불 같은 열정을 가지고 화주(火酒)와 겨루어서 패한다고 해도 그것은 그리 놀랄 일이 아닙니다. 술의 신 바쿠스(Bacchus)가 포도주 통으로 문을 봉쇄하고 있다면, 억지로 문을 열고 들어가기란 쉽지 않으며, 비록 왕이신 예수의 이름으로 들어가기를 요구해도 그러합니다. 사람들이 술독과 술병을 그들의 우상으로 삼고 있을 동안에는 듣기가 어려운 상태입니다. 사람들이 그들의 지성과 생각을 훔쳐가도록 원수를 입 속에 들여놓은 상태라면, 그들에게서 복음이 거절되는 것은 그리 놀라운 일이 아닙니다.

이사야가 말씀을 전했던 백성들은 또 다른 의미에서 역시 술에 취했습니다. 즉 그들은 교만에 도취되었습니다. 그들의 땅은 비옥했고, 그들의 으뜸 도시인 사마리아는 언덕 위에 우뚝 서 마치 그 땅의 머리 위에 씌워진 왕관과도 같았습니다. 그들은 그 기름진 계곡의 정상에 서 있는 그 도시의 뛰어난 아름다움을 기뻐했습니다. 그들은 스스로 용감했으며, 그들 중에는 싸울 힘이 넘치는 많은 용사들이 있었습니다. 그래서 그들은 모든 침입자들에 맞설 수 있을 것이라 기대했고, 그들의 마음은 한껏 고양되어 있었습니다. 더 나아가, 그들은 이렇게 말했습니다. "우리는 지적인 사람들이다. 우리는 가르침이 필요 없다. 적어도 우리가 참아줄 만한 가르침이 되려면 상류층에 적합한 가르침이어야 한다. 우리는 교양 있는 지식인들이며, 학식 있는 서기관들이다. 그러니 마치 우리가 학교 다니는 어린애들인 것처럼 '경계에 경계를 더하며 교훈에 교훈을 더하여' 우리를 피곤하게 만드는 이사야 같은 사람은 필요가 없다. 더욱이 우리는 충분히 선하다. 우리는 벨리알의 황금 송아지 형상 아래에서 우리의 하나님께 예배하고 있지 않은가? 또한 제사들과 절기들도 존중하고 있지 않은가?"

그들 중에서 좀 더 종교적인 자들은 그런 식으로 말하고, 나머지 사람들은 그들의 수치를 영광으로 여겼습니다. 교만에 도취되었기 때문에, 그들은 악한 길에서 돌이키라고 말하는 선지자의 메시지를 들으려 하지 않았습니다. 그와 꼭 마찬가지로 스스로를 의롭다고 평가하는 자는 결코 그리스도의 의를 받아들이려 하지 않습니다. 스스로 볼 수 있다고 자랑하는 자는 결코 그 눈을 뜨게 해 달라고 요청하지 않습니다. 자유자로 태어나 어느 누구의 속박 밑에 있어 본 적이 없다고 주장하는 자는, 그리스도의 자유를 받아들이려 하지 않습니다. 교만은 마귀의 예인망(dragnet)이며, 지체하는 버릇을 제외하고는, 마귀는 다른 어떤 도구보다 그것으로써 더 많은 물고기들을 잡습니다. 교만한 자들의 멸망은 확실합니다. 도움 받기를 거절하는 자들은 누구도 도울 수 없기 때문입니다. 자기가 죄를 지은 것을 모르는 사람이, 그리고 설혹 죄를 지었다고 해도 그 더러움을 쉽게 지워 버릴 수 있다고 믿는 사람이, 죄를 회개하고 그리스도를 믿을 가능성이 어디에 있겠습니까?

그 두 가지 형태의 술취함은 똑같이 파괴적입니다. 나는 여러분이 이 사실에 유의하기를 바랍니다. 몸이든 영혼이든 취해 버리면 반드시 그로 인해 해악이 발생합니다. 내가 몸의 취함에 반대하는 말을 하면 많은 사람들이 기뻐합니다. 나는 할 수 있는 한 그것에 대해 진지하게 말해야 한다고 느낍니다. 그것은 흉측한 악이기 때문입니다. 하지만 나는 술에 취하지 않는 사람, 완전한 금주가에게도 다른 종류의 취함을 경계하라고 호소합니다. 만약 우리 중 누구든 우리 자신의 절주(節酒) 때문에 교만에 취한다면, 그것은 우리의 영혼에 파멸을 초래합니다. 우리가 절제하고 금욕을 한들 그것 때문에 자랑할 이유는 전혀 없으며, 만약 절제하지 못한다면 그것을 크게 부끄러워해야 합니다. 술주정뱅이가 아니라는 이유로 교만에 취하지 말도록 합시다. 만약 우리가 그렇게 허황되고 어리석다면, 우리는 술에 취해서 망하는 것과 마찬가지로 교만 때문에 망하고 말 것이 틀림없습니다. 어떤 사람이 술을 끊을 때 나는 정말 기뻐합니다. 하지만 나는 그 동일한 사람이 자기 신뢰를 버릴 때 훨씬 더 크게 기뻐합니다. 만일 그렇게 하지 않으면, 그 사람이 술을 끊었어도 여전히 정신을 못 가누어 복음을 거절하고 자기 자신의 고집으로 은혜를 거절하는 상태에 머물 수 있기 때문입니다. 성령께서 그러한 슬픈 상태로부터 우리 모두를 건져 주시길 바랍니다.

나는 오늘 아침에, 이사야가 성공을 거두지 못한 것으로 인해 격려 받는 느낌이 든다고 고백합니다. "그들이 듣지 아니하였다"고 그가 말할 때, 나는 내 권면에 관심을 기울이지 않는 자들과 관련하여 나 자신을 위로합니다. 아마도 그것이 내 잘못이 아님은 이사야의 잘못이 아닌 것과도 마찬가지일 것입니다. 하여간, 이사야가 "우리가 전한 것을 누가 믿었느냐?"고 부르짖었을 때에도 계속해서 말하였다면, 이사야보다 훨씬 못한 나로서는 더욱더 인내하면서 내 혀가 움직이는 한 내 주님의 메시지를 전해야 할 것입니다. 혹 하나님이 완고한 자들에게 회개를 허락하실지 모르며, 그들의 막힌 귀를 여시고, 그들의 굳은 마음을 부드럽게 하실지 모르기 때문입니다. 그러므로 다시 한번 시도해봅시다. 평안의 복음을 다시 한번 전해보도록 합시다. 복되신 성령께서 우리와 함께하신다면 우리는 복음을 헛되이 전하지 않을 것이며, 오히려 비둘기들이 둥지의 창으로 날아드는 것처럼 사람들이 예수께로 달려올 것입니다.

먼저, 나는 이 아침에 복음의 탁월성에 대해 말하고 싶습니다. 둘째로, 복음에 대한 반대 입장들을 다룰 것입니다. 셋째로, 이 반대들에 대한 하나님의 보복에 대해 말할 것입니다.

1. 복음의 탁월성

먼저 복음의 탁월성에 대해 숙고해봅시다. 그것은 본문에서 우리에게 제시하고 있는 바와 같습니다. 이 성경 본문이 우리에게 제시하는 것은 일차적으로 복음이 아니라, 이사야가 전해야 했던 메시지입니다. 그것은 부분적으로는 율법의 명령이며 또 부분적으로는 은혜의 약속입니다. 하지만 주님의 모든 말씀은 마찬가지로 효력이 있습니다. 정녕 선지자의 메시지에서 발견되는 탁월성이 예수 그리스도의 복음이라는 한층 온전한 증언 안에서도 발견되며, 더욱 풍성하게 발견됩니다.

이 메시지를 우리 자신에게 활용하고, 그것을 오늘의 복음 사역에 적용해볼 때, 복음의 탁월성은 우선 그 목적에 있습니다. 복음은 그 의도에 있어서도 탁월한데, 왜냐하면 그것이 안식의 계시이기 때문입니다. 우리는 그리스도의 대사들로서 여러분에게 평온, 평화, 침착, 안식을 전하기 위해 보냄을 받았습니다. 우리가 고민하게 하고 불안하게 만드는 특정한 진리로 출발해야 하는 것은 사실입니다. 하지만 우리의 목적은 기초를 파는 것이며, 거기에 안전한 돌들을 깔고자 하는 것입니다. 복음의 창시자의 입에서 직접 떨어진 복음의 메시지는 이것입니다. "수고하고 무거운 짐 진 자들아 다 내게로 오라 내가 너희를 쉬게 하리라"(마

11:28). 베들레헴 위에서 천사들이 노래했습니다. "땅에서는 하나님이 기뻐하신 사람들 중에 평화로다"(눅 2:14). 복음의 목적은 사람들을 근심하게 만드는 것이 아니라 그들의 근심을 달래는 것에 있으며, 그들을 끝없는 논쟁으로 이끄는 것이 아니라 모든 진리 가운데로 인도하는 것에 있습니다. 복음은 그리스도의 속죄의 피로 말미암은 완전한 죄의 용서로 인하여 양심의 평안을 줍니다. 사랑할 가치가 있는 애정의 대상을 제시함으로써 마음의 안식을 주며, 의심 없이 받아들일 수 있는 확실한 것을 가르침으로써 지성의 안식을 줍니다. 우리의 메시지는 지혜로 추측해 낸 것들로 구성되지 않으며, 인간의 내적 의식을 연구함으로써 고안된 것도 아니며, 인간 이성으로 논증함으로써 개발된 것도 아닙니다. 오직 그것은 오류 없이 참되며 절대적으로 확실한 계시들을 다룹니다. 마치 어떤 건물이 반석의 기초 위에서 안전할 수 있는 것처럼 우리의 지각(知覺)은 그 기초 위에서 완벽하게 안전할 수 있습니다.

주의 말씀이 믿는 자들에게 임하는 것은, 하나님께서 모든 것을 그들의 유익을 위해 배치해두셨음을 말함으로써 그들에게 현재의 안식을 주기 위해서입니다. 미래에 대해서, 주의 말씀은 다가오는 영원의 시간을 약속과 더불어 환히 비춥니다. 그것은 무덤 입구에 있는 돌을 굴려내며, 멸망을 제압하며, 구주 그리스도 예수로 말미암은 부활과 불멸과 영원한 생명을 계시합니다. 복음의 메시지를 듣고서 그것을 자기 영혼에 받아들이는 사람은 모든 지각에 뛰어난 하나님의 평강을 알고, 그것이 그리스도 예수 안에서 그의 마음과 생각을 지켜주는 것을 알게 됩니다. 복음을 믿는 자는 두려움과 놀람 때문에 서두르지 않을 것입니다. 그는 영원히 부끄러움을 당하거나 욕을 받지 않을 것입니다(참조. 사 45:17). 신자가 된 이후에도 이따금 근심할 때가 있는 것은 사실입니다. 하지만 이것은 복음의 결과가 아니며, 복음이 제거하기로 약속한 것이 아직 그의 속에 있기 때문입니다. 그는 그리스도 안에서 안식을 얻고, "영원한 평안과 안전"(사 32:17)을 누릴 것입니다. 성경에는 이런 자에게 평강이 있을 것이라고 기록되었습니다. "그러므로 우리가 믿음으로 의롭다 하심을 받았으니 우리 주 예수 그리스도로 말미암아 하나님과 화평을 누리자"(롬 5:1). 이사야가 전해야 했던 이 메시지 즉 "이것이 너희 안식이요 이것이 너희 상쾌함이라"는 말씀이, 우리가 한결 알기 쉬운 말로 가르치고 전해야 하는 복된 소식입니다. 그리스도 예수 안에서, 저 속죄의 희생이 되신 분 안에서, 그 중보자를 통한 위대한 은혜의 계획 속에서, 우리는 곤비한 자에게 안식이 있고 무거운 짐을 진 영혼에게 달콤한 안식이 있음을 말하는 것입니다. 저 복되신 구주의 발치에 와서 그분에게 자신을 맡기면 여러분은 그러한 안식을 얻을 것입니다. 주 하나님으로부터 주어진 우리의 권위 있는 메시지는 안식의 계시입니다. 주께서는 순종하는 마음을 가진 자들에게 그들이 평온한 안식의 땅에 거할 것임을 약속하셨습니다.

그 이상으로, 그것은 안식의 원인입니다. "이것이 너희가 곤비한 자로 쉬게 하는 안식이라"(KJV). 우리 구원의 복음은 안식하라고 하는 명령일 뿐 아니라, 그 자체 안에 안식의 선물을 담고 있습니다. 우리 주님이 말씀하십니다. "수고하고 무거운 짐 진 자들아 다 내게로 오라 내가 너희를 쉬게 하리라. 나는 마음이 온유하고 겸손하니 나의 멍에를 메고 내게 배우라 그리하면 너희 마음이 쉼을 얻으리라"(마 11:28-29). 복음을 마음에 받아들이면 그것이 심오한 평안을 창조하며, 양심의 모든 소란과 분쟁을 누그러뜨리고, 하나님의 진노에 대한 불안을 제거하며, 지존자의 뜻에 거역하는 모든 반역을 잠재웁니다. 성령의 능력에 의한 영혼 속에서의 그러한 활동으로 인해 깊고도 복된 평화가 생기는 것입니다. 오, 우리가 이러한 하나님의 평강을 알고 소유하게 되기를 바랍니다! 그러므로 복음은 평안을 말하는 메시지이며, 또한 평안을 창조하는 메시지입니다. 보내시는 이는 "평강의 주이시며 수여자"이십니다. 그분의 효력 있는 능력이 함께 역사하여, 복음이 신실하게 전파되고 정직하게 받아들여지는 곳이라면, 영혼의 은밀한 내실(內室)에서 평화를 창조합니다.

이 안식은 특히 곤비한 자들을 위한 것입니다. "이것이 너희 안식이요 이것이 너희 상쾌함이니 너희는 곤비한 자에게 안식을 주라." 만일 여러분이 몇 년 동안 평강을 찾으려 노력해왔지만 아직 그것을 만나지 못했다면, 여기 여러분이 찾아왔던 그 값비싼 진주가 있습니다. 만약 여러분이 율법을 지키려 수고하고 애를 썼지만 실패했다면, 여러분의 양심이 얻기를 갈망했던 의(義) 이상의 것이 여기에 있습니다. 십자가에 못 박히신 예수 안에서 여러분은 그 모든 것을 찾을 수 있습니다. 그분은 "하나님으로부터 나와서 우리에게 지혜와 의로움과 거룩함과 구원함이 되셨기"(고전 1:30) 때문입니다! 오 세상의 쾌락에 지치고 곤비한 여러분이여, 헛된 것들과 육적인 생각의 망상들에 싫증나고 염증을 느끼는 이들이여, 이리로 와서 참된 기쁨을 찾으십시오. 오, 야심에 지친 이들, 실망감으로 초조한 이들, 신뢰했던 자들의 신의 없음에 탄식하는 이들이여, 와서 예수를 의지하고 안식을 누리십시오. 지치고 곤비한 이들이여, 여기 안식이 있습니다. 상쾌하게 하는 안식이 있습니다. 예수님은 그것을 분명히 말씀하셨습니다. "수고하고 무거운 짐 진 자들아 다 내게로 오라 내가 너희를 쉬게 하리라." 만일 여러분의 허리가 무거워 부러질 것 같다면, 여러분의 마음이 무거운 짐으로 상심하였다면, 여러분의 눈이 오래 바라보고 기다리느라고 지쳤다면, 여러분의 있는 모습 그대로 구주께 오십시오. 그분이 여러분의 안식이 되어주실 것입니다. 낙심하고 실망한 이들, 양심의 정죄를 느끼는 이들, 지옥 문 앞에까지 버려졌다고 느끼는 이들이여, 예수님을 바라보십시오. 그러면 안식을 얻을 것입니다. 여러분은 전능하신 구속자가 미치지 못할 만큼 멀리 가진 못했으며, 구주께서 찾지 못하실 만큼 잃어버린 것이 아니며, 그분의 피가 씻지 못할 만큼 더러운 것은 아니며, 성령이 소생시키지 못할 만큼 죽은 것은 아닙니다. 이 안식은 그분이 곤비한 자들이 누리게 하시는 안식입니다. 오, 그것은 하나님께서 인간들에게 보내신 복되고도 복된 메시지입니다. 어찌하여 사람들이 그것을 거절하는 것입니까?

우리에게 안식을 가져다주는 것에 더하여, 이 은혜의 메시지는 우리에게 상쾌함(refreshing)에 대해서도 언급합니다. "이것이 너희 안식이요 이것이 너희 상쾌함이라." 안식을 얻은 이가 다시 지치게 되면, 선하신 목자는 그에게 새로운 상쾌함을 주십니다. 만일 그가 방황하면 주께서 그를 회복시키실 것입니다. 그가 지치게 되면 그분이 그를 소생시키실 것입니다. 그렇습니다. 그분은 새롭게 하시는 그분의 은혜의 일을 시작하셨습니다. 그러니 그분은 날마다 마음을 새롭게 하는 그 일을 계속하실 것이며, 그 마음의 뜻을 그분 자신의 뜻에 일치하게 하시면서, 전인(全人)으로 하여금 그분 안에서 더욱 기뻐하게 만드실 것입니다. 나는 여기 있는 하나님의 백성 중의 일부가 지치고 목마른 것을 압니다. 전에 주님께 온 적이 없는 사람들뿐 아니라, 여러분은 특별히 초청을 받은 것입니다. 왜냐하면 만약 이 안식이 곤비한 자들을 위한 것이면, 그것은 또한 지친 자들의 상쾌함을 위한 것이기 때문입니다. 만약 죄인이 나아와 그리스도 안에 있는 평강을 찾을 수 있다면, 하물며 길 잃은 양처럼 방황했으나 그분의 계명들을 잊지는 않았던 여러분이야 더욱더 그러하지 않겠습니까? 낙심한 이들이여, 오십시오. 예수께로 돌아오십시오. 이것이 여러분의 안식이며, 또한 상쾌함이기 때문입니다.

이사야가 사람들에게 모호한 말투로 말하지 않는 것을 기쁜 마음으로 주목하기 바랍니다. 그는 이런 식으로 말하지 않습니다. "하나님의 선하심을 합리적으로 추측하면 어딘가에서 안식을 발견할 수 있다는 것에 의심의 여지가 없습니다." 그렇지 않습니다. 그는 손가락으로 가리키듯이 정확히 진리를 가리키면서 말합니다. "이것이 너희 안식이요 이것이 너희 상쾌함이라." 그와 마찬가지로, 우리도 오늘 하나님께서 주시는 메시지를 가지고 여러분에게 옵니다. 분명한 가르침으로, 죽임당하신 하나님의 어린 양을 우리의 손으로 가리키면서 이렇게 외칩니다. "이것이 너희 안식이요 이것이 너희 상쾌함이라." 우리는 대속에 대해 말합니다. 죄인을 대신하여 그리스도께서 죽으신 것에 대해 말합니다. 대리적인 희생에 대해 말하며, 그리스도께서 범죄자들 중 하나로 헤아림을 받은 것에 대해 말합니다. 우리의 죄가 우리의 보증(保證)이신 그분께 옮겨졌으며, 그분에 의해 그 모든 죄가 치워졌으며, 따라서 더 이상 영원히 그것이 우리에게 불리하게 언급되지 않을 것에 대해 말합니다. 또한 우리는 누구든지 그리스도 예수를 믿는 자는 영생을 얻을 것이라고 하나님의 이름으로 선포합니다. 이것이 안식이며, 이것이 상쾌함입니다. 현대적인 학파에 속하는 어느 설교자가 가르친 방식에 대해 들은 적이 있습니다. 그는 우리 주 예수 그리스도께서 이런저런 방식으로 죄의 용서와 관련된 이런저런 일들을 행하셨다고 가르쳤습니다. 이런 것이 많은 지성적인 신학자들의 설교 방식입니다. 하지만 우리는 그렇게 '학문적인' 그리스도에 대해 알지 못합니다. 또한 우리가 우리 영혼의 안식을 얻은 것은 그런 식의 교리에 의해서가 아닙니다. 하나님은 확정적이면서도 분명한 진리를 계시하셨습니다. 그것을 분명하고도 주저 없이 말하는 것이 우리의 일입니다. 우리의 외침은 이것입니다. "미쁘다 모든 사람이 받을 만한 이 말이여 그리스도 예수께서 죄인을 구원하시려고 세상에 임하셨다 하였도다"(딤전 1:15). 이것이 안식이며 이것이 상쾌함입니다. 이사야는 어떤 분명한 것, 어떤 명확한 것에 대해 사람들에게 말해야 했습니다. 하지만 그들이 들으려 하지 않았습니다. 아마도 그가 인간의 추측과 꿈들에 대해 예언했더라면 사람들이 그 말에 귀를 기울였을 것입니다.

그는 이기적인 특성의 안식에 대해 설교하지 않았습니다. 어떤 이들은 우리가 사람들에게 다른 사람들이야 어떻게 되든지 그들 스스로를 위하며, 그들 자신만을 안락하게 만드는 평화와 안식을 얻도록 가르친다고 말합니다. 그들의 말은 새빨간 거짓말임을 그들 자신이 더 잘 알고 있습니다. 그들이 이런 허위 사실을 날조하는 것은 그들의 마음이 거짓되기 때문입니다. 우리는 언제나 사람들에게 그들 스스로를 벗어나서 살펴보라고 말하며, 그리스도께서 그들을 사랑하셨던 것처럼 그들도 다른 사람들을 사랑해야 한다고 가르치지 않습니까? 다른 사람들의 유익을 위한 우리의 말과 행동은 우리가 이기적인 태도를 기뻐하지 않음을 입증합니다. 우리는 개인적인 안전이 신앙적인 사람의 욕망의 완성이라는 생각을 혐오합니다. 은혜의 삶이란 이기심을 죽이는 삶이라고 우리는 믿기 때문입니다. 이것이 복음의 영예 중의 하나입니다. "이것이 너희 안식이요 이것이 너희 상쾌함이니 너희는 곤비한 자에게 안식을 주라." 여러분 자신이 안식을 얻으면 여러분은 곧 곤비한 마음을 가진 다른 사람들을 안식하게 할 수 있습니다. 여러분이 거룩한 비밀에 대해 배우게 되면 그것은 곧 여러분의 복된 매력이 될 것이며, 그 매력으로써, 또한 하나님의 은혜에 의해, 여러분은 다른 이들에게 안식을 주는 사람이 될 수 있습니다. 이 등불로써 여러분은 하나님의 도우심을 따라 어둠 가운데 있는 모든 것을 밝힐 수 있습니다. 여러분의 마음이 소유한 은밀한 은혜가 여러분으로 하여금 많은 곤비한 사람들을 격려하는 말을 효과적으로 하게 할 수 있습니다. "이것이 너희 안식이요 이것이 너희 상쾌함이니 너희는 곤비한 자에게 안식을 주라." 하지만 이것은 오직 복음에만 적용되는 진실입니다. 만약 여러분이 예수 그리스도와 그분의 속죄, 그리고 하나님의 은혜의 위대한 계획으로부터 떠난다면, 여러분은 다른 사람들에게 안식을 줄 수 없습니다. 그렇습니다. 여러분 스스로는 누구에게도 안식을 주지 못합니다. 그러므로 이는 복음의 탁월성이며, 오직 복음만이 사람들에게 복된 안식을 제공합니다.

이제 내가 말하고자 하는 복음의 또 다른 탁월성은 복음이 안식을 제공하는 방식(manner)에 있습니다.

우선, 권위를 가지고 임하는 것이 복음의 위대한 탁월성이라고 나는 간주합니다. 9절을 읽으십시오. 트집을 잡는 자들도 그 권위를 인정했습니다. 그들은 선지자의 메시지를 "지식"과 "도"(doctrine)라고 불렀습니다. 복음은, 19세기에는 적합하겠지만 20세기에는 타파될 사상적 체계나 철학적 이론을 가장하지 않습니다. 그렇지 않습니다. 우리는 우리가 아는 것을 말합니다. 우리가 꿈꾸거나 상상하는 것이 아니라 우리가 아는 것을 말합니다. 내 형제들이여, 만일 예수 그리스도의 복음이 사실이 아니라면 나는 감히 여러분에게 그것을 믿으라고 요청하지 않을 것입니다. 하지만 만약 그것이 사실이라면, 그것은 사람들이 늘 말하는 바와 같이 "내 견해"가 아니며 혹은 "내 관점"도 아닙니다. 그것은 지금도 참되고 영원히 참된 것으로서, 변치 않는 위대한 사실입니다. 그리스도께서 사람들을 위하는 편에 서셨고, 인간들을 위하여 하나님의 구원이 되셨습니다. 이는 하나님의 증언입니다. 우리는 추측을 만들어내는 것이 아니며, 지식을 전달합니다. 여기서 "도"라고 번역된 단어는 히브리어로는 "전갈"(message)이며, "우리가 전한 것(our report)을 누가 믿었느냐?"(사 53:1)라고 하는 구절에서 사용된 단어와 같습니다. 그 구절은 "우리의 전갈을 누가 믿었느냐?"로 읽는 편이 더 낫습니다. 복음은 하나님으로부터 온 전갈로서 사람들에게 옵니다. 따라서 그것을 올바르게 말하는 자는 그것을 마치 자기 자신의 생각을 밝히는 사상가처럼 말하지 않습니다. 오직 그는 그가 배운 것을 말하며, 마치 하나님의 혀처럼 행동하며, 하나님의 성령의 능력으로 하나님의 말씀에서 발견한 것을 다른 사람에게 전달합니다. 복음을 내가 고안해낸 것이라면 그것은 여러분이 고안해낸 것이나 별반 다를 바 없을 것이며, 여러분과 나 그리고 다른 모든 사색가들이 고안한 것을 모두 합쳐도, 그 모든 것은 마당에서 불을 때기에 적합한 잡초들에 불과할 것입니다. 하지만 우리가 하나님께로부터 메시지를 받고 수용했다면, 바로 여기에 그 메시지의 탁월성이 있습니다. 나는 여러분이 복음을 기뻐하기를 바랍니다. 왜냐하면 그것은 하나님으로부터 우리에게 오는 것이며, 우리에게 순수한 진리를 절대적 확실성을 가지고 들려주기 때문입니다. 우리가 그것을 믿으면 우리는 구원을 받을 것입니다. 또한 그것을 믿지 않는 자는 그런 자에게 선포된 정죄를 받는 것이 합당합니다. 믿지 않는 것에 대해서는 아무런 희망도 도움도 없습니다. 복음을 믿고 사느냐, 혹은 그것을 거절하고 멸망하느냐? 이는 불가피한 양자택일입니다.

그 방식과 관련하여 복음의 또 다른 탁월성은 그것이 매우 단순하게 전달되었다는 것입니다. 이사야는 "경계에 경계를 더하며 경계에 경계를 더하며 교훈에 교훈을 더하며 교훈에 교훈을 더하되 여기서도 조금 저기서도 조금" 하는 방식으로 그들에게 다가왔습니다. 너무나 명백하다는 것이 복음의 영광입니다. 만일 그것이 너무나 불가사의하여 박사들을 제외하고는 누구도 그것을 이해하지 못한다면, 나는 오늘 아침에 이 자리에 있는 사람들이 얼마나 될지 의문입니다. 아마도 나는 그 수가 열두어 명을 넘지 않을 것이라고 상상하는데, 나머지 우리들은 얼마나 딱한 처지에 놓이겠습니까? 만약 그것이 너무나 심오해서 그것을 이해할 수 있으려면 대학에서 학위를 받아야 한다고 하면, 복음으로 세상을 조롱하는 셈이 될 터이니 그 얼마나 딱한 일이겠습니까? 하지만 복음의 신적 숭고함은 그 단순성 속에 있으며, 그렇기 때문에 천한 사람들도 그것을 듣고 기뻐하는 것입니다. 본문의 구절들이 내포하고 있듯이, 복음은 젖을 갓 뗀 자들 곧 아기들과 다를 바 없어서 말씀의 젖을 마셔야 하는 자들에게도 적합합니다. 많은 어린아이들이 예수 그리스도의 구원을 이해하며, 그 안에서 충분히 즐거워합니다. 천국에는 두세 살을 크게 넘지 않은 아이들이 많습니다. 그들은 그곳에 가기 전에 그들을 사랑했던 이들에게 그리스도를 잘 증언했으며, 그들은 그 말을 듣고 놀랐습니다. 하나님은 어린아이들과 젖먹이들의 입으로 권능을 세우십니다(참조. 시 8:2). 기독교는 어린아이들의 종교라고 불리어져 왔으며, 그 창시자께서 하나님의 나라를 어린아이와 같이 받아들이지 않는 자는 결코 그곳에 들어가지 못한다고 말씀하셨습니다. 나는 단순한 복음으로 인하여 하나님을 찬송합니다. 그것이 내게 적합하기 때문이며, 또한 정신의 위대성이나 천재성을 자랑할 수 없는 수많은 다른 사람들에게도 적합하기 때문입니다. 그것은 지성적인 사람들에게도 마찬가지로 적합하며, 오직 위선자들에게만 불평의 대상이 됩니다. 생각의 폭과 사고의 깊이가 부족한 사람이 하나님의 지혜에 트집을 잡습니다. 백치와 다를 바도 없으면서 잘난 체하는 어떤 사람이 머리를 뒤로 빗어 넘기고, 안경을 쓰고, 이마에 주름을 잡고서, 오류 없는 하나님의 말씀을 수정합니다. 하지만 진정으로 생각의 폭이 넓은 사람은 대개 어린아이와 같으며, 아이작 뉴턴(Isaac Newton) 경처럼, 예수님의 발치에 앉기를 즐거워합니다. 위대한 정신을 가진 이들은 하나님의 단순한 복음을 사랑합니다. 그들은 의문들과 의심들에서 비롯되는 염려와 피곤함에서 벗어나 복음 안에서 안식을 발견하기 때문입니다.

복음이 우리에게 단계별로 가르쳐진다는 면에서도 그 탁월성이 있습니다. 그것은 인간의 정신에 한꺼번에 간직되도록 강요되는 것이 아니며, 이런 식으로 다가옵니다. "경계에 경계를 더하며 교훈에 교훈을 더하되 여기서도 조금 저기서도 조금." 하나님은 영원한 영광의 광채를 한꺼번에 약한 눈에 비추지 않으십니다. 처음에는 어렴풋한 빛이 있으며, 약한 시력에는 약한 빛이 부드럽게 찾아옵니다. 그런 식으로 우리는 차츰 보게 되는 것입니다.

복음은 반복됩니다. 비록 우리가 그것을 단번에 이해하지 못해도, 그것은 우리에게 다시 찾아옵니다. "경계에 경계를 더하며 교훈에 교훈을 더하되 여기서도 조금 저기서도 조금" 되풀이됩니다. 매일 아침마다, 매 주일마다, 책별로, 본문에 따라서, 영적인 감화에 의해, 하나님은 부드럽게 우리로 하여금 구원의 문제에서 지혜로워지도록 만드십니다. 이것이 복음의 방식의 뛰어난 탁월성입니다.

그것은 또한 우리의 능력에 적합한 방식으로 깨달아집니다. 그것은 마치 우리에게 "더듬는 입술"(11절)로 말하는 듯이 들려지며, 어머니들이 어린 자녀들을 어린아이의 언어로 가르치는 것과도 같습니다. 내가 강단에서 어머니들이 그들의 아기들에게 말하는 것처럼 말하는 것을 좋아해서는 안 될 것입니다. 하지만 어머니들은 아기들에게 최상의 언어를 사용하며, 어린아이들이 이해하는 단어들을 사용합니다. 성경에서도 많은 부분이 그러합니다. 특히 구약에서 우리는 하나님께서 어떻게 자기 자신의 언어를 제쳐두시고 인간의 언어로 말씀하시는지를 봅니다. 나는 성부(the Father)께서 성자(the Son)와 어떤 언어로 대화하시는지 알지 못합니다. 하지만 우리에게 그분은 우리의 방식으로 말씀하십니다. "하늘이 땅보다 높음 같이 내 생각은 너희의 생각보다 높으니라"(사 55:9). 하지만 그분은 몸을 굽히어 그분의 생각을 각종 예표들과 의식들을 통해 우리에게 말씀하십니다. 그것은 우리의 이해력에 맞추어 일종의 어린아이의 언어로 우리에게 말씀하시는 것입니다. 요한복음은 어린아이의 언어로 되어 있으면서, 또 얼마나 깊은지요! 그 어떤 사랑인지요! 내 청중이여, 만일 여러분이 하나님의 말씀을 이해하지 못한다면 그것은 그분이 말씀을 분명하게 표현하지 않아서가 아니라 여러분의 마음이 어둡기 때문이며, 여러분의 영혼의 상태가 술에 취한 것처럼 멍해졌기 때문입니다. 교만의 포도주에 취하지 않도록 주의하고 오직 자원하는 마음으로 배우려 하십시오. 하나님은 이해할 수 없는 말로 그 의도를 모호하게 하시지 않으며, 마치 하늘의 태양처럼 그분의 생각을 여러분에게 분명하게 밝히시기 때문입니다. "경계에 경계를 더하며 교훈에 교훈을 더하고 여기서도 조금, 저기서도 조금 하시도다."

2. 복음에 대한 반대

아, 나에게 주어진 시간이 많이 남지 않았군요. 이 주제를 적절하게 다루려면 내게는 훨씬 더 많은 시간이 필요합니다. 이제 두 번째로 나는 복음에 대한 반대 입장들에 대해 말하려 합니다.

우선, 나는 그 반대들이 터무니없다고 말하겠습니다. 사람들이 복음에 반대하는 것은 터무니없이 어리석은 짓입니다. 왜냐하면 그들에게 안식을 약속하는 것에 반대하는 것이기 때문입니다. 우리의 곤비한 심령이 세상에서 그 무엇보다 필요로 하는 것은 바로 안식입니다. 안식은 우리 마음이 갈망하는 것이며, 복음이 우리에게 와서 이렇게 말합니다. "내가 너희를 쉬게 하리라." 그런데 사람들이 그런 복을 거절하는 것입니까? 이는 정말이지 한탄스러운 짓입니다! 여러분이 병들었을 때, 여러분은 여러분을 치료할 수 있는 유일한 의사를 모독하겠습니까? 여러분은 그렇게 어리석습니까? 여러분이 빚을 졌을 때, 여러분은 여러분에게 필요한 모든 것을 아낌없이 주려고 하는 어느 관대한 친구의 도움을 거절하겠습니까? 여러분은 말합니다. "아니요, 우리는 그렇게 어리석지 않습니다." 하지만 사람들이 얼마나 지독하게도 어리석고 정신이 나갔는지, 복음이 그들에게 안식을 제시할 때에 그들은 들으려 하지도 않고 홱 돌아서 버립니다. 복음 외에 인간의 양심에 진정으로 간직할 만한 평온을 줄 수 있는 교리체계는 달리 없습니다. 예수를 믿음으로 날마다 평안을 누리며 산다고 증언할 수 있는 사람들이 우리에게는 수천 명이 있습니다. 그런데도 우리가 정직하게 전한 것을 사람들은 믿지 않습니다. 아니 그들은 진리에 귀를 기울이려 하지도 않습니다. 자, 만일 하나님께서 오시어 여러분에게 무언가를 요구하신다면, 나는 여러분의 거절을 이해할 수 있을 것입니다.

나는 어느 가난한 여인이 문을 걸어 잠그고는, 마치 집에 없는 것처럼 문을 두드리는 소리에 대답하지 않았다고 하는 말을 들은 적이 있습니다. 목사는 그녀를 심방하려 한지 하루 이틀이 지난 후에, 그녀를 만나서 이렇게 말했습니다. "일전에 당신을 보려고 들렀습니다. 당신의 형편이 어려운 줄 알고 나는 당신에게 도움을 주고 싶었습니다. 하지만 문을 두드려도 대답이 없더군요." "오", 그녀가 말했습니다, "너무 죄송합니다. 저는 집주인이 집세를 받으려고 방문한 줄 알았답니다." 그녀는 그녀에게 호의를 베푸는 자를 채권자로 오해하고 집에 들이지 않은 것입니다. 주님은 복음 안에서는 그분이 받을 권리가 있는 것을 요구하지 않으시며, 여러분에게서 어떤 것도 요구하시지 않습니다. 오히려 그분은 그분의 손에 완벽한 안식을 가지고서 여러분에게 다가오십니다. 여러분에게 필요한 바로 그것을 들고서 말입니다. 그럼에도 여러분은 마음의 문을 잠그고 그분을 거절하는 것입니다. 오, 그렇게 하지 마십시오. 지혜로울 것이며, 더 이상 바보짓을 하지 마십시오. 여러분의 영원한 유익을 위해 지혜롭게 될 수 있도록 하나님이 도우시길 빕니다. 하나님이 하늘의 모든 선물을 들고 오시도록 그분을 받아들이십시오.

다음으로, 복음에 대한 반대는 고의적인 것입니다. "그들이 듣지 아니하였다"고 한 본문의 표현 그대로입니다. 사람들이 복음을 믿을 수 없다고 말할 때, 아주 단순하게 들려줄 테니 참을성 있게 듣겠는지를 물어보십시오. 아마 그들은 듣고 싶지 않다고 대답할 것입니다. 복음은 너무 어려워서 믿을 수 없다고 그들은 말합니다. 그렇다면 그들이 찾아와서 충분히 들으려고나 할까요? 그들 스스로 신중하게 복음에 대해 읽어보려 할까요? 오, 그렇지 않습니다. 그들은 그런 수고를 하려고 하지 않습니다. 배우고 깨닫기를 원하지 않는 사람이, 자신이 오류 속에 머무는 것을 두고 누군가를 탓해서는 안 됩니다. 복음을 들으려 하지 않는 자는 반대 의견들이 그의 생각 속에 가득 차 있는 것에 놀랄 필요가 없습니다. 복음은 사람들에게 공정하게 들을 것을 요청합니다. 주께서 말씀하십니다. "너희는 귀를 기울이고 내게로 나아와 들으라 그리하면 너희의 영혼이 살리라"(사 55:3). "믿음은 들음에서 나며 들음은 그리스도의 말씀으로 말미암았느니라"(롬 10:17). 하나님의 사랑의 메시지를 사람들이 들으려고도 않는 것이 얼마나 슬픈 일인지요. 사람들이 복음이 말하는 바를 들으려고 하지도 않을 때, 혹은 겉으로는 듣는 것 같지만 그 진리에 진심에서 우러나온 주의를 기울이지 않을 때, 그것은 복음에 대한 고의적인 반대입니다.

그러한 반대는 사악한 것입니다. 왜냐하면 그 반대는 하나님께 대한 반역이며, 그분의 진리와 자비에 대한 모독이기 때문입니다. 이 복음이 하나님께로부터 나왔다면 나는 그것을 받아들여야만 합니다. 나에게는 그것에 대해 트집 잡을 권리가 없으며, 철학적인 차원에서나 다른 무슨 차원에서든 의문을 제기할 권리도 없습니다. 이렇게 말하는 것이 내게는 합당합니다. "하나님께서 이런저런 일을 말씀하셨습니까? 그렇다면 그것은 진실입니다. 나는 그 말씀에 따를 것입니다." 주께서 내 앞에 구원의 길을 제시하셨습니까? 나는 기쁘게 그 길을 달려갈 것입니다.

하지만 사람들은 반대를 제기하며, 그 반대는 그들의 교만의 산물입니다. 그들은 이사야의 설교의 단순함에 반대를 제기했습니다. 그들은 이렇게 말했습니다. "그는 누구입니까? 당신은 그에게 들으러 가서는 안 됩니다. 그는 마치 어린 아이들에게 말하듯 우리에게 말합니다. 학식 있는 랍비, 아주 세련되고 교양 있는 사람에게 가서 들으십시오. 이 사람에 대해 말하자면, 그는 어머니 품에서 갓 젖을 뗀 아이들을 제외하고는 어떤 사람도 가르치기에 적절하지 못합니다. 왜냐하면 그는 '경계에 경계를 더하고, 교훈에 교훈을 더하며, 여기서도 조금 저기서도 조금' 하는 식으로 가르치기 때문입니다. 그는 너무나 수수해서 그의 설교는 여종들이나 나이든 여인네들에게나 어울릴 뿐, 지적인 사람들은 그 설교를 참을 수가 없습니다. 게다가 그의 설교는 같은 것을 계속 반복하지 않습니까? 당신이 시간이 될 때 그를 찾아가면, 그가 언제나 하프의 같은 줄을 튕기고 있음을 발견할 것입니다."

그들은 또한 그런 말을 매우 잔인하게 하는데, 예전에 트랩(Trapp) 목사는 그들의 태도를 이렇게 묘사한 바 있습니다. "머리가 둔한 사람들일수록 이빨은 더욱 날카로워 그것으로 설교자를 물어뜯는다." 여러분은 이 시대에 사람들이 참된 복음의 설교자에 대해 이런 식으로 말하는 것을 듣지 못했습니까? "그는 언제나 하나님의 주권적인 은혜와 그리스도의 피에 대해서만 설교한다. 그렇지 않으면 '믿으시오, 믿으면 여러분이 구원을 받을 것입니다'라고 외친다."

나는 히브리어 학자가 아닙니다만, 우리에게 그렇게 말하는 자들에게는 "경계에 경계를 더하며 교훈에 교훈을 더하고 여기서도 조금 저기서도 조금"이라고 번역되는 말씀들이 수수께끼처럼 들릴 것이며, 그들이 이사야를 조롱했던 것처럼 '딩동'거리는 소리로 밖에 들리지 않을 것입니다. 만약 내가 이 구절들을 아마도 당시에 발음되었을 소리로 읽는다면 여러분은 미소를 지을 것입니다. 그들은 말했습니다. "이것이 이사야가 설교하는 방식이다. '챠브 라챠브 챠브 라챠브, 카브 라카브 카브 라카브, 지르 샴 지르 샴.'" 그것은 설교자를 풍자하려고 의도된 말입니다. 비록 그들이 "경계에 경계를 더하며 경계에 경계를 더하며, 교훈에 교훈을 더하며 교훈에 교훈을 더하되"라고 번역되었을 때의 사상 그대로를 제시한 것은 아니겠지만, 히브리어에서는 충분히 그런 의도를 암시한 것입니다.

지금 살고 있는 사람들 중에는 복음이 명백하고 단순하게 설교될 때에 이렇게 외치는 사람들이 있습니다. "우리는 진보적인 사상을 원한다. 우리는 그런 사상을 원한다." 그들은 그들이 원하는 바가 무엇인지 제대로 알지 못합니다. 그들은 다음 일화의 회중과도 같은 자들입니다. 런던의 어느 주교가 한 회중에게 설교하는 동안, 그들 모두 주의를 기울이지 않고 있었습니다. 그런데 그 선한 사람이 히브리어 성경을 들고서 히브리 방언으로 대여섯 구절을 읽어주었더니, 모두 잠에서 깼다고 합니다. 그때 그는 이런 말로 그들을 꾸짖었습니다. "정말이지, 내가 선한 교리에 대해 가르칠 때에는 여러분이 주의를 기울이지 않더니, 내가 여러분이 알아듣지 못하는 말로 읽어주었더니, 그것이 곧바로 여러분의 귀를 열어주었군요."

특별하게 세련된 듯이 가장하면, 청중들이 알아듣지도 못하는 말에 귀를 기울이며 지지해줍니다. 너무나 많은 사람들이, 천국에 가는 길이 너무나 어렵게 그려져서 그들로서는 길을 찾을 수 없는 지도를 원합니다. 많은 무리가 라틴어로 읽혀지는 기도문을 기뻐하고, 또 다른 이들은 그들에게 아예 언어도 아니며 단지 콧소리로 밖에 들리지 않는 말들을 선호합니다. 음악과 의상, 기도 행렬(사제나 성가대 등이 선창하고 신자들이 응답하는 형태 — 역주)과 과장된 행위들을 수많은 사람들이 선호하는 것은 그들이 영적인 교훈보다 감각적인 즐거움을 더 좋아하기 때문입니다. 우리는 안개로 덮여 있는 복음을 선호하는 자들에 대해 압니다. 그들은 하나님의 지혜와는 무관한 사람에게서 사람의 지혜를 보기를 좋아합니다. 이것이 이사야의 시대에 유행했던 반대의 유형이었으며, 오늘날 그런 행태는 더욱더 유행하고 있습니다. 어떤 사람이 이런 말을 하는 것을 나는 들었습니다. "왜 당신은 믿음과 속죄와 거저 주시는 은혜 등에 관해서만 설교하는 것입니까? 우리는 새로운 것을 원합니다. 새로운 것을 듣기 위해서는 우리가 다른 어딘가로 가야 합니까?" 원한다면 그렇게 하십시오. 하나님이 저를 붙드시는 동안 나는 내 선율을 바꾸지 않을 것입니다.

3. 복음을 반대하는 자들에 대한 하나님의 보응

세 번째 요점은 하나님의 진리에 흥미가 없는 자들에 대한 경고가 될 것입니다. 이 반대자들에 대한 하나님의 보응을 숙고해봅시다. 우선, 주님은 그들이 멸시했던 것을 잃을 것이라고 위협하십니다. 그분이 그들에게 안식의 메시지를 보내셨으나 그들이 그것을 가지려 하지 않았습니다. 그러므로 20절에서 그분은 그들이 이로 인해 안식을 얻지 못할 것이라고 경고하십니다. "침상이 짧아서 능히 몸을 펴지 못하며 이불이 좁아서 능히 몸을 싸지 못함 같으리라." 고의적으로 복음을 거부하고 각종 철학들과 이론들을 붙드는 모든 자들은 그 보답으로 내면적인 불만족을 얻게 될 것입니다. 그들에게 물어보십시오. "당신은 안식을 찾으셨습니까?" 그들은 말합니다. "오, 아닙니다. 그러려면 아직 멀었습니다." "하지만 당신은 이 철학적인 가르침에 귀를 기울이면 행복해질 것이라고 기대하지 않았습니까?" 그들은 대답합니다. "아니요, 우리는 계속해서 찾고 있을 뿐입니다." 그런 종류의 가르침을 전하는 자들에게 그들 자신이 안식처를 발견했는지를 물어보십시오. 그러면 그들은 대개 이런 식으로 대답할 것입니다. "아니요, 아니요, 우리는 진리를 찾고 있으며, 계속해서 그것을 추구하고 있습니다. 하지만 아직 거기에 이르지는 못했습니다." 그들이 결코 거기에 이를 것 같지 않은데, 그것은 그들이 잘못된 길을 가고 있기 때문입니다. 복음은 양심과 영혼과 마음에 안식을 주기 위한 것이며, 의지와 기억과 두려움을 포함하여 전인(全人)이 안식하도록 하기 위한 것입니다. 그런데 복음의 불변성을 비웃는 자들이 어떻게 안식을 찾을 수 있겠습니까?

사랑하는 친구들이여, 만약 여러분이 아직 안식을 얻지 못했다면 여러분은 온전한 복음을 아직 이해하지 못한 것입니다. 여러분은 예수님께 대한 신앙의 기본 원리로 되돌아가야 합니다. 이것이 안식이며, 이것이 상쾌함이기 때문입니다. 결코 안식을 얻지 못할 것이며, 방랑하던 유대인처럼 영원히 방랑하게 되리라는 이것이 곧 불신자에 대한 정죄입니다. 십자가를 떠나는 것은 모든 것의 경첩이 되는 것에서 벗어나는 것이고, 가장 확실한 모퉁잇돌과 확고한 기초에서 떠나는 것이며, 그 이후로는 회오리바람이 부는 대로 굴러다니는 신세가 될 것입니다. "내 하나님의 말씀에 악인에게는 평강이 없다 하셨느니라"(사 57:21). "악인은 평온함을 얻지 못하고 그 물이 진흙과 더러운 것을 늘 솟구쳐 내는 요동하는 바다와 같으니라"(사 57:20).

더 나아가 주님은 그들이 점점 마음이 굳어지는 벌을 받게 될 것이라고 위협하십니다. 13절을 읽어보십시오. 그들은 이사야의 메시지에 대해 "경계에 경계를 더하며 교훈에 교훈을 더하되 여기서도 조금 저기서도 조금"이라는 식으로 말했습니다. 그래서 정의가 그들에게 대답합니다. "바로 그렇게 그것이 너희에게 멸시와 조롱을 받는 것이 될 것이다. 그래서 너희는 갈수록 그것으로부터 멀어질 것이며, 그래서 너희는 뒤로 넘어져 부러질 것이고 걸려서 붙잡히게 될 것이다." 13절을 보십시오. 뒤로 넘어지는 것은 가장 나쁘게 넘어지는 것입니다. 사람이 앞으로 넘어지면 무언가 그를 구해줄 수도 있고, 그는 다시 일어날 수 있을 것입니다. 하지만 그가 뒤로 넘어지면 그의 전 체중의 힘이 뒤로 실려 넘어지는 것이며 가망이 없습니다. 확실한 초석이신 그리스도에게 걸려 넘어지는 자들은 부러질 것입니다. 반대자들은 그들의 위치를 회복하기를 바라겠지만, 그들은 그들의 습관에 의해 사로잡힌 것을 발견할 것이며, 대단한 사냥꾼의 그물에 걸린 것과, 파괴자에게 붙잡힌 것을 발견할 것입니다. 이러한 패망의 과정은 종종 단순한 복음을 트집 잡는 것에 뒤따라오는 과정입니다. 사람들이 복음을 트집 잡을수록, 복음의 공공연한 원수들이 되어 결국 영원한 파멸에 이르는 것입니다. 사람들이 주께서 제시하신 대로 안식의 복음을 받아들이지 않는다고 해도, 주님은 그것을 그들의 취향에 맞도록 바꾸시지 않을 것입니다. 오직 그것이 반대자들에게 사망의 향기가 되어 그들이 사망에 이르게 되는 것을 허용하실 것입니다. 만약 그들이 오늘 그것을 싫어한다면 그들은 내일도 그것을 싫어할 것입니다. 만약 그들이 오늘 복음의 힘을 느끼기를 거절한다면, 그들은 시간이 갈수록 더욱 완고하게 그것을 거절할 것이며, 따라서 그들의 마음을 밝히거나 감명을 주거나 위로를 줄 수 있는 복음의 힘도 그들에게는 효력을 발휘하지 않을 것입니다.

이것은 끔찍한 일입니다. 그리고 더 나쁜 것은, 만일 그보다 더 나빠질 수 있다면, 이런 일에는 점진적인 이해 불능의 상태가 뒤따른다는 것입니다. "그러므로 더듬는 입술과 다른 방언으로 그가 이 백성에게 말씀하시리라"(11절). 그들이 알아듣기 쉬운 말씀을 들으려 하지 않으니, 하나님께서는 그 자체로는 단순한 말을 그들에게는 더듬는 말처럼 보이도록 하실 것입니다. 단순한 언어를 참지 못하는 사람들은 마침내 그것을 이해하지 못하게 될 것입니다. 내 형제들이여, 여러분은 오늘날 인류 가운데 얼마나 많은 사람들이 구주를 이해하지 못하는지를 압니다. 구주께서 말씀하셨습니다. "이것이 내 몸이라." 그러자 곧장 그들은 한 조각의 빵이 그리스도의 육체로 변한다고 결론을 내립니다. 구주께서는 신자들에게 그분의 죽으심과 합하여 세례를 받도록 명하십니다(참조. 롬 6:3). 그런데 그들은 곧장 물 세례가 어린아이들을 중생시킨다고 선언합니다. 그들은 너무나도 명백한 것을 이해하지 못합니다. 그들은 우리 주님의 비유를 문자 그대로 받아들이며, 우리 주님께서 글자 그대로의 뜻으로 말씀하신 것을 그분이 비유를 사용하셨다고 상상합니다. 사람들이 이해하지 않으려 하면 이해하지 못할 것입니다. 한 사람이 자신의 눈을 감아 버리는 한 그는 그 눈을 뜨지 못합니다. 인도에서 많은 종교적 열성가들이 그들의 팔을 너무나 오래도록 들고 있어서 다시는 그 손을 내리지 못합니다. 복음을 거절하는 자들에게 찾아오는 마음의 전적인 우둔함을 조심하십시오. 만일 여러분이 하나님의 말씀을 유치하다고 비난한다면, 우리 시대의 많은 철학자들이 그러한 것처럼 여러분 자신이 유치하게 될 것입니다. 만일 여러분이 그분의 말씀을 단순하다고(simple) 말하며, 그 단순성 때문에 그것을 거절한다면, 여러분 자신이 얼간이들(simpletons)이 되고 말 것입니다. 만일 여러분이 그 말씀을 여러분의 수준보다 낮다고 말한다면, 그 말씀이 여러분을 깔아뭉개어 가루로 만들어 버릴 것입니다.

마지막으로, 이 경고는 복음에 반대하는 자들에게 주어진 것입니다. 즉 그들이 그들 스스로를 위해 선택한 도피처가 무엇이건, 그것이 그들을 전적으로 실망시킬 것입니다. 주께서 이렇게 말씀하십니다. "나는 정의를 측량줄로 삼고 공의를 저울추로 삼으니 우박이 거짓의 피난처를 소탕하며 물이 그 숨는 곳에 넘칠 것이라"(17절). 큰 우박들이 떨어져 모든 것을 산산이 부술 것입니다. 불경건한 자들의 모든 거짓되고 허황된 희망들을 산산이 깨부순다는 하나님의 말씀의 위협입니다. 그리고 하나님의 실제적인 진노가 거대한 홍수처럼 덮치어 죄인들이 의지하는 모든 것을 휩쓸 것이며, 그 죄인은 그의 완고한 불신앙 가운데, 그 홍수에 휩쓸려 완전한 파멸이자 영원한 불행 속으로 떨어질 것입니다. 그것이 살아 계신 예수 그리스도를 거절한 모든 자들에게 임할 운명이라고 하나님이 선언하셨습니다. 멸시하는 자들이여, 조심하십시오! 아직 때가 이르기 전에 각성하십시오!

단순한 언어로, 나는 여러분에게 안식의 복음을 거절하는 악이 어떤 것인지를 보여주려고 진지하게 노력했습니다. 이곳에 있는 자 중에 지금까지 복음을 거절해왔던 자가 있다면, 즉시 그것을 받아들일 수 있도록 하나님의 성령께서 은혜를 주시길 빕니다. 곤비한 자들이여 시도해보십시오. 낙심한 영혼이여, 시도해보십시오. 예수님께 대한 신앙으로 무엇을 할 수 있는지 시도해보십시오. 와서 예수님을 의지하십시오. 그리고 그것이 당신의 영혼에 평안을 가져다주는지의 여부를 살펴보십시오. 만약 예수님께서 그렇게 하시지 않으면 나에게 알려주십시오. 만약 그분이 그분의 약속을 어기신다면 나는 다시는 그분을 높이지 않겠습니다. 그분은 믿는 자를 결코 내쫓거나 버리시지 않습니다. 오, 만약 달콤한 평화가 있다면, 그 아들에 관한 하나님의 증언을 어린아이와 같은 믿음으로 얻을 수 있는 평안과 기쁨과 소망과 힘과 생명이 있다면, 여러분이 그것을 즉시 얻을 수 있게 되기를 기도합니다. 만약 여러분이 지금 여러분에게 말씀을 전하는 설교자에게 반감을 느낀다면 그가 더 잘 설교할 수 있도록 기도해 주십시오. 만일 여러분이 그렇게 하고서도, 여전히 그가 여러분에게 혐오스럽다면, 개인적으로 반감을 느끼지 않는 누군가에게로 가서 들으십시오. 상심한 영혼에게 내가 걸림이 된다면, 나로서는 그것이 마음의 큰 고통이기 때문입니다. 여러분을 방해하는 자는 여러분 자신이 아닌지 염려스럽습니다. 오 사람이여, 남자답게 행동하고 솔직하게 복음을 들으십시오. 오 자아(自我)여! 그대는 스스로를 망치려는가? 오 교만이여! 그대의 고개를 숙이라! 오 술취함이여! 그대의 술잔을 버리라! 오 완고한 죄인이여! 그대의 죄에서 떠나도록 하나님이 도우시길 빕니다. 오늘 와서 예수님을 의지하십시오. 그리스도를 위하여, 여러분이 그렇게 할 수 있도록 하나님께서 그분의 성령으로 도우시길 빕니다. 아멘.

제
20
장

소맥(小麥)

"소맥을 줄줄이 심으며"—사 28:25

이 구절의 전체적인 문맥은 다음과 같습니다. "너희는 귀를 기울여 내 목소리를 들으라. 자세히 내 말을 들으라. 파종하려고 가는 자가 어찌 쉬지 않고 갈기만 하겠느냐? 자기 땅을 개간하며 고르게만 하겠느냐? 지면을 이미 평평히 하였으면 소회향을 뿌리며 대회향을 뿌리며 소맥을 줄줄이 심으며 대맥을 정한 곳에 심으며 귀리를 그 가에 심지 아니하겠느냐? 이는 그의 하나님이 그에게 적당한 방법으로 보이사 가르치셨음이며, 소회향은 도리깨로 떨지 아니하며 대회향에는 수레바퀴를 굴리지 아니하고 소회향은 작대기로 떨고 대회향은 막대기로 떨며, 곡식은 부수는가, 아니라 늘 떨기만 하지 아니하고 그것에 수레바퀴를 굴리고 그것을 말굽으로 밟게 할지라도 부수지는 아니하나니, 이도 만군의 여호와께로부터 난 것이라 그의 경영은 기묘하며 지혜는 광대하니라"(사 28:23-29).

하나님에게 감동된 선지자는 자기 땅을 경작하는 농부가 쟁기질하고, 씨를 뿌리며, 타작하는 등 농사일의 모든 과정에서 지혜롭고 숙련되었음을 보여줍니다. 선지자는 농부의 이런 기술이 그의 하나님에게서 배운 것이라고 단언합니다. 나는 이것이 하나의 시(詩)로서가 아니라 사실로서 우리에게 제시되었다고 생각합니다. 지상의 지혜는 천상의 빛의 반영입니다. 여러분은 이런 말씀을 읽어보지 못했습니까? "여호와께서 모세에게 말씀하여 이르시되, 내가 유다 지파 훌의 손자요 우리의 아들인 브살렐을 지명하여 부르고, 하나님의 영을 그에게 충만하게 하여 지혜와 총명과 지식과 여러 가지 재주로 정교한 일을 연구하여 금과 은과 놋으로 만들게 하며 보석을 깎아 물리며 여러 가지 기술로 나무를 새겨 만들게 하리라"(출 31:1-5). 하나님은 수공예뿐 아니라 농업의 위대한 교사이십니다. 만약 에덴 동산을 떠났던 우리의 첫 조상에게 농업과 관련된 정보가 없었더라면, 그는 어떻게 토지를 경작하여 곡식을 얻을 수 있는지 알지 못했을 것입니다. 그가 경험으로 그것을 배워야 했다면 그는 그 이전에 굶주림으로 죽었을 것이며, 인류는 그의 대에서 끝났을 것입니다. 26절은 이렇게 말합니다. "그의 하나님이 그에게 적당한 방법으로 보이사 가르치셨음이라." 그렇습니다. 하나님이 사람들에게 농사의 기본 원리를 가르치셨습니다. 그러므로 나는 추정하기를, 만약 하나님이 농사와 관련된 가르침을 주셔서 사람들이 땅을 경작하고 다양한 종류의 씨를 뿌려 곡식을 얻을 수 있게 되었다면, 그분은 우리의 인생의 경작과 관련해서는 더 많은 가르침을 주실 것입니다. 그리하여 우리가 육체를 위하여 심었다가 썩어질 것을 거두는 것이 아니라, 성령을 위하여 심어 성령으로부터 영생을 거둘 수 있도록 하시는 것입니다(참조. 갈 6:8). 우리는 모두 농부들입니다. 우리 중 일부는 상속자를 죽이는 악한 농부들이거나, 혹은 소맥과 대맥이 나야 할 자리에 잡초와 독보리가 나도록 방치하는 게으른 농부들일 수 있습니다. 혹은 쟁기를 손에 잡고 뒤를 돌아보는 변덕스러운 농부일 수도 있습니다. 하지만 우리 모두에게는 만물의 주인이신 위대한 지주(Landlord)를 위해 갈아야 하고 수고해야 할 밭이 있습니다. 만약 우리 중 누구든 진실한 농부가 되려 한다면, 그래서 씨를 뿌려 우리의 위대하신 주님이 받으실 만한 작물을 수확하고, 그분의 영광을 위한 추수를 하기 원한다면, 그분에게 교훈을 얻기 위해 가야 할 것입니다. 그분에게 지식을 구해야 하며, 우리를 지혜의 길로 인도해주시도록 요청해야 합니다. 지금 하나님을 향해 기도의 숨을 내쉬십시오. 그분이 그 기도를 들으시고 우리 모두를 위해 그분의 성령을 보내주시길 빕니다.

1. 재배해야 할 주된 씨앗이 무엇인지를 알라.

농부의 지혜와 관련하여 선지자가 언급하는 한 가지 요점이 있습니다. 그것은 바로 이것입니다. 그는 자신이 재배해야 할 주된 씨앗이 무엇인지를 알았습니다. 그리고 그것을 그의 주된 목표로 삼았습니다. 본문은 "그가 주된 소맥(principal wheat, KJV)을 줄줄이 심으며"라고 말하지 않습니까? 그는 생각 없이 아무렇게나

일하지 않습니다. 그는 곡물창고로 가서 소맥과 대회향과 대맥과 호밀을 가지고 나와서, 이것들을 오른편과 왼편으로 마구 뿌리지 않습니다. 오히려 그는 각각의 곡물의 가치를 평가하고, 그것들이 지닌 적정한 가치에 따라 생각해둔 대로 씨앗을 뿌립니다. 그는 단지 식탁의 향미료가 되는 대회향(大茴香)과 시라(蒔蘿, 그 잎과 열매를 향미료로 쓰는 식물의 일종 — 역주)가 소맥에 비해 그다지 중요하다고 생각지 않습니다. 그리고 비록 호밀과 대맥이 가치가 있기는 하지만, 그는 그것들조차 "소맥(the principal wheat)"이라고 부르는 곡물만큼 중요하다고 여기지는 않습니다. 그는 분별 있는 사람입니다. 그는 일들을 배열해두고, 가장 중요한 일을 맨 앞에 두고, 그 일에 가장 많은 관심을 기울입니다.

여기서 나는 여러분이 그 농부에게서 배우기를 바랍니다. 사물들을 명료하게 구분하고 부주의하게 서로 섞어서 혼동하지 마십시오. 뒤죽박죽된 삶, 주의와 분별이 결여된 삶, 모든 일들을 하나로 섞어 버리는 삶을 살지 마십시오. 그 종류를 구별하고, 귀한 것과 악한 것을 구분하여 나누십시오. 이것은 어떤 가치가 있으며, 저것은 어떤 가치가 있는지 살피고, 문제들을 질서 있게 배열하여 그것들 중 어떤 것은 중요한 것으로, 다른 것들은 열등한 것으로 구분하십시오. 나는 특히 젊은이들에게 제안합니다. 삶을 출발하면서 여러분 스스로에게 이렇게 말하십시오. "우리는 무엇을 추구할 것인가?" 찾는 자가 찾을 것이기 때문입니다. "우리는 무엇을 뿌릴 것인가?" 사람이 무엇으로 심든지 그대로 거둘 것이기 때문입니다(참조. 갈 6:7). 사람이 소회향과 대회향을 뿌릴 수 있는 것처럼 이 생애의 작은 일들에도 관심을 기울일 수는 있습니다. 사람이 호밀과 대맥을 정해진 곳에 심을 수 있는 것처럼, 방치해두어서는 안 될, 하지만 덜 중요한 일들이 있습니다. 그렇지만 다른 무엇보다 중요한 일이 있습니다. 주된 일, 우리가 추구하며 살아야 할 으뜸가는 일이 있습니다. 그것이 무엇일까요? 우리의 마음과 삶에서 경작하려고 노력해야 하는 주된 곡물이 무엇일까요? 여러분은 진정으로 그 문제를 신중하게 조사해보았습니까? 혹은 그 문제가 중요하지 않은 것처럼 되는대로 살아왔습니까?

기억하십시오, 눈은 몸에서 가장 중요한 부분입니다. 사람이 볼 수 없다면 어떻게 걸음의 방향을 제대로 잡겠습니까? 삶의 동기가 곧 눈입니다. 여러분은 어디로 향하는 눈을 가지고 있습니까? 여러분은 무엇을 위해 살고 있습니까? 여러분에게 중요한 목표는 무엇입니까? 호라티우스(Horace, 기원전 1세기 로마의 서정

시인 — 역주)에서 풍자된 저 노신사처럼 되는 것입니까? 그 노신사는 자기 아들에게 이렇게 말했습니다. "돈을 모아라. 가능하다면 정직하게 모아라. 하지만 모든 수단을 동원해서라도 돈을 모아라." 돈을 버는 것이 여러분의 주된 곡물입니까? 혹시 여러분은 쾌락의 삶을 선택하겠습니까? "짧고 신나는 삶"을 말입니다. 많은 바보들이 그들의 큰 슬픔을 그렇게 말해왔지요. 여러분의 삶을 낭비하고 있지는 않습니까? 엉겅퀴들이 여러분의 주된 곡물입니까? 스코틀랜드의 상징인 엉겅퀴를 바라보는 것에는 즐거움이 있으니, 여러분은 광대한 밭에 쾌락이라는 악덕을 가꿀 것입니까? 여러분이 죽게 될 때, 여러분은 쾌락의 침상에서 임종을 맞을 것입니까? 오, 인생의 주된 목적이 될 만한 것이 무엇인지를 살피십시오. 그것을 발견하였다면, 하나님께 기도하여 그 한 가지를 선택할 수 있도록 성령의 도우심을 구하십시오. 여러분의 모든 능력과 재능을 그것을 경작하는 것에 바칠 수 있도록 하십시오. 소맥이 그의 주된 곡식이 되어야 함을 깨달은 농부는, 실제로 그렇게 선택하고, 그것을 실현하기 위해 애를 씁니다. 그는 주변을 돌아보며 이렇게 말합니다. "내가 경작해야 할 최상의 것이 무엇일까?" 그것을 발견하였을 때 그는 그것을 자신의 주된 일이라고 부릅니다. 사랑하는 친구들이여, 여러분에게 호소하건대, 기억하십시오. 참된 경건이 주된 일입니다. 그러니 그것을 얻고, 그것을 다른 모든 것보다 중요하게 여기십시오.

자, 이 점을 기억하십시오. 이 농부가 지혜로웠던 것은, 그가 가장 필요한 것을 가장 중요한 것으로 간주했기 때문입니다. 그의 가족은 대회향이 없어도 지낼 수 있었습니다. 그것은 향신료에 불과했기 때문입니다. 소회향도 빵에 맛을 더하는 데 사용되는 것으로 생각되지만, 그것이 귀중한 곡물은 아니었습니다. 그 가족은 대회향과 소회향이 없어도 지낼 수 있었습니다. 아마도 그 농부의 아내가 불평했을 것이며, 혹은 요리사가 투덜거렸을 것입니다. 하지만 그것은 자녀들이 빵을 달라고 우는 것에 비하면 그리 중요하지는 않았습니다. 그들이 소맥(밀) 없이 지낼 수 없다는 것은 분명했습니다. 빵은 목숨을 위한 양식이니까요. 사람의 심장을 강건하게 하는 것은 빵입니다. 그러므로 그 동양의 농부는 다른 어떤 것은 재배하지 않더라도 빵을 위한 소맥만큼은 경작해야 하는 것입니다. 그는 가장 필요한 것을 가장 중요한 것으로 삼았습니다.

이것은 상식이 아닙니까? 차분히 앉아서 지혜롭게 평가한다면, 우리는 이렇게 말하지 않겠습니까? "내 죄가 용서받는 것, 하나님과의 관계가 바르게 되는 것, 거룩해지는 것, 천국에서 영원히 살도록 준비되는 것, 이것이야말로 가장 중요한 것이며, 내게 그 무엇보다 필요한 것이다. 그러므로 나는 그것을 내가 추구하는 주된 목표로 삼을 것이다." 하나님을 영화롭게 하고 그분을 영원토록 즐거워하는 것은 인간에게 가장 필요한 일입니다. 인간은 그가 창조된 목적에 부응하지 않으면 만족할 수 없기 때문입니다. 하나님을 영화롭게 하고 그분을 즐거워하는 것은 모든 지적인 피조물의 목적입니다. 하나님을 영원토록 즐거워하는 것이야말로 더없는 행복임에 틀림없습니다. 다른 것들을 바랄 수는 있겠지만, 그래도 이것이 가장 필요합니다. 어떤 재능, 사람들 사이에서의 상당한 인정, 건강, 이 모든 것들은 삶의 향미(香味)입니다. 하지만 주 안에서 영원한 구원을 받는 것, 이것은 생명 그 자체입니다. 이것은 빵이며, 이것으로써 우리는 영혼의 목숨을 최상으로 유지할 수 있습니다. 오, 그리스도와 하나가 되는 것이야말로 가장 필요하다고 느낄 정도로 우리가 지혜롭게 되기를 바랍니다. 하나님과 화평하게 되는 것이 가장 중요한 일입니다. 지존하신 분과 조화를 이루는 것이야말로 삶의 참된 음악입니다. 삶의 도덕이나 예절은 사소한 씨앗과도 같으며, 우리 삶의 농장에서 적당한 위치를 찾아야 할 것입니다. 하지만 여호와를 경외하는 것은 주된 곡식 곧 소맥(밀)이며, 우리는 전심을 다해 그것을 경작해야 합니다.

이 농부는 지혜로웠습니다. 왜냐하면 그는 그렇게 하기에 가장 합당한 것을 주된 것으로 삼았기 때문입니다. 물론 대맥(보리)도 식량으로서 매우 유용합니다. 많은 민족들이 보리빵을 먹고 살아왔으며, 또한 건강하게 살아왔습니다. 그리고 귀리도 많은 사람들에게 영양소가 되어왔습니다. 사람들은 호밀이나 다른 곡물들을 제한적으로 섭취하였어도 기아로 죽지는 않았습니다. 하지만, 다른 무엇보다도, 내게는 좋은 밀로 만든 빵을 주십시오. 나는 스코틀랜드 지방 친구들이 귀리로 만든 케이크를 더 좋아한다는 것을 압니다. 하지만 밀가루가 합리적인 가격일 때 우리 모두가 그들의 입장에 동조하리라고는 생각하지 않습니다. 우리는 밀로 만든 빵을 더 좋아하며, 그것을 생명을 위한 최상의 양식이라고 여깁니다. 귀리가 매듭이 많은 울퉁불퉁한 지팡이라면 밀은 보행을 돕는 상당히 훌륭한 보조 지팡이와 같으며, 그것을 가지고서 우리는 즐겁게 인생을 헤쳐나갈 수 있습니다. 사람들에게 충분한 빵을 제공하기만 한다면, 왜 그들이 불평을 하는 것일까요? 물론 나는 사람들이 불평할 것이라고 여깁니다. 이스라엘 백성들이 광야에서 만나 곧 천사들의 양식을 먹었을 때에도, 그들은 그것을 '하찮은 음식'(민

21:5)이라고 불평했으니까요. 형제들이여, 동양의 이 농부는 밀이 사람을 위한 양식으로는 가장 적당하다는 것을 알았으며, 그래서 그는 그보다는 열등한 곡물 즉 밀의 대용물로 사용될 수 있는 곡물을 으뜸가는 위치에 두지 않았습니다. 오히려 그는 가장 적당한 것 즉 소맥을 가장 중요한 위치에 심었던 것입니다. 그는 대맥이나 귀리에 대해서 "주된 대맥"(the principal barley) 혹은 "주된 귀리"(the principal rye)라고 부르지 않았으며, "주된 소회향"이라거나 "주된 대회향"이라고는 더더욱 말하지 않았습니다. 오직 그는 소맥에 대해서만 "주된 소맥"(the principal wheat)이라고 불렀습니다.

형제들이여, 하나님과 그리스도를 알기 위하여, 인간의 마음과 정신과 영혼을 위하여 가장 합당한 것으로는 무엇이 있을까요? 다른 정신적인 양식들, 예를 들어 지식의 과일들과 과학의 진미(珍味)는 비록 훌륭한 것이기는 해도, 우리의 인간성 전체의 골격을 세우기에는 열등하고 부적합한 영양소입니다. 만일 내가 내 하나님과 내 구주를 얻을 수 있다면, 나는 나의 천국과 나의 모든 것을 발견한 것입니다. 내 영혼은 아버지와 아들과 성령에 관한 진리의 작은 빵 조각을 앉아서 섭취할 것이며, 그 양식을 먹고 사는 것에 큰 만족을 누릴 것입니다. 우리가 하나님을 더 많이 알아가고, 더욱 그분을 즐거워하며, 더욱 그분을 닮아가고, 더욱더 그리스도가 우리의 일용할 양식이 될수록, 우리는 이 모든 것이 새로 태어난 영혼에게 적합하다는 것을 인식할 것입니다. 오 사랑하는 이여, 불멸의 영혼을 위하여 가장 적합한 주제를 당신의 가장 중요한 문제로 삼으십시오.

"이 땅에서 죽을 인생에게
신앙은 가장 중요한 문제이니,
나는 그것의 큰 중요성을 배우기 원하고
그 높은 가치를 알기 원하네!

번쩍이는 재물이나 세상이 주는 그 무엇보다
더욱 소중한 것은 이것이니
평판도, 양식도, 건강도
참된 평안을 주지는 못하네."

또한 이 농부가 지혜로웠던 이유는 그가 가장 유익한 것을 으뜸가는 것으로 삼았기 때문입니다. 우리나라에서 어떤 상황에서는 소맥이 사람이 경작하기에 가장 유익한 것은 아닐 수가 있습니다. 하지만 일반적으로, 소맥은 통상적인 식량 소비를 위해 땅이 낼 수 있는 최상의 곡물입니다. 그래서 본문은 "주된 소맥"이라고 말하는 것입니다. 우리의 선조들은 일정 단위의 소맥 더미로써 소작료를 지불하곤 했습니다. 그들은 그들의 식량을 그들의 중요한 힘으로 간주했습니다. 비록 지금은 그렇지 않지만 예전에는 언제나 그러했으며, 어쩌면 예전처럼 다시 그렇게 될 수도 있습니다. 어쨌든, 이 비유는 참된 신앙과 관련하여 매우 적절합니다. 여호와를 경외하는 것이 가장 유익한 일입니다.

요즘에는 부자들이 5퍼센트의 이윤을 남기는 사업도 찾기가 어렵다고 하는 말을 들은 적이 있습니다. 오, 하지만 여호와를 경외하는 것이야말로 매우 큰 이윤을 남기는 사업입니다. 그것은 100퍼센트 아니 1000퍼센트 훨씬 이상의 유익을 가져다주기 때문입니다. 이 사업에서 사람은 아무런 자본도 없이 시작합니다. 사실, 그는 종자를 빚으로 얻어서 시작하는 것이며, 그럼에도 그는 가난한 농부로서는 꿈꾸지 못하는 이윤을 남깁니다. 여러분은 그것을 두고 사업에 있어서 이상한 출발 방식이라고 말할 것입니다. 하지만 믿는 죄인은 그렇게 합니다. 하나님께 나아올 때 그는 무일푼이며, 감당할 수 없는 빚을 진 상태입니다. 주님께서 그의 무거운 죄의 빚을 면제해주십니다. 그런 다음, 그 믿는 자는 또 다른 종류의 빚으로 점점 무거워짐으로써 부유해지는데, 또 다른 종류의 빚이란 죄의 빚이 아니라 감사의 빚입니다. 그는 그의 위대하신 주님께 갈수록 신세를 지며, 마침내 그 빚의 한도가 얼마인지 상상도 할 수 없을 정도가 됩니다. 이것이 그를 근심하게 만들지도 않습니다. 그는 가난을 사랑하게 되는데, 그것이 그로 하여금 하늘의 보화를 사용할 수 있도록 해주기 때문입니다. 그는 심지어 하나님의 주권적인 은혜에 더욱더 빚진 자가 되기를 열망합니다. 그의 열망은 그의 감사의 빚을 늘리는 것이며, 이제는 그 열망이 그를 압도합니다. 그는 자신이 가난하다고 느낄수록 부유해지고, 자기 자신의 개인적인 연약함을 알수록 더 강해집니다. 이 사업에서는 파산(破産)이 오히려 큰 부(富)를 가져다주며, 거지들이 높이 올라 왕자들 사이에 앉습니다.

"오직 이 완벽한 가난만이

영혼을 부요하게 만드네.
구리 동전 하나라도 내 소유라고 말할 수 있는 동안에는
거대한 채무를 면제받지 못한다네.

하지만 우리의 채무가 얼마이든지
그것이 얼마나 많든지 적든지,
우리가 갚을 것이 아무것도 없으면
우리 주님께서 그 모든 채무를 면제하시네."

우리의 죄의 짐을 무상으로 면제받았기에, 우리는 넘치는 은혜로 인하여 크게 부요하게 됩니다. 천국도 우리의 소유가 되며, 그리스도와 하나님도 우리의 것이 됩니다. 모든 것이 우리의 것입니다. 오, 이 얼마나 멋진 거래인지요! 이와 같은 거래는 달리 있었던 적이 없습니다. 빈털터리 죄인이 충만하신 구세주와 거래를 할 때, 그는 하나님의 모든 충만으로 채워지기 때문입니다. 정녕 영혼을 부요하게 하는 그리스도와의 교제가 우리의 으뜸가는 관심사가 되어야 합니다.

또한 경건을 주된 소맥으로 삼으십시오. 그보다 더 수지맞는 일이 없기 때문입니다. 경건은 금생과 내생에서 유익이 있습니다. 경건은 인간의 몸을 위해서도 복입니다. 그것이 사람을 술 취함과 다른 악덕에 빠지지 않도록 하기 때문입니다. 경건은 사람의 영혼에도 복입니다. 그것이 영혼을 행복하고 순수하게 만들기 때문입니다. 경건은 모든 면에서 사람에게 복입니다. 만약 내가 개처럼 죽어야 한다고 해도, 나는 그리스도인으로 살기를 원합니다. 만약 내세가 없다고 해도, 그럴수록 더욱, 나는 위로와 기쁨을 위하여 그리스도를 닮은 삶을 살기를 간절히 원합니다. 이 시에 실제적인 일상의 진리가 있습니다.

"우리가 사는 동안에
최상의 기쁨을 줄 수 있는 것은 신앙이며,
우리가 죽을 때에
진정한 위로를 주는 것도 신앙이라네."

신앙을 천박한 것으로 만들지 마십시오. 헛된 신앙 고백이 되어서는 안 됩

니다. 신앙 고백 속에는 예수 그리스도께 대한 진심에서 우러나온 믿음이 있어야 하며, 그것이 뿌리가 되어야 합니다. 그것을 주의하여 살피십시오. 신앙이란 전부이든지 혹은 아무것도 아니든지 둘 중 하나여야 합니다. 첫 번째가 아니면, 다른 어느 곳에도 없어야 합니다. 그것을 으뜸가는 것으로 삼으십시오. 그러면 그것이 당신의 영혼을 보화로 채워줄 것입니다.

여러분이 보다시피 이 농부는 주된 작물을 선택했다는 점에서, 올바른 씨앗을 주로 돌보아야 할 대상으로 삼았다는 점에서 옳았습니다. 나는 그가 이 문제로 어떤 논쟁도 하지 않았을 것이라고 상상합니다. 그는 소맥이 그의 주된 작물이 되어야 한다고 확실히 느꼈고, 그래서 거기에 관심을 집중했습니다. 나는 사람들이 그리스도께 마음을 드릴 가치가 있는지를 두고 논쟁하는 것을 들으면 참을 수가 없습니다. 신앙의 가치에 의문을 제기하는 사람들은 결코 그런 일을 시도하지 않습니다. 어떤 기고만장한 사람들이 참된 경건에 반대하는 글을 쓰거나 그것을 "평론지"(reviews)라고 하는 고상한 책에 발표하는 것을 볼 때마다, 그렇게 하는 것이 영리한 것이라고 말하는 사람들을 멀리하도록 하십시오. 그런 내용의 글을 읽으면 속으로 이렇게 말하십시오. "확실히, 여기 영리한 사람이 있군. 맹인된 사람이 색채의 조화에 대해 글을 쓰고 있으니 말이야. 학문적인 평론이라고 하면서, 그는 붉은 색과 파랑 색이 정확히 똑같다고 말하면서, 오직 편협한 마음을 가진 사람들만이 그 색깔을 다르게 본다고 주장하고 있군." 여러분은 거듭나지 못한 철학자의 그 지혜로운 평론을 귀먹은 자가 음악에 대해 좋은 글을 쓴 것으로 간주하면 되겠습니다. 말(馬)이 천사들에 대해 글을 쓸 수 있을까요? 그는 사실상 그 주제에 대해 아무것도 모릅니다.

거듭나지 못한 사람은 거듭난 사람을 이해할 수 없습니다. 그에게는 지식을 얻을 수 있는 능력이나 재능이 없습니다. 육적인 사람은 하나님께 속한 일들을 전혀 알 수 없기 때문입니다. 그런 일들은 영적으로라야 분별되며, 육적인 사람에게는 영적인 일들을 분별할 영이 없습니다. 거듭나지 못한 사람은 어떠한 영적인 지식과 판단력도 갖지 못합니다. "육으로 난 것은 육이요 영으로 난 것은 영이라"(요 3:6). "네가 거듭나야 하리라"(요 3:7). 우리는 과학적인 문제에 대해서는 과학에 정통한 사람들의 증언을 기꺼이 받아들이려 합니다. 하지만 그들의 영역에서 멀리 벗어난 문제에 대해서는 그들의 의견에 관심을 기울이지 않습니다. 꿀에 달콤한 맛이 없다고 누가 내게 말하겠습니까? 나는 꿀이 마치 계란의

흰자처럼 별다른 맛이 없다고 주장하는 사람의 판단을 받아들이지 않습니다. 나는 오히려 그렇게 사람을 속일 수 있는 미각(味覺)을 이상하게 여길 뿐입니다. 사람이 맛을 분간할 힘을 잃어버리기도 하지요? 그런 사람의 판단에 무슨 가치가 있을까요? 내가 한 조각의 꿀 송이를 내 입에 넣습니다. 그러면 달콤함을 맛본 내 경험 자체가 그 맛을 불신하게 만드는 모든 견해에서 나를 떠나게 합니다. 어떤 사람이 경건에 달콤함이 없다고 말할 때, 나는 속으로 미소 지으며 그를 위해서는 눈물을 흘립니다. 경건의 참 맛을 더욱더 맛볼수록 나는 다시 미소를 지으면서, 그가 알지도 못하는 문제에 대해 너무 성급하게 이야기하고 있다고 생각합니다. 오, 그렇습니다. 우리는 오래전에 마음을 정했습니다. 우리는 더 이상 논쟁하기 위해 돌아다니지 않습니다. 경건은 우리에게 소맥입니다. 우리는 경험으로 그것을 압니다. 우리는 귀한 생명의 말씀을 맛보았고 또 만져보았습니다. 그 동양의 농부가 소맥을 중요한 것으로 확신했던 것처럼, 우리도 그렇게 확신합니다. 그러므로 우리는 하나님의 도우심을 따라, 다른 사람들이 가라지나 독보리를 뿌린다고 해도 앞으로도 소맥을 심을 것입니다.

지금까지 첫 번째 요지에 대해 충분히 말했습니다. 중요한 것이 무엇인지를 알았다는 점에서 그 농부는 우리에게 교훈을 줍니다.

2. 중요한 곡물을 중요한 곳에 심으라.

둘째로, 그는 또 다른 면에서도 우리에게 교훈이 됩니다. 왜냐하면 그는 이 중요한 것을 중요한 곳에 심었기 때문입니다. 나는 어떤 저명한 학자들이 히브리 본문을 이렇게 번역하는 것을 발견했습니다. "그는 소맥을 중요한 곳에 심었다." 아내가 빵에 향미를 내는데 쓰일 한 줌의 대회향을 그는 한쪽 구석에서 재배합니다. 그리고 다양한 식용 식물들을 적절하게 가장자리에 심습니다. 대맥을 정한 곳에 심고 귀리는 그 가에 심습니다. 하지만 토지가 비옥한 부분이 있습니다. 그가 소유한 최상의 땅입니다. 그는 일꾼들에게 말합니다. "그곳은 소맥을 위한 자리이다." 중요한 장소는 중요한 곡물을 위한 것입니다. 그는 자신이 소유한 최상의 밭을 생계의 주요 수단이 되는 곡물을 위해 배정하였습니다.

자, 여기에 여러분과 저를 위한 교훈이 있습니다. 참된 경건에 우리의 주된 힘과 능력을 부여합시다. 하나님의 일에 우리의 최선을 드리고, 우리의 가장 성숙하고, 가장 주의 깊고, 가장 간절한 생각을 기울입시다. 나는 여러분이 신앙을 내가 말하는 것이나 혹 다른 누군가가 말하는 것으로부터 간접적인 방식으로 취하지 않기를 호소합니다. 오히려 여러분 스스로 그것을 거듭 생각하고, 그것을 여러분의 주된 생각의 주제로 삼으십시오. 하나님의 말씀을 읽고, 주목하고, 배워서 내면적으로 소화시키십시오. 생각이 깊은 그리스도인은 성장하는 그리스도인입니다. 하나님을 섬기는 것이 우리가 최선으로 고려하고 노력을 기울여야 할 일임을 기억하십시오. 우리가 최선을 다해도 보잘것은 없겠지만, 그럴지라도 하나님께 우리의 능력을 바침에 있어서 부족함이 없어야 할 것입니다. 하나님은 우리가 그분을 부주의하게 섬기는 것을 원치 않으십니다. 그분은 우리가 하나님의 일들을 연구하고 실행함에 있어서 우리가 가진 모든 두뇌와 생각과 지능을 활용하기를 원하십니다. "너는 하나님과 화목하고 평안하라"(욥 22:21). "이 모든 일에 전심 전력하라"(딤전 4:15). 여러분의 생각이 다른 어느 때보다 분명하고 활동적일 때, 그 때 경건한 묵상과 은혜로운 기도라는 소맥을 심으십시오. 만일 여러분이 하루 중 다른 어느 때보다 생각이 맑고 깊이 숙고할 수 있다고 느낀다면, 즉시 여러분의 전 생각을 최상의 일들에 기울이십시오.

또한 이 주제에 여러분의 가장 열렬한 애정을 기울이도록 하십시오. 인간이라고 하는 자그마한 농지에서 최상의 밭은 지성이 아니라 애정입니다. 이 소맥을 그곳에 심으십시오. 오, 참된 신앙을 마음에 간직하십시오. 우리가 아는 것을 사랑하고, 그것을 열렬히 사랑하십시오. 목숨의 문제가 달린 것처럼 그것을 굳게 붙잡고, 결코 그것을 떠나보내지 마십시오! 주께서 말씀하십니다. "내 아들아 네 마음을 내게 다오"(잠 23:26). 그분은 우리의 마음을 기울이지 않은 그 어떤 것에도 만족하지 않으십니다. 여러분의 열정이 불타오를 때, 여러분의 사랑이 매우 뜨거울 때, 그 열기와 뜨거움을 모두 주 여러분의 하나님께로 향하게 할 것이며, 자기 보혈로써 여러분을 구속하신 그분을 섬기는 일에 집중되게 하십시오. 그 소맥을 여러분의 삶에서 가장 중요한 부분으로 삼으십시오.

또한 여러분의 가장 강렬하고, 가장 간절하고, 가장 뜨거운 열망을 하나님과 그의 그리스도께로 향하게 하십시오. 여러분이 열망이 커질 때에, 그리스도를 열망하십시오. 여러분에게 갈망이 생길 때, 그 갈망이 모두 하나님을 위한 것이 되도록 하십시오. 여러분의 배고픔과 갈증이 의를 추구하게끔 하십시오. 여러분의 포부와 애타는 바람이 모두 성결을 향하도록 할 것이며, 여러분을 그리스도를 닮게 만드는 일에 집중되게 하십시오. 이 소맥이 여러분의 주된 열망의 대상이 되게 하십시오.

또한 주님께서 여러분의 삶에서 언제나 세심한 존중을 얻도록 하십시오. 소맥이 생활의 모든 행동에서 뿌려지도록 하십시오. 우리가 진정 그리스도인들이라면, 필연적으로 우리는 교회 안에서처럼 교회 밖에서도 그리스도인이어야 한다고 나는 생각합니다. 우리는 먹고 마시는 것과, 우리가 행하는 모든 일에서 하나님의 영광을 추구해야 합니다. 여러분의 행위에서 세속적인 것과 종교적인 부분을 구분하는 선을 긋지 마십시오. 오히려 하나님을 영화롭게 하려는 경건한 열망으로써 세속적인 일조차도 신앙적인 일이 되도록 하십시오. 삶의 가장 일반적인 의무에서도 하나님을 경배하고, 마치 그 의무들을 밤낮 그분의 보좌 앞에서 그분을 섬기는 일처럼 대하십시오. "뜻이 하늘에서 이루어진 것 같이 땅에서도 이루어지도록"(마 6:10) 매일 기도하십시오. 우리 삶의 모든 밭에 소맥을 심도록 합시다. 우리 각 사람이 "내게 사는 것이 그리스도니"(빌 1:21)라고 느끼게 되기를 바랍니다. 나는 그리스도 없이 살 수 없습니다. 나는 그리스도를 잊은 채 살기를 원치 않습니다. 나는 그리스도 외에 다른 무언가를 위해 살 수 없습니다. 여러분의 전 성품을 그리스도께 드리고 다른 무엇에도 드리지 마십시오.

이 소맥이 우리가 최선의 수고를 기울이는 대상이 되도록 해야 합니다. 나는 복음의 전파를 말하는 것입니다. 사람은 다른 무엇보다 예수님을 위한 거룩한 일에 자기 자신을 구별하여 드려야 합니다. 유감스럽게도, 나는 신앙을 고백한다는 어떤 사람이 정치 문제에는 열정이 많으면서도 기도에는 미지근한 것을 보았습니다. 교구 회의에서는 불같이 뜨거우면서도 기도 모임에서는 겨울처럼 냉랭한 것을 보았습니다. 어떤 이들은 세상을 섬길 때에는 독수리처럼 날지만, 하나님을 예배할 때에는 날개가 부러진 모습으로 들어옵니다. 이래서는 안 됩니다. 만약 어떤 것이 우리를 분연히 일어서게 만들고, 우리 속에 있는 사자로 하여금 힘차게 울부짖도록 만든다면, 그것은 우리가 예수님의 원수들과 맞설 때나 혹은 그분의 대의를 위해 싸울 때 그러해야 합니다. 우리 주님을 섬기는 일이 소맥이니, 그 일과 관련된 일에 우리의 최선의 수고를 기울입시다. 여러분의 모든 재능을 왕이신 예수님 앞에 공물로 내려놓으십시오. 아니, 여러분의 온 몸과 혼과 영혼을 하나님을 위하여 바치십시오. 그분이야말로 여러분의 모든 것의 모든 것 되십니다. 여러분의 모든 것을 이 일에 소비하고 또한 소비되도록 하십시오. 그리하여 여러분의 삶에서 가장 고귀한 목적이 성취되도록 하십시오. 여러분의 모든 것을 소비하고 그리스도를 얻는다면, 여러분은 영광스러운 승자가 되는 것입니다.

이 소맥이 우리의 마음을 사로잡아 우리로 하여금 가장 큰 희생을 하도록 이끌어야 합니다. 그리스도께 대한 강력한 사랑이 우리를 삼켜야 하며, 우리의 매일의 헌신이 즐거움이 되도록 해야 합니다. 그리스도의 이름을 위해 우리는 가난과 능욕과 비방과 쫓겨남과 죽음까지도 기꺼이 참아야 하며, 그 모든 것들을 기쁨으로 여겨야 합니다. 그리스도인에게는 그리스도와 비교될 만큼 귀한 것은 아무것도 없습니다. 믿는 자들에게는 그분이 보화입니다. 여러분에게 그런지 아닌지를 묻고자 합니다. 예수님을 향한 사랑이 여러분에게 소맥입니까? 여러분은 경건을 가장 중요한 자리에 두었습니까? 혹은 그렇지 않습니까? 염려스럽건대 어떤 사람들은 경건을 마치 어떤 신사들이 그들의 부동산의 일부를 대하듯이 대합니다. 그들은 그들이 거주하는 집에서 떨어진 곳에 농장을 가지고 있습니다. 그들은 그것을 대리 농장이라고 부르지요. 그들은 그곳에 토지 관리인을 임명하고는, 이따금씩 그것을 감독할 뿐입니다. 어떤 사람들은 자신들의 신앙을 대리 농장처럼 여깁니다. 그들의 목사가 토지 관리인이 되어, 그들을 위해 그 농장을 돌보아야 한다고 여기는 것입니다. 그러한 영적인 농사에는 보상으로 돌아오는 것이 없다고 나는 확신합니다.

그들이 신앙을 가지고 있습니까? 예, 물론 그렇다고 여기겠지요. 하지만 나는 그들이 마치 주일학교 아이가 이런 식으로 말하는 사람과 같다고 생각합니다. "너희 아빠는 그리스도인이니?"라고 선생님이 묻습니다. 아이가 대답합니다. "네, 하지만 최근에 아빠는 그다지 열심을 내지 않아요." 나는 이런 종류의 사람들에 대해 몇 가지를 지적할 수 있습니다. 그들은 소맥을 아주 인색하게 뿌리고, 매우 빈약하기 짝이 없는 곡식 다발을 얻는 자입니다. 그들은 그리스도인이라고 고백하지만, 신앙이란 그들의 농장에서 십분의 일의 비율도 못 되는 작물입니다. 어떤 사람들은 세상을 위해서는 몇 에이커나 되는 넓은 농경지를 가지고 있으면서, 그리스도를 위해서는 빈약한 몇 평의 땅을 가졌을 뿐입니다. 그들은 세상의 쾌락과 즐거움을 매우 크게 재배하지만, 신앙을 위해서는 보이기 위해 길가에 소량의 작물을 재배할 뿐입니다. 그들은 기도에 쓰는 것보다 많은 시간을 당구 게임에 보냅니다. 이것은 바람직하지 않습니다. 하나님은 이런 식으로 업신여김을 받지 않으실 것입니다. 만약 우리가 그분과 그분의 진리를 멸시하면 우리가 그분에게 가볍게 평가될 것입니다. 오, 우리의 귀중한 시간과 재능과 생각과 노력을 불멸하는 영혼의 중대한 문제에 기울이도록 합시다. 중요한 곡물을 그의 농장의 중요한 곳에 심었던 그 농부를 본받도록 합시다.

3. 파종을 위해 최상의 씨앗을 선택하라.

세 번째의 교훈을 배우도록 합시다. 그 농부는 밭에 파종할 때 으뜸가는 소맥, 즉 최상의 씨앗을 선택했습니다. 여기에 이 본문의 또 다른 의미가 있습니다. 즉, 농부는 파종을 위해 씨를 따로 떼어놓을 때, 그는 찌꺼기 곡물이나 최악의 곡식을 고르지 않습니다. 만약 그가 분별 있는 사람이라면 그는 자신이 얻을 수 있는 최상의 종자를 뿌리기를 원합니다. 많은 농부들이 파종을 위해 좋은 소맥 종자를 얻기 위해 온 지방을 두루 다닙니다. 나쁜 종자에서는 좋은 수확을 기대할 수 없기 때문입니다. 이 농부는 하나님께로부터 주요한 곡물 즉 엄선된 종자를 심도록 배웠습니다.

내가 만약 주님을 향해 그리스도인으로서 파종을 한다면, 나는 가장 순수한 형태의 거룩한 신앙을 심어야 할 것이며, 이를 위해 우선 가장 중요한 교리들을 믿음으로써 그렇게 하려고 노력할 것입니다. 나는 믿는 것을 좋아합니다. 무슨 '주의'(~ism)가 아니라 예수께서 가르치셨던 순수한 진리를 믿는 것을 좋아합니다. 만약 내가 내 영혼에서 거룩한 성품의 열매를 맺기 원한다면, 그것은 하나님의 성령에 의한 참된 가르침에서 나올 것이기 때문입니다. 거짓은 언제나 죄를 낳습니다. 하지만 진리는 거룩함을 낳고 또 육성합니다. 그러므로 여러분과 나는 우리의 씨앗을 신중하게 골라야 하고, 진리와 오류를 분별하고 선택해야 하며, 우리 영혼으로 하여금 주님의 말씀에 일치하는 것을 제외하고는 그 어떤 것도 받아들이도록 해서는 안 됩니다. 우리는 가장 중요한 진리들 중에서 선택해야 합니다. 나는 가장 사소한 일들에 가장 큰 중요성을 부여하는 사람들을 아는데, 그것은 판단의 오류입니다. 나는 보통의 사람들로서는 이해할 수 없는 차이점을 내세우면서, 그 구성원들이 이러한 사소한 차이점들을 위해 끝없이 싸우는 교단을 압니다. 그들은 심지어 충분히 배타적이지 않다는 이유로 서로를 배격하기도 합니다. 만약 맹렬한 노력으로써 그들 모두 한 가지 합의점에 이르렀다고 해도, 그들은 또다시 논쟁의 이유가 될 만한 요소를 찾아내려고 애쓰며, 다시 서로를 배격하기 시작합니다. 교리나 의식상의 극히 미미한 점이 붕당에 붕당을 거듭해서 낳습니다. 그들은 마치 수은과도 같습니다. 수은을 탁자 위에 부어보십시오. 그리고 그것이 미세한 방울들로 어떻게 나뉘는지를 보십시오. 그것은 분리되고 또 분리됩니다. 의심의 여지 없이, 그들은 매우 꼼꼼하고 식별력 있는 사람들임에 틀림없습니다. 하지만 그들이 박하와 회향의 십일조 같은 문제보다는 형제 사랑과 그리스도인의 연합이라는 문제에 더 큰 관심을 기울이는 편이 좋을 것입니다. 그들은 소회향의 문제를 두고 싸우며, 소맥은 까마귀들에게 맡겨두고 있습니다. 나는 그들의 정신에 전혀 공감하지 않습니다. 의식에 쓰이는 유리병들과 나팔들을 두고 논쟁하려는 자들과 달리, 나는 주로 그리스도의 보혈에 관한 교리와 대속의 영광스러운 진리를 전할 것입니다. 이 교리들이 중요한 곡물 즉 소맥이며, 따라서 이런 것들이 우리의 밭고랑에 뿌려져야 합니다.

다음으로, 우리는 가장 고귀한 본보기들을 뿌려야 합니다. 많은 사람들이 시작할 때 나쁜 본보기를 고름으로써 발육에 방해를 받습니다. 그들은 예전의 유명한 아무개 씨(氏)를 모방하며, 자라면서 놀랍게도 그를 닮아갑니다. 그의 가장 좋은 점은 빼두고 말입니다. 기분이 우울한 성향의 어떤 목사님이 있습니다. 그가 하나님의 자녀들의 깊은 경험에 대해 말씀을 전하는데, 결과적으로 일단의 훌륭한 사람들이 우울해지는 것이 그들의 의무라고 여깁니다. 얼마나 어리석은 일인지요! 우리는 어떤 사람의 약점들을 그대로 본받아서는 안 됩니다. 바울처럼 되고 싶다고 해서 약한 시력을 가질 필요는 없습니다. 도마처럼 되기 위해 의심할 필요는 없으며, 베드로처럼 되기 위해 성급할 필요는 없습니다. 설혹 여러분이 어떤 훌륭한 사람을 본받고 싶다고 해도, 멈추어야 할 지점이 있습니다. 하지만 만약 내가 인간을 본보기로 삼아야 한다면, 나는 하나님의 성도들 중에서 가장 용감한 사람들 중의 한 사람을 얻고 싶습니다. 하지만 오, 여러분이 그리스도 예수에게서 발견하는 저 완벽한 모범을 따르는 것이 얼마나 훨씬 좋을는지요! 여러분이 거룩한 삶의 소맥을 뿌릴 때에, 여러분이 할 수 있는 한 최상의 종자를 뿌리십시오. 그리스도 예수를 여러분이 본받아야 할 삶의 본보기로 삼음으로써 그렇게 하십시오.

우리는 가장 깨끗한 심령을 가졌는지를 살펴봄으로써 최상의 소맥을 뿌릴 것입니다. 오호라! 영혼들이 자아와 교만과 낙심과 게으름과, 또는 세상의 다른 얼룩에 의해 얼마나 쉽게 더럽혀지는지요. 하지만 그리스도 예수의 영 안에서 하나님을 향해 살려고 노력하는 것이야말로 얼마나 대단한 일인지요. 우리가 겸손하게 자신을 낮추고, 자기를 희생하며, 순결하고, 깨끗하며, 거룩하게 되기를 바랍니다. 이런 결실은 오직 성령에 의해서만 맺을 수 있습니다.

엄선된 씨를 뿌리는 또 하나의 방식이 있습니다. 우리는 하나님과의 친밀한 교제 속에서 살아가야 합니다. 이 예배가 시작되기 전의 작은 모임에서 어느 귀한 형제가 다음과 같이 기도하였습니다. "우리가 받을 수 있는 만큼의 은혜를 받게 하소서. 하나님이 우리 속에서 일하기 원하시는 모든 일들을 우리에게서 이루소서. 주께서 우리에게 행하기 원하시는 일이라면 그 어떤 일에서도 우리가 주님의 방해가 되지 않도록 이끌어주소서." 이것이 우리의 소원이 되어야 합니다. 우리는 가장 높은 형태의 영적인 삶으로까지 올라가야 합니다. 만약 여러분이 소맥을 심는다면, 최상의 소맥을 얻으십시오. 경건의 수준은 다양하며, 영혼의 상태도 다양합니다. 또한 각기 다른 수준의 신학 체계가 있습니다. 최상의 것은 언제나 나에게 충분히 유익합니다. 나는 여러분에게 얻을 수 있는 최상의 것에 모자라는 것으로는 만족하지 말라고 호소합니다. 오 젊은이들이여, 만일 여러분이 기독교 신앙의 길을 가기 원한다면, 철저하게 그 길을 가십시오. 만약 여러분이 마귀를 섬기기 원한다면, 그를 섬기십시오. 그는 매혹적인 주인입니다! 그가 지불할 삯을 기억하십시오! 하지만 여러분이 그리스도를 섬기기 원한다면, 마치 여러분의 주님을 부끄러워하는 것처럼 세상에서 숨어 다니지 마십시오. 여러분이 그리스도의 것이라면, 여러분의 모습을 나타내 보이십시오. 여러분이 그토록 위대하신 대장에게 합당한 사람이라면, 여러분의 군복을 착용하십시오. 그분의 깃발 아래로 모이십시오. 그분의 나팔 소리에 응하여 모이십시오. 그리고 일어서십시오. 예수님을 위해 일어서십시오. 여러분 안에 남자다움이 있다면, 그리스도를 위한 이 대의(大義)가 그 모든 것을 요구합니다. 그것을 나타내십시오. 하나님의 성령이 그렇게 하도록 여러분을 도우시길 빕니다.

4. 관심을 기울여 소맥을 돌보라.

넷째로, 그 농부는 큰 관심을 기울여 소맥을 돌봅니다. 히브리어는 언제나 나를 놀라게 합니다. 풍부한 의미를 전달하기 때문입니다. 이따금씩 내가 어느 한 구절을 연구할 때, 나는 비평가들이 이런저런 의미들에 대해 말하는 것을 발견합니다. 그러다가 마침내 나는 생각합니다. "이 언어는 신기하구나. 의미가 이토록 풍부하고 깊으니 말이야. 우리의 빈약한 영어와는 매우 다르다. 그것은 몇 마디로 많은 진리들을 우리에게 가르치며, 마치 일백 개의 단면들을 가진 금강석처럼 각각의 단면들이 독특한 광채를 발산하는구나." 이 풍부한 의미는 우리를 훨씬 더 중요한 문제를 묵상하도록 이끌어줍니다. 하나님께서 한 단어로 얼마나 많은 의미를 표현하시는지는 정말 놀랍습니다. 아아, 그분은 그분 자신도 한 단어로 표현하십니다. 우리의 거룩하신 주님의 이름은 "하나님의 말씀"(the Word of God)입니다(계 19:13).

어떤 비평가들은 "농부가 그 소맥을 줄지어 심는다"가 이 본문에 대한 가장 적절한 번역이라고 주장합니다. 나는 농부들이 종종 소맥을 심는지(plant)의 여부에 대해 알지 못합니다. 그들은 씨앗을 적정한 순서대로 뿌립니다(sow). 하지만 나는 그것을 심는다고 하는 말은 많이 들어보지 못했습니다. 고대에 팔레스타인에서는 큰 농작물들을 뿌리 단위로 심었는데, 그것은 어느 한 지점에 있어야 할 것보다 더 많은 양의 작물이 있지 않도록 하기 위함이었습니다. 그들이 열을 지어 작물을 심은 것은 작물이 너무 촘촘히 심겨져서 질식하지도 않고, 혹은 너무 가늘어지지도 않도록 하기 위함이었습니다. 소맥은 심겨졌으며, 그 다음에는 물의 흐름이 각각의 소맥 줄기 뿌리들에까지 닿을 수 있었습니다. 그리하여 그 땅이 풍부한 소출을 낸 것이 놀라운 일이 아닙니다.

우리는 중요한 것에 중요한 관심을 기울여야 합니다. 우리의 경건은 진지한 생각과 더불어 실천되어야 합니다. 하나님께 대한 우리의 섬김은 큰 관심과 더불어 수행되어야 합니다. 형제들이여, 우리는 신앙의 행보에 있어서 충분히 신중하고 있습니까? 여러분은 여러분의 신앙 고백의 밑바탕까지 충분히 살펴본 적이 있습니까? 여러분은 현재의 교파에 소속된 이유에 대해 진지하게 조사해본 적이 있습니까? 왜 특정 교회의 회원들이 되었습니까? 여러분의 어머니가 그랬기 때문입니까? 좋습니다, 그것도 어느 정도는 좋은 이유이겠지요. 하지만 그것이 하나님 앞에서는 당신을 정당화시킬 만큼 충분히 좋은 이유는 아닙니다. 왜 당신은 기독교의 이런저런 형태와 관련하여 신앙 고백을 하게 되었습니까? 당신은 그 문제를 조사해본 적이 있습니까? 나는 여러분이 여러분의 입장을 판단하기를 바랍니다. 만일 어떤 기독교 목사라도 이런 의무를 이행하라고 주장하기를 두려워한다면, 나는 그의 입장을 의심할 것입니다. 나는 전혀 두렵지 않습니다. 나는 여러분이 내가 여러분에게 가르치는 모든 것을 조사해보기를 원합니다. 나는 여러분이 그렇게 하기를 요청합니다. 다른 사람의 신조에 대해 내가 책임지고 싶지는 않기 때문입니다. 베뢰아 사람들처럼, 이런 일들이 성경에 부합되는지 아닌지를 살펴보십시오. 교회에 임하는 가장 큰 축복들 중의 하나는 탐구하는 정신(searching spirit)일 것이며, 그것은 성경에 대해 언급하는 모든 것에 해당될 수 있습니다. 만약 사람들이 이 말씀에 부합되지 않는 것을 말한다면, 그것은 그들 속에 빛이 없기 때문입니다. 그러므로 이 오류 없는 검증의 기준으로써 영들을 분별하십시오(참조. 요일 4:1). 이 동양의 농부가 자기 소맥을 심을 때 그러한 것처럼 모든 일에서 하나님을 신중하게 섬기십시오. 여러분은 정확하신 하나님을 섬기는 것이니, 그러므로 그분을 섬김에 있어서 정확하십시오. 그분은 질투하시는 하나님이시니, 따라서 여러분이 그분에게 행하는 어떤 일에서든지 작은 오류나 실수의 오점이 없도록 세심한 주의를 기울이십시오.

또한 농부가 각각의 작물에 물을 공급하듯이, 여러분의 신앙생활의 모든 부분에 기도로써 자양분을 공급하도록 유의하십시오. 위로부터의 은혜를 구하여 여러분의 영혼이 메마르게 되지 않도록 하십시오. 농부가 자기 작물에 모든 필요한 부분을 돌보는 것처럼, 여러분의 믿음과 소망과 사랑과 여러분 속에 있는 모든 내적인 은혜들을 돌보십시오. 살피고, 잡초를 뽑고, 물을 공급하십시오. 여러분의 주된 관심사에 은혜가 공급되도록 할 것이며, 그리하여 그것이 여러분의 주된 수확물이 되도록 하십시오.

5. 수확을 기대하면서 관심을 기울이라.

한 가지 교훈을 더하고 설교를 마치고자 합니다. 여러분의 주된 관심으로부터 여러분의 주된 작물의 수확을 기대할 수 있기 때문에, 그런 노력을 기울이십시오. 만약 경건이 중요한 것이라면, 여러분은 경건이 여러분의 중요한 보상이 될 것으로 간주할 수 있습니다. 수확은 다양한 방식으로 여러분에게 찾아올 것입니다. 예를 들어, 만약 여러분이 전적으로 하나님의 영광을 위해 산다면 삶에서 가장 큰 성공을 거둘 것입니다. 성공과 실패의 여부는 노력의 적절성에 크게 달려 있습니다. 나는 결코 합창단을 지휘할 수는 없겠지만, 설교에서는 성공할 수 있습니다. 그것이 나의 적절한 일이기 때문입니다.

그리스도인이여, 만약 당신이 세상을 향해 살아간다면 당신은 성공을 거두지 못할 것입니다. 당신이 그것에 적합하지 않기 때문입니다. 은혜가 죄를 위한 당신의 일을 망칠 것입니다. 만일 당신이 전심으로 하나님을 향해 산다면 당신은 그 일에서 성공할 것입니다. 하나님께서 거룩한 목적에 부합되도록 당신을 지으셨기 때문입니다. 그분이 물고기를 물에 어울리도록 지으시고 새를 공중에 어울리도록 지으셨듯이, 그분은 신자를 거룩하도록 하려고 지으셨으며, 하나님을 섬기게 하려고 지으셨습니다. 그러므로 당신이 하나님을 섬기는 일에서 떠나게 되면, 당신은 당신에게 합당한 영역을 벗어난 셈이며, 물을 떠난 물고기가 되든지 혹은 물에 있는 새처럼 될 것입니다. 그 동양의 농부의 번영은 자기 소맥에 의해 정해지며, 여러분의 번영은 하나님을 향한 헌신의 여부에 따라 정해집니다. 당신이 믿음과 사랑을 살피는 것은 당신의 기쁨을 위한 일이기도 합니다. 당신이 그리스도 안에 있음을 아는 것, 당신이 주의 사랑을 받는 자임을 아는 것보다 더 큰 기쁨이 어디에 있습니까? 병들어 죽어가는 침상에서도 당신의 위로를 위해 살펴보아야 할 것은 당신의 경건입니다. 아마도 그런 날이 곧 오겠지요. 만약 당신이 이 중요한 소맥을 재배하였다면, 그리고 영생을 거두기 위하여 성령을 향해 심었다면, "아아, 그 날이 더 빠를수록 더욱 좋습니다"라고 말할 수 있을 것입니다.

다가올 세상에서, 주님을 섬긴 일에서 얼마나 놀라운 수확을 얻게 될는지요! 다른 모든 일에서는 무엇을 얻을 수 있을까요? 헛되고 헛된 것밖에는 없습니다. 한 사람이 백만금의 돈을 벌었으며, 그리고는 죽었습니다. 그가 금을 얻었다고 더 나은 것이 무엇입니까? 어느 용사가 황제가 됩니다. 그의 명성이 온 세계에 울려 퍼집니다. 그가 죽습니다. 그가 얻은 모든 명예가 무슨 소용입니까? 만약 여러분이 세상을 향해 산다면 최후에 여러분이 소유한 것이 무슨 소용입니까? 세상을 향해 사는 것은 반 페니짜리 동전을 위해 소년들이 거리에서 놀이를 하는 것과도 같으며, 혹은 접시 조각들이나 조개 껍질들을 가지고 즐거워하는 것이나 다름없습니다. 하나님께 헌신된 삶은 참되고 지속적인 결과들을 가져오지만, 다른 모든 것은 허비입니다. 그렇게 생각하고서, 주님을 섬기는 일에 우리의 허리를 동여매도록 합시다. 성령께서 도우시어 우리가 소맥을 뿌릴 수 있기를 바랍니다. "눈물을 흘리며 씨를 뿌리는 자는 기쁨으로 거두리로다"(시 126:5)는 약속대로, 적당한 때가 되면 기쁨의 수확을 얻으리라는 즐거운 기대감 속에 살아가게 되기를 바랍니다. 이 세상에서는 우리를 주로 근심하게 만들었던 것이 내세에서는 끝없는 행복의 원천이 될 것입니다.

제
21
장
—

죄인들과 성도들을 향한 메시지

—

"주 여호와 이스라엘의 거룩하신 이가 이같이 말씀하시되 너희가 돌이켜 조용히 있어야 구원을 얻을 것이요 잠잠하고 신뢰하여야 힘을 얻을 것이거늘 너희가 원하지 아니하였도다."—사 30:15

이 메시지는 유다 땅에 대한 산헤립의 침공과 관련되어 있습니다. 앗수르 왕이 이끄는 거대한 무리가 다가온다는 소식은 유다 민족 전체를 큰 공포 상태로 몰아넣었습니다. 그들은 애굽 왕과 즉각적으로 동맹을 맺기를 원했으며, 그 힘센 군주에게 산헤립의 군대를 몰아낼 군대를 파견해주기를 요청하고자 했습니다. 하지만 이사야 선지자는 그들에게 그러한 동맹이 어리석은 죄임을 경고하는 메시지를 보내며, 그들의 힘은 가만히 앉아 있는 것이라고 말합니다. 그들은 오직 지존자 한 분을 신뢰해야 했으며, 다른 어떤 도울 자를 찾으려 해서는 안 되었습니다. 결코 그들을 저버리신 적이 없는 하나님의 신실하심에 그들 자신을 맡겨야 했습니다. 만약 그들이 그렇게 한다면, 그들은 아무런 해도 입지 않을 것입니다. 하지만 그들이 보이지 아니하시는 여호와에게서 떠나 육체적인 힘을 신뢰하기 시작한다면, 그들은 필연적으로 고초를 겪게 될 것입니다.

우리는 이 백성들이 이러한 격려의 메시지를 기쁘게 받아들였을 것이라고 상상하기가 쉽습니다. 그들이 앗수르와 전쟁을 하지 않아도 되고, 애굽 왕에게 금을 보내기 위해 그들 자신에게서와 성전에서 예물을 긁어모을 필요가 없다는 것은 분명 좋은 일이었습니다. 그들을 둘러싸는 불의 성벽(wall of fire)이 되겠노라고 약속하신 하나님, 그들 가운데 계신 영광의 주를 단지 의지하기만 하면 되는 것이니까요. 하지만 형제들이여, 믿음이란 마음의 밭에서 무성하게 자라기 어려운 외래종 식물과도 같습니다. 그것은 자연적으로는 그곳에서 자라지 않으며, 은혜로써 심겨져야만 합니다. 우리 모두가 본성적으로는 우상숭배자들입니다. 우리는 눈으로 쳐다볼 수 있는 무언가를 원하며, 심지어 예배에 있어서도 그러합니다. 하나님께서 그것을 가장 강력한 어조로 우리에게 금지하셨음에도 불구하고 그러합니다. 우리의 삶과 관련하여, 우리는 언제나 육체의 힘을 갈망하며, 무언가 만질 수 있고 볼 수 있는 것을 의지하기를 원합니다.

하나님의 은혜가 우리를 도우시지 않으면, 우리는 보이지 않는 것에 전적으로 우리 자신을 맡기지 못하며, 그 길을 헤아릴 수 없는 하나님께 우리 자신을 의탁하지 못합니다. 그러나 은혜의 성령께서 우리에게 그분만 의지하는 거룩한 기술을 가르쳐주신다면, 그것은 우리에게 너무나 좋은 일입니다. 그럴 때 우리 영혼은 물질주의와 이기심과 자기 신뢰와 두려움과 놀람과 당황을 초월하여 높이 고양될 것이며, 힘과 능력과 평화의 상태로 들어갈 것입니다. 이것이 본문이 우리에게 말하는 것입니다. 돌이켜 조용히 있어야 구원을 얻을 것입니다. 잠잠하고 신뢰하여야 힘을 얻을 것입니다. 산헤립의 시대에 하나님의 옛 백성들에게 그러했던 것처럼 우리에게도 마찬가지입니다. 이 원리는 언제나 유효합니다. 하나님을 의지하는 믿음은 우리를 구원과 힘을 얻는 상태로 이끌어줍니다.

나는 본문의 이러한 관련성을 고려하여, 두 부류의 청중들을 향해 말하고자 합니다. 나는 본문의 한 문장을 죄인들의 구원과 관련된 메시지로 활용할 것이며, 또 하나의 문장은 성도들의 힘과 관련된 메시지로 활용할 것입니다.

1. 죄인들과 관련된 구원의 메시지

첫째로, 여기에 죄인들의 구원과 관련된 메시지가 있습니다. "너희가 돌이켜 조용히 있어야 구원을 얻을 것이라."

먼저 하나님께 돌이키는(returning) 문제를 다루면서, 여러분에게 몇 가지 질문을 하겠습니다. 여러분은 탕자처럼 행동해 왔습니까? 여러분은 아버지의 집으로부터 얼마나 멀리 떨어져 있습니까? 여러분의 신나는 날들은 다 끝났습니까? 돈을 모두 소비했습니까? 여러분의 힘은 모두 사라졌습니까? 소위 여러분의 "친구들"이라고 하는 이들이 여러분을 버렸습니까? 지금 처지가 매우 낮아졌습니까? 그 땅에 심한 기근이 있으며, 궁핍해지기 시작했습니까? 여러분이 해야 할 일은 한 가지입니다. 그것은 돌이키는 것입니다. 여러분에게 다른 어떤 무엇보다 요구되는 것은 하나님께로 돌이키고, 그분 안에서 안식하는 것입니다. 하지만 여러분이 그 중에서도 첫 번째 할 일은 돌이키는 것입니다. 나는 여러분이 탕자가 굶주림 속에서 말했던 것처럼 이렇게 말하기를 바랍니다. "내가 일어나 아버지께 가리라"(눅 15:18). 여러분이 하나님께 돌이키기 전에는 결코 올바로 될 수가 없습니다. 여러분은 여러분을 지으신 하나님이 없이 지낼 수가 없습니다. 의지를 가지고 노력해볼 수는 있겠지만, 창조주에게서 떠난 피조물은 헛된 존재일 뿐 아무것도 아닙니다. 자기의 조물주에게서 떠난 인간은 전적으로 비참한 처지에 놓여 있습니다. 여러분은 결코 안식하지 못할 것입니다. 만세반석(Rock of Ages)에서 안식할 때까지, 여러분은 결코 안식할 수 없습니다. 그 반석에 이르기까지, 여러분은 계속해서 이리저리 떠돌며 요동칠 수밖에 없습니다.

아마 여러분은 이렇게 말할 것입니다. "하지만 제가 어떻게 돌이키지요? 어떻게 해야 제가 하나님께 돌아갈 수 있을까요?" 여러분을 위해 만들어진 길이 하나 있습니다. 그분이 골짜기들을 메우고 산들을 낮추셨습니다. 그리스도는 아버지께로 가는 길이시며, 유일한 길이십니다. 그분에 의해서가 아니면 누구도 아버지께로 올 수 없습니다. 그 길을 따라 헤아릴 수 없는 순례자들이 여행을 했으며, 예수 그리스도를 통해 하나님께 이르렀습니다. 야곱이 꿈에서 보았던 사닥다리가 여러분 앞에 있는 것을 보십시오. 그 사닥다리의 밑바닥은 여러분이 서 있는 곳에 있습니다. 하지만 그 꼭대기는 하늘에 계신 언약의 하나님에게까지 도달합니다. 성육하신 하나님의 아들의 인격과 사역과 공로를 경유하여, 여러분은 아버지의 품으로 올라가야 합니다. 그분의 수치스러운 십자가와, 그분의 죽음과 매장과 부활을 경유하여, 여러분은 하나님께 돌아와야 합니다. 여러분에게 다시 한번 상기하거니와, 이것이 유일한 길입니다. 천국과 하나님의 품에 이를 수 있는 다른 입구는 없습니다.

한 사람이 말합니다. "그것을 압니다. 하지만 저는 여전히 돌아갈 수 없다고 느껴집니다." 왜 그럴 수 없습니까? "저의 죄가 심히도 무겁기 때문입니다. 제가 만약 그것을 떨쳐 버릴 수 있다면, 그 때 돌아가겠습니다." 아, 나의 친구여, 그것은 하나님께로 돌아가는 길이 아닙니다. 만약 당신이 스스로의 노력으로 어떻게든 죄를 제거함으로써 하나님께 돌아가려 한다면, 당신은 자기를 의롭게 여기고 자랑하게 될 것입니다. 하지만 그분께 돌아가는 올바른 길은 탕자가 돌아갔던 바로 그 길입니다. 탕자가 돌아와서 처음으로 했던 말은 이것입니다. "아버지 내가 하늘과 아버지께 죄를 지었사오니 지금부터는 아버지의 아들이라 일컬음을 감당하지 못하겠나이다"(눅 15:21). 당신의 죄를 온전히 고백함으로써 하나님께 돌아오십시오. 그분의 존엄하면서도 자애로우신 존전에서 지난날의 많은 죄와 슬픈 이야기들을 속삭이십시오. 그분의 율법을 어긴 죄들, 그분의 복음을 거부한 죄들, 빛을 거역한 죄들, 무지의 죄들, 그분과 그분의 아들과 성령을 거슬렀던 죄들을 아뢰십시오. 죄 짐을 진 사람이여, 두려움으로 가득한 이여, 하나님께로 돌아오십시오. 그분의 아들 예수 그리스도를 통해서, 그분 앞에 모든 것을 자백하십시오. 그러면 용서가 임할 것입니다. 그분의 말씀에 이렇게 기록되었기 때문입니다. "자기의 죄를 숨기는 자는 형통하지 못하나 죄를 자복하고 버리는 자는 불쌍히 여김을 받으리라"(잠 23:13).

한 사람이 말합니다. "아, 예. 하지만 그것이 저에게는 어려운 문제입니다. 저는 죄를 자백할 뿐 아니라 죄를 버려야 하거든요." 진실로 그렇습니다. 만약 당신이 예수 그리스도를 통해 하나님께 돌아오고자 한다면, 그분은 당신이 죄를 버릴 수 있게끔 하실 것입니다. 우리 구주께서 탄생하시기 전에 천사가 요셉에게 말했습니다. "그의 이름을 예수라 하라 이는 그가 자기 백성을 그들의 죄에서 구원할 자이심이라"(마 1:21). 예수님이 주시는 구원은 불신앙으로부터의 구원, 마비된 양심으로부터의 구원, 교만과 정욕과 악함과 시기심과 그 외 모든 종류의 악으로부터의 구원입니다. 당신의 죄들 중에서 어떤 죄를 당신은 간직하고 싶습니까? 너무나 매혹적이어서 아껴두고 싶은 죄가 한 가지 있습니까? 형제여, 당신의 이런 죄들을 차례로 가져오십시오. 주님께 정의의 검을 빌려주시도록 요청하여, 그것들을 차례로 죽여서 주님 앞에 매달도록 합시다. 그것들은 저주받은 것들이기 때문입니다. 그것들 중 어느 한 가지도 아끼지 마십시오. 그것이 또 다른 아각처럼 당신에게 교묘하게 찾아와서 이렇게 말하더라도 온정을 베풀지 마십시오. "진실로 사망의 괴로움이 지났도다"(삼상 15:32). 검으로 모든 죄의 목을 베십시오. 각각의 죄가 귀공자와 같다고 해도, 그것을 죽이고, 십자가에 매다십시오. 그들이 당신의 주님을 매달았던 형틀에 서 있습니다. 그곳에 반역의 죄들을 매다십시오. 그것들을 모두 죽이십시오. 당신이 마치 와츠(Watts) 박사처럼 이렇게 말하는 소리를 듣는 듯합니다.

> "귀하신 주님이 저주의 나무에 달리신 것은
> 나의 죄들 때문이었고,
> 그분이 신음 중에 죽어 가신 것은
> 내 영혼이여, 너 때문이라네.
>
> 오, 내 하나님을 십자가에 못 박았던
> 내 욕망의 죄들을,
> 그분의 살을 찢고 죽음의 나무에 못 박았던
> 내 죄들을 내가 얼마나 미워하는지!
>
> 예, 나의 구속자시여, 그것들은 죽을 것입니다.
> 내 마음이 그렇게 작정하였습니다.
> 내 주님을 피 흘리게 했던
> 악한 죄들을 살려두지 않겠습니다."

기억하십시오. 만약 당신이 그것들을 죽이지 않으면, 그것들이 당신을 죽일 것입니다. 하나님께로 돌이키는 것은 죄로부터의 돌이킴을 포함합니다. 당신은 탕자가 아버지께 돌아왔을 때 한 손에는 도박용 주사위를 들고 다른 손에는 다른 죄의 도구를 들고 왔다고 생각합니까? 그가 돼지의 오물이 묻은 더러운 모습으로 올 수는 있습니다. 그가 굶주림 때문에 비참한 모습으로 올 수는 있습니다. 하지만 그는 자유분방한 삶을 떠나야 하며, 먼 나라에서의 방종을 버려야 합니다. 이런 것들은 그의 아버지의 집에서는 용납되지 않습니다. "아버지, 내가 죄를 지었습니다"라고 말할 때까지, 그는 용서의 입맞춤을 받을 수도 없습니다. 그가 아버지 앞에 선다는 그 사실이, 이전의 죄로부터의 단절이며, 그가 그것들을 버렸다는 것을 의미합니다.

한 사람이 말합니다. "저에게는 또 다른 어려움이 있어요. 저는 저의 죄를 하나님께 고백했습니다. 그리고 그분의 은혜로써 죄를 버리기로 결심했어요. 하지만 저의 과거의 죄를 어떻게 제거하지요?" 그것에 대해 곧 대답하겠습니다.

하지만 우선 본문을 보십시오. 본문은 "돌이키라"고 말합니다. 하나님께 돌아오면 당신은 구원을 받습니다. 당신은 지금 그분을 단순하게 의지함으로써 그분께 돌아올 수 있습니다. 자, 당신의 모든 죄의 원인은 당신이 그분을 의지하지 않는다는 것입니다. 당신이 그분을 의지한다면, 당신은 그분께 순종할 것이며, 행복이란 그분께 대한 순종을 통해 오는 것임을 입증할 것입니다. 당신은 이것이 사실이라고 믿지 않았습니다. 그래서 멀리 떠나 불순종하였으며, 그곳에서 더 큰 행복을 찾을 수 있다고 오해한 것입니다. 하지만 지금이라도 당신이 믿고자 한다면, 모든 것이 당신에게 가능합니다. 당신과 그분 사이의 싸움에서, 그분이 옳고 당신이 틀렸음을 공정하게 인정하십시오. 당신이 그분께 항복하고자 한다면 반역의 무기들을 버리고 이렇게 고백하십시오. "선하신 주님, 이제 모두 끝났습니다. 저는 당신이 정당하고, 참되시며, 은혜로우심을 믿습니다. 저는 당신이 어떻게 정의로우시면서 동시에 저를 용서하실 수 있는지를 이해하지 못합니다. 하지만 하여간 저는 당신께 옵니다. 그리고 당신께 저 자신을 맡기겠습니다. 저는 감히 더 이상 당신을 적대시하지 않겠습니다. 나의 하나님, 나의 창조주, 나의 보호자, 내 아버지, 내 모든 것 되시는 주여, 만약 제가 당신과 화해하지 못한다면 비록 천국을 저에게 주신다 해도 저는 만족할 수가 없습니다. 저는 온 마음으로 당신을 구하나이다." 거기에 구원의 길이 있습니다. 사랑하는 이여, 만약 내가 말한 것이 당신에게 정녕 사실이라면, 이미 당신의 구원은 확실합니다. 하나님을 간절히 구하는 자는 더 이상 하나님의 원수가 아니기 때문입니다. 하나님의 은혜가 이미 당신에게 역사하고 있으며, 그것이 지금 당신을 그분께로 이끌고 있습니다. 그렇지 않다면 이러한 애타는 고민과 강한 열망이 결코 당신의 영혼을 사로잡지 못했을 것이기 때문입니다.

이제 이 본문의 후반부를 중심으로, 주님께로 돌이키는 것뿐 아니라, 주님을 신뢰하는 것에 대해 말하고자 합니다. 주님은 "너희가 돌이켜 조용히 있어야 구원을 얻을 것이라"고 선언하십니다. 하나님께 돌이킬 때에 여러분에게 필요한 것은 그분을 신뢰하는 것입니다. 바로 여기에 당신의 과거의 죄와 관련된 질문에 대한 답이 있습니다. 하나님이 말씀하십니다. "들으라, 너의 지난 죄가 내게로 돌아오는 것을 방해하지 못하게 하라. 나는 너의 죄를 내 아들의 어깨 위에 올려두었다. 나는 그가 마치 범죄자인 것처럼 채찍에 맞는 것을 허용하였다. 나는 그가 마치 행악자인 것처럼 그를 사형집행자에게 넘겨주었다. 나는 나 자신의 칼을 칼집에서 빼었고, 그것으로써 내 사랑하는 아들을 쳤다. 그가 너의 죄를 짊어지고 있는 동안, 나는 그가 홀로 고통 속에서 '나의 하나님 나의 하나님 어찌하여 나를 버리셨나이까?'라고 부르짖도록 방치하였다. 나는 그를 죽음의 쓰라린 고통을 견디도록 내어주었고, 그럼으로써 너에게 합당한 진노를 그가 감당하도록 하였다. 그가 너의 모든 죄의 형벌을 짊어졌으니, 이제 너는 내게로 오라. 내게로 와서 쉬어라."

내 사랑하는 청중이여, 내가 여러분에게 설교하는 동안 여러분 중에서 일부가 내 말을 따르지 않고, 내가 여러분에게 권고하는 바를 행하지 않는다면 나는 매우 슬플 것입니다. 나는 내가 설교하는 동안, 여러분 중에 많은 이들이 성령의 은혜의 감화력에 이끌리어 하나님께로 돌이키기를 소망합니다. 여러분이 그분께로 돌이키면서 여전히 과거의 죄에 대한 기억으로 어려움을 느낀다면, 하나님께서 바로 여러분 같은 죄인들을 위하여 행하신 일을 생각하며 안식하십시오. 그분은 속죄의 제물로 그리스도를 주셨습니다. 그러므로 그분 안에서 안식하십시오. 이 말을 하기에는 차마 떨리더라도, 이렇게 말하십시오. "나는 오직 속죄의 희생물이 되신 예수님만 의지합니다. 내 모든 죄에도 불구하고 내 영혼은 그분을 신뢰합니다." 이것이 바로 여러분이 구원을 얻는 방법입니다. 여러분의 행함으로도 아니고, 여러분의 눈물로도 아니며, 심지어 여러분의 기도로도 아니라, 오직 주님을 신뢰함으로써 구원을 얻는 것입니다.

나는 여러분의 구원 이후의 삶에서는, 일하고 울고 기도하게 될 것이라고 믿습니다. 여러분의 거룩한 행위들이 풍성해질 것이라고 믿습니다. 하지만 구원을 얻기 위해서라면, 여러분은 단순하게 예수님께 나아와서 그분을 신뢰해야 합니다. 그렇게 할 수 없단 말입니까? 그렇게 할 수 없다면, 왜 그렇게 할 수 없는지를 내가 말하지요. 그것은 당신이 너무 약하기 때문이 아니라, 너무 강하기 때문입니다. 사람으로 하여금 안식할 수 없게 하는 것은 힘입니다. 의지하게 만드는 것은 약함입니다. 더 연약하고 힘이 없을수록, 사람은 다른 것에 더 쉽게 의지하려고 합니다. 당신의 힘이 당신을 파괴할 것입니다. 당신이 상상하는 선함이 당신을 망칠 것입니다. 당신 자신의 행위들이 당신을 파멸로 이끌 것입니다. 이제 전능하신 구주께로 나아와 온전히 그분께만 기대십시오. 그분이 당신을 위해 창에 찔리셨으니, 그로 인해 당신은 나음을 받습니다. 구원을 받은 이후에, 당신은 하나님이 주신 강한 힘으로써 주를 위해 수고할 것입니다. 하지만 지금 당장은, 주께로 돌아오십시오. 그분 안에서 쉬십시오. "돌이켜 조용히 있어야 구원을 얻을" 것이기 때문입니다.

"아 예, 그렇지만 지금의 제 상태가 너무 좋지 않습니다"라고 한 사람이 말합니다. "저는 과거의 죄에 대해서는 지나치게 근심하지 않습니다. 하나님께서 용서해주셨다고 믿기 때문입니다. 하지만 현재 제 마음이 굳은 것과 하나님께로부터 멀어진 상태가 슬픕니다." 내 형제여, 어서 오십시오. 주님께로 돌아오십시오. 당신의 마음은 그분에게서 멀리 떨어져 있는 동안은 결코 더 부드러워지지 않습니다. 내가 이 강단에서 얼마나 수없이 말했습니까? 만약 당신이 상한 심령을 가지고(with) 그리스도께 올 수 없다면, 상한 심령을 위하여(for) 그리스도께 오십시오. 그분께 합당한 상태로 올 수 없는 처지라면, 어쨌든 현재 가능한 상태 그대로, 어떤 모습으로 나아와야 하는지를 배우기 위해서라도 그분께 오십시오. 당신의 상태가 상당히 나쁜 것은 사실입니다. 하지만 그리스도께서는 "의인을 부르러 온 것이 아니요 죄인을 불러 회개시키러" 오셨습니다. 헐고 피 흘리는 당신의 상처들은 당신에게 지혜로운 의사의 돌봄과 기술이 필요하다는 것을 입증할 뿐입니다. 당신이 치유될 때까지 그분에게서 떨어져 있으려 하지 마십시오. 오히려 그분에게 와서, 치료를 받으십시오. 지금 그분에게 오십시오. 그리고 당신이 예수님께 올 때는, 당신의 과거와 현재와 미래의 모든 사정을 그분의 손에 맡기십시오. 그분을 신뢰하고 안식하십시오. 이렇게 말하십시오. "나는 믿습니다. 그분이 내 과거의 죄를 용서하실 수 있듯이, 그분은 내 현재의 마음의 완고함도 제거하실 수 있을 것입니다. 그분이 내 육체에서 돌처럼 굳은 마음을 제하시고, 살 같이 부드러운 마음을 주실 수 있음을 믿습니다."

"저를 괴롭히는 것은 미래입니다"라고 또 다른 사람이 말합니다. "저는 주님께 돌아가고 싶고, 그분 안에서 안식하기를 간절히 원합니다. 하지만 저는 앞으로 올 날들에서 죄를 지을 것이 두렵습니다. 비록 저의 옛 삶과 결별하려고 노력을 한다 해도, 다시는 그 시절로 돌아가지 않을 거라고 확신할 수가 없습니다." 내 친구여, 당신이 더 이상 당신 자신을 신뢰할 수 없음을 깨닫는 것은 좋은 일입니다. 하지만 바로 그것이 당신을 결코 버리지 않으실 그분을 의지해야 할 이유입니다. 그러므로 주 예수 그리스도께로 와서, 과거와 현재의 문제에서 그분을 의지하듯이 미래와 관련해서도 그분을 의지하십시오. 당신은 바울이 디모데에게 쓴 글을 읽어보지 못했습니까? "내가 믿는 자를 내가 알고 또한 내가 의탁한 것을 그 날까지 그가 능히 지키실 줄을 확신함이라". 당신이 해야 할 일이 바로 이것입니다. 미래의 모든 일들 곧 미래의 유혹들과 시련들과 슬픔과 죄들과 관련해서도, 당신 자신을 그리스도께 맡기고, 거기서 안식하는 것입니다.

여기에 과거를 위한 구원이 있으며, 현재와 미래를 위한 구원이 있습니다. 여기에 완벽한 구원이 있습니다. 그곳에 이르는 방법은 하나님께 돌이키고 그분을 신뢰하는 것입니다. 오, 여러분 중 많은 이들이 그렇게 할 수 있도록 성령께서 은혜롭게 인도하시길 빕니다! 나는 여러분에게 복음을 매우 단순하게 전해야 한다고 느낍니다. 내가 다른 주제를 여러분에게 제시하려고 시도하거나, 심지어 이 주제를 말할 때에도 어떤 멋진 말들로 표현하려고 시도하는 것을 하나님이 금하십니다! 나는 계속해서 이 시구처럼 말해야 한다고 느낍니다.

"예수님과 그분의 사랑에 관한
오래되고, 오래된 이야기."

오늘 아침 예배 후에, 나는 사랑하는 한 친구를 보러 갔습니다. 그는 불과 얼마 전까지 우리와 함께 있었으나 어제 오후에 죽었습니다. 흐느껴 우는 그의 아내와 형제와 함께 그의 침상 곁에 무릎을 꿇었을 때, 나는 내 친구가 그의 침묵의 입술로 나를 크게 부르며 요청하는 소리를 듣는 듯했습니다. 계속해서 그리스도를 전하라고, 내가 사는 날 동안 오직 그리스도 외에는 아무것도 전하지 말라고 하는 요청의 음성이었습니다. 이렇게 갑작스럽게 본향으로 부름을 받은 내 친구는 삶의 절정기에 있었고, 따라서 그의 죽음은 내게 상당한 충격이었습니다. 그를 찬찬히 응시하는 동안, 그의 입술이 이미 닫혀졌고, 그의 눈은 이 세상에서 다시 뜨지 않을 거라는 사실이 차마 믿겨지지 않았습니다. 만약 이런 소환 명령이 여러분 중에서 아직 예수님을 믿지 않는 누군가에게 임했다면, 그것은 내게 훨씬 더 큰 슬픔이었을 것입니다. 죄와 불법 속에서 죽어 우리를 떠나게 되는 것은 영원한 멸망임을 알기 때문입니다.

형제여, 당신은 그리스도를 당신의 구주로 영접하겠습니까? 아니면 그분을 영접하기를 거절하겠습니까? 설혹 이것이 힘든 분투와 수고를 요구하는 일이라 해도, 그것은 그런 노력을 기울일 만한 가치가 있습니다. 하지만 복음의 메시지가 단순히 "믿고 구원을 받으라"는 것일 때, 그리고 당신이 그리스도를 믿기만 하면 그분이 기꺼이 당신에게 새롭고 더 고귀한 삶을 살 수 있도록 힘을 주고자 하실 때, 거룩한 능력으로써 죄를 극복하게 하시고 때가 되면 당신이 그분처럼 될 수 있는 은혜를 주고자 하실 때, 그런데도 당신은 이런 큰 은혜를 거절하겠습니까? 당신은 천국의 연회를 마다하고, 바깥에서 굶주린 상태로 머물겠습니까? 만약 그렇다면, 당신의 피가 당신의 머리에 쏟아질 것입니다. 하지만 하나님께서 무한한 긍휼로 당신의 영적인 자살을 막으시고 당신을 구원해주시길, 그로 인해 영원 무궁히 찬미를 받으시길 빕니다.

나는 프랑스 갤리선(galley, 노예나 죄수로 하여금 노을 젓게 했던 배)을 순시하였던 한 귀족의 이야기를 읽은 적이 있습니다. 그는 외국에서 온 대사였으며, 프랑스 왕은 그에게 경의를 표하기를 원했습니다. 그래서 그가 갤리선들이 있는 곳에 갈 때, 죄수들 중의 한 사람을 석방시키고자 한다면 그를 풀어주겠노라고 말했습니다. 그래서 그 대사는 다음의 방식으로 사면을 베풀 사람을 찾아내고자 했습니다. 그는 첫 번째 만난 사람에게 이렇게 묻는 것으로 시작했습니다. "당신은 어떻게 해서 이곳에 오게 되었습니까?" 그 사람이 대답하기를, 그가 나쁜 짓을 하기는 했지만, 그는 전적으로 다른 사람들에 의해 이곳에 끌려오게 되었고, 그러므로 그 사람들이 훨씬 나쁘다는 식으로 말했습니다. 그 대사가 다른 사람에게 질문하자, 그는 자신이 전적으로 무죄라고 대답했습니다. 그는 결코 어떤 범죄도 저지르지 않았으며, 거짓 증인들 때문에 유죄 선고를 받았다고 했습니다. 죄수들의 대답은 계속해서 그런 식이었습니다. 그 대사는 그런 종류의 "무죄"인 사람들을 상당히 많이 만났습니다. 하지만 그는 마침내, 마땅한 잘못의 대가로서 그곳에 왔다고 솔직하게 시인하는 한 사람을 만났습니다. 그가 무엇을 했을까요? 그는 언급하기도 부끄러운 그런 죄들을 범했습니다. 하지만 많은 질문들에 대한 대답으로 그는 자신의 죄들을 언급하면서 이렇게 말했습니다. "저는 이곳에서 고통을 겪어야 마땅하며, 그나마 사형 선고를 받지 않은 것이 기쁠 뿐입니다. 저는 사형을 당해야 마땅했으니까요." 이에 그 대사가 말했습니다. "명백히, 당신은 너무나 나빠 이곳에서 이 모든 '무죄'인 사람들과 함께 지내는 것이 맞지 않으므로, 나는 당신에게 사면을 베풀겠소이다."

그는 자신이 원하는 누구에게든 사면을 베풀 권한이 있었고, 그는 그런 방식으로 사면 대상자를 선택했습니다. 누구든 원하시는 자에게 용서를 베풀 권한을 가지신 주님께서 사면 대상자를 선택하신다면, 그 선택은 사면이 합당치 않다고 느끼며 오히려 하나님의 진노에 합당하다고 느끼는 자에게 돌아갈 것입니다. 주께서 말씀하십니다. "너는 사면을 받기에 합당치 않다고 인정하였으니, 네가 바로 사면을 받을 자이다."

2. 성도들의 힘과 관련된 메시지

이제 나는 하나님의 자녀들을 향한 본문의 메시지를 하나님의 백성들에게 말하고자 합니다. "잠잠하고 신뢰하여야 힘을 얻을 것이라." 오 사랑하는 이여, 이 얼마나 복된 메시지인지요!

"잠잠하고 신뢰하여야 힘을 얻을 것이라." 이는 이 죽을 인생의 모든 시련들과 고난들에 관해서도 진실입니다. 나는 여러분이 어떤 사업상의 어려움을 겪고 있다고 상상합니다. 지금 상업계에서는 많은 불안 요인들이 있습니다. 아마도 그것이 여러분 중 어떤 이들을 불안하고 떨게 만들 것입니다. 하지만 그렇다고 해도, 부차적인 문제들로 인해 너무 쉽게 요동하지 말고, 그것들 때문에 흥분하거나 낙심하지도 마십시오. 세상적인 모든 일들에 대해서는 느긋하게 앉아 보이지 않으시는 하나님을 굳게 붙드십시오. 조급해하거나, 염려하거나, 서두르는 것으로는 어떤 유익도 얻지 못합니다. 잠잠하고 고요하십시오. 여러분이 하나님의 자녀라면 모든 일이 잘 될 것입니다.

아마도 당신의 시련이 개인적인 질병일 수도 있습니다. 그런 경우에도, 잠잠히 신뢰하는 것보다 더 좋은 것은 없습니다. 당신의 의사는 당신이 마음을 차분하고 편안히 가진다면 좋은 환자라고 말합니다. 이 세상에서 염려하는 것은 당신의 병을 지속시킬지언정 회복에 도움을 주지는 않습니다. 하나님이 정하신 기간 동안 당신은 아플 것입니다. 하지만 당신의 치유에 도움이 되는 것이 있다면, 그것은 잠잠히 신뢰하는 것입니다. 친구를 잃었습니까? 가정에 큰 슬픔이 있습니까? 새로 만든 무덤에 당신의 사랑하는 이를 묻었습니까? 내 형제여, 혹은 내 자매여, 그런다고 사랑하는 이를 다시 데려올 수는 없습니다. 그런 일을 바라서는 안 됩니다. 불가피한 일은 받아들이는 것이 현명합니다. 은혜로우신 당신의 하나님의 뜻에 복종하는 것이 은혜로운 일입니다. 무슨 일을 하여도, 잠잠히 신뢰하는 것보다 슬픔에 빠진 당신의 심령에 도움이 되는 일은 없습니다. 잠잠히 신뢰하는 것이야말로 정녕 당신의 힘입니다. 사별(死別)에 버금가는 슬픈 일을 겪었습니까? 당신이 사랑하는 사람이 매일 고통을 겪습니까? 당신이 사랑하는 이가 몇 주간 계속해서 무덤의 가장자리에 누운 것처럼 보입니까? 그것이 당신이 짊어져야 하는 삶의 십자가입니까? 형제여, 그것 때문에 불평을 하는 것은 소용이 없습니다. 그것을 거부하려고 해도 유익이 없습니다. 주님의 뜻에 복종할 뿐 아니라, 그 뜻에 순순히 따를 수 있는 은혜를 구하도록 합시다. 잠잠하고 신뢰하는 것이 우리의 힘이기 때문입니다. 우리는 종종 너무 많은 일을 하려고 하고, 종종 실제로 너무 많은 일을 함으로써 모든 것을 망칩니다. 우리는 불평하고 염려하지만, 불평하고 염려한다고 해서 유익을 얻는 것은 전혀 없습니다. 하지만 우리가 주님을 바라고 기다리는 법을 배운다면, 우리는 힘을 새롭게 할 것입니다. 우리는 독수리처럼 날개를 치며 오를 것입니다. 달려가도 피곤치 않을 것이며, 걸어가도 피곤치 않을 것입니다. 나는 지금 하나님의 지친 자녀들을 위해 말하고 있습니다. 처한 상황이 어떠하든지, 이 본문의 메시지를 심사숙고하기를 촉구합니다.

조바심을 내는 것은 약해지는 것입니다. 불평하고 씩씩댄다고, 꾀를 내어 계획을 세운다고, 혹은 당황하여 서둔다고 해서 조금인들 힘을 얻겠습니까? 여러분은 창세기를 읽으면서 아브라함에서 야곱에 이르기까지 얼마나 큰 몰락이 있었는지를 주목해야 합니다. 아브라함은 얼마나 대단한 사람인지요! 그는 거의 왕과 같으며, 아니, 왕들도 그 족장에 비하면 난쟁이들에 불과합니다. 그가 그처럼 위대했던 것은 하나님을 믿었기 때문입니다. 하지만 야곱을 보십시오. 그는 속이고 흥정하는 사람이며, 끊임없이 속이거나 속임을 당하는 사람입니다. 어떤 이들에 의하면 야곱은 상업에 뛰어난 사람으로 간주됩니다. 그처럼 예리하고 머리가 비상하니 말입니다. 그렇습니다. 그는 매우 교묘하고 지능적인 사람이었습니다. 하지만 아브라함은 교묘하거나 지능적인 것과는 다른 차원의 지혜를 가졌습니다. 그는 하나님을 신뢰하였기에, 야곱처럼 하나님과 조건을 걸고 흥정하는 따위의 일은 생각조차 하지 않았습니다. 조용한 위엄이 믿음의 사람의 특징입니다. 동요하는 연약함이 불신자의 특징인 것과 마찬가지 차원입니다. 그리스도 안에서 형제와 자매들이여, 하나님께서 여러분을 강하게 하시기를 바랍니다. 여러분이 오랫동안 빠졌던 초조와 염려를 가져가시고, 여러분에게 장래의 힘이 될 잠잠한 신뢰를 주심으로써 그렇게 하시길 바랍니다.

더 나아가, 조바심과 염려가 우리를 분산시키지만, 침착과 신뢰는 많은 긴급한 상황에서 우리에게 도움을 줍니다. 나는 한 상인을 압니다. 그는 재정적인 손실을 입고 있었고, 매우 동요되고 떨고 있는 것을 느꼈습니다. 이마에 땀이 났습니다. 만약 그가 더 이상 그런 상태를 지속했더라면, 그는 더 큰 돈을 잃었을 것입니다. 하지만 별안간 그가 벌떡 일어서더니, 어느 조용한 구석으로 살짝 빠져나갔습니다. 간략하지만 간절한 기도를 하나님께 드린 후 제자리로 돌아왔고, "이제는 어떤 일에도 준비가 되었습니다"라고 느꼈습니다. 침착하고, 조용하며, 평온해진 것입니다. 그가 하나님을 잊고 있는 동안, 그는 산만했고, 그를 둘러싼 일들이 그를 지배했습니다. 하지만 그가 주님께 자신의 어려움을 아뢰고 돌아왔을 때, 더 이상 자기를 신뢰하지 않고 하나님을 신뢰했을 때, 그는 매우 달라졌고 훨씬 더 나아졌습니다. 그곳에서 그는 침착하고 냉정했으며, 조금 전까지만 해도 도무지 감당할 수 없을 것 같은 일들을 모든 지혜를 동원하여 대처할 준비가 되었습니다. 사랑하는 이여, 하나님을 신뢰하십시오. 그분을 신뢰하는 믿음이 당신의 시야를 밝혀주고, 당신의 판단력을 건전하게 유지시켜 줄 것입니다. 힘든 싸움 중에서도 하나님을 신뢰하십시오. 어떤 사람의 팔도 당신의 팔보다는 강하지 못할 것이기 때문입니다. "잠잠하고 신뢰하여야 힘을 얻을 것이라."

또한 이 잠잠한 신뢰는 종종 우리가 힘을 낭비하여 실패로 끝나는 것을 막아줍니다. 오, 성가시고 분주한 노력들을 우리는 얼마나 많이 하는지요! 나 역시 그래왔다는 것을 알며, 그것을 고백하려고 합니다. 나에게는 바로잡아야 할 일들이 많았으며, 그래서 나는 애쓰고 또 애를 썼습니다. 하지만 내 모든 노력에도 불구하고 그 일들은 악화되기만 했습니다. 그것은 마치 일전에 어느 자매가 가졌던 엉킨 실타래와도 같았습니다. 그녀는 서둘러서 그것을 풀려고 했지만 오히려 많은 매듭만 만들고, 세상에 있는 누구도 그 매듭을 풀 수 없게 되어 버렸습니다. 하지만 또 다른 때에는, 엉킨 실타래가 있었지만, 그녀는 침착하고 조용히 그것을 잡고는 실을 이리저리로 빠져나가게 하더니, 결국 매우 신속하게 그 모든 엉킨 것을 풀 수 있었습니다. 그녀의 차분함이 난국에서 빠져나갈 길을 보도록 도왔던 것입니다. 하지만 우리는 종종 너무 서둘러 일을 처리하려고 하다가, 애초에 하나님께 도움을 구했더라면 적절하게 해결하는데 소비되었을 시간보다 세 배나 길게 시간을 소비해 버립니다.

잠잠히 신뢰하는 상태가 되기 위해서는 하나님의 은혜가 필요함을 나는 압니다. 하지만 그리스도 안에서 형제와 자매들이여, 여러분이 그 상태에 들어갔다면, 그 상태를 유지하라고 호소합니다. 하나님과 친밀하게 동행하고 결코 그런 의식을 놓치지 마십시오. 나는 친우회(Society of Friends)의 특징이 되는 정신을 언제나 칭찬합니다. 일반적으로 퀘이커(Quaker)교도의 정신은 차분하고, 조용하며, 신중합니다. 그런 종류의 정신이 절대적으로 완벽한 것은 아닙니다. 나는 거기에도 무언가 결핍된 것을 볼 수 있습니다. 하지만, 그런 종류의 정신이 흔히 우리 친구들에게서 볼 수 있는 정신보다는 훨씬 더 낫다고 할 수 있습니다. 나는 우리 모두가 그런 정신을 가지게 되기를 바랍니다. 차분하고, 조용하며, 침착하며, 어쩌면 하나님에 의해 사로잡힌 정신입니다. 나는 그것이 설교자들이 지녀야 할 정신이라고 믿습니다. 우리는 우리 자신이 견고한 토대에 굳게 서 있을 때 다른 사람들을 최대한 감동시킬 수 있습니다.

젊은이여, 당신이 종종 그러하듯이 이성을 잃을 필요가 없습니다. 발을 구르는 것으로 영혼을 구원하지 못하며, 성경을 탁탁 치거나, 목청껏 소리를 높이는 것으로 영혼들을 구하지 못합니다. 당신의 마음 밑바닥에서부터, 뜨거운 정신으로, 청중들에게 들을 만한 가치가 있는 무언가를 말하십시오. 그리고 그 설교에 복을 주시도록 하나님께 기도하십시오. 당신은 설교에서조차 잠잠하고 신뢰하는 것이 당신의 힘인 것을 발견할 것입니다. 천둥이 번개는 아니며, 큰 소리를 지른다고 효과를 많이 보는 것은 아닙니다. 하지만 당신이 침착하면서도 진지하게 진리를 선포한다면, 그리고 건전한 감각으로 사람들의 양심에 그것을 심어준다면, 당신은 하나님이 당신의 메시지에 복을 주실 것을 타당하게 기대할 수 있습니다.

나는 이 본문에 기록된 규칙이 삶의 시련과 고난에만 적용될 뿐 아니라 많은 다른 문제들과 관련해서도 유효하다고 믿습니다. 토론을 할 때, 그리고 반대에 직면할 때에도, "잠잠하고 신뢰하여야 힘을 얻을 것이라." 우리들 중 일부는 우리가 진리라고 믿는 바를 옹호하기 위해 종종 논쟁을 할 수밖에 없습니다. 토론에 참여할 때 내가 항상 목표로 삼는 한 가지가 있는데, 그것은 내 반대자들이 나로 하여금 분통을 터뜨리지 못하게 하는 것입니다. 내가 흥분하고 화를 내는 것에 비례하여 힘을 잃게 되는 것을 나는 압니다. 나는 진리의 힘으로써 내 상대를 이기려고 애써야 합니다. 하지만 그가 무슨 말을 해도, 나는 그로 하여금 내 기분을 상하게 만들었다고 느끼게 해서는 안 됩니다. 만약 그랬다면, 그 정도만큼 그가 나를 이긴 것입니다. 여러분은 불신자와의 모든 대화에서 이것을 하나의 규칙으로 삼아야 합니다.

만일 당신이 그리스도인 여성이고, 당신의 남편이 회심하지 않았다면, 그가 화난 목소리로 말하더라도 같은 식으로 대꾸하지 말 것이며, 오직 이 말씀을 기억하십시오. "잠잠하고 신뢰하여야 힘을 얻을 것이라." 때때로 그의 말이 비수로 당신을 찌르는 듯하고, 당신이 실족할 것이 두려워져도, 이 귀한 진리를 단단히 부여잡고, 그리스도를 굳게 붙들 것이며, 전능하신 하나님의 은혜를 의지하십시오. 대꾸하지 마십시오. 잠잠하십시오. "조용한 혀"에 관한 옛 속담을 알지 않습니까? 나는 그 속담의 순서를 바꾸겠습니다. 왜냐하면 나는 "조용한 혀가 지혜로운 머리를 만든다(a still tongue makes a wise head)."고는 믿지 않기 때문입니다. 하지만 지혜로운 머리는 혀를 잠잠하게 만들며, 특히 가족의 문제에서 그러합니다. 그리스도인 아내들과 그리스도인 남편들이여, 비록 여러분 스스로는 그리스도를 위하여 화를 낸다고 생각하겠지만, 그럼으로써 큰 실수를 할 수 있습니다. 만약 여러분이 그리스도를 위하여 인내해야 할 것을 잠잠하고 침착하게 감당한다면, 그 편이 훨씬 나을 것입니다. 여러분은 여러분을 화나게 만드는 사람을 위해서라도 이렇게 해야 합니다. 오, 아내들이여, 여러분은 여러분 자신이 믿지 않는 남편들을 구원하는 수단이 될 수도 있음을 알지 않습니까? 그리고 남편들이여, 여러분이 믿지 않는 아내를 그리스도께로 인도하는 수단이 될 수도 있습니다. 마치 그리스도께서 지상에 계실 때 그러하셨던 것처럼 그리스도인의 침착함을 보임으로써 그렇게 될 수 있습니다.

여기에 한 여성이 있습니다. 그녀의 위치를 정확히 알지는 못하지만 하여간 그녀는 여기에 있습니다. 그녀의 남편은 내게 불평했습니다. 그녀가 안식일에 이곳에 두 번씩 올 뿐 아니라, 주중에 있는 저녁 예배에도 항상 참여하면서, 남편과 가족들과, 그리스도인 여성이라면 해야 할 가정의 의무들은 팽개쳐 둔다고 말입니다. 누군가 말합니다. "오, 그 여인이 누구인지 궁금하군요!" 음, 이런 설명이 적용될 만한 사람은 한 사람 이상일 수 있습니다. 그리고 만약 그 모자가 당신에게 맞으면, 당신이 그 모자를 쓰기를 바랍니다. 나는 여러분의 기독교 신앙이 다른 사람들을 화나게 만드는 불필요한 원인이 되게 하지 말라고 호소합니다. 여러분의 삶의 양식을 여러분 주변의 사람들에게 맞추도록 노력하고, 그렇게 함으로써 회심하지 않은 어떤 사람도 진정으로 이렇게 말할 수 없도록 하십시오. "내 아내가 그리스도인이어서 내 삶은 정말이지 비참하게 되었어." 혹은 "내 남편이 그리스도인이어서 내 삶은 엉망이 되고 말았어." 당신의 남편으로 하여금 믿지 않는 배우자와 함께 있는 것에 비해 두 배나 행복하게 만들도록 노력하십시오. 그래서 얼마 후에는 그가 이렇게 말할 수밖에 없도록 하십시오. "설교 들으러 가는 것을 그렇게 좋아하다니 내 아내는 이상한 여인이야. 하지만 그녀 때문에 감사하다네! 그녀가 우리 가정을 행복하게 만들었어. 어떤 여인도 그녀가 자녀들을 돌보는 것보다 더 잘 돌보지는 못할 거야." 만약 여러분이 그리스도인 남편이고 아내의 영혼을 구하고자 하든지, 혹은 그리스도인 아버지로서 자녀를 구하고자 한다면, 혹은 그리스도인 자녀로서 아버지를 얻고자 한다면, "잠잠하고 신뢰하는" 행동의 침착성과 일관성으로 그렇게 할 수 있을 것입니다. 속상한 말을 하거나, '바가지'를 긁거나, 말다툼을 함으로써가 아니라, 잠잠하고 신뢰함으로써 여러분은 힘을 얻을 것입니다.

마지막으로, 그리스도인의 모든 수고와 투쟁에서, 잠잠히 신뢰하는 것이 우리의 힘이 될 것입니다. 주 예수 그리스도를 위하여 영혼들을 얻으려고 애쓰며 나아갈 때, 마치 밀렵꾼들처럼 다른 사람들의 땅에 몰래 숨어들어가 사냥감을 훔치듯이 나아가지 말도록 합시다. 그래서는 안 됩니다. 내 친구들이여, "땅과 거기에 충만한 것들이 다 여호와의 것"입니다(시 24:1). 하나님께서 우리를 불러 그분을 위해 어디든 가라고 하실 때, 불법 침입자들처럼 가지 맙시다. 땅의 모든 부분이 그리스도의 것이기 때문입니다. 여러분이 가난한 하숙집에 가서 전도하든, 혹은 감옥의 수용자들에게 말할 때, 살려주기를 바라는 태도로 말하지 마십시오. 오히려 용기 있게 메시지를 전할 것이며, 그리스도를 위해 대사로 보냄을 받은 사람으로서 말하십시오. 일전에 욕설을 한 적이 있던 그 불경건한 사람을 위하여, 적당한 기회를 보아 말하십시오. 모욕적으로 말하지 말고 온유하게 말하되, 하나님의 이름으로 말하는 것에 대해서 용서라도 구해야 하는 것처럼 비굴하게 굴지 마십시오. 주님을 사랑하는 우리, 그분의 은혜의 사역을 위해 보내심을 받은 우리는 여기서 고상한 입장을 견지해야 합니다. 또한 그분은 복음의 부르심을 들은 우리 각 사람을 보내십니다. "듣는 자도 오라"(계 22:17)고 그분이 말씀하셨기 때문입니다. 그러므로 가서 사람들에게 "예수님께 오시오"라고 말하십시오. 만유의 주이신 그리스도에 의해 보내심을 받았으므로, 무릎을 꿇고서 그들에게 접근하지 마십시오.

오래전에 중국 황제는 그 앞에 다가오는 모든 외국 대사들은 땅에 엎드려야 한다고 주장했습니다. 우리나라의 제독들 중의 하나가 몇 척의 포함(砲艦)을 정박시키도록 요청하는 작은 업무가 있어 황제에게 갔습니다. 그가 황제와 대담을 나누었을 때, 영국 사람은 황제 앞에 엎드리지 않을 것이라고 말했습니다.

그와 마찬가지로 여러분도 세상으로 나아갈 때에, 특히 젊은이들이여, 마치 신앙을 부끄러워하는 듯이 소심하게 일터로 가지 마십시오. 정작 부끄러워해야 할 사람이 있다면, 신앙을 갖지 않은 사람이 바로 그런 사람입니다. 그런 사람에게는 그렇게 느끼도록 만드십시오. 어쨌든, 그로 하여금 당신이 그리스도인이라는 사실이 부끄러워해야 할 어떤 이유라도 되는 듯이 느끼도록 만들지 마십시오. 만약 당신이 귀족의 아들이라면, 당신은 애써 당신의 가문을 숨기려고 하지 않을 것입니다. 마찬가지로, 만약 당신이 하나님의 자녀라면, 그 복된 사실을 숨기려고 하지 마십시오. 당신의 신앙을 과시하는 태도로 나타낼 필요는 없겠지만, 동시에 그리스도께서 당신의 구주와 주이심을 고백하는 것을 비굴하게 두려워하지도 마십시오. 거룩한 담대함을 가지고 하나님을 위해 떳떳하게 말하되, 합당한 겸손의 정신으로 하나님이 당신에게 베푸신 모든 은혜로 인하여 그분께 영광을 돌리십시오.

삶의 수고는 곧 끝날 것이며, 삶의 전투도 그러할 것입니다. 우리 주님께서 먼저 돌아오시지 않는다면, 정해진 시기에 우리는 죽을 것입니다. 우리 각 사람에게 정해진 시각이 가까워지고 있습니다. 그 때 우리는 무엇을 할까요? 사랑하는 이여, 그 때에도 예수님을 믿고서 잠잠하고 신뢰하는 것이 우리의 힘이 될 것입니다. 우리는 "사제"를 불러와서 어떤 신비스러운 의식을 거행하려고 친구들을 보내지 않을 것입니다. 그리스도는 우리에게 필요한 모든 것이 되시며, 우리에게는 그분이 있습니다. 우리는 어떤 날이든 완벽한 평온의 상태에서 죽을 수 있습니다. 나는 침착하고 조용한 죽음을 맞는 그리스도인을 보는 것을 좋아합니다.

유명한 주석가인 벵겔(Bengel)의 죽음에 대한 생각은 너무나 아름다워 언제나 나를 감동시킵니다. 그는 이렇게 말했습니다. "나는 죽음에 대해 소란을 피울 것이 전혀 없다고 생각한다. 우리는 매일 사는 것처럼, 또한 매일 죽어야 한다. 죽음이 올 때, 그것은 삶의 일부에 지나지 않을 것이다. 마지막 순간은 나팔들의 화려한 팡파르가 아니라, 모든 장면의 자연스러운 마무리일 뿐이다." 그는 또 말했습니다. "나는 마치 동무들과 함께 지내다가, 내가 필요하다는 전갈을 받고는, 그에 관해서 아무런 말도 하지 않은 채 조용히 방에서 빠져나오는 것처럼, 그렇게 죽고 싶다. 곧 내 친구들은 내가 떠난 것을 알게 되겠지." 정확하게도 그는 그렇게 죽었습니다. 그가 쓴 주석의 마지막 페이지 교정본을 끝맺으면서 그는 별안간 이 땅을 떠났고, 지금은 그가 사랑했던 주님과 함께 있습니다. 오, 복된 죽음의 방식이로다!

나는 내 사랑하는 할아버지께서 돌아가시기 얼마 전에 하셨던 말씀을 종종 여러분에게 들려주곤 했습니다. 내 숙부이신 제임스가 와츠(Watts) 박사의 찬송을 그에게 불러주기 시작했습니다.

"나의 소망과 의지가 되시는 나의 주여,
땅이 견고하듯이 당신의 복음은 굳게 서리이다."

"아, 제임스!" 그가 말했습니다. "그 구절은 지금 나에게 소용이 없군. 땅은 전혀 견고하지 않으니 말이야. 나는 그것이 내 발 밑에서 허물어져가는 것을 발견해. 이제 나는 떠나서 내 하나님을 만나려 하니, 의지할 것으로 땅보다 더욱 견고한 무언가를 원해. 그렇고말고, 제임스." 그는 이 말을 덧붙였습니다. "나는 그 훌륭한 박사님의 이런 찬송을 더 좋아하지."

"그의 보좌와 같이 그의 약속도 견고히 서리니
그분은 내가 그의 손에 의탁한 것을
최후의 시각까지
잘 보존하실 수 있으리."

그는 말했습니다. "바로 그것이란다, 제임스. 그 찬송에서 우리는 하나님의 주권과 주권적인 은혜를 발견하지. 내 아들아, 그런 교리는 삶에서든 죽음에서든 너의 영혼을 편히 쉬게 하는데 도움을 준단다." 조용히 그런 말씀을 하시면서, 오래도록 그가 섬겨왔던 신실하시고 불변하시는 하나님을 잠잠히 신뢰하며 그는 눈을 감았습니다. 그리고 본향으로 가셨습니다. 마치 노동자가 하루의 일을 마치고 집으로 간 것처럼 말입니다.

사랑하는 이여, 여러분과 나도 곧 집으로 갈 것입니다. 나는 우리가 얼마 동안 이곳에 머물는지 모릅니다. 여러분 중에 일부는 곧 가게 될 것이며, 어쩌면 내가 그럴 수도 있습니다. 우리는 준비가 되어 있기에 언제 떠나는가 하는 문제는 그다지 중요하지 않습니다. 일전에 내가 "아무개가 본향으로 갔습니다"라고 말했을 때, 사랑하는 오랜 친구가 내게 말했습니다. "그곳보다 더 좋은 곳이 어디 있겠나?" 아아, 그렇습니다! 그가 그의 아버지이자 하나님께로 간 곳보다 더 좋은 곳이 어디 있겠습니까? 마지막 날에, 우리는 슬퍼하지 않을 것이며, 염려하지도, 근심하지도, 의문을 품지도, 의심하지도, 두려워하지도 않을 것이라고 나는 믿습니다. 그 때에도 잠잠히 신뢰하는 것이 우리의 힘일 것입니다. 예수 그리스도를 위하여, 하나님께서 그렇게 되도록 은혜를 베푸시기를 빕니다! 아멘.

제
22
장

기다리시는 하나님과 기다리는 백성

"그러나 여호와께서 기다리시나니 이는 너희에게 은혜를 베풀려 하심이요 일어나시리니 이는 너희를 긍휼히 여기려 하심이라 대저 여호와는 정의의 하나님이심이라 그를 기다리는 자마다 복이 있도다."—사 30:18

유다 백성들은 적으로부터 급히 구원을 받아야 했습니다. 앗수르인들이 큰 군대를 이루어 다가왔고, 온 땅을 그들의 군사로 뒤덮었습니다. 그들은 이미 이웃의 북이스라엘 왕국을 멸망시켰으며, 따라서 유다 사람들은 마치 말라 버린 그루터기가 불에 삼켜지듯이 속히 삼켜짐을 당하지 않을까 두려웠습니다. 선지자는 예루살렘 거주민들에게 그곳에 머물라고 명하면서 다음과 같이 말했습니다. "주 여호와 이스라엘의 거룩하신 이가 이같이 말씀하시되 너희가 돌이켜 조용히 있어야 구원을 얻을 것이요 잠잠하고 신뢰하여야 힘을 얻을 것이라"(15절). 하지만 그들은 지혜의 권면을 듣지 않았습니다. 그들은 두려움에서 오는 생각들을 따르기를 더 원했고, 애굽을 피난처로 삼아 내려가려고 했습니다. 믿지 못했기 때문에 그들은 조급했습니다. 그들은 순종에는 더디고, 반역에는 빨랐습니다. 그래서 주께서 선지자를 통해 그들에게 외치십니다. "패역한 자식들은 화 있을진저 그들이 계교를 베푸나 나로 말미암지 아니하도다"(1절). 그들은 애굽 왕의 도움을 요청하기 위해 고관들을 소안(Zoan)에 사신으로 보냈습니다(4절). 그렇습니다. 그들은 앗수르에 맞서려는 그들의 입장을 지지해주도록 뇌물을 바칠 큰 보물을 약대에 실어 보냈습니다. 그들은 하나님을 의지하려 하지 않았고, 그래서 독사와 날아다니는 불뱀이 나오는 네겝 땅을 지나 애굽으로 갔으나 크게 실망할 뿐이었습니다. 애굽의 도움은 헛되고 무익하였습니다. 그 백성의 좌우명은 마치 이런 것처럼 보였습니다. "우리가 말 타고 도망하리라, 우리가 빠른 짐승을 타리라"(16절). 선지자는 거듭해서 잠잠하기를 촉구하며 "너희의 힘은 가만히 앉아 있는 것이라"고 말했지만, 그들은 성급한 서두름이 도리어 역효과를 재촉할 뿐임을 배우려 하지 않았습니다. 그들은 두려움과 어리석음으로 인해 잠잠히 있을 수 없었습니다. 하지만 주님은 기다리셨고, 오래 참으시는 그분의 인내를 거두지 않으셨습니다. 이 본문의 말씀에서 하나님은, 사람들은 기다리지 못해도 그들의 창조주는 기다릴 수 있음을 보여주십니다. "그러나 여호와께서 기다리시나니 이는 너희에게 은혜를 베풀려 하심이라." 여전히 그분은 만일 그들이 기다리는 법을 배운다면 그것이 그들의 지혜와 행복이 될 것이라고 그들에게 보증하십니다. "그를 기다리는 자마다 복이 있도다."

여기에 오늘 아침 설교의 주제가 있습니다. 어떤 하나님의 백성들은 고난과 고통의 처지에 놓여 있으며, 신속한 구출을 갈망합니다. 그들은 하나님의 때를 기다리지 못하며, 그분의 뜻에 복종하지도 않습니다. 그분은 정녕 합당한 때에 그들을 구원하실 것입니다. 하지만 그들은 그 때가 올 때까지 기다리지를 못합니다. 마치 아직 익지도 않은 과일을 먹으려고 와락 움켜쥐는 아이들 같습니다. "범사가 기한이 있고 천하 만사가 다 때가 있습니다"(전 3:1). 하지만 그들에게는 한 가지 때가 있으며, 그 때란 언제나 현재입니다. 그들은 기다릴 수도 없고, 기다리지도 않을 것입니다. 그들은 그들의 욕망을 즉시로 채워야 하고, 그렇지 않으면 그것을 얻기 위해 나쁜 수단들을 취할 준비가 되어 있습니다. 가난에 처해 있다면, 그들은 성급히 부자가 되려 합니다. 머지않아 그들은 죄를 지을 것입니다. 비난을 받는다면, 그들의 마음은 복수로 불타오릅니다. 그들은 어린아이 같은 단순함으로 주님을 신뢰하고 선을 행하기보다는, 조만간 사탄이 이끄는 대로 어떤 의심스러운 방도를 꾀합니다. 내 형제들이여, 여러분은 그래서는 안 됩니다. 여러분은 더 나은 방법을 배워야 합니다. 성령의 도우심으로, 오늘 아침의 설교가 여러분에게 여호와를 기다리는 거룩한 기술에 대해 교훈이 되기를 바랍니다. "여호와를 소망하는(wait for) 자들은 땅을 차지하리로다"(시 37:9).

본문 말씀은 그 자체로 두 부분으로 나누어집니다. 첫째로, 본문은 우리에게 기다리시는 하나님(a waiting God)을 소개하고, 둘째로는 기다리는 백성(a waiting people)에 대해 말합니다.

1. 기다리시는 하나님

먼저, 여기서 우리는 기다리시는 하나님을 대합니다. 나는 하나님 편에서의 기다림을 본문에 묘사된 유다 백성의 경우에만 한정하지 않을 것입니다. 오히려 나는 그것을 여러분 자신의 경험에 적용할 것이며, 주께서 여러분에게 은혜를 베푸시기 위하여 어떻게 기다려오셨는지에 대해 말할 것입니다. 우리 자신을 향한 그분의 오래 참으심을 바라봅시다. 그렇게 하면서 우리는 성경 본문을 벗어나지 않을 것입니다. 본문은 이사야 시대의 사람들에 대해서 뿐 아니라 진실로 우리 자신의 경험을 묘사하기 때문입니다.

지금 우리가 숙고할 주님의 말씀은 먼저 기다림의 놀라운 이유를 펼쳐 보여 줍니다. "그러므로(therefore, KJV, 한글개역개정에는 '그러나'로 되어 있음 — 역주) 여호와께서 기다리시나니." "그러므로"라는 단어에 주목하십시오! 주 여호와께서는 하늘에서나 땅에서 그분의 뜻대로 행하시며, 그의 길은 찾지 못할 것입니다(롬 11:33). 하지만 그분이 결코 사리에 맞지 않도록 행동하시는 것은 아닙니다. 그분이 우리에게 이유를 말씀하시지는 않지만, 그분에게는 이유가 있습니다. 그분은 "그의 뜻의 결정대로"(엡 1:11) 행동하십니다. 하나님께는 그분의 "그러므로"가 있으며, 이것이 가장 강력한 이유입니다. 너무나 자주 그분의 "그러므로"는 우리들의 이유들과는 매우 상반됩니다. 우리에게는 근거가 되는 것이 하나님께는 전혀 근거가 되지 않을 수 있고, 그분에게는 이유가 되는 것이 우리에게는 정반대의 이유처럼 보일 수 있습니다. 이 장에서 "그러므로"가 될 수 있는 일이 무엇입니까? "그러므로 여호와께서 기다리시나니." 어디에서 그분은 근거를 끌어내십니까? 단연코 그것은 그분 자신의 은혜에 근거한 이유이며, 인간의 공로에 기초한 것이 아닙니다.

이 장에는 유다 백성들의 거짓된 확신에 대한 탄핵을 포함하고 있습니다. 이 때문에 우리는 여호와께서 그들을 영영 버리려 하신다고 추정할 수도 있습니다. 만약 그들이 애굽을 의지한다면 그렇게 하도록 내버려두었다가, 마침내 창이 그들의 옆구리를 찌르도록 하는 것입니다. 하나님께서 "그들을 내버려두라. 그들을 우상에게 내어주었다"라고 말씀하셔도 타당합니다. 하지만 하나님은 그렇게 하시지 않고 이렇게 외치십니다. "그러므로 여호와께서 기다리신다." 그분은 그들로 하여금 육체적 확신의 결과를 보게 하십니다. 애굽을 시험해보고 애굽이 허풍쟁이에 불과하여 아무 소용이 없음을 목격하도록 시간을 주십니다.

여러분에게도 그럴 때가 있었음이 기억나지 않습니까? 아마도 여러분은 신앙생활을 여러분 자신의 선함에서 구원을 찾으려는 잘못된 소망으로 출발했을 것입니다. 안전을 위해 여러분의 감정과 기도와 행위와 신앙 고백을 바라보았을 것입니다. 여러분의 구원이 여러분 자신에게서 비롯되어야 한다고 생각했습니다. 그래서 "너희 안에서 행하시는 이는 하나님이시니 자기의 기쁘신 뜻을 위하여 너희에게 소원을 두고 행하게 하신다"(빌 2:13)는 말씀은 기억하지 않고, 그저 "두렵고 떨림으로 구원을 이루려"(빌 2:12) 했을 것입니다. 여러분은 하나님의 은혜에 대해 아무것도 알지 못했습니다. 여러분은 여러분 자신의 선한 행실을 많이 생각했습니다. 그래서 많은 기도와 눈물, 예배당 출석, 성례식들, 기부와 자선 등의 일들이 하나님이 받으실 만한 향기로운 제물이 된다고 생각했습니다. 여러분을 오래 참으신 주님을 찬송합니다. 그분은 이미 이전에 여러분에게 율법의 행위로는 그분 앞에서 의롭다 하심을 얻을 육체가 없음을 매우 명백하게 말씀하셨습니다. 여러분은 금지된 방식으로 시도하려 해서는 안 되었습니다. 하지만 여러분이 그 방식을 시도함에 따라, 그분은 여러분이 달려가다가 앞에 건널 수 없는 큰 구렁텅이가 나타날 때까지 여러분을 참고 기다리셨습니다. 여러분은 자력 구원(self-salvation)의 계획을 실행하였고, 그 최종 결말은 쓰라린 실망이었습니다. 여러분은 여러분이 율법을 지킬 수 없다는 사실을 목도했고, 또한 설혹 율법을 지킨다고 해도 그 순종이 과거의 죄들에 대해서는 아무런 변상이 되지 못한다고 느꼈습니다. 여러분은 하나님의 진노가 여러분이 마땅히 받아야 할 보응임을 인식하였습니다. 깊은 심연(深淵)이 여러분 앞에 입을 벌렸습니다. 여러분은 감히 더 나아가지 못했고, 여러분이 서 있던 모래 바닥을 더 이상 의지할 수도 없었습니다. 여러분은 마음의 큰 번민에 빠졌고, 주께서 긍휼 중에 기다리신 것은 바로 이를 위함이었습니다.

일전에 나는 한 사람이 말들과 마차를 임대하려고 내놓았다는 말을 들었습니다. 한 사람이 임차하기를 원했으나, 그 가격을 듣고서는, 좀 더 싼 것을 얻으려고 그 방면에 종사하는 다른 모든 사람들을 찾아다녔습니다. 하지만 그는 성공하지 못했습니다. 마침내 그는 첫 번에 만난 사람에게로 돌아와서 그의 말과 마차를 빌리고 싶다고 말했습니다. "안 됩니다"라고 그 사람이 대답했습니다. "나는 그것을 당신에게 임대하지 않을 테요. 나는 당신이 왜 내게로 다시 왔는지를 알고 있소. 당신은 사방을 돌아다녔고, 만약 한 푼이라도 더 싸게 얻을 수 있었다면 내게 오지 않았을 것이오." 나는 그 장사꾼을 비난하지 않습니다. 오히려 그의 행동을 크게 이상하다고 여기지 않습니다. 사람에게서보다 하나님에게 얼마나 더 많은 인내가 있음을 보십시오. 우리는 그분이 거저 주시는 구원을 거절합니다. 그리고 우리 자신의 공로를 따르는 방식으로 사방을 돌아다닙니다. 어떤 다른 확신의 근거를 애써 찾아다니며, 그러다가 마침내 모든 것이 허사가 되었을 때, 하나님과 예수 그리스도를 통한 구원의 길로 되돌아옵니다. 그럼에도 우리는 여전히 깊은 애정과 은혜로써 기다리시는 주님을, 기꺼이 용서하시는 하나님을 발견합니다.

또한, 이 백성들은 하나님께 반역하는 자들이며, 주님은 그들이 반역의 정신을 온전히 나타내도록 기다리고 계십니다. 이 장은 이와 같이 시작됩니다. "패역한 자식들은 화 있을진저"(1절). 더 나아가 하나님은 그들을 "패역한 백성이요 거짓말하는 자식들이요 여호와의 법을 듣기 싫어하는 자식들"이라고 부르십니다(9절). 그것이 은혜를 베풀려고 기다리신 이유였을까요? 그렇습니다. 하나님께는 죄가 은혜의 필요를 보이는 것이며, 따라서 은혜의 이유가 됩니다. 하나님은 그 백성으로 하여금 그들의 반역의 성향을 나타내도록 허용하셨습니다. 이는 모든 인류로 하여금 하나님이 상대하시는 사람들이 어떤 종류의 사람들인지를 알도록 하시기 위함이며, 그로써 그들로 하여금 훗날 그분의 오래 참으심과 은혜를 높여 찬미하도록 하시기 위함입니다. 나는 하나님께서 많은 죄인들로 하여금 그들의 힘이 완전히 부치는 상태까지 가도록 허용하시는 이유가 장래에 그들로 하여금 그들이 무엇으로 만들어진 존재인지를 알게 하시고, 결코 그들 자신을 신뢰하지 못하도록 하기 위함이라고 생각합니다. 젊어서부터 통제를 받으며 자라온 사람들은 그들 마음에 있는 악을 알지 못하며, 그들이 다른 사람들과 마찬가지로 진노의 자식들인 것을 좀처럼 인식하지 못하는 경향이 있습니다. 하지만 실제적인 죄에 의해 그들의 타고난 부패성을 겉으로 드러내었던 자들은 감히 그런 교만의 허위를 꿈꾸지 않습니다. 만약 그렇게 한다면 그들의 실제적인 죄들이 그들을 비난할 것이기 때문입니다. 주님께서 잠시라도 우리를 내버려두시고 우리 스스로 질주하도록 뒤로 물러서 계실 때, 우리는 얼마나 딱한 처지에 놓이는지요! 아아 정말이지, 그런 모든 것을 기억하면 저는 얼굴이 붉어질 뿐입니다! 그런 상태에서 몇 년이 지나면 우리는 스스로를 자책하며 우리 자신을 불신하게 될 것입니다. 또한 우리를 택하시고, 우리의 고집스러움에도 불구하고 그 선택을 바꾸지 않으시는 하나님의 측량할 수 없는 은혜의 풍성함에 감탄하게 될 것입니다. 이 기이한 "그러므로"는 하나님의 "그러므로"입니다. "그러므로 여호와께서 기다리시나니 이는 너희에게 은혜를 베풀려 하심이라." 인간 속에 있는 죄의 풍부한 표출은 그 자신의 잘못에 대한 더욱 철저하고도 진심 어린 자백으로 이어질 수 있으며, 인간으로 하여금 그 죄를 제거한 은혜의 영광을 더 크게 찬미하도록 이끌 수도 있습니다.

하나님은 또 다른 이유로도 기다리시는데, 즉 그들로 하여금 어느 정도 그들 죄의 결과로 고통을 겪게 하려는 것입니다. 그분은 그들이 애굽으로 사신들을 보내는 것을 허락하셨고, 그들이 실망하여 돌아오도록 하셨습니다. 또한 그분은 앗수르인들이 그 땅을 유린하도록 허용하셨고, 그들로 하여금 기근의 고통을 느끼게 하셨습니다. 그리하여 살아 계신 하나님을 저버리는 것이 악이며 고통인 것을 배우게 하신 것입니다. 사람들로 하여금 그들의 불의의 더러운 샘에서 흘러나오는 쓴 물에서 목욕하도록 하는 것은 그들을 정화시키는 효과가 있습니다. 그들로 하여금 악의 알에서 어떤 종류의 독사가 부화되는지를 보게 하는 것은 좋은 일입니다. 아마도 우리 중 일부는 그와 같은 방식으로 믿음에서 떠난 적이 있었고, 그렇게 함으로써 배운 것을 결코 잊지 않을 것입니다. 우리는 죄 속에서 행하도록 허용되었고, 그 결과를 느끼기 시작할 때까지 그렇게 했습니다. 이제 우리는 두려워하며 죄를 멀리합니다. 우리는 불 속에 손을 넣어 화상을 입은 적이 있고, 그래서 이제는 불을 무서워합니다. 자아에 대한 단념, 죄에 대한 혐오, 하나님께 가까이 함, 이런 것이 우리의 고통의 경험에서 나오며 모두가 귀한 것입니다. 그러므로 주께서 은혜를 베풀려고 기다리십니다. 마침내 우리가 죄에 대해 적절한 공포를 가질 때까지, 그리고 그 죄에서 우리를 건져낸 은혜의 가치를 제대로 평가할 때까지 기다리시는 것입니다.

또한 나는 이런 경우에 하나님께서 그 백성이 기도를 시작할 때까지 기다려 은혜를 베풀려 하심이라고 믿어 의심치 않습니다. 기도는 이런 문제에서 전환점이 되는 것으로 보입니다. 선지자는 말합니다. "그가 네 부르짖는 소리로 말미암아 네게 은혜를 베푸시되 그가 들으실 때에 네게 응답하시리라"(19절). 주님은 죄인들의 기도에 귀를 기울이십니다.

오, 고난을 겪는 심령이여, 당신이 오래도록 기도하지 않은 것은 어찌된 연유입니까? 뭐라고요? 당신의 죄의식 때문에, 죄에서 비롯되는 불행에 대한 생생한 생각 때문에, 여태 기도하기를 거절해왔단 말입니까? 그렇다면 당신은 주께서 기다리심에 놀랄 것입니다. 기도하지 않는 영혼을 그분이 오래 참으시는 것은 놀라운 일입니다. 당신에 대해 "보라, 그가 기도하는 중이라"(행 9:11)고 말할 수 있기까지, 그분의 은혜는 죄의 용서라는 형태로 당신에게 명백히 나타나지 않습니다. 비록 구하는 자에게 긍휼이 베풀어진다고 해도, 결코 구하지 않는 사람은 어찌될까요? 하나님께서 "단지 너의 죄를 인정하기만 하라"고 말씀하셔도, 자기 죄를 인정하지 않는 사람의 운명은 어찌될까요? 하나님께서 우리 앞에 은혜의 문을 설치해두시고 그 위에 "두드리라 그리하면 너희에게 열리리라"는 글을 써 놓으셔도, 우리가 그 문을 두드리지 않는다면 무슨 핑계를 댈 수 있을까요? 하지만 그런 것이 한때 나의 상태였으며, 또한 그리스도 안에서 내 형제들이여, 그것이 여러분의 상태이기도 했습니다. 우리는 우리의 죄에 대한 가책을 느끼지 못했고, 우리가 잘못되었음을 인정하지 않았으며, 죄가 우리에게 가져온 불행을 인식하지 못했고, 기도하지 않았으며, 또한 예수 그리스도를 통하여 하나님을 찾지도 않았습니다. 하지만 그런 상태가 오래되었음에도 자비의 하나님께서 기다리신 것은 그분이 우리에게 은혜를 베풀려 하심이었습니다. 그리고 그분이 그처럼 오래 참고 인내하신 이유는 결국 우리로 하여금 그분의 인자하심을 바라보도록 하기 위함이었습니다. 마침내 우리는 그분의 마음 깊은 곳에 긍휼과 사랑의 깊은 샘이 있는 것과, 그 샘에서 자비가 강같이 흐르는 것을 봅니다. 하나님의 마음이 자기 백성들을 향하여 어떻게 애타는지를 보십시오. 우리는 다른 어떤 것에서보다, 그분의 오래 참으심과 기다려 은혜를 베푸시는 것에서 그분의 마음을 더욱 분명하게 보았지 않습니까?

두 번째로, 이것이 우리로 하여금 그 기다림 속에서의 하나님의 특별한 인내를 주목하도록 이끕니다. 여호와께서 기다려 우리에게 은혜를 베풀려 하신다는 말을 들을 때, 그것이 우리에게 무슨 의미일까요? 그것은 그분이 정의의 검을 뒤로 빼신다는 의미입니다. 악이 있는 곳에 하나님의 진노가 있음은 필연적인 사실입니다. 온 땅의 재판장이 악과 부정에 대해 복수를 하시는 것은, 그분의 재량의 문제가 아니라 불가피한 문제입니다. 하나님은 반드시 죄를 벌하셔야 하며,

이는 그분에게 확고하고도 불변하는 원리들 중의 하나입니다. 여기에 하나님의 오래 참으시는 인내의 속성이 개입하여, 이따금씩 죄인들에게 회개할 수 있는 여지를 허용하십니다. 잠시 동안 정의가 기다리며, 사랑이 손을 내밀어 반역자로 하여금 더 좋은 마음을 가지도록 이끌어줍니다. 우리 중 어떤 이들에 대해 주님은 칼집에서 칼을 빼셨음에 틀림없습니다. 하지만 그분은 그것을 다시 칼집에 넣어두시면서, 조금 더 잠잠하게 기다리라고 명하십니다. 우리들 중 어떤 이들에 대해 도끼가 우리를 베어 버리기 위해 높이 들려졌었음에 틀림없습니다. 우리는 쓸모없이 땅에 해만 끼치는 존재들이었기 때문입니다. 하지만 그분의 자비가 그분의 정의를 멈추게 했고, 자비를 위하여 도끼는 치워져 곁에 놓였습니다. 주 예수님의 간구로 인하여 하나님께서 들었던 벼락을 내려두셨으니, 여기서 우리는 살아 계시는 하나님, 오래 참으시는 우리의 하나님을 더욱더 찬미하게 된다고 나는 믿습니다. 내 앞에 있는 우리의 귀한 친구들 중에는 하나님의 참으심을 영원히 높여 칭송해야 할 이들이 더러 있습니다. 하나님이, 오랜 세월을 죄 속에서 살던 그들을 처벌하지 않으시고, 마침내 그들이 백발의 머리를 그분의 은혜 앞에 숙이게 되었으니 말입니다. 그들이 젊어서 방탕한 짓을 할 때에 그들을 멸하시는 것이 하나님께는 쉬운 일이었을 것입니다. 그렇고말고요. 그들을 멸하시는 편이 그들을 참으시는 편보다 훨씬 쉽습니다. 여러분 중에는, 만약 여러분이 죽임을 당했더라도, 그것이 자연의 순리를 따르는 것처럼 보였을 그런 상태에 살았던 적이 없습니까? 하지만 여러분이 살아남은 것은 섭리의 기적이며, 하나님의 인자하심의 특별한 개입입니다. 불붙은 나무는 내버려두면 다 타버립니다. 그것을 면하려면 그것은 타는 불에서 꺼내어져야 합니다. 그러므로 기다려주시고, 여러분에게 합당한 심판을 뒤로 물리신 하나님께 감사하십시오! 여러분을 불러 심문하는 일을 더디게 진행하시고, 선고 날짜를 연기하시며, 더 나아가 집행유예를 선고하시며, 이미 유죄로 정죄된 여러분을 살게 하신 재판장에게 감사하십시오!

하지만 하나님의 인내는, 그것이 만일 특별한 혜택의 지속을 의미한다면, 단순한 심판의 유예 이상을 나타냅니다. 하나님께서 그 백성에게 말씀하시길, 비록 하나님께서 그들의 죄 때문에 그들에게 환난의 떡과 고생의 물을 주시더라도, 그들의 스승은 다시 숨기지 않겠다고 하셨기 때문입니다(20절). 그들은 계속해서 가르침을 얻고, 경고를 받으며, 그분께 오도록 초청을 받을 것입니다. 만약 하나님께서 어떤 사람에게 한 차례 은혜의 말씀을 보내시고, 그 사람이 그분의 메시지를 고의적으로 거절한다면, 하나님께서 다음과 같이 말씀하셔도 그분 편에서는 정당할 것입니다. "나는 또 다른 사신을 결코 보내지 않을 것이다! 이 반역자에게 나와 화평하도록 초대한 것은 내 편에서 큰 자비를 베푼 것이었다. 그런데 그가 그렇게 하기를 원치 않고, 싸우기를 선택했으므로, 정녕 나도 그와 더불어 싸울 것이다. 그가 자기 무덤을 만들었으므로, 그는 그곳에 눕게 될 것이다. 그가 나의 원수가 되기를 더 원하므로, 그는 스스로 파멸을 택한 것이다." 아아, 은혜는 얼마나 오래도록 지체하는지요! 은혜는 사람들에게 그들 자신에게 유익이 되는 길을 택하도록 얼마나 간절히 호소하는지요! 하나님의 백성이 그분의 말씀을 거절할 때 그분은 성급한 진노 대신에 그들에게 거듭 선지자들을 보내셨으며, 그들이 선지자들을 차례로 돌로 쳐서 죽일 때 그분은 심지어 자기 아들을 보내시며 이렇게 말씀하십니다. "그들이 내 아들은 존대하리라"(마 21:37). 여전히 구원의 전령들은 이렇게 외치지 않았습니까? "돌이키고 돌이키라, 어찌 죽고자 하느냐?"(겔 33:11).

우리들 중 어떤 이들에게도 마찬가지로 그러하지 않았습니까? 우리는 꽤 젊었을 때에 복음을 들었고, 꽤 나이들 때까지 계속해서 그것을 들어왔습니다. 하나님은 그렇게 오래 참으십니다. 내가 매 주일마다 전하는 복음을 계속해서 들어왔으면서도, 일생동안 고집스럽게 그 복음을 거절해온 사람들이 있을 수 있습니다. 계속해서 그렇게 해야 합니까? 감히 우리가 주님을 노하시도록 항상 자극한단 말입니까? 여전히 흰 깃발이 매달려 있으며, 은 나팔은 오로지 "은혜, 은혜, 은혜!"의 곡조만을 울리고 있습니다. 오, 저 사람이 그 은혜의 소리를 듣고 주님께 돌아오기를 바랍니다! 오 내 형제들이여, 주 예수님을 사랑하지 않는 사람은 이미 "아나테마, 마라나타!" 즉 저주를 받은 것입니다. 주여 오시옵소서!(참조. 고전 16:12). 모든 거룩한 지성적 존재들이 그가 저주를 받은 것에 대해 "아멘"이라고 화답합니다. 하지만 주께서는 여전히 그가 그분의 뜰을 밟으며 그분의 말씀을 듣도록 허락하시며, 그에게 자기 악한 행위들을 회개할 시간을 주십니다. 그분은 은혜를 베풀기 위해 여러분을 기다리십니다. 그분은 그의 종들에게 소망 중에 여러분을 기다리도록 명하시며, 여러분에게 거듭거듭 주의 인자하심을 선포하라고 명하십니다.

하나님의 인내는 너무나 특별하여 심지어 그분은 그 백성을 자기에게로 이

끌도록 하시려고 그분의 거룩한 힘을 증대시키십니다. 그분이 말씀하십니다. "네 뒤에서 말소리가 네 귀에 들려 이르기를 이것이 바른 길이니 너희는 이리로 가라 할 것이라"(21절). 공적인 목사가 우리에게 영향력을 발휘하지 못하는 듯이 보일 때에도, 우리는 보이는 목사들보다 더욱 강력한 내적인 힘에 의해 분발할 때가 있었음을 기억하지 않습니까? 내면의 문 안에서 양심이 크게 소리쳐 우리를 비난했습니다. 나는 그것이 내가 가는 곳마다 내 발뒤꿈치를 물려고 쫓아다녔던 것을 기억합니다. 내가 하나님과 화평할 때까지 양심은 나와 화평하려고 하지 않았습니다. 죄를 짓는다는 것이 매우 힘들어지기 시작한 때를 여러분의 경우에서도 기억하지 않습니까? 장애물들이 발에 걸리는 듯해서, 여러분이 원하는 대로 언덕을 질주하여 내려갈 수 없지 않았습니까? 여러분은 양심이라는 날카로운 가시채를 맨발로 차는 것이 어려움을 알게 되었습니다. 지옥으로 가는 것이 어렵다는 것을 여러분은 알게 되었습니다. 여러분은 울타리와 장애물과 고랑을 뛰어넘어야 했으며, 그런 장애물 경주에 지치게 되었습니다. 바깥에서 들려온 예수님의 음성이 내면에서 메아리치는 듯했습니다. 여러분은 그 음성이 어디서 들려오는지 분간할 수 없었지만, 그것은 언제나 따라다니며 이렇게 소리쳤습니다. "이것이 바른 길이니 너희는 이리로 가라." 오, 무한한 사랑의 장치로다! 하나님의 인내는 이 '내면의 감독자'(inward monitor)를 보내심에 의해서도 나타났습니다. 왜 하나님은 이렇게 말씀하시지 않았을까요? "모세와 선지자들이 있으니 그들에게 들을지니라"(마 16:29). 비록 우리에게 모세와 선지자가 있고, 읽을 성경이 있고, 들을 복음이 있지만, 그분은 이 모든 것에 조용하고도 작은 음성을 더하셨습니다. 밖으로부터의 부르시는 소리에 더하여 그분은 내면의 탄원자를 추가시키셨습니다. 우리는 심지어 이것과도 싸우지 않았습니까? 오호라, 우리는 그러했습니다. 우리는 스스로를 멸하기로 작정한 사람들 같았습니다. 하나님의 오래 참으심이 그분의 은혜의 풍성하심을 따라 우리에게 어떠한 방식으로 나타났던가를 보십시오.

아니, 이것이 전부가 아닙니다. 이 모든 와중에 하나님은 그분에 대한 우리의 거부를 간과하시고, 그분의 인자하심에 대한 우리의 악한 거절과 모독적인 멸시를 너그러이 묵과하십니다. 여러분은 여러분의 자녀에게 다음과 같이 말할 때의 심정이 어떤 것인지를 알 것입니다. "내 아들아, 나는 네가 잘못을 시인한다면 너를 용서할 준비가 되어 있다." 만약 그가 자신의 잘못을 시인하지 않고 오히려

고집을 부린다 해도, 여러분은 상당한 인내심을 가지고 참을지도 모르겠습니다. 하지만 그 인내가 며칠 혹은 몇 주 동안 지속될지는 의문입니다. 아마도 곧 여러분의 회초리가 부러지겠지요. 모욕을 참기로 유명한 사람들도 결국에는 어쩔 수 없이 자신의 명예를 옹호하고 도발을 종식시켜야 할 수밖에 없습니다. 하물며 여러분과 내가 하나님을 모욕했었다는 사실은 얼마나 더 통탄스러운 일인지요! 심지어 지금까지도 그분을 오래도록 모욕하고 있는 자들에게 내가 말하고 있는 것은 아닌가요? 당신은 유일하게 여러분을 구원하실 수 있는 하나님의 아들을 받아들이려 하지 않습니다. 당신을 구원하기 위해 예수님은 죽으셔야 했습니다. 하지만 당신은 그분의 피를 짓밟고 있습니다. 주 예수님께서 당신의 대속자로서 당신의 죄를 짊어지시지 않았다면 당신이 천국에 들어가는 것은 불가능했습니다. 당신은 그 놀라운 진리에 관해 모든 것을 들었으며, 그러고도 그것이 마치 당신에게 아무것도 아닌 것처럼 행동해왔습니다. 당신은 예수님을 믿지 않았고, 그분에 관한 아버지의 증언을 거부하였으며, 하나님의 영의 증언도 거절했습니다. 많은 날 동안 당신은 이런 식으로 행동해왔습니다. 당신의 눈에 눈물이 흐르기 시작했지만, 당신은 그 눈물을 닦아 버렸고, 그것은 마치 아침 이슬이 태양의 열기에 사라지듯이 사라져버리고 말았습니다. 이따금씩 당신은 방으로 들어가 무릎을 꿇게 된 적이 있었지만, 당신은 황급했던 때의 기도를 망각하였고, 다시 개가 그 토한 것으로 돌아가듯이, 돼지가 씻은 후에 다시 진창에서 뒹굴듯이 악한 모습으로 돌아갔습니다. 이런 일이 항상 지속될 수는 없습니다. 사람들이 언제나 이런 식으로 눈을 손가락으로 찔러대듯 하나님을 모독할 수는 없는 것입니다. 그런 일이 그토록 오래도록 지속되었다는 것은 실로 경이입니다.

이런 와중에도 하나님은 그분에게로 오는 죄인을 위해 모든 것을 준비해두고 기다려오셨다는 것을 기억하시기 바랍니다. 이 말씀에 귀를 기울이십시오. “나의 소와 살진 짐승을 잡고 모든 것을 갖추었으니 혼인 잔치에 오라”(마 22:4). 오호라, 그들은 오려 하지 않았습니다. 지금 은혜가 준비한 것들을 누리도록 이끌려 들어온 우리들도 마찬가지입니다. 여전히 연회장 바깥에 머물고 있는 많은 사람들도 그러합니다. 하나님의 사랑과 자비에도 불구하고 그들은 풍성한 은혜의 음식들을 거부하고 있습니다. 수많은 사람들에 대해 예수님은 슬퍼하며 말씀하십니다. “너희가 영생을 얻기 위하여 내게 오기를 원하지 아니하는도다”(요 5:40). 나는 하나님의 특별한 기다림에 대해 좀 더 잘 전할 수 있기를 바라며, 그분이 우리에게 긍휼을 베푸시기를 바랍니다. 하지만 나의 약한 말에도 불구하고 성령께서 오늘 내 말을 듣는 모든 이들에게 복을 주시길 기도합니다.

이제 나는 그 기다림에 뒤따르는 매우 놀라운 행동에 대해 말하고자 합니다. 주님은 자기 백성을 향한 그분의 인내를 나타내신 후에, 거기서 더 나아가기를 결심하시고, 다음과 같이 묘사되는 중요한 문제를 진행시키십니다. "그가 일어나시리니 이는 너희를 긍휼히 여기려 하심이라(will He be exalted, that He may have mercy upon you)." 우리는 이 본문의 순서를 바꾸어 이런 식으로 말할 수도 있을 것입니다. "그가 너희를 긍휼히 여기시리니, 이는 그가 높임을 받으려 하심이라." 그렇게 이해할 수도 있습니다. 하지만 그것이 여기서 가르치는 진리는 아닙니다. 이 그림은 여전히 하나님이 가만히 앉아계시며, 그분의 백성에게 그들의 죄와 고통을 그분에게 가져오도록 허락하시는 것으로 묘사합니다. 하지만 이제, 오랜 인내의 기다림 후에, 그분은 스스로 일어나 행동하십니다. 내 생각에는 그분이 이렇게 말씀하시는 듯합니다. "그들은 내게 오려고 하지 않을 것이다. 그들은 내가 보낸 사자들을 모두 거절하였고, 더 깊은 죄 속으로 빠져들고 있다. 이제 나는 내 은혜가 할 수 있는 것을 보여주리라!" 그분은 마치 힘을 발휘하려는 사람처럼 일어나십니다. 그분은 행동을 취할 준비를 하십니다. 그리고 그것으로는 충분치 않으신 듯이 스스로에게 말씀하십니다. "내가 높임을 받으리라. 내 보좌에 올라 그들에게 긍휼을 베풀리라. 내 능력을 나타내리라. 나는 내 나라의 깃발을 손에 쥐고 주권자로서 행동하리라. 내가 은혜 주고자 하는 자에게 은혜를 주고, 죄가 넘친 곳에 은혜가 더욱 넘치게 하리라." 오, 그리스도 예수 안에서 높임을 받으시고, 은혜의 보좌에 앉으신 주님께 대해 말하기를 내가 얼마나 좋아하는지요! 그분의 이름에 영광이 있기를 바랍니다! 여러분은 사람들을 구원하는 은혜의 역사가 얼마나 아름다운 일인지를 이해하십니까? "이는 너희에게 은혜를 베풀려 하심이요, 일어나시리니 이는 너희를 긍휼히 여기려 하심이라." 그분은 절대적 주권자로서 보좌에 오르시어 은혜를 나타내려 하십니다. 인간들에게 다른 어디에 희망이 있겠습니까?

이 말씀은 또한 이런 의미를 가지고 있습니다. 사람이 강한 일격을 가하고자 할 때, 더 많은 힘을 싣기 위해 자기 몸을 일으킵니다. 어깨에 더 강하게 채찍을 가하려면 자기 몸을 일으켜야 합니다. 그와 마찬가지로 주께서도 이렇게 말씀하시는 듯이 보입니다. "나는 내 힘을 모두 쏟으리라. 내 모든 기술을 발휘하리라. 나는 내 모든 속성을 최대한으로 드러낼 터이니, 이는 이 완고하고 목이 곧은 죄인들을 긍휼히 보기 위함이다." 마치 그분은 지금까지의 행동 중에서도 가장 눈부신 행동을 하심으로써, 즉 그분이 오래도록 기다려왔으며 그분을 노엽게 만드는 죄인들에게 긍휼을 베푸심으로써, 이전의 그 어느 때보다도 그분의 위대하심을 더욱 밝히 드러내려 하시는 듯합니다.

오, 하지만 이것은 또한 너무나 영광스러운 본문입니다! 한때 나는 이렇게 생각했던 적이 있었음을 기억합니다. "만일 하나님이 나를 구원하신다면, 그분은 정녕 하나님이시리라!" 과연 그분이 나를 구원하셨으니, 그것은 정녕 그분이 하나님이시기 때문입니다. 여기 그 증거가 있습니다. "땅 끝의 모든 끝이여 내게로 돌이켜 구원을 받으라 나는 하나님이라"(사 45:22). 그분이 그분을 바라보는 모든 이들을 구원하시는 것은 그분이 하나님이시기 때문입니다. 여기 있는 누군가가 이렇게 말합니다. "정녕 주께서 저를 그분에게로 이끄심으로써 그분의 인내를 나타내신다면, 저는 지금껏 그래왔던 것보다 그분의 영광스러운 은혜에 대해 더욱 많은 생각을 할 것입니다." 바로 그렇습니다. 그분은 당신이 그렇게 생각하기를 원하십니다. 우리 주님은 한때 죄인이었던 여인이 그랬듯이 당신이 그분 발 앞에 엎드려 울기를 바라십니다. 그 여인이 주님을 너무나 사랑하여 눈물로 그 발을 적시고 머리털로 닦았던 것은 많은 죄를 용서받았기 때문입니다(눅 7:44). 예수님은 회심한 자들이 그렇게 하기를 원하십니다. "나와 함께 여호와를 광대하시다 하며 함께 그의 이름을 높이세!"(시 34:3)라고 하는 말은 큰 죄인이 하기에 적합한 말입니다. 우리가 어떻게 주님을 높여 드릴 수 있을까요? 그분은 이미 무한히 위대하신 분인데, 어떻게 우리가 그분을 광대하게 하거나 위대하게 만들 수 있을까요? 우리의 생각으로 그렇게 할 수 있습니다. 우리 자신이나 동료 인간들이 경의를 표함으로써 그분을 위대하게 만들 수 있습니다. "주와 같은 신이 어디 있으리이까? 주께서는 죄악과 그 기업에 남은 자의 허물을 사유하시나이다"(미 7:18). 우리가 "주와 같은 신이 어디 있으리이까?"라고 외치는 것은 죄를 사유하시는 그분을 볼 때입니다. 그 때 그분이 찬란한 영광으로 옷을 입으십니다. 그분은 그리스도 예수 안에서 죄인들에게 긍휼을 보이실 때 높임을 받으십니다. 이러한 은혜의 행위로써 그분은 그분의 지혜와 모든 속성을 빛나게 하시며, 그분의 능력을 나타내시고, 그분의 정의에 영예를 더하시며, 그분의 사랑을 밝히 드러내십니다. 그분의 능력이 더욱 빛을 발하는 것은 세상을 만드신 일에서보다 영혼들을 구원하시는 일에서입니다. 그분의 정의는 범죄자들을 지옥에 보내는 일에서보다 그리스도의 희생에서 더욱 큰 명예를 얻습니다. 그분의 사랑 역시 그분의 섭리의 모든 선물에서보다 그리스도의 희생에서 더욱 빛을 발합니다. 만일 여러분이 의의 태양이 평상시보다 일곱 배나 밝은 것을 보고 싶다면, 바깥 어둠 속으로 던져져야 마땅한 사람들에게서 그것이 은혜와 진리 안에서 타오르는 것을 보십시오. 하나님께서 우리의 구원에서 자기 이름을 높이고자 하신다면, 우리도 그 이름을 높이도록 합시다. 오, 그분의 성도들이여, 이 말씀을 영원히 기억하십시오. "주의 구원이 그의 영광을 크게 하시고 존귀와 위엄을 그에게 입히시나이다"(시 21:5).

기다리시는 하나님과 관련하여 한 가지 더 말하고 싶은 것은 이 모든 기다림에 최종적인 성공이 있다는 것입니다. 기다림이 죄인의 마음과 양심에서 영광스러운 은혜로 작용하면, 그 때가 사랑의 시간이 찾아오는 때입니다. 이 말씀에 주목하십시오. "그가 네 부르짖는 소리로 말미암아 네게 은혜를 베푸시리라"(19절). 하나님께서 영혼을 기다리셨을 때, 그 영혼은 그분을 바라게 됩니다. 선택된 자들에게 하나님의 인내는 헛되지 않습니다. 하나님께서 친히 속량하신 자들을 대하실 때 그분의 행위는 헛되지 않습니다. 전능자는 패배하지 않으십니다. 여호와는 전능하신 하나님이며, 그분이 기뻐하시는 바를 사람들에게 행하십니다. 우리는 그분이 인내와 은혜로써 사람들로 하여금 기도하게 하시며, 더 나아가 울게 하시는 것을 볼 수 있습니다. 그런 뜻이 19절에 내포되어 있습니다. "너는 다시 통곡하지 아니할 것이라." 그들은 그분이 용서하시기까지는 통곡하였습니다. 그들의 눈물과 기도가 넘쳐흘렀으며, 따라서 그분이 선언하십니다. "그가 네 부르짖는 소리로 말미암아 네게 은혜를 베푸시리라." 또한 이제 그들은 복음을 진지하게 듣습니다. "네 스승은 다시 숨기지 아니하시리니 네 눈이 네 스승을 볼 것이며"(20절)라는 사실이 그들에게 특권이라고 간주하기 때문입니다. 그들은 그들의 목사들을 귀하게 여기며, 마치 "네 눈이 네 스승을 볼 것이라"고 기록된 말씀처럼 주의깊은 사랑으로 그들을 바라봅니다. 그들이 예전에는 멸시했던 자들을 이제는 존중하고 기뻐합니다. 그들은 또한 주의 음성에 순종하기 시작합니다. 그들 뒤에서 "이것이 바른 길이라"(21절)는 음성이 들려오기 때문입니다. 하나님께서 효과적인 방식으로 역사하실 때 이러한 큰 변화가 죄인들에게 일어납니다. 그 때 그들은 죄로 인해 슬피 울며, 자비를 구하며 기도하고, 사랑의 메시지에 귀를 기울이며, 임재하시는 하나님 앞에 엎드리고, 그분과 화목하게 되는 것 외에는 아무것도 바라지 않습니다.

그런 와중에, 그들의 변화의 가장 명백하고 중요한 증거들 중의 하나는 그들이 예전에 사랑했던 죄를 버린다는 것입니다. "또 너희가 너희 조각한 우상에 입힌 은과 부어 만든 우상에 올린 금을 더럽게 하여 불결한 물건을 던짐 같이 던지며 이르기를 나가라 하리라"(22절). 값없이 주시는 은혜가 어떤 일을 할 수 있는가를 보십시오. 그것은 성결의 원수가 아니라 오히려 그것의 직접적인 원인입니다. 마음에 강력히 작용하는 하나님의 사랑은 사람으로 하여금 자기 죄를 미워하게 만듭니다. 하나님은 죄를 용서하실 때마다 반드시 우리로 하여금 죄를 버리게끔 하십니다. 그분이 우리의 죄를 바다 깊은 곳에 던지실 때, 그분은 우리로 하여금 같은 일을 행하게 하십니다. 주께서 우리의 죄를 향해 "내 기억에서 떠나라"고 말씀하실 때, 우리는 그것을 향해 "내 마음에서 떠나라"고 말합니다. 회개, 믿음, 성결, 열망, 이 모든 것이 하나님의 은혜의 효과적인 역사에 뒤따릅니다. 오 여러분 모두가 그 능력 아래에 있기를 바랍니다.

우리를 기다리시는 주님께 영원한 찬미를 드립니다. 그분이 기다리심은 우리에게 은혜를 베푸시고, 우리를 긍휼히 여기려 하심입니다. 그분은 우리를 은혜롭게 만드시어, 우리로 하여금 의의 열매들을 맺어 그분에게 영광과 찬송을 드리도록 하십니다.

2. 기다리는 백성

이 주제 전체의 교훈을 배우도록 합시다. 두 번째 대지로서 우리는 기다리는 백성에 대해 살펴보고자 합니다. "그를 기다리는 자마다 복이 있도다."

하나님을 기다리는 백성은 오직 그분만을 기다립니다. 그들은 육체의 팔을 신뢰하지 않으며, 변하기 쉬운 인간을 바라보지 않습니다. 그들은 그들 자신을 의지하지 않고, 그들 자신의 경험이나 학식을 신뢰하지 않습니다. 여기 그들의 노래가 있습니다.

"내 영은 오직 하나님을 바라니
그분의 보좌가 내 반석과 피난처라네.
두려울 때나 곤경에 처할 때마다

내 영혼은 그분의 구원을 기다린다네."

사랑하는 친구여, 당신은 당신이 하나님의 백성인지 아닌지를 이것으로 판단할 수 있습니다. 당신은 이렇게 말할 수 있습니까? "나의 영혼아 잠잠히 하나님만 바라라 무릇 나의 소망이 그로부터 나오는도다"(시 62:5). "너희는 여호와를 영원히 신뢰하라 주 여호와는 영원한 반석이심이로다"(사 26:4).

기다리는 하나님의 백성들은 하나님을 기대하며 기다립니다. 그들은 그분에게서 모든 것을 바라니, 이는 그분이 그들의 모든 것 되시기 때문입니다. 그들은 하나님께로부터 많은 것을 받아왔으며, 그분으로부터 더 많은 것을 기대합니다. 그들은 이미 은혜의 강에서 헤엄치며, 또한 영광의 대해(大海)에서 떠다니고 있습니다. 그들은 스스로는 가진 것이 아무것도 없음을 알지만, 그들의 하나님 안에서 모든 것을 가졌기에 기뻐합니다. 매일 아침 그들은 위로부터 임하는 그 날의 빛을 보며, 또한 영적인 것들을 위하여서도 그들의 눈을 산을 향하여 듭니다. 그곳에서 그들의 도움이 오기 때문입니다. 그들은 절망 중에 기다리는 것이 아니며, 망설임 속에서 기다리는 것도 아닙니다. 그들은 소망 중에서 기다리며, 즐겁고도 확신에 찬 소망을 간직하고 있습니다. 그들은 주 안에서 그들의 길이 더욱 환히 밝아질 것을 기대하며, 그 빛이 아침의 여명에서 한낮의 빛으로 더욱더 밝아질 것임을 확신에 차서 기대합니다. 오 나의 형제들이여, 사람들이 새벽이 반드시 올 것임을 알고 기다리듯이, 그렇게 주님을 기다리며 바라도록 합시다.

하지만 그들은 무엇을 기다립니까? 나는 답합니다. 하나님의 백성들은 많은 것들을 위하여 인내하면서 그분을 기다립니다. 때때로 그들은 그분의 은혜의 증거들을 기다립니다. 그들은 주 예수 그리스도를 믿고 있지만, 한동안은 믿음으로 소유할 수 있는 평안과 위로를 누리지 못할 수도 있습니다. 그들이 더 많은 믿음을 가진다면 즉시 그들의 평안은 강처럼 될 것입니다. 하지만 그 평안을 기다리기에 충분한 믿음을 가지고 있다면 그것도 좋은 일입니다. 이따금 믿음은 매우 약해질 수 있지만, 그럴 때는 믿음이 제자리에서 버티며 기다리는 것이 좋습니다. 한 사람이 믿고 구원을 얻었지만, 그는 자신의 구원을 확신하지 못할 수도 있으며, 그리스도 예수 안에 있는 자기 상태의 안전과 복을 인식하지 못할 수도 있습니다.

오 영혼이여, 그대가 어둠에서 빠져나오지 못한다면, 어둠 속에서 믿으십시오. 만약 그대가 믿음으로 그리스도를 바라볼 수 있는 빛을 가졌으면서도, 그분의 아름다움과 영광을 충분히 인식하지 못한다면, 이 사실을 기억하십시오. 즉 그분을 바라볼 수만 있다면, 비록 그 빛이 아무리 희미하다고 해도, 그분을 바라봄으로써 구원을 얻는다는 사실입니다. 만약 그대가 십자가를 바라볼 수만 있다면, 그래서 하나님의 어린 양을 전적으로 신뢰할 수만 있다면, 그분이 그대의 죄를 가져가십니다. 주님의 모든 기쁨과, 믿음으로 말미암는 모든 평안과 안식이 즉시 오지는 않을 수도 있습니다. 하지만 당신은 그것들을 기다려야 합니다. 이런 것은 곡식의 이삭들입니다. 그것들을 수확할 수 있으려면, 당신은 소망 중에 땅을 갈고 믿음으로 씨를 뿌려야 합니다. 그리스도인으로서 성품의 은혜들, 믿음의 확신, 강한 용기, 감미로운 경험, 이 모든 것들은 적당한 시기가 되어야 생겨나는 의의 열매들입니다. 분명 주님의 백성들 중 일부는 즉시 기쁨과 평안을 얻는 것처럼 보이고, 그것을 평생 유지하는 듯합니다. 이들은 정말이지 은혜를 입은 자들입니다. 나는 우리도 그런 경우처럼 되기를 바랍니다. 하지만 그렇지 않다 해도 실망하지 말고, 우리의 의의 주님을 여전히 신뢰하도록 합시다.

"그대 믿음의 시력이 약해질 때
여전히 예수를 믿고 모든 것을 맡기세요.
어둠이 그대의 영혼을 가득 채울 때에도
여전히 모든 슬픔을 예수께 맡기세요."

비록 그분이 당신에게 위안의 말씀을 주시지 않았다 해도, 여전히 그분께 매달리십시오. 개처럼 취급당하는 듯했으나 이렇게 대답했던 여인처럼 행하십시오. "주여 옳소이다마는 개들도 제 주인의 상에서 떨어지는 부스러기를 먹나이다"(마 15:27). 그리스도를 바라보는 것은 당신의 일이며, 당신에게 빛을 주시는 것은 그분의 일입니다. 그대의 얼굴에 아직 빛이 비추이지 않았다고 해도, 여전히 태양을 향하듯 주 예수님을 바라보십시오. "너희 중에 여호와를 경외하며 그의 종의 목소리를 청종하는 자가 누구냐? 흑암 중에 행하여 빛이 없는 자라도 여호와의 이름을 의뢰하며 자기 하나님께 의지할지어다"(사 50:10). 하나님을 신뢰하고 그분을 바라보는 자가 결국에는 잘될 것입니다. 아니, 이미 그의 상태는 좋습니다. 본문에서 주님께서는 그런 자들이 복되다고 선언하시기 때문에,

그들은 정녕 복된 자들입니다. 믿는 자들의 몫인 영적인 희락과 내적인 즐거움들을 기다립시다. 비록 그것들이 즉시로 오지 않아도, 현재의 이 복된 선언으로 우리 자신을 위로하도록 합시다. "그를 기다리는 자마다 복이 있도다."

여러분은 훌륭한 성도들이 예수님과의 교제에서 누리는 복에 대해 읽은 적이 있을 것입니다. 아마 여러분은 이렇게 말했겠지요. "오, 내가 어찌하면 하나님을 발견할까?"(욥 23:3). 그분을 신뢰하고 기다리십시오. 주께서 당신에게 자기를 나타내실 것입니다. 아마도 여러분은 지난 과거를 돌아보면서 이렇게 한숨지을 것입니다.

"한때 나는 얼마나 평화로운 시절을 보내었던가?
그 기억이 아직까지 달콤하구나!"

메뚜기들이 모든 것을 먹어치운 시기가 닥쳐온다 해도, 오직 소망을 품고, 신뢰하고, 순종하십시오. 당신의 하나님을 전적으로 의지하십시오. 눈으로 볼 수 있는 만큼만 믿는 것은 초라한 믿음입니다. 주께서 당신을 때리실 때에도 여전히 그분이 당신을 사랑하심을 믿으십시오. 비록 그분이 당신을 죽이신다 해도 그분이 당신을 사랑하심을 믿으십시오. 하나님을 의심하지 말 것이며, 그분을 제한하지도 마십시오. 그분은 변개하실 수 없는 분입니다. 그분이 당신을 징계하려고 손을 높이 드신 때에도 그분의 팔에 매달리십시오. 그분의 얼굴 빛 안에서 기뻐할 수 없다 해도, 그분의 날개 그늘 아래에서 안식하십시오. 그렇습니다. 우리는 기다리는 백성이 되어야 합니다. 정녕 우리는 불평할 수 없는 자들입니다. 우리가 많은 날 동안 하나님을 기다리시도록 했기 때문입니다. 그분이 어떤 인내를 보이셨는지요! 그런데 우리는 인내할 수 없단 말입니까?

때때로 하나님의 백성은 그분의 약속의 성취를 기다려야 합니다. 모든 약속은 지켜질 것입니다. 하지만 그 때는 오늘이나 내일이 아닐 수 있습니다. 하나님의 말씀에는 적합한 시기가 있으며, 그분의 때가 최선의 때입니다. 우리는 또한 기도에 대한 응답을 기다려야 할 것입니다. 하나님은 기도를 들으십니다. 아아, 기도를 말하는 순간 기도는 그분의 귀에 들립니다. 하지만 아직은 응답이 없을 수도 있습니다. 기도의 물에 던져진 떡은 도로 찾아질 것입니다(참조. 전 11:1). 하지만 여러 날이 지난 후에야 그렇게 될 수도 있습니다. 깨어 기도하십시오. 비록 하나님으로부터 은혜를 얻기까지 오랜 시간이 걸려도 그렇게 하십시오. 주를 바라고 당신의 힘을 새롭게 하십시오. 하늘의 떡과 그 나라의 포도주를 바라는 것이라면, 주리고 목마른 것에도 유익이 있습니다. 계속 기도하십시오! 계속 기다리십시오! 두드리십시오. 만약 문이 열리지 않으면 다시 두드리십시오. 그 문이 여전히 닫혀 있으면, 다시 두드리고 이전보다 더 크고 간절하게 두드리십시오. "항상 기도하고 낙망하지 말아야" 할 것입니다(눅 18:1). 설혹 당신의 끈질김이 열광의 수준에까지 이른다 해도, 그것은 당신에게 좋은 것입니다. 왜냐하면 "천국은 침노를 당하나니 침노하는 자는 빼앗기"(마 11:12) 때문입니다.

빈번하게 우리는 일시적인 축복들을 위해 기다려야 할 수도 있습니다. 우리가 마음에 소원하는 바를 얻는 것이 우리에게 안전하지 않을 수도 있습니다. 왜냐하면 우리의 마음이 아직은 세상과 세상에 속한 것들로 너무 많은 영향을 받기 때문입니다. 우리는 고난으로부터의 구원을 기다려야 하겠지만, 아직은 용광로가 그 정련 작업을 완수하지 않았을 수도 있습니다. 당신이 아프다면, 하나님께서 당신을 낫게 해 주시기를 기도할 수도 있습니다. 그렇지만 그분은 사랑하시는 자를 병들도록 허용하실 수도 있습니다. 당신에게는 질병이 건강보다 더 유익할 수도 있습니다. 당신은 매우 가난합니다. 그래서 당신은 극심한 빈곤에서 벗어나기를 바랄 수 있습니다. 모든 수단을 동원해서라도 그렇게 하려고 애쓸지 모릅니다. 하지만 성공을 거두지 못해도 불평하지는 마십시오. 가난이 당신에게는 풍요보다 더 부요한 상태일 수도 있습니다. 당신의 성품 속에는 고통과 수고를 겪지 않고서는 결코 온전해질 수 없는 어떤 요소가 있을 수 있습니다. 그리고 당신의 재산이 늘어나는 것보다는 당신의 성품이 온전해지는 편이 더 좋습니다.

우리들 중 어느 누구도 여름의 열기와 시련을 견디지 않고서는 결코 최고의 성숙에 도달할 수 없습니다. 무화과 열매가 상처를 입지 않고서는 익지 않는 것처럼, 곡식이 타작을 하지 않고서는 그 껍질을 벗을 수 없는 것처럼, 그리고 밀이 갈리지 않고서는 고운 가루가 될 수 없는 것처럼, 고난을 겪어보지 않으면 우리는 거의 쓸모가 없습니다. 그런 유익들을 모면하려고 그렇게 애쓸 이유가 무엇입니까? 우리는 "주의 뜻이 이루어지이다"라고 말하면서 인내로써 기다려야 합니다. 우리에게 은혜를 베풀려고 그분이 기다리셨으니, 우리도 그분께 영광을 돌리기 위해 기다리도록 합시다.

형제여, 즐겁게 기다리십시오. 만일 하나님께서 "기다리라"고 말씀하시는 것이 적당하다고 여기신다면, 그분에게 화를 내지 마십시오. 서두르고 걱정할 이유가 어디 있습니까? 오, 하나님을 의지하십시오. 가만히 있는 것이 당신의 힘입니다. 새로운 피조물에게서 가장 사랑스러운 꽃들 중의 하나는 하나님의 뜻에 대한 전적인 복종입니다. 그것을 가진 자는 천국에서 멀지 않습니다. 하지만 당신은 소금 언약에 의해 당신의 소유인 영광을 얻기 위해서는 좀 더 기다려야 할 것입니다. 당신은 이따금씩 천국의 향수병으로 인해 앓지 않습니까? 당신은 이 광야에 대해 싫증을 느끼고, 저 향기로운 산들과 복된 동산들을 그리워하지 않습니까? 당신은 비둘기의 날개를 달기를 갈망하지 않습니까? 나는 당신이 그것을 가진다 해도 그것들을 잘 다룰지 염려스럽습니다. 비둘기의 날개는 이 성가신 진토에는 잘 맞지 않습니다. 천국을 바라보면서 기다려야 하는 것은 쉽지 않은 일입니다. 하지만 하나님이 아직 우리를 부르시지 않을 때 날기를 시도하기보다는 기다리는 편이 낫습니다. 기다리십시오. 당신의 하나님을 위해 아직 해야 할 일이 남아 있기 때문입니다. 당신은 하루의 일을 제대로 마치기도 전에 가서 쉬려고 합니까? 기다리십시오. 비록 당신 자신을 위해서는 그렇지 않아도, 그 편이 다른 사람들을 위해 필요하기 때문입니다. 기다리면서 계속 일하십시오! 당신이 포도원에 들어오기 전까지 얼마나 많은 세월을 낭비했습니까! 그 이후 당신이 이룬 일은 얼마나 보잘것없습니까! 기다리십시오! 영광의 비전은 확실합니다. 내일이든, 혹은 오늘 바로 이 순간이든, 그 비전은 너무나 확실합니다.

"천국이 가까워지고 있도다! 얼마나 남았을까?
이정표들을 하나씩 세어보라!
아니, 셀 것이 아니라, 오직 기다릴 것이니
천국의 영광이 시작되기까지."

제
23
장

신뢰와 기도를 위한 격려

"그가 네 부르짖는 소리로 말미암아 네게 은혜를 베푸시되 그가 들으실 때에 네게 응답하시리라."—사 30:19

인간의 큰 죄는 하나님에게서 멀어지는 것입니다. 그런 사람은 마음에서 "하나님이 없다"고 말하며, 삶에서 하나님의 임재로부터 벗어나려고 애씁니다. 먼 나라로의 여행은 단지 자유분방한 생활만을 위해서가 아니며, 오히려 아버지의 집에서 떠나기 위한 것입니다. 호세아가 말했듯이, 사람은 고난의 날에 하나님께로 돌아가려 한다고 여겨집니다. "그들이 고난 받을 때에 나를 간절히 구하리라"(호 5:15). 하지만 오호라, 이것이 진실과 진심이 아닐 수도 있습니다. 아주 종종 죄인은 아하스의 본보기를 따르는데, 그에 대해 성경은 이렇게 기록하고 있습니다. "이 아하스 왕이 곤고할 때에 더욱 여호와께 범죄하니라"(대하 28:22). 세상에서의 시련들과 고난들이 그 자체로 사람을 하나님께로 몰고 오지는 않으며, 오히려 그를 반역과 절망과 마음의 완고함으로 내몰기도 합니다. 인간은 하나님을 바라보기보다는 사방을 쳐다봅니다. 사울처럼, 그는 살아 계신 하나님을 구하기보다 무당과 악령의 도움을 구하려 합니다. 그는 자신의 마음을 그의 최상의 친구이자 조력자(Friend and Helper)에게로 향하기보다는, 죽음과 동맹을 맺고 지옥과 언약을 맺습니다. 성경에 이런 말씀이 기록되어 있습니다. "도움을 구하러 애굽으로 내려가는 자들은 화 있을진저, 그들은 말을 의지하며 병거의 많음과 마병의 심히 강함을 의지하고 이스라엘의 거룩하신 이를 앙모하지 아니하며 여호와를 구하지 아니하도다!"(사 31:1). 이 경고가 헛되게도, 인간은 여전히 육체의 힘을 의지하며, 전능하신 하나님께 의지하는 것을 어리석고도 몽상적인 일이라 간주합니다.

인간은 자기 신뢰의 기반을 너무나 자주 옮깁니다. 지금은 이것을 의지했다가, 다음에는 저것을 의지하고, 시시때때로 믿을 수 없기는 매한가지인 수십 가지의 의지할 대상을 찾습니다. 그가 속았다는 것이 곧 드러납니다. 그가 의지하려고 시도해보았던 부러진 갈대 줄기가 그의 손을 찌릅니다. 그는 아파하면서 피를 흘립니다. 한 방향에서는 자신의 어리석음을 뉘우치지만, 다른 방면으로 같은 일을 되풀이합니다. 마음의 교만과 고집으로 그는 외칩니다. "벽돌이 무너졌으나 우리는 다듬은 돌로 쌓고 뽕나무들이 찍혔으나 우리는 백향목으로 그것을 대신하리라"(사 9:1). 거짓된 의지의 대상들에게 반복하여 속으면서도, 그는 마치 개가 토했던 것을 좋아하듯이 그런 것들에게로 되돌아갑니다. 그는 잘못된 자기 망상을 선택하고는 반복하여 모래 위에 집을 세우려고 시도합니다. 이미 물결이 수도 없이 밀려와 그것을 허물었음에도 불구하고 말입니다.

그가 자기 어리석음을 고집하는 것은 속았기 때문만은 아닙니다. 자기 어리석음으로 인해 대가를 톡톡히 치렀음을 알 때에도, 빵이 아닌 것을 위하여 돈을 허비한 사실을 알고서도, 그는 계속해서 그런 짓을 지속합니다. 애굽은 그의 보화를 다 소비하고서도 그에게 아무런 도움을 제공하지 않습니다. 그런데도 그는 더 많은 보화를 같은 시장에 보내며, 그에게 아무런 유익도 주지 못하는 사람들에게 거듭 수치를 당하기를 자청합니다. 그는 고심을 하고, 정신적 힘을 쏟으며, 계획을 짜고, 조바심을 내고, 스스로 걱정하며, 육체를 신뢰함으로써 조금의 위안이라도 발견하려고 합니다. 그렇게 그는 자기 생명을 허비합니다. 창조주 안에서 쉽게 찾을 수 있는 것들을 피조물에게서 구하느라고 골수가 마르도록 애를 씁니다. 그는 일찍이 일어나서 늦게 누우며, 수고의 떡을 먹습니다. 하지만 그는 사랑하시는 자에게 잠을 주실 수 있는 여호와께 돌이키려고 하지 않습니다. 불신앙으로 인해 모든 것을 잃고 지쳤을 때에도, 인간은 여호와를 찾으려 하지 않습니다. 그럴 때조차 그는 그에게 도움을 약속하는 어떤 새로운 것에 홀딱 빠집니다. 그는 바보 취급을 당하고 속임당하는 것을 좋아하는 것처럼 보입니다. 마침내 모든 육체의 신뢰가 사라지고, 모든 희망이 완전히 실패로 돌아갔어도, 그는 하나님을 찾기보다는 차라리 누워서 죽기를 바랄 것입니다. 아아, 그는 잔혹하게도, 자기가 의지했던 헛된 기쁨들로 인해 고통을 겪으면서도, 할 수만 있다면 계속해서 그것들을 따라가려 합니다. 그는 돼지가 먹는 쥐엄 열매로도 배를 채울 수가 없어 수척하고 파리하여 죽을 지경입니다. 하지만 전능자의 은혜가 그를 강권하지 않으면, 그의 얼굴은 먹을 것이 풍성한 집으로 향하지 않을 것입니다. 그는 하늘에 죄를 지었다고 자백하고 하나님을 믿는 믿음 안에서 새 삶을 시작하기보다는, 차라리 굶주려 죽기를 바랄 것입니다. 이것이 타락의 열매이며, 우리 부패성의 명백한 증거이고, 멸망의 근원입니다. "육신의 생각은 하나님과 원수가 됨이라"(롬 8:7). 우리는 의지할 대상으로서 우리의 눈으로 볼 수 있고 우리의 손으로 만질 수 있는 무언가를 원하며, 그래서 보이지 않는 여호와를 의지하지 못합니다. 하지만 홀로 그분만이 살아 계시고 참되신 하나님이십니다. 오, 우리가 지혜롭기를, 이 사실을 이해하고 마음으로 이렇게 말할 수 있기를 바랍니다. "오라 우리가 여호와께로 돌아가자 여호와께서 우리를 찢으셨으나 도로 낫게 하실 것이요 우리를 치셨으나 싸매어 주실 것임이라"(호 6:1).

이 모든 때에도, 인간이 하나님에게서 멀어지려고 애쓰는 동안에도, 주님은 기꺼이 그를 받아주려 하십니다. 그를 용서하시고, 그에게 은혜를 주시고, 모든 기쁨으로 그를 부요케 하기를 원하십니다. 단지 바라기만 할 뿐 아니라, 그분은 능히 그러실 수 있습니다. 그분은 모든 고난으로 마음이 상한 자들을 도우시고, 모든 환난 아래 처한 자들을 위로하실 수 있습니다. "여호와께서 기다리시나니 이는 너희에게 은혜를 베풀려 하심이요 일어나시리니 이는 너희를 긍휼히 여기려 하심이라"(18절). 만약 하나님 편에서 원하지 않으신다면, 인간이 하나님께 돌아가기를 원치 않는 것을 우리가 어느 정도까지는 이해하고 정당화할 수 있습니다. 하지만 하나님께서 인간에게 돌아오라고 명하실 때, 그를 초대하시고, 그와 변론하시며, 그에게 호소하시고, 받아들일 모든 준비를 하실 때에, 왜 인간이 그것을 거절한단 말입니까? 하나님께서 인간이 바랄 수 있는 모든 도움을 주실 것이라고 풍성히 약속하셨으니, 인간이 자기 창조주로부터 계속해서 떨어져 있기를 고집한다는 것은 변명할 수 없는 배은망덕이요 사악한 완고함입니다. 그는 자기 하나님을 의지하기보다 차라리 멸망하기를 선택합니다. 내 말을 듣는 이들 중에 이와 같은 사람이 없습니까?

나는 이 시간에 빈궁한 자들의 부르짖음에 귀를 기울여 들으시는 하나님의 은혜로우심을 전하려고 합니다. 이곳에 참여한 이들 중에 더러 이 사실을 망각하고 있었던 이들이 용기를 얻어 이렇게 말할 수 있게 되기를 바랍니다. "내가 일어나 아버지께 가리라"(눅 15:18). 그런 일이 있기를 바라는 것은 내게 기쁨입니다. 하지만 만약 내가 하나님의 도우심으로써 이 말씀을 분명하게 전해도, 고난 중에 있는 여러분 중 누구라도 하나님을 신뢰하기를 거절한다면, 그 사람은 더욱 하나님께로부터 멀어질 것이며 그의 죄는 더욱 심해질 것입니다. 하나님께서 은혜로 대해주심을 알고서도 그분을 의지하지 않는 자는 죄를 범하여 자기 영혼에 해를 끼치는 자이며, 일곱 배의 진노에 스스로를 던지는 자입니다. 만약 하나님께서 당신의 부르짖는 소리에 은혜로 응답하리라고 말씀하셔도, 당신이 부르짖지 않는다면 당신의 운명은 어떻게 되겠습니까?

1. 이 보증의 말씀은 특정 인물들에게 특별히 적합하다.

우리 주 하나님의 넘치는 은혜를 전하기 위해, 나는 먼저 이 보증의 말씀은 특정한 인물들에게 특히 적합하다는 사실에 대해 말하고자 합니다. "그가 네 부르짖는 소리로 말미암아 네게 은혜를 베푸시되 그가 들으실 때에 네게 응답하시리라." 이 말씀은 특히 고통당하는 모든 백성들에게 적용될 수 있는 위로의 말씀입니다. 그런 자들에게 나는 말합니다.

당신은 지금 무거운 근심으로 압박을 받고 있습니다. 당신에게 일이 잘못되어 가고 있습니다. 사업에서 번창하지 않거나, 몸이 아프거나, 혹은 사랑하는 이가 병상에 누워 수척해지고 있습니다. 우리는 당신이 심령에 큰 근심을 느끼는 것을 이상히 여기지 않습니다. 동시에 당신은 당신의 현재 상태에 대해 불안을 느끼며, 심령에 큰 압박을 느끼고 있습니다. 이 짙은 어둠을 헤치고 나가면서, 당신은 하나님을 나쁘게 생각하고 당신을 둘러싼 고난들로 인해 그분을 비난하고 싶은 유혹을 크게 받습니다. 하지만 그것은 문제를 악화시킬 뿐이며 당신의 죄와 슬픔을 증대시킬 뿐입니다. 또한 어쩌면 당신은 절망 중에서 이렇게 말하고 있을지도 모릅니다. "희망이 없다. 나는 그물에 걸렸으며, 빠져나갈 길이 없다." 물론 당신이 전체를 알 수 있다면 절망을 큰 원수처럼 여기고 쫓아 버려야겠지만 말입니다. 아마도 당신은 현재의 곤경에서 벗어나기 위해 스스로를 의지하여 어떤 그릇된 방법을 시도하려고 할지도 모릅니다. 사탄은 어떤 실체 없는 위안을 제시하는 부정직하고, 불순하고, 무모한 방식들을 당신에게 제안할 것입니다. 당신은 지금 위험에 처해 있습니다. 이런 당신을 불쌍히 여겨, 주께서는 우리를 통해 이보다 훨씬 더 지혜로운 길이 열려 있음을 당신에게 권면하도록 하십니다. 즉 그분에게로 돌이키라는 것입니다. 그가 당신이 부르짖는 소리로 말미암아 당신에게 은혜를 베푸실 것이며, 그가 들으실 때에 당신에게 응답하실 것이기 때문입니다.

당신이 처한 현재의 시련이 그 어떤 형태이든, 하나님 안에는 도움이 있습니다. 무한한 지혜는 그것을 이해하며, 무한한 능력은 당신이 그것을 헤치고 나아가도록 도울 수 있습니다. 하나님은 당신에게서 고통거리들을 제거하실 수 있으며, 혹은 당신이 두려워하는 일이 생기지 않도록 예방하실 수 있습니다. 혹 거룩한 지혜를 가지신 그분이 당신에게 매를 드는 것이 적절하다고 여기신다 해도, 그분은 당신이 그것을 견디도록 하실 수 있으며, 그것이 당신에게 영원한 유익이 되게끔 하실 수 있습니다. 그분이 사람들로 하여금 환난을 겪거나 비탄에 빠지도록 하시는 이유가, 그분이 인간의 슬픔에서 기쁨을 얻기 때문이 아니라는 것을 확신하십시오. 그분은 고통당하는 자들을 불쌍히 여기십니다. 그분은 매우 자애롭고 긍휼이 풍성하시기에, 고통당하는 자들을 언제나 신속하게 위로하십니다. 지금 무거운 시련이 당신을 누르고 있는 데에는 그럴 만한 필요성이 있기 때문입니다. 그것을 믿고 한탄하지 마십시오. 하나님은 지금 노하시어 당신을 찾아오시지 않지만, 그분의 엄격함에는 애정이 있습니다. 당신은 그것을 믿지 못하십니까? 이 말은 정녕 사실입니다. 당신이 그것을 사실이라고 믿고 그에 따라 행동한다면, 당신의 힘과 위로와 궁극적인 구원이 거기에서 나올 것입니다. 당신 자신을 하나님께 복종시키고, 이 심한 곤경 중에서도 그분을 신뢰함으로써, 당신은 구원을 얻을 것입니다. "주 여호와 이스라엘의 거룩하신 이가 이같이 말씀하시되 너희가 돌이켜 조용히 있어야 구원을 얻을 것이요 잠잠하고 신뢰하여야 힘을 얻을 것이라"(사 30:15).

이처럼 큰 회중 가운데는 틀림없이 일시적인 시련으로 인해 상심한 자들이 더러 있을 것입니다. 나는 슬픔에 처한 하나님의 자녀들에게 말하고 있습니다. 그대 슬퍼하는 이들이여, 하나님께로 가십시오. 여러분을 치는 손을 향해 돌이키십시오. 여러분을 치는 회초리에 입을 맞추고, 그 회초리를 명하신 그분에게 입을 맞추십시오. 지금부터는 여호와만 신뢰하십시오. 그분은 하나님이시며, 그와 같은 이가 달리 없기 때문입니다. 이렇게 말하십시오. "내 아버지여, 이제부터는 당신을 구하겠습니다. 당신이 저의 안내자가 될 것입니다. 당신의 아들 예수 그리스도를 통하여, 그분의 보혈을 의지하여, 저는 당신에게 나아갈 것입니다. 저를 도우시고 건져주소서." 여러분은 그분이 기꺼이 용서하시고 도우려 하심을 알게 될 것이며, 살아서 "그 인자하심이 영원한" 그분을 노래하게 될 것입니다. 여러분의 귀에 이 본문의 달콤한 확신의 말씀을 속삭여 들려주겠습니다. "그가 네 부르짖는 소리로 말미암아 네게 은혜를 베푸시되 그가 들으실 때에 네게 응답하시리라."

이 본문이 아주 잘 적용될 수 있는 두 번째 부류는 죄로 인해 고통당하는 사람들일 것입니다. 곧 죄가 그들을 에워싸 압박하고 있음을 느끼는 자들입니다. 이런 경우 여러분은 죄책감과 형벌에 대한 두려움으로 압도당하고 맙니다. 하나님의 율법이 양심과 마음을 강타할 때보다 더 혹독한 고통을 느끼는 경우는 없습니다. 이제, 죄와 벌에서 벗어나기 위해, 당신이 해야 할 첫 번째 일은 당신이 노엽게 한 당신의 하나님께로 돌아오는 것입니다. 오직 그분만이 당신을 용서하실 수 있기 때문입니다. 회개하며 얼굴을 돌이켜야 하고, 그리스도 예수 안에서 믿음으로 하나님을 바라보아야 합니다. 그렇지 않으면 당신은 죄 속에서 죽을 것입니다. 죄의식을 느끼는 중에서도 당신의 타고난 성향은 주께로부터 멀어지는 것입니다. 오호라, 당신은 당신의 죄를 거듭해서 쳐다보면서, 마침내 절망 중에 수척해지면서도, 그리스도 예수를 바라보고 구원을 얻으려 하지 않습니다. 마치 심판이 다가오듯이 끔찍한 소리가 당신의 귀에 들려오고, 당신은 그 소리와 더불어 지옥의 개들이 울부짖는 소리를 듣습니다. 하지만 그러면서도 당신은 피의 대속과 구주를 믿는 모든 자들에게 거저 주시는 용서에 대해 말하는 인자한 긍휼의 목소리에는 귀를 기울이지 않습니다. 아마도 당신은 더 좋은 것에 대한 아무런 희망도 남지 않았다고 결론을 내리고, 따라서 할 수 있는 동안 죄 속에서 발견되는 쾌락을 즐기는 편이 낫다고 여길 것입니다.

"희망이 없다"고 말하는 사탄의 거짓말을 믿지 마십시오. 당신은 여전히 자비의 땅에 있습니다. 가련한 죄인이여, 당신은 용서가 풍성히 주어지고, 하나님께서 자기를 구하는 모든 자들에게 은혜를 주시는 곳에 있습니다. 당신은 아직 심판대에 오지 않았고, 나팔 소리가 크고 길게 울려 퍼지는 자리에 오지 않았습니다. 당신은 간절한 사랑의 앞에 있는 것이지, 소멸하는 불이 있는 시내 산 앞에 있는 것이 아닙니다. 오늘은 구원의 날입니다. 아직 복수의 때가 오지 않았습니다. 하나님은 당신의 죽음을 원치 않으시며, 당신의 멸망을 기뻐하지 않으십니다. 그분은 당신이 돌이켜 살게 되기를 바라시며, 긍휼을 베풀기를 기뻐하십니다. 당신이 아버지의 집으로 돌아온다면 환대가 기다리고 있을 것입니다. 그분은 당신의 방황에 대해 질책하지 않으실 것이며, 오히려 당신의 누더기 옷을 벗기시고 그리스도의 의라는 최상의 옷을 입혀주실 것입니다. 그분은 당신으로 인해 온 집 안에 음악 소리가 넘치게 하실 것이며, 그분 자신도 당신으로 인해 기뻐하실 것입니다. 주께서 당신을 호의로 대하시도록 만들기 위해 당신은 아무것도 할 필요가 없습니다. 그분은 이미 사랑이십니다. 그분이 당신에게 더 많은 자비를 베푸시도록 하기 위해, 당신은 참회의 수행을 해야 할 필요도 없고, 심각한 영혼의 고뇌를 겪을 필요도 없습니다. 그분의 은혜는 넘치기 때문입니다. 그리스도 예수 안에서 하나님의 사랑의 강은 넘쳐흐르며, 신속하고도 풍부하게, 최악의 사람들에게까지 흐르고 있습니다. 단지 당신이 거역했던 하나님께로 돌이키기만 하십시오. 당신의 죄를 인정하고, 그분의 아들 예수 그리스도로 말미암아 그분을 의지하십시오. 그러면 "그가 당신의 부르짖는 소리로 말미암아 당신에게 은혜를 베푸시되, 그가 들으실 때에 당신에게 응답하실 것입니다."

이 본문의 보증의 말씀은 제 맘대로 행하여 타락한 자들에게도 마찬가지로 달콤하게 들립니다. 그들은 하나님을 멀리 떠난 것으로 인해 당황하고 근심하는 자들입니다. 내 사랑하는 친구여, 당신이 배교자가 됨으로써 크게 잘못을 범한 것은 사실입니다. 당신은 큰 빛과 많은 사랑을 배반하였고, 이는 매우 심각한 죄악입니다. 한때 당신은 구주와 교제할 때 얼마나 평화로운 시절을 누렸습니까! 당신이 범한 죄는 그 달콤한 교제와 영원한 사랑의 총애를 등진 것입니다. 당신은 하나님의 영을 거역하고 다시 하나님의 아들을 십자가에 못 박았습니다. 당신은 주님의 말씀에서 깊은 것을 배웠고, 그분의 언약의 비밀이 당신에게 열리는 것을 경험했으며, 거룩한 삶이란 무엇인지, 거룩한 교제의 기쁨에 들어가는 것이 무엇인지를 경험으로 알았습니다. 당신은 땅의 진흙탕 연못의 물을 마시기 위해 만세반석에서 흘러나오는 생수를 떠났습니다. 당신은 황금 송아지나 혹은 다른 헛된 형상 앞에 절했습니다. 당신은 지존자로부터 멀리 떠나 방황하였고, 당신의 영혼의 순결을 더럽혀 주님을 크게 노엽게 만들었습니다. 당신이 괴로움을 겪는 것은 당연합니다. 당신은 경건치 못한 자들 중에서 하나님의 이름이 크게 모욕을 당하도록 했기 때문입니다. 당신은 하나님의 성도들을 많은 근심으로 찔렀고, 그분의 사역자들로 하여금 뼈가 부러지는 듯한 고통을 느끼게 했습니다. 당신이나 당신과 같은 부류의 사람은 우리의 부끄러움이요 근심거리입니다. 만일 당신이 배반자로서 영원히 버림을 당하고 멸망의 아들로 죽도록 버려진다 해도, 그것은 당신 자신의 행위의 열매를 먹는 것일 뿐, 달리 무어라고 말할 수 있겠습니까?

하지만 본문은 그런 당신의 귀에도 맑은 종처럼 울리며, 그 은혜의 소리를 들려줍니다. "그가 네게 은혜를 베푸시리라." "여호와의 말씀이니라 배역한 자식들아 돌아오라 나는 너희 남편임이라"(렘 3:14). 돌아오라, 돌아오라! 당신을 부르는 목소리는 당신 신랑의 목소리입니다. 얼마나 더 달콤한 소리로 호소해야겠습니까? "이스라엘아 네 하나님 여호와께로 돌아오라 네가 불의함으로 말미암아 엎드러졌느니라"(호 14:1). 오 사랑하는 친구여, 그 권고를 듣고 마음으로 이렇게 말하십시오. "내가 본 남편에게로 돌아가리니 그 때의 내 형편이 지금보다 나았음이라"(호 2:7). 그분은 긍휼의 마음을 거두지 않으셨고, 오히려 크신 사랑으로 이렇게 외치십니다. "너는 가서 북을 향하여 이 말을 선포하여 이르라 여호와께서 이르시되 배역한 이스라엘아 돌아오라 나의 노한 얼굴을 너희에게로 향하지 아니하리라 나는 긍휼이 있는 자라 노를 한없이 품지 아니하느니라 여호와의 말씀이니라"(렘 3:12). 그분이 당신을 아프게 징계하셨지만 당신을 죽음에 넘기시지는 않았습니다. 그분은 이 때에도 당신의 신음소리를 들으시며, 당신을 불쌍히 여기십니다. 그분이 외치십니다. "에브라임이여 내가 어찌 너를 놓겠느냐 이스라엘이여 내가 어찌 너를 버리겠느냐 내가 어찌 너를 아드마 같이 놓겠느냐 어찌 너를 스보임 같이 두겠느냐 내 마음이 내 속에서 돌이키어 나의 긍휼이 온전히 불붙듯 하도다. 내가 나의 맹렬한 진노를 나타내지 아니하며 내가 다시는 에브라임을 멸하지 아니하리라 이는 내가 하나님이요 사람이 아님이라"(호 11:8-9). 오 방황하는 자여, 내 말을 들으십시오. 당신의 형제가 당신의 귀에 부드럽게 속삭일 때, 성령께서 그 말을 당신의 마음에 들려주시길 바랍니다. "그가 네 부르짖는 소리로 말미암아 네게 은혜를 베푸시되 그가 들으실 때에 네게 응답하시리라."

이 본문의 말씀이 매우 기쁘게 들릴 네 번째 부류의 사람들은 마음에 활력을 느끼지 못하는 모든 신자들일 것이라고 확신합니다. 우리 모두 이따금씩 그런 상태에 빠집니다. 우리는 언제나 변화산에 거하는 것이 아니며, 황홀한 교제 속에서 사랑의 축제의 자리에 앉아 있는 것이 아닙니다. 때때로 우리는 영혼의 고뇌라는 용광로 속으로 던져지며, 우리의 얼굴은 마음의 근심으로 인해 숯처럼 검어지기도 합니다. 우리는 믿음의 불씨를 유지하는 것조차 어렵다고 느끼기도 합니다. 비록 어떤 일이 닥칠지라도 주님의 이름을 위하여 싸우기로 결심하였어도, 우리가 주님의 소유된 자인지에 대해 의문을 갖기도 합니다. 심지어 충만한 확신을 가지고 앞을 바라보며 나아가려고 할 때에도, 적군의 손에 의해 쓰러질 것이라는 두려움이 엄습하기도 합니다. 시련이 겹치면, 믿음이 어떻게 버틸 수 있을까요? 약해질 때가 오면, 우리가 노령의 나이로 무엇을 할 수 있을까요? 죽은 것처럼 뼈가 앙상한 모습으로 서서, 요단 강 물이 넘칠 때에 우리가 무엇을 할까요? 우리는 이전의 시련들에서 보행자와 함께 달렸어도 피곤했습니다. 그리고는 스스로에게 물었습니다. "우리가 어찌 능히 말과 경주할 수 있을까?"(참조. 렘 12:5) 영원의 세계가 눈앞에 다가올 때, 몇 시간 내에 심판대 앞에 서게 될 때, 우리는 그것을 견딜 수 있을까요? 그 때 우리 신앙의 실재성이 입증될까요? 그게 아니면 우리의 소망이 꿈처럼 사라지는 것일까요? 그런 질문들이 우리 영혼을 괴롭힙니다.

형제자매들이여, 육체일 뿐인 존재와 의논함으로써 이런 문제들에 대답하려고 애쓰는 것은 아무 소용이 없습니다. 만약 당신이 당신 자신의 힘을 의지한다면, 이 목숨을 건 전투에서 이길 수 없음이 분명합니다. 당신의 힘이란 완벽한 약함일 뿐 달리 무엇이겠습니까? 만약 당신이 스스로의 지혜를 바라본다면, 길 없는 삶의 광야에서 당신이 나아갈 바를 찾기란 불가능함이 명백합니다. 당신의 지혜란 본질적으로 어리석음일 뿐 달리 무엇이겠습니까? 그러므로 어린아이처럼 신뢰하며 하나님께 돌아오십시오. 그분으로부터 다시는 떠나지 마십시오. 당신의 영적인 생명이 시작되었던 바로 그 지점으로 되돌아와, 살아 계신 하나님 안에서 힘과 지혜와 안식과 필요한 모든 것을 발견하십시오. 이 구절이 당신에게 미소를 지으며, 당신을 하나님께로 오도록 부르고 있습니다. "그가 네 부르짖는 소리로 말미암아 네게 은혜를 베푸시되 그가 들으실 때에 네게 응답하시리라." 당신은 사람이 감당할 시험밖에는 당하지 않을 것이며, 또한 시험당할 즈음에는 하나님이 피할 길을 내실 것입니다. 짐이 지워질 경우 당신의 등은 언제나 힘을 얻을 것이며, 당신의 등이 약해질 때에는 당신의 등에서 짐이 벗겨질 것입니다. 당신의 미래의 이야기 전체가 당신에게는 알려지지 않았지만, 당신의 위대한 지도자이자 안내자(Leader and Guide)의 눈 앞에는 마치 지도처럼 펼쳐져 있습니다. 예수님이 인도하시는 곳으로 따라가십시오. 그분이 당신을 버리실 수 없음을 인식하십시오. 그분은 당신을 푸른 초장에 누이실 것이며, 그분의 선하심과 인자하심이 당신의 평생을 따를 것입니다. 아무것도 염려하지 말고, 모든 것을 위해 기도하십시오. "네 길을 여호와께 맡기라 그를 의지하면 그가 이루시고, 네 의를 빛 같이 나타내시며 네 공의를 정오의 빛 같이 하시리로다"(시 37:5-6). 모든 시련의 때마다 그분의 은혜의 보좌로 나아가십시오. 그분이 당신에게 은혜를 베푸실 것입니다. 당신의 마음을 그분께 쏟으십시오. 그러면 당신은 당신의 구원의 하나님께로부터 평화의 응답을 얻을 것입니다.

자, 나는 이상의 네 가지 경우가 우리 중 대다수를 포함한다고 생각합니다. 성령께서 이 본문의 말씀으로 여기 참석한 모든 이들에게 말씀하시기를 기도합니다. 부드럽게 땅을 적시는 비처럼 이 말씀이 우리 마음을 적시는 것을 느끼기를 바랍니다. "그가 네 부르짖는 소리로 말미암아 네게 은혜를 베푸시되 그가 들으실 때에 네게 응답하시리라."

2. 여기에 주어진 보증의 말씀에는 확고한 근거가 있다.

이제 두 번째 요점을 잠시 숙고해보고자 합니다. 여기에 주어진 보증의 말씀에는 확고한 근거가 있습니다. 이 본문의 말씀은 허튼 구전(口傳)의 이야기가 아니며, 종종 어머니들이 자기 아이들을 즐겁게 하기 위해 들려주는 동화 정도가 아닙니다. 이 말씀은 분명한 사실입니다. 이 본문은 허구가 아니며, 하나님의 입에서 나온 믿을 만한 말씀입니다. "그가 네게 은혜를 베푸시리라." 그렇다면, 이 보증의 말씀에 어떤 근거가 있는 것입니까?

첫 번째로 내가 말하고 싶은 것은, 우리 위로의 근거는 하나님의 분명한 약속에서 발견된다는 것입니다. 이 점은 이 본문의 경우에서나, 성경 전체에 산재해 있는 유사한 많은 선언들의 경우에서도 마찬가지입니다. 나는 내 설교에서 이 본문의 말씀을 매우 많이 반복했습니다. 그 이유는 그것이 사람이 말하는 어떤 내용보다 훨씬 탁월하기 때문입니다. 다시 한번 그 말씀을 읽겠습니다. 여러분은 왜 우리가 하나님께로 돌이켜 그분을 의지해야 하는지 이유를 알고 싶어 하는데, 그 이유는 거짓말을 하실 수도 없고 변치도 않으시는 하나님께서 이와 같이 말씀하시기 때문입니다. "그가 네 부르짖는 소리로 말미암아 네게 은혜를 베푸시되 그가 들으실 때에 네게 응답하시리라." 이 본문은 그분의 무오(無誤)한 말씀의 일부분입니다, 그렇지 않습니까? 그러므로 이 말씀은 진실이며, 여러분은 그것이 과연 그런지에 대해 의심할 필요가 없습니다. 자, 성경을 펼쳐 들고서 오십시오. 여러분의 손가락을 그 말씀에 대고서 이렇게 말하십시오. "여기서 하나님은 기꺼이 내게 은혜를 베푸시고 내 기도를 들으심을 선언하고 계신다고 나는 믿는다." 여러분은 그 이상 무엇을 원합니까? 자녀가 아버지의 말보다 더 나은 보증을 필요로 합니까? 참된 제자가 자기 스승의 약속보다 더 강력한 증거를 요구하겠습니까? "기록되었으되"라는 말씀으로 여러분에게 충분하지 않습니까? 무릎을 꿇고 엎드려 이 말씀으로 호소하십시오. 만약 당신의 친구가 "내가 자네의 청을 들어주겠네"라고 말한다면, 당신은 그를 믿지 않겠습니까? 그러니 당신의 하나님, 당신의 아버지를 의심하지 마십시오. 그분은 당신이 그분의 말씀을 믿지 못할 어떤 이유도 제공하신 적이 없습니다. 그분의 말씀이라면 모두 믿을 수 있지 않습니까? 그렇다면 이 보증의 말씀에도 충분한 근거가 있는 것입니다. 설혹 이 한 가지 약속이 전부라 해도, 그것으로 충분할진대, 하물며 성경에는 얼마나 많은 약속들이 있는지를 보십시오! 하나님의 은혜로운 약속의 말씀들은 밤하늘에 가득한 별들처럼 무수합니다. "내가 과연 너희를 버리지 아니하고 너희를 떠나지 아니하리라"(히 13:5). "내 은혜가 네게 족하도다"(고후 12:9). "두려워하지 말라 내가 너를 도우리라"(사 41:13). "그를 믿는 자는 부끄러움을 당하지 아니하리라"(벧전 2:6). "주를 신뢰하고 선을 행하라 그리하면 네가 땅에 거할 것이요 진실로 그가 너를 먹이시리라"(시 37:3, KJV). 내가 그 약속들을 일일이 열거할 필요는 없을 것입니다. 여러분이 잘 알고 있기 때문입니다. 약속의 말씀들은 무수하지만, 그 모두가 믿을 수 있는 말씀입니다. 약속을 믿고, 하나님을 믿으십시오. 그러면 그분의 말씀들이 여러분의 행복한 경험으로 성취될 것입니다.

이 보증의 말씀이 세워져 있는 두 번째 토대는 하나님의 은혜로우신 성품입니다. 본문이 이 사실을 암시하고 있습니다. "그가 네게 은혜를 베푸시리라." 그것이 이스라엘의 하나님의 성품입니다. 그분은 매우 은혜로우시며, 손을 펴서 모든 살아 있는 것의 필요를 공급하시는 분이십니다. 그분은 풍성한 분이십니다. 또한 거기에서 머물지 않고, 그분의 궁핍한 피조물들에게 관대하신 분이십니다. 심판은 그분에게 낯선 일입니다. 그분은 자비를 베풀기를 기뻐하십니다. 악과 과실과 죄를 용서하시는 것보다 그분을 더 기쁘게 하는 것은 없습니다. 그분은 그의 긍휼의 속성을 만족시키기 위해 가장 귀한 것을 희생하셨으니, 곧 그의 아들 예수님이십니다. 그분은 자기 아들을 사랑하셨습니다. 하지만 그분은 긍휼을 베풀기를 너무나도 원하셨고 또한 죄인들을 애타게 사랑하셨기에 "자기 아들을 아끼지 아니하시고 우리 모든 사람을 위하여 내주셨습니다"(롬 8:32). 그것은 죄를 범한 우리 인류에게 은혜를 베푸시기 위함이었습니다. 그러므로 하나님이 얼마나 자비로운 분이신지를 기억하십시오. 더 나아가, 그분은 그가 용서하신 자들에게 인자를 베푸시기에 풍성하신 분입니다. 그분의 사랑은 너무나 놀라워 심연보다 더 깊고, 하늘보다 높으며, 바다보다 넓습니다.

그렇다면 지금 당신의 고난이 무엇입니까? 긍휼이 많으신 하나님께서 당신을 도우시도록 그분을 의지하십시오. 당신의 죄가 무엇입니까? 긍휼이 많으신 하나님께서 당신을 용서하시도록 그분을 믿으십시오. 당신의 거듭된 잘못과 넘어짐이 무엇입니까? 은혜로우신 하나님께서 당신을 회복시키도록 그분을 신뢰하십시오. 당신이 예상하고 있는 시련들이 무엇입니까? 자비로우신 하나님께서 당신을 붙들고 헤쳐가시도록 그분을 의지하십시오. 만약 그분이 폭군이라면 당신은 그분에게서 도망치는 편이 좋을 것입니다. 하지만 그분의 인자는 영원하시기에, 그분에게로 돌이키는 것이 당신의 지혜입니다. 오십시오, 우리 함께 갑시다. 이 순간 믿음의 행동으로, 여호와의 발 앞에 엎드립시다. 비록 우리가 그분을 뵙지 못하여도, 그분이 그리스도 예수 안에서 자기를 나타내셨으니 이후로는 그분을 의지하도록 합시다. 그러면 우리가 그분과 화평할 것이며, 이로써 좋은 것이 우리에게 임할 것입니다. 그분이 자기를 찾는 자들에게 은혜를 베푸신다는 것은, 사랑과 은혜와 긍휼이 풍성하신 그분의 성품으로 볼 때 확실한 것입니다. 그러므로 우리 모두 즉시 그분을 구하도록 합시다. 본문은 "그가 네게 은혜를 베푸실 것이다"라고 말씀하지 않고 "그가 네게 매우(very) 은혜로우실 것이다"라고 말합니다(KJV). 은혜라는 말이 이와 같은 수식어로 장식된 것이 보기 좋습니다. 성경에서 하나님의 은혜에 대해 읽을 때, 그 위대성과 탁월성과 거저 주심을 나타내는 단어들이 빈번히 함께 등장한다는 생각이 새롭게 떠오릅니다. "긍휼이 풍성하신 하나님"(엡 2:4). " 주는 인자함이 후하심이니이다"(시 86:5). "여호와는 선하시니 그의 인자하심이 영원하도다"(시 100:5). "그의 많으신 긍휼대로 우리를 거듭나게 하사 산 소망이 있게 하시며"(벧전 1:3). "주의 많은 긍휼을 따라 내 죄악을 지워 주소서"(시 51:1). 주의 은혜와 긍휼을 언급할 때마다 얼마나 위대한 단어들이 함께 등장하는지를 주목하십시오. 어떤 언어로도 그것을 제대로 표현하기에는 부족하기에, 과장의 염려는 없습니다. 본문에서 우리는 "매우(very)"라는 단어를 대합니다. "그가 네게 매우 은혜로우실 것이다." 당신은 특별한 위로가 필요합니까? 그것을 얻을 것입니다. 큰 도움을 원합니까? 그것을 얻을 것입니다. 오십시오. 상심에 빠진 죄인이여, 풍성한 용서가 있습니다. 오십시오, 크게 고통을 겪고 있는 이여, 풍성한 위로가 있습니다. 오십시오, 그대 지친 방랑자여, 완벽한 회복이 있습니다. 오십시오, 그대 가난하고 궁핍한 이여, 풍성한 공급이 있습니다.

> "사랑과 긍휼의 강들이 여기 있으니
> 풍요의 대양에서 하나로 합치도다.
> 구원이 강같이 넘쳐흐르니
> 젖과 포도주의 넘침 같도다."

이 본문의 보증의 말씀은 하나님의 긍휼의 성품에 근거하고 있으니, 주저 없이 의지할 수 있습니다.

또한 이 본문은 기도의 효력에 관한 위대한 사실에 근거하고 있습니다. "그가 네게 은혜를 베푸시되 그가 들으실 때에 네게 응답하시리라." 하나님께서 사람들에게 기도하도록 허락하신 것이 놀라운 일 아닙니까? 그분이 기도를 허락하셨음에도 불구하고 사람들이 기도하지 않는 것은 더욱 놀라운 일입니다. 하나님께서 사람의 소리를 들으신다는 것은 놀라운 일입니다. 이 사실은 단순한 사색가들에게는 너무나 놀라워 믿기 어려운 일입니다. 그렇기 때문에 그들은 기도에 하나님의 마음을 움직일 실제적인 능력이 있을 수 없다고 단언합니다. 나는 그들이 그렇게 생각하는 것에 놀라지 않습니다. 왜냐하면 비록 이 놀라운 진리가 이성에 반하지는 않지만 확실히 이성을 훨씬 초월하는(above) 것이기 때문입니다. 자, 우리는 하나님께서 기도를 들으시는 것을 경험해보아서 압니다. 그래서 우리는 여러분에게 그분에게 가서 그분이 기도를 들으시는지 시도해보라고 권합니다. 그분은 여러분의 부르짖는 소리에 은혜로 응답하실 것입니다. 하나님은 시은좌(施恩座, mercy-seat. 참조로 한글개역개정의 구약에서는 빈번히 '속죄소'로 번역되어 있으며, 히브리서 9장 5절에서도 속죄소로 번역되어 있음. 역시 히브리서에 등장하는 '은혜의 보좌'는 같은 것을 가리킴. — 역주)에 앉기를 기뻐하십니다.

오 의심하는 이여, 내게 대답해보십시오. 만약 주께서 기도를 들으실 의향이 없다면, 왜 그분이 기도하도록 은혜의 보좌를 친히 지정해두셨을까요? 그분은 속죄소에 독생자의 피를 뿌리셨고, 그 속죄로 말미암아 죄인이 그분께 나아갈 수 있는 것입니다. 하나님의 독생자가 비길 데 없는 보혈을 흘리셨거늘, 하나님께서 그 피를 의지하고 나오는 죄인을 거절하실까요? 이 모든 것에 더하여, 그분은 기도를 돕기 위해 성령을 주신다고 약속하셨습니다. 이는 마땅히 기도할 바를 알지 못하는 우리의 연약함을 도우시기 위해서입니다. 그분이 성령을 주시고도, 여전히 효력 없는 기도를 하도록 버려두실까요? 그런 일은 생각할 수 없습니다. 하나님은 자기가 지으신 인간들의 부르짖는 소리를 듣기를 기뻐하십니다. 당신의 목소리는 쉰 듯 거북할 수 있고, 당신의 기도는 어린아이의 우는 소리 같으며, 혹은 배고플 때 둥지에서 우는 어린 새의 울음소리 같을지 모릅니다. 하지만 까마귀 새끼의 울부짖는 소리를 들으시는 하나님께서 당신의 서투르고 분명치 않는 소리도 들으실 것입니다. 그러므로 그분 앞에서 당신의 마음을 쏟으십시오.

그분이 당신에게 응답하실 것이며, 또한 신속히 응답하실 것입니다. "그가 들으실 때에 네게 응답하시리라." 본문에서 그분은 그렇게 말씀하십니다. 그분은 이렇게도 말씀하시지 않았습니까? "그들이 부르기 전에 내가 응답하겠고 그들이 말을 마치기 전에 내가 들을 것이라"(사 65:24). 마음에 은혜를 구하는 진실한 기도가 있을 때 그 기도는 말로 아뢰기 전에 들으심을 얻습니다. 우리로 하여금 그런 방식으로 기도하게 만드는 것이 곧 은혜이기 때문입니다. 진실하게 은혜를 구하는 자는 이미 어느 정도는 은혜를 가진 자입니다. 그렇지 않았다면 더 많은 은혜를 위해 구할 마음이 생기지 않았을 것입니다. 이 말로 여러분을 격려하기를 원합니다. 하나님께서 은혜를 베풀려고 기다리시며, 놀랍고도 감사하게도 그분의 거룩한 존전에서 기도할 특권을 부여하셨으니, 우리 모두가 지금 그분께 돌이켜 온 마음을 다해 그분에게 부르짖지 않겠습니까? "내 아버지여, 지금 저를 구원하시고 도와주소서."

나는 내 하나님을 위해 호소하고 있으며, 최상의 대의를 옹호하고 있음을 압니다. 하지만 내 혀와 정신이 부족함을 느낍니다. 하지만 이 문제에서 나는 내 언변의 부족함을 크게 유감스럽게 생각하지는 않습니다. 그 주제 자체가 스스로를 옹호하는 편이 더 낫기 때문입니다. 내 주님께서 그분의 영원한 영으로써 이 주장의 합리성과 복됨을 여러분의 양심과 마음에 호소하시길 바랍니다. 그리하여 여러분이 다른 곳에서 위안을 찾기보다는 사랑의 신뢰를 가지고 여러분의 하나님께로 돌아오게 되기를 바랍니다.

이상에서 나는 세 가지 진리, 곧 약속 그 자체, 하나님의 성품, 기도의 효력에 대해 여러분에게 말했습니다. 만일 여러분이 이 세 가지 진실 외에도 추가적으로 믿음의 확증을 요구한다면, 나는 오늘 이곳에서 많은 사람들에게 하나님께 대한 믿음과 간구의 결과로서 그들의 개인적인 간증을 하도록 요청할 수도 있습니다. 우리는 확실히 말할 수 있습니다. 믿음과 기도의 실제적인 체험에서 말하기 때문입니다. 나는 이제 중년의 나이에 이르렀고, 젊어서부터 내 주님을 알아왔으니, 이십 년하고도 팔 년 동안의 경험으로부터 말할 수 있습니다. 하나님의 은혜로 말미암아, 나는 그분을 믿는 믿음 안에서 아주 행복한 삶을 영위해 왔습니다. 많은 시련들과 질병들과 어려움들이 없었던 것은 아닙니다. 이런 것들 중 일부는 내 일상의 삶에 늘 수반되는 것들입니다. 하지만 이 모든 일에서 믿음이 나를 지탱해주었습니다. 사람을 신뢰하는 것은 전적으로 어리석은 짓이며, 영혼에 슬픔만 가져다주는 것을 나는 내 경험으로 증언합니다. 하지만 하나님을 신뢰하는 것은 언제나 지혜로우며, 결코 실망에 이르게 하지도 않고, 후회를 남기지 않음을 나는 확신합니다. 나는 내 주님을 더욱 온전히 신뢰하지 못했던 것을 슬퍼하며, 그분의 말씀에 의지하여 더 큰 일들을 시도하지 않았던 것을 한탄합니다. 믿음이 옳다는 것에 나는 의문을 갖지 않습니다. 또한 그것은 언제나 결과로도 정당화되는 것을 확신합니다. 마치 법정에서 내 동료에 대하여 증언하듯이 신중하게 말하자면, 나는 내 주님의 신실하심과 선하심과 참되심에 대해 의문을 제기할 말이 한 마디도 없습니다. 오직 나는 그분이 내 기도를 들으신 것을, 한두 번이 아니라 언제나 들으셨음을, 그리고 내 부르짖는 소리로 말미암아 내게 은혜를 베푸셨음을 선언할 수밖에 없습니다. 왜 내가 이렇게 말할까요? 왜 내가 내키지 않음에도 "나"의 경우를 소개해야 할까요? 이 청중 가운데 누구를 일어서게 하여 예배 질서에 방해 없이 말하게 할 수는 없기 때문입니다. 하지만 내 형제들과 자매들이여, 만약 그렇게 할 수 있다면, 이곳에 있는 수백 명의 사람들이 비슷한 증언을 할 수 있을 것입니다.

사랑하는 친구들이여, 여러분의 고난은 나의 고난과는 다를 것입니다. 여러분은 내가 겪었던 것과는 다른 방식으로 하나님을 경험했을 것입니다. 하지만 여러분은 동일하게 그분이 참되심을 발견하였습니다. 그렇지 않습니까? 그분의 말씀은 흙 도가니에 일곱 번 단련한 은 같지 않습니까?(참조. 시 12:6). 여러분 중의 일부는 저보다 나이가 많습니다. 더 많은 세월 동안 내린 겨울의 눈이 여러분의 눈썹을 희게 만들었습니다. 하지만 그 칠십 년의 세월 중 어느 하루도 하나님이 여러분에게 신실하지 않으셨던 적은 없습니다. 당신은 팔십에 가까워지고 있습니까? 여전히 그 긴 세월 동안 당신의 하나님은 단 한 가지의 언약도 어기신 적이 없습니다. 당신의 말년은 이전의 세월보다 의심에서 더욱 자유롭습니다. 비록 당신의 정신은 전에 비해 활기차지 않아도, 당신의 평화가 방해를 받는 것은 이전보다 줄었습니다. 당신의 삶에서 하나님을 신뢰하는 것이 해가 갈수록 더 쉬워지는 것은, 사실들이 그분의 역사하심의 실재를 입증하기 때문이며, 보이지 않는 당신의 친구(Friend)와의 교제가 당신의 삶에 더욱 지속적이고도 강력하게 영향을 미치기 때문입니다. 믿음의 길은 점점 더 밝아집니다. 매 시간 증거들이 쌓여 믿음을 지지합니다. 우리는 우리를 향하신 하나님의 사랑을 알고 그 사랑에 감복하였습니다. 진실로 그분은 은혜로우시며, 자기 백성의 소리에 귀를 기울이십니다.

3. 이 본문의 말씀은 실제적으로 즉시 받아들여져야 한다.

이제 세 번째 요지를 제시함으로써 이 문제를 마무리하겠습니다. 이 본문의 보증의 말씀은 너무나 확실하므로, 즉시 실제적으로 받아들여져야 합니다. 하나님께서 우리의 부르짖는 소리로 말미암아 우리에게 은혜를 베푸신다면, 또한 그가 들으실 때에 우리에게 응답하신다면, 우리는 즉시 모든 세상적인 확신들을 단념하도록 합시다. 우리의 조각한 우상들을 더럽히고 그것들을 불결한 물건을 던짐 같이 던지면서 "나가라"고 말합시다(참조. 22절).

"우리는 그렇게 했습니다"라고 한 사람이 말하는군요. 형제여, 다시 그렇게 하십시오. 당신의 마음의 성향은 여전히 보이지 않으시는 여호와보다 보이는 것들을 의지하기 때문입니다. 우리의 마음은 우상숭배에 빠지기 쉽습니다. 그 우상을 다시 던지십시오. 오호라, 여러분 중에 어떤 이들은 결코 그렇게 한 적이 없습니다. 여러분의 육적인 소망이 여전히 하나님의 자리를 강탈하고 있습니다. 이 말을 여러분에게 하고 싶습니다. 삶을 위해 여러분이 의지하는 것이 무엇입니까?

여러분 모두는 저마다 이런저런 것을 신뢰합니다. 젊은이여, 당신이 신뢰하는 것이 무엇입니까? 오 중년의 남성이여, 당신이 의지하는 것은 무엇입니까? 특히 백발의 수염을 한 이여, 당신이 지금 의지하는 것은 무엇입니까? 당신에게는 지금 그것을 시험해볼 충분한 이유가 있습니다. 곧 그것이 필요할 것이기 때문입니다. 만일 그 시험이 잘못된 것으로 판명되는 자에게는 화가 있을 것입니다. 내 형제여, 당신이 의지하는 것은 무엇입니까? 당신의 부입니까? 당신의 풍부한 상식입니까? 당신의 건장한 체구입니까? 지금까지 당신의 튼튼한 두 팔로 위기의 급류를 막아왔습니까? 당신은 무엇에 의존하고 있습니까? 그것이 죽음에서 당신을 지켜줄까요? 그것이 영원토록 당신을 굳게 붙들어줄까요? 그리스도 예수 우리 주 안에 있는 하나님의 사랑이 아니라면 그 어떤 것도 그렇게 하지 못하는 것을 나는 압니다.

마치 더러운 것을 피하듯 모든 피조물을 의지했던 것에서 피합시다. 피조물이 또 다른 피조물을 의지하여, 그 피조물로 하여금 창조주의 자리를 대신하게 하는 것은 가장 천박한 일이기 때문입니다. 그런 우상숭배적인 신뢰를 혐오하도록 합시다. 그것을 성가시고 기만적인 것으로 여겨 피하도록 합시다. 그것은 평온한 듯하다가 사납게 돌변하는 바다처럼 믿을 수 없으며, 목마른 여행자를 속이는 사막의 신기루처럼 우리를 속입니다. 자기 자신이든, 다른 사람이든, 헛된 의지의 대상에서 벗어나도록 합시다. 그것은 해로운 일이기 때문입니다. 애굽의 불뱀도 육체의 팔을 의지하는 것보다는 덜 위험합니다. 그것에서 피하고 다시 그것에게로 돌아가지 맙시다. 오, 보이는 것을 의지하는 자들이여, 여러분의 우상들을 버리십시오. 그것들을 두더지나 박쥐들에게 던지십시오. 그 중에서 가장 귀한 것들이라도 버리십시오. 만일 당신의 의지의 대상이 당신 자신이라면, 당신에게서 피하십시오. 당신이야말로 최악의 원수이기 때문입니다. 불신앙과 육체적 신뢰에서 벗어나십시오. 다른 신을 둠으로써 하나님으로 하여금 질투하고 노엽도록 만들지 마십시오. 다른 신은 없습니다. "하나님이 한두 번 하신 말씀을 내가 들었나니 권능은 하나님께 속하였다 하셨도다"(시 62:11). 그러므로 권능이 없는 대상을 의지하지 말 것이며, 오직 당신의 신뢰를 전능자에게만 두십시오.

다른 의지의 대상들을 멀리하는 동시에, 절망을 거부하라고 권면하고자 합니다. 선지자의 인상적인 비유를 사용해서 표현하자면(30절), 자신이 의지했던 것들이 마치 토기장이의 그릇처럼 부서져서 그 조각 중에서 아궁이에 불을 붙이거나 물웅덩이에서 물을 뜰 것 하나도 얻지 못하는 것을 볼 때, 사람은 이렇게 외치기가 쉽습니다. "이제 모든 것이 끝장났고, 죽을 수밖에 없구나." 당신은 아내를 사랑했고, 그녀는 당신에게 온 세상과도 같았습니다. 하지만 오호라, 그녀가 죽자, 당신은 이렇게 부르짖습니다. "나도 죽게 해 주십시오." 당신은 당신의 부를 부둥켜안고 살았지만, 그 모든 것이 사라졌습니다. 잘못된 투자로 돈을 날려 버렸고, 당신은 알거지가 되었습니다. 이제 당신은 부르짖습니다. "이제 무엇을 바라고 산단 말입니까?" 어두운 생각들을 경계하십시오. 그런 생각들이 지금 당신을 괴롭힐지 모릅니다. 당신이 처한 최악의 순간에, 사탄은 당신의 귀에 대고 밧줄이나 칼이나 독 사발이나 혹은 물에 뛰어드는 것에 대해 속삭이겠지만, 온 힘을 다해 그런 생각을 몰아내십시오. "네 몸을 상하지 말라"(행 16:28)고 한 사도의 말에 순종하십시오. "살인하지 말라"고 분명하게 선언하는 율법을 어기는 것보다 더 나쁜 것은 없습니다. 자기 파괴란, 만일 사람이 제정신으로 행한다면, 하나님께 감히 도전하는 것이며 저주를 자처하는 것입니다. 이는 일정 분량의 고난을 넘어 무한한 저주로 뛰어드는 것이며, 누구도 짐작 못할 심연으로 빠지는 일입니다.

왜 당신이 이런 일을 한단 말입니까? 당신의 하나님께로 돌이키십시오. 그렇게 하는 것이 자기 목숨을 파괴하는 것보다 지혜로운 일입니다. 그렇습니다. 전투가 너무나 치열해지는 이유로 원수의 창끝을 향해 돌진하는 것보다 더욱 용감한 일이 있습니다. 당신의 위대한 대장에게로 가십시오. 그분을 하나님은 만민에게 증인으로 세우셨고, 만민의 인도자와 명령자로 삼으셨습니다(사 55:40). 그분이 당신을 승리자로 만드실 것입니다. 당신에게는 더 밝은 날들이 예비되어 있습니다. 결코 끝나지 않을 영원하고 복된 날들이 올 것입니다. 지금 당신의 고통 중에서, 하나님이 그 아들 그리스도 예수 안에서 약속하신 은혜에 당신 자신을 맡기십시오. 절망에서 충만한 기쁨으로 일어선다는 것은 대단한 일인데, 많은 사람들이 단번에 이런 일을 경험했습니다. 이 땅은 추운 겨울에서 여름의 따뜻한 계절로 아주 느리게 이동합니다. 하지만 한순간에 우리 영혼을 가장 깊은 절망으로부터 가장 밝은 소망으로 옮기실 수 있습니다. 우리가 하나님을 신뢰하고 의지하기만 하면 그렇게 될 것입니다.

하나님과 다투어왔기 때문에 하나님께 그들의 모든 것을 맡길 수 없는 사람들을 나는 알고 있습니다. 그들은 마치 일전에 내가 들은 적 있는 이야기 속의 어린아이와도 같습니다. 그 아이의 다정한 어머니가 그에게 말했습니다. "사랑하는 아이야, 왜 너는 기도하지 않으려 하니?" 그 아이가 말했습니다. "어머니, 나는 더 이상 하나님께 기도하지 않을 거예요. 하나님이 내 작은 새를 죽게 만들었기 때문이에요." 어떤 이들은 하나님께 대해 이런 식으로 말하지 않습니까? 그들은 죽은 자녀 문제에 대해서나, 혹은 잃은 재산의 문제로 하나님과 다투려 합니다. 만일 당신이 그런 불평의 상태에 빠진다면 괴로움만 더할 것입니다. 하나님의 결정에 복종하고, 하나님께서 당신에게 선을 이루려 하심을 믿는 편이 훨씬 좋을 것입니다. 오, 이 본문의 말씀을 믿으십시오. 하나님의 성령께서 당신으로 하여금 이 말씀을 믿게 하시길 바랍니다. "그가 네 부르짖는 소리로 말미암아 네게 은혜를 베푸시리라."

육적인 소망을 포기하고 절망하지 않도록 결심하라는 두 가지 권면 뒤에 따르는 것은, 오직 이 한 가지 권면입니다. 즉 기도의 능력을 시험해보고 어린아이처럼 하나님을 신뢰하라는 것입니다. 하지만 당신은 이렇게 말하는군요. "나에게는 아무런 희망이 없어요." 당신은 은혜를 구해본 적이 있습니까? "내가 기도해도 그분이 듣지 않으실 것입니다." 그렇게 시도해보았습니까? 사랑하는 이여, 당신은 골방으로 들어가, 문을 닫고서, 하나님의 말씀을 펼치고, 약속을 찾아, 다음과 같이 말해본 적이 있습니까? "주여, 이 약속을 저에게 이루소서. 그리스도를 인하여 제게 은혜를 베푸소서. 저는 당신을 신뢰합니다. 그리고 당신이 저에게 은혜 베푸실 것을 기대합니다."

만약 여러분 중 누구라도 이렇게 시도해보고서 실패한다면, 나에게 알려주십시오. 왜냐하면 나는 줄기차게 "누구든 그리스도께 오는 자는 그분이 결코 내쫓지 않을 것"이라고 말해왔으며(참조. 요 6:37), 또한 거짓말을 전하고 싶지 않기 때문입니다. 만약 예수님이 당신을 쫓아내시는 경우가 있다면, 그 일을 나에게 알려주십시오. 나는 거짓말을 널리 전하는 자가 되고 싶지 않기 때문입니다. 하지만 이 규칙에 한 번의 예외도 발견한 적이 없습니다. "그를 믿는 자는 영원히 부끄러움을 당하거나 욕을 받지 아니하리로다"(사 45:17). 다른 규칙에서도 마찬가지입니다. "구하는 이마다 받을 것이요 찾는 이는 찾아낼 것이요 두드리는 이에게는 열릴 것이니라"(마 7:8). 만일 내가 하나님께서 믿음을 존중하지 않으시고 기도를 듣지 않으신다는 참되고 확실한 증거를 얻을 수 있다면, 나는 내 확신을 수정해야 할 것이며, 내 진술을 부인해야 할 것이고, 나 자신의 의식마저 불신해야 할 것입니다.

여러분은 기도의 능력을 믿고서 그것을 시험해보았습니까? 성경을 믿지 않는 대부분의 사람들은 한 번도 그것을 주의 깊게 읽어본 적이 없습니다. 하나님의 신실하심을 의심하는 자들은 한 번도 그것을 겪어보지 못한 자들이며, 기도를 멸시하는 자들은 그것을 실천해본 적이 없는 자들입니다. 하지만 내가 단지 어떤 좋은 말을 되풀이하는 것에 대해서가 아니라, 참된 기도에 대해 말하고 있음에 유의하십시오. 나는 형식적인 기도에 대해서 말하는 것이 아니라, 보이지 않으시는 하나님께 진심을 가지고 나아가는 것에 대해 말하고 있습니다. 그분에게 여러분이 느끼는 것과 여러분의 필요를 아뢰는 것에 대해서와, 그분이 여러분의 결핍을 채우시고 여러분을 도우실 것을 믿는 것에 대해 말하고 있습니다. 여러분은 이렇게 해 보았습니까? 가서 즉시 기도를 시도해 보라고 여러분에게 호소합니다.

성령이시여, 오늘 이 가련한 영혼들을 도우시어 기도하게 하소서! 만일 여러분이 오늘 하나님을 신뢰하고 기도한다면, 여러분은 풍성한 화평으로 즐거워할 것입니다(참조. 시 37:11). 오 믿는 자여, 이 말씀은 당신에게 참될 것입니다. "그의 영혼은 평안히 살고 그의 자손은 땅을 상속하리로다"(시 25:13). 좋으신 주님의 성령으로부터 그러한 평화가 여러분에게 임하기를 바랍니다. 여러분이 복을 받고, 또한 여러분이 다른 사람들에게 복이 되기를 바랍니다. 여러분은 죽음을 향해 나아가는 이 땅에서도 주님 앞에서 행복하게 걸을 것이며, 이후에는 저 위에 있는 생명의 땅에서 영원토록 그분과 함께 살 것입니다. 그리스도의 이름을 위하여 하나님께서 여러분 모두에게 복을 주시길 바랍니다. 아멘.

제
24
장

네 뒤에서 들리는 음성

"너희가 오른쪽으로 치우치든지 왼쪽으로 치우치든지 네 뒤에서 말소리가 네 귀에 들려 이르기를 이것이 바른 길이니 너희는 이리로 가라 할 것이라."—사 30:21

지지난주 안식일에 우리는 "세미한 소리"(still small voice, 참조. 왕상 19:12)에 대해 말했습니다. 천둥과 불과 지진이 지나갔으나 여호와께서 거기에 계시지 아니하고, 그 후 세미한 음성이 엘리야에게 들려왔습니다. 그것이 선지자의 마음에 닿았고, 그를 하나님과 교제하는 이전의 상태로 회복시켰습니다. 이 희망찬 아침에 우리는 동일하게 그 "세미한 음성"을 들을 것입니다. 그 음성은 실제로 경고와 가르침을 주는 말씀이니, 우리는 그것이 어떻게 죄인에게 작용하여 귀와 마음에 닿는지를 살펴볼 것입니다. 하나님은 반역하는 자들을 부르시고, 그분의 부드러운 말씀으로 그들을 그분의 발 앞에 엎드려 회개하게 하십니다. 또한 그들을 악한 길에서 돌이키게 하시고 순종의 길로 인도하십니다.

이 본문에서 말하는 '우리 뒤에 있는 음성'(the word behind us)이란 다른 언약의 복들 중의 하나로 언급됩니다. 여기에는 "만약"이라든지 "하지만"이라는 단어가 포함되지 않았습니다. 그것은 은혜롭고도 무조건적인 약속들 중의 하나로서, 죄인의 구원이란 그 약속들에 달려 있습니다. 새로운 삶의 위로에는 우리 자신의 행동과 행위에 달려 있는 위로들이 많은데, 이런 것들은 "만약"이라는 조건들과 함께 옵니다. 하지만 중요하고 본질적인 복들은 "하지만"이라든가 "어쩌면"

이라는 부가 조항 없이 하나님의 선택된 자들에게 보장됩니다. 그렇게 될 것입니다. 하나님은 그렇게 될 것이라고 선언하시며, 또한 그분에게는 자기 백성에게 하신 모든 약속들의 사소한 부분까지도 실행하실 능력이 있습니다. 나는 이 복된 시간에 거저 주시는 하나님의 주권적인 은혜를 찬미하라고 여러분에게 요청할 것입니다. 그분은 이 약속을 누구에게나 주시는데, 특히 그분이 "패역한 백성이요 거짓말하는 자식들이요 여호와의 법을 듣기 싫어하는 자식들"(9절)이라 부르는 백성들에게 주십니다. 그분은 그들을 신랄하게 비난하십니다. 그런 다음에 큰 인내로써 그런 자들에게까지 말씀하십니다. "네 뒤에서 말소리가 네 귀에 들리리라." 하나님의 은혜는 그 자체로 놀라운 것이지만, 가장 놀라운 점은 그것이 흘러가기로 선택하는 통로입니다. 그것은 '죄의 사해'(the Dead Sea of sin) 속으로 흘러들어가서 그 물을 깨끗하게 만듭니다.

1. 방랑자의 위치

나는 우선 이 특별한 복이 주어지는 대상인 그 방랑자의 위치를 여러분이 주목하기를 바랍니다. 그들이 뒤에서 귀에 들려오는 음성을 들을 것이라고 선언하실 때, 하나님께서는 사람들을 어떤 상태로 발견하실까요? 먼저, 그분은 그들이 그분에게 등을 돌린 상태인 것을 발견하십니다. 그 말소리가 그들의 "뒤에서" 들릴 것이라는 말씀을 기억하면, 이는 매우 명백합니다. 그 죄인은 하나님을 떠났으며, 하나님이 그를 찾아 뒤에서 부르십니다. 그는 그의 참된 친구(Friend), 가장 좋은 친구, 그를 도울 수 있는 유일하게 능력이 있는 친구에게 등을 돌렸습니다. 하지만 그 친구는 그것 때문에 화를 내지 않고 그 모욕에 분개하지 않습니다. 아니, 그 친구는 오히려 사랑으로써 이전보다 더욱 호소하고 설득하며, 그에게 바른 길로 오라고 부릅니다. 고의적이고 악한 잘못을 범한 이후, 그 배반자는 지금 명백하게 하나님과 진리에 등을 돌렸습니다. 하나님의 하소연에 따르면, "그들이 등을 내게로 돌리고 얼굴을 내게로 향하지 아니하였다"(렘 32:33)고 합니다. 그는 율법에 등을 돌리고, 복음과 은혜와 영생에 등을 돌렸습니다. 그는 위대하신 아버지의 양자됨에 등을 돌렸고, 예수님의 피로써 얻는 용서에 대해서와, 성령으로써만 가능한 중생에 대해서도 등을 돌렸습니다. 그는 거룩함과 행복과 천국에 대해 등을 돌렸습니다. 그는 햇빛을 떠나, 점점 더 깊은 밤으로 내려가는 방랑자가 되었습니다. 하나님과 거룩한 성령의 영향력으로부터 멀어지려고 애쓰고 있습니다. 하지만 주께서 그를 따르시고, 애틋한 사랑과 부드러운 긍휼의 목소리로 그를 부르십니다. "이것이 바른 길이니 너는 이리로 가라." 경고의 말씀이자 교훈의 말씀이며, 그 방랑자를 뒤따르는 간절한 호소의 말씀입니다. 갈수록 커져가는 애타는 심정으로 돌이켜 살라고 부르는 음성입니다. 거듭해서 지혜롭고, 진지하고, 인격적인 음성이 그의 귓전을 때립니다. 마치 사랑이 그를 멸망치 않게 하려고 끊임없이 구애(求愛)하기로 결심한 듯합니다. 그 방랑자는 하나님을 찾지 않지만, 하나님은 그를 찾으십니다. 인간은 사랑의 하나님에게서 돌아서지만, 하나님의 사랑은 그에게서 돌아서지 않습니다.

죄인들이 공공연하게 하나님의 통치를 거부하고 그분의 은혜에서 멀어진 후에, 하나님이 이처럼 그들을 부르시다니 이 얼마나 놀라운 은혜인지요! 오, 만약 주께서 우리에게 등을 돌리신다면, 우리가 어디에 있겠습니까? 만약 그분이 우리의 욕망을 방치하시고, 우리를 내버려두셨다면, 불과 몇 달 몇 날이 지나지 않아 우리는 영원한 파멸에 이르고 말 것이며, 하나님의 임재에서와 그분의 능력의 영광으로부터 영영 멀어지고 말 것입니다. 우리는 하나님께 이렇게 말하지 않았던가요? "우리를 떠나소서, 우리는 당신의 길에 대해 알기를 원치 않습니다." 설혹 그분이 우리에게 "저주를 받은 자들아 나를 떠나 마귀와 그 사자들을 위하여 예비된 영영한 불에 들어가라"(마 25:41)고 대답하셨다고 해도, 그것은 우리 자신의 말에 대한 메아리에 불과했을 것입니다. 우리가 그분에게 "떠나소서"라고 말했을 때, 그분이 돌아서면서 "떠나라, 내게서 떠나가라"고 말씀하셨다고 상상해보십시오. 아아, 하지만 그분은 그렇게 하시지 않았습니다. 우리가 고의적으로 하나님에게서 떠날 때, 그분은 여전히 우리 뒤에서 부르십니다. 그분은 우리를 가게 하시지 않습니다. 우리는 자유의지를 가지고 있습니다. 하지만 그 자유의지에 의해 사람들은 파멸에 이릅니다. 왜냐하면 그들은 생명을 얻기 위해 그리스도에게 오기보다는 도리어 그들 마음의 책략과 욕망을 따를 것이기 때문입니다. 악한 정욕의 사슬에 매인 자유의지(Free-will)란 세상에서 가장 파괴적인 기능을 합니다. 하지만 복되신 하나님을 찬송합니다! 그분 역시 의지의 자유를 가지셨으며, 그 주권적인 은혜의 자유는 그 손을 붙들어두거나 그 입술을 닫아두지 않고, 전능의 사랑으로 행동하고 말합니다. 그리하여 하나님께서 악함과 방탕에 빠져 있고 죄와 허물로 죽은 우리를 보실 때, 그분은 크신 사랑으로 우리를 찾아 나서십니다. 그 사랑의 입술에서 나오는 부드러운 목소리로 하나님께 돌이키도록 우리에게 말씀하십니다. "이것이 바른 길이니 너희는 이리로 가라."

이 사람들이 하나님께 등을 돌렸을 뿐 아니라, 그분에게서 점점 더 멀어지고 있다는 점을 주목하십시오. 당연히, 여러분이 일단 옳은 길에서 벗어나면, 갈수록 여러분은 더욱 그릇된 방향으로 가게 될 것입니다. 그들은 하나님 가까이에 있는 것에 만족하지 않았습니다. 그래서 그분께 등을 돌리고 서둘러 떠나기로 했습니다. 그들은 그들 자신의 복된 상태에서 신속하게 벗어나기를 원합니다. 탕자처럼, 그들은 "먼 나라"에 들어갈 때까지 만족하지 않습니다. 그들은 하나님과 함께 같은 나라에 머물 수가 없습니다. 그래서 최대한 속도를 내어 주님에게서 떠나는 여행을 합니다. 그들 자신과 하나님과의 거리가 멀어질수록, 그들은 더욱 편안함을 느낍니다. 하나님을 잊고서 그들은 끔찍한 평화를 발견합니다. 죽음의 평화, 곧 그들을 마취시켜 영원한 파멸에 떨어지게 만드는 평화입니다. 자, 그들이 이처럼 급히 서둘러 하나님을 떠나는 동안, 거리는 날마다 더 멀어집니다. 그들은 미친 듯이 내리막을 따라 돌진하며, 결코 일정한 죄의 수준에서 만족하지 않으며, 마치 하나님이 공포의 대상이며 그들의 파괴자라도 되는 양 그분에게서 멀리 도망칩니다. 바로 그 때 이 음성이 그들 뒤에서 들려오며, 그들은 깜짝 놀라며 생각합니다. 그들은 그들을 향해 말하는 강력한 음성을 듣습니다. "이스라엘 족속아 돌이키고 돌이키라 너희 악한 길에서 떠나라 어찌 죽고자 하느냐?(겔 33:11) 이것이 바른 길이니 너희는 이리로 가라. 너희가 지금 가는 길은 평화와 안전의 길이 아니니, 즉시 돌아오라. 이것이 바른 길이니, 너희는 이리로 가라."

나는 여기서 다시금 하나님의 은혜가 넘치는 것을 보고 감탄합니다. 그분은 그들이 전적으로 다른 것들에 정신이 팔렸을 때, 그들의 모든 생각과 모든 말과 모든 행동이 그분을 거스를 때에, 그들을 부르십니다. 바울은 말합니다. "하나님께서 어찌 소들을 위하여 염려하심이냐?"(고전 9:9). 하지만 여기 훨씬 더 놀라운 말이 있습니다. "하나님께서 어찌 무가치한 반역자들을 염려하실까?" 선택된 사람이 악행에 빠져 절망적인 상태일 때, 결심하여 자기 자신을 파멸하기로 했을 때, 하나님은 한층 더 결심하여 그를 구원하고자 하십니다. 그 두 가지 결심이 마주치고, 우리는 그 중 어느 결심이 더 강한 것으로 입증되는지를 볼 것입니다. 이내 우리는 하나님의 결심이 인간의 결심을 이기는 것을 발견합니다.

철이 북방의 철과 놋을 꺾습니다(참조. 렘 15:12, '북방의 철과 놋'은 직접적으로는 바벨론의 강력함을 가리키지만 여기서는 타락한 인간의 완고함을 나타냄. 누구도 꺾을 수 없는 그 강함을 하나님은 꺾으실 수 있음을 역설적으로 표현한 듯함 — 역주). "너희가 사망과 더불어 세운 언약이 폐하며 스올과 더불어 맺은 맹약이 서지 못하리라"(사 28:18). 왜냐하면 사망의 언약보다 앞선 언약이 있으니, 곧 하나님이 세우신 은혜의 언약이며, 그것이 영원히 설 것이기 때문입니다. 또한 우리를 위하여 앞서 하나님께서 자기 아들과 더불어 맹약을 맺으셨으니, 그 맹약이 우리가 사망과 지옥과 더불어 맺은 맹약을 파기할 것이기 때문입니다. 죄인이 아직 반역적이고, 회개의 표징조차 보이지 않으며, 그릇된 자기 길에서 돌이키려는 어떤 욕구도 의식하지 못하고, 그 마음이 밤과 같이 어둡고, 그 생각에 반역의 정신이 꽉 들어차 있을 동안에도, 그를 향하여 "배역한 자식들아 돌아오라"(렘 3:22)고 부르시는 하나님께 영광을 돌립니다. "네 뒤에서 말소리가 네 귀에 들려 이르기를 이것이 바른 길이라."

그들은 하나님에게서 돌아서 점점 더 그분으로부터 멀어지고 있었습니다. 그렇게 하지 말도록 경고를 받았지만, 경고에도 불구하고 그들은 여전히 자기 길을 추구하고 있었습니다. 20절을 읽어보십시오. "네 눈이 네 스승[들]을 볼 것이라." 그 선한 사람들이 바른 길에 서서, 그들에게 하나님을 노엽게 하고 자기 영혼을 파괴하는 일을 멈추도록 호소하고 있었습니다. 그들이 외치는 소리를 들어보십시오. "죄악의 길에서 돌아서시오. 이 길은 사망으로 인도하는 길입니다. 돌아서시오, 돌아서시오." 그들은 그들의 스승들이 팔을 벌린 채 간절히 호소하는 모습을, 죄의 심판을 받지 않도록 그 길에서 돌아서라고 눈물을 흘리면서 설득하는 모습을 볼 수 있습니다. 하지만 여전히 그들은 가던 길을 계속 갑니다. 마치 영원한 파멸이 두려워 피해야 할 운명이라기보다 추구해야 할 상급인 것처럼 여기는 듯합니다.

거듭나지 못했던 시절에 우리 중 많은 사람들이 그러하지 않았습니까? 어머니와 아버지가 악한 길을 막으려고 노력했습니다. 그들에게서 우리 눈은 우리의 스승들을 보았습니다. 그들이 우리를 어떻게 가르쳤으며, 우리와 함께 어떻게 기도했으며, 가능하다면 우리를 그릇된 길에서 돌이키게 하려고 얼마나 노력했는지요! 하지만 우리는 완고한 고집을 굽히지 않았습니다. 애원하는 어머니를 제쳐두고 지옥으로 가는 일, 진지한 아버지의 선한 조언을 외면하고 자기 자신을 파괴하는 일은 어려운 일입니다. 하지만 우리는 그렇게 하려고 결심한 듯 했습니다. 부모 외에도 뜨거운 사랑으로 가득했던 주일학교 선생님들이 있습니다. 그들이 어떻게 호소했던가요? 그들이 얼마나 지혜롭게 우리를 가르치고, 얼마나 친절하게 간청했던가요? 우리의 눈은 정녕 우리의 스승들을 보았습니다. 하지만 여전히 우리의 눈은 바른 길을 보려 하지 않았고, 우리의 마음도 그 길을 바라지 않았습니다. 우리는 우리 자신을 갈고리에 걸어 지옥에 던지려고 결심한 자들이었습니다. 우리의 영혼은 우상들에 바쳐졌고, 우리는 그 우상들을 따라가기로 결심했습니다. 우리는 죄악의 삯을 사랑했고, 육체의 쾌락과 이생의 자랑을 기뻐했으며, 자기 구원의 자만심을 자랑했습니다. 그 대상이 무엇이든 우리는 하나님보다 그것을 더 사랑했습니다. 비록 우리의 스승들이 우리 앞에서 진지하게 우리를 돕고 가르치려고 했지만, 우리는 그들을 대수롭지 않게 여겼습니다. 인생의 후반에는 진지한 목사들이 우리의 스승들이었을 것입니다. 그들은 굼뜨고 죽은 설교를 할 수 없었으며, 우리가 잠자다가 멸망에 떨어지게 되는 일을 견디지 못했습니다. 그들은 크게 소리쳤고 수고를 아끼지 않았습니다. 그들은 우리 때문에 괴로워했습니다. 그들은 우리를 죄악에서 돌이키도록 하기 위해 쉬지 않았습니다. 우리는 우리의 스승들을 볼 수 있었고, 또한 그들을 애정과 존경심을 가지고 대했습니다. 그렇지만 우리는 그들의 말을 등 뒤에 던지고 말았습니다. 그 말이 우리에게는 아무 소용이 없었습니다. 우리는 불의를 사랑했고, 어떤 일이 생겨도 우리는 그 길을 가고자 했습니다.

하지만 바로 그 때, 우리가 하나님의 선지자들을 멸시하고 그들의 모든 경고의 말을 무시하고 있었을 때, 주님은 여전히 우리를 사랑하셨고, 우리를 찾으셨으며, 우리 뒤에서 외쳐 부르십니다. "이것이 바른 길이니, 너희는 이리로 가라. 돌아오라, 돌아오라, 돌아오라! 너희는 스스로를 파멸하고 있구나. 너의 아버지이며 너의 하나님께로 돌아오라." 왜 그분은 우리의 목에서 고삐를 풀고서 이렇게 말씀하시지 않았을까요? "그들을 내버려두라. 그들은 우상에게 바쳐졌다. 나는 선지자들을 통해 그들을 바로잡으려 했고, 하나님의 사람들을 통해 그들을 가르치려 했다. 하지만 아무 소용이 없구나. 그들은 목을 뻣뻣하게 했고, 마음을 굳게 했으며, 그들의 이마를 단단한 돌처럼 만들었다. 그러니 그들로 하여금 그들 죄악의 결과물을 수확하도록 버려두라." 하지만 하나님은 그렇게 하시지 않았습니다. 오히려 그분은 무조건적인 언약의 약속으로 이렇게 말씀하셨습니다.

“그들이 뒤에서 부르는 목소리를 들으리라.”

하나님이 부르려 하시는 그 경건치 못한 자들의 또 하나의 특징은 그들이 많은 길에서 방황한다는 것입니다. 때때로 그들은 오른쪽으로 배회하고, 또 다른 때에는 왼쪽으로 방황하지만, 결코 방향을 전환하지는 않습니다. 그대는 하늘로 향하는 길에 대해 들으시오! 그 길은 당신의 목전에 있으며, 곧바로 가면 영광에 이릅니다! 아아, 하지만 우리는 이 길로 돌고, 저 길로 돌아가며, 하나님께로 향하는 길만 빼고는 그 어떤 길이든지 가려고 합니다. 어떤 사람들은 ‘오른쪽에서’ 죄를 범하는데, 그들이 범하는 죄들은 모양새가 흉하지 않아 동료 인간들로부터 거의 아무런 비난도 받지 않습니다. 명백하게 시커먼 죄가 아니라, ‘회칠한’(whitewashed) 죄들입니다. 그런 사람들은 도둑들도 아니고, 음탕한 자들도 아니며, 술주정뱅이들도 아닙니다. 그들의 죄는 좀 더 얌전한 형태를 하고 있습니다. 그들은 그들의 자기 의(self-righteousness)로 하나님을 조롱하고, 그들의 기도로 그분을 모욕합니다. 그들의 기도는 실상 기도라기보다는 그들의 허영과 겉치레일 뿐이며, 하나님의 택한 백성들의 참된 기도와는 다릅니다.

다른 사람들은 ‘왼쪽에서’ 죄를 짓습니다. 그들은 육체의 죄에 탐닉합니다. 어떤 추함도 그들은 아랑곳하지 않습니다. 오직 사소한 쾌락을 추구하면서 어떤 악한 행위에도 서슴지 않고 뛰어듭니다. 아아, 그들은 거의 아무런 쾌락을 얻지 못해도, 아무런 현재적인 유익을 얻지 못해도, 마치 죄 자체가 목적인 듯이 죄를 지으려 합니다. 그들은 촛불에 손가락을 데고서도, 그 후에 오히려 팔을 불 속에 집어넣습니다. 죄로 인해 몸에 질병을 얻게 되었을 때에도, 그들은 그 질병의 원인이 되었던 악행으로 다시 되돌아갈 것입니다. 육욕을 따라 돈을 펑펑 쓰다가 가난뱅이가 되어서도, 여전히 그들은 낭비를 일삼습니다. 실망감으로 가득하게 되었을 때 그들의 모습은 마치 추악한 것이 가득 흘러넘치는 양동이와 같으며, 이것이 하나님의 은혜로 비워진다고 해도, 그들은 다시 그것을 채울 것입니다. 그들은 온통 죄에 빠져 버린 상태이기 때문입니다. 그들은 죄 속에서 기쁨을 찾기에, 그것을 포기할 수도 없고, 포기하려고 하지도 않습니다. 구스인이 그 피부를, 표범이 그 반점을 변하게 할 수 있겠습니까? 할 수 있을진대 악에 익숙한 그들도 선을 행할 수 있을 것입니다(참조. 렘 13:23). 오호라, 그런 기적은 그들에게 일어나지 않았습니다. 그들은 모든 형태의 악을 선택했지만, 결코 선을 택하지 않으려 합니다.

나는 그들의 오른쪽의 죄와, 왼쪽의 죄, 생활의 죄와, 그들 마음의 죄에 대해 말합니다. 그들은 이 모든 것들을 열심히 추구하고 있습니다. 하나님께서 그분의 전능의 음성으로 그들을 돌이키도록 부르시지 않으면, 그들은 그분에게로, 예수님께로, 은혜와 거룩함과 천국으로 돌아오려 하지 않습니다. 주께서 그런 방탕한 방랑자들을 그분에게로 부르신다는 것을 전하십시오. 널리 전하십시오. 그 소식이 하늘 아래 영원히 울려 퍼지도록 전파하십시오. "너는 가서 북을 향하여 이 말을 선포하여 이르라, 여호와의 말씀이니라, 배역한 자식들아 돌아오라 나는 너희 남편임이라"(렘 3:12,14). 오, 하나님의 긍휼은 불쌍한 자들을 위한 것일 뿐 아니라 악한 자들도 위한 것이며, 그것은 우리의 생각을 초월합니다. "기약대로 그리스도께서 경건하지 않은 자를 위하여 죽으셨도다"(롬 5:6). 죄인들을 향한 은혜는 은혜 중에서 최상입니다. 우리는 의인들에게 구원을 전하기 위해 온 것이 아닙니다. 우리가 그들을 어디서 발견하겠습니까? 우리는 오직 불의한 자들과 경건치 않은 자들에게 구원의 소식을 선포합니다. "건강한 자에게는 의사가 쓸 데 없고 병든 자에게라야 쓸 데 있느니라"(마 9:12). 그리스도께서는 병든 자들을 찾아오셨습니다. 의인들이 아니라, 죄인들을 불러 구원하기 위해 오셨습니다. 오, 우리의 마음을 감동시키는 것이 있다면 그것은 바로 이 은혜의 말씀입니다. 하나님께서 사람들에게 돌아오라고 말씀하시는 이 사실입니다. 은혜는 인내로 가득합니다. 그것은 참고 또 참으며, 여전히 이렇게 소리칩니다. "이것이 바른 길이니 너희는 이리로 가라." 오, 이 호소의 말씀에 귀를 막을 만큼 잔혹하고 배은망덕한 자가 누구입니까?

지금까지 나는 그 방랑자의 위치에 대해 충분히 말했습니다.

2. 은혜의 부르심

이제, 잠시 동안 우리는 은혜의 부르심에 대해 생각해보고자 합니다. "네 뒤에서 말소리가 네 귀에 들리리라."

그 부르심은 길 잃은 사람이 전혀 바라지 않았고, 구하지도 않은 부르심이라는 것에 주목하십시오. 그는 "돌아오라"고 하는 내적인 부르심을 듣습니다. 그는 잠시 동안 생각해보고는, 계속해서 자신이 가던 길로 발걸음을 뗍니다. 그는 말합니다. "결코, 나는 내 길을 바꾸지 않을 거야." 비록 그 앞에 죽음과 지옥이 놓여 있어도, 그는 담대하게 갈 길을 재촉합니다. 그가 파멸의 길로 계속해서 가는 동안 같은 말소리가 그에게 들려옵니다. "돌아오라." 그는 그 권고를 듣지만, 계속해서 가던 길을 갑니다. 그는 악한 길에서 돌이킬 수도 없고, 돌이키지도 않으려 합니다. 그렇게 성가신 목소리가 다시는 그를 괴롭게 하지 않는 지점에 이를 수 있다면, 그는 크게 기뻐하며 서둘러 제 갈 길을 갈 것입니다. 그런 식으로 많은 사람들이 예배의 자리를 떠납니다. 그들은 어리석은 완고함으로 생명수 강보다 썩은 연못의 물을 더 좋아합니다. 교훈을 받으려는 태도와는 너무나 거리가 멀기에, 할 수 있다면 그들은 더 이상 경고의 목소리가 들리지 않는 먼 다시스로까지 여행하려 합니다. 그것이 그들에게는 즐거운 여행일 것입니다. 또한 만약 배를 잡아탈 수 있다면, 요나처럼 그들은 선장에게 뱃삯을 지불하고 그 배의 침대 층을 확보하려 할 것입니다.

나는 미국 변경의 삼림지역에 있는 한 사람에 대해 이야기를 들은 적이 있습니다. 그는 자신의 마차에서 가구를 내리고 있었습니다. 그런 와중에 한 감리교 목사가 그를 찾아왔습니다. 그가 말했습니다. "제기랄, 나는 당신 같은 감리교도들로부터 멀어지기 위해 여섯 번이나 이사를 했단 말이오. 나는 당신네들이 있는 곳에서는 결코 편하지 못하오. 나는 다시 마차에 짐을 실을 것이오. 그리고 당신네들이 없는 곳을 찾아 나설 것이오." 그의 가족은 또 다른 개간지를 향해 떠났습니다. 하지만 그곳에서 임시로 숙소를 정하기도 전에 그들에게 일어난 첫 번째 일은 어느 감리교 목사의 출현이었습니다. "내가 어디로 가야 감리교 설교자들을 피할 수 있을까?" 그러자 그 목사가 대답했습니다. "내가 알기로 그런 곳은 없소. 설혹 당신이 지옥에 가더라도 그곳에서 그들 중 몇 사람을 만날 것이오. 설교자들 중에서도 잃은 자들이 있기 때문이오. 당신이 할 수 있는 최선의 일은 즉시 항복하고 오늘 밤 나로 하여금 당신의 야영지에서 예배를 드리도록 하는 일이오." 그것은 좋은 충고였습니다. 여러분 중에서 어떤 이들도 그리스도께로 오지 않으면 사는 동안 계속해서 그런 식으로 성가신 일들을 겪을 것입니다. 전능자에게는 어디에나 그분의 종들이 있으며, 이들이 모두 당신에게 위험을 경고할 것입니다.

내가 알던 한 사람에 대한 이야기입니다. 그는 예배당에 나오지 않기로 하고 자기 집에서 성경을 모두 치워 버렸습니다. 그런데 얼마 후 그의 집에서 성경책 한 권을 발견했습니다. 저주와 욕설을 내뱉는 동안, 그는 그 책이 그가 너무나 사랑하여 꾸짖을 수 없는 딸의 소유물인 것을 알았습니다. 그는 그 귀한 책을 딸이 놓아두었던 원래의 자리에 둘 수밖에 없었습니다. 읽는 것이 금지된 집에 있는 성경은 굉장한 능력이 있다는 것을 그는 곧 발견했습니다. 외적으로 성경을 존중하는 집안에서 성경은 그리 큰 영향력을 주지 못할 것입니다. 하지만 허락되지 않는 곳에서의 성경은 큰 영향력이 있습니다. 모든 사람이 그 책을 읽는 것입니다. 만약 하나님의 말씀을 금단의 열매로 삼을 수 있다면, 하와가 그것을 먹을 것이고, 아담도 그녀를 따를 것입니다. 이렇게 하여 하나님의 은혜가 그 집에 찾아왔고, 은혜는 결코 그 집에서 추방될 수 없었습니다. 라벤더가 자라는 동안 미첨(Mitcham) 지역으로 내려가면, 어느 집에서나 라벤더 향기를 맡을 수 있습니다. 문과 창문들을 닫아두어도, 누구라도 집 안으로 들어올 때에 라벤더의 향기를 머금은 바람이 함께 들어옵니다. 여러분이 그것을 막을 수는 없습니다. 또한 만약 여러분이 복음이 전파되는 곳에 산다면 여러분은 분명 그것을 들을 것이며, 그것에 대해 알게 될 것입니다. 그렇게 하는 것이 하나님의 의도입니다. 비록 요청하지 않고 바라지 않은 것이라 해도, 그렇게 복음의 소리는 들려오는 것입니다.

"네 뒤에서 들리는 말소리", 그것은 그 존재가 거의 잊혀진 보이지 않는 분이 부르시는 소리입니다. 교사들은 이렇게 강력한 방식으로 말하지 않습니다. 여러분이 눈으로 보아왔던 교사들, 그들은 여러분에게 아무런 유익을 끼치지 못했습니다. 하지만 여러분이 결코 본 적이 없었으며, 또한 마지막 날 심판대에 설 때까지는 결코 볼 수 없을 누군가(Someone)가 당신을 부르십니다. 그분은 여러분의 귀로는 분간하지 못할 말을 들려주십니다. 그 목소리는 신비한 방식으로 여러분에게 들리며 언제나 이렇게 외칩니다. "돌아오라, 돌아오라, 돌아오라." 그것은 종종 죽음처럼 깊은 밤에도 들려오며, 양심의 방을 그 음성으로 울려 퍼지게 합니다. 나는 그 음성으로 인해 잠에서 깨어난 한 사람을 압니다. 나는 그가 꿈속에서 그 음성을 들은 것을 압니다. 그는 지옥에 대해 꿈을 꾸었고, 깨어 양심의 고통을 느꼈던 것을 압니다. 그는 할 수 있는 것을 다 했습니다. 극장에도 갔었고, 떠들썩한 파티에도 참석했으며, 오락장에도 가고, 더 깊은 죄 속으로 빠졌습니다. 하지만 여전히 그곳에도 그를 따라다니는 목소리가 있었습니다. 나는 바로 이 도시에서 그 목소리를 외면하려고 모든 종류의 환락에 빠져들었던 한 사람을 회상합니다. 하지만 하나님께서는 한 연극장에서 그를 만나셨습니다. 공연에서 사용되었던 대사가 그의 양심을 건드렸고, 그는 마치 불타는 건물에서 빠져나오듯 그 연극장에서 빠져나왔습니다. 그리고는 무릎을 꿇고, 구주를 찾았으며, 그분을 만났습니다. 이 은혜의 부름은 숨어계신 분(hidden One)의 목소리입니다. 여러분은 말하는 분을 볼 수 없습니다. 하지만 여러분은 그분의 권고에 귀를 막을 수 없으며, 그분의 경고를 물리칠 수도 없습니다.

이 음성이 죄인을 추적하고 따라잡습니다. 그가 달리는 것을 봅니까? 그는 온 힘을 다해 자신의 파멸을 향해 달려갑니다. 말소리가 그에게 임합니다. 처음에는 아주 희미하게 들려옵니다. "돌아오라." 그는 좀처럼 뒤를 돌아보지 않으며 계속해서 달립니다. 그 목소리가 따라옵니다. 그는 자신의 의지대로 실행하려는 결심을 보이기 위해 더욱 빨리 달립니다. 계속해서 그 목소리가 따라옵니다. "돌아오라." 그 때 그는 잠시 멈춥니다. 하지만 그는 절망적으로 죄에 빠진 상태이기에, 다시 홱 돌아서 달리며 하나님에게서 도망칩니다. 하지만 여전히 그 말소리가 그의 걸음 뒤를 따르면서, 호소하는 목소리로 외칩니다. "돌아오라, 돌아오라, 돌아오라, 돌아오라." 마침내 그는 어쩔 수 없이 주저앉아 알지 못하는 곳에서 들려오는 목소리에 귀를 기울입니다. 그는 어떻게, 왜 그 목소리가 그에게 그토록 사무치게 들리는지를 이해하지 못합니다. 하지만 그것은 약속의 성취입니다. 그것은 그의 뒤에서 들려오는 음성으로서, 이렇게 말하고 있습니다. "이것이 바른 길이니 너는 이리로 가라."

일반적으로 그 목소리가 죄인들에게 들려올 때는 매우 시의적절한 때입니다. 본문에 따르면 그들이 이 목소리를 듣는 것은 그들이 오른쪽으로 치우치든지 왼쪽으로 치우칠 때이기 때문입니다. 사람이 불신앙의 길을 꾸준하게 걷다가 그런 호소의 목소리를 전혀 듣지 못할 수도 있습니다. 하지만 한층 더 강한 유혹으로 인해 그 여행자가 오른쪽이나 왼쪽으로 막 치우치려 할 때에, 바로 그 순간, 그 뒤에서 하나님의 말씀이 경고하는 일이 얼마나 자주 발생하는지 모릅니다. 그의 발은 거의 어긋나고, 그의 발걸음은 거의 미끄러졌습니다. 하지만 주의 말씀이 그를 붙들어주어, 그는 죽음에 이르는 죄 속으로 빠져들지 않습니다. 그 죄란 내가 왼편으로 치우치는 죄라고 묘사한 것일 수 있습니다. 그 사람이 어느 한 행동으로 치우치는데, 그 행동이란, 만약 실제적으로 그가 행했다면 그의 확실한 파멸과 관련되는 행동일 것입니다. 하지만 그가 막 죽음의 길로 들어서려는 순간 그의 뒤에서 말소리가 들려옵니다. "돌아서라, 돌아서라." 그런 일이 자주 있습니다. 심지어 그 사람이 돌이켜서 바른 길을 추구하지 않고 여전히 부주의하게 행할 때에도, 그는 그 속도를 늦추고는, 감히 왼편으로 치우쳐 심각한 죄를 범하지 않습니다. 만약 그 목소리가 그를 저지하지 않았더라면 그는 그러한 죄의 길을 갔을 것입니다. 하나님의 성령께서 한 사람을 구원하시지 않는 경우에도, 그 목소리가 그로 하여금 많은 죄에 빠지는 것을 막습니다. 사람들이 빛을 거역하고 거기에 복종하지 않는 경우에도, 여전히 그 빛은 그들이 의식하지 못하는 사이에 죄를 억제하는 영향력을 그들에게 발휘합니다. 그들을 지켜본 이들은 압니다. 만약 그들에게 말씀에 의한 재갈과 고삐가 채워지지 않았더라면, 그들은 과도한 방탕에 빠져 그들 자신을 전적으로 파괴할 뿐 아니라 다른 사람들에게도 위험을 끼쳤을 것입니다. 은혜의 말씀이 이처럼 시의적절하기에 하나님을 찬송합니다! 사람들은 오는 것에 더디지만, 하나님의 부르심은 더디지 않습니다.

두 번째 요점을 마무리하면서, 한 가지를 더 언급하겠습니다. 그 강력한 말씀이 말해지고 들려야 하는 것은 절대적으로 필요한 일입니다. 그는 그의 스승들을 보았으나, 그들은 그에게 어떤 유익도 끼치지 못했습니다. 주께서는 종종 우리 목사들을 한 귀퉁이에서 얼굴을 벽을 향해 서도록 세워두시고, 우리의 청중들의 눈과 우리 자신의 눈에도 미약한 존재가 되게 하십니다. 그분은 저에게도 그렇게 하십니다. 많은 사람들이 그리스도께로 오게 된 일로 인해 내가 그분의 이름을 영광스럽게 하고 그분을 크게 찬송할 수 있는 동안에도, 여전히 나 자신에게는 그 일에 관하여 조금의 축하의 말도 할 수 없습니다. 나는 마른 막대기일 뿐, 달리 무엇이란 말입니까? 내 주님께서 물을 주시지 않으면 내 주님의 정원이 어떻게 되겠습니까? 죄인들이 구원을 얻기 위해 도움을 얻을 데가 우리 불쌍한 설교자들밖에 없다면, 그들 중 한 사람도 죽음과 지옥에서 건짐을 받지 못할 것입니다. 만약 하나님께서 우리와 함께하시지 않는다면 죄인들은 우리를 숙맥들이라고 비웃을 것입니다. 그들은 실제로 그렇게 행하며, 나는 그것을 이상히 여기지 않습니다. 왜냐하면 우리에게는 그런 비웃음을 받을 만한 요소가 충분하기 때문입니다. 그들은 우리를 멸시할 준비가 되어 있으며, 그들이 그렇게 한다고 해도 우리로서는 마음이 상할 이유가 없습니다. 우리 자신이 예전에 하나님의 종들을 멸시하곤 했기 때문입니다. 만약 우리가 지금 그렇게 하지 않는다면, 그것은 우리를 변화시킨 하나님의 은혜 때문입니다. 우리보다 훌륭했던 사람들이 우리에게 애타게 호소했을 때, 우리 자신이 그들을 대했던 것보다 더 좋은 대우를 우리는 기대할 수 없습니다. 우리 뒤에서 들리는 목소리는 꼭 필요합니다.

그 "세미한 음성"(still small voice)은 죽을 인생이 낼 수 없는 목소리이며 오직 하나님만이 내실 수 있는 음성입니다. 그 양심의 내적 훈계, 마음에 울리는 그 감화력 있는 언어는 사람의 능력을 초월하는 것이며, 마치 세상을 창조하거나 진흙의 형상에 생기를 불어넣는 일만큼이나 강력합니다. 그러므로 저 복되신 성령께서 사람들에게 생기를 불어넣으시고 그들을 구원하시도록, 하나님의 말씀이 그들을 추적하여 마침내 그들을 죄악의 길에서 돌이키도록, 힘을 다해 기도하시기 바랍니다.

이제 이 요점을 마칩니다. 여러분은 그 방랑자의 위치를 보았으며, 자비의 부르심에 담긴 하나님의 은혜를 보았습니다.

3. 부르심의 말씀

하지만 그 부르심의 말씀은 무엇이었습니까? 그것은 아주 분명하게 진술되어 있습니다. "이것이 바른 길이니 너희는 이리로 가라." 그것이 부르심의 말씀입니다. 우선, 그것은 그 자체에 구체적인 지시를 내포하고 있습니다. "이것이 바른 길이라." 어떤 종류의 설교에는 구체적이고, 명확하고, 실제적인 것이라고는 아무것도 담겨 있지 않습니다. 그런 설교는 일종의 '꿈나라'(cloud-land) 이야기이며, 그 이야기에서 여러분이 좋아하는 것, 예를 들어 하나님의 은혜나 인간의 공로, 그리스도 안에 있는 믿음이나 혹은 자아에 대한 믿음 등을 내키는 대로 만들어냅니다. 여러분이 여러분 자신의 교사가 되어야 하며, 그런 다음 마치 불 속을 쳐다보는 어린이처럼, 여러분 자신의 눈으로 무엇이건 상상하는 것을 그 속에서 봅니다. 그런 종류의 설교는 너무나 혼잡하여, 방문객들에게 이렇게 말하는 쇼 흥행사(showman)를 연상시킵니다. "어느 것이 웰링턴(Wellington)이고 어느 것이 나폴레옹(Napoleon)입니까? 여러분이 원하는 대로입니다. 여러분은 돈을 지불했으니, 원하는 대로 고를 수 있습니다." 많은 설교자들이 교리에 관하여 그렇게 말하는 것처럼 보입니다. 교회 좌석료만 지불하면 어떤 종류의 교리이건 원하는 대로 들을 수 있다는 식입니다. 한 사람이 똑똑한 설교를 듣고서 외칩니다. "영리하게 표현했습니다." 그것으로 충분합니까? 그것으로 충분하지 않다는 것이 내 대답입니다. 우리는 계시에 대한 확실한 증언을, 성령으로 마음에 인을 치는 증언을 원합니다. 영리함은 사람들에게 복을 주시는 하나님의 방법이 아닙니다. 추측이나 허술한 견해들이란 애써 숨 가쁘게 표현할 가치가 없는 것들입니다. 주님은 명확한 길을 제시하시면서 말씀하십니다. "이것이 바른 길이다." 주 예수 그리스도를 믿으면 구원을 얻을 것이오! 이것이 바른 길입니다. 여러분 모두가 회개하고 회심하시오! 이것이 바른 길입니다. 죄를 떠나고, 자아를 버리고, 그리스도를 믿으시오! 이것이 바른 길입니다. 하나님께 배우기를 원하는 자들 앞에는 어떤 분명한 것이 제시됩니다. 그들은 무엇을 행해야 하는지, 무엇을 받아들여야 하고 무엇을 버려야 하는지에 대해서 들을 것입니다. "이것이 바른 길이라." 명확한 교훈이 주어집니다. 이것이 소위 폭넓은 지식을 배운다고 하는 학교에는 맞지 않아도, 진지하게 진리를 추구하는 자들에게는 정확하게 맞는 것입니다.

이 명확한 교훈은 특별한 교정이라고 말할 수도 있습니다. 뒤에서 들려오는 음성이 "이것이 바른 길이다"라고 말할 때, 반대편의 길이 바른 길이 아니라고 말하는 것과 같습니다. 천국에 이르는 길은 오직 하나이며, 결코 두 개의 길이 아닐 것입니다. "이것이 바른 길이라"는 목소리를 사람들이 들을 때, 그것은 실질적으로 그들에게 반대편 길이 옳은 길이 아님을 상기시키는 것입니다. 만일 여러분이 바른 길의 반대편으로 가고 있다면, 그 길에서 돌아서십시오. 그러면 살 것입니다. 복음은 오류를 바로잡는 방식으로 찾아오며, 헛된 것을 죽이고, 우리에게 참된 것을 소개하는 방식으로 찾아옵니다. 이로 인해 우리는 하나님께 큰 감사를 드려야 합니다! 우리 속에서 헛된 것이 죽임을 당하고, 진리가 영원히 다스리게 되기를 바랍니다! 우리가 다른 모든 길에서 떠나게 되기를 바랍니다. 주께서 오직 한 길에 대해서 말씀하셨기 때문입니다. "이것이 바른 길이라."

그것은 또한 분명한 확증의 말씀입니다. "이것이 바른 길이라." 이 말씀이 거듭하여 우리에게 들릴 때, 우리는 찬송 가사처럼 확신을 가질 수 있습니다.

"우리 구주의 음성을 들으니,
영혼이여, 이리 오라, 내가 곧 길이라"

이미 우리가 그 길을 믿었다면 우리는 그 확신을 굳게 할 수 있습니다. "이것이 바른 길이라"고 거듭 선언하는 신비로운 말씀을 들으면서, 사람들은 하나님의 말씀의 진리를 믿는 것에서 자라고, 거기에서 살아 계신 구주를 믿는 살아있는 믿음이 생겨나는 것입니다. 오, 같은 말씀이 여러 번 들려오는 이것이 큰 은혜입니다. 거듭하여 선포되는 이 음성을 듣는 것이 큰 은혜입니다. "이것이 바른 길이라, 이것이 바른 길이라, 이것이 바른 길이라." "이 닦아 둔 것 외에 능히 다른 터를 닦아 둘 자가 없으니 이 터는 곧 예수 그리스도라"(고전 3:11). 거듭 반복되는 성령의 음성이 우리를 의심의 치명적인 그늘에서 벗어나게 하시고, 마치 못처럼 확실한 곳에 견고하게 붙어있게 해주시길 빕니다.

이 뒤에 개인적인 지침의 말씀이 따릅니다. "너희는 이리로 가라." 그 목소리를 단지 듣기만 할 것이 아니라, "그 길로 가라"는 것입니다. 비평가나 사상가나 사색가가 되는 것으로 만족하지 말고, 말씀대로 행하는 자가 되십시오. "이것이 바른 길이라", 여기에 교리가 있습니다. "너희는 이리로 가라", 여기에 실천이 있습니다. 주께서는 저 도망자에게 그가 무엇을 행하고 무엇을 믿어야 하는지를 말씀하십니다. 또한 그가 갈 길을 생생하게 제시하십니다. "이것이 바른 길이니, 너는 지체 말고 이리로 가라."

이 말씀은 또한 고무적인 허락의 형식을 취합니다. 어떤 이들은 그들이 그리스도께 올 수 없다고 생각합니다. 그들은 실제로 이런 식으로 묻습니다. "제가 그분을 믿어도 될까요? 나에게 구원이 허락될까요?" 아아, 이 본문은 "이것이 바른 길이라"고 말합니다. 그 길을 바라보면서 주저앉아 있지 마십시오. "너희는 이리로 가라"고 하지 않습니까? "하지만 저는 너무나 큰 죄인입니다." 그리스도가 길이시니, 그 길로 행하십시오! 예수님 안에는 큰 죄인들을 얼마든지 받아들일 넓은 방이 있습니다. "하지만 저는 그분께 오는데 너무나 오랜 세월을 보내었습니다." 염려하지 마십시오. 이것이 바른 길이니, 그 길로 행하십시오. 만약 여러분이 결국 그 길로 오기만 한다면, 그 길로 오는데 칠십 년이 걸렸을지라도 염려하지 마십시오. 그 길로 행하십시오. "하지만 제 발이 너무나 오염되어 그 길을 더럽힐까 걱정입니다." "이것이 바른 길이니 너희는 이리로 가라." 본문은 당신에게 이 길에 올 수 있을 만한 납득할 만한 일이 생길 때까지 한 쪽 편에 서서 기다리라고 말하지 않습니다. 여기에 왕의 대로(King's highway)가 있으니 그 길로 행하십시오. 걷는 것은 모든 행동 중에서도 가장 단순한 행동입니다. 걷기 위해 어떤 대단한 예술적인 기술이 요구되지 않습니다. 걷는 것이 요구의 전부입니다. 그리스도께 오십시오. 어떻게든 그분에게로 오십시오. 오 영혼이여, 어떻게든 그분 앞에 엎드리십시오. 당신이 할 수 있는 최선을 다해 그분을 신뢰하십시오. 의심이 없는 상태로 그분을 의지할 수 없다면, 그저 그렇게 하는 것이 마땅하기 때문에라도 그분을 의지하십시오. 당신에게는 달리 의지할 대상이 없기 때문입니다. 예수님의 팔에 당신 스스로를 던지십시오. 그리스도의 품에 쓰러지십시오. 죽어서 그리스도 예수 안에 있는 하나님의 생명으로 들어가는 것, 그것이 믿음의 본질입니다. 이것이 많은 도망자 죄인들의 뒤에서 들려오는 말소리입니다. "이것이 바른 길이니 너희는 이리로 가라."

4. 성공의 약속

본문에 따르면 이 말씀에 성공이 약속됩니다. "네 뒤에서 말소리가 네 귀에 들려 이르기를 이것이 바른 길이니 너희는 이리로 가라 할 것이라." "네 귀가 들으리라(thine ears shall hear)"는 이 말씀에서 성공을 주목하십시오. 하나님께서는 우리에게 들어야 할 어떤 내용을 주실 뿐 아니라, 그것을 들을 수 있는 귀를 우리에게 주십니다. 오, 하나님의 은혜가 얼마나 큰지요! 그분은 식탁을 펼치시고, 그 다음에는 식욕을 주십니다. 그분은 의복을 제공하시고, 헐벗은 느낌을 우리에게 주셔서 우리로 하여금 그 의복을 입도록 유도하십니다. 사람에게 필요한 모든 것을 하늘 문으로부터 값없이 은혜로 공급하십니다. 아무것도 빠진 것이 없습니다. 목록은 완벽합니다. 그분은 좋은 소식을 주시고 또한 우리 귀를 여십니다. "네 귀가 들으리라." 이는 효과적인 은혜입니다. 교사들이 사람들로 하여금 듣게 만들 수는 없습니다. 그들은 외적인 귀에 호소할 수 있지만, 그 후에는 더 이상 할 수 있는 것이 없습니다. 하지만 하나님은 사람들로 하여금 듣게 하실 수 있습니다. 그들의 의지의 자유를 훼손하지 않으시고도 그분은 그들의 마음과 그들의 양심과 그들의 지각(知覺)에 영향을 끼치시며, 진리가 그들 영혼에 도달하도록 하실 수 있습니다. 주께서 그 일을 행하실 때, 그 일은 완수됩니다. 우리가 그 일을 행할 때, 그것은 종종 완성되는 듯 했다가 후에는 다시 엉망이 되곤 합니다. 하지만 하나님이 행하시는 것은 진실로 영원히 지속됨을 우리는 압니다. 자연이 짠 실은 어느 날 엉클어지지만, 하나님이 짠 실은 영원까지 지속됩니다.

"네 귀가 들으리라"는 말씀의 의미는 첫째로, 하나님의 사랑의 메시지가 인간의 마음에 임할 때, 그 속에서 불안을 일으킨다는 것입니다. 그는 의기양양하게 파멸로 향하는 길을 가고 있었습니다. 그는 그 길을 선택했고, 그 길에서 기뻐합니다. 그 길이 종종 그에게는 꽃이 만발하고 즐거운 길로 보입니다. 그래서 그는 계속 그 길을 걸으며, 그의 뒤에서 "돌아오라, 돌아오라, 너는 돌아오라!"는 말소리가 들리지 않았다면 매우 즐거웠을 것입니다. 그가 막 오른편 숲의 빈터로 들어서려 할 때, 그곳에는 온통 봄꽃들이 피어나고 있었으며, 그 부르심이 또다시 그를 괴롭혔습니다! 그는 그 부르심의 소리를 듣느니, 차라리 길에서 '쉿' 소리를 내는 독사를 보든지, 아니면 수풀 사이에서 사자의 으르렁대는 소리를 듣는 편이 더 낫다고 여길 정도였습니다. 그 사람은 말합니다. "나는 결코 평온할 수가 없구나. 나는 다른 사람들이 오락과 쾌락을 즐기러 가는 것을 보며, 그들이 맘껏 즐거워하는 것을 본다. 하지만 사실 나는 오락을 즐기려할 수록 오히려 즐거움과는 거리가 멀어지고, 다른 모든 사람들이 웃고 즐거워하는 동안에 내 마음은 더욱 비참해지는구나. 이렇게 되는 이유가 무엇일까?" 그는 자신이 모질게 취급당하고 있으며, 하나님의 증오의 특별한 대상이 되었다고 생각합니다. 다른 모든 사람들이 쾌활해도, 그만은 우울합니다. 그들은 모두 붉은 색 포도주가 잔에 채워지는 것을 보고 즐거워합니다. 한때는 그 역시도 그 장밋빛 포도주를 쳐다보며 즐거워했습니다. 하지만 이제 그는 포도주 잔 밑바닥에서 뱀을 보며, 그것을 마시면 그 독이 혈관으로 흘러들 것이 두려워 감히 그것을 손대기도 두려워집니다. 그는 그를 그토록 불안하게 만든 하늘의 섭리를 거의 저주할 정도입니다. 그는 그토록 그를 괴롭히는 교구 목사의 설교를 차라리 듣지 말았더라면 좋았을 거라고 여깁니다. 그는 차라리 경건한 어머니가 없었더라면 하고 바라며, 죄 속에 빠져 영영 길을 잃더라도, 귀뚜라미처럼 즐거워할 수 있었더라면 하고 바랍니다. 하지만 지금 또다시 그의 뒤에서 그 말소리가 들려와 그의 귓전을 때립니다. 잠시 그 음성을 잊었지만, 또다시 그 음성이 찾아옵니다. "돌아오라! 돌아오라! 돌아오라!" 그는 귀를 막습니다. 하지만 그 소리는 어떤 포탄들보다 강력하게 그의 영혼에 퍼부어집니다. 마치 하나님의 말씀이 포탄과 더불어 사정없이 그를 폭격하는 것처럼, 그는 포격의 우레 소리들을 듣습니다. "돌아오라! 돌아오라! 돌아오라!" 그가 무엇을 할 수 있을까요? 그는 하나님의 책망으로부터 벗어나기를 갈망합니다. 그 말씀이 그를 떨게 만듭니다. 그 소리에서 멀어질수록 좋습니다. 우리는 다음에 그에게 어떤 일이 일어나는지를 볼 것입니다.

얼마 후 그의 마음에 한 소원이 생깁니다. 그것은 단지 희미하고 돌발적인 욕구입니다. 그리 강하거나 지속적이지 않으며, 단지 꺼지지 않는 정도의 소원입니다. "나는 어떻게든 바르게 되었으면 좋으련만. 내 현재의 상태는 너무나 잘못되어 있다. 나는 잘못된 배를 타고 항해하는 중이다. 나는 어딘가에 상륙하기를 원하고, 돌아가는 배를 타고 집으로 가고 싶다. 나는 전혀 편함을 느낄 수 없다. 구원을 얻으려면 무엇을 해야 하는지를 알고 싶다. 어느 정도 그에 대해 알긴 하지. 매 주일마다 그것에 대해 들었으니 말이야. 하지만 아직도 나는 그것을 이해하지 못하고 있어. 그것을 이해할 수 있으면 좋으련만. 나는 용서받기를 원하고, 내 마음이 새로워지고, 그리스도 예수 안에서 새로운 피조물이 되기를 갈망한다."

그가 누군가에게 말합니다. "당신은 알고 있습니까? 그 목소리를 나는 견딜 수 없습니다. 그 목소리가 밤에 나를 깨우고, 내게서 모든 즐거움을 앗아가곤 했습니다. 하지만 이제는 그 속에 일종의 음악이 있어요. 나는 그것을 듣고 싶습니다. 나는 그 소리를 듣고 감화되기를 원합니다. 나는 구덩이에 떨어질 것이 두렵고, 하나님의 사랑의 부르심을 외면해온 책임을 진 채 잃은 자가 될 것이 두렵습니다. 오, 그리스도께 갈 수 있도록 나를 도와주시오. 나는 그분께 가기를 갈망하지만, 그렇게 할 수 없을 것 같다고 느낍니다. 나는 마땅히 느껴야 할 것을 느끼지 못하고 있습니다. 믿어야 한다는 말을 들었지만, 그 말이 무엇을 의미하는지를 알지 못하고, 또는 믿고자 해도 믿지 못하는 저 자신을 발견합니다."

"믿고자 하나 믿을 수가 없구나.
믿을 수만 있다면 모든 것이 편하련만,
믿고자 하나 믿지 못하니, 주여, 저를 구하소서.
저의 도움은 오직 당신에게서 옵니다."

친구들이여, 그는 바른 길로 들어서고 있습니다. 우리는 머지않아 그와 관련하여 더 좋은 소식을 접할 것입니다. 그는 놀랍게 나아지고 있습니다. 교만의 엄청난 열병이 그에게서 떠나고 있습니다. 우리는 이윽고 그가 완전한 건강을 얻는 것을 볼 것입니다. 그는 뒤에서 들려오는 음성을 들었기 때문에 편히 지낼 수가 없었습니다. 그러나 이제 그는 그 소리를 충분히 듣지 못해 편히 지내지 못합니다. 그는 그 목소리가 그의 영혼을 뚫고 들어와, 그를 변화시키고, 어둠에서 빛으로 옮겨주기를 갈망하고 있습니다.

그 다음에는 어떤 일이 일어날까요? 그 소리가 계속해서 들려옵니다. 그 소리가 그를 끌어당기고, 결심하도록 이끕니다. 하나님의 말씀이 그의 입에 재갈을 물리고 그의 턱에 고삐를 채웁니다. 그는 감히 어긋난 길로 더 나아가지 않습니다. 그는 가만히 앉아서 생각합니다. 나는 그가 무릎을 꿇은 모습을 보고 있다고 생각합니다. 그는 만일 천국을 얻을 수 있다면 그것을 얻을 것이라고 결심합니다. 은혜가 발견될 수 있다면 그것을 찾을 거라고 결심합니다. 그는 온 세상을 찾아다녀서라도 귀중한 진주를 얻을 것입니다. 나는 그가 예수님을 만나기까지는 잠을 자지 않으리라고 말하는 소리를 듣는 듯합니다. 나는 그가 그 위치에 도달한 것을 기뻐합니다. 친구여, 당신은 마치 이렇게 말했을 때의 탕자와도 같습니다. "내가 일어나 아버지께 가리라"(눅 15:18). 결심으로 끝나지 않도록 그 점만 주의하십시오. 그 탕자처럼 당신도 이렇게 행하십시오. "이에 일어나서 아버지께로 돌아가니라"(눅 15:20). 우리의 모든 결심이란 진지하고 신속하게 실행되지 않으면 그 자체로는 가치가 없습니다. 그 방랑자 뒤에서 들리는 그 말씀의 결과를 주목하십시오. 그토록 빠르게 달려가던 그 사람을 보십시오. 그는 멈추었습니다. 그는 자기 길에 한 줄이 그어진 것을 봅니다. 그는 그 선을 넘어가서는 안 됩니다. 그는 더 이상 가면 다시는 은혜가 부르는 소리를 듣지 못할 것이라고 느낍니다. 이것이 그를 멈추게 합니다. 오늘 아침 우리는 이 노래를 부르지 않았습니까?

"곧 그 부르심의 음성이 멈추리니."

그 사람은 할 수 있는 동안 순종하기를 바랍니다. 그는 아직 돌아가기로 결심하지는 않았으나 감히 앞으로 더 나아가지 않습니다.

그를 지켜보십시오. 부르심의 음성은 다시 들려옵니다. 그리고 이따금씩 그는 그 음성을 듣기 원하는 듯이 소리가 들리는 쪽으로 귀를 돌립니다. "돌아오라, 돌아오라, 돌아오라." 그는 자신의 가슴을 치며 부르짖습니다. "하나님이 원하시면 돌아갈 수 있으리라. 나는 돌아가리라, 이대로 멸망할 수는 없지. 지금껏 살아왔던 방식으로 그대로 살 수는 없어. 기회가 주어졌을 때 여전히 옛 방식대로 모든 일을 방치해둘 순 없어. 나는 그리스도를 얻든지, 죽든지 해야 해. 나는 그분을 곧 얻어야 해. 그렇지 않으면 내 영원한 운명이 결정되고, 영원히 버려지고 말거야. 오 하나님, 저를 다시 부르소서. 저를 불러주소서. 계속해서 부르시고, 저를 오게 하소서. 내 영혼이 대답하나이다. '나를 이끄소서, 그리하면 당신에게 달려가겠나이다.' 당신께서 '내 얼굴을 구하라'고 저에게 말씀하실 때, 제 마음은 '주여 제가 당신의 얼굴을 구하나이다.'라고 고백하였습니다."

이 내면적인 활동의 마지막 단계가 무엇일까요? 그 사람이 무모하게 더 이상 그릇된 방향으로 나아가지 않는다면, 그는 무엇을 해야 할까요? 그는 오른쪽으로나 왼쪽으로 치우칠 수 없습니다. 하나님께서 그의 길에 가시 울타리를 설치하셨기 때문입니다. 자, 그가 무어라고 말하는지 귀를 기울이십시오. "내가 본 남편에게로 돌아가리니 그 때의 내 형편이 지금보다 나았음이라"(호 2:7). 이 가련한 영혼은 그가 찔렀던 분을 바라봅니다. 그는 자신의 구속자를 찌르고 있는지 그 때는 알지 못했습니다. 하지만 이제 그는 그 모든 것을 이해하고, 그의 눈에 눈물이 흐르기 시작하는 동안, 십자가에 달리신 그리스도께로 돌아갑니다. 그리고 그분을 바라보면서 생명을 얻습니다. 그는 어찌할 바를 알지 못하고 울기만 합니다.

"복된 십자가, 복된 무덤, 복된 구주시여,
그분이 이곳에서 나를 위해 피를 흘리셨네."

이제 그는 묻습니다. "어느 것이 제가 가야 할 길입니까? 감미로운 목소리여, 내게 일러주소서. 복된 음성이여, 무엇이 제가 가야 할 길인지 일러주소서." 이제 그 목소리는 이동하여 그의 앞에서 말합니다. 목자들이 그들의 양 떼 앞에서 걷는 것과도 같습니다. 그 사람은 손과 발이 찢겨 십자가에 달리신 분, 그의 길을 앞서 인도하는 분을 바라보며, 즐거이 그 뒤를 따릅니다. 아아, 그는 마지막까지 그분을 따르다가 마침내 영광 중에서 그분의 얼굴을 뵐 것입니다. 피로 구속받고, 영원한 능력으로 구원을 얻었으며, 위대한 목자의 양 우리로 돌아왔고, 다시는 우리 밖으로 나가지 않을 것이니, 그 죄인은 영원한 기쁨으로 충만할 것입니다.

그러므로 그대 하나님께 등을 돌린 자들이여, 귀 기울여 들으십시오! 무한한 자비가 당신을 애타게 찾습니다. 한량없는 긍휼이 당신에게 구원을 받으라고 호소합니다. 돌아서십시오. 온통 추하고 더러운 모습일지라도, 지금 그대로의 모습으로 돌아오십시오. 지체 말고서 돌이켜 씻음을 받으십시오. 경건치 못하고 부정한 모습 그대로, 어느 한 부분도 성한 곳 없이 불결한 모습 그대로, 전적으로 타락하고 추한 모습 그대로, 예수님께 오기만 하십시오. 그리스도께서는 당신과 같은 이를 위해 죽으셨습니다. 다시 말하건대, 당신 스스로를 개선하기 위해 지체하지 마십시오. 지금 나아오십시오. 은혜의 목소리가 당신을 초대하는 동안, 성령께서 당신에게 호소할 뿐 아니라 부드럽게 강권하시는 동안에 오십시오. 오십시오, 환영합니다. 죄인들이여, 오십시오. 하나님께서 여러분에게 복을 주시길 빕니다. 아멘.

제
25
장
—

마른 땅의 냇물

—

"마른 땅에 냇물 같을 것이라."—사 32:2

이 본문의 표면적인 의미는 쇠퇴해가는 유다 왕국에 큰 축복의 수단이 되었던 히스기야와 다른 왕들을 언급하고 있음을 인정해야 할 것입니다. 의로운 정부에 대해서는 우리가 아무리 감사하게 여겨도 지나치지 않을 것입니다. 만약 우리가 몇 년 간이라도 폭정의 굴레를 겪어보았다면 자유의 기쁨에 대해 훨씬 더 크게 감사할 것입니다. 우리가 대하는 이 예언의 말씀은 공의로 통치할 왕과 정의로 다스릴 방백들에 대해 크게 칭송하고 있습니다. 그런 사람들은 나라의 수호자들로서, 나라를 상업으로 부강하게 하고 평화로써 복되게 하는 자들입니다. 그들은 명예를 얻기에 합당하며, 하나님의 말씀이 그들에게 명예를 부여하고 있습니다. 하지만 나는 성령께서 이 표현을 통해 의도하신 바는 다른 더 고차원적인 것과 관련되었다고 생각하지 않을 수 없습니다. 내가 보기에 이 본문은 훨씬 더 풍성한 의미를 담고 있으며, 따라서 단지 히스기야를 비롯한 사람들만 언급하고 있다고 보기는 어렵습니다. 성령께서 선지자의 입을 통해 "그 사람은 광풍을 피하는 곳, 폭우를 가리는 곳 같을 것이며 마른 땅에 냇물 같을 것이며 곤비한 땅에 큰 바위 그늘 같을 것이라"고 선언하셨을 때, 그 선언이 단지 히스기야나 그의 방백들만을 언급하고 있다고 생각할 수는 없습니다. 하나님의 교회가 오랜 세월 동안 이러한 구절을 주 예수 그리스도에게 적용해온 것이 오류일 수는 없습니다. 분명 이 말씀은 그분에게 적용될 수 있을 뿐 아니라, 오히려 그분의 복되고 칭송할 만한 인격에 적용하지 않고서는 결코 온전히 이해될 수 없습니다. 만약 공의로 통치하는 한 왕이 그 백성에게 큰 복을 가져다준다면, 특별한 의의 왕(the King of Righteousness)이시며 "복되시고 유일하신 주권자이시며 만왕의 왕이시며 만주의 주"(딤전 6:15)이신 예수님이야말로 생각할 수 있는 최상의 정도로 이러한 복을 가져다주시는 분입니다. 그러므로 이 표현들은 과장할 가능성이 전혀 없이, 가장 폭넓은 의미로 예수님께 적용할 수 있습니다. 우리는 오늘 그분을 만유의 주로 기뻐하며 환영하는 것입니다.

이 구절 전체의 표현을 시온의 왕이신 주 예수 그리스도께 적용시키면서, 우리는 많은 비유들로 감동을 받습니다. 그분은 단지 피난처나 은신처일 뿐 아니라, 냇물이기도 하며, 큰 바위 그늘이기도 합니다. 그렇습니다, 내 형제들이여. 우리가 만일 지상의 비유로써 우리 주님의 영광을 묘사하려고 시도한다면 수많은 비유들이 필요할 것입니다. 그 어떤 한 가지 비유도 그분을 완벽히 묘사할 수 없고, 비유마다 어느 정도 부족함이 있으며, 심지어 그 비유들 전체로도 그분의 아름다움을 모두 표현하기에는 불충분하기 때문입니다. 그분의 성품의 다각도의 아름다움, 그분의 직무의 다양한 측면에서의 탁월성, 그분의 고난의 공로, 그분의 승리의 영광, 그리고 그분이 사람들에게 부여하신 헤아릴 수 없는 복들을 묘사하려면 수천 가지의 표상들(types)과 상징들이 필요합니다. 자연의 태양의 모든 광선들을 한 곳으로 모은다 해도, 여러분은 그분의 영광의 단 한 줄기의 광선에도 비할 수 없습니다.

"땅도, 바다도, 태양도, 별들도,
천국조차도 그분의 모습에는 미치지 못하니;
얼굴과 얼굴을 맞대고 그분을 뵈옵기까지
그분의 아름다움을 결코 다 그릴 수가 없으리."

우리의 사랑스러운 주 예수 그리스도께는 다양한 면이 있고, 모든 면에서 보아도 그분은 칭송받으실 만하며, 그토록 많은 면에서 귀중한 분이심을 안다는 것은 즐거운 일입니다. 왜냐하면 우리가 다양한 면에서 그분을 필요로 하고, 우리의 환경도 너무나 지속적으로 변하며, 또한 우리의 영혼에도 새로운 갈망들이 끊이지 않고 생겨나기 때문입니다. 그분의 이름을 찬송합니다! 이러한 우리의 변화, 우리의 필요들, 우리의 갈망들은 단지 우리를 새로운 위치에 둘 뿐이며, 그리하여 우리로 하여금 그분의 놀라운 탁월성과 충만을 한층 더 잘 보게 만듭니다. 상상할 수 있는 모든 상황 속에서, 그분의 그러한 특성들이 우리의 모든 필요들에 얼마나 완벽하게 부합되는지요! 주 예수님의 이름을 찬송합니다! 그분은 한 분이시면서 다양한 분이십니다. 그분은 전체로서 사랑스러우시며, 또한 모든 사랑스러운 특징들을 결합하신 분입니다. 그분은 한 가지 면에서도 완벽하시며 동시에 모든 면에서도 완벽하신 분입니다.

이 본문을 그리스도께 적용하면서 언급해야 할 점은 이것입니다. 즉 그분이 마른 땅에 냇물 같은 사람(a man)이라는 것입니다. 사람이라고 한 점에 주목하십시오! 우리는 예수 그리스도의 신성을 믿고 기뻐합니다. 그 점에 대해 우리에게는 아무런 의문이 없습니다. 지금은 그것을 입증하려고 시도할 시간이 아닙니다. 우리 모두는 그것을 믿으며, 또한 그분과의 교제에 의해 우리는 그분이 신적인 분이시라는 것을 압니다. 우리는 그분을 가장 높은 분의 아들로 알며, 그분은 언제나 우리에게 "참 하나님에게서 나신 참 하나님"(very God of very God, 니케아 신조에 담긴 표현 — 역주)이십니다. 하지만 그럼에도 불구하고, 우리는 또한 주 예수 그리스도의 인성에 관한 참되고 타당한 진리를 굳게 믿습니다. 그분이 우리에게 마른 땅에 냇물이 되시는 것은 인간의 육체 안에 거하신 하나님(God in human flesh)으로서 입니다. 그것에 대해 잠시 생각해 보십시오. 하나님께서 사람이 되실 정도로 우리를 너무나 사랑하신다면, 그분이 주고자 원하시는 복들은 헤아릴 수 없을 정도임이 틀림없습니다. 성육신은 그 자체로 말로 다할 수 없는 크나큰 은혜의 약속입니다. 베들레헴의 구유 안에 있는 하나님의 아들을 응시하십시오. 그러면 여러분은 저 무한하신 분이 한 아기의 형태를 취하셨다면, 그의 성육신은 무한한 사랑을 입증해 보이는 것이고, 친밀한 교제를 예시하며, 아담의 후손들을 위한 한량없는 축복을 예고하는 것이라고 확실히 느낄 것입니다. 여호와께서 친히 인간의 육체로 수고스럽게도 유대 땅을 걸으신다면, 그분이 인간의 질고의 슬픔을 짊어지시고, 사람의 모양으로 그 손을 못 박히게 하시고 그 가슴을 창에 찔리도록 내어주신다면, 정녕 그분의 가슴에는 사람들 중에서 선택된 자들을 향한 무한한 애정이 있음에 틀림없습니다. 만일 하나님 자신이 친히 우리에게 오신다면, 그리고 그런 모양으로 그런 정신으로 오신다면, 놀라운 은혜의 강물이 우리에게 흐를 것임에 틀림없습니다. 신성과 인성의 결합이란, 그분이 부요하신 분으로서 우리를 위해 가난하게 되셨다는 의미가 아니고 무엇이겠습니까? 또한 그분의 목적은 "그의 가난함으로 말미암아 우리를 부요하게 하려 하심"(고후 8:9)이 아니고 무엇이겠습니까? 곧 그 목적은 우리의 가난하고 천한 본성과 결합하시기 위해 그분이 포기하셨던 막대한 부로써 우리를 부요하게 하려 하심이 아니겠습니까? 하나님의 아들이시면서, 또한 마리아의 아들, 사람의 아들이신 그분 안에서 기뻐하고 즐거워하도록 합시다. 오늘 우리는 예수님이 참으로 하나님이시듯 또한 참으로 사람이신 것을 믿으며 크게 즐거워합시다.

"오 기쁨이여! 인간 모친에게서 나신 한 분이,
완벽한 신성의 광채를 발하시며,
우리의 육체 안에,
빛의 보좌 위에 앉아 계시도다!"

이분이 우리에게 임하는 모든 은혜의 원천이자 통로이며, 그 자체에 하나님이 우리를 부요하게 하시는 복들을 가득 담고 있습니다. 이분이 바로 생명수로 가득한 하나님의 강입니다.

그러므로 이것을 우리의 지침으로 삼아, 본문의 비유를 연구하도록 합시다. 그렇게 한 이후에, 우리는 본문에 진술된 특별한 탁월성에 대해 살펴볼 것입니다. 그 다음으로, 우리는 본문 전체에서 실제적인 교훈들을 정리함으로써 끝맺음을 할 것입니다.

1. 본문의 비유 연구

성육하신 하나님을 통해 우리에게 임하는 복들을 이해하기 위해, 마른 땅에 냇물이라고 하는 비유를 연구하도록 합시다. 이것은 우선, 복의 대단한 탁월성을 의미합니다. 강은 아주 큰 혜택의 적절한 상징입니다. 강이 흐르는 땅은 매우 큰 가치가 있습니다. 강은 어디든 그것이 흐르는 곳마다 생명을 창조합니다. 풀과 갈대와 골풀이 틀림없이 생겨나고, 강이 흐르는 가장자리에는 버드나무들이 자랍니다. 강물은 강둑을 따라 식물들이 자라도록 하며, 수많은 물고기들과 기어다니는 생물들을 부양합니다. 흐르는 은빛 강물이 경치를 빛나게 합니다. "즐거이 흐르는 풍부한 강"은 노래의 주제이며, 그 자체로 하나의 노래입니다. 푸른 들판을 따라 굽이쳐 흐르는 그 은빛의 물줄기는 즐거움을 주는 풍경입니다. 이와 같이 땅을 찾아와 물을 공급하시는 하나님께 우리가 어찌 감사하기를 마다하겠습니까? 강이 땅에게 하는 것은 주 예수 그리스도께서 우리에게 하시는 것과 같습니다. 그분은 영적 생명의 샘이요 근원입니다. 그분이 오시는 곳에는 신적 생명이 돋아나고, 물가의 나무처럼 자라며, 그 잎사귀가 마르지 않습니다. 그분이 주시는 생명을 또한 그분은 풍성하게 하십니다. 매 순간 물을 주시고, 돌보시며, 그 생명으로 하여금 열매를 맺게 하십니다. 그분은 그 생명이 열매를 맺도록 하심으로써, 그것이 보기에 아름답게 하시고 온전함에 이르도록 하십니다. 식물은 거기에 물을 공급하는 강에 크게 의존합니다. 냇물이 없다면 목초지가 어떻게 될까요? 그 모습이 바로 구주가 없는 성도의 모습일 것입니다. 샘과 냇물이 없는 마을들이 어떻게 될까요? 그 모습이 바로 그리스도 예수 안에서 우리에게 주어진 언약의 축복들이 없는 신자들의 모습일 것입니다.

이 유추는 너무나 명확하여 내가 굳이 부연 설명할 필요가 없습니다. 넓은 강물이 있는 곳은 풍부하고 좋은 것들이 기대되는 곳이며, 마찬가지로 우리는 주 예수님 안에서 좋은 것들을 기대할 수 있습니다. 그분은 하나님의 도성을 즐겁게 만드는 강과 냇물입니다. 진실로 우리는 "이 강물이 이르는 곳마다 번성하는 모든 생물이 살리라"(겔 47:9)는 말씀을 그분에게 적용할 수 있습니다. 말씀이 육신이 되어 우리 가운데 사셨으니, 은혜의 강물이 많은 사람들에게 흐르며, 믿는 우리들은 그분의 기쁨의 강물을 마실 수 있게 되었습니다. 오, 여기에 찬미의 이유가 있습니다! 나는 이 점에서 어떤 장애물도 찾지 못합니다. 주님의 증언을 믿었으므로 모든 장애물들이 사라졌습니다. "이 말씀이 곧 하나님"(요 1:1)이시고, 또한 "말씀이 육신이 되어 우리 가운데 거하시매"(요 1:14), 그분이 육신이 되어 우리 가운데 거하심으로써 "헐벗은 산에 강을 내며 골짜기 가운데 샘이 나게"(사 41:18) 하셨습니다. 하나님께서 인간에게 내려오신 것은 인간으로 하여금 하나님께 올라가도록 하기 위함입니다. 하나님께서 친히 한 아기의 형태를 취하신 것은 어린아이와 같은 사람들로 하여금 그분의 사랑을 배우도록 하기 위함입니다. 그리스도께서 유아에서 성인이 되기까지 키가 자라신 것은 우리 또한 모든 면에서 그분에게까지 자라도록 하기 위함입니다. 그분이 온전한 사람이 되신 것은 우리도 또한 그리스도 예수 안에서 장성한 분량에까지 자라도록 하기 위함이었습니다. 인간이면서 하나님이신 그리스도는 인간과 하나님의 관계를 맺어주셨습니다. 그 강물은 하나님의 보좌에서부터 흘러나와 죽을 인생들의 마음에까지 흐르며, 하나님 자신을 우리에게 임하게 하여, 하나님의 모든 충만으로 우리를 채워줍니다. 주 예수님의 뛰어남을 바라보고, 그것을 깊이 묵상하십시오.

둘째로, 이 은유는 주로 풍부를 의미합니다. 예수님이 강물과 같은 이유는 그분이 은혜와 진리로 충만하시기 때문입니다. 템스 강에 있는 물의 양을 산정하기란 매우 어려운 일입니다. 하지만 우리의 미국 친구들이 혜택을 입고 있는 거대한 강들의 경우, 바다로 흘러들어가는 그 물의 양은 거의 상상하기조차 불가능합니다. 갤런(gallon, 약 4.5리터들이 통)이나 혹스헤드(hogshead, 약 100갤런들이 큰 통)들을 미시시피 강 옆에 두는 것은 매우 우스꽝스러운 일입니다. 나는 신학자들이 주 예수님에 대해 추정하기를 시작할 때 언제나 안절부절못하는 자신을 느낍니다. 특별 구속(particular redemption)과 보편 구속(general redemption)에 대해 격렬한 논쟁이 있었습니다. 비록 나 자신은 철저한 칼빈주의 교리에 대한 신봉자임을 시인하지만, 그런 논쟁에 대해 결코 편함을 느끼지 못합니다. 은혜의 교리들을 믿는 것과, 그 교리들에 근거하여 형성되는 모든 불필요한 부산물들까지 받아들이는 것은 전혀 별개입니다. 또한 외적으로는 순수한 진리를 전파한다고 자부하는 어떤 사람들의 정신에도 온전히 동의하기란 매우 어려운 문제입니다. 나는 그리스도의 구속의 가치를 추정하는 문제와 아무런 관계를 맺을 수 없습니다. 나는 속죄의 제물로 자기 자신을 드리는 그리스도에게서 그분의 목적과 의도의 특수성(specialty)을 분명하게 봅니다. 하지만 나로서는 그 고귀성의 한계를 볼 수 없으며, 따라서 감히 그 효용성이나 가치가 얼마나 되는지 산정할 수가 없습니다. 그 값을 측정하거나 평가하는 것이 이 문제에서는 어울리지 않습니다. 선생들이여, 나는 여러분이 장부와 연필을 가지고서 아마존 강물의 양을 측정하려는 모습을 본다면 좋아할 것입니다. 여러분이 자리에 앉아 갠지스(Ganges)나 인더스(Indus), 그리고 오리노코(Orinoco) 강의 유량(流量)을 측정하려는 모습을 보아도 기뻐할 것입니다. 하지만 여러분이 그 일을 수행하고, 이 지구상의 모든 강들의 유량을 측정한다고 해도, 여러분의 임무란 단지 소년 학생들에게나 어울리는 일이라고 말할 것입니다. 여러분은 그리스도의 충만을 측정할 수 있는 '산수'의 초보에도 들지 못합니다. 왜냐하면 그분 안에는 신성의 모든 충만이 육체로 거하시기 때문입니다(골 2:9). 그분의 공로, 그분의 능력, 그분의 사랑, 그분의 은혜는 모든 지식을 초월하며, 결과적으로 모든 평가를 뛰어넘습니다. 그 강의 한계가 발견되지 않으며, 그 강의 기슭이나 바닥을 찾을 수 없습니다. 우리의 교리들을 체계화하려는 시각으로 냉담하게 평가하는 대신, 저 성소의 시인과 더불어 즐거이 노래하도록 합시다.

"사랑과 자비의 강들이 여기 있으니
풍부한 대양에서 하나로 모이도다.
풍성한 구원의 강물이 흐르니
젖과 꿀의 큰 홍수와 같도다."

주 예수님에 관하여는 모든 한계와 부족에 대한 생각이 어울리지 않습니다. 만일 누구라도 "구주의 죽음에는 내 죄를 속죄할 만큼 충분한 공로가 있습니까?"라고 묻는다면, 그 대답은 이것입니다. "그 아들 예수의 피가 우리를 모든 죄에서 깨끗하게 하실 것이라"(요일 1:7). 누군가 "아마도 저 같은 사람은 그분의 사랑을 맛보지 못하고 그 이름을 믿지 못할 것입니다"라고 말한다면, 그 대답은 이것입니다. "원하는 자는 값없이 생명수를 받으라"(계 22:17). 오 선생들이여, 당신들은 공기를 측정할 수 있습니까? 지구를 둘러싼 대기의 양을 측정할 수 있습니까? 예, 아마도 그럴 수 있을 것입니다. 그렇다면 우주의 크기를 잴 수 있습니까? 그것 또한 될 수도 있을 것이라 생각합니다. 영원의 시간을 측정할 수 있습니까? 무한을 잴 수 있습니까? 여러분이 인간의 육체로 오신 하나님을 통해 죄인들에게 임하는 풍성한 은혜의 양을 측정하려 한다면, 먼저 여러분은 그런 문제들부터 시작해야 할 것입니다. 그분은 인간의 죄를 감당하시고, 자기 생명을 버리셨으며, 의인으로서 불의한 자를 대신하셨으며, 우리를 하나님 앞으로 인도하시는 분입니다.

우리의 구속주의 공로와 관련하여 옹색한 정신으로 무언가를 평가하려는 접근법은 어울리지 않습니다. 황제의 연회에서 인색함이 어울리지 않는 것 이상으로, 그리스도인에게서 인색한 정신은 어울리지 않습니다. 우리 주님은 왕의 도량으로 모든 일들을 행하시니, 우리 역시 왕 같은 정신을 가져야 할 것입니다. 성도와 고집쟁이는 낯선 결합입니다. 성도와 구두쇠는 어울릴 수 없습니다. 나는 설교를 하러 다녔던 한 사람에 관하여 들은 말을 기억합니다. 그의 소유인 대지 내에 우물이 하나 있었고, 그 우물에 그의 이웃들이 자주 오는 것에 대해 그는 좋아하지 않았습니다. 따라서 그는 "무단침입자는 고소함"이라는 게시판을 세웠습니다. 재치 있는 한 친구가 곧 그 설교자의 저택 담벼락을 벽보로 장식한 것은 놀랄 일이 아니었습니다. 그 벽보에는 뚜렷한 큰 글씨로 이런 말이 쓰여 있었습니다. "예수께로 오시오, 하지만 여러분은 내 우물에서 물을 떠가서는 안 되오." 다른 많은 면에서 그와 같은 말이 적용될 것입니다. "예수께로 오시오, 하지만 예배당의 내 자리에는 끼어들지 마시오! 예수께로 오시오, 하지만 나에게는 한 푼도 요청하지 마시오!" 어떤 사람들은 복음에 대해서는 전혀 아낌이 없습니다. 그들에게 아무런 비용도 들지 않기 때문입니다. 정말이지 너무나 후하여 그들에게 나누어주라고 맡긴 소책자들을 아낌없이 뿌립니다. 하지만 가난한 자들이 먹을 것을 구하거나 헐벗은 자들이 옷을 원할 때에는 꽁무니를 뺍니다. 그런 야비한 구두쇠들이 조금이라도 복음의 명예를 빛낼 수 있다고 생각합니까? 아아, 어떤 가난하고 선택되지 못한 죄인이 혹 사고로 천국에 들어가는 일이 있을까 거의 두려워하는 것처럼 보이는 목사들이 있지 않습니까? 그들이 어떻게 제한하고, 구분하고, 비난하는 말을 하는지를 들어보십시오. 나는 사람들을 내쫓으려는 자들에게 전혀 공감하지 못한다고 고백합니다. 나는 그들을 복음으로 더 가까이 오도록 이끌기를 원합니다. 예수님이 마른 땅의 냇물 같은 분임을 아는 자라면, 당연히 그의 영혼에서도 관대한 사랑의 정신이 솟아나야 할 것입니다. 성령께서 우리 주님의 영광스러운 충만을 우리에게 계시하시어, 우리 마음을 넓게 해주시길 바랍니다.

내 형제들이여, 여러분 모두의 마음이 넓어지기를 바랍니다. 여러분 중에 아무도 주 예수 그리스도에 관하여 편협하고 인색한 증언을 함으로써 그분의 명예를 더럽히는 자가 없기를 바랍니다. 주 예수 그리스도를 마치 갑문(閘門)들과 양수기들과 일정한 크기의 나루터들이 있는 좁고 제한된 운하처럼 묘사함으로써, 다른 사람들로 하여금 복음을 편협하게 이해하도록 만들지 마십시오. 그분은 실로 마른 땅에 냇물 같은 분이시기 때문입니다. 그리스도 예수 안에는 넘치는 풍성함이 있습니다. 그러므로 오 큰 죄인이여, 당신이 그리스도께 온다면 당신을 위한 얼마든지 충분한 은혜가 있습니다. 그렇고말고요. 수많은 사람들이 한꺼번에 물을 마시러 이 강으로 몰려온다고 해도, 그들이 그 강을 마르게 할 수는 없습니다. 아니, 오히려 그 물은 더욱 충만하게 보일 것이며, 주변의 땅들은 줄어들지 않는 강물이 흐르는 것으로 인해 더욱더 기뻐할 것입니다.

강물에서 우리는 탁월함과 풍부함을 볼 뿐 아니라 신선함을 봅니다. 연못의 물은 언제나 동일하며, 차츰 고여 있는 늪이 되면, 생명을 부패시키고 유해한 공기를 발생시킵니다. 강은 언제나 한결같지만, 한편으론 결코 동일하지 않습니다. 그것은 언제나 제자리에 있지만, 언제나 움직입니다. 생명수로 기슭까지 가득하고, 유구한 세월을 보내었어도, 그 원천에서부터 새로운 물이 흐르기에 그것은 언제나 '오래된 새 것'입니다. 우리는 우리의 아름다운 강을 "아버지 템스(Father Thames)"라고 부릅니다. 그렇지만 그의 이마에는 어떤 주름살도 없고, 언제나 젊음의 신선함으로 약동치고 있습니다. 강가에 여러 해를 살아도, 여러분은 매일 아침마다 그 물이 신선한 것을 발견할 것입니다. 마치 새들이 아침을 깨우기 시작하고 태양이 이슬을 홀짝거리며 마시기 한 시간 전의 샘물과도 같습니다. 우리 주 예수 그리스도께서도 그러하시지 않습니까?

나는 내가 처음 그분을 알게 되었을 때를 기억합니다. 곧 내 영혼이 그분과 혼인하였을 때입니다. 나는 친밀한 관계 속에서 복된 신혼기간을 보냈습니다. 하지만 그 달콤한 교제는 아직 끝나지 않았으며, 오히려 더욱 깊어져갑니다. 언제나 변치 않으면서도 갈수록 가까워지는 교제입니다. 그분은 내게 처음에 그러하셨듯이 지금도 너무나 좋은 그리스도이십니다. 그분이 그때보다 더 좋은 분이라고 말할 수는 없겠지만, 내가 좋으신 그분을 더 잘 알게 되었다고 고백해야 할 것입니다. 나는 더욱 열렬히 그분을 사랑하고 그분을 더욱 높이며 존중합니다. 만일 여러분이 한 주인을 이십 년 동안 섬긴다면, 그 세월에 의해 그를 새롭게 발견하고 놀랄 일은 없을 것입니다. 여러분 중에 어떤 이들은 주 예수님을 사십 년 동안 섬겨왔는데, 여러분은 그분을 어떻게 생각합니까? 이 세월에 의해 여러분은 그분을 많이 알게 되었을 것이며, 두려움 없이 여러분이 발견한 것을 다 말할 수 있을 것입니다. 그분의 뛰어남을 표현하기에는 말이 부족하지 않은가요? 다른 모든 것들은 신선함이 줄어들지만, 예수님은 젊음의 상쾌함을 유지하십니다.

좋은 리본들과 갖가지 색채의 장식들, 곧 어떤 성공회 교회들에서 한동안 사람들의 관심을 끌었던 것들도 곧 시들해질 것입니다. 사람들은 말하기를 어떠어떠한 교회가 사람들로 꽤 찼다고 말합니다. 흰 옷 입은 성가대, 근사한 행렬과 우아한 깃발들이 있으며, 또한 교회당을 인형의 집으로 바꾸어놓은 다른 많은 유치한 장난감들이 있기 때문입니다. 하지만 이런 유치한 장신구들로 오래도록 사람들을 끌어 모을 것이라고는 꿈도 꾸지 말라고 하십시오. 대륙에 있는 저 교황의 교회들에 들어가 보십시오. 어떤 것들은 좋은 대리석과 보석들로 치장되어 있을 것이며, 또 다른 경우에는 싸구려 조화(造花)들과 서투른 그림으로 치장되었음을 볼 것입니다. 그런데 사람들은 어디에 있습니까? 좀처럼 무리로 모인 것을 볼 수 없을 것입니다. 일반적으로 몇 사람의 여인네들, 얼뜨기 사제들을 얼마간 볼 수 있을 것입니다. 그 국가의 남성들은 그런 명백한 어릿광대들에 의해 속아 넘어가지 않습니다. 이런 것들은 점차 오래되어 맥빠진 것이 되고 말지만, 복음은 그렇지 않습니다.

수 세기 전 위클리프(Wickcliffe)는 서리(Surrey, 잉글랜드 남부의 주 — 역주)의 떡갈나무 아래에서 그리스도의 복음을 전했으며, 군중들이 모여들었습니다. 얼마 전 나는 그 동일한 오래된 나무 아래에서 동일한 복음을 전했으며, 복음이 사람을 끄는 힘은 조금도 줄어들지 않았습니다. 그와 마찬가지로, 앞으로 다가올 시대에, 다른 사람들이 동일한 메시지를 가지고 일어설 것이며 그들의 혀로 말할 것입니다. 사람들이 그들에게 듣기 위해 모여들 것이며, 복음의 능력을 인정할 것입니다. 어떤 이들은 와서 흠을 잡을 것이며, 분노하며 이를 갈 것입니다. 하지만 그들도 틀림없이 와서 들을 것이며, 달리 어쩔 수 없을 것입니다. 복음의 새로움이 언제나 사람들을 끌기 때문입니다. 그것은 언제나 새로운 소식이 아닙니까? 새로운 소식을 사람들은 언제나 찾아다니지 않습니까? 어떤 사람이 어떤 새로운 것을 원합니까? 그렇다면 그에게 “저 오래고, 오래된 이야기”를 들려주십시오. 우리의 벌거벗은 선조들이 조각배들에 몸을 싣고 템스 강을 건넜습니다. 우리는 증기선을 타고서 그 강을 지나갑니다. 하지만 템스는 여전히 동일하게 아름다운 강입니다. 그 강이 처음에 흐를 때에도 오늘날보다 더 신선하고 눈부시지는 않았습니다. 그것은 언제나 변하고, 언제나 신선하고, 언제나 새롭고, 그러면서도 언제나 동일합니다. 예수 그리스도께서도 마찬가지입니다. 그분은 어제나 오늘이나 영원토록 동일하십니다.

또한 값없이 주심이라는 특성에 의해 예수 그리스도는 강에 비유될 수 있습니다. 우리는 지상의 모든 강들에 대해 이런 말을 할 수는 없습니다. 사람들이 흔히 강둑과 기슭의 소유권을 주장하고, 양식업을 하며 수력을 이용하기 때문입니다. 나는 종종 우리의 높은 양반들이 별들을 측량하지 않는 것을 이상히 여깁니다. 어떤 공작도 북극성의 소유권을 주장하는 공작이 없고, 카스토르와 폴룩스(Castor and Pollux, 쌍둥이자리의 알파성과 베타성 — 역주)를 독점하려는 백작이 없지 않습니까? 우리가 황도대(Zodiac)에 대해서나, 적어도 일부 밝은 별자리들에 대해서 사유화하는 법령을 가질 수 있겠습니까? 성경에 기록된 말씀이 실로 옳습니다. "하늘은 여호와의 하늘이라도 땅은 사람에게 주셨도다"(시 115:16). 하지만 강들은 좀처럼 분배될 수 없으며, 사유 재산이 되기를 거부합니다. 동물들이 얼마나 자유롭게 강기슭으로 나아가는지 보십시오. 나는 일전에 소들이 강에서 물을 마시는 광경을 보는 즐거움을 누렸습니다. 소들은 경사진 곳을 찾아서 흐르는 강물에 무릎을 담근 채로 계속해서 마시고 또 마셨습니다! 나는 요단 강물을 단숨에 마신다는 베헤못(behemoth)을 떠올렸습니다(참조. 욥 40:15). 그 소 떼는 실컷 마셨으며, 누구도 그것들에게 그만 마시라고 말하지 않았으며, 혹은 그들이 마신 양을 측정하지도 않았습니다. 개가 달려와 헐떡이며 물을 핥았으며, 그에게 어떤 세금도 요구되지 않았습니다. 백조는 자유롭게 그 긴 목을 물 속으로 늘어뜨렸고, 제비도 그 날개로 물의 표면을 스치며 지나갔습니다. 황소와 날벌레, 새들과 물고기, 그리고 사람들 모두에게 강은 무료였습니다.

그러므로 큰 갈증을 느끼는 황소 같은 죄인이여, 와서 마시기 바랍니다. 나는 근처의 공공 연못들 중에서 "누구든 이곳에서 개들을 씻기는 것은 허용되지 않음"이라고 쓰인 팻말을 읽었습니다. 연못이기에 그 말은 얼마든지 옳습니다. 하지만 강이라면 그런 말이 필요 없을 것입니다. 강에서는 가장 더러운 짐승도 얼마든지 씻을 수 있습니다. 강물이 풍부하다는 그 사실이 제한 없는 허용을 가능하게 만드는 것입니다. 이에 대해 말하는 것이 얼마나 기쁜지요. 한때 나는 주 예수님이 내게 값없이 허용되는 분이라고 생각지 않았던 적이 있기 때문입니다. 나는 내가 그분을 원해도 그분이 나를 받지 않으실 거라고 상상했습니다. 하지만 실은 정반대였습니다. 그분은 기꺼이 원하셨으나, 오히려 내가 내키지 않았던 것입니다. 오, 가련한 죄인이여, 온 세상에서 그리스도만큼 우리에게 값없이 주어지는 것은 없습니다. 그분을 애타게 찾고, 갈망하고, 필요로 하는 모든 이에게, 그분은 마치 여러분이 마시는 공기처럼 값없이 주어집니다.

그리스도는 또한 그 항구성으로 인해 강과 같습니다. 연못들과 저수지들은 마릅니다. 하지만 강의 노래는 다음과 같습니다.

"사람들은 왔다가 또 떠나겠지만,
나는 영원히 흐른다네."

예수님도 그러하십니다. 그분 안에 있는 용서의 은혜와 치유의 능력은 돌발적인 힘이 아니라, 그분 안에 영원히 거하는 힘입니다. 그분은 천 년 전에도 사람들을 구원하셨고, 지금도 여전히 구원하십니다. 그분은 낮에도 구원하시고, 밤에도 구원하십니다. 우리가 잘 때나 깨어 있는 동안에, 그 강은 한결같이 흐릅니다. 강물이 요란한 소리를 내지 않으면서도 꾸준히 그 길을 따라가듯이, 하나님의 용서의 은혜도 온 낮과 온 밤, 그리고 일년 내내 조용히 흐르면서 수많은 사람들에게 혜택을 줍니다. 이로 인해 하나님을 찬송합니다! 오늘은 주일입니다. 이 날이 마치 내게는 그 강이 넓어져서 더욱 넓은 지역에 풍성한 혜택을 주는 날인 것처럼 보입니다! 오, 가련한 죄인이여, 오늘 당신이 그 강에서 마시기를 바랍니다. 당신이 그것을 거절하든지 받아들이든지, 그 강은 한결같이 흐릅니다. 오, 그 강물이 당신에게 소용없이 흘러가지 않도록 하십시오.

본문은 강에 대해 말하는데, 그것은 다양성과 통일성 모두를 의미합니다. 이 문제를 우리는 자세히 설명할 수는 없겠지만, 그 사상의 힘에 대해서는 곰곰이 묵상해보아야 합니다. 강처럼 강한 것은 없습니다. 강은 스스로 그 길을 헤쳐 나가며, 어떤 것으로도 그 길을 막지 못합니다. 누가 댐으로 미시시피를 가로막겠습니까? 누가 아마존을 묶어두겠습니까? 강들은 원하는 대로 흐르며, 무한한 주권이 그들을 위해 표시해둔 길을 따라 갑니다. 바위가 강의 길을 가로막으면, 강이 바위를 닳게 만듭니다. 절벽이 가로막으면, 그것은 격류의 물살에 마모되어 무너지고 결국 사라지고 말 것입니다. 강은 사람을 기다리지 않고, 인간들을 위해 지체하지도 않으며, 오직 예정된 길을 따라 흐를 뿐입니다. 하나님께 영광을 돌립니다! 그리스도 예수께서 하나님의 목적들을 이루실 것이며, 또 그의 손으로 여호와께서 기뻐하시는 뜻을 성취하실 것입니다(사 53:10). 누구도 그의 길을 막지 못합니다. 이리저리로 굽어 흐르면서, 그분은 이런저런 죄인들의 필요를 채우십니다. 그분은 죽어가는 도적을 씻기시고, "가이사의 집 사람들 중 몇"(빌 4:22)에게 물을 주십니다. '거만한 반대'라고 하는 높은 언덕에서 그분은 급히 속도를 내어 흐르시며, '통회하는 마음'이라고 하는 낮은 골짜기들을 기쁘게 하십니다. 죽음이나 지옥도 그분의 길을 멈추게 하지 못합니다. 그분은 마치

기손의 거센 강물이 야빈의 군대를 쓸어 버렸듯이 모든 반대자들을 쓸어 버리십니다. 그리고 더 이상 복음이 흐를 경로가 없는 것처럼 보일 때, 진리는 영광스러운 나이아가라 폭포처럼, 어떤 거대한 개혁이나 부흥의 형태로 벼랑 아래로 뛰어내립니다. 그리하여 하나님의 능력의 기사들을 더욱 분명하게 보이도록 하며, 여호와의 구원의 팔을 모든 사람들의 눈에 선명하게 드러내는 것입니다. 오, 하나님의 강이여, 계속하여 흐르고, 영원토록 흐르소서!

2. 본문에 진술된 특별한 탁월성

두 번째로, 우리는 본문이 언급하는 특별한 탁월성을 숙고할 것입니다. "마른 땅에 흐르는 냇물 같을 것이라."

나는 나 자신을 위해서도 이 말씀에 얼마나 기쁘게 반응했는지요! 우리나라에서는 마을마다 샘이나 우물들이 있기 때문에 강을 그리 귀하게 여기지 않습니다. 하지만 이사야가 살았던 나라에서는 강이 없으면 땅이 바싹 마르게 됩니다. 요단강을 비롯한 여러 강들을 조사해보면 식물의 잔뿌리들이 강기슭과 접하고 있는 것을 발견할 수 있습니다. 따라서 강은 마른 땅에서 매우 소중하게 여겨집니다. 아아, 내 형제들이여, 예수 그리스도께서 인간이 되어 하나님의 축복들을 가지고 이곳에 오셨을 때, 그분은 우리 인류의 메마른 땅에 강물을 끌어오신 것입니다. 그분이 아브라함의 자손들 사이로 내려오셨을 때, 그분은 메마르고 오랜 이새의 줄기로 강물을 끌어오신 것입니다. 유다가 왕을 잃었을 때, 그분이 오시어 다윗 가문의 왕권을 새롭게 하셨습니다. 그리고 오늘날, 모든 언약의 축복들에서 배제되었고 황무지처럼 버려졌었던 우리 이방인들에게도, 예수 그리스도는 마른 땅의 냇물처럼 우리 가운데 오신 것입니다.

내 형제여, 예수님은 당신에게 오셨습니다. 당신의 마음은 본성상 얼마나 메마른 땅인지요! 아아, 그리스도께서 오시기 전에, 생명의 샘물이 당신의 영혼에 흐르기 전에, 당신의 영혼이 얼마나 메말랐던가 생각해 보십시오. 나는 나 자신의 본성적인 상태를 생각할 때, 그것을 쓸쓸한 황무지로 비유할 수 있습니다. 그것은 "건건한 땅(a salt land), 사람이 살지 않는 땅"으로서, 큰 가뭄이 있고, 물이 흐르지 않는 메마른 땅이었습니다. 사하라 사막에 물이 흐르는 시내가 없는 것처럼 인간의 본성에는 선한 것이 없습니다. 하지만 예수 그리스도께서 인간의 본성 속에, 내 마음 속에 임하시어, 메마른 땅을 샘물이 있는 곳으로 만드셨습니다. 오 형제들이여, 만일 생명수의 강으로서 예수님의 임재가 없다면 지금 이 순간에도 우리의 본성은 여전히 메마른 땅과 같을 것입니다. 우리는 갈수록 나이를 먹지만, 우리의 본성은 개선되지 않았습니다. 많은 세월이 흘렀지만, 본성적인 힘으로는 사람의 손바닥만한 구름도 우리에게로 이끌어올 수 없었습니다. 우리에게 물을 주신 분은 오직 우리의 중보자이신 구주 예수님이십니다.

육적으로 볼 때, 나는 그 어느 때보다 더 죄를 짓기 쉽고, 모든 선한 일들을 행함에 있어 그 어느 때보다 나약해진 나 자신을 발견합니다. 그리스도를 떠나서는, 시들어 죽는 것을 더욱더 크게 의식합니다. 설혹 당신이 당신의 본성이라는 황무지에서 샘들을 발견했다고 해도, 나 자신은 그렇지 못했다고 고백합니다. 내 본성은, 정말이지, 여전히 메마른 곳입니다. 그 공허함이란! 오, 그것을 말로 표현하기가 어렵습니다! 공허를 느끼는 이상입니다. 죽은 것, 오 얼마나 죽은 것과 같은지요! 심지어 하나님을 가까이 하며 살려고 애쓰는 우리들 중에서도 추운 계절을 겪는 이들이 있습니다. 온전한 사람들은 그런 고백을 하지 않을 거라고 생각하지만, 나 자신은 그런 사람들 중의 하나가 아닙니다. 나는 기도하고 싶은 만큼 기도하지 못할 때가 있음을 슬퍼하며, 꿇었던 무릎을 펴고 일어설 때에 여전히 슬퍼하기도 합니다. 나는 내적인 유혹들에 시달리며, 비록 하나님이 언제나 내 기쁨의 이유가 되는 것을 알면서도, 그분 안에서 항상 한결같이 기뻐하지는 못합니다. 나는 그것을 한탄하며, 그런 것이 바로 내 모습입니다. 레일 위를 달리는 시내 전차처럼, 단 한 차례의 덜컹거림도 없이 미끄러지듯 전진할 수 있는 사람들이 있습니다. 하지만 나는 싸워야 하는 악한 본성이 있음을 발견하니, 영적인 삶이란 나에게 일종의 투쟁입니다. 나는 타고난 부패성, 냉정함, 무력증, 메마름 등과 날마다 싸워야 합니다. 내 주 예수 그리스도가 아니라면 내 마음은 저주받은 자의 마음처럼 메마를 것이며, 생명도 없고, 빛도 없고, 선함도 없어, 지옥 그 자체와 같을 것입니다.

하지만 나는 이 점을 말할 수 있습니다. 즉 나 자신이 공허하기 때문에 그분의 충만을 더욱 귀하게 여기며, 내가 연약할수록 그분의 능력을 더욱 소중히 여긴다는 것입니다. 내 주님에 대해서는 아무리 좋게 말하고 생각해도 충분치 않으며, 나 자신에 대해서는 아무리 나쁘게 말하고 생각해도 충분하지 않습니다. 공허와 허무, 헛됨과 죄가 내 타고난 본성이 가진 유일한 유산입니다. 그리고 내 모든 충만은 그리스도 안에 있으며, 내가 자랑할 수 있는 모든 탁월함은 오직 그리스도 한 분에게서 비롯된 것입니다.

여러분 중에서 많은 이들이 외부적 환경이 마른 땅임을 발견하지 않습니까? 여러분은 부유합니까? 아, 내 형제들이여, 부유한 사회는 일반적으로 화강암 언덕처럼 메마른 곳입니다. "황금과 복음은 좀처럼 어울리지 않습니다." 여러분은 가난합니까? 가난은 믿음에서 부유하지 못한 자들에게는 메마른 곳입니다. 여러분은 매일같이 생업에 종사하고 있습니까? 얼마나 자주 그 근심이 뜨거운 사막의 모래 열풍처럼 영혼을 바싹 마르게 하는지요! 온갖 손실과 장애물들이 가득한 곳에서 일찍 일어나고 늦게까지 수고하는 것은 마른 땅에 거하는 것과 같습니다. 오, 그럴 때 그리스도의 사랑이 흐르는 것을 느낄 수만 있다면 얼마나 좋겠습니까! 이것이 마른 땅에서 냇물을 얻는 것입니다. 여러분이 재물을 잃고 있을 때, 어음의 지급이 거절되고 가업을 이은 사업이 무너질 때에 그리스도를 가까이 모시는 것, 이것이 참된 경건입니다.

가난한 자여, 일이 잘 되지 않을 때 그리스도 안에서 기뻐하는 것, 아내가 병들었을 때와 사랑하는 자녀를 땅에 묻었을 때 그리스도를 모시는 것, 당신의 머리가 아프고 당신의 가련한 몸이 쇠약해질 때에 그리스도를 모시는 것, 이것이 신앙의 달콤한 위로입니다. 아, 당신이 시련의 쓴 맛을 알기 전에는 그리스도의 달콤함을 결코 알지 못할 것입니다. 당신이 텅 빈 것을 알기 전에는 그리스도의 충만을 알지 못할 것입니다. 나는 우리의 경험이 언제나 우리로 하여금 낮아지게 하고 그리스도를 높이는 것이 되도록 기도합니다. 우리 자신은 그분에게서 떨어질수록 더욱 가난해지고, 반면 그리스도 예수 우리 주 안에서 우리에게 주어진 부가 얼마나 풍요하고 값진 것인지를 알게 되기를 기도합니다.

그러므로 전체적으로 중요한 요점은 이것이라고 여겨집니다. 즉 그리스도는 넘치는 은혜의 강이지만, 특히 가장 메마른 자들에게 그러합니다. 오직 가난한 자들만이 자선의 시혜(施惠)를 바라고, 병든 자들만이 의사를 귀중히 여기며, 물에 빠져가는 사람만이 구조선의 가치를 귀중히 여깁니다. 그러므로 내 형제들이여, 여러분이 여러분 자신을 무가치하게 여기는 정도에 비례하여 그리스도는 여러분에게 더욱더 귀한 분으로 여겨질 것입니다. "마른 땅에 냇물 같을 것이라."

3. 실제적인 교훈들

이제 마지막 결론으로 실제적인 교훈들을 살펴보겠습니다.

첫째, 인간에게로 향하는 하나님의 마음의 행로와, 하나님과 교통하는 인간의 길을 보십시오. 다른 강들은 작은 샘들에서 발원하며, 많은 지류들이 결합하여 강을 이룹니다. 하지만 내가 지금까지 전한 이 강은 하나님의 보좌로부터 발원합니다. 이 강이 위대한 이유를 강이 흘러가는 과정뿐 아니라 그 원천에서도 찾을 수 있습니다. 오, 내 형제여, 예수 그리스도에 의해 당신에게 임하는 자비의 냇물을 마시려고 당신이 겸손히 허리를 숙일 때마다, 당신은 하나님과 교제하는 것입니다. 당신이 마시는 것은 직접적으로 하나님으로부터 발원한 것이기 때문입니다. 이 점을 깊이 생각하십시오. 당신은 당신과 하나님 사이에 교통이 있기를 갈망하며, 주께서는 이렇게 말씀하십니다. "여기 내가 너에게로 가고 있다. 크고 복된 강이 되어 흐르고 있다. 나를 받아들이라. 예수 그리스도를 통하여 너에게로 가는 것을 받아들이라. 그 모든 냇물의 한 방울까지 모두 내 보좌에서 발원하여 흐르며, 내 본질의 충만한 사랑에서 흘러나는 것이다." 오 가련한 죄인이여, 당신은 이것을 이해합니까? 하나님께서 당신과 교통하려고 예비하신 길이 얼마나 단순하고, 얼마나 안전하며, 얼마나 적절한 길인지요! 당신은 수령자이며, 하나님이 수여자이십니다. 그분은 당신의 모든 필요를 공급하시는 영원한 원천이시며, 당신은 그저 그분이 베푸시는 혜택에 참여하는 자일 뿐입니다. 당신이 하나님이 어떤 분이신지를 묻는다면, 나는 이렇게 대답하겠습니다. 하나님은 예수 그리스도의 인격을 통해 내게로 흐르는 자비의 강이십니다!

둘째, 이 강이 이토록 가까이 있음에도, 사람들이 영혼의 갈증으로 인해 멸망하고 죽어가고 있는 것이 얼마나 비참한 것인지를 이해하십시오. 사람들이 갈증으로 죽는 것은 끔찍한 일입니다. 하지만 그런 죽음이 강둑을 따라서 발생한다면 정말이지 그 얼마나 놀라운 일인지요! 대체 어찌된 일일까요? 그들이 그 강에 대해 듣지 못했을까요? 사랑하는 형제들이여, 이 점을 심각하게 생각하기 바랍니다. 인류 중 수백만의 사람들이 예수님에 대해 들어보지 못했습니다. 중국과, 인도 일부, 아프리카, 각 나라의 다양한 지역에서 수많은 사람들이 예수의 귀한 이름을 들어보지도 못한 채 살다가 죽습니다. 우리는 우리의 사명을 다하고 있습니까? 여러분은 그렇게 생각합니까? 우리는 선교를 위해 줄 수 있는 만큼을 주고, 기도해야 하는 만큼 기도하며, 또한 수고해야 할 만큼 수고하고 있다고 장담할 수 있습니까? 그리스도께서 세상에 오셨건만 아직도 수백만의 사람들이 멸망하고 있다는 사실이 슬픕니다.

아아, 하지만 그보다 더 슬픈 생각은, 수백만의 사람들이 이 강에 대해 알고 있으면서도 그 물을 마시지 않는다는 사실입니다. 우리의 동료 시민들 중에서 수많은 이들이 예수 그리스도에 의한 구원의 계획을 알면서도, 이상한 광기에 빠져 있습니다. 그들은 하나님의 강물을 마시기보다는 차라리 목말라 죽기를 원하고 있습니다. 오 하나님이여, 우리는 이따금씩 "우리를 불쌍히 여기소서!"라고 기도합니다. 하지만 당신은 언제나 우리를 불쌍히 여기셨으므로, 차라리 우리가 이렇게 기도하는 편이 나을 것입니다. "사람들이 그들 스스로를 불쌍히 여기도록 가르쳐주소서!"

또 다른 교훈으로서, 만약 우리에게 어떤 결핍이 있다면, 그 이유가 어디에 있는지를 배워야 합니다. 그런 것이 그리스도 안에서는 있을 수 없습니다. 그분은 강물 같은 분이기 때문입니다. 그러므로 우리가 궁핍해지고, 은혜가 결핍되고, 능력과 기쁨이 결여되어 있다면, 그 잘못이 어디에 있는지를 알아야 합니다. 우리의 잔은 작지만, 강은 그렇지 않습니다. 형제들이여, 만일 여러분이 결핍의 상태에 있다면, 그것은 하나님이 주시지 않기 때문이 아니라, 여러분이 입을 열고 받아들이지 않았기 때문입니다. "너희가 얻지 못함은 구하지 아니하기 때문이요, 구하여도 받지 못함은 잘못 구하기 때문이라"(약 4:2,3). 오 하나님의 교회여, 만일 그대가 약하다면 그것은 하나님이 약하기 때문이 아닙니다. 만일 그대가 죄인들을 얻지 못한다면, 그것은 하나님이 그들에게 다가가실 수 없기 때문이 아닙니다. 여러분이 결핍을 느끼는 것은 그분 안에 있기 때문이 아니라, 여러분 자신의 그릇이 편협하기 때문입니다.

마지막 교훈입니다. 그리스도는 강이십니까? 그렇다면 여러분 모두 그분을 마시기 바랍니다. 마치 배 안에 있는 사람처럼, 단순히 기독교의 표면에 뜬 상태로 머물지 마십시오. 그것으로는 충분하지 않습니다. 당신은 마셔야 하며, 그렇지 않으면 죽습니다. 많은 사람들이 종교의 외적인 요소들에 의해 영향을 받습니다. 하지만 그리스도가 그들 안에(in) 계시지 않습니다. 그들은 물 위에(on) 있을 뿐, 물이 그들 안에 없습니다. 만약 그들이 계속 그런 상태로 있다면 그들은 잃은 자들이 될 것입니다. 만약 마시기를 거부한다면, 사람은 물 위에 떠서 배 안에서 목마름으로 죽을 수도 있습니다. 여러분은 어떤 부흥을 통해 감동도 받고 흥분되기도 할 수 있지만, 믿음으로 주 예수님을 여러분 영혼에 영접하지 않는다면, 여러분은 결국 멸망할 것입니다. 믿음이란 마시는 것처럼 단순한 것입니다. 하지만 여러분은 마셔야 합니다. 여러분은 믿어야 하며, 그렇지 않으면 죽습니다.

사람이 탄탈루스(Tantalus, 그리스 신화에서 제우스의 아들 중 하나. 아들을 요리하여 신들에게 바친 벌로, 호수에 턱까지 잠기어 물을 마시려 하면 물이 빠지고, 머리 위의 나무열매를 따려 하면 가지가 뒤로 물러가는 벌을 받았다고 함 — 역주)처럼 물 속에 목까지 잠기어도, 그리고 세상의 모든 강물이 그의 옆에 흘러도, 마시지 않는다면 그는 갈증의 고통 중에서 죽을 것입니다. 여러분 중에서 일부는 몇 년 동안을 강물 속에 목을 담근 채 지내왔습니다. 예배당의 신도석을 바라보면서, 나는 사랑과 자비의 강물이 여러분의 입술 바로 옆을 흘러왔던 것을 기억하지 않을 수 없습니다. 하지만 여러분은 마시지 않았습니다. 죽는 자는 죽어 마땅하겠지만, 그런 상태에서 갈증으로 죽는 자는 죽어 마땅한 정도를 칠 배나 강조해야 할 것입니다. 하나님이 여러분을 도우시길 빕니다. 여러분을 위해 그분께 무엇을 더 구해야 할지 나는 모르겠습니다. 그분은 그리스도 예수 안에서 여러분에게 자비의 강물을 주시는 일에서 이미 충분하게 행하시지 않았던가요?

또한 만일 여러분이 이 강물을 마셨다면, 내가 하고 싶은 말은 바로 이것입니다. 그 가까이에 사십시오. 우리는 이삭이 우물 곁에 거주했던 것을 읽습니다. 마르지 않는 샘 곁에 사는 것은 아주 좋은 일입니다. 그리스도와 교통하고, 날마다 그분을 더 가까이 하십시오. 이 강 속으로 걸어가십시오. 그렇게 할 때에, 물이 발목에 찰 때까지 걸어가고, 계속해서 무릎에 찰 때까지 걸어가십시오. 마침내 그 물이 여러분의 허리와 심장을 씻을 때까지, 더 나아가 여러분이 강 속에서 헤엄칠 때까지 계속 나아가십시오.

마지막으로 나는 이 말을 하고 싶습니다. 만약 그리스도께서 강 같은 분이라면, 우리는 그 안에 사는 물고기들 같이 되도록 합시다. 물고기는 예수님과 그분의 백성을 가리키는 고대 기독교의 상징이었습니다. 나는 몇 달 전에 뉴 포레스트(New Forest) 지역에서 너도밤나무 아래에 앉아 있었습니다. 나는 그 나무를 응시했고, 그 크기를 가늠해보기도 하고, 그 가지들이 만든 다양한 모양새의 '건축물'들을 주목하여 보았습니다. 하지만 별안간 가지에서 가지로 뛰는 작은 다람쥐를 보고서 나는 생각했습니다. '결국, 이 너도밤나무는 나보다는 너에게 훨씬 유익이 되는구나. 너는 그 속에 살기 때문이야. 이 나무가 나를 기쁘게 하고, 나에게 교훈을 주기도 하며, 또 그늘을 제공해주기도 하지만, 너는 이 나무를 터전으로 그 안에 살고 있구나.'

그와 마찬가지로, 우리는 강들에 대해 무언가를 알고, 강들이 우리에게 매우 유용하다는 것을 이해할 수 있습니다. 하지만 물고기들에게 강은 삶의 터전이자, 생명이며, 그들의 모든 것입니다. 그러므로 내 형제들이여, 단지 그리스도에 대해 읽는 것이나 생각하는 것이나 말하는 것으로 그칠 것이 아니라, 그 나무의 다람쥐나 강물 속의 물고기처럼, 그분을 터전으로 삼아 살며 그분 안에서 살도록 합시다. 그분에 의해(by) 살고, 그분을 위해(for) 사십시오. 여러분이 그분 안에(in) 산다면 그 두 가지 모두를 행하는 셈입니다.

> "하늘의 강물이여, 내 위로 흐르소서,
> 나는 내 생명의 터전을 당신 안에서 찾습니다.
> 이것이 내 참된 생명이요 기쁨이라 여기오니,
> 내 주님이시여, 나로 그리스도 안에 잠기게 하소서."

제
26
장

아름다운 영광 중에 계신 왕

"네 눈은 왕을 그의 아름다운 가운데에서 보며 광활한 땅을 눈으로 보리라"—사 33:17

앗수르인들이 거대한 군대와 더불어 유다를 침공하여, 막 예루살렘을 공격하려고 할 때, 랍사게가 유다의 왕과 그 백성들에게 모욕적인 메시지를 가지고 왔습니다. 히스기야가 그 거만한 앗수르인의 모독을 들었을 때, 그는 자기 옷을 찢고 베를 두르고 여호와의 전에 들어갔습니다. 그리고 제사장들 중 장로들을 굵은 베옷을 입게 하고는 선지자 이사야에게로 보냈습니다(참조. 왕하 19:1-2). 그러므로 예루살렘 백성들은 그들의 왕이 가장 슬픈 옷차림을 한 것을, 곧 슬픔의 의복을 걸치고 탄식의 상복(喪服)을 입은 것을 보았습니다. 하지만 그들은 한 가지 약속에 의해 용기를 얻었습니다. 즉 앗수르 왕 산헤립에게 완벽한 패배가 있을 것이며, 유다 왕은 다시 위엄이 넘치는 의상으로 장식하고, 기쁘고 아름다운 영광의 모습으로 미소를 지으며 나타나리라는 약속이었습니다. 산헤립의 침공으로 인하여, 그 백성은 여행을 다닐 수 없었습니다. 그들은 죄수들처럼 예루살렘 성벽 내에 갇혀 지내야 했었습니다. 단이든 브엘세바든 어떤 방향으로든 통행이 없었고, 심지어 가장 가까운 마을에도 다닐 수가 없었습니다. 하지만 약속이 주어졌습니다. 그 나라에 적군이 완벽히 제거될 것이기에, 여행자들은 모든 지역을 볼 수 있고, 심지어 아주 멀리 있는 땅까지도 볼 수 있게 될 것이었습니다. 가장 먼 곳까지 여행할 수 있을 정도로 안전해지는 것이었습니다. 그들은 더 이상 압제자들을 두려워하지 않을 것이며, 한때 황무지로 방치되었던 땅에 다시금 대로(大路)가 개통되고, 여행하기가 안전함을 보게 될 것입니다.

사랑하는 친구들이여, 복음이 전파되는 이 시대에, 우리는 이 본문에서 시온의 주민들을 기쁘게 했던 것을 훨씬 능가하는 의미를 발견합니다. 우리에게는 당시의 히스기야보다 훨씬 고귀한 왕이 계십니다. 그분은 만왕의 왕이시며 만주의 주이십니다. 우리는 우리의 사랑스러운 왕이, 이 땅에 육신으로 거하던 시대에 굴욕을 당하시고 심한 고초를 겪으신 것을 보았습니다. 그분은 "그는 멸시를 받아 사람들에게 버림받았으며 간고를 많이 겪었으며 질고를 아는 자"가 되셨습니다(사 53:3). 아침 해처럼 빛나던 그분이 슬픔의 베옷을 일상복처럼 입으셨습니다. 수치가 그분의 외투였으며, 비난이 그분의 의복이었습니다. 어느 누구도 그분만큼 슬픔과 질고를 겪은 이가 없습니다. 하지만 지금, 그분이 피 흘리신 나무 위에서 모든 어둠의 권세를 이기셨기에, 우리의 믿음은 아름다운 영광 중에 계신 우리의 왕을 바라봅니다. 물들인 의복을 입고 에돔에서 돌아오시고, 승리의 광채로 옷 입으신 그분을 바라봅니다. 더 이상 그분은 조롱의 홍포를 입지 않으십니다. 오히려 그분은 발까지 끌리는 긴 의복을 입으시고, 황금의 띠로 허리를 두르십니다. 우리 또한, 한때는 갇혀서 나올 수 없던 백성이었으나 이제는 그분의 기뻐하는 백성으로서 무한한 복음의 자유를 얻게 되었습니다. 영광과 존귀의 왕관을 쓰신 예수님을 바라보면서, 우리는 그분이 우리에게 주신 한량없는 언약의 축복들을 값없이 누리게 되었습니다. 그리고 비록 그 행복의 땅이 때로는 매우 멀리 있는 듯이 보이지만, 그럼에도 불구하고 우리는 그 땅이 우리의 소유이고 또한 종말의 날에 우리가 그 기업의 땅에 설 것임을 알기에 기뻐합니다. 구주께서는 크게 높임을 받으셨으며, 우리 자신은 복된 자유에 서게 되었습니다. 이 두 가지가 우리가 생각할 풍성한 주제들입니다. 성령 하나님께서 우리로 하여금 이 본문에 잘 저장된 좋은 포도주를 찾을 수 있게 해 주시길 빕니다.

1. 우리는 주 예수 그리스도를 우리의 왕으로 환영한다.

더 이상의 서론은 그만두고, 본문 자체로 들어가서, 우리는 주 예수 그리스도를 우리의 왕으로서 환영한다고 말합니다.

'우리'는 이라고 말할 때, 나는 '여러분 모두'를 지칭하는 것이 아닙니다. 비록 그렇게 말하고 싶어도 그렇게 말해서는 안 될 것입니다. 하지만 여기에는 위대한 다윗의 아들, 곧 하나님의 아들에게 무릎을 꿇은 이들이 얼마간 있습니다. 그들은 예수님이 그들의 마음의 주(Lord)이시며, 그들의 애정을 바칠 만한 비길 데 없이 귀한 주님(Master)이 되신 것을 기쁘게 느낍니다. 나는 그런 이들에 대해 말하는 것입니다. '우리'는 임마누엘을 왕으로 환영합니다. 왕위에 오를 수 있는 그분의 권리는 우선 하나님의 아들로서 그분의 고귀한 본성에 있습니다. 여호와 외에 누가 왕이 되겠습니까? 또한, 예수 그리스도는 참 하나님에게서 나신 참 하나님(the very God of very God)이시기에, 그분의 왕국이 임해야 하며, 만물 위에 그분의 뛰어남이 나타나야 합니다. 그분의 손의 피조물들이여, 그대들은 허리를 숙이십시오! 그분에게 경의를 표하십시오! 주님은 영원히 왕이시기 때문입니다. 할렐루야! 그분의 적대자들은 변치 않는 그분의 작정으로 인해 떨어야 합니다. 하나님의 아들이 통치하실 것이고, 마침내 모든 원수를 그 발 아래 두실 것이기 때문입니다. 하나님께서 그분이 창조하신 세계에서 왕이 되시지 못하는 것은 참을 수 없는 일입니다. 하나님께서는 그분이 지으신 땅에서 잊혀지고 모독을 받는 것을 영영히 참지는 않으십니다. 만유 위에 하나님이시며 영원히 찬송 받으실 그분에게, 모든 무릎이 꿇어 경배할 것이며, 모든 혀가 그분이 주이심을 고백할 것입니다.

예수님은 창조주이시기 때문에 통치의 권한을 가지십니다. "지은 것이 하나도 그가 없이는 된 것이 없느니라"(요 1:3). 토기장이가 자신의 진흙에 대해 권한을 행사하지 않겠습니까? 하나님의 아들이 우리를 만드시고 지으셨다면, 그분이 우리에게 명하실 권한이 없겠습니까? 그분을 대항하는 질그릇 조각들이 대체 누구란 말입니까? 정녕 그분은 철장(鐵杖)으로 그들을 깨뜨리시고, 산산조각 내실 것입니다.

이 외에도, 주 예수님은 모든 인간들을 보존하는 분이십니다. 그분에 의해 만물이 유지됩니다. 그분의 중보의 덕택에 열매 없는 나무들이 베어냄을 당하지 않으며, 그분의 부드러운 사랑의 힘에 의해 죄인들이 지상에서 보존되는 것입니다. 그분이 다스리셔야 하지 않겠습니까? 만약 우리 코의 호흡이 그분에 의해 유지되는 것이라면, 또한 우리 자신이 그분이 기르시는 양이라면, 우리는 즐거이 그분의 관대한 통치에 복종해야 할 것입니다.

또한 그리스도의 자연적인 통치권 이상으로, 그분이 다스리시는 이유는 중보자적 영역에서 그분의 통치권 때문입니다. 그분은 하나님이라는 이유만으로 왕이 되신 것이 아니라, 하나님이시면서 인간으로서의 복합적 본성 안에서 왕이십니다. 여기에서 그분은 신적 위임의 권한을 가지십니다. 하나님이 그분을 왕으로 삼으셨기 때문입니다. 최악의 군주들 중 일부는 그들 스스로를 신적 권한(right divine)에 의한 왕이라고 칭합니다(왕권신수설처럼 — 역주). 하나님의 뜻에 따라 황제가 되고, 하나님의 은혜에 의해 군주가 되었다는 식입니다. 그럴 수도 있습니다. 나는 지상의 군주들이 많은 은혜를 필요로 하며, 그렇지 않으면 그들의 왕권이 신속하게 붕괴된다는 것을 의심하지 않습니다. 의심의 여지 없이, 죄를 범하는 국가들에 대해 때때로 큰 응징을 가하는 것이 하나님의 뜻입니다.

하지만 내 형제들이여, 예수 그리스도는 신적 권한을 독재적 차원에서 주장하는 분이 아닙니다. 오히려 그분은 참되고 진실하게 주의 기름 부음을 받은 분이십니다! "아버지께서는 모든 충만으로 예수 안에 거하게 하시기를 … 기뻐하심이라"(골 1:19-20). 하나님께서는 그분에게 모든 권세와 권위를 주셨습니다. 하나님의 아들로서 그분은 지금 만물 위에 교회의 머리가 되셨습니다(엡 1:22). 그분은 하늘과 땅과 지옥까지 다스리시며, 삶과 죽음의 열쇠들을 그 허리에 차고 계십니다. "그의 어깨에는 정사를 메었고 그의 이름은 기묘자라, 모사라, 전능하신 하나님이라, 영존하시는 아버지라, 평강의 왕이라 할 것임이라"(사 9:6). 우리는 그분을 신적 권한에 의해 왕이 되신 분이라고 인정합니다. 우리는 그분 안에서 참된 신성을 분명히 보며, 우리에게 회개와 죄 사함을 주시려고 하나님께서 왕과 구주로 세우신 그분 앞에서 겸손히 허리를 숙여 경배합니다.

어떤 군주들은 그들 스스로를 대중의 뜻에 따른 왕들이라고 부르기를 기뻐하는데, 정녕 우리 주 예수 그리스도께서도 그분의 교회 안에서 그러하십니다. 그분이 교회 안에서 왕이 되실 것인지를 두고 투표를 하는 것이 가능하다면, 모든 신자들의 마음은 그분에게 왕관을 씌우기를 원할 것입니다. 오, 우리가 더욱 더 그분을 영광스럽게 할 수 있다면 좋겠습니다! 우리는 그리스도를 영화롭게 할 수 있다면 어떤 비용도 낭비라고 생각할 수 없습니다. 더 빛나는 면류관으로 그분의 이마를 두를 수만 있다면, 그리하여 사람들과 천사들의 눈에 그분을 더 영광스럽게 해 드릴 수만 있다면, 우리에게는 고난도 기쁨이 될 것이고 손해도 유익이 될 것입니다. 예, 그분이 다스리실 것입니다. 왕이시여, 만세수를 누리소서! 만세, 우리의 왕 예수님! 주를 사랑하는 순결한 영혼들이여, 가서 그분의 발 앞에 엎드리십시오. 그분의 길에 사랑의 백합화와 감사의 장미들을 뿌리십시오.

왕관을 가져와 만유의 주이신 그분에게 씌워드리십시오!

또한 우리 주 예수님은 정복의 권리에 의해 시온에서 왕이 되셨습니다. 그분은 세찬 공격을 가하여 자기 백성들의 마음을 취하시고, 그들을 잔혹하게 속박했던 원수들을 죽이셨습니다. 그분의 피의 홍해 속에서, 우리의 구속주께서는 우리들의 죄악의 바로를 수장시키셨습니다. 그분이 여수룬에서 왕이 되시지 않겠습니까? 그분이 철의 멍에와 무거운 율법의 저주로부터 우리를 구해내셨으니, 그분이 해방자로서 왕관을 쓰셔야 하지 않겠습니까? 우리는 그분의 분깃이며, 그분이 아모리 족속의 손아귀에서 칼과 활로 구해낸 백성입니다. 누가 감히 그분의 손에서 그분의 전리품을 낚아챌 수 있을까요? 정복의 모든 권리가 여호와의 기름 부음 받으신 이의 왕위를 지지합니다. 하나님께서 "존귀한 자와 함께 몫을 받게 하며 강한 자와 함께 탈취한 것을 나누게 하리라"(사 53:12)고 선언하셨기 때문입니다. 우리는 탈취물입니다. 우리는 그분의 승리의 전리품들입니다. 우리는 그분이 자기 목숨을 주고 사신 보화입니다. 그분이 우리를 속량하신 것은 우리를 자기의 소유로 삼으시기 위함이었습니다. 그러므로 그분을 믿는 우리는 그분을 왕으로 받아들이고, 한순간도 그분의 권리에 대해 의문을 품지 않습니다. 우리는 아버지의 보좌에 좌정하신 그분을 봅니다. 비록 민족들이 노하고 세상의 군왕들이 모여 음모를 꾸며도, 여호와께서는 우리의 주님을 거룩한 산 시온에서 왕으로 세우시고, 이렇게 말씀하셨습니다. "너는 내 아들이라 오늘 내가 너를 낳았도다"(시 2:7). 만세, 예수여, 우리 영혼의 왕이시여!

내 형제들이여, 우리 주 예수님의 이 위대한 왕국에서 우리가 그분을 왕이라고 시인하였으니, 이것이 의미하는 바를 분명히 이해하는 것이 필요합니다.

우리는 주 예수님을 우리에게 모든 영적인 법령들의 원천이 되시는 분으로 간주합니다. 그분은 스스로의 권리로 왕이시며, 어떤 제한도 없으신 군주이십니다. 그분은 교회 중에 거하는 군주이십니다. 교회 안의 모든 율법들은 그리스도로부터 나오며, 오직 그리스도에게서만 나옵니다. 그분의 백성인 우리들은 왕들과 의회들 또는 주교들이나 평의회에서 만든 모든 영적인 법령들을 조롱과 멸시로써 거부합니다. 우리는 정치적인 일들에서는 정치적 통치자들에게 복종하는 백성들입니다. 우리보다 왕에게 경의를 표하는 이들이 없을 것입니다. 어느 국가에서든, 그리스도인은 권세자들에게 복종하는 것을 그리스도인의 의무라고 간주합니다. 하지만 하나님의 교회에서, 우리는 가이사의 통치에 대해 알지 못합니다. 우리에게는 또 다른 왕이 계시며, 바로 예수님 한 분이십니다. 가이사로 하여금 자기의 일에 관심을 쓰게 할 것이며, 감히 예수님의 왕적 권리에 손을 대지 못하게 하십시오. 하나님의 교회를 왕들과 제후들의 발 밑에 두는 국가만능주의(Erastianism)에 근거하여, 어이없게도 어떤 이들은 우리 주 예수 그리스도의 자유로운 신부를 감히 유린할 수 있다고 여깁니다. 우리는 왕이든 의회이든 그리스도의 교회를 법률로 억제할 수 있다는 것을 인정하지 않습니다. 토머스 크랜머(Thomas Cranmer, 캔터베리 대주교를 지냈던 영국 성공회의 종교개혁자 — 역주)의 교회(영국 국교회)에 대해서는 그들 마음대로 하라고 하십시오. 하지만 그리스도의 교회에 대해서는 결코 그럴 수 없습니다! 그리스도의 권위에 충성된 교회들에게는 성경이 유일한 법전이며, 살아 계신 예수님이 유일한 입법자이십니다. 그리스도만이 홀로 모든 영적 법령의 원천이신 것처럼, 그분만이 홀로 그 법령에 권위를 부여하십니다.

만약 우리가 세례를 베풀라고 명령을 받았다면, 우리가 세례를 베푸는 것은 감독들의 회의에서 권위를 부여받았기 때문도 아니며, 어떤 주교나 노회에서 면허를 받았기 때문도 아닙니다. 오직 우리가 세례를 주는 것은 그리스도께서 "그러므로 너희는 가서 모든 민족을 제자로 삼아 아버지와 아들과 성령의 이름으로 세례를 베풀라"(마 28:19)고 말씀하셨기 때문입니다. 만약 우리가 떡을 떼기 위해 모인다면, 그것은 어떤 교단이나 법정의 이름으로가 아니라 오직 주 예수 그리스도의 이름으로 그렇게 하는 것입니다. 만일 여러분이 교회의 예식을 아우구스티누스, 크리소스톰, 칼빈, 루터의 권위에 기대거나, 또는 여러분의 믿음의 근거를 생존하는 특정한 설교자에게 두고 그의 연설의 힘에 의존하든지, 혹은 그의 논증의 설득력에 의존한다면, 여러분은 그리스도를 그분의 적절한 지위에서 몰아내는 것입니다. 우리가 계시된 진리를 믿는 이유는 예수님이 그것을 증언하셨기 때문입니다. 그분이 말씀하셨다(*ipso dixit*)가 우리의 모든 신학의 위대한 기초입니다. 그분은 "하나님의 말씀"이시며, 왕으로서 그분의 최고 주권이 우리가 그분의 명령에 순종해야 할 근거입니다.

선생이여, 그리스도로부터 명령을 받은 것이 아니라면, 당신의 가르침은 아무것도 아닙니다. 물러서시오, 이곳에 당신이 설 자리는 없소이다! 그리스도의 가르침을 바탕으로 삼지 않았다면, 당신의 말은 인간의 말에 지나지 않으며, 그 이상 아무것도 아닙니다. 그 말은 왕이신 예수의 백성들이 머리를 숙일 만한 말이 아닙니다. 그리스도가 왕이시라면, 우리는 그분에게서 오는 법들을 받아들이며, 또한 그 법을 만든 권세도 받아들입니다. 그것이 우리의 양심을 지배합니다.

내 형제들이여, 만일 그분이 왕이시면, 그분에게 순종하는 것이 우리의 기쁨이어야 합니다. 그분이 홀로 주권을 행사하시는 곳에서, 우리는 우리의 의견과 견해들과 생각들과 취향들을 내세울 수 없습니다. 우리가 이 복되고 선한 법전을 펼칠 때, 우리는 거기서 그분이 명하시는 것을 행해야 합니다. 우리는 잘라서도 안 되고, 고르거나, 선택하거나, 이것은 취하고 저것은 버리거나 해서는 안 됩니다. 왕의 출판 인증 표시가 이 책의 모든 페이지마다 새겨져 있기 때문입니다. 그러므로 우리 편에서 할 일은, 인자한 부모에게 순종하는 어린아이들처럼 즉시 자원하여 순종하는 것입니다. 우리는 예수님의 발치에 앉아 배웠고 그런 후 그토록 좋은 학교에서 배운 것을 실천하기 위해 일어섰던 마리아처럼 되어야 합니다.

한 가지를 더 말하자면, 만약 예수님이 왕이시면, 그분이 우리의 모든 전쟁의 대장이십니다. 내 형제들이여, 우리가 싸울 때, 만약 그리스도의 지시를 따르지 않고 우리 자신의 방식대로 우리 자신의 무기들을 가지고 싸운다면 패배하고 말 것입니다. 하지만 우리가 그리스도를 따른다면, 그분이 계시하신 진리를 믿고 그분의 진리를 위해 싸우며, 사람의 평가에 신경 쓰지 않고 오직 그리스도의 평가에 신경을 쓰며 싸운다면, 그분이 정복자들의 머리에 월계수를 씌워주시는 날에 영예를 얻을 것입니다. 하나님이시여, 우리에게 그런 은혜를 베푸소서!

나는 많은 그리스도인들이 교회 안에서 그리스도의 중보자적 왕권을 이해하지 못하는 것을 염려합니다. 나는 그들 중 많은 이들이 마치 그들이 왕의 신하가 전혀 아닌 것처럼 행동하고, 그들 자신의 판단에 따라 처신하는 것을 봅니다. 그렇게 많은 신앙고백자들이 이 사람 저 사람의 권위를 인용하는 것을 듣습니다. 내 입장은 믿음이 사람의 지혜에 있지 아니하고 다만 하나님의 능력에 있기를 원한다고 말했던 사도와 같습니다(참조. 고전 2:4). 만약 여러분이 믿음을 비롯하여 모든 것이 그리스도 안에 기초해야 하는 것과, 여러분의 모든 은혜와 행동에 있어서 그리스도가 그분의 몸인 교회에서 모든 것 위에 머리(Head)로서 인정되셔야 함을 망각하였다면, 여러분은 오류를 범하고 있는 것이며, 머리를 붙들지 않고 있는 것입니다. 우리는 신부이고, 그분이 남편이십니다. 그분은 우리를 사랑하고 돌보십니다. 하지만 아내가 할 일은 남편에게 복종하는 것입니다.

혼인 관계에 부정한 자들이 되거나, 우리의 남편에게 불친절하거나 부정하거나 불순종함으로써 혼인 서약을 어기는 자들이 되지 맙시다. 오직 그분의 은혜로써 그분의 뜻을 알기 위해 깨어 있고, 그 뜻을 알았을 때에는 서둘러 행하도록 합시다. 그분이 우리를 안식에 들어가게 하실 때까지, 우리는 그분에게 그의 길을 가르쳐주시고 우리를 그 길로 인도하시도록 요청해야 할 것입니다. 우리는 진실하고도 기쁘게 우리의 주 예수 그리스도를 왕, 곧 우리의 왕으로 인정합니다.

2. 우리는 우리의 왕이 최상의 미(美)를 갖추셨음을 안다.

둘째로, 우리는 우리의 왕이 최상의 아름다움을 갖추고 계심을 알고 기뻐합니다.

우리의 사랑스러운 주님께는 자연적인 아름다움이 있습니다. 누가 "거룩함으로 영광스러우며 찬송할 만한 위엄이 있으며 기이한 일을 행하시는"(출 15:11) 하나님보다 더 아름다울 수 있겠습니까? 그리스도의 성품에는 자연적인 아름다움이 있습니다. 정녕 그 성품은 너무나 아름답기에, 기독교를 심하게 욕해왔던 자들도 그리스도께 대해서는 매도할 마음을 좀처럼 품지 않았습니다. 그들은 그분에 대해 반대를 제기하기에 앞서 먼저 그분의 생애와 관련된 이야기들에 대해 거짓말을 하는 수밖에 없었습니다. 사랑과 선과 진리에서 온전하시기에, "그 사람이 말하는 것처럼 말한 사람은 이때까지 없었습니다"(참조. 요 7:46). 그분의 모방할 수 없는 탁월함에 견줄 수 있는 인물은 결코 없었습니다.

하지만 본문에서 의미하는 아름다움이란 그분의 본성과 성품에 관한 것이 아니며, 오히려 그분의 지위와 관련된 아름다움입니다. 히스기야와 관련하여 말하자면, 그의 백성은 그가 황금 의상을 입을 때뿐 아니라 베옷을 입을 때에도 그의 아름다움과 성품을 볼 수 있었습니다. 하지만 그들이 보게 될 아름다움은 공적인 모습으로서의 왕의 권위와 행복입니다. 바로 그러한 아름다움을 우리는 지금 우리 주 예수님께서 가지고 계신다고 믿습니다. 그분은 본래 이 영광을 가지셨습니다. 그분은 창세 전에 아버지와 함께 가졌던 이 영광에 대해 말씀하십니다. 옛적부터 그분은 상상할 수 없을 정도로 위대하시며, 그룹과 스랍 천사들도, 높은 보좌에 앉으시어 그 옷자락으로 성전을 가득 메우신 그분께 신속하게 복종했습니다. 오 주여, 주와 같은 이가 누구입니까? "여호와여 신들 중에 주와 같은 자가 누구니이까?"(출 15:11). 그분은 하나님의 본체의 형상이시며, 아버지의 영광의 광채이십니다(참조. 히 1:3). 하지만 여러분이 알다시피 그분은 하늘에서 내려오셨고, 영광의 의복들을 벗고 모든 장신구들을 벗어두시고, 마침내 이곳에서 그분의 신성을 우리와 같은 열등한 진흙의 휘장으로 싸셨습니다. 그분은 심지어 그분의 인성에 속한 자연적인 아름다움까지도 벗으셨습니다. 비록 그분은 인간의 후손들 중 어느 누구보다 아름다우셨지만, 그럼에도 그분의 용모는 그 어떤 사람보다 상하셨습니다. 여러분은, 마지막에 그분이 채찍으로 때리는 자들에게 등을 보이셨고, 머리를 흔들며 모욕하는 자들에게 그분의 뺨을 맡기셨음을 압니다. 침 뱉음을 당하는 수치에도 그 얼굴을 가리지 않으시고, 그분은 마침내 차가운 죽음의 인장이 그분의 복된 용모 위에 찍히는 것을 용인하셨습니다. 비록 그분이 썩음을 보지 않으셨지만, 그분은 음침한 무덤 깊은 곳에서 잠드셨습니다. 여기에 그분의 굴욕이 있습니다.

하지만 사랑하는 이여, 우리의 왕은 지금 그의 아름다운 영광 중에 계십니다. 부활의 순간, 파수꾼들이 놀라서 도망치거나 죽은 자처럼 정신을 잃었을 때, 그분의 모습은 아름다우셨습니다. 그분은 사십 일 동안 지상에 머무시는 동안 부활의 광채를 어느 정도 가리셨습니다. 하지만 엠마오에서 그분을 뵌 것은 너무나 황홀한 광경이었음에 틀림없습니다. 그분이 제자들에게 자기를 나타내며 빵을 떼셨을 때, 혹은 생선 한 조각과 약간의 꿀을 취하여 그들 앞에서 드셨을 때는 어떠하셨을까요? 오, 행복한 도마여! 비록 그가 불신으로 인해 비난을 받긴 하지만, 어느 누가 손가락으로 못 자국에 손을 넣어보고 그 복된 몸의 상처에 손을 대보는 특권을 누렸겠습니까! 구름이 죽을 인생들의 눈에서 그분을 가렸을 때, 그분이 하늘로 오르셨을 때, 스랍 천사들의 눈에 그분의 몸은 얼마나 찬란한 광채로 빛나고 있었을까요!

형제들이여, 저기 왕께서 그의 아름다움 가운데 계십니다! 그분은 지금 엄청난 수고와 끔찍한 고난에 대한 보상으로 하나님께서 주신 면류관을 쓰고 계십니다. 지금 그분은 땅이 조성되기 전 하나님과 함께 하셨던 영광의 옷을 입고 계십니다. 하지만 그 모든 영광 위에, 그분은 죄와 죽음 그리고 지옥과 싸워 영광을 획득하셨습니다. 그 승리의 노래가 얼마나 크게 울려 퍼지는지 들어보십시오! 그것은 새롭고도 달콤한 노래입니다. "죽임을 당하신 어린 양이 찬송을 받으시기에 합당하도다. 그가 우리를 자기 피로 사서 하나님께 드리셨도다!"(참조. 계 5:9,12). 저 할렐루야 노래를 들어보십시오. 옛적부터 보좌를 향해 울려 퍼지던 그 노래가, "죽임을 당하신 어린 양"을 노래하는 지금 더욱 감미로운 음조를 띠고 있습니다. 수금 소리는 더 깊고도 선율이 아름다워졌으며, 그 노래의 울림은 큰 천둥 소리와 바다의 힘찬 파도 소리에 비견됩니다.

"평화의 왕이 한때 죽임을 당하시고
고난을 겪고 죽으셨으니,
그가 전능하신 아버지의 우편에서
영원히 살아 다스리시기에 합당하도다!"

그 왕은 오늘날 결코 쇠하지 않는 중보자(Intercessor)의 아름다움을 지니고 계십니다. 그분은 패할 수 없는 군주이시고, 모든 원수를 물리친 정복자이시며, 모든 백성의 마음의 충성을 얻은 주이시고, 모든 거듭난 자들의 마음 깊은 곳에서부터 흠모를 받으시는 복된 분이십니다. 예수님은 천국의 화려한 장식이 그분에게 부여할 수 있는 모든 아름다움을 소유하시고, 천천만만의 천사들이 그분에게 드릴 수 있는 모든 영광을 입으셨습니다. 주의 소유인 전차들이 수만이며, 천사들도 헤아릴 수 없을 정도입니다. 예수님은 마치 성소에 계시듯 그들 가운데 계십니다. 여러분은 아무리 상상력을 동원해도 지금 우리의 왕을 장식한 아름다움을 가늠하지 못합니다.

하지만 형제들이여, 그분이 영광 중에 지상에 나타나실 때 그 이상의 영광이 나타날 것입니다. 그분은 큰 권능으로 천국에서 내려오실 것입니다. 주여, 우리는 주께서 우리의 심판자로서 곧 오실 것임을 믿습니다! 우리는 그 왕을 지상에서 다시 뵈올 것과, 그분이 왕으로서 만국을 다스리실 것을 기대합니다. 그분은 심판자로서 마치 목자가 양들을 염소의 무리에서 구분하듯이 사람들을 분리하실 것입니다. 오, 그 영광의 광채여! 그것이 그분의 백성들의 마음을 황홀하게 할 것입니다. 하지만 그분을 조롱하며 면류관을 씌웠던 자들, 그분의 은혜로운 호소를 희롱했던 자들, 그분을 찌르고서 구원을 얻지 못한 자들, 은혜의 날에 그분을 거절한 자들이 그분을 보게 될 때, 그들은 그분 때문에 슬퍼하며 울부짖을 것입니다. 그날의 영광 중에서, 왕의 아름다움을 보는 것이 그리스도인의 기쁨일 것입니다. 그것으로 끝이 아닙니다. 그분을 찬송하는 소리가 영원히 울려 퍼질 것이기 때문입니다. "하나님이여 주의 보좌는 영원하나이다"(시 45:6). 그리스도께서는 아버지께서 보시기에 영원히 아름답고 사랑스러우실 것이며, 모든 지적인 영들이 보기에도 그분의 아름다움과 사랑스러움은 영원무궁토록 지속될 것입니다. 사랑하는 이여, 이와 같이 우리의 왕은 가장 존귀한 아름다움을 갖추셨습니다.

3. 우리가 아름다우신 영광의 왕을 볼 때가 있다.

더욱이, 우리가 아름다우신 영광의 왕을 볼 때가 있습니다. 우리는 지금 이 순간 그분의 아름다움을 보지만, 이 육신의 눈으로가 아니라, 영적으로 가장 맑은 믿음의 눈으로 봅니다. 눈은 영적 시력에 장애물이며, 믿음은 영혼의 참된 눈동자입니다. 하나님께 대한 확신이 보이지 않는 것들을 구체화하며, 눈으로 볼 수 없는 것에 대해 확고한 모양과 형체를 제시합니다.

우리 중 어떤 이들이 왕의 아름다움을 보았을 때를 간략히 말하고자 합니다. 우리는 그분이 우리의 모든 죄를 용서하시던 그 날 그분을 보았습니다. 여러분은 그것을 기억합니다. 예수님이 여러분을 만나주시던 그 날, 그리고 여러분이 모든 죄를 그분께 맡길 수 있었고, 그 모든 죄가 용서받은 것을 보았던 그 날, 여러분은 이전에 그보다 아름다운 광경을 본 적이 있었던가요? 나는 그 날을 잘 기억합니다. 여러분 중에 어떤 이들도 하나님의 어린 양이신 예수님께 모든 죄를 맡기던 때를 잘 기억할 것입니다. 여러분에게는 많은 친구가 있었겠지만, 그분과 같은 친구는 없었습니다. 여러분은 여러 다양한 시기에 많은 위로를 얻었겠지만, 그분이 주신 위로와 같은 것은 달리 없었습니다. 오 그 귀한 상처들, 가시면류관을 쓰신 머리, 피로 물드신 그분의 모습! 여러분은 기꺼이 그분의 발에 입맞춤을 할 수 있었습니다! 여러분은 할 수만 있었다면 귀한 향유를 담은 옥합을 기꺼이 깨뜨려 그분의 머리에 붓고자 하였습니다! 그분은 여러분에게 그토록 귀한 분이었습니다. 그 행복한 날의 기억만으로도 그분은 여전히 너무나 귀한 분입니다. 왕이 죄수의 사면장을 쓰실 때, 그의 서명은 얼마나 아름다운지요! 왕이 "내가 구름 같은 네 죄를 없이하였노라"고 말씀하실 때, 참회하는 죄인의 약하고 충혈된 눈이라도 그토록 은혜로우신 주님이 말로 표현할 수 없을 정도로 사랑스러우심을 알아볼 수 있었습니다.

하지만 사랑하는 형제들이여, 예수 그리스도께서 우리에게 더욱더 아름답게 보이시는 것은, 용서받은 이후에, 그분이 우리를 위해 얼마나 많은 것을 행하셨는지를 우리가 알았을 때입니다. 여러분이 처음 구원받았을 때 여러분을 위해 얼마나 많은 것이 예비되어 있는지 알지 못했습니다. 여러분은 죄를 용서받을 수 있다면, 그것이 여러분이 원하는 전부라고 생각했습니다. 하지만 보십시오! 여러분은 하나님의 자녀가 된 것을 알게 되었고, 지존자의 가족으로 들어온 것과, 의의 옷으로 입혀진 것과, 여러분의 발이 만세반석 위에 올라선 것과, 여러분의 입에 새 노래가 담긴 것과, 저 하늘에 여러분의 분깃을 얻은 것을 알게 되었습니다. 여러분 중에 어떤 이들은, 여러분을 향한 예수 그리스도의 영원한 사랑에 관한 가르침을 처음 배웠을 때를 회상합니다! 마치 새로운 발견처럼, 내가 처음으로 그것을 이해하게 되었을 때가 생각납니다. 아메리카를 발견했을 때의 콜럼버스의 기쁨도, 내 마음이 이 말씀의 교훈을 배웠을 때의 넘치는 기쁨보다 더 크지는 않았을 것입니다. "내가 영원한 사랑으로 너를 사랑하기에 인자함으로 너를 이끌었다"(렘 31:3).

오, 그분이 여러분을 영원한 사랑으로 사랑하셨을 뿐 아니라, 언제나 그렇게 하실 것임을 발견하였을 때, 여러분은 왕을 그의 아름다운 가운데에서 보았습니다. 그분은 그분의 품에서 결코 여러분을 떼어놓으실 수가 없으며, 또 그렇게 하시지도 않을 것입니다. 시간 속에서나 영원 속에서, 여러분은 그분의 것이기 때문입니다. 여러분은 저 영광스러운 진리를 깨닫게 되었을 때를 기억합니까?

"그분의 뜻은 변할 수 없으니,
내 마음이 울적할 때에도
그분의 인자한 마음은 한결같으시고
영원무궁토록 동일하시네.
내 영혼은 많은 변화들을 겪지만,
그분의 사랑은 변화를 알지 못한다네."

사랑하는 이여, 이 말을 여러분에게 하고 싶습니다. 여러분이 그리스도에 대해 더 많이 알수록, 여러분은 그분에 관한 피상적인 견해들에 덜 만족하게 될 것입니다. 그리고 여러분이 저 영원한 언약의 조항들과, 여러분을 위해 영원히 보증된 약속들과, 그리스도의 모든 직무 속에서 빛나는 그분의 충만한 은혜를 더 깊이 이해할수록, 여러분은 왕의 아름다움을 더욱 선명히 보게 될 것입니다.

그 아름다움을 더 많이 바라보십시오! 더욱 오래도록 예수님을 바라보십시오!

또한 우리가 묵상 중에, 그분의 아름다움을 볼 때가 종종 있습니다. 묵상과 관조(觀照)는 종종 벽옥(碧玉)의 창이나 홍옥(紅玉)의 문과 같아서, 그것을 통해 우리는 구속주를 봅니다. 묵상은 눈에 망원경을 대는 것이며, 우리로 하여금 예수님이 육신으로 사셨던 시대에 그분을 보았던 것보다 그분을 더 잘 볼 수 있게 해 줍니다. 지금 우리는 육신으로 계셨던 예수님만이 아니라 영이신 예수님을 봅니다. 우리는 예수님의 영을 보며, 예수님의 핵심이자 본질을, 구주의 마음을 봅니다. 오, 관조(contemplation)로 많은 시간을 보내는 여러분은 행복한 이들입니다! 우리가 지금까지는 그렇지 못했더라도, 이제부터라도 이 거룩한 일을 더 많이 할 수 있기를 바랍니다. 우리의 대화가 더욱 거룩해지기를 바라며, 우리의 성육하신 주님의 인격과 사역과 아름다움에 더 매혹되기를 바랍니다. 더 많이 묵상할수록, 여러분은 왕의 아름다움을 더 잘 볼 수 있을 것입니다.

사랑하는 이여, 우리가 죽을 때, 우리는 아마도 그 어느 때보다 우리의 영광스러운 왕의 모습을 더욱 잘 보게 될 것입니다. 죽어가던 많은 성도들이 험한 물결 중에서 고개를 들고, 바다 물 위를 걸어오시는 예수님을 보았습니다. 그리고 그분이 이렇게 말씀하시는 것을 들었습니다. "내니 두려워 말라"(요 6:20). 나는 죽어가는 남녀 성도들이 내가 최상의 책에서도 접하지 못했던 그런 표현을 하는 것을 들었습니다. 그들은 내가 일생을 배워왔던 것보다, 혹은 나이든 신학자들이나 최상의 작가들이 표현했던 내용 이상으로, 내 주님에 대해 더 많이 아는 것처럼 보였습니다. 아아, 그렇습니다! 이 육체의 집이 흔들리기 시작할 때, 진흙이 무너질 때, 우리는 그 갈라진 틈 사이로 그리스도를 보며, 그 서까래 사이로 천상의 빛이 물결처럼 밀려들어 오는 것을 봅니다.

하지만 형제들이여, 우리가 아름다운 중에 계신 왕을 보기 원한다면, 우리는 반드시 천국에 가야 합니다. 그렇지 않으면 왕이 이곳에 다시 오셔야 합니다. 그분은 다시 오실 때까지 우리를 살게 하실 수도 있습니다. 또는 그분이 계신 곳으로 우리를 데리고 가시어 그분을 뵙게 하실 수도 있습니다. 여러분은 그분이 그립지 않습니까? 여러분은 이 감옥에 싫증이 나지 않았습니까? 여러분은 사랑하는 주님이 보고 싶어 애가 타지 않습니까? 찬송가의 이 달콤한 가사가 여러분의 마음을 표현할 때가 있지 않습니까?

"내 마음은 보좌에 계신 그분과 함께 있으니,
지체됨을 견디기가 어렵다네.
매 순간 그 음성 듣기를 사모하니
'일어나라, 올라오라'는 말씀이라네."

그분은 우리의 남편이시며, 우리는 그분을 떠나보낸 미망인들과 같습니다. 그분은 우리의 귀하고 사랑스러운 형제이시며, 우리는 그분 없이는 외톨이와 같습니다. 두꺼운 휘장과 구름들이 우리 영혼과 참 생명 사이를 가리고 있습니다. 언제 아침이 밝아 어둠이 물러갈까요? 언제 그 휘장이 찢어지고 하나님의 영광을 볼 수 있을까요? 언제 이 어린아이의 일들을 떠나고, 우리의 사랑하는 주님을 희미하게 보았던 이 안경을 벗으며, 마침내 그분을 얼굴과 얼굴을 맞대어 볼 수 있을까요? 아아, 오랫동안 고대해왔던 그 날이 시작되기를!

내 눈은 아름다운 중에 계신 왕을 뵐 것입니다. 내가 이 구절에서 멈추고 생각할 때, 나는 이곳에 있는 모든 청중에게 기쁨으로 왕을 뵙기 원하는지를 묻고 싶습니다. 이곳 지상에서 그분을 구주로 만나지 못했다면 여러분은 결코 그러길 원치 않을 것입니다. 여러분은 믿음으로 고난 중에 계신 그분을 보아야 하며, 그렇지 않으면 아름다운 중에 계신 그분을 볼 수 없을 것입니다. 예배당 좌석을 지나면서 이 질문을 하고 싶습니다. 당신은 아름다운 영광 중에 계시는 왕을 볼까요? 아니면 발람처럼 이렇게 말해야 합니까? "내가 그를 볼 것이지만 이 때의 일이 아니며, 내가 그를 바라볼 것이지만 가까운 일이 아니로다(참조. 민 24:17). 나는 그분을 재판장으로 볼 것이지만, 그분의 아름다움이 나를 더욱 놀라게 할 것이다. 나는 그분에게서 도망칠 것이며, 바위와 언덕들을 향해 '보좌에 앉으신 이의 얼굴에서 나를 가리라'(계 6:16)고 말할 것이다."

사랑하는 청중이여, 그것이 여러분의 무서운 운명이 되지 않기를 바랍니다. 이 아침에 믿음으로 그분을 바라보십시오. 그분은 여전히 자기를 힘입어 하나님께 오는 자들을 구원하실 수 있습니다. 지금 이 순간 여러분의 영혼을 자기 일을 마치신 그분께 맡기십시오. 그런 후 즐거이 노래하십시오.

"그곳에서, 석방된 내 영혼이
그를 뵈옵고 찬미하리니,

그의 형상을 닮아 만족하겠고
다시는 슬픔이나 죄가 없으리.

그가 입으신 그 육체를 보리니
그 몸으로 내 죄를 짊어지셨네.
그분의 사랑은 강하고, 그분의 공로는 늘 새로우니,
마치 새로이 죽임을 당하신 듯하도다.

그 날 이 눈으로 그를 보리니
나를 위해 죽으신 하나님,
다시 일어날 때 내 모든 뼈들이 고백하리니
주여, 주와 같은 이가 누구리이까?"

4. 그리스도의 영광은 지극히 탁월하다.

이 지극한 영광의 모습이 잠시 동안 우리를 붙들어두는 것이 당연합니다. 나는 이 탁월한 영광을 대조의 방식으로 여러분에게 제시하고자 합니다.

아브라함이 어느 날 아침 "소돔과 고모라와 그 온 지역을 향하여 눈을 들어 연기가 옹기가마의 연기같이 치솟음을 보았을"(창 19:28) 때 그 광경이 어떠했을까요? 나는 그 선지자가 홀로 있는 모습을, 그 끔찍한 광경을 응시하고 있는 모습을 그려봅니다. 그는 하나님께 의견을 아뢰며 씨름하듯 중재했습니다. 하지만 소돔을 비롯하여 그 온 지역의 성들은 사라졌습니다! 불 소나기가 그것들을 파괴했으며, 연기가 하늘을 어둡게 했습니다. 여러분 자신은 그런 입장에서, 그보다 훨씬 더 끔찍한 광경 즉 잃은 자들의 심판을 바라볼 수 있겠습니까? 그 심판에 대해 계시록은 "그 고난의 연기가 세세토록 올라가리로다"(계 14:11)라고 우리에게 들려줍니다. 그 광경이 어떻겠습니까! 주의 사랑이 여러분을 구원하지 않았더라면, 여러분은 그곳에 있었을 것입니다. 단지 한 방관자로서가 아니라, 영원히 타는 불과 함께 살 수밖에 없었을 것입니다. 여러분이 마땅히 처했어야 할 운명과, 하나님의 은혜가 여러분을 위해 예비해둔 것을 대조해보십시오! 오 그리스도를 믿는 자여, 당신에게는 옹기가마의 연기도 없고, 삼키는 불의 공포도 없으며, 오직 이 약속이 있습니다. "네 눈은 왕을 그의 아름다운 가운데에서 보리라." "죄가 더한 곳에 은혜가 더욱 넘쳤나니"(롬 5:20)라고 한 말씀처럼, 지극히 넘치는 이 은혜를 찬미하십시오!

또한 이것을 다른 광경과도 대조해보십시오. 선지자 에스겔이 환상 중에 성전으로 이끌리어 갔을 때, 그리고 질투의 우상 곧 질투를 일어나게 하는 우상이 세워진 것을 본 후에, 그는 더욱 큰 가증한 일을 보았습니다(참조. 겔 8장). 그가 보니 담에 한 구멍이 있었고, 그 담 안에는 각양 곤충과 가증한 짐승의 우상들이 있었습니다. 그 때 선지자에게 다시 한 음성이 들려왔습니다. "너는 또 이보다 더 큰 가증한 일을 보리라"(겔 8:13,15). 그는 더욱 추하고 더러운 우상의 형상들을 보았습니다. 여러분과 나는 그 선지자와 같았습니다. 우리는 우리 자신의 마음속을 들여다보아야 했으며, 그곳에서 우상들을 보았습니다. 우리가 더 오래도록 그곳을 바라보았을 때, 우리는 전에 보았던 것보다 더 악한 우상들을 보았습니다. 만약 여러분의 일상적인 경험이 나의 경험과 같다면, 여러분은 종종 그 신비의 음성을 들었을 것입니다. "인자야 네가 그것을 보았느냐? 너는 또 이보다 더 큰 가증한 일을 보리라"(겔 8:15). 하지만, 비록 이 모든 타고난 죄가 우리 안에 있었을지라도, 또한 그 중에 어떤 죄는 여전히 그곳에 있을지라도, 우리의 눈은 왕을 그의 아름다운 가운데에서 볼 것입니다. 부패와의 싸움에서 그리스도와의 온전한 교제로 옮겨가는 것은 얼마나 큰 변화인지요! 죄의식을 느낄 수밖에 없는 모습에서 우리의 사랑스러운 주님의 완전한 형상으로 변하는 것은 그 어떤 변화인지요! 그러므로 내 사랑하는 형제들이여, 그 대조된 모습을 주시하면서 크게 기뻐하십시오!

나는 다시 한 번 비교를 통해, 이 광경의 아름다움을 여러분에게 제시하기를 원합니다. 마귀가 주님을 지극히 높은 산으로 데려갔을 때, 그분에게는 대단한 광경이 펼쳐졌습니다. 마귀가 그분에게 세상 왕국들과 그 영광을 보였습니다. 아름다운 광경이었습니다. 여러분과 나는, 비록 그 뒤에 따르는 유혹을 기뻐하진 않았겠지만, 적어도 그 환상을 보고서 기뻐했을 것입니다. 하지만 이 유혹의 산에서 보이는 모든 것 중에, 우리 왕의 아름다움에 비견될 만한 광경은 아무것도 없습니다. 진실로 여러분에게 말하건대, 지상의 모든 왕들과, 그들의 모든 영광과, 그들의 군대의 화려한 행렬도, 너무나 사랑스러우신 그분의 아름다움에는 비할 바가 못 됩니다.

여러분 스스로를 스바의 여왕과 비교해 보십시오. 그녀는 솔로몬의 지혜를 보기 위해 왔습니다. 하지만 오, 여러분에게는 솔로몬보다 더 크신 이가 보입니다. 솔로몬 왕의 부와 그의 신하들과 그의 화려함을 보았을 때, 그녀는 넋을 잃을 정도로 크게 감동되었습니다. 하지만 솔로몬은, 그 모든 영광으로도, 입은 것이 인생들의 구주에게는 미치지 못합니다. 그는 우리의 위대하신 왕의 식탁에서 시중드는 하인이 되기에도 합당치 않습니다.

심지어 모세가 보았던 광경도 비교의 대상이 되기는 어렵습니다. 그는 비스가 산에서 젖과 꿀이 흐르는 땅을 보았습니다. 그는 레바논의 눈 덮인 산 정상에서 멀리 푸른 바다를 보았고, 애굽을 향해 펼쳐지는 갈색 황무지도 둘러보았습니다. 기쁨에 찬 눈으로 그는 이스라엘 족속들이 거할 성읍들을 보았고, 예루살렘을 둘러싼 언덕들을 바라보았습니다. 하지만 그는 죽었고, 그 땅으로 들어가지 않았습니다. 여러분과 나는 예수님을 봅니다. 그리고 그 날 우리는 그분을 온전히 얻는 곳으로 들어갑니다. 샤론의 평야 혹은 에스골 골짜기에 흐르던 그 모든 젖과 꿀이라 할지라도, 그리스도 안에서 발견되는 영원한 기쁨과 지극한 복락에는 단 일 초도 비교가 되지 못합니다. 나는 우리가 그리스도를 볼 때의 광경은, 밧모 섬에 있을 때에 요한이 본 것보다 훨씬 더 가깝고 선명할 것이라고 생각합니다. 요한은 특정한 기간 동안 그의 주님을 보았으나, 우리는 영원히 그분을 볼 것입니다. 단지 상상력의 사진기로 찍은 사진이 아니라, 우리 구주의 계신 그대로의 모습을 볼 것입니다.

5. 그리스도를 바라봄이 영혼에 자유를 준다.

마지막으로, 본문에 비추어 볼 때, 그리스도의 아름다운 모습을 바라봄이 영혼에 자유를 주는 것으로 보입니다.

그리스도를 보지 않을 때, 우리는 언약의 기업들을 받을 수 없습니다. 하지만 왕의 아름다움을 보게 될 때, 그 때 우리는 멀리 떨어진 광활한 땅을 눈으로 볼 것입니다. 그리스도를 바라볼 때, 우리에게는 희미한 과거를 바라보는 관점이 제시됩니다. 선택적 사랑의 시각에서, 우리는 왕을 그의 아름다운 가운데에서 바라보며 즐거워할 것입니다. 그리고 찬란한 빛으로 눈부신 미래에 우리는 예수님을 볼 것이며, 그 때 우리가 그분처럼 되고 그분을 그의 계신 그대로 볼 것입니다. 우리가 예수님 가까이 살면, 그 어떤 언약의 복이라도 그분은 아낌없이 우리에게 주실 것입니다. “자기 아들을 아끼지 아니하시고 우리 모든 사람을 위하여 내주신 이가 어찌 그 아들과 함께 모든 것을 우리에게 주시지 아니하겠느냐?"(롬 8:32). 여러분은 영원한 사랑이라는 고귀한 교훈을 실제로 누리기 원하십니까? 하나님과의 친밀한 교제 안에서 누리는 자유를 원하십니까? 믿음의 신비들을 이해하기를 갈망하십니까? 그 신비의 높이와 깊이, 그 길이와 넓이를 알기를 열망하십니까? 그렇다면 사랑하는 이여, 여러분은 그 왕을 그 아름다운 가운데에서 보아야만 합니다. 그리스도를 이해하는 자는 거룩하신 분의 기름부음을 받아, 그로써 모든 것을 알게 될 것입니다. 그리스도는 하나님의 모든 방들을 여는 만능열쇠입니다. 예수님 가까이 사는 영혼에게 열리지 않을 하나님의 보고(寶庫)는 없습니다. 그곳의 모든 보화가 그에게 기꺼이 주어질 것입니다. 오, 그분이 내 가슴에 살아 계시기를 원합니다! 그분이 내 마음을 그분의 집으로 삼으시고, 그분의 영원한 거처로 삼으시기를 바랍니다!

사랑하는 청중이여, 문을 여십시오. 그러면 그분이 여러분 영혼의 문으로 들어오실 것입니다. 그분은 오랫동안 문을 두드려오셨습니다. 그분은 여러분과 더불어 먹게 될 것을 지금껏 원하셨습니다. 그분이 여러분과 더불어 먹는 이유는 그분이 거하실 마음의 집을 발견하셨기 때문이며, 또한 여러분이 그분과 더불어 먹는 것은 그분이 먹을 양식을 가져다주시기 때문입니다. 여러분의 마음에서 그분이 거할 거처를 찾지 못하신다면, 그분은 여러분과 더불어 드실 수가 없습니다.

또한 만약 그분이 먹을 것을 가지고 오시지 않는다면, 여러분의 찬장은 비어 있기 때문에, 여러분도 그분과 더불어 아무것도 먹을 수 없습니다. 그러므로 여러분 영혼의 현관문을 활짝 여십시오. 그분은 여러분이 오랫동안 느끼기를 갈망했던 그 사랑을 가지고 오실 것입니다. 그분은 여러분의 가련하고 침울한 영으로는 만들어낼 수 없었던 그런 기쁨을 가지고 오실 것입니다. 그분은 지금 여러분이 갖고 있지 않은 기쁨을 가지고 오실 것입니다. 그분은 포도주 병과 달콤한 사과를 가지고 오셔서 여러분을 즐겁게 하실 것이며, 마침내 여러분은 그분의 압도적이고 거룩한 사랑에 만족할 것입니다. 그 사랑을 갈망하며 문을 여십시오. 그분에게 문을 열기만 하십시오. 그분의 원수들을 쫓아내십시오. 그분에게 여러분 마음의 열쇠를 드리십시오. 그러면 그분이 그곳에 영원히 거하실 것이며, 여러분의 눈이 아름다운 영광 중에 거하시는 왕을 볼 것입니다. 주께서 이 짧은 말씀을 통해 복을 주시기를 빕니다. 이 말씀으로 하여금 그분의 백성들의 영혼을 살게 하시고, 그리하여 그들로 하여금 그분 '가까이에'(near) 또한 그분 '안에'(in) 살게 하시기를 바랍니다.

주를 알지 못하는 여러분이여, 내 말에 귀를 기울이십시오. 여러분은 행복이 무엇인지를 알지 못합니다. 여러분이 내 주님을 본 적이 없다면, 여러분은 볼 만한 가치가 있는 그 어떤 것도 본 적이 없는 셈입니다. 여러분이 그분 안에서 안식하지 못했다면, 여러분은 견고한 곳에 닻을 내리지 못한 셈입니다. 오, 예수님을 갈망하십시오! 예수님을 애타게 찾으십시오! 그분을 얻을 때까지는 절대로 쉬지 마십시오! 그분은 당신을 영접하기 위해 기다리십니다. 그분은 죄인들을 받아들일 넓은 마음을 가지셨습니다.

> "그가 시온의 언덕에 앉으셔서,
> 여전히 가련한 죄인들을 영접하시네."

그분에게 오기만 하십시오. 여러분의 죄나 여러분의 의에 관해서는, 그 모두를 던져 버리십시오. 있는 그대로의 모습으로 그분에게 오십시오. 그분은 전적으로 그분에 의해 구원받기를 갈망하는 영혼을 결코 거절하지 않으십니다. 예수님을 위하여 하나님께서 여러분에게 복을 주시기를 빕니다! 아멘.

제
27
장

치유와 용서

"그 거주민은 내가 병들었노라 하지 아니할 것이라 거기에 사는 백성이 사죄함을 받으리라."—사 33:24

이 전체 장(章)은 곤경에 처한 백성에게 주시는 하나님의 은혜로운 메시지입니다. 그들은 앗수르의 침공으로 인해 고통과 슬픔의 잔을 마셔야 했습니다. 대로(大路)는 황무지가 되고, 여행은 중단되었으며, 온 땅이 쓸쓸하고 우울해졌습니다. 레바논은 수치를 당하고 유린을 당했습니다. 샤론은 황무지와 같았고, 바산과 갈멜에서는 과실들이 떨어졌습니다. 그 때 하나님이 일어나셨습니다. 최악의 상황이 되었을 때, 그분이 관여하시어 자기 백성을 구하셨습니다. 이것이 하나님께는 일반적인 법칙이 아닐까요? 그것은 칠흑 같이 어두운 날을 보내고 있는 여러분 누구에게든지 위로를 담고 있는 진리가 아니겠습니까? 여러분에게 아무것도 남지 않았을 때 하나님이 나타나십니다. 여러분이 가진 힘이 소진되고 또 아무 소용이 없을 때, 하나님이 일어나시어 아침마다 여러분의 힘이 되시고 여러분의 구원이 되어 주십니다.

나는 영적인 침체에 처한 모든 자들이 이 장에서 소망을 얻을 수 있도록 격려하고 싶습니다. 이 장은 심한 곤경에 처한 시온에게 주시는 말씀이기 때문입니다. 진정 그렇다면, 이 본문의 구절에서 묘사된 기쁨과 축복들이 극심한 곤경에 처한 백성에게 주시는 말씀이라면, 그런 축복이 여러분에게 임하지 못할 이유가 무엇이겠습니까? 우리는 종종 주께서 가난하고 곤경에 처한 자들을 돌아보기를 얼마나 기뻐하시는지, 환난에 처한 자들을 도우려고 찾아오기를 얼마나 기뻐하시는지를 증언해왔습니다. 낙심한 자들을 긍휼의 시선으로 보는 것이 하나님의 방식입니다. 마음의 눈을 들어 하나님을 바라보십시오. 깊은 곳에서 그분을 향해 부르짖으십시오. 여러분의 기도가 낮은 지하 토굴로부터 그분의 보좌에까지 올라가도록 하십시오. 그분이 측은히 여기실 것을 기대하고, 고통에 처한 여러분에게 긍휼 베푸시기를 기대하십시오. 예루살렘이 막 파멸의 위기에 처했을 때 하나님께서 히스기야의 기도에 응답하셨고, 앗수르의 거대한 군대를 치셨습니다. 예루살렘의 위험은 이 본문의 광채를 더욱 밝혀주는 배경 역할을 합니다. 그 성읍은 그 죄로 인해 역병으로 망할 수도 있었으나, 하나님께서 말씀하십니다. "그 거주민은 내가 병들었노라 하지 아니할 것이라 거기에 사는 백성이 사죄함을 받으리라."

하나님께서 고통에 처한 자기 백성에게 은혜를 베푸시는 일의 위대한 결과는 그분의 거룩한 이름을 영화롭게 하는 것입니다. 이 장에서 하나님께서 어떻게 언급되는지를 보십시오. "여호와께서는 지극히 존귀하시니 그는 높은 곳에 거하심이라"(5절). 그분은 "영광의 주"(the glorious Lord, KJV 21절, 한글개역개정에서는 '여호와께서는 위엄 중에'로 되어 있음 — 역주)로 불리십니다. 그 어느 때보다 낮아져서 스스로 보기에 비천한 자들의 눈에 우리 하나님은 가장 영광스럽게 나타나십니다. 그들이 건짐을 받았던 고통 자체가, 그들로 하여금 그들의 구원자를 찬양하도록 요구합니다. 그들은 이러한 음성을 듣습니다. "여호와의 인자하심과 인생에서 행하신 기적으로 말미암아 그를 찬송할지로다. 그가 놋문을 깨뜨리시며 쇠빗장을 꺾으셨음이로다"(시 107:15-16).

우리 하나님은 이 아름다운 세상에서 찬송을 크게 얻지 못하십니다. 세상은 그분의 솜씨를 나타낸 걸작품이건만, 사람들이 찬미하기를 거부하기 때문입니다. 창조를 생각하며 우리의 목소리는 끊임없이 시편을 노래해야 마땅합니다. 온 세계가 하나님의 기이한 일들로 가득하기 때문입니다. 섭리로 인하여서도 우리는 언제나 열 줄 악기로 음악을 연주해야 마땅합니다. 하지만 오호라! 우리는 열등한 사람의 솜씨는 칭찬하면서도, 주를 찬양하는 일에는 언제나 더디며 주저합니다. 사람이 하나님의 것을 강탈할 수 있을까요? 아아, 우리는 그분에게서 그분의 영광을 강탈합니다. 그래서 그분은 우리를 곤경에 처하게 하시고, 우리를 구하시는 일에서 그분의 위엄과 은혜와 능력의 무한함을 나타내십니다. 그 때 우리는 놀라고 감동하며 찬송하게 됩니다. 그분의 크신 은혜를 추억하고 말하면서 찬미의 노래를 부릅니다. 그분의 놀라운 사랑을 바라보면서 우리는 "주는 광대하시도다"라고 노래하며, 다른 사람들에게도 함께 그분의 이름을 높여드리고 그의 광대하심을 노래하자고 요청합니다. 이것이 마땅한 일이니, 지금 우리가 그렇게 할 수 있기를 바랍니다. 오, 고난의 때에 여호와의 풍성한 은혜를 맛보아 아는 이들이여, 이처럼 좋은 시절에도 그분을 찬미하십시오. 여러분 영혼의 '할렐루야'가 여호와의 궁정에 울려 퍼지게 하십시오. 크게 소리를 내어 찬미할 수 없을지라도, 시온에서 하나님을 바라며 그분에게 경배를 드리십시오. 여러분의 의미심장한 침묵이 혀로 소리 낼 수 없는 찬미를 의미하는 것이 되게 하십시오. 우리를 위해 우리 안에서 말할 수 없는 탄식으로 간구하시는 성령께서, 우리 속에 또한 말로는 표현할 수 없는 찬미의 언어를 허락하시기를 바랍니다.

이 장을 읽으면서 관찰할 때, 선지자는 앞으로 나아가면서 마치 날개를 단 듯합니다. 그는 마치 다윗이 '셀라'를 말했던 것처럼, 노래의 선율을 고조시키고 있습니다. 그는 가락이 진행될수록 곡의 높이를 고조시키고, 더욱 달콤하게 하며, 더욱 큰 소리를 냅니다. 그는 자기 백성에게 큰 일들을 행하신 분에게 노래하고 있기 때문입니다. 클라이맥스는 이 구절입니다. "거기에 사는 백성이 사죄함을 받으리라." 하나님께 올려드리는 찬양에서 최고조에 달하는 부분은 용서의 사랑을 말하는 부분입니다. 시편 103편의 첫 부분을 살펴보십시오. "내 영혼아 여호와를 송축하라 … 그가 네 모든 죄악을 사하시며 네 모든 병을 고치시도다"(1,3절). 이 본문은 그 구절의 다른 형태입니다. "그 거주민은 내가 병들었노라 하지 아니할 것이라 거기에 사는 백성이 사죄함을 받으리라." 치유와 용서가 복되게 결합되어 있습니다. 그 두 가지 모두 예기하지 못했을 때 하나님의 백성들에게 주어진 것입니다.

성령의 도우심을 의지하여 나는 이 본문에 관해서 다음의 순서로 말할 것입니다. 첫째, 현재적인 용서가 있습니다. "거기에 사는 백성이 사죄함을 받으리라." 둘째, 이 용서와 더불어 죄의 결과가 제거됩니다. "그 거주민은 내가 병들었노라 하지 아니할 것이라." 셋째, 이것이 은혜를 입은 백성의 언어에 괄목할 만한 변화를 초래합니다. "그 거주민은 내가 병들었노라고 말하지(say) 아니할 것이라." 그들은 너무나 큰 은혜를 받았기에 그들의 언어에서 불평의 말투가 사라질 것입니다. 그들은 더 이상 한숨짓고 탄식하지 않을 것입니다. 이제 그들은 자기 자신들의 질병이나 고통을 말하는 대신 다른 것들에 대해 말합니다. "그 거주민은 내가 병들었노라 말하지 아니할 것이라 거기에 사는 백성이 사죄함을 받으리라."

1. 현재적인 용서가 있다.

첫째로, 사랑하는 이여, 이제 여러분에게 한 가지 주제를 소개하고자 합니다. 이 주제에 관해서는 여러분에게 의문이 없을 것이라고 믿지만, 여러분이 인정하는 진리를 확인하는 것도 유익이 될 것입니다. 그것은 현재적인 용서가 있다는 것입니다. "거기에 사는 백성이 사죄함을 받으리라."

죄의 용서를 현재적으로 의식할 수 있고 즐거워할 수 있어야 합니다. 그렇지 않다면 사려 깊은 사람이 이 세상에서 즐거움을 누리지 못할 것입니다. 부주의하고 생각이 없는 자들에게도 한순간 반짝이는 즐거움, 아궁이에서 타닥거리며 타는 가시나무 장작처럼 왁자지껄한 환락은 있을 것입니다. 하지만 인내심 있고, 진지하며, 신중한 자들에게는, 만약 죄를 용서받지 못한다면 달리 무슨 기쁨이 있을 수 있겠습니까? 일단 우리가 죄가 무엇인지를 느끼고, 그것의 참된 속성을 분별하며, 그것에 따르는 정당한 심판을 이해하기 시작할 때, 우리는 그 저주 아래에서 편히 지낼 수가 없습니다. 설혹 하나님께서 우리에게 날마다 진미(珍味)를 주시고, 좋은 옷감의 화려한 옷을 입히시고, 우리를 지상의 제후들 중에 앉게 하신다고 해도, 죄가 우리의 마음을 괴롭히는 한 우리는 쉼을 누리지 못할 것이며 비참함을 느낄 수밖에 없습니다. 죄! 이것은 태양을 어둠으로 가리고, 그 한낮의 빛을 무색하게 만듭니다. 죄는 인생의 모든 꽃들을 시들게 만드는 눈보라와 같습니다. 죄는 지독히 쓴 담즙과도 같습니다. 그 한 방울이 기쁨의 대양을 쓴 독물로 변화시킵니다. 낙원이 회복될 수 있다 해도, 죄는 또다시 낙원을 황폐화시킬 것입니다. 예, 그것이 천국에 들어갈 수 있다면 천국마저도 지옥으로 변화시킬 것입니다. 죄는 깨어 있는 양심이 감당할 수 없는 짐입니다. 그것은 심령을 산산이 깨어 부술 듯이 짓누르고, 더 나아가 그 영혼을 지옥의 가장 밑바닥으로 던져 버릴 것이라고 위협합니다. 하지만 죄가 용서될 때, 조금 전에 우리가 불렀던 찬송이 우리의 입술에서 기쁘게 터져 나옵니다.

"오, 이 기쁨이여! 이제 내 죄가 용서되었네."

이것이 주께서 속량함을 받은 자들에게 주시는 넘치는 잔의 내용물이 아니겠습니까? "그러므로 우리가 믿음으로 의롭다 하심을 받았으니 우리 주 예수 그리스도로 말미암아 하나님과 화평을 누리자"(롬 5:1). 하지만 그 칭의(justification)가 없이 평화는 있을 수 없으며, 삶의 기쁨도 마찬가지입니다. 신자들은 하나님 안에서 기뻐하는 복된 백성이라고 언급됩니다. 그들은 항상 기뻐하라고 권면하는 말씀을 듣습니다. 사도가 말합니다. "주 안에서 항상 기뻐하라 내가 다시 말하노니 기뻐하라"(빌 4:4). 만약 죄가 용서되지 않으면 그러한 기쁨은 불가능할 것입니다. 따라서 우리는 죄가 용서될 수 있으며, 그것이 지금 용서될 수 있고, 우리가 지금 그것을 알 수 있다고 결론을 내립니다. 기뻐하는 마음 상태가 되기 위해 죄의 용서가 필수적인 것이라면, 그 용서는 지금 이 시간 누릴 수 있는 것이어야 합니다.

사랑하는 형제들이여, 죄의 용서가 있어야 합니다. 그렇지 않으면 사랑의 주된 동기와 원천이 메마를 것이기 때문입니다. 용서는 감사를 낳고, 감사는 사랑을, 사랑은 성결을 낳습니다. 구주의 발을 눈물로 씻기고 그 머리털로 닦았던 여인을 생각해보십시오. 만약 그녀가 많은 죄를 용서받은 것으로 인해 많이 사랑하지 않았더라면 과연 그렇게 했을까요? 믿는 자에게 있어서 행동의 동기가 되는 힘은, 하나님께서 그리스도 때문에 그의 불의를 용서하셨다는 사실에 있습니다. 내가 나무에 달려 그 몸으로 내 죄를 감당하시는 내 주님을 바라볼 때, 그리고 죽음으로써 내 잘못들을 도말하시는 주님을 바라볼 때, 그 때 내 영혼은 사랑으로 불타오르고, 내 눈에는 눈물의 시내가 흐릅니다. 내 마음은 온전히 예수님께 바쳐지고, 내 삶은 내적으로 느끼는 감동의 영향력을 겉으로도 나타내기 시작합니다. 죄의 용서는 죄를 버리는 것으로 이어집니다. 그렇지 않습니까? 용서받은 것이 의심스러울 때, 당신이 무엇을 할 수 있겠습니까? 당신을 용서로 이끌지 않은 복음을 전할 수 있을까요? 주일학교에 가서, 당신의 죄를 용서하시지 않은 그리스도께로 어린이들을 인도하려고 애쓸 수 있을까요? 하지만 저 위대한 제물로 말미암아 당신의 죄가 영원히 용서받은 것을 이해하면, 당신은 틀림없이 저 위대한 화목제물이 되신 분을 사랑할 것이며, 또한 당신의 죄를 사하시기 위해 아들을 주신 하나님을 찬양할 것입니다. 그것이 온전하게 된 자들의 노래가 아닙니까?

"우리를 사랑하시어
그 피로 우리 죄를 씻으신 주께
영광이 세세토록 있을지어다."

죄 용서에 대한 의식이 있어야 합니다. 그렇지 않으면 우리의 삶은 무기력하고, 약하며, 목적 없는 삶이 되고 말 것입니다.

죄는 용서될 수 있어야 하고 우리가 그것을 알 수 있어야 합니다. 그렇지 않으면 우리는 항상 죽음의 두려움에 속박될 것입니다. 언제든 지옥에 떨어질 수 있다면 매 순간 우리는 얼마나 큰 위험 가운데 사는 것인지요! 만약 우리가 여전히 죄로 인해 하나님 앞에 정죄를 당한다면, 죽음에 대한 전망은 얼마나 끔찍하겠습니까! 지금 우리 중에 많은 이들이 침착하고 고요한 소망의 인내 중에 죽음에 가까워지는 것을 생각합니다. 세월이 지나면서, 우리는 떠날 때가 날마다 가까워지고 있다는 생각 때문에 괴로워하지 않습니다. 이 세상은 우리의 안식처가 아니며, 따라서 우리도 언제나 이곳에서 살게 되기를 바라지 않습니다. 우리는 이렇게 될 때가 오기를 고대합니다.

"무거운 짐 진 몸을 누이고,
즉시 우리의 수고로운 삶을 멈추리."

하지만 우리가 죄의 용서를 느끼고 누리지 못한다면 이런 일이 어떻게 가능하겠습니까? 이 교회의 많은 지체들이 세상을 떠날 때, 그들과 함께 지냈던 것이 내게는 큰 기쁨이었습니다. 또한 나는 한결같이 그들이 소망 중에 즐거워하는 것을 보아왔습니다. 이따금씩 나는 그들이 노래하는 것을 들었고, 나도 그들과 함께 거룩한 찬송을 불렀습니다. 그보다 더 빈번하게, 나는 그들이 "영원히 주와 함께 있을" 것을 바라보고는 조용하고도 침착하게 그들의 기쁨을 고백하는 것을 들었습니다. 하지만 죄가 용서되지 않았다면 어떻게 이런 일이 가능하겠습니까? 우리가 부르는 이 찬송은 참되지 않습니까?

"죄가 용서되었다면, 나는 안전하리.
사망의 쏘는 것이 내게는 없네.

사망이 죄에게 저주의 권세를 주었어도,
그리스도께서 나의 대속자로 죽으셨네."

"사망이 쏘는 것은 죄"입니다(고전 15:56). 만약 죄가 없어지지 않았다면 여러분은 사망이 쏘는 것을 제거하지 못합니다. 그리스도 안에서 받아들여지지 않았다면 그런 것은 기대할 수 없습니다. 사도 바울이 다음과 같이 고백했던 것을 경험하기란 불가능합니다. "내가 그 둘 사이에 끼였으니 차라리 세상을 떠나서 그리스도와 함께 있는 것이 훨씬 더 좋은 일이라 그렇게 하고 싶다"(빌 1:23). 그는 전제의 제물로 부어지기를 바라며 기꺼이 이렇게 말합니다. "나의 떠날 시각이 가까웠도다"(딤후 4:6). 만약 믿는 자가 모든 죄가 용서되었음을 확실히 알지 못한다면, 그렇게 말하기란 불가능합니다.

한때 우리는 이렇게 부르짖었습니다. "나의 죄를 씻어 주소서 내가 눈보다 희리이다"(시 51:7). 그 기도는 잘못되지 않았습니다. 이제 우리는 씻음 받았고, 우리의 주께서 이렇게 말씀하신 것을 들었습니다. "너희는 온 몸이 깨끗하니라"(요 13:10). 우리는 착각한 것이 아닙니다. "이제 우리로 화목하게 하신 우리 주 예수 그리스도로 말미암아 하나님 안에서 또한 즐거워하느니라"(롬 5:11). 우리는 이 시간 이렇게 말합니다. "여호와여 주께서 전에는 내게 노하셨사오나 이제는 주의 진노가 돌아섰고 또 주께서 나를 안위하시오니 내가 주께 감사하겠나이다"(사 12:1). 주께서 이렇게 선언하시지 않았습니까? "나 곧 나는 나를 위하여 네 허물을 도말하는 자니 네 죄를 기억하지 아니하리라"(사 43:25). 그렇습니다, 크신 주님, 과연 주께서 그렇게 하셨나이다! "사유하심이 주께 있음은 주를 경외하게 하심이니이다"(시 130:4). 그 거주민들이 불법의 사함을 받은 한 성읍이 있습니다. 자기 백성의 허물을 사하신 주를 찬양합니다!

용서가 있어야 합니다. 그렇지 않으면 은혜의 교리들이 모두 죽은 문자로 되어버릴 것이며, 또한 그 영광스러운 약속들이 모두 알맹이 없는 껍질에 불과할 것이기 때문입니다. 용서가 없이 어찌 구원이 성립될 수 있을까요? 용서받지 못한다면 어떻게 우리가 죄에서 구원받는 것이 있을 수 있을까요? 죄가 지워질 수 없다면 영광의 복음이 어떻게 존재할 수 있을까요? 우리는 성경에서 주 예수 그리스도를 "영접하는 자 곧 그 이름을 믿는 자들에게는 하나님의 자녀가 되는 권세를 주셨다"(요 1:12)고 한 말씀을 읽었습니다. 하지만 정죄 아래 있고서야 우리가 어떻게 하나님의 자녀들이 되겠습니까? 만일 아버지께서 여전히 나의 재판장이시고 정의의 칼로 나를 지배하시는 분이라면, 내가 어떻게 스스로를 사랑받는 자녀라고 간주하겠습니까? 양자의 영이 우리 안에 들어오시고 우리로 하여금 "아빠 아버지"라고 부르짖게 하실 수 있으려면, "너의 많은 죄가 사하여졌도다"는 선언이 우선되어야 합니다. 죄가 용서되지 않은 동안에는 양자됨(adoption)이나 칭의(justification)의 가능성은 정녕 없습니다. 내가 이미 말했듯이, 만약 우리가 죄로 인해 가망 없이 정죄된 상태라면 성화(sanctification)를 추구할 어떤 동력도 없습니다. 만일 그리스도께서 우리 죄를 없이 하시지 않는다면 그분이라도 어찌 우리에게 선물일 수 있겠습니까? 만약, 가장 우선적으로, 모든 불의로부터 씻음이 없다면, 내게는 복음의 모든 축복들이 그 매력을 잃어버리는 것으로 보입니다.

이제 이 본문에서 다루고 있는 이 위대한 은혜에 대해 생각을 집중해보도록 합시다. 본문에서 그것은 명백히 약속되어 있습니다. "거기에 사는 백성이 사죄함을 받으리라." 이 말씀만 있는 것이 아닙니다. 그와 비슷한 말씀이 자주 선언됩니다. 나는 죄의 용서가 분명하게 약속된 성경의 많은 구절을 인용함으로써 시간을 소비하고 싶지는 않습니다. 언약 속에 이런 선언이 있지 않습니까? "내가 그들의 악행을 사하고 다시는 그 죄를 기억하지 아니하리라"(렘 31:34). 믿는 자는 "모세의 율법으로 의롭다 하심을 얻지 못하던 모든 일에도 의롭다 하심을 얻습니다"(참조. 행 13:39). 용서는 약속된 복입니다. 사면은 하나님의 권한이며, 그분은 그 권한을 행사하기를 기뻐하십니다. 그분이 분명히 말씀하십니다. "내가 남긴 자를 용서할 것임이라"(렘 50:20). 그분은 용서하셨고, 용서하시며, 용서하실 것입니다. 그러므로 사랑의 언약 위에 굳게 서십시오.

만약 우리가 거저 주시는 이 용서의 은혜를 얻고자 한다면, 그것은 기도의 응답으로 주어질 것입니다. 2절을 읽어보십시오. "여호와여 우리에게 은혜를 베푸소서." 이는 짧지만 충분한 말씀입니다. 그 부르짖음에 온전한 가르침이 있습니다. "거기에 사는 백성이 사죄함을 받으리라"는 그 간구에 대한 적절한 응답입니다. 만일 여러분이 은혜를 베풀려고 기다리시는(사 30:18) 그분의 용서를 바란다면, 그것을 구하십시오. 그것은 그것을 얻으려고 빈 손을 내미는 자에 의해 값없이, 돈 없이 획득될 것입니다. 그것은 전체가 은혜입니다. 만일 당신이 그것을 갖고자 한다면, 하나님께서는 당신의 겸손한 부르짖음에 대한 응답으로 그것을 기꺼이 주실 것입니다. "죄가 더한 곳에 은혜가 더욱 넘쳤나니"(롬 5:20). "만일 우리가 우리 죄를 자백하면 그는 미쁘시고 의로우사 우리 죄를 사하실 것이라"(요일 1:9). 무릎으로 나아가서, 주님이 당신에게 어떻게 은혜를 베푸시는지를 보십시오.

용서는 하나님을 높이는 것과 연결되어 주어집니다. 5절을 읽어보십시오. "여호와께서는 지극히 존귀하시니." 그분이 위대하신 하나님이요 구원자이심을 우리가 인정하고서야 비로소 그분이 용서의 은혜를 베푸십니다. 우리는 그분이 지극히 정의로우신 분임을 보아야 하고, 참회함으로써 엎드려야 하며, 그분의 정의를 존중해야 합니다. 또한 우리를 정당하게 용서하시기 위해 자기 아들을 죽도록 내주신 그분의 크신 사랑을 생각해야 합니다. 불의와 죄악을 사하시는 우리 주님의 크신 긍휼과 우리의 죄가 고백되어야 합니다. 그렇지 않으면 우리는 결코 용서를 얻지 못합니다. 친구여, 당신은 '작은'(little) 하나님에게서 '큰'(great) 죄를 용서받을 수는 없습니다. 그분은 당신에게 크신 하나님이셔야 합니다. 그렇지 않다면 당신이 필요로 하는 큰 은혜를 결코 얻지 못합니다. 당신은 그분에 대해 이와 같이 말하는 것을 배워야 합니다. "주와 같은 신이 어디 있으리이까? 주께서는 죄악과 허물을 사유하시나이다"(미 7:18). 하나님께 대한 천한(low) 생각은 용서에 대한 의심을 낳으며, 의심은 우리를 죄의 속박 아래에 머물게 합니다. 하지만 하나님께 대한 높은(high) 생각은 영혼 안에 소망을 낳으며, 소망은 확신으로 이끌어주고, 확신은 용서의 확신으로 이끌어줍니다.

하나님은 사람이 겸손할 때에 용서를 허락하십니다. 7절을 보십시오. "그들의 용사가 밖에서부터 부르짖으며 평화의 사신들이 슬피 곡하리라." 부르짖고 슬피 우는 것은 용서를 위한 좋은 준비입니다. 자기 비하의 진토가 소망을 갖기에 적합한 장소입니다. 예레미야는 환난당하는 자에 대해 말합니다. "그대의 입을 땅의 티끌에 댈지어다 혹시 소망이 있을지로다"(애 3:29). 하나님은 교만한 자를 결코 용서하지 않으십니다. 하나님은 멀리서도 교만한 자를 아시며(시 138:6), 멀리서도 그들에 대해 충분히 아십니다. 그분은 통회하고 마음이 겸손한 자와 함께 거하시며, 그들이 그분의 율법을 어긴 것으로 슬퍼함으로써 그 법을 존중하는 소리를 듣고 기뻐하십니다. 당신이 "하나님이여 불쌍히 여기소서 나는 죄인이로소이다"(눅 18:13)라고 말할 때, 비록 당신의 눈은 감히 하늘을 쳐다볼 수 없어도, 하늘의 눈이 그대를 내려다볼 것입니다. 비록 하나님의 집에서는 정죄

받아 마땅한 자라고 자백하였지만, 당신은 의롭다 하심을 받고 당신의 집으로 내려갈 것입니다.

하나님은 또한 마음을 살필 때에 이 용서를 주십니다. 14절을 읽어보십시오. "시온의 죄인들이 두려워하며 경건하지 아니한 자들이 떨며 이르기를 우리 중에 누가 삼키는 불과 함께 거하겠으며 우리 중에 누가 영원히 타는 것과 함께 거하리요 하도다." 우리가 우리 자신을 살피고 죄로 인해 두려워하기 시작할 때, 그리고 모든 위선으로부터 돌이킬 때, 그 때 주께서는 우리를 받아주십니다. 은혜로우신 하나님께서 우리의 불의를 없애시기에 앞서, 우리가 모든 위선을 걷어내야 하며 하나님을 진실하게 대해야 합니다. 진실함은 은혜에 불가결의 요소입니다. 주께서 위선자들에게 삼키는 불이 아니시라면 달리 무엇이겠습니까?

또한 하나님은 우리의 통치자요 주시라고 인정될 때 우리를 용서하십니다. 22절을 보십시오. "여호와는 우리 재판장이시요 여호와는 우리에게 율법을 세우신 이요 여호와는 우리의 왕이시라." 당신은 하나님께서 당신을 다스리시기를 원합니까? 만약 그러하다면, 그분이 당신을 용서하실 것입니다. 하지만 만약 당신이 계속해서 반역하기를 원한다면, 그분의 진노가 당신 위에 머물 것입니다. 당신이 그분에게 동맹의 입맞춤을 하지 않는다면, 어떻게 당신이 그분에게서 사랑의 입맞춤을 바랄 수 있겠습니까? "그의 아들에게 입맞추라 그렇지 아니하면 진노하시리라"(시 2:12). 그분의 통치를 받아들이십시오, 그리하면 그분이 당신의 기도를 용납하실 것입니다. 우리는 그분의 율법을 사랑해야 하며, 그렇지 않으면 그 저주를 면하지 못할 것입니다. 즐거이 순종하십시오, 그리하면 그분이 기꺼이 용서하실 것입니다.

그분은 또한 우리가 그분을 신뢰할 때 우리를 용서하십니다. 22절의 마지막 문장을 읽어보십시오. "그가 우리를 구원하실 것임이라." 믿음은 오직 주에게서 나오는 구원을 바라보며, 그럴 때 구원이 찾아옵니다. 오, 이 아침에 이곳에 참석한 가련한 영혼들이 이렇게 부르짖기를 내가 얼마나 바라는지요. "그가 우리를 구원하실 것입니다. 나는 그분을 나의 왕이요, 율법을 세우신 이요, 재판장으로 여길 것입니다. 나는 그분이 나를 구원하실 것이라고 믿겠습니다!" 개인적인 믿음의 접촉이 영혼에 평화를 가져다줍니다. 당신이 하나님을 신뢰하지 않으면, 바라는 평화를 얻지 못할 것입니다. 하지만 지금 있는 모습 그대로 나아온다면, 그리고 그분이 당신을 구원하실 수 있음을 믿고, 그렇게 하실 것이라고 그분을 신뢰한다면, 이 약속이 진실임은 당신의 경험으로 입증될 것입니다. "거기에 사는 백성이 사죄함을 받으리라."

이는 실로 큰 약속이 아닙니까? 한 주간 내내 그것을 상세히 설명할 수도 있습니다. 그리고 진정, 그것을 영원토록 즐거워할 수도 있을 것입니다. 나는 그것을 여러분이 조용히 음미하도록 맡기겠습니다. 선지자는 "네 마음은 두려워하던 것을 생각해내리라"(18절)고 말하면서 두려움을 과거에 지나간 것으로 간주합니다. 그렇다면 은혜야말로, 영원토록 여러분의 소유가 된 영원한 세계야말로, 여러분이 얼마나 더 묵상하고 음미할 만한 가치가 있겠습니까?

2. 용서와 더불어 죄의 결과들이 제거된다.

이제 두 번째로, 죄가 용서되었을 때, 죄의 결과들 또한 제거된다는 사실에 대해 간략히 말하고자 합니다. 이사야가 이 책의 첫 장에서 말했듯이, 죄가 이 백성들을 병들게 했습니다. "온 머리는 병들었고 온 마음은 피곤하였도다"(1:5). 하지만 죄가 용서될 때, "그 거주민은 내가 병들었노라 하지 아니할" 것입니다. 어떤 특정한 죄가 용서되면 대개는 특별한 징계도 없어집니다. 옛 시대에 하나님은 아주 명백하게 죄를 이생의 징벌로 응징하시곤 했습니다. 그리고 죄를 용서하셨을 때는 범죄자를 짓누르던 징계의 손을 거두시곤 했습니다. 이스라엘의 역사를 읽어보십시오. 그러면 그런 경우를 많이 발견할 것입니다. 이 생애에서 개인적인 죄에 개인적인 징벌이 따르는 경우는 아직도 여전히 있습니다. 특히 믿는 자들 가운데에서, 교회 공동체에 있는 믿는 자들 가운데에서 그런 일들이 있습니다. 우리는 고린도 교인들이 그릇되게 행했을 때에 그들에게 이런 일이 있었다는 것을 읽었습니다. "그러므로 너희 중에 약한 자와 병든 자가 많고 잠자는 자도 적지 아니하니라"(고전 11:30). 선택받은 가족 안에는 바깥세상에 알려지지 않은 징계들이 있습니다. 하지만 우리가 죄를 자백하고 주의 용서를 얻으면, 그 일시적인 징계가 대개는 제거되며, 혹은 징계의 목적이 크게 바뀌어 전혀 다른 것이 되어 버립니다. 또한 종종, 큰 잘못을 범하여 스스로에게 심각한 고난을 초래한 큰 죄인들은 그 악한 길에서 떠날 때까지는 그 고난에서 벗어날 길을 찾지 못합니다. 아골 골짜기가 그들에게는 소망의 문이 되곤 했습니다. 잘못을 크게 뉘우치고 통곡하는 곳에서, 그들은 구원을 얻었습니다. 쓴 뿌리가 제거될 때, 그 뿌리에서 자라난 악 또한 제거되었습니다. 니느웨가 회개했을 때, 경고되었던 멸망을 피할 수 있었습니다.

나는 죄의 결과들이 제거되는 것에 대해 말하고 있는데, 이는 어떤 특정한 죄들에 있어서는 아주 명백합니다. 술주정뱅이가 된 사람은 스스로를 가난에 처하게 합니다. 그는 술취함에 대해 용서를 구하고, 그 행동을 멈춥니다. 정직한 근면에 의해 그의 비참한 빈곤이 곧 끝납니다. 몇 주 내에 여러분은 그 사람에게서 매우 다른 면모를 발견할 것입니다. 때로는 어떤 부정한 죄에 의해 죄인은 자기 몸을 약하게 하고 건강을 해칩니다. 그가 회개하고 부정한 죄를 버리는 것이 그의 치료에 많은 도움이 됩니다. 어떤 큰 죄들에 있어서는 그렇지 않을 수도 있습니다. 그 죄들은 이생의 삶에서는 치료될 수 없는 상처들을 남길 수 있습니다. 하지만 참된 회개는 이런 상처들마저도 겸손의 수단으로 바꿀 것이며, 그들이 어리석은 죄로 돌아가지 않도록 막아주는 안전장치가 되게 할 것입니다. 정직하게 죄를 자백하고 버릴 때, 그 때 이러한 은혜의 메시지가 임합니다. "여호와께서 당신의 죄를 사하셨나니 당신이 죽지 아니하리이다"(참조. 삼하 12:13).

더 나아가, 예수님을 믿는 자들의 경우에, 혹 죄의 일시적인 결과들 중 일부가 중단되지 않는다면, 그것은 외관상으로만 남아 있는 것이며, 혹은 다른 목적 때문에 남아 있는 것입니다. 즉 진노의 처벌로서가 아니라, 선하고 유용한 목적을 이루기 위한 것입니다. 만약 내가 과거의 죄로 인해 질병이나 빈곤 혹은 우울증의 상태에 처했다면, 이런 것들이 나에게 그 흔적들을 남길 수는 있습니다. 하지만 내가 용서를 얻은 그날부터, 이런 것들은 더 이상 재판장에 의한 형벌이 아니라, 아버지에 의해 사랑의 뜻으로 정해진 징계입니다. 아버지가 자녀를 심하게 징계할 수는 있지만, 이는 재판장의 선고로 가해지는 고통과는 전혀 다릅니다. 부모가 자녀의 잘못된 행동 때문에 자녀를 방에 가두는 것과, 치안판사가 죄수를 감옥에 보내는 것은 전혀 다른 것입니다. 그 행위 자체는 같아 보이지만, 그 징계를 명한 권위에 대한 느낌은 전혀 다릅니다. 신자들이 이생에서의 슬픔을 면제받은 것은 아닙니다. 하지만 그리스도인에게 찾아오는 어떤 슬픔도 형벌의 고통으로 온 것이 아닙니다. 그것은 법의 옹호 차원에서 온 것이 아니라, 사랑하는 부모의 징계로서 온 것입니다. 사랑의 징계와 법적 형벌 사이에는 커다란 차이가 있습니다. 용서받은 자에게는 "모든 것이 합력하여 선을 이룹니다." 예, 심지어 용서받은 죄에 자연히 뒤따르는 일들에서도 그러합니다. 저주가 변하여 복이 됩니다. 독이 약으로 작용합니다. 회개하지 않은 자를 죽이는 것이 믿는 자를 치료합니다.

그뿐 아니라 죽음 역시도 그러합니다. 그리스도인들이 죄에 대한 벌로 죽습니까? 하나님께서는 예수님을 대속자로 영접한 자들에게 어떤 형벌도 내리지 않으십니다. 예수님이 그들의 모든 형벌을 감당하셨기 때문이며, 또한 하나님 편에서도 동일한 형벌을 두 번씩, 즉 먼저는 그들의 대속자에게, 다음에는 그들 자신에게 요구하는 것이 불가능하기 때문입니다. 신자에게 죽음은 형벌이 아닙니다. 그것은 끝없는 기쁨으로 들어가는 관문입니다. 죽는 것이 죽음이 아닙니다. 예수님이 우리를 위해 죽으셨고, 부활하시어 영광으로 들어가셨습니다. 사망의 고통이 지나간 것으로 인해 하나님께 감사합니다! 죽음 자체는 우리들의 소유 목록에 언급됩니다. "생명이나 사망이나 지금 것이나 장래 것이나 다 너희의 것이요"(고전 3:22). 어쩌면 우리가 죽지 않을 수도 있습니다. 주께서 별안간 오실 수 있기 때문입니다. 우리가 아직 살아 있는 동안 그분이 오시면, 비록 마지막 나팔 소리에 눈 깜짝할 순간에 변할지라도 우리는 잠들지 않을 것입니다. 믿는 자여, 하나님께서 당신의 죄를 용서하신 것을 보고 안심하십시오. 그분이 사망의 쓴 우물을 마르게 하셨으며, 당신은 그 물을 더 이상 마시지 않을 것입니다. 혹은, 만약 그것이 당신의 입술에 닿는 것처럼 보인다고 해도, 그것은 그 성질이 바뀌어 치유의 물이 될 것입니다.

한 가지 더, 용서받은 사람에게는 영원한 형벌의 결과들이 모두 떠나갔음을 믿으십시오. 그에게는 심판의 날에 정죄가 있을 수 없습니다. 그에게는 "저주를 받은 자들아 나를 떠나라"(마 25:41)는 선언이 있을 수 없습니다. 그에게는 캄캄한 흑암이 결코 있을 수 없습니다. 그에게는 죽지 않는 벌레도 없고, 꺼지지 않는 불도 없습니다. 그리스도 예수 안에서 그는 결코 죄를 범한 적이 없는 자처럼 하나님 앞에 설 것입니다. 그렇습니다. 그는 그리스도의 완전한 의를 입을 것입니다. 그 의의 옷을 입고서, 그는 저 가공스러운 최후의 날을 두려움 없이 직면할 것입니다. "누가 능히 하나님께서 택하신 자들을 고발하리요? 의롭다 하신 이는 하나님이시니 누가 정죄하리요? 죽으실 뿐 아니라 다시 살아나신 이는 그리스도 예수시니 그는 하나님 우편에 계신 자요 우리를 위하여 간구하시는 자시니라"(롬 8:33-34). 죄가 떠나면, 모든 악의 뿌리가 떠난 것입니다. "너희는 위로하라 내 백성을 위로하라. 너희는 예루살렘의 마음에 닿도록 말하며 그것에게 외치라. 그 노역의 때가 끝났고 그 죄악의 사함을 받았느니라. 그의 모든 죄로 말미암아 여호와의 손에서 벌을 배나 받았느니라 할지니라"(사 40:1-2).

3. 죄의 용서는 백성들의 언어에 현저한 변화를 초래한다.

내가 특별히 강조하여 말하고 싶은 것은 이 마지막 요점에 있습니다. 주께서는 자기 백성의 말투까지도 변화시키십니다. "그 거주민은 내가 병들었노라고 말하지 아니할 것이라." 그것이 요점입니다. 왜 그들은 "내가 병들었노라"고 말하지 않을까요?

첫째, 여호와께서 찾아오시어 그들과 함께 거하실 때 그들이 그렇게 말할 이유가 없기 때문입니다. 의의 태양이 그 치유의 날개를 펼쳐 그들 위에 떠올랐기 때문입니다. 예수님께서 중풍병자를 고치실 때 그에게 이렇게 말씀하셨습니다. "작은 자야 안심하라 네 죄 사함을 받았느니라"(마 9:2). 용서와 치유가 하나였습니다. 영적으로 용서받은 자는 "내가 병들었노라"고 말할 필요가 없습니다. 그의 영혼의 질병이 그 때 치유의 약을 얻었기 때문입니다.

모든 영적인 질병은 죄가 용서될 때 치명타를 입습니다. 죄는 속죄를 가져오는 그 동일한 십자가에 의해 못 박힙니다. 여러분은 질병과 싸워야 할 수도 있습니다. 육의 부패성이 여전히 남아 있기 때문입니다. 하지만 "죄가 여러분을 주장하지 못하리니 이는 여러분이 법 아래에 있지 아니하고 은혜 아래에 있기" 때문입니다(롬 6:14). 용서받은 자에게 주의 이름은 여호와 라파 곧 "너희를 치료하는 여호와"이십니다(출 15:26). 비록 여러분이 온갖 질병들을 겪고 그 중의 어떤 것은 만일 그대로 두면 치명적일 수도 있습니다. 하지만 용서를 받을 때 여러분에게는 그 모든 질병들이 이길 수 없는 새 생명이 찾아옵니다. "하나님께로부터 난 자는 다 범죄하지 아니하니라"(요일 5:18). 새로운 본성은 죄를 짓지 않습니다. 요한은 "하나님께로부터 난 자마다 죄를 짓지 아니하나니"(요일 3:9)라고 말합니다. 즉 그는 다른 사람들처럼 죄를 지을 수 없습니다. 그것이 그의 삶의 규칙이나 성향이 아닙니다. 믿는 자 안에는 가장 아름다운 종류의 변화가 일어나며, 그것은 다음과 같이 기록된 바와 같습니다. "또 새 영을 너희 속에 두고 새 마음을 너희에게 주리라"(겔 36:26). "나를 경외함을 그들의 마음에 두어 나를 떠나지 않게 하리라"(렘 32:40). 지금 우리가 옛 본성이 병들었다고, 또한 병들어 죽게 되었다고 말할 수는 있겠지만, 그것이 더 빨리 완전한 죽음을 맞을수록 더 유익합니다. 하지만 성령에 의해 새로워진 우리 자신에 대해 말하자면, 우리의 속사람은 하나님의 법을 즐거워합니다. 하나님은 소원과 열망에서 우리를 거룩하게 만드셨고, 우리 안에 그분의 온전한 형상을 새롭게 하셨습니다. 그러므로 우리는 더 이상 "내가 병들었다"고 말할 필요가 없습니다.

우리가 대하는 이 본문에는 위험의 모면과 관련하여서도 놀라운 점이 있습니다. 여러분이 알다시피 옛적에는 한 도시가 포위되면 그 확실한 결과는 역병이었습니다. 거주민들은 신선한 공기를 마실 수가 없었습니다. 그들은 필요한 양식을 공급받지 못해 주렸으며, 쉽사리 역병에 걸리곤 했습니다. 하지만 주님은 예루살렘 백성들에게 구원을 주실 때, 그들이 다른 포위된 성읍의 거주민들처럼 "내가 병들었다"고 말하지 않을 것이라고 약속하셨습니다. 나는 내 설교에서 이와 관련된 영적인 유사성을 제시하고자 합니다. 하나님은 용서받은 사람에게서 죄의 역병을 면하게 하실 것입니다. 그들은 수많은 사람들을 죽이는 도덕적인 흑사병에서 보전될 것입니다. 여러분은 한때 모든 죄의 열병에 걸린 자들이었지만, 이제는 여러분의 죄가 용서되었습니다. 여러분은 해를 받지 않고서 여러분을 둘러싼 유혹들을 헤쳐 나갑니다. 하나님께서는 정욕으로 인하여 세상에 만연한 부패의 말라리아로부터 참된 신자들을 보호하십니다. 그는 "구원을 얻기 위하여 믿음으로 말미암아 하나님의 능력으로 보호하심을 받을"(벧전 1:5) 것입니다. 다른 사람들이 "내가 병들었다"고 말하여도 여러분은 그렇게 말할 필요가 없습니다. 주님께서 어둠 속을 활보하는 역병으로부터, 혹은 모르는 사이에 잠행(潛行)하는 기만적인 오류들과 죄로부터 여러분을 지키실 것이기 때문입니다. 이 놀라운 약속을 기억하십시오. "여호와께서 너를 지켜 모든 환난을 면하게 하시며 또 네 영혼을 지키시리로다"(시 121:7). 여호와께서 여러분의 출입을 지키실 것입니다. "우리를 시험에 들게 하지 마시고 다만 악에서 구하소서"라는 여러분의 아침의 기도에 대한 응답으로, 여러분은 순결과 정직 속에서 보전될 것입니다. 마귀의 모든 궤계로부터도 보호될 것이며, 그 악한 자가 여러분을 만지지도 못할 것입니다.

여기 또 하나의 요점이 있습니다. 그 거주민은 "내가 병들었노라"고 말할 수 없었으나, 반면 앗수르인들은 단 하룻밤 새에 죽었습니다. 그들은 장막 속에서 잠들었고, 곧 전리품을 나눌 것이라고 기대했습니다.

"하지만 죽음의 천사가 그 날개를 펼쳐 지나면서

원수의 면전에 숨을 내쉬었네.
잠자는 자들의 눈에는 죽음의 창백한 기운이 서리고,
그들의 심장은 한때 박동했으나, 영원히 멈추고 말았네."

하나님은 이런 경우에 그분의 백성과 그들의 원수 사이에 큰 차이를 두십니다. 성 바깥에서는 큰 무리가 죽었지만, 상황이 악화될 것이라고 예상되었던 성 내부에서는 그 거주민들이 "내가 병들었노라"고 말하지 않습니다. 오늘날 우리는 죄가 넘치는 시대에 살고 있습니다. 도덕적 역병이 수많은 사람들을 죽이고 있습니다. 나는 감히 진영 바깥에서 무슨 일이 일어나는지 묘사하지 않습니다. 그 속으로 나는 들어가고 싶지 않습니다. 하지만 하나님은 자기 백성을 둘러싼 불의 산성(a wall of fire)이십니다. 만약 여러분의 죄가 용서되면, 치명적인 죄의 역병이 여러분의 거주지 가까이로 오지 않을 것입니다. 마지막까지 하나님께서는 여러분을 지키실 것이며, 여러분의 도덕적 건강을 보존하실 것이니, 여러분은 "내가 병들었노라"고 말할 이유가 없습니다. 오히려 그 반대로, 여러분은 이와 같이 노래할 것입니다. "내 영혼을 소생시키시고 자기 이름을 위하여 의의 길로 인도하시는도다"(시 23:3).

다음으로, 그들은 "내가 병들었노라"고 말할 생각조차 하지 않을 것입니다. 죄를 용서받은 기쁨을 느끼는 자는 모든 고통과 슬픔을 잊습니다. 나 자신에 대해 말하자면, 나는 마음의 극심한 고통으로 괴로워하는 것이 무엇인지를 알며, 그러면서도 아무런 불평도 하지 않을 만큼 마음의 큰 평안을 느끼는 것이 무엇인지를 압니다. 하나님의 사랑 안에서 기뻐할 때 우리는 육신의 상태에 대해서는 그다지 큰 문제로 여기지 않습니다. 그렇지 않습니까? 귀가 멀거나 눈이 멀어도, 혹은 온 몸에 육신의 질병으로 가득하다고 해도, 죄를 용서받은 기쁨을 알 때 우리는 그 모든 것을 그다지 크게 생각하지 않습니다. 그 거주민은 "내가 병들었노라"고 말하지 않을 것입니다. 왜냐하면 그는 "내가 용서받았다"고 말하기 때문입니다. 하나님께서는 종종 자기 백성에게 믿음 안에서 너무나 큰 평안과 기쁨을 주시기 때문에, 그들은 비록 가난해도 "나는 가난하다"라고 말하지 않으며 오히려 "나는 용서받았다, 나는 용서받았다"고 노래합니다. 한 형제가 큰 죄를 범했으며, 그의 죄 때문에 교회의 교제로부터 쫓겨나게 되었습니다. 그의 행동으로 인해 그의 목사는 그를 생각할 때 고통을 느꼈고, 그와의 면담을 피하고 싶었습니다. 면담에서 그는 슬프게도 자기 정당화를 시도할 뿐이었기 때문입니다. 마침내 하나님께서 그가 마음을 고치도록 이끄셨습니다. 그가 목사를 찾아와서 눈물로 말했습니다. "목사님, 저와 악수해주시겠습니까?" 목사가 대답했습니다. "기꺼이 그렇게 하지요. 나는 지나간 일들이 모두 용서되었다고 느끼기 때문에 기쁩니다. 몸은 어떻습니까?" 그 참회자는 이렇게 대답했습니다. "아주 좋습니다. 목사님께서 그렇게 생각해주시니 매우 기쁩니다." 그 가련한 사람은 몹시 아팠습니다. 하지만 그의 친구가 다시 한번 그를 예전처럼 대해준다고 생각하니 기뻐서, "내가 병들었다"고 말하고 싶지 않았습니다. 승리의 소식이 저는 자를 뛰게 만들었습니다. 하물며 주 예수님께서 구원의 능력을 나타내 보이실 때, 그리고 성령께서 피로 값 주고 사신 자의 마음에 용서의 확신을 주실 때, 정녕 "그 거주민은 내가 병들었노라고 말하지 않을 것입니다."

많은 하나님의 자녀들이 지쳤을 때에 용서의 은혜를 생각하면서 힘을 새롭게 합니다. 비록 몸은 기진하여도, 그 확신에 찬 신자는 계속해서 전도하고, 병든 자를 심방하며, 혹은 성경공부 반을 인도합니다. 그는 하나님께 대해 너무나 큰 은혜를 입었기 때문에 마지막 순간까지도 그렇게 할 수 있다고 여깁니다. 영혼 속에 기쁨의 격류가 흐를 때, 그것은 약함이나 피곤으로 인해 야기되는 모든 방해물들을 넘어갑니다. 예수님께서 우리를 구원하신 이후로, 우리는 병들었다는 이유로 그분을 섬길 의무를 면제해 달라고 요청하지 않습니다. 그분을 향한 우리의 사랑이 강장제와 같은 기능을 하여, 우리를 강하게 합니다. 우리는 병원의 환자 명부에 이름을 올려두고 있고, 그 중에서도 상위 서열에 속합니다. 하지만 죽는 그 순간까지 엎드려 기어다닐 수만 있어도, 우리 하나님의 부르심에 구실을 대어 면제해주기를 요청하지 않을 것이라고 느낍니다.

어떤 이들은 이 문장을 과거 시제로 읽는 것을 보았습니다. "그 거주민은 내가 병들었었다고 말하지 않을 것이라." 용서의 기쁨이 우리로 하여금 과거의 슬픔을 잊게 만듭니다. "네가 네 젊었을 때의 수치를 잊겠고 과부 때의 치욕을 다시 기억함이 없으리라"(사 54:4). 그들의 모든 원수는 사라졌으니, 예루살렘의 거주민들은 그들의 안전을 기뻐하고, 그들이 고통스러웠던 것에 대해서 아무런 말을 하지 않습니다. 병들었던 많은 사람들이 침상을 박차고 일어나며, 성벽 위로 몰려가서는 적들이 있는 장소를 바라봅니다. 앗수르의 힘이 꺾였습니다. 저 위대한 왕이 도망쳤습니다. 예루살렘 사람들은 거의 기아 상태에 빠졌던 일과 그들 사이에 있었던 역병을 잊었습니다. 그 거주민은 "내가 병들었다"고 말하지 않았습니다. 그들의 슬픔은 승리 속에 삼켜졌습니다. 이와 같은 은혜로 인해 하나님께 영광을 돌립니다! 하나님께서 우리의 처지를 저주의 상태에서 자녀의 상태로 바꾸실 때, 그 때 우리의 입에는 웃음이 가득하고, 우리의 혀에는 노래가 가득할 것입니다. "여호와께서 우리를 위하여 큰 일을 행하셨으니 우리는 기쁘도다"(시 126:3).

또한 이 백성들이 병들었다고 말하지 않는 것은 그렇게 말하지 않을 동기가 있었기 때문입니다. 여러분은 아람 진으로 가서 탈취한 물건을 나누었던 세 명의 나병환자에 관한 최근의 설교를 기억할 것입니다(참조. 왕하 7장). 그들은 "우리는 나병환자들이다"라고 말하지 않았습니다. 그 일은 잊혀졌고, 그들은 마치 건강한 사람들처럼 장막 안으로 들어갔습니다. 그들은 한 장막에 들어가서 먹고 마셨으며, 그 다음에는 다른 장막으로 들어갔습니다. 나병에 걸리지 않았던 사람들도 그들보다 더 자유로울 수 없었습니다. 그들은 비록 나병환자들이었지만 금과 은을 가지고 가서 감추었습니다. 그와 마찬가지로 주께서 우리의 죄를 용서하실 때 취할 수 있는 전리품이 있습니다. 풍성한 은혜들이 우리의 재량에 맡겨집니다. 본문 앞에 오는 구절을 주목하십시오. "때가 되면 많은 재물을 탈취하여 나누리니 저는 자도 그 재물을 취할 것이라"(23절). 의심의 여지 없이, 이 말씀은 문자 그대로 사실입니다. 예루살렘에 있는 많은 사람들이 자유롭게 다닐 수 없었습니다. 어떤 이들은 류머티즘을 가지고 있었고, 다른 이들은 뼈가 부러졌습니다. 그래서 그들은 성읍의 길을 따라 절뚝거리며 다니기조차 힘들었습니다. 하지만 앗수르의 부유한 진영이 버려졌다는 소식이 알려졌을 때, 저는 자들도 어떻게 해서든 그곳으로 갔습니다. 쇠약한 늙은 여인들과 오랫동안 병상에 있었던 남자들이 별안간 일어나 행동했습니다. 그들 중 어느 누구도 "내가 병들었노라"고 말하지 않았습니다. 그들에게는 직접적으로 더 나아질 동기가 있었습니다. 얼마든지 큰 재물을 모을 수 있었기 때문입니다. 용서하시는 하나님으로부터 이런저런 은혜와 복들이 주어집니다. 믿음이 적고 마음이 약한 우리도 별안간 영이 소생하는 것을 발견합니다. 그리고 하나님의 선물들 중에서 우리의 몫을 거두어 모읍니다. 용서의 느낌은 약한 손을 강하게 하고 떨리는 무릎을 굳게 하며(사 35:3), 언약의 축복들을 굳게 붙들게 합니다.

그 거주민이 "내가 병들었노라"고 말하지 않는 것은 이스라엘의 하나님을 영화롭게 할 때가 왔기 때문입니다. 모두가 예루살렘 거리를 오르내리면서 "할렐루야!"를 외치는데, "내가 병들었노라"고 말할 사람이 어디 있겠습니까? 유다가 그 원수에게서 자유롭게 되었으므로 어린아이들은 노래 부르고 젊은 남녀들은 춤을 춥니다. 심지어 아픈 사람들도 그들의 한숨과 신음을 노래와 시편으로 바꿉니다. 여호와께서 승리하셨습니다. 그분의 백성이 해방되었습니다. 예루살렘의 백성들은 마치 애굽에서 이스라엘이 그러했던 것처럼 "그의 지파 중에 비틀거리는 자가 하나도 없었습니다"(시 105:37). 하나님께서 우리의 죄를 용서하실 때, 우리 중에 가장 약한 자들과 떠는 자들, 가장 의기소침한 자들, 가장 낙심한 자들도 "우리가 병들었노라"고 말하지 않을 것이며, 오히려 여호와를 높여 송축할 것입니다. 용서는 우리로 하여금 의무를 다하게 하며, 찬미하도록 격려합니다. 우리는 더 이상 슬퍼하거나 원망하지 않고 오히려 노래합니다. 여호와의 광채로 인해 원수의 힘이 눈처럼 녹아 버렸기 때문입니다.

한 가지만 더 말하고 마치겠습니다. 용서받은 백성이 병들었다고 말하지 않는 이유는 그들이 정반대의 일을 선언할 것을 예상하기 때문입니다. 잠시 후 — 그때가 얼마나 될지는 우리 중의 누구도 알지 못합니다만 — 우리는 그 거주민이 결코 다시 아프지 않다고 말하는 곳에 있을 것입니다. 주께서 우리를 고치기 시작하셨고, 그분이 은혜로써 우리 속에 주입하신 치유의 힘이 우리를 건강하게 만들도록 작용하여, 마침내 우리에게는 점이나 주름잡힌 것이 없게 될 것입니다(엡 5:27). 그분의 구원은 또한 우리의 몸도 완벽하게 치유합니다. 오늘 비록 영은 의로 인해 살았으나, 몸은 죄로 인해 죽었습니다. 부활의 때에 몸의 갱생이 일어납니다. 그 때 우리는 주 예수의 형상으로 일어날 것입니다. 약한 것으로 심고, 강한 것으로 날 것입니다. 우리는 어두운 눈과 둔감한 귀로 일어나지 않을 것이며, 저는 발과 허약한 골격으로 일어나지 않을 것입니다. 생명나무의 잎사귀들을 먹고서, 우리는 이곳 지상에서 우리를 괴롭히던 모든 질병에서 고침을 받을 것입니다. 우리는 영원한 건강을 향해 가고 있습니다. 우리 안에는 온전하게 되어 영원히 지속될 생명이 있습니다. 그 때 우리가 왜 "내가 병들었다"고 말하겠습니까? 만일 어떤 사람이 내일 완벽한 건강의 상태로 될 것을 확신한다면, 그는 좀처럼 잠시 동안의 질병에 대해서는 말하지 않을 것입니다. 내일 보게 될 맹인은 자기 자신을 맹인이라고 여기지 않습니다. 다음 주일이 돌아오기 전에 여러분 중 몇몇은 천사들과 함께 있을지도 모릅니다. 예, 내일의 태양이 떠오르기 전에 여러분은 "등불과 햇빛이 쓸 데 없는"(계 22:5) 곳에 있게 될지 모릅니다. 그렇게 가까운 곳에 있는 사람, 그토록 본향에 가까운 사람은 복이 있습니다! 곧 이런 상태로 될 이들은 행복한 이들입니다.

> "슬픔과 죄의 세상에서 멀리 떠나
> 하나님과 영원히 거할 문으로 들어가도다."

그 때 여러분은 이 말씀의 완전한 의미를 깨닫게 될 것입니다. "그 거주민은 내가 병들었노라 하지 아니할 것이라 거기에 사는 백성이 사죄함을 받으리라."

누가 이 길로 올 것입니까? 누가 이 길로 오겠습니까? 형제여, 어서 오십시오. 우리 주 예수로 말미암은 용서와 치유의 길로 나아오십시오. 다른 길로 가는 자가 누구입니까? 그런 슬픈 방랑자는 자기의 길을 깊이 숙고하여, 그 걸음을 돌이키십시오. 그리스도 예수 안에서 능히 당신을 치유하실 수 있는 하나님께로 향하십시오. 오, 지금 병들어 죽게 된 이여, 용서를 구하십시오. 그러면 용서하시는 손을 통해 치유가 임할 것입니다. 하나님이 여러분에게 복을 주시길 바랍니다! 아멘.

제
28
장
—

약한 손과 떨리는 무릎

—

"너희는 약한 손을 강하게 하며 떨리는 무릎을 굳게 하라."—사 35:3

슬픔의 사람들을 위로하는 것은 모든 사람의 의무입니다. 출생 때부터 우울한 증세를 그 특징으로 가진 사람들이 더러 있습니다. 조용하면서도 슬픔으로 그늘진 곳이 그들의 체질에 맞는 장소입니다. 숲속의 쓸쓸한 빈터가 그들이 잎을 우거지게 할 수 있는 유일한 장소입니다. 또한 어떤 재기불능의 불행을 겪고 너무나 낮아져, 그 손을 다시 들어올리지 못하는 이들도 있습니다. 그 때부터 그들은 슬피 울면서 무덤을 향해 나아갑니다. 또 다른 어떤 이들은 일찍이 젊은 시절에 사랑의 대상이었던 이로 인해 실망하거나, 혹은 야심에 찬 계획의 실패로 인해 실망하여, 다시는 감히 세상을 직면하지 못합니다. 그들은 동료들과의 접촉을 피하는데, 마치 접촉에 예민한 식물이 손을 대기만 해도 그 덩굴손을 오므리는 것과도 같습니다. 모든 양 무리 중에는 어린 양들, 즉 약하고 상처 입은 양들이 있게 마련입니다. 인간의 무리 중에서도, 필시 다른 사람들에 비해 욥기의 이러한 선언이 진실임을 입증하는 사람이 있게 마련입니다. "사람은 고생을 위하여 났으니 불꽃이 위로 날아가는 것 같으니라"(욥 5:7).

그러므로 의기소침한 기분에서 좀 더 자유로운 이들은 우리 중에 있는 이러한 약한 사람들을 아주 부드럽게 대해야 합니다. 용감한 기질과, 확고한 결단력과, 굽힐 줄 모르는 목적의식을 가진 사람들은 약하고 낙심한 사람들을 결코 거칠게 대해서는 안 됩니다. 비록 우리가 사자와 같은 정신을 가졌다고 해도, 저 황갈색의 연약한 사슴에게 잔인성을 나타내는 저 맹수의 왕을 본받지 맙시다. 오히려 우리의 힘을 그들을 돕고 보호하는 섬김의 일에 사용하도록 합시다. 우리의 부드러운 손가락으로 그들의 상처 입은 마음을 감싸주고, 기름과 포도주로써 그들의 약한 정신이 힘을 얻을 수 있게 합시다. 목숨을 건 전투에서, 상처입지 않은 전사들은 부상당한 동료들을 후미로 옮길 것이며, 그들의 상처를 씻고, 전쟁의 큰 소동으로부터 그들을 보호하도록 합시다. 낙심한 이들에게 친절하시기 바랍니다. 오호라, 모든 사람이 이 교훈을 배운 것은 아닙니다. 다른 사람들을 생각 없이 거친 손으로 다루는 이들이 더러 있습니다. 그들은 말합니다. “아, 만약 그 사람이 그렇게 어리석고 민감하다면 그냥 내버려두세요.” 오, 그렇게 말하지 마십시오. 그토록 괴로워하는 이들에게 우리가 굳이 거칠고 무례하게 대하지 않아도, 민감하고, 소심하고, 의기소침한 것은 그 자체로 충분히 아픈 일입니다. 가서, 남에게 대접을 받고자 하는 대로 여러분도 남을 대접하십시오. 여러분이 낙심했을 때 다른 사람들이 여러분을 부드럽고 따뜻하게 대해주기를 바라는 대로, 여러분도 그들을 부드럽고 따뜻하게 대하기를 바랍니다.

하지만 이 본문은 특별히 목사에게 그런 처지에 있는 그리스도의 백성을 부드럽게 대하라고 명합니다. 그런 이들은 적지 않습니다. 비록 신앙이 그들의 도덕적 성향을 변화시켜도, 그것이 육체적 성향까지 바꾸지는 않기 때문입니다. 회심 전에 건강이 약한 사람은 아마도 회심 후에도 약할 것입니다. 또한 의기소침의 경향이 있는 많은 사람들이 회심 후에도 그런 성향을 보이곤 합니다. 우리는 그리스도께 대한 신앙이 한 사람의 타고난 모든 성향들까지도 철저하게 바꾼다고 말하지 않습니다. 신앙은 낙심한 사람에게 낙심의 정도를 경감시키는 무언가를 제공할 것입니다. 하지만 그것이 몸의 약한 상태에서 기인하거나, 혹은 정신적인 질병에서 기인하는 것이라면, 우리는 기독교 신앙이 그 모든 것을 완전히 제거한다고 말하지 않습니다. 그렇지 않습니다. 오히려 우리는 하나님의 종들 중에서 최상에 속하는 사람들에게도, 항상 의심하는 이들이 있음을 봅니다. 그들은 항상 모든 섭리의 어두운 면을 보고, 약속의 측면보다는 경고의 측면을 더 자세히 봅니다. 그들은 그들 자신에 대해 비판적이기 쉽고, 달콤한 위로보다 신랄한 비평을 가합니다. 그들은 그들의 영혼에 잘못을 저질러, 그들 스스로에게서 즐길 수 있는 위로들을 앗아가곤 합니다. 나는 오늘 아침에 그런 이들을 향해 본문의 말씀에 근거하여 말하고자 합니다. "너희는 약한 손을 강하게 하며 떨리는 무릎을 굳게 하라."

이 본문에는 하나의 비유가 사용되는데, 나는 그것을 활용할 것입니다. 첫째로, 나는 천국으로 감에 있어서 손과 무릎의 중요성을 제시하고자 합니다. 두 번째로, 나는 약한 손과 떨리는 무릎을 가질 때의 나쁜 결과에 대해 말할 것입니다. 그런 다음, 약한 손과 떨리는 무릎의 원인들에 주목할 것이며, 그렇게 함으로써 치유책을 적용할 수 있기를 바랍니다.

1. 천국으로 갈 때에 손과 무릎의 중요성

먼저, 우리는 본문에서 손과 무릎이 언급되는 것을 발견합니다. 우리는 그것들이 천국을 향해 갈 때에 매우 중요하다고 확신합니다. 우리가 기억해야 할 것은, 손과 무릎은 신체의 일부로서 두려움의 영향이 가장 쉽게 눈에 띄는 부분이라는 점입니다. 물론 의기소침과 두려움의 뿌리는 마음에 있습니다. 두려움에 가장 먼저 동요하는 것은 마음입니다. 하지만 그 후에는 이 손과 발이, 마음의 뜻을 행동으로 표현하는 이 수족들이 약함을 느끼기 시작합니다. 손은 두려움으로 늘어뜨려지고, 무릎은 떨리기 시작합니다. 크게 놀란 사람을 묘사할 때 우리에게 익숙한 방식이 있습니다. 어떤 압도적인 위험이 닥쳤을 때에 사람은 그 팔을 늘어뜨리고는 바르르 떱니다. 공포의 순간에 그의 무릎은 떨면서 서로 부딪힙니다. 선지자가 의미하는 바는 바로 그것입니다. 어디서든 그리스도인이 두려움과 낙심을 크게 나타내는 곳이라면, 우리가 조심스럽게 위로의 치유책을 제시해야 합니다. 그리스도인의 마음이 떨기 시작할 때, 행동을 취하는 그의 손도 약해지고, 그의 기도의 무릎 역시 떨게 되는 것이 사실입니다. 그는 무언가를 할 수가 없고 기도도 할 수 없게 됩니다. 그는 행동으로 섬기는 일에서도 약해지고, 하나님과 씨름하는 일에서도 약해집니다. 손과 무릎은 내적 힘을 나타내는 표지입니다. 두려움이 너무나 커서, 그것이 겉으로 드러나 더 이상 감출 수 없는 사람들이 더러 있습니다. 한때는 이 슬픔의 사람들이 외적인 쾌활함으로 그들의 슬픔을 가릴 수 있던 때가 있었습니다. 하지만 이제 그들은 그럴 수가 없습니다. 마음의 두려움이 그들의 손을 미끄러지듯 타고 내려와 그들의 무릎까지 내려왔습니다. 우리는 그들이 우리에게서 숨는 것을 보며, 마치 암사슴이 화살에 맞았을 때 무리에게서 떠나 홀로 피를 흘리며 서 있는 것을 봅니다. 위로의 아들들이여,

여러분은 바로 이런 사람들에게 위로의 말과 사랑의 행동으로 찾아가도록 보냄을 받았습니다.

하지만 우선 손과 무릎이 중요한 이유는, 그것들이 행동의 의무와 기도를 나타내기 때문입니다. 천국으로 가는 길은 그리스도께 대한 믿음입니다. 하지만 우리가 그리스도를 믿은 후에 믿음의 올바른 방향성은 실천적인 섬김으로 나타납니다. 비록 그리스도인은 그리스도의 피를 통해 천국으로 가지만, 순례자는 걸어서 그곳에 가야 합니다. 또한 비록 어린 양의 피로 승리하는 것일지라도, 전사는 이기려 한다면 싸워야 합니다. 모든 그리스도인에게는 활동적인 섬김이 기대됩니다. 그리스도께서는 자기 자녀들을 침상에 눕힌 채로 한가한 길을 따라 천국으로 데려가시지 않습니다. 그분은 그들에게 생명을 주시고 그 생명으로 하여금 앞으로 나아가게 하십니다. 그분은 그들에게 힘을 주시고, 그들로 하여금 그 힘을 사용하여 구원을 이루도록 힘쓰게 하십니다. 그분이 그들 속에서 일하시는 동안 그들은 수동적입니다. 하지만 그분은 그들에게 활동적이기를 명하시고, 그분이 친히 그들 속에서 이루신 일들이 진보를 이루기를 원하십니다. 자기 하나님을 섬기기 위해 애쓰지 않는 사람은 그리스도인이 아닙니다. 그리스도인의 표어는 "나는 섬긴다"가 되어야 합니다. 그리스도의 백성은 그리스도의 종들입니다. 하늘의 천사들이 하나님의 명을 받아 기쁘게 날며 섬기는 것처럼, 하나님의 자녀들은 그분이 명하신 길을 즐겁게 달려야 합니다. 그러므로 만약 무릎이 떨리고 손이 약하다면, 우리가 할 수 있는 일이 적어집니다. 우리는 약한 무릎으로 달릴 수 없습니다. 우리는 연약한 손으로 수고할 수 없습니다. 그리스도의 종들이여, 여러분의 손이 약하고 무릎이 비틀거린다면 여러분이 짊어져야 할 무거운 짐들을 어떻게 질 수 있겠습니까? 만일 여러분의 손이 떨린다면 어떻게 원수의 성벽을 무너뜨릴 수 있겠습니까? 여러분의 팔이 약하다면 어떻게 믿음의 검으로 여러분의 원수를 칠 수 있겠습니까? 그러므로 만약 활동적인 섬김에서 힘과 능력을 잃는다면, 그로 인해 여러분은 크나큰 손실을 입게 된다는 점에 유의하십시오.

또한 무릎은 기도를 의미합니다. 어떤 사람이 소심하고 의기소침할 때, 그의 골방은 곧 원수의 방이 됩니다. 우리의 골방은 벧엘이나 보김, 즉 하나님의 집이나 '우는' 집이어야 합니다(참조. 사 2:4-5). 사람이 심약하고, 불신하고, 의심하며, 두려워하고, 떤다면, 은혜의 보좌 앞으로 나아갈 때에 그의 힘이 얼마나 미약하겠습니까? 그는 하나님을 믿으려 하겠지만, 약속을 적절하게 사용하지 못합니다. 그는 천사를 붙들고 싶겠지만, 그의 근육이 움츠러들어 씨름할 수가 없습니다. 그는 약속에 호소하고 싶지만, 그의 손이 약해 그것을 굳세게 붙들 수가 없습니다. 그는 이렇게 외칩니다. "오 내가 기도할 수만 있다면, 하나님을 믿을 수 있다면 좋으련만. 오 기도 중에 하나님께 가까이 나아가고, 하나님의 방백처럼 될 수 있다면 좋으련만. 오호라, 나는 물처럼 약하여 아무것도 할 수가 없구나." 하나님을 섬기기 위해서는 강한 손을 가지는 것이 중요하며, 또한 기도 중에 그분과 씨름하고 그분으로부터 복을 얻기 위해서는 강한 무릎을 가져야 하는 것입니다.

그리스도인은 비록 그 소망을 천국에 두어도 그 발을 지상에 두어야 함을 생각한다면, 우리는 선지자가 말한 손과 무릎이 무엇을 의미하는지를 쉽게 이해할 수 있습니다. 그리스도인이 보이지 않는 것을 붙들려 하고, 하늘을 향해 오르기 위해 애쓰는 것은 손으로써 그렇게 하는 것입니다. 또한 유익한 것이든 위대한 것이든 모든 지상에 속한 것을 박차고 거절하는 것은 발로써 그렇게 합니다. 그리스도인의 발이 약해지면 그는 보이는 것을 얕볼 수가 없게 되며, 오히려 위에 있는 것보다는 지상에 있는 것들에게 애정을 쏟게 됩니다. 한편으로 그의 믿음의 손이 약해지면, 그는 하늘에 있는 것들을 붙들 수가 없게 됩니다. 그는 해 위에 있는 것들을 붙드는 것이 어렵다고 느끼게 되고, 견고한 소망에 닻을 내리지 못한 자기 자신을 발견하게 되며, 야곱이 보았던 사다리를 오르는 것이 힘들다고 느끼게 됩니다. 발은 세상을 대하는 태도를 나타냅니다. 우리는 담대하고 용기 있게 세상을 딛고 서며, 세상의 위협을 멸시하고, 그 부를 업신여기며, 그 영예를 경멸합니다. 약한 무릎으로는 이렇게 하지 못합니다. 무릎이 약할 때 우리는 악한 세상 앞에서 쉽게 굽히고, 움츠리며, 노예들처럼 아첨을 떨게 됩니다. 세상에서 우리는 자유인이어야 하고 당당해야 함에도 불구하고 말입니다. 여기에서도 우리는 손과 무릎의 중요성을 봅니다.

여러분이 또 기억해야 할 것은 영적 순례에 있어서 손과 발이 절대적으로 필요한 곳이 있다는 사실입니다. 존 번연은 크리스천이 고생의 언덕(the hill Difficulty) 기슭에 다가오는 것으로 묘사하면서 다음과 같이 말합니다. "그 때 나는 크리스천이 언덕으로 오르는 것을 보았다. 내가 보니 그는 그곳에서 뛰다가 걸었고, 걷다가 손과 무릎으로 기는 것을 보았다. 경사가 가파른 곳이었기 때문이었다." 형제 그리스도인들이여, 여러분과 내가 지나가야 할 그런 장소가 많이 있습니다. 한때 우리는 의기양양한 믿음으로 구원의 성벽들을 따라 달릴 때가 있었습니다. 또한 사망의 음침한 골짜기라도 차분한 확신을 가지고 걸을 수 있던 때도 있었습니다. 하지만 우리는 특별한 시련과 고생의 장소에 이르기도 합니다. 그곳에서는 속도가 줄어들고, 우리의 힘은 충분치 못합니다. 그럴 때 우리는 줄곧 필사적인 기도의 무릎과 우직한 믿음의 손을 의지하여, 힘겹게 기면서 언덕을 올랐습니다. 종종 뒤로 미끄러져 파멸로 떨어지지 않을까 두려워하면서 크게 소리쳤습니다. "주여, 저의 무릎이 디딜 수 있는 곳을 발견하게 하소서. 제 손이 약속이라는 바위의 돌출부를 붙들 수 있게 하소서. 그것을 저로 굳게 붙잡게 하시고, 비틀거리다가 쓰러지지 않게 하소서. 저는 그저 느리게 오를 수밖에 없습니다. 제 마음은 힘겹게 당신을 따르고 있습니다. 내 영이 당신을 향하여 소리칩니다. 주여, 저를 도우소서! 저를 도우시어 이 힘든 길을 오르게 하소서. 결코 돌아갈 수는 없기 때문입니다."

거룩한 경험에 대해 많은 것을 아는 모든 그리스도인은 이 말이 무슨 의미인지 이해할 것입니다. 그는 종종 오직 조금씩 진전할 수밖에 없는 그런 곳에 다다릅니다. 그토록 필사적인 고생의 길에서는, 땅을 디디고 지탱하는 것만으로도 충분하다고 여기는 수밖에 없습니다. 그러므로 많은 면에서 손과 무릎은 그리스도인의 위로와 도움과, 천국으로 가는 길에서의 전진을 위해 꼭 필요합니다.

2. 약한 손과 떨리는 무릎의 나쁜 결과

이제 두 번째로 나는 약한 손과 떨리는 무릎의 나쁜 결과에 대해 말하고자 합니다.

첫째, 우리가 이미 암시하였듯이 그리스도인이 약한 손과 무릎을 가질 때의 나쁜 결과는 이런 것입니다. 즉 그는 거룩한 삶에서 많은 진보를 이룰 수가 없습니다. 그리스도인들은 마땅히 이르러야 할 수준에 이미 이르렀다고 결코 말할 수 없습니다. 그들은 단지 순례의 여정을 출발했을 뿐입니다. 가장 먼 곳까지 이르렀다고 말할 수 있는 그 이후에도, 저 너머 있는 곳에 도착할 때까지 아직 그들은 지친 발걸음을 무릅쓰고 계속해서 나아가야 합니다. 여러분 중에 어떤 이들은 천국으로 가는 길에서 조금 밖에 나아가지 못했으니 어찌된 영문입니까? 삶을 뒤돌아보면, 여러분 중에 어떤 이들은 육 년 전에 비해 지금 그리스도를 더 많이 알고 있지 못함을 인정해야 할 것입니다. 여러분은 그 때보다 지금 그분을 더 가까이 하는 기쁨을 더 크게 누리지 못합니다. 여러분은 오래 전에 지나간 시절에 비해, 그분을 섬김에 있어서 좀 더 부지런하지 못하고, 혹은 그분을 변호함에 있어서도 좀 더 담대하지 못합니다. 어쩌면 여러분은 아무런 진전도 이루지 못했다고, 혹은 예전에 비해 퇴보하였다고 느낄 수밖에 없을 것입니다.

왜 이럴까요? 여러분의 손이 약해졌고, 여러분의 무릎이 약해졌기 때문이 아닐까요? 여러분은 기도에 태만했습니다. 여러분은 골방을 저버렸습니다. 여러분은 한때 그런 적이 있건만 이제는 하나님 앞에 마음을 쏟아 내지 않습니다. 여러분은 한때 가졌던 믿음을 더 이상 갖고 있지 않습니다. 여러분은 마땅히 믿어야 할 약속을 믿지 않았고, 하나님의 말씀을 있는 그대로 지키지 않았으며, 마땅히 신뢰해야 하는 그분을 신뢰하지 않았습니다. 만일 여러분이 하나님을 의심한다면, 천국을 향해 가는 길에서 어떤 진보가 있을 것이라고 기대합니까? 만일 여러분이 기도를 무시한다면, 과연 천국의 순례길을 따라 계속해서 나아갈 수 있다고 상상하는 것입니까? 공기와 물 없이 식물이 자라기를 기대할 수 없는 것처럼 기도와 믿음 없이 여러분의 마음이 자라기를 기대할 수 없습니다. 어떤 초라하고 창백한 식물이 어두운 지하실에서도 자랄 수 있듯이, 여러분도 만약 하나님 없이 살아가고 믿음이 여러분에게 줄 수 있는 힘과 별개로 살아간다면, 초라하고, 창백하고, 비참한 존재를 유지할 수는 있을 것입니다. 하지만 그럴 경우 여러분은 결코 믿음의 싱그러운 초록색을 얻지 못할 것입니다. 오 사람이여, 만약 당신이 은혜 안에서 자라고자 한다면, 모든 성도와 함께 지식에 넘치는 그리스도의 사랑을 알고 그 너비와 길이와 높이와 깊이가 어떠함을 깨닫기 원한다면, 당신의 무릎이 강하도록, 또한 당신의 손이 약해서 늘어뜨려 있지 않도록 잘 살피기를 바랍니다.

이 시대의 그리스도인들은 스스로에게 만족하는 것처럼 보입니다. 그 정 반대의 이유가 얼마든지 있음에도 말입니다. 내가 자리에 앉아 천국으로 간 성도들의 전기를 읽을 때, 나는 나 자신에 대해 실망하고 놀랍니다. 이 사람들에 비해 내가 얼마나 뒤처져있는지를 생각하면서, 그리고 그보다 훨씬 더 거룩하신 주님에게서 멀리 뒤처진 나를 발견하고 울 뿐입니다. 정녕 훌륭한 성도들의 본보기는 앞으로 나아가도록 우리에게 박차를 가합니다. 만약 헨리 마틴(Henry Martin)이 자신의 생명과 에너지를 아낌없이 그리스도를 섬기는 일에 바칠 수 있었다면, 왜 우리는 그럴 수 없단 말입니까? 마르틴 루터가 거룩한 용기를 가지고 위험에 직면할 수 있었다면, 왜 우리는 그럴 수 없단 말입니까? 칼빈이 오류의 짙은 안개 속에서도 복음의 가르침들을 깨끗하고 예리한 눈으로 읽을 수 있었다면, 왜 우리는 그럴 수 없단 말입니까? 만일 앞선 시대의 많은 사람들이 그리스도를 위하여 불명예와 치욕을 참을 수 있었고, 혹은 개인적으로 하나님과 교통하는 '칠층천'(seventh heaven)에까지 이를 수 있었으며, 또한 마치 낙원에 있는 것처럼 지상에서 살아갈 수 있었다면, 왜 우리는 그래서는 안 된단 말입니까?

하나님의 권속 중에서 가장 작은 자일지라도 가장 큰 자보다 빨리 달려서는 안 될 이유는 없습니다. 만약 옛 시대의 성도들이 우리보다 훨씬 높은 곳에 있어서 우리가 도무지 그들과 동등할 수 없다면, 그들을 바라보아야 할 이유가 무엇입니까? 오, 그렇게 생각하지 마십시오! 여러분도 아브라함처럼 될 수 있습니다. 믿음의 선조 중에서 가장 강력했던 성도의 삶을 여러분도 살아야 합니다. 그들 모두를 능가할 때까지 여러분은 결코 만족하여 안주해서는 안 됩니다. 그렇습니다. 심지어 그런 후에도, 여러분은 아직 그리스도 안에서 이르러야 할 온전함에는 이르지 못한 것입니다. 이 시대의 사람들은 가까스로 천국 문까지 이르기만 하면 그것으로 만족하는 것처럼 보입니다. 그리스도인의 영혼으로 하여금 고귀한 행동을 하도록 분발시키는 거룩한 패기는 어디에 있습니까? 우리 중에 극소수만이 그것을 느끼고 있습니다. 우리는 철없이 콧물이나 흘리는 어린애와 같아서, 우리가 도달한 자그마한 높이에 만족하여, 우리 머리 위로 탑처럼 높이 솟은 절벽들을 망각하고 있습니다. 위로! 그리스도인이여, 위로 향하십시오! 거룩한 산은 오르기에 가파를 수 있습니다. 하지만 그리스도인이여, 하나님의 산은 높은 산이며, 바산의 산처럼 높은 산입니다(참조. 시 68:15). 위로! 위로 오르십시오! 그 정상에 올라야만 천국의 맑은 공기를 마실 수 있고, 지상의 안개들이 완전히 걷히기 때문입니다. 하지만 이 시대에 하나님의 길과 사역에서 뛰어난 사람들이 왜 그토록 소수에 불과한지는, 바로 연약한 손과 떨리는 무릎이 그 이유입니다.

또한 연약한 손과 떨리는 무릎은 또 다른 나쁜 결과를 가져옵니다. 그것들이 우리로 하여금 세상의 유익을 위하여 어떤 큰 일을 행하는 것을 막습니다. 오! 이 불쌍한 세상에서 우리가 해야 할 일이 무엇입니까? 호주에 처음 도착한 이주민을 상상해보십시오. 만약 그의 환상 중에서, 시간이 흐름에 따라 그 거대한 섬이 경작되고, 씨가 뿌려지고, 건물이 세워지며, 거주민들이 정착하는 모습이 나타났다면, 그는 이렇게 말했을 것입니다. "어떻게 이런 일이 이루어질 수 있었을까? 어떻게 이런 결과가 생길 수 있었을까?" 이제, 그 땅에서 위대한 진보가 이루어졌듯이, 만약 우리가 짧은 세월 안에 그 대륙 전체가 경작지가 되리라고 확신한다면, 사람들은 "어떻게 그런 일이 이루어지겠습니까?"라고 물으려 할 것입니다. 하지만 우리가 인식해야 할 것은 땅을 파고 갈아야 할 강한 무릎과 손이 있어야 하며, 그렇지 않으면 그 일이 결코 이루어질 수 없다는 것입니다. 많은 손과 무릎이 있어야 하고, 그 손과 무릎이 강해야 합니다. 그렇지 않고서는 그 일이 이루어질 수 없습니다. 여러분의 눈을 들어 이 시대를 바라보십시오! 보십시오, 온 세상이 마치 하나의 거대한 미개척지처럼 눈앞에 펼쳐져 있습니다. 이 세상을 경작하기 위해 하나님의 은혜의 보습을 사용할 자가 누구입니까? 이 사막에 장미꽃을 피게 할 자가 누구입니까? 누가 이 땅에 하나님 나라의 좋은 씨앗을 뿌리겠습니까? 또한 그 후에 희어져 추수하게 된 밭에서 수고할 자들은 어디에 있습니까? 약한 손과 떨리는 무릎으로는 안 됩니다. 그들은 그 일을 할 수 없습니다. 우리의 무릎은 강해야 하고 우리의 힘줄은 단단해야 합니다. 그렇지 않으면 그 위대한 일이 결코 성취될 수 없습니다.

기독교가 왜 이 시대에 진보를 이루지 못하는지, 나는 그 한 가지 이유가 우리 중의 대다수가 너무나 약하기 때문이라고 믿습니다. 그리스도의 죽음 이후 몇 세기가 지나고, 그분의 이름은 온 땅에 전파되었습니다. 지구상에 알려진 지역 중에서 십자가의 놀라운 이야기를 듣지 못한 곳은 한 군데도 없었습니다. 하지만 그 때 그리스도를 따르는 이들은 약하여 떠는 것이 무엇인지 모르는 사람들이었습니다. 그들은 그리스도를 위해서라면 자기 목숨을 귀한 것으로 여기지 않았습니다. 그들은 그분의 이름을 위하여 그들의 집과 조국과 가족들을 떠났으며, 어디에서든 그분의 말씀을 전했습니다. 하지만 오늘날 우리는 강하지 못합니다. 우리는 말씀을 전하러 떠나기 전에 생계의 문제를 먼저 확인해야 하고, 그럴 때에라도, 만약 우리를 위해 미소를 짓는 이가 아무도 없으면 얼마나 빨리 그 일을 중단하는지요. 우리는 거창하게 시작하지만, 작은 어려움들에도 소스라치게 놀랍니다. 목사는 얼마나 많은 남자와 여자들이 그에게 엉금엉금 기듯이 찾아와서는, 그리스도를 섬기는 일에서의 어려움들 때문에 푸념하는 것을 들어주어야 하는지요! 이는 우리가 약한 손과 떨리는 무릎을 가졌기 때문이 아닙니까?

만약 우리가 사도들의 강한 무릎을 가졌다면, 그리고 고대 순교자들의 강한 손을 가졌다면, 그 무엇도 우리를 가로막지 못할 것입니다. 일단 하나님의 자녀들이 강하게 된다면, 화가 있으리라, 너 바벨론이여! 오 로마여, 너 원수의 성들이여, 너희는 무너지고 말리라! 하나님의 자녀들의 약함이 너희의 희망이며, 그들의 힘은 너희의 절망이리라! 그들이 굳세게 믿는다면, 그들이 뜨겁게 기도한다면, 승리의 깃발이 그들의 진영에 나부낄 것이며, 너희 그리스도의 적들의 마음은 당혹감에 사로잡히리라! 지금 우리가 하나님께 찬양하는 것은 복음의 전파를 위하여 큰 기회의 문들이 열렸기 때문입니다. 인도, 중국, 일본, 그 외의 많은 나라들이 곧 기독교 선교사들의 방문을 받을 것입니다. 하지만 우리는 우리에게 주어진 큰 기회들에 비해 우리의 힘이 약함을 의식하고 있지 않습니까? 기독교회는 지금 어느 때보다 넓은 들을 가졌지만, 또한 어느 때보다 일꾼들이 적다고 고백해야 하지 않겠습니까? 추수할 것은 더 많아졌건만, 추수할 일꾼들이 더 적어졌습니다. 어찌하여 이런 일이 있는 것입니까? 그 원인은 그리스도의 교회가 일반적으로 약한 손과 떨리는 무릎을 가졌다는 사실에 있습니다.

한 사람이 말합니다. "하지만 틀림없이 복음을 전하러 갈 사람들이 나타날 것입니다." 다른 사람들도 당신처럼 말하더군요. 그런데 왜 당신은 복음을 위해 가는 사람이 아닙니까? 당신은 다른 사람들이 포도원에 들어가야 한다고 말합니다. 그런데 왜 당신 자신은 뒤로 물러나 있는 것입니까? 우리를 사로잡은 그 무감각이 다른 사람들도 역시 사로잡았습니다. 우리는 우리 자신을 먼저 시험하기 전에는, 교회의 다른 사람들을 성급하게 정죄하지 말도록 합시다. 우리 모두는 그리스도께 빚진 자들이 아닙니까? 우리는 개인적으로 그분의 채무자들이 아닙니까? 만약 우리가 이 빚을 느낀다면, 그리고 영혼의 가치를 느낀다면, 우리 각 사람이 복음의 전파를 위해 더 많은 것을 드려야 하지 않겠습니까? 우리는 필사적으로 더 기도해야 하지 않겠습니까? 우리 중에서 지칠 줄 모르고 기꺼이 더 수고하려는 사람들이 많이 발견되어야 하지 않겠습니까?

만약 그리스도의 사역자가 약하면, 그로 인해 교회 자체가 약하게 되는 것은 자명합니다. 목사는 교회의 건강성을 나타내는 지표일 뿐입니다. 만일 우리가 강단에서 자주 실패한다면, 그 이유는 뜨거운 사람들로 채워지지 않아서입니다. 만약 신도석이 뜨겁다면, 우리가 그에 화답할 수 있으며, 강단이 그 불꽃을 감지할 것입니다. 나는 물에 대해 말하고 있는 것이 아닙니다. 물은 언덕을 따라 내려갑니다. 하지만 지금 내가 말하고 있는 것은 불에 관해서입니다. 불은 올라갑니다. 불이 여러분에게서 시작되게 하십시오. 여러분이 진지하고, 뜨겁게 간구하며, 힘쓰며, 기도에서 하나님과 씨름하십시오. 그러면 불이 강단으로 올라갈 것이며, 또한 우리 역시 여러분처럼 뜨겁게 될 것입니다. 상호간에 비난을 일삼지 맙시다. 지금 이 순간 전체 교회가 마찬가지입니다. 그것은 전체적으로 약한 상태입니다. 극소수 고귀한 예외들이 있기는 합니다. 하지만 기도에서 강한 자들과, 하나님을 섬김에 있어서 강한 자들은 소수입니다. 이 때문에 사탄이 여전히 자기 보좌를 유지하고 있으며, 여전히 어둠이 열방을 감싸고 있고, 여전히 사람들이 구원받지 못하고 있습니다. 하나님이여, 우리를 강하게 해 주소서!

또한 약한 손과 떨리는 무릎은 그리스도께 대단한 불명예입니다. 나는 이 아침에 이곳에 참석한 연약한 신자의 마음을 근심하게 하는 말을 하고 싶지 않습니다. 하지만 그럴지라도 우리는 진리를 말해야 합니다. 믿음의 부족과 기도에서의 약함은 그리스도께 불명예가 됩니다. 여러분에게 한 친구가 있고, 여러분이 그에게 이렇게 말한다고 가정해 보십시오. "내 친구여, 나는 자네를 크게 믿네. 그래서 나는 자네에게 내 부동산의 권리증서와 그 외에 내가 가진 모든 것을 맡길 것이네. 아니, 그 이상이라네. 나는 내 건강을 자네에게 맡기고, 내 목숨까지도 맡길 것이라네. 내게 원하는 대로 행하게. 나는 자네의 선의와 지혜를 신뢰하기에, 자네가 내게 매정하거나 잘못 대하지 않을 것이라고 믿네." 그것은 그렇게 신뢰를 받는 대상에게 상당히 명예로운 일입니다.

자, 만약 당신이 강한 믿음의 손으로 당신이 가진 모든 것을 가지고 와서 그 전체를 하나님께 맡기며 이렇게 말할 수 있다면, 그것은 그분께 큰 명예가 될 것입니다. "주여, 저는 모든 것을 당신께 맡깁니다. 저 자신과 저의 소유를 당신이 원하시는 대로 처분하소서. 당신이 원하시는 것을 취하시고, 당신이 원하시는 것을 제게 주시며, 혹은 당신이 택하신 것을 거두어가소서. 제 모든 것을 당신의 손에 맡깁니다. 저는 전적으로 당신을 신뢰할 수 있습니다. 저는 당신이 실수하지 않으실 것을 압니다. 저는 당신이 저를 함부로 대하지 않으실 것을 압니다. 저는 모든 것을 당신께 맡깁니다. 아무런 말도, 염려도, 요구사항도 없이, 모든 것을 당신께 위임합니다." 만약 당신이 이렇게 할 수 있다면, 그 때 그리스도께서는 영광을 얻으십니다. 하지만 당신의 손이 약하여 그분께 양도할 수 없는 어떤 값진 것을 감추어둔다면, 그분에게 온전히 맡기지 못하고 무언가를 따로 떼어둔다면, 그 때는 그 약한 손이 하나님께 불명예스럽게 하는 것입니다.

연약한 무릎도 마찬가지입니다. 누군가 당신에게 약속을 했습니다. 만약 당신이 필요할 때 그에게 찾아가면, 그가 무엇이든 당신이 원하는 것을 주겠다는 약속입니다. 당신이 그의 집에 찾아가서 소심하게 문을 두드립니다. 그리고 그가 당신을 만나기 위해 나올 때, 당신은 거리로 뛰어나가 당신의 몸을 숨깁니다. 그가 당신을 보게 될까 부끄러워서입니다. 하지만 급박한 필요에 의해 당신은 다시 문을 두드립니다. 마침내 그가 오자, 당신은 그 앞에 떨며 서 있습니다. 그가 말합니다. "잘 왔습니다, 무엇을 원하십니까?" "선생님, 당신이 제게 한 약속을 주셨지요. 제가 필요할 때 저를 위해 이런저런 일을 해 주시겠다는 약속이었습니다. 그런데 저는 그 약속을 정말이라고 믿지 않습니다. 저는 당신을 믿지 못하며, 그래서 당신에게 요청하고 싶지도 않습니다." 어떤 사람에게든 그런 식으로 말하는 것은 불명예를 안기는 일입니다.

알렉산더 대왕의 신하의 예는 그와 얼마나 달랐는지 보십시오. 왕이 그에게 말했습니다. "나는 네가 원하는 무엇이든 너에게 줄 것이다." 그러자 그 사람은 알렉산더 대왕의 국고를 거의 텅 비게 만들 정도로 큰 선물을 요청했습니다. 그 군주가 말합니다. "아, 그것은 그 사람이 요청하기에는 너무나 큰 것이로구나. 하지만 그것은 알렉산더에게는 작은 것이어서 얼마든지 줄 수가 있지. 나는 그 사람이 나를 신임하여, 내 말을 그렇게 최대한 활용하는 것이 기쁘다."

자, 믿는 자가 자기 골방으로 가서 그의 연약한 무릎을 꿇고 엎드렸을 때, 하나님께 무언가를 요청하면서도 그분이 그 일을 행하실 것을 거의 믿지 않는다면, 그는 하나님을 불명예스럽게 만드는 셈입니다. 하지만 어떤 사람이 자기 방으로 올라가서 심중에 이렇게 말한다고 가정해봅시다. "내가 원하는 무언가가 있다. 나는 그것을 얻게 될 것이다." 그리고 그는 무릎을 꿇고 부르짖습니다. "주여, 당신은 모든 것을 아십니다. 당신께서는 그러한 것이 제게 필요함을 아십니다. 당신의 약속이 있습니다. 당신께서 말씀하신 대로 행하여주소서. 주여, 저는 당신께서 그것을 제게 주실 것을 믿습니다." 무릎을 펴고 일어설 때, 그는 방에서 내려가 자기 친구에게 말합니다. "내게 하나님이 주시는 복이 임할 것이라네. 내가 그것을 요청했거든. 나는 믿음의 기도로 구했으며, 하나님은 내 기도를 들으실 것이네." 바로 그런 사람이 하나님을 영화롭게 합니다.

나는 이와 관련하여 여러분에게 한 가지 큰 증거를 상기시키고 싶습니다.

브리스틀(Bristol)에 있는 조지 뮐러(George Muller) 씨를 보십시오. 그가 약한 손과 떨리는 무릎을 가졌다면 어떻게 고아들을 위한 그 집을 세울 수 있었을까요? 그는 강한 손을 가졌습니다. 그는 고아들을 먹이고 입힘으로써 하나님을 섬기기를 원했습니다. 한편으로 그에게는 강한 무릎이 있었습니다. 그는 말했습니다. "주여, 저는 이 일을 하기 원합니다. 그 일을 할 수 있는 수단들을 제게 주소서." 그는 하나님께 갔으며, 그분이 그렇게 하실 것을 의심하지 않았습니다. 그리고 보십시오! 수천 명의 사람들이 그의 기금 모집에 참여하였고, 그는 결코 모자람을 겪지 않았습니다. 지금 칠백 명의 어린이들이 그의 돌봄을 받고 있습니다. 그들이 먹고 입는 것이 하나님께는 영예입니다. 우리 역시 강한 손과 튼튼한 무릎으로 구하여 하나님을 영화롭게 합시다. 비록 우리가 그분의 이름으로 고아원을 세우지 않아도, 우리는 우리의 '에벤에셀'을 세울 것이며, 그곳에 그분의 은혜의 영광을 기리기 위해 어떤 전승 기념비를 남길 것입니다. 이처럼 우리가 손과 무릎을 귀중하게 여겨야 할 이유들이 있습니다.

3. 약한 손과 떨리는 무릎의 원인들

마지막 요점은 이것입니다. 약한 손과 떨리는 무릎에는 특정한 원인들이 있습니다. 그 원인들을 언급하면서, 나는 그것들을 바로잡으려 시도할 것입니다.

어떤 그리스도인들은 아직 유아에 불과하기 때문에 약한 손과 떨리는 무릎을 가집니다. 그들은 어린 그리스도인들입니다. 그들은 회심한지 오래되지 않았습니다. 하나님의 가족도 다른 모든 가족들과 유사한 점이 있습니다. 우리는 새로 태어난 회심자에게 당장 홀로 달릴 것을 기대하지 않습니다. 아마도 그가 자기 발에 힘을 느낄 수 있으려면 몇 개월이 걸릴 것이고, 또 어떤 경우에는 몇 년이 걸릴 것입니다. 우리가 하나님께 감사하는 것은, 그리스도 안에서 혼자 달릴 수 없는 아기들을 위해 크게 위로를 주는 약속이 있다는 것입니다. "그는 어린 양을 그 팔로 품에 안으시리라"(사 40:11). 또 "내가 에브라임에게 걸음을 가르치고 내 팔로 안았다"고 선지자 호세아를 통해 말씀하십니다(호 11:3). 그러므로 하나님을 향해 갓 태어난 여러분들은 아직 어른처럼 행동할 수 없다고 해서 실망해서는 안 됩니다. 만약 여러분이 천사와 씨름할 수 없다면, 하나님께서 유아들에게 씨름할 것을 요구하지 않으신다는 사실을 기억하십시오. 그분은 자기의 어린 양들을 함부로 몰지 않으십니다. 그분은 약한 무릎에게 긴 행진을 기대하지 않으십니다. 여러분이 아직 약하다면, 여러분은 더 가벼운 의무들을 질 것입니다. 지금 현재 여러분이 어리고 연약하다면, 여러분은 무거운 수고의 짐을 지지 않을 것입니다. 하지만 은혜 안에서 자라기를 힘쓰십시오. 순수한 하나님의 말씀의 젖을 먹고, 그분이 여러분을 아기에서 젊은이로 양육하시고, 더 나아가 젊은이에서 그리스도 예수 안에서 온전한 사람으로 키우시도록 기도하십시오.

하지만 약한 손과 떨리는 무릎의 더 빈번한 원인들은 굶주림, 즉 심각한 굶주림입니다. 영국에서도 기아(飢餓)라고 알려진 것이 있습니까? 예, 영적인 종류의 기아가 있습니다. 하나님을 예배하는 일에 봉헌되고서도, 결코 인간의 유익을 위해서는 제 기능을 못하는 많은 예배당들이 있습니다. 그리스도인이 일년 내내 들어가면서도, 하나님의 가르침에 대한 깨달음은 전혀 얻을 수 없는 교회들이 있습니다. 이 시대의 많은 목사들이 세련되고 유려한 언어를 사용하는 것이 네로를 닮았습니다. 그는 로마 시가 굶주리고 있을 때, 알렉산드리아에 대형 배를 보내어, 굶주린 배를 채워줄 곡물이 아니라 검투사들을 위해 모래를 실어 오도록 했습니다. 우리는 마치 도덕에 관한 한 편의 논문과 같은 매우 훌륭한 강연들을 많이 들어왔습니다. 하지만 거기에는 하나님의 불쌍한 백성들이 배고픈 입에 넣을 양식이 없었습니다.

신앙을 고백한다는 그리스도인들이 그토록 빈번한 변덕을 나타내는 것을 보면 그들을 좋게 평가할 수가 없습니다. 나는 이 시대의 사람들이 아르미니우스주의자의 말을 크게 기뻐하면서 듣는 것을 압니다. "너무나 귀하고, 훌륭하고, 진지한 사람이군!"이라고 하면서 말입니다. 그런데 만일 다음 주일에 칼빈주의자가 설교를 하면서 전 주일 설교자가 했던 말과 모든 면에서 상충하는 말을 해도, 사람들은 그가 단지 말을 유창하게 한다는 이유로 "오, 그는 매우 귀한 분이로군요!"라는 식으로 반응합니다. 그리고 그 다음 주일에 혹 극단적 칼빈주의자(hyper-Calvinist)가 아주 특이한 것에 대해 말하면 사람들은 또 이런 식으로 반응합니다. "그는 하나님의 귀한 종이로군. 그의 가르침은 정말 놀라워!" 그런 후에 펠라기우스파(Pelagian)나 혹은 아리우스파(Arian)가 와도 똑같은 반응을 보입니다. 그들은 그 모든 것을 받아들이고, 그 모든 가르침을 기뻐합니다. 그 이유는, 이 사람들이 결코 하나님의 말씀을 조금도 맛본 적이 없기 때문입니다. 그들은 그것을 쳐다볼 뿐, 그것을 맛보고 먹어보지 않았기 때문에, 그것에 대해 아무것도 알지 못합니다. 만일 그들이 하나님의 말씀을 먹었다면, 그들은 분별력과 지각을 활용할 수 있었을 것이며, 선한 것과 악한 것, 귀한 것과 천한 것을 구분할 수 있었을 것입니다.

우리 칼빈주의 설교자들 중에서도 하나님의 백성을 먹이지 않은 이들이 많습니다. 그들은 선택을 믿지만, 그것을 전하지는 않습니다. 그들은 제한적인 구속이 참되다고 생각하지만, 그것을 그들의 신조의 궤에 넣어 자물쇠를 채워둘 뿐, 결코 그들의 사역에서 그것을 꺼내어 활용하지 않습니다. 그들은 최종적인 성도의 견인을 신봉하지만, 참으로 꿋꿋하게도 그것에 대해 침묵하고 있습니다. 그들은 효과적인 소명이 있다고 생각하지만, 그들 자신이 그것을 효과적으로 전하기 위해 부름을 받았다고 여기지는 않는 듯합니다. 많은 사람들에게서 우리가 발견하는 큰 잘못은, 그들이 믿는 바를 밝히 말하지 않는다는 것입니다. 여러분은 그들에게서 오십 번을 들어도 복음의 가르침이 무엇인지, 구원에 관한 그들의 교리 체계가 무엇인지 이해하지 못할 것입니다. 이 때문에 하나님의 백성들이 굶주림에 처한 것입니다. 그들이 불쌍하고, 약하고, 굶주리는 하나님의 자녀들을 위해 가지고 있는 유일한 처방책은 긴 채찍입니다. 그들은 언제나 이 채찍으로 시끄러운 소리를 내면서 "이것을 하라! 저것을 하라! 또 다른 일을 하라!"고 외칩니다. 만일 그들이 채찍을 구유에 내려두고 하나님의 백성을 먹인다면, 그들이 천국을 향해 가는 경주를 달릴 수 있을 것입니다. 하지만 지금은 온통 채찍질만 있을 뿐 곡식은 없으니, 어떤 사람도 그것을 먹고 생존할 수는 없는 노릇입니다. 그 어떤 하나님의 자녀도, 오래된 복음의 교리와 결합되지 않은 단순한 훈계만으로는 은혜 안에서 강하게 자랄 수 없습니다.

나는 우리의 모든 강단들에서 오웬(Owen), 번연(Bunyan), 차르녹(Charnock), 굿윈(Goodwin) 등과 같이 진리를 알고 담대히 전했던 옛 시대 인물들의 가르침들이 울려 퍼지는 것을 듣고 싶습니다. 옛 시대에는 영적 거인들이 있었습니다. 런던 시내의 모든 지역 교회에서, 교구와 구역에서, 여러분은 하나님의 어린아이들이 아닌 장성한 어른들을 발견할 수 있었습니다. 그들 각자가 이스라엘의 선생의 권위로써 하나님의 말씀을 선포할 수 있었습니다. 이제 우리는 그런 분들을 어디에서 찾을까요? 우리는 수고하고 애쓰며, 땅을 파고, 땀을 흘리며, 무언가를 위해 노력하지만, 결국에는 아무것도 아닙니다. 손이 약하고 무릎이 떨리는 한 그럴 수밖에 없습니다. 오랜 교리들이 우리에게서 부인되고, 진리가 우리의 사역에서 뒷전에 머물러 있는 동안에는 그럴 수밖에 없습니다. 하나님의 자녀들을 잘 먹이십시오. 그들에게 위로를 주십시오. 그들에게 하나님 나라의 달콤한 음식들을 많이 제공하십시오. 그러면 그들이 강하게 자랄 것이며, 일하기 시작할 것입니다.

한편으로, 두려움이 사람들의 무릎이 약한 큰 이유입니다. 의심과 불신이 사람들의 손에서 힘을 빠지게 만드는 큰 원인입니다. 하나님을 믿는 자는 거의 전능합니다. 성령으로 말미암아 기도에서 강한 자 역시 그러합니다. 하나님을 전심으로 믿는 자에 대해 말하자면, 세상에서 그와 맞설 자가 없습니다. 또한 하나님께 영혼의 간절함을 다해 기도하는 자는, 하나님의 전능의 힘을 움직일 것이며, 세상을 움직이시는 그 팔을 움직일 것입니다. 한 사람에게 믿음을 주고, 그를 원수들 한가운데에 두십시오. 그러면 그는 마치 개들의 무리 가운데 있는 사자처럼 되어, 그들 모두를 쓸어버릴 것입니다. 손쉬운 동작으로 그의 어마어마한 힘을 발휘하여, 그는 그들 모두를 찢어버리고 죽여 쓰러뜨릴 것입니다. 믿는 자와 맞설 수 있는 것은 아무것도 없습니다. 그는 바위 터 위에 자기 깃발을 세울 것이며, 그 위에 서서 칼을 빼어들고 소리칠 것입니다. "하나씩 오라, 모두 오라! 이 견고한 바위처럼 나는 견고하다. 내가 너의 상대자이다. 나는 믿노라, 그러므로 이렇게 말하노라. 나는 여전히 믿노라, 그러므로 다시 말하노라. 비록 온 땅과 지옥이 내게 몰려와도 나는 요동치 않으리라."

하지만 사람이 의심하고 두려워할 때, 그의 힘이 어디에 있을까요? 당신이 의심하는 순간 당신의 힘도 날아갑니다. 강한 발은 사람을 강하게 만들지만, 강한 무릎은 그를 더욱 강력하게 만듭니다. 그리스도의 군사들은 언제나 그들의 무릎으로 이깁니다. 그들의 발로 그들은 이길 수 있습니다. 하지만 그들의 무릎으로 그들은 무적이 됩니다. 기도하는 군대는 굉장한 군대입니다. 나폴레옹은 워털루 전투의 막바지에 그의 오랜 호위대를 보내었습니다. 그들은 언제나 승리를 가져왔었지만, 마지막에는 패배하고 말았습니다.

하지만 무릎에서 강한 사람들, 이들은 결코 패배한 적이 없습니다. 그들이 견고한 방진(方陣)을 이루어 행진할 때, 그들의 진군은 영국의 온 군대가 용기를 다해 총검으로 밀고 나아가는 것보다 더 강력합니다. 그 어떤 것도 기도하는 사람들과 맞설 수는 없습니다. 교회가 기도의 무릎을 꿇으면, 원수를 무릎 꿇게 할 힘을 얻을 것입니다. 하지만 기도의 무릎을 꿇지 않을 때, 우리는 두려움과 낙심의 무릎을 꿇게 될 것입니다. 다른 전사들은 이렇게 외칩니다. "용사들이여, 일어나 저들을 상대하라!" 하지만 우리의 외침은 이것입니다. "용사들이여, 기도의 무릎을 꿇고, 저들을 상대하라!" 거기, 무릎에서부터 여러분은 강해집니다. 위대하신 하나님의 보좌에 가까워질 때, 여러분은 힘과 승리의 원천에 가까워지는 것입니다. 그러므로 두려움은 제거되어야 합니다. 우리는 하나님과 씨름해야 합니다. 그럴 때 그분은 우리에게 강한 믿음 주시기를 기뻐하실 것입니다. 더 이상 약한 손과 떨리는 무릎을 갖지 맙시다. 하나님의 말씀과, 우리 기업의 분깃과, 그분의 사랑과, 최후의 견인에 대해서 의심하지 않고, 오히려 믿고 강해지도록 합시다.

한 가지만 더 말하고자 합니다. 게으름이 사람의 손과 무릎을 약하게 만들 수 있습니다. 팔은 사용될 때 강해집니다. 대장장이가 튼튼한 손을 가지는 것은 끊임없이 망치를 쓰기 때문입니다. 산을 오르거나, 매일 먼 거리를 걷는 자는, 발이 강해질 것입니다. 가만히 앉아 있거나 거의 걷지 않는 자는 조금만 걸어도 피곤해지지만, 걸어서 온 대륙을 다니는 자는 쉽게 피곤을 느끼지 못합니다. 팔 다리의 사용이 우리를 강하게 하고, 게으름은 우리를 약하게 만듭니다. 여러분 중에서 많은 이들이 더 많이 수고한다면 더 강해질 것입니다. 그리스도의 교회가 게으른 집단이 되다니요! 내 생각으로는, 다른 어떤 사람들의 단체에서보다 그리스도의 교회에서 게으른 사람들이 더 많이 발견될 것으로 여겨집니다. 활기차고 씩씩하게 행하면서 하나님을 섬기는 이들이 더러 있습니다. 하지만 여러분 중에 얼마나 많은 이들이 하나님을 위해 아무것도 하지 않으면서, 자리를 차지하고 앉아서 설교를 듣는 것으로만 만족하고 있는지요!

나는 주저 없이 말합니다. 아마도 이곳에 있는 많은 이들은 일생 단 한 사람의 영혼도 그리스도께로 인도하지 않았을 것이며, 그렇게 하려는 시도조차 하지 않았을 것입니다. 여러분은 결코 가련한 영혼을 가슴에 품지 않으며, 죽어가는 가련한 이웃들을 위해 결코 기도하지 않습니다. 이따금씩 여러분이 술주정뱅이를 만나면, 여러분은 이렇게 말합니다. "거참, 아주 딱하군." 그리고 어떤 살인자에 대해 들으면 이렇게 말하지요. "그것 참 끔찍한 일이로군." 하지만 여러분은 그 일에 대해 거의 관심을 기울이지 않습니다.

여러분은 이 땅의 불의와 죄악으로 인해 근심하지도 않고 부르짖지도 않습니다. 여러분은 무엇을 합니까? 여러분은 이따금씩 접시에 6펜스를 넣고, 그것이 하나님의 대의를 위한 여러분의 헌물이라고 여깁니다. 여러분은 찬송을 부르거나 기도 모임에 참여하며, 그것으로 하나님을 섬기는 의무를 다했다고 여깁니다. 소위 종교적인 사람들의 습관은 이런 것입니다. 그들은 자릿세를 내고, 예배당에 참여합니다. 그리고 그것으로 의무를 다했다고 여깁니다. 심지어 목회 사역 그 자체에서도, 한 성직자가 기도문을 읽고 설교를 했으면 자기 의무를 다했다고 말하는 것을 듣습니다. 하지만 우리는 좀 더 뜨거운 마음을 갖기 원하고, 좀 더 활동적인 삶을 살기를 원합니다. 그렇지 않으면 정녕 교회는 게으름으로 인해 죽고 말 것입니다.

오, 여러분 모두가 이 땅의 삶에서 그리스도를 위해 무언가 해야 할 일이 있다고 여기고, 또한 그것을 반드시 행하기를 바랍니다. 비록 여러분의 무릎이 약하더라도, 그것으로써 여러분이 할 수 있는 최선을 다해 하나님을 섬기십시오. 비록 여러분의 손이 약해 늘어뜨려져도, 그 약한 손을 가지고라도 할 수 있는 최선을 다하십시오. 그리고 약한 팔에 힘을 주시도록, 여러분이 더 강해지도록 하나님께 기도하십시오. 그러면 여러분은 더 많은 일을 할 수 있을 것입니다. 하지만 여러분 모두가 무언가를 행해야 합니다. 영국이라는 국가가 모든 국민에게 자기 의무를 다할 것을 기대할진대, 하물며 교회는 모든 신앙고백자들에게 주님을 위해 자기 의무를 행하라고 요구하는 것이 마땅하지 않겠습니까?

선해지는 것으로 충분하다고 여기지 마십시오. 선을 행하십시오. 새로운 공기 없이 밀폐되면 촛불은 곧 꺼지고 말 것입니다. 여러분의 빛에 충분한 공기를 공급하십시오. 그러면 그것이 더 밝게 타오를 것이며, 다른 사람들이 여러분의 빛을 보고 그 안에서 즐거워할 것입니다. 여러분의 별미를 혼자만 먹으려 하지 마십시오. 만일 그렇게 하면 여러분은 약해질 것입니다. 하나님이 그렇게 정하셨기 때문입니다. 만약 우리가 우리의 신앙으로 자기 혼자만을 위해 지킨다면 그 신앙은 약해질 것입니다. 금을 저장해두는 자가 더 부하게 되는 것이 아닙니다. 오히려 그것을 사용하여 이윤을 남기는 자가 자기 자신을 더 부하게 할 뿐 아니라 다른 사람들도 부하게 하는데 도움을 줄 수 있습니다. 여러분의 신앙에서도 그렇게 하십시오. 그것을 사용하십시오, 그러면 더 부하게 될 것입니다. 사람들의 영혼에 물을 주십시오, 그러면 여러분도 물을 공급받을 것입니다. 신앙적인 사람들에게 가장 실천적인 방식은 무언가를 행하는 것입니다. 병든 자를 방문하고, 가난한 자들을 돕고, 무지한 자를 가르치며, 괴로워하는 자를 위로하십시오. 이 모든 일에서 여러분은 하나님이 여러분에게 복을 주시는 것을 발견할 것입니다. 또한 여러분의 손은 강해질 것이며, 여러분의 무릎은 비틀거리지 않을 것입니다. 무엇보다도, 거룩하신 성령께 여러분을 강하게 해 주시도록 부르짖으십시오. 그분이 없이는 모든 일이 허사입니다.

제
29
장

벙어리의 혀가 노래하다

"그 때에 저는 자는 사슴 같이 뛸 것이며 말 못하는 자의 혀는 노래하리니 이는 광야에서 물이 솟겠고 사막에서 시내가 흐를 것임이라."—사 35:6

은혜가 마음에 임할 때마다 얼마나 큰 변화를 일으키는지요! 우리는 여기에서 눈 먼 자들을 발견하지만, 그들은 어떤 의미에서는 맹인들이 아닙니다. 은혜가 그들의 눈을 만졌고, 눈 먼 자들의 눈이 떠졌습니다. 귀먹은 사람들도 있다고 하지만, 은혜가 그들에게 역사한 이후 그들은 더 이상 귀먹은 자들이 아닙니다. 귀먹은 자들의 귀가 열렸습니다. 그들은 한때 저는 자였습니다. 하지만 전능자의 힘이 그들에게 임하자, 그들은 사슴과 같이 뜁니다. 그리고 말 못하던 자는 더 이상 벙어리가 아니며, 근본적으로 변화되어, 그 결과가 놀랍습니다. 벙어리의 혀가 단지 말하는 것이 아니라 노래를 합니다! 은혜가 사람의 마음에 들어갈 때, 그것은 그 사람 안에서 큰 변화를 초래합니다.

그러므로 스스로 하나님의 자녀들이라고 단언하면서도 여전히 죄 속에 살고 있는 자들의 자랑과 신앙 고백이란 얼마나 헛된 것인지요! 그들의 행위에서는 눈에 띄게 바뀐 것이 없습니다. 그들은 회심했다고 자처하는 이전과 달라진 것이 없으며, 예전의 모습 꼭 그대로입니다. 그들은 행동에 있어서 조금도 변하지 않았으면서, 감히 그들 스스로를 하나님의 자녀로 부르심을 받은 자들이라고 단언합니다. 그런 자들은 그들의 신앙 고백이 거짓말이라는 것과, 또한 그들의 소망이 오직 허위에 근거하고 있음을 알아야 합니다. 하나님의 은혜가 있는 곳이라면, 어디에서든 변화가 따르기 때문입니다. 은혜가 없는 사람은 은혜의 사람과 같지 않으며, 은혜의 사람은 은혜 없는 사람과 같지 않습니다. 우리는 "그리스도 예수 안에서 새로운 피조물들"입니다. 하나님께서 사랑의 눈으로 우리를 바라보시고 회심과 거듭남을 위해 역사하실 때, 그분은 우리를 예전과는 정반대로 만드십니다. 마치 어둠에서 빛으로 바뀌는 것과도 같고, 또는 지옥에서 천국으로 옮겨지는 것과도 같습니다. 하나님은 사람 속에서 너무나 큰 변화를 일으키시기 때문에 어떤 개혁으로도 그것을 충분하고 철저하게 모방하지 못합니다. 그것은 전적인 변화입니다. 의지의 변화이며, 존재의 변화입니다. 또한 욕망과 미움의 변화이며, 싫어하는 것과 좋아하는 것의 변화입니다. 하나님의 은혜가 한 사람의 마음속에 들어갈 때 그 사람은 모든 면에서 새롭게 됩니다.

그런데도 당신은 스스로 "나는 회심했습니다"라고 말하면서 예전 그대로의 모습으로 남아있군요! 나는 다시 한 번 당신의 면전에서 말합니다. 당신은 헛된 말을 하고 있습니다. 당신이 하는 말에는 어떤 근거도 없습니다. 만약 은혜가 당신으로 하여금 예전처럼 죄를 짓도록 허용한다면, 그 은혜는 전혀 은혜가 아닙니다. 사람이 은혜를 받은 이후에도 그것이 예전과 똑같이 살도록 허용하는 은혜라면, 그런 은혜란 받을 가치가 없는 것입니다. 우리는 성화(sanctification)의 위대한 교리를 굳게 붙들어야 합니다. 하나님이 진정으로 의롭게 하시는(justifies) 곳에서, 그분은 또한 진정으로 거룩하게 하십니다(sanctifies). 죄의 사면(remission)이 있는 곳에서는, 또한 죄를 버림(forsaking)도 있습니다. 하나님께서 우리의 불의를 도말하시는 곳에서, 그분은 또한 불의에 대한 애착도 제거하십니다. 그리고 우리로 하여금 거룩함을 추구하게 하시고, 주의 길 안에서 행하게 하십니다. 우리는 이러한 추론이 우리가 살펴보려는 이 본문 말씀에 대한 서론으로서 적절하다고 생각합니다.

첫째, 하나님께서 영원히 찬미의 노래를 부르도록 택하신 백성들이란 어떤 종류의 사람들인지 여러분이 주목하기를 바랍니다. 둘째, 나는 여기서 언급된 벙어리들에 대해 좀 더 자세히 묘사하기를 원합니다. 그런 후 나는 그러한 말 못하는 백성이 다른 때보다 더 아름답게 노래하는 특별한 때와 시기에 관해 다루어보려고 합니다.

1. 벙어리의 혀가 노래하리라.

첫째, "말 못하는 자의 혀가 노래하리라." 우리는 이것을 첫 번째 요점으로 삼을 것입니다.

하나님이 그분의 노래를 부르도록 선택하신 사람들을 보십시오. 자연적으로는 선택받은 자들과 다른 사람들 사이에 차이가 없습니다. 지금 하늘에서 영화롭게 되어, 황금 길에서 순결한 옷을 입고 걷는 이들은, 타고난 본성으로는 거룩하지 못하고 더러웠습니다. 창조 때의 의로부터 멀어진 그들은 본성적으로 그리스도를 거부했으며, 죄를 사랑했고, 스스로를 죄의 형벌인 영원한 고통의 구덩이로 몰아갔습니다. 천국에 있는 자들과 지옥에 있는 자들 사이에 왜 차별이 있는가에 대한 유일한 이유는, 하나님의 은혜의 여부에 달려 있으며, 오직 그 한 가지에만 달려 있습니다. 영원한 자비가 그 손을 펼쳐 그들을 속량하지 않았더라면 천국에 있는 자들도 필연적으로 버려지고 말았을 것입니다. 그들은 본성상으로는 다른 사람들에 비해 조금도 우월하지 않습니다. 만약 은혜가, 거저 주시는 은혜가, 그들을 그러한 죄를 범하도록 막지 않았더라면, 그들은 틀림없이 그리스도를 거부했을 것이며, 버려진 다른 자들처럼 예수님의 피를 발로 밟았을 것입니다. 그들이 그리스도인이 된 이유는 그들이 자연적으로 그렇게 되기를 원했기 때문이 아니며, 그들이 타고나면서부터 그리스도를 알기를 바랐거나 혹은 그분 안에서 발견되기를 원했기 때문도 아닙니다. 그들이 지금 성도들인 이유는 그리스도께서 그들을 그렇게 만드셨기 때문입니다. 그분이 그들에게 구원받고 싶은 소원을 주셨습니다. 그분이 그들 속에 하나님을 찾으려는 의지를 넣어 주셨고, 그런 과정에서 그들을 도우셨으며, 또한 그 후에도 칭의(稱義)의 열매인 하나님의 평화를 느끼게 해 주셨습니다. 하지만 본성상으로 그들은 다른 사람들과 마찬가지입니다. 만일 어떤 차이가 있다면, 우리는 그 차이가 오히려 나쁜 측면에서 차이가 있다고 말해야 할 것입니다. 많은 경우에 있어서, 지금 "하나님의 영광을 바라고 즐거워하는"(롬 5:2) 우리들은 사람들 중에서 최악이었던 자들입니다.

지금 이곳에서 구원으로 인해 하나님을 찬송하는 이들 중에는 한때 그분을 저주했던 이들이 더러 있습니다. 그들은 한때 맹세와 욕설로써 하나님의 저주가 그들 자신과 동료들 위에 임하기를 바란다고 감히 말하곤 하던 자들이었습니다. 주님의 기름 부음을 받은 이들 중에 많은 이들이 한때는 사탄의 하수인들이었고, 사회의 쓰레기들이요, 세상의 찌꺼기였던 자들이었습니다. 그들은 누구도 돌보지 않았던 소위 부랑자들이었건만, 하나님이 그들을 기뻐하는 자들로 부르시고, 그들에게 사랑을 나타내보이셨습니다. 나는 이러한 사실로부터 이러한 생각을 하게 됩니다. 즉 이곳에서 노래하는 우리가 전에는 벙어리였다는 것입니다. 우리의 노래는 우리에게서 자연적으로 나오는 것이 아닙니다. 우리는 본래부터 노래하는 자들이 아니었습니다. 결코 그렇지 않았습니다. 우리는 한때 말 못하는 자들이었으나, 하나님께서 우리로 하여금 그분을 찬송케 하셨던 것입니다. 본문은 말을 더듬는 자의 혀에 대해서나, 혀로 훼방을 일삼던 자의 혀에 대해서나, 또는 혀를 악하게 사용하던 자의 혀에 대해서 말하지 않습니다. 오히려 본문은 벙어리의 혀에 대해 말하며, 노래하는 것을 전혀 생각할 수 없었던 이들의 혀에 대해 말합니다. 그러나 바로 이런 자들의 혀가 하나님을 찬미하며 노래하게 되었습니다.

하나님의 선택은 참으로 기이합니다. 그 은혜로우심이 기이하고, 나타나는 방식이 기이하며, 그분의 주권적인 뜻이 기이합니다! 하나님은 그분 자신을 위해 천국에서 '산 돌'(living stones)로 궁전을 만들고자 하셨습니다. 그분은 어디에서 그 돌들을 구하셨을까요? 그분이 바로의 채석장으로 가셨습니까? 그분이 완벽한 채석장에서 가장 부요하고 가장 순수한 대리석들을 가져오셨습니까? 그렇지 않습니다. 너희 성도들아, "너희를 떠낸 반석과 너희를 파낸 우묵한 구덩이를 생각하여 보라"(참조. 사 51:1). 여러분은 죄로 가득했으며, 순결하고 흰 돌들과는 거리가 멀었습니다. 여러분은 더럽고 오염되었었고, 영적인 성전을 세우는 돌들이 되기에는 전혀 어울리지 않게 보였습니다. 그러나 그분이 여러분을 선택하여, 그분의 은혜와 구원의 능력을 나타내는 기념비로 삼으셨습니다.

솔로몬이 자기 자신을 위해 궁전을 세웠을 때, 그는 백향목으로 그것을 세웠습니다. 하지만 하나님이 자신을 위해 영원히 거할 궁전을 세우실 때, 그분은 좋은 백향목들을 베지 않으셨습니다. 오히려 그분은 가시떨기 사이에 거하셨고, 그것을 그분의 영원한 기념물로 삼으셨습니다. 가시떨기에 거하신 하나님이십니다! 금 세공인들은 귀한 재료들을 가지고 절묘한 모양의 장신구를 만듭니다. 그것으로 황금 팔찌와 귀고리들을 만듭니다. 하나님은 천한 재료를 가지고 귀한 것들을 만드십니다. 또한 그분은 더러운 시내의 검은 자갈들 사이에서 돌들을 취하시어, 그것들을 그분의 불멸의 사랑이라는 황금 반지에 박아 넣으십니다. 그리하여 그것들을 영원히 그분의 손가락에서 번쩍이는 보석들로 삼으십니다. 그분은 최상의 것들을 택하시지 않았지만, 아니 최악으로 보이는 인간들을 고르셨지만, 그들을 그분의 은혜의 기념비로 삼으셨습니다. 또한 그분이 천국에서 합창대를 두어 그분의 찬송을 부르게 하려 하실 때에, 많은 물소리나 많은 천둥소리보다 더 웅장하게 할렐루야를 부르게 하실 때에, 그분은 은혜를 보내어 지상의 가수들을 찾거나, 우리 중에서 가장 감미로운 목소리를 가진 자들을 선발하지 않으셨습니다.

그분은 이렇게 말씀하셨습니다. "은혜여, 가서 벙어리들을 찾아내라. 찾아서 그들의 입술을 만지고, 그들로 노래하게 하라. 전에 한 번도 내 찬송을 부른 적이 없던 혀, 지금까지 줄곧 침묵을 지켰던 혀들이 터져, 숭고한 서사시를 낭송하게 하고, 앞장서 노래하게 하라. 천사들조차 그들 뒤에서 시중들게 하며, 한때 벙어리였던 자들의 입술에서 나오는 선율에 귀를 기울이게 하라!" 장차 "말 못하는 자의 혀가 노래하여" 그분을 찬송하리라!

오! 여기에서 여러분과 나를 위해 위로의 샘이 터집니다! 사랑하는 이여, 만약 하나님께서 세상에서 천한 것들을 택하지 않으신다면, 그분은 결코 우리를 택하지 않으셨을 것입니다. 만약 그분이 인간의 외모를 중시하신다면, 만약 하나님이 사람을 차별하는 분이라면, 여러분과 나는 오늘 어디에 있었을까요? 우리는 결코 그분의 사랑과 자비의 사례들이 되지 못했을 것입니다. 우리가 지금 우리 자신을 바라볼 때, 그리고 한때 우리가 어떤 자들이었는지를 기억할 때, 우리는 자주 이렇게 말해야 할 것입니다.

"그토록 깊은 자비가 있을 수 있다면,
그 자비는 나 같은 이를 위해 준비된 것이 아닐까?"

우리는 주의 식탁, 곧 우리 주님의 성찬의 식탁에서 지금까지 수없이 이 노래를 불렀습니다.

"주의 음성을 내가 들으니
아직 자리가 있을 때에 오라 하시네.
다른 이들은 불행한 선택을 하여

주리면서도 오지 않으려 하네."

우리는 또한 함께 이 노래를 불렀습니다.

"이 잔치에 우리를 들어오게 만든 것은
부드럽게 강권하신 그분 사랑이라네.
그렇지 않았다면 우리는 계속해서 거절하며
우리의 죄 중에서 죽었으리라."

은혜는 언제나 은혜이지만, 우리가 스스로를 합당치 못하다 여기지 않는 동안에는 결코 은혜가 은혜로 보이지 않습니다. 그러므로 여러분은 주께서 여러분을 선택하신 것은 전적으로 은혜임을 인정해야 하며, 여러분의 예견된(foreseen) 믿음 때문이었다거나 혹은 여러분의 예견된 선행 때문이었다는 식의 생각들을 버려야 합니다. 우리는 그것이 은혜 때문이었다고, 오직 값없이 베푸신 은혜 때문이었다고 느끼고 인식해야 합니다. 선을 행하기에 앞서 우리를 앞서 이끄시는 그분의 은혜가 아니라면 우리는 결코 선을 행할 수 없고, 또한 선을 행하는 중에도 그분의 은혜가 아니라면 그것을 지속할 수 없습니다. 그러므로 선한 행실이 하나님의 사랑의 동기가 될 수 없으며, 그 사랑이 우리에게 흘러들어온 이유가 되지 못합니다.

오! 여러분 성도들이여, 여러분의 깊고도 타고난 부패성을 느끼고, 아담의 타락으로 인한 여러분의 타락을 슬퍼하며, 오직 여러분의 마음이 하나님을 향하도록 하십시오! 그분은 아담이 여러분에게 물려준 모든 장애로부터 여러분을 구원하셨습니다. 여러분의 혀는 풀립니다. 그것은 지금 풀어졌습니다. 아담이 그것을 굳어지게 하였으나, 하나님이 그것을 풀어지게 하셨습니다. 여러분의 눈은 아담의 타락으로 인해 감겼으나, 이제는 다시 떠졌습니다. 그분이 여러분을 더러운 진흙탕에서 건져내셨습니다. 아담이 잃어버린 것을 그리스도께서 회복하여 우리에게 주셨습니다. 그분이 우리를 구덩이에서 건지셨고, "우리 발을 반석 위에 두사 우리 걸음을 견고하게 하셨으며, 새 노래를 곧 하나님께 올릴 영원한 찬송을 우리 입에 두셨습니다"(참조. 시 40:2-3). "말 못하는 자의 혀가 노래하리라!"

이 요점을 정리하면서 한 가지만 더 언급하겠습니다. 이것이 다른 사람들에게 선을 행하도록 하는데 얼마나 큰 격려가 되는지요! 내 형제들이여, 나는 하나님이 나 같은 자를 구원하신 것을 알기에, 하나님의 은혜가 구원하지 못할 사람은 없다고 생각합니다. 내 청중 가운데에 너무나 오래도록 죄 속에서 살아온 어떤 이로 인해 낙심을 느낄 때마다, 나는 내 기억의 서가(書架)에서 나 자신의 생애를 끄집어 내리기만 하면 됩니다. 그리하여 나와 같은 자도 결국 은혜가 구원하여 내 구주께로 인도한 것을 생각하기만 하면, 나는 스스로에게 이와 같이 말하게 됩니다. "저 사람이 구원을 받아도 전혀 놀랄 일이 아니야. 내 주님께서 내게 행하신 일을 생각하면 나는 그분이 어떤 일도 행하실 수 있음을 믿을 수 있으니까. 만약 그분이 내 죄를 도말하셨다면, 그분이 내 죄를 깨끗하게 치워 버리셨다면, 내 동료들 중 어느 누구로 인해서도 결코 낙심하지 않을 수 있어. 나 자신에 대해서는 낙심할 수 있지만, 그들로 인해서는 낙심할 수가 없지."

기억하십시오. 그들이 지금은 벙어리일 수 있습니다. 하지만 그분이 그들을 노래하게 하실 것입니다. 당신의 아들 존이 지독한 무뢰한일 수 있습니다. 어머니여, 그를 위해 계속 기도하십시오. 하나님은 그의 마음을 바꾸실 수 있습니다. 당신의 딸의 마음이 돌처럼 완강하게 보일 수 있습니다. 벙어리로 하여금 노래하게 하실 수 있는 하나님은 바위를 녹이실 수 있습니다. 여러분 자신을 위해서 뿐 아니라 여러분의 자녀들을 위해서도 하나님을 믿으십시오. 그분을 신뢰하십시오. 그들의 사정을 보좌 앞으로 가지고 가십시오. 그분이 그 일을 행하실 수 있음과, 간절한 기도에 대한 응답으로 그분이 친히 그 일을 행하실 것을 믿으십시오. 여러분의 이웃이 죄의 전염병으로 가득하여도, 코를 찌르는 악취처럼 그들의 악행이 여러분 가까이에서 만연하여도, 그들에게 복음 전하기를 두려워 마십시오. 그들이 매춘부들이건, 술주정꾼들이건, 거짓으로 맹세하는 자들이건, 그들에게 죽음으로 보이신 구주의 사랑을 말하기를 두려워 마십시오. 그분은 벙어리들을 노래하게 하십니다.

그분은 처음부터 그들에게 발성을 요구하지 않으십니다. 그들은 말 못하는 자들이기 때문입니다. 그분은 그들에게 말의 능력을 요구하지도 않으십니다. 오직 그분이 그들에게 그 능력을 주십니다. 오, 여러분에게 안식일을 미워하는 이웃들이 있다면, 하나님을 미워하는 자, 하나님의 집에 오기를 싫어하는 자, 그리스도를 멸시하는 자들이 있다면, 하나님께서 벙어리들로 노래하게 하시는 것과,

그러므로 그들을 살게 하실 수 있다는 것을 기억하십시오. 그분은 처음에는 그들에게서 어떤 선함도 원치 않으십니다. 그분이 원하시는 것은 거칠고, 가공되지 않은 재료, 다듬지 않고, 깎지 않고, 문질러 윤을 내지 않은 재료입니다. 그것이 전부입니다. 그분은 심지어 좋은 재료를 원치도 않으십니다. 재료가 나쁠지라도, 그분은 그것으로써 더없이 귀중한 무언가를 만드실 수 있으며, 구주의 피에 합당한 무언가를 만드실 수 있습니다. 그러니 두려워 말고 전진하십시오. 만약 벙어리가 노래할 수 있다면, 어떤 사람은 버려질 수밖에 없다는 식으로 말해서는 안 됩니다.

이제 나는 이 말 못하는 백성들에 대해 좀 더 명료하게 묘사하려고 합니다.

2. 이 말 못하는 자들은 누구인가?

이따금씩 나는 크루덴(Cruden)의 성구사전(Concordance)에서 좋은 착상을 얻습니다. 나는 그것이 최상의 성경 주석이라고 믿으며, 그것을 연구하는 것을 좋아합니다. 나는 이 본문과 관련하여 그 책을 펼쳐보았고, 크루덴이 다양한 종류의 벙어리들에 대해 묘사한 것을 발견했습니다. 하지만 나는 그 중에 네 가지만을 언급하도록 하겠습니다. 그가 언급한 첫 번째 종류의 벙어리들은 말을 하지 못하는 자들입니다. 두 번째 종류는 말을 하지 않으려는 자들입니다. 세 번째 종류는 말할 용기가 없는 자들입니다. 네 번째 종류는 말할 것이 없기 때문에, 벙어리가 된 자들입니다.

장차 노래할 백성 중에서 첫 번째 종류의 벙어리들은 말을 못하는(cannot speak) 자들입니다. 그것이 벙어리라는 단어의 일반적인 의미인데, 여기서는 그 용어를 단지 비유적으로 적용하였습니다. 우리는 말하지 못하는 사람을 벙어리라고 부릅니다. 영적으로 여전히 죄와 허물 가운데 있는 자가 벙어리인데, 나는 그것을 입증할 것입니다. 그는 죽었으며, 죽은 사람보다 말을 못하는 이는 없습니다. "유령들이 일어나 주를 찬송하리이까? 주의 인자하심을 무덤에서, 주의 성실하심을 멸망 중에서 선포할 수 있으리이까?"(시 88:10-11). 하나님의 말씀은 그 사람들이 영적으로 죽었다고 단언하며, 따라서 그들은 영적으로 말 못하는 자들임에 틀림없습니다. 그들은 하나님을 찬미하는 노래를 부르지 못합니다. 그들은 그분을 알지 못하며, 따라서 그들은 그분의 영광스러운 이름을 높여드리지 못합니다. 그들은 자신들의 죄를 시인하지 못합니다. 단지 말로는 시인한다고 말할지 몰라도, 진정으로 시인하지는 못합니다. 왜냐하면 그들은 죄의 악함을 알지 못하기 때문입니다. 그들은 죄가 얼마나 고통스런 느낌을 주는 것인지를 배우지 못했고, 그들 자신이 죄인인 것도 배우지 못했습니다. "성령으로 아니하고는 누구든지 예수를 주시라 할 수 없다"(고전 12:3)고 했으니, 이 사람들은 진실로 그렇게 말하지 못합니다. 아마도 그들이 성경의 교리에 대해 말을 잘할 수 있을지 모릅니다. 하지만 그것을 그들의 마음에 가득한 상태에서 말하지는 못하며, 그들 자신이 알고 있는 생생하고 살아있는 고백으로서 그렇게 말하지는 못합니다. 그들은 찬미의 노래에 동참하지 못하며, 그리스도인의 대화에도 참여하지 못합니다. 혹 그들이 성도들과 함께 앉아 있을 수는 있습니다. 아마도 그들은 그리스도의 정원에서 몇 송이의 꽃을 따듯이 몇 마디 표현들을 주워들을 것이며, 그 표현들을 그들이 전혀 알지 못하는 어떤 문제에 적용하기도 할 것입니다. 그들은 언어를 구사하되, 그 의미를 이해하지도 못하는 언어를 구사합니다. 마치 밀턴(Milton)의 딸들이 그들의 아버지에게 뜻을 이해하지 못하면서도 글을 읽어주는 것과도 같습니다. 하지만 이 문제의 본질에 관한 한, 그들은 벙어리입니다.

하지만 얼마나 놀라운 은혜인지요! "말 못하는 자의 혀가 노래하리라!" 하나님이 그의 사랑하시는 자녀들을 반드시 그렇게 만드실 것입니다. 그들은 벙어리로 태어났습니다. 하지만 하나님께서 그들을 그렇게 내버려두시지 않을 것입니다. 그들이 지금은 그분을 찬미하는 노래를 부를 수 없지만, 후에는 그렇게 할 수 있을 것입니다. 그들이 지금은 죄를 고백하지 못하지만, 그분이 그들로 하여금 무릎 꿇게 하실 것이며, 그들의 마음을 그분 앞에 쏟게 할 것입니다. 그들이 지금은 가나안의 말을 할 수 없고, 시온의 언어를 구사할 수 없지만, 곧 그렇게 할 수 있을 것입니다. 은혜가, 전능의 은혜가, 그들에게 그 일을 이룰 것입니다. 그들은 기도하는 법을 배울 것입니다. 그들의 눈은 참회의 눈물을 흘리게 될 것입니다. 그리고 그 후에, 그들의 입술은 그 놀라운 은혜를 기리는 노래를 부를 것입니다.

내가 이 점을 상세하게 논할 필요는 없을 것입니다. 왜냐하면 이곳에는 한때 말 못하는 자였으며, 이제는 하나님을 찬미하며 노래하는 자들이 있기 때문입니다. 사랑하는 이여, 당신이 지금의 당신이 된 것이 때때로 아주 기이하게 여겨지지 않습니까? 나는 벙어리가 말하는 것이야말로 세상에서 가장 기이한 일이라고 생각합니다. 왜냐하면 그는 사람이 말하는 것이 어떤 것인지 느끼지를 못하고, 그것이 어떤 것인지 전혀 알 수가 없기 때문입니다. 태어나면서 맹인된 자가 보는 것이 무엇인지를 모르는 것과 마찬가지입니다. 나는 어느 맹인이 주홍색은 틀림없이 나팔소리와 흡사할 것이라고 말하는 것을 들은 적이 있습니다. 그는 달리 그것을 비교할 방법이 없었기 때문입니다. 그와 마찬가지로 벙어리는 말하는 것이 무엇인지에 대한 개념을 갖고 있지 않습니다. 당신은 지금의 당신이 된 것이 기이한 일이라고 생각합니까? 당신은 한때 이렇게 말했습니다. "나는 결코 저 점잔빼는 감리교도들 중의 하나가 되지 않겠습니다. 당신은 내가 종교를 고백할 것이라고 생각합니까? 뭐라고요? 내가 기도 모임에 참석하느냐고요? 천만에요!" 당신은 온 거리를 쏘다니며 환락과 유희를 추구하였고, 이렇게 말했습니다. "뭐라고! 내가 어린아이처럼 자기 생각을 버리고 단순한 믿음을 받아들이라고? 이성을 포기하라고? 내가 어떤 일들에 대해 논쟁을 포기하고, 단순히 하나님이 말씀하신 그대로 받아들이라고? 아니, 결코 그런 일은 없을 거야!" 나는 당신이 하나님의 자녀가 되어 이 자리에 있는 것이 하나의 경이라고 말해야 할 것입니다. 천국에 가서도, 당신이 알게 될 가장 놀라운 일은 당신이 구주를 알게 되었다는 사실일 것입니다.

또 한 종류의 벙어리들로서, **말하지 않으려는**(will not to speak) 사람들이 있습니다. 그들은 이사야가 언급한 자들입니다. 그는 당시의 설교자들에 대해 짖지 않으려는 "벙어리 개들"(사 56:10)이라고 말했습니다. 지금은 예전과 달리 이와 같은 종류의 말 못하는 사람들로 가득하지 않은 것을 하나님께 감사합니다. 특히 지난 세월 동안, 우리는 영국의 교구 곳곳을 돌아다녀보아도, 교회에서 벙어리 개들 외에는 찾아볼 수 없었던 것을 슬퍼해야 했습니다. 비국교도들의 강단에서도 예외가 아니었습니다. 어떤 이들은 하려고만 했다면 어느 정도 열성을 가지고 설교할 수도 있었겠지만, 그들은 참된 성실로써 하나님의 말씀을 전하는 대신 강단 아래의 사람들을 졸도록 만들었습니다. 그들은 그런 일에 대해 마지막에 하나님께 해명을 해야 할 것입니다.

내 할아버지는 한때 가까이에 살았던 한 사람에 대해 이야기를 들려주시곤 했습니다. 그는 그 자신을 복음의 설교자로 불렀던 자입니다. 그가 어느 가난한 여인의 방문을 받았는데, 그녀는 그에게 "새로운 출생"이 무슨 의미냐고 물었습니다. 그 질문에 그는 이렇게 대답했습니다. "여인이여, 왜 그런 문제로 나를 찾아오십니까? 유대인의 선생인 니고데모는 현명한 사람이었지만 그도 알지 못했습니다. 그런데 어찌 내가 알 것이라고 생각합니까?" 여인은 그런 대답만 듣고 돌아가야 했습니다. 종교에 관한 권위 있는 선생들이라고 간주되었지만, 실상은 그 문제에 대해 아무것도 모르는 많은 이들에게서 그런 식의 대답을 들어야 했던 때가 있었습니다. 그들은 설교에 대해서보다는 여우 사냥에 대해 훨씬 더 많은 것을 이해하였고, 하나님의 교회의 영적인 경작에 대해서보다는 그들 자신의 토지의 경작에 대해 더 많은 것을 알고 있었습니다. 하지만 이제는 그런 종류의 사람들이 많지 않은 것에 대해 하나님께 감사합니다. 우리는 그런 인종이 지구상에서 멸종되기를 기도합니다. 모든 강단과 모든 예배의 장소가 불의 혀와 불타는 가슴을 가진 이들로 채워져서, 그들이 사람들의 미소를 구하거나 그들의 찌푸린 얼굴을 두려워하지 않으며, 거리낌 없이 하나님의 모든 뜻을 선포하기를 기도합니다. 우리는 그렇게 되리라는 약속을 가졌습니다. "말 못하는 자의 혀가 노래하리라." 아! 하나님께서 그들로 노래하게 하실 때에, 그들이 노래를 잘하기를 바랍니다!

여러분은 로울랜드 힐(Rowland Hill)이 『마을 대담』*(The Village Dialogues)*이라는 책에서 메리맨(Merriman) 씨에 대해 말한 부분을 기억할 것입니다. 메리맨 씨는 설교자로서는 밥벌레와 같은 자였습니다. 그는 모든 자선시장과 잔치에는 모습을 나타냈지만, 정작 그가 나타나야 할 강단에는 좀처럼 모습을 드러내지 않았습니다. 하지만 그가 회심했을 때, 눈물이 흐르는 얼굴로 설교하기 시작했습니다. 교회에 사람들이 몰려들기 시작했습니다! 치안 판사는 교회에 가고 싶지도 않고 그런 설교를 듣고 싶지도 않았기에, 교회당 문을 폐쇄해 버렸습니다. 메리맨 씨는 문 밖에 작은 사다리를 만들어 두게 했습니다. 예배당 문을 부수고 열기를 원치 않았기 때문입니다. 사람들이 계단 여기저기에 모여 앉았고, 그 공간은 이전보다 두 배나 넓어졌습니다. 어떤 사람도 한때 벙어리였던 자들을 그토록 훌륭한 설교자들로 만들지는 못합니다. 하지만 하나님께서 그들의 입을 여실 때, 그들은 아무리 자주 그리고 아무리 열성적으로 설교해도, 그들이 전에 행했던 잘못들을 보상하기에는 충분하지 못하다고 생각합니다.

찰머스(Chalmers) 씨도 오랫동안 벙어리 개로 지내지 않았더라면, 그토록 웅변적인 설교자가 되지 않았을 것입니다. 그는 도덕에 대해 설교했고, 마침내 그 교구 전체를 비도덕적으로 만들어 버렸다고 그는 고백했습니다. 그는 하나님의 율법을 지키라고 계속하여 사람들을 재촉했지만, 결과는 그들로 하여금 그 법을 어기게 만드는 것이었습니다. 하지만 그가 변화되어 하나님의 복음을 전하기 시작했을 때, 벙어리들이 노래하기 시작했습니다. 오! 하나님께서 우리 모두에게도 이런 일이 생기게 해 주시길 바랍니다! 만약 우리가 겉모양만 그럴듯한 벙어리 목사들이라면, 그분이 우리 입을 열게 해 주시고, 우리로 하여금 그분의 말씀을 말하도록 강권해주시길 빕니다! 그리하여 마지막 날에 우리 청중들의 영혼의 피가 우리 옷자락에서 발견되지 않기를, 또한 우리 자신은 그리스도의 복음의 불충한 종들로서 버림받지 않게 되기를 바랍니다!

이제 여러분에게 세 번째 종류의 벙어리들을 소개하겠습니다. 그들이 벙어리인 이유는 그들이 감히 함부로 말하지 않기(dare not to speak) 때문입니다. 그들은 선한 사람들이고, 복된 영혼들입니다. 여기에 그들 중 하나가 있습니다. "저는 침묵의 벙어리였습니다. 저는 제 입을 열지 않았습니다. 당신께서 그렇게 만드셨기 때문입니다." 그런 식으로 말을 못하는 것은 너무나 복된 일입니다. 종종 주의 종은 시련과 고난 가운데에서 벙어리여야 합니다. 사탄이 그로 하여금 투덜거리도록 유혹할 때, 그는 손가락을 입술에 대고는 이렇게 말합니다. "불평하지 마라. 잠잠하라. 살아있는 사람이 어찌 자기 죄에 대한 징계를 불평하는가?" 하나님의 자녀도 칠일 낮과 밤을 가만히 앉아서 한 마디도 하지 않았던 욥처럼 행할 때가 있습니다. 그는 자기 고난이 무겁다고 느꼈으며, 아무 말도 할 수 없었습니다. 만일 욥이 며칠을 더 입을 다물고 있었더라면 좋았을 것입니다. 그랬더라면 그가 입 밖으로 내었던 많은 말들 중에서 많은 그릇된 말들을 하지 않았을 것입니다.

오, 사랑하는 이여, 하나님께 불평하지 않기 위해 여러분과 내가 혀에 재갈을 물려야 하는 때가 있습니다. 우리는 악한 무리들 중에 둘러싸일 수 있으며, 아마도 그럴 때 우리의 마음이 속에서 불이 붙은 듯 뜨거울 것입니다. 우리는 주를 위하는 명목으로 앙갚음하기를 원합니다. 그럴 때 우리는 시므이의 머리를 베기 원했던 다윗의 친구들과도 같습니다. "우리로 이 죽은 개의 머리를 베게 하소서"라고 우리는 말합니다(참조. 삼하 16:9). 그 때 예수님께서 칼을 집에 넣으라고 명하시며 "주의 종은 마땅히 다투지 아니하니라"(딤후 2:24)고 말씀하십니다. 얼마나 자주 우리는 벙어리가 되었던가요? 때때로 비방자들이 우리를 모독하고 비방을 일삼았습니다. 오, 그들을 향해 우리 손이 얼마나 근질거렸었던지! 우리는 둘 중 누가 더 강한지를 결판을 보기 원했습니다. 하지만 결국 우리는 이렇게 말했습니다. "아니야, 우리 주님은 비방에 대꾸하지 않으셨지. 그로써 그분은 우리로 하여금 그분의 발자취를 따르도록 본을 보여주셨지." 대제사장들이 많은 일로 그분을 비방했으나, 그분은 "한 마디도 대답하지 않으셨습니다"(마 27:14). 때때로 우리는 털 깎는 자 앞에서 잠잠한 양처럼, 혹은 도살자의 집에 있는 어린 양처럼, 침묵을 지키는 것이 어렵다는 것을 알았습니다. 우리는 가만히 있을 수가 없었습니다. 또한 질병으로 병상에 누워있을 때, 우리는 모든 불평의 말을 잠재우느라 애를 썼습니다. 우리는 할 수 있는 한 우리의 입술에서 한 문장의 불평도 빠져나가지 않도록 했습니다. 하지만 그 모든 것에도 불구하고, 잠잠히 입을 닫고 있는 것이 복된 것임을 알면서도, 그것이 어렵다는 것을 알았습니다.

큰 슬픔의 짐으로 눌린 중에도 침묵을 지켜온 여러분이여, 입술을 열면 찬미 대신 탄식이 나올까봐 노래를 중단했었던 여러분이여, 와서 이 약속에 귀를 기울이십시오. "말 못하는 자의 혀가 노래하리라." 그렇습니다. 비록 여러분이 지금은 가장 깊은 곤경에 처해 있어도, 그래서 침묵할 수밖에 없어도, 여러분은 노래하게 될 것입니다. 비록 지금은 여러분이 요나처럼 큰 물고기 뱃속에 있을지라도, 그가 말한 것처럼 깊은 곳 스올에 던져지고, 땅이 그 빗장으로 여러분을 오래도록 막고, 바다 풀이 여러분의 머리를 휘감은 것 같을지라도, 여러분은 "다시 주의 성전을 바라볼"(욘 2:4) 것입니다. 비록 여러분이 여러분의 수금을 버드나무에 걸었어도(참조. 시 137:2), 여러분이 아직 그것을 깨뜨리지 않은 것에 대해 하나님께 감사하십시오. 여러분은 장차 그것을 방치해 두었던 곳에서 취하여, 다시 그것을 사용하여 연주하게 될 것입니다.

"수금의 모든 줄을 깨워
하나님의 은혜를 크게 찬미하리라!"

비록 여러분에게 "밤의 노래"(욥 35:10)가 없어도, 그분이 장차 "구원의 노래로 여러분을 두르실 것입니다"(참조. 시 32:7). 지금은 여러분이 그분을 찬미할 수 없어도, 장래에 여러분에게 더 큰 은혜가 임할 때, 혹은 구원의 은혜가 여러분의 노래의 주제가 될 때에는 그렇게 할 수 있을 것입니다. 복되신 하나님께 감사하게도, 우리가 항상 고통으로 침묵하지는 않을 것입니다. 우리는 노래할 것입니다. 심지어 우리가 침묵해야 할 그 때에도 우리가 노래해야 한다고 나는 생각합니다. 비록 우리가 불평에 대해서는 벙어리라 해도, 하나님을 찬미할 때에는 노래해야 합니다. 어느 옛 청교도는 이렇게 말했습니다. "하나님의 백성들은 새와 같다. 그들은 새장 안에서도 최상의 노래를 부른다." 그는 또 말했습니다. "하나님의 백성은 가장 깊은 고난 중에서 최상의 노래를 부른다." 브룩스(Brooks) 목사는 이렇게 말했습니다. "홍수가 깊을수록, 방주는 더 높아져 하늘을 향해 간다."

하나님의 자녀는 그러해야 합니다. 주님을 가까이 하며 산다면, 그는 고난이 깊어질수록 천국을 향해 더 가까이 나아갑니다. 사람들은 고난을 '짐'(weight)이라고 부릅니다. 여러분이 알다시피 짐이란 일반적으로 땅을 향해 무겁게 누르는 것입니다. 하지만 역학의 법칙을 활용하면, 그 짐으로 여러분을 들어올릴 수도 있습니다. 그와 마찬가지로 고난이 여러분을 밑으로 가라앉게 하는 것이 아니라, 오히려 여러분을 천국에 가까워지도록 들어올리는 것이 가능합니다. 아아, 때때로 우리가 벙어리처럼 감사하지도 않고 찬미하지도 않았을 때, 하나님이 시련을 통해 우리의 입을 열어주신 것을 감사합니다! 우리가 헤아릴 수 없이 은혜를 입고서도 그분을 찬미하지 않았을 때, 그분이 쓰라린 고통을 보내셨고, 그 때에 비로소 우리는 그분을 찬미하기 시작했습니다. 그분은 이와 같이 벙어리의 혀로 노래하게 하십니다.

또 한 종류의 말 못하는 사람들이 있습니다. 그들은 말할 것이 없어서(have nothing to say) 말하지 않으며, 그런 의미에서 그들은 벙어리입니다. 한 가지 예를 들겠습니다. 솔로몬은 잠언에서 "너는 말 못하는 자를 위하여 입을 열지니라"(31:8)고 말합니다. 그리고 그는 그 문맥에서 그 의미가 재판정에서 스스로를 위해 변호할 말이 없어 벙어리처럼 서 있어야 하는 자들을 가리키고 있음을 보여줍니다. 마치 임금이 혼인 잔치에 참석한 손님들을 보러 들어와 예복을 입지 않은 한 사람을 보고 "친구여, 어찌하여 여기 들어왔느냐?"라고 물었을 때, 그가 아무 말도 못하고 서 있었던 것과도 같습니다(참조. 마 22:12). 그는 말을 못해서가 아니라, 할 말이 없었기 때문에 벙어리처럼 서 있었습니다. 여러분과 나는 하나님의 율법의 관점에서 벙어리였지 않습니까? 또한 지금도 우리가 예수 그리스도 및 그분의 피와 의가 우리의 완전한 속죄임을 잊을 때 그러하지 않습니까? 계명들이 우리 앞에 명백히 드러날 때, 하나님의 법이 우리의 양심에 떠오를 때, 우리는 벙어리가 될 수밖에 없지 않습니까?

지금으로부터 그리 멀지 않은 과거에, 우리 각 사람이 모세의 의자 앞에 서서 계명들이 낭독되는 것을 들을 때가 있었습니다. 그 때 우리는 이런 질문을 받았습니다. "죄인이여, 너는 이런 계명들을 지켰다고 주장할 수 있는가?" 우리는 벙어리였습니다. 그 때 우리는 이런 질문을 받았습니다. "죄인이여, 그대는 미래의 순종으로써 과거의 죄를 씻을 수 있는가?" 우리는 그것이 불가능함을 알았고, 그래서 말없이 서 있었습니다. 또 이런 질문을 받았습니다. "그대는 형벌을 견딜 수 있는가? 그대는 영원히 타는 불과 함께 살 수 있는가?" 우리는 할 말이 없었습니다. 그 때 이런 질문도 있었습니다. "법정에 선 죄인이여, 그대는 정죄받지 않아야 할 어떤 이유를 댈 수 있는가?" 역시 우리는 벙어리였습니다. "죄인이여, 너에게 도울 자가 있는가? 너를 구원해줄 자가 있는가?"라는 질문을 받았을 때, 우리는 벙어리였습니다. 할 말이 없었기 때문입니다. 아아, 하지만 "말 못하는 자의 혀가 노래하리니", 이로 인해 하나님을 찬송합니다! 우리는 이렇게 노래할 수 있지 않습니까? "누가 능히 하나님께서 택하신 자들을 고발하리요? 의롭다 하신 이는 하나님이시라"(롬 8:33). "누가 정죄하리요? 죽으실 뿐 아니라 다시 살아나신 이는 그리스도 예수시니, 그는 하나님 우편에 계신 자요 우리를 위하여 간구하시는 자시니라"(롬 8:34). 우리는 스스로를 위해 아무런 할 말이 없던 자였으나, 이제는 모든 것을 말할 수 있습니다.

만일 하나님께서 여러분을 말 못하게 만드셨다면, 그분이 여러분의 모든 '자기 의'(self-righteousness)를 가져가셨다면, 정녕 그분이 여러분의 입을 닫으신 것이 사실이라면, 그분은 그 입을 다시 여실 것입니다. 하나님께서 여러분의 자기 의를 죽이셨다면, 그분은 더 좋은 것을 여러분에게 주실 것입니다. 그분이 여러분의 모든 거짓된 피난처를 무너뜨리셨다면, 그분이 여러분을 위해 훌륭한 피난처를 세우실 것입니다. 그분이 임하시는 것은 여러분을 파멸시키기 위함이 아닙니다. 그분이 여러분의 입을 닫으신 것은 그 입에 그분의 찬미로 채우시기 위함입니다. 용기를 내십시오. 예수님을 바라보십시오. 눈을 들어 십자가를 바라보십시오. 그분을 의지하십시오. 그러면 스스로를 버림받았다고 여기는 당신도, 마리아처럼 슬피 우는 가여운 당신도, 그분의 구속과 불멸의 사랑을 노래할 것입니다.

3. 벙어리의 혀가 가장 노래를 잘할 때는 언제인가?

마지막으로 이 문제를 언급함으로써 말씀을 맺고자 합니다. 이 말 못하는 백성의 혀가 가장 노래를 잘하는 때는 언제입니까?

벙어리의 혀가 노래한다는 것이 무엇일까요? 나는 그것이 항상 노래하는 것을 의미한다고 생각합니다. 일단 혀가 자유롭게 되면, 그것은 결코 노래하기를 멈추지 않을 것입니다. 여러분 중에 어떤 이들은 이 세상이 "짐승이 부르짖는 광야"(신 32:10)라고 말합니다. 그리고 여러분 모두는 이 쓸쓸한 광야에서 울부짖는 자들입니다. 만일 여러분이 울부짖고자 한다면, 나로서는 그것을 막을 수가 없습니다. 하지만 나는 이 본문의 말씀에 주목하고자 합니다. "그 때에 말 못하는 자의 혀는 노래하리라." 울부짖는 것이 아니라 "노래한다"고 했습니다. 그렇습니다. 그들은 소리가 크든 작든 항상 노래합니다. 때때로 그것은 낮고 잔잔한 음조입니다. 때로는 다소 깊은 저음의 소리일 것입니다. 하지만 그들이 음이 최고조로 올라갈 때가 있습니다. 그들이 특별히 노래하는 때가 있습니다.

가장 먼저, 그들은 십자가 밑에서 짐을 벗었을 때 노래하기 시작합니다. 그 때가 노래할 때입니다. 여러분은 존 번연이 그것을 어떻게 묘사하였는지를 압니다(『천로역정』). 번연은 가련한 순례자가 십자가에서 그의 죄 짐을 벗었을 때, 세 번씩이나 껑충 뛰었고, 노래를 부르면서 길을 떠나는 것으로 묘사합니다. 우리는 그 때 세 번씩 펄쩍 뛰었던 것을 잊지 않았습니다. 그 때 이후로 우리에게는 기쁨과 감사로 뛸 때도 많았습니다. 하지만 우리의 모든 죄가 없어진 것을 보고, 우리의 모든 죄악이 구주의 무덤 안에 묻혀 버린 것을 보고 뛰었을 때처럼, 그렇게 높이 뛰었던 적은 없다고 생각합니다.

여기서 나는 여러분에게 번연과 관련된 짤막한 이야기를 들려줄까 합니다. 나는 존 번연을 크게 사랑하는 사람입니다. 하지만 나는 그가 오류가 없다고는 믿지 않습니다. 일전에 아주 좋은 이야기를 들은 적이 있기 때문입니다. 에든버러에 선교사가 되고 싶어 하는 젊은이가 있었습니다. 그는 지혜로운 젊은이였고, 이렇게 생각했습니다. '음, 만약 내가 선교사가 된다고 해도, 고국에서 멀리 떠날 필요는 없어. 나는 에든버러에서도 선교사가 될 수 있을 테니까.'(이 이야기는 교구에서는 전도지를 나누어주면서 자기 집의 하녀 마리아에게는 결코 주지 않는 부인들에게 시사하는 바가 있습니다.)

자, 이 젊은이는 출발하였고, 그가 만나는 첫 번째 사람에게 전도할 것을 결심했습니다. 그는 나이든 생선장수 여인들 중 하나를 만났습니다. 만약 우리가 그런 여인들을 만난 적이 있다면 그들을 결코 잊지 못할 것입니다. 그들은 정말 이지 아주 특별한 여인들이니까요. 그 젊은이는 그녀에게 다가가서 말했습니다. "당신은 등에 무거운 짐을 지고 있군요. 당신이 또 하나의 짐, 곧 영적인 짐을 지고 있는지 물어보아도 되겠습니까?" "뭐라고요!" 그녀가 말했습니다. "당신은 존 번연이 『천로역정』(*Pilgrim's Progress*)에서 말한 짐을 의미합니까? 젊은이, 만약 그런 이유로 말하는 것이라면, 나는 이미 여러 해 전 곧 당신이 태어나기도 전에 그 짐을 벗어 버렸다오. 하지만 나는 그 순례자가 행한 것보다 더 좋은 길로 행했습니다. 존 번연이 말하는 그 전도자는 자신의 교구에서 복음을 전하지 않는 사람들 중의 하나입니다. 그는 이렇게 말했지요. '당신의 눈에 빛을 간직하고 저기 있는 좁은 문으로 달려가시오.' 그것 참 무슨 말인지! 그것은 그가 달려갈 곳이 아닙니다. 그는 이렇게 말했어야 합니다. '저 십자가가 보입니까? 즉시 그곳으로 달려가시오!' 하지만 그는 그렇게 말하는 대신 그 불쌍한 순례자를 먼저 좁은 문으로 보냈습니다. 그리고 그곳으로 감으로써 많은 일들을 겪었지요! 그는 늪에 빠지기도 했고, 그것 때문에 죽을 뻔 했습니다."

그 젊은이가 물었습니다. "하지만 당신은 어떤 절망의 늪지대를 지나본 적이 있습니까?" "그럼요, 젊은이. 그런 적이 있었지요. 하지만 나는 짐을 등에 진 채로 지나는 것보다, 그것을 벗어 버리고 지나는 것이 훨씬 더 쉬운 것을 알았습니다."

그 나이든 여인의 말이 옳습니다. 우리는 죄인에게 이렇게 말해서는 안 됩니다. "죄인이여, 만약 당신이 구원받고 싶다면 세례의 연못으로 가십시오. 좁은 문으로 가십시오. 교회로 가십시오. 이것저것을 하십시오." 그래서는 안 됩니다. 좁은 문에 앞서 십자가가 있어야 하며, 따라서 우리는 죄인에게 이렇게 말해야 합니다. "그곳에 엎드리십시오. 그러면 안전할 것입니다. 하지만 짐을 벗어 버릴 때까지, 십자가 밑에서 짐을 풀고 예수님 안에서 평화를 찾을 때까지, 당신은 안전하지 못할 것입니다." 바로 그 때가 하나님의 자녀들이 노래할 때입니다!

그 이후에도 하나님의 백성은 노래합니까? 예, 그들은 교제의 시간에 달콤한 노래를 부릅니다. 오, "교제"라고 하는 단어가 얼마나 달콤한지요! 예수님과의 교제, 예수님과의 연합! 그것이 그분의 고난에 참여하는 것이든 혹은 그분의 영광에 참여하는 것이든, 그것이 우리의 영혼에 얼마나 달콤하게 들리는지요!

우리의 마음이 고양되어 그리스도와 하나됨을 느낄 때, 그분과의 생명의 연합을 느낄 때, 그 때가 성도에게는 노래할 때이며 "하나님의 영광을 바라고 즐거워할"(롬 5:2) 때입니다.

또한 여러분은 주의 만찬에서 귀한 노래의 때를 경험하지 않았습니까? 아, 떡이 떼어지고, 포도주가 부어질 때, 얼마나 자주 나는 노래를 불렀던지요! 그 때 하나님의 백성은 모두 이 노래에 참여합니다.

"겟세마네를 내 어찌 잊으리?
그곳에서의 치열한 싸움과,
고뇌와 피의 땀방울을 보고서
내 어찌 주님을 잊으리?

골고다에 머물며
눈을 들어 십자가를 바라보니,
오, 하나님의 어린 양, 나 위한 희생 제물,
내 어찌 주님을 잊으리?"

마지막으로, 내 사랑하는 친구들이여, 우리가 노래할 최상의 때는 여러분과 내가 죽게 될 때입니다. 여러분 중의 어떤 이들은 전설로 전해지는 이야기의 백조와도 같습니다. 옛 사람들이 말하기를 백조는 일생 동안 결코 노래하지 않지만, 죽을 때에는 항상 노래한다고 했습니다. 하나님의 자녀들 중에는, 일생 동안 먹구름 아래에서 풀죽은 모습으로 다니는 이들이 많습니다. 하지만 죽기 전에 그들은 백조의 노래를 얻습니다. 여러분의 삶의 강물이 고난이라는 검은 진흙으로 뒤섞여 흐른다고 해도, 그것이 바다의 흰 파도 거품과 맞닿기 시작할 때, 짧게나마 반짝이는 때가 있습니다. 사랑하는 이여, 그와 마찬가지로, 비록 우리가 인생길의 짐으로 인해 낙심할 때가 있지만, 마지막에 이를 때 우리는 달콤한 노래를 부를 것입니다.

당신은 죽는 것이 두렵습니까? 오, 결코 그것을 두려워하지 마십시오. 오히려 사는 것을 두려워하십시오. 사는 것은 그리스도인에게 어떤 손해를 끼칠 수 있어도, 죽는 것은 결코 그리스도인을 해치지 못합니다. 무덤이 두렵습니까? 그것은 에스더가 자기의 주에게 합당한 모습으로 나타나기 위하여 잠시 몸을 담그고, 향료로 자기를 정결하게 하던 욕조와도 같습니다. 당신은 죽음의 고통으로 인해 죽는 것이 두렵다고 말합니다. 아닙니다. 그것은 삶의 고통입니다. 생명을 연장하려고 애쓰는 고통이지요. 죽음에는 고통이 없습니다. 죽음 그 자체는 하나의 부드러운 한숨에 불과합니다. 차꼬가 풀어지고, 영혼이 떠나는 것입니다. 그리스도인의 삶에서 최상의 순간은 마지막 순간입니다. 왜냐하면 그 순간이 천국에 가장 가까워지는 순간이기 때문입니다. 그가 영원히 부를 노래를 부르기 시작하는 것은 바로 그 다음 순간입니다. 오, 그 노래는 어떤 노래일까요! 지금 우리의 노래는 빈약하며, 노래를 부를 때 아마도 우리는 수줍어할 수도 있습니다. 하지만 천국에서 우리의 목소리는 맑고도 청아할 것입니다.

"가장 큰 목소리로 우리는 노래하리.
온 천국에 울려 퍼지도록
큰 소리로 하나님의 은혜를 외치며 노래하리."

일전에 나는 이런 생각으로 감동을 받았습니다. 즉 천국에서 주님은 이 세상에 살았던 어느 누구보다 멀리 잘못된 길로 갔었던 큰 죄인들, 가장 심하게 악행을 일삼던 자들로 하여금, 완벽한 노래를 소프라노 음조로 부르게 하실 거라는 생각이었습니다. 아마도 여러분과 나는 그런 소리를 내지 못할 것입니다. 하나님께서 천국의 찬양대에서 알토로 노래하도록 선택하신 사람이, 오늘 이 예배당에 발을 들여놓지 않았을까요? 아마 그런 사람이 이곳에 있을 것입니다. 오, 하나님의 긍휼의 은혜가 임한다면, 값없이 주시는 은혜가 그에게 임한다면, 그런 사람도 얼마든지 아름답게 노래할 것입니다! 천국에 그런 이들이 많기를 바랍니다. 아멘!

제 30 장

거룩한 길

"거기 대로가 있어 그 길을 거룩한 길이라 일컫는 바 되리니 깨끗하지 못한 자는 지나가지 못하겠고 오직 구속함을 입은 자들을 위하여 있게 될 것이라 우매한 행인은 그 길로 다니지 못할 것이라."—사 35:8

이스라엘은 두 차례 포로에서 돌아왔습니다. 한 번은 애굽에서 나올 때였는데, 하나님께서 그들을 광야를 통과하도록 인도하셨습니다. 그리고 또 한 번은 그들이 바벨론의 유배로부터 돌아올 때였는데, 주께서 그들을 본토로 돌아오도록 회복하실 때였습니다. 우리들 중에 어떤 이들은 세 번째의 귀환이 그 택하신 백성들을 기다린다고 믿고 있습니다. 하나님의 은혜가 이스라엘 민족의 마음을 변화시키시는 날, 아브라함의 씨가 다시금 하나님께서 소금 언약으로써 그들의 조상들에게 주신 그 땅으로 돌아갈 것입니다. 나는 이 본문이 미래의 세대를 내다보고 있다고 생각합니다. 그 때는 수치가 팔레스타인 땅에서 떠날 것이며, 그 황무지는 장미가 피는 곳으로 변할 것입니다. 이러한 미래의 영화에 대해서 우리는 거의 말하지 않습니다. 우리에게 알려진 것이 거의 없기 때문입니다. 하지만 이 예언은 충분히 선명하여, 우리로 하여금 하나님께서 그의 옛 백성이 돌아올 한 길을 만드실 것과, 그들에게 구원의 기쁨을 회복시키실 것임을 전망하게 만듭니다.

나는 지금은 예언에 관한 모든 이론들에 대해서는 삼갈 것입니다. 이 악한 시대에는 복음의 단순한 원리들에 집중하는 것이 훨씬 더 필요하다고 느끼기 때문입니다. 지금과 같은 조난의 시대에는 믿음의 첫 원리들이라는 '밟아서 다져진' 길을 따르는 것이 필요합니다. 나는 미래의 별들을 쳐다보려고 망원경을 사용하지 않을 것이며, 오히려 지도와 나침반을 사용하여 지금 우리가 가야 할 길의 방향을 찾으려 할 것입니다. 나는 이 본문이 우리 주 예수 그리스도에 의한 구원의 길에서 일부 성취되었다고 간주합니다. 비록 이것이 예언의 문자적인 성취는 아닐지라도, 분명 그것이 영적인 성취임은 틀림없습니다. 지금 이 순간 이 점이 우리에게는 가장 중요한 문제입니다. 구주께서 나사렛에서 말씀하셨듯이, 나는 지금 이렇게 말합니다. "이 글이 오늘 너희 귀에 응하였느니라"(눅 4:21). 여기에 귀를 기울이십시오. 그리고 여기에서 하나님이 주시는 교훈을 분별하십시오.

성령의 도우심을 따라, 나는 이 시간에 하늘의 시온으로 가는 길에 대해 말할 것입니다. 그리고 그 길과 관련된 우리의 의무에 대해 말할 것입니다.

1. 하늘의 시온으로 가는 길

먼저, 하늘의 시온 곧 하나님이 거하시는 곳으로 가는 길(the way)입니다. 옛적에 시온은 제사를 드리는 제단과 영광의 주께서 자기 언약의 백성들을 만나신 속죄소(mercy-seat)가 있던 곳입니다. 그곳을 향해 이스라엘 지파들은 이스라엘의 하나님 여호와께 기도와 찬미를 올려드렸습니다. 성소로의 순례는 이스라엘의 신앙생활에서 중요한 부분이었습니다. 그 땅이 침공을 당할 때나, 특히 포로 기간 동안에는 종교적 축제들을 빠뜨렸고, 따라서 하나님의 집으로 가는 길이 없는 것처럼 보였습니다. 그 때 경건한 사람들은 하나님의 성소를 그리워하며 탄식하였고, 이렇게 말했습니다. "내가 어느 때에 나아가서 하나님의 얼굴을 뵈올까?"(시 42:2). 몸으로는 그곳에 갈 수 없게 되자 그들은 마음과 눈을 그곳으로 향했습니다. 다니엘이 그랬던 것처럼, 그들은 창을 열고 예루살렘을 향하여 기도했습니다. 그들이 시온으로 가는 대로를 얼마나 그리워했었는지요! 내 형제들이여, 우리는 위에 있는 또 하나의 예루살렘에 대해 말합니다. 지존하신 하나님의 보좌가 있는 곳, 그곳을 향해 우리는 가고 있습니다. 우리가 바라는 것은 "하나님이 계획하시고 지으실 터가 있는 성"입니다(히 11:10). 누가 그곳으로 우리를 데려다줄까요? 누가 그 길로 우리를 안내할까요?

이 본문에서 하나님과 천국으로 가는 길이 있다는 위대한 진리를 배우는 것이 우리에게는 커다란 기쁨입니다. "거기 대로(大路) 곧 한 길이 있으리라." 이 멸망성(the City of Destruction)으로부터 하늘의 도성(the Celestial City)으로 가는 이 길은 여전히 열려 있으며, 지금도 순례자의 무리들이 그 길을 걷고 있습니다.

이 길이 하나인 점을 주목해야 합니다. 거기 하나의 대로, 즉 한 길이 있습니다. 두 개의 대로, 혹은 두 개의 길이 아닙니다. 많은 길들이 멸망으로 이끌지만, 오직 한 길은 구원으로 이끕니다. 사람의 생각은 각양각색입니다. 하지만 우리가 하나님의 사람들이라면, 하나님께로 이르는 길이 하나인 것처럼 우리의 생각도 하나입니다. 우리는 동일한 구주를 의지하며, 또한 동일한 성령에 의해 소생합니다. 그리고 그 결과, 우리의 경험에는 그 속에 본질적인 통일성이 있습니다.

몇 년 전에 위트레흐트(Utrecht, 네덜란드 중부의 도시) 대학에서 다양한 국가에서 온 몇몇 그리스도인 학생들이 모였습니다. 각각 유럽, 아시아, 아프리카, 아메리카 대륙을 대표하던 그 네 명의 학생들은 그들의 마음에 역사하는 은혜의 활동에 대해 논하면서 마음이 일치했습니다. 뉴잉글랜드에서 온 신실한 형제, 희망봉에서 온 친구, 인도에서 온 선교사 학생은 그들의 이야기가 네덜란드의 한 젊은 귀족의 이야기와 일치하는 것을 발견했습니다. 배경과 상황들은 아주 달랐지만, 각각의 기쁨과 슬픔 및 투쟁과 승리의 경험들은 같았고, 모두의 마음에 가득했던 소망은 하나였습니다. 그 대화의 경험은 즐거웠으며, 그들은 믿는 이들의 마음에서 찾아볼 수 있는 거룩한 길, 진리, 생명의 통일성에 대해 생생한 인상을 간직하게 되었습니다. 우리는 그 길을 걷는 속도에서는 각기 다르지만, 그 길 자체는 하나입니다. 오늘날 이 회중의 믿는 이들이 한 사람씩 일어난다면, 비록 우리가 개별적으로는 다른 구성원들이지만, 우리의 신앙의 증언은 하나일 것입니다. 우리 각 사람에게 그리스도는 모든 것의 모든 것이 되는 분이십니다.

존 뉴턴(John Newton)은 인도의 설교자인 오컴(Occam)이라는 사람과의 만남에 대한 이야기를 들려줍니다. 오컴은 뉴턴의 사상을 책으로 접할 수 없었던 사람이었습니다. 하지만 그들이 죄와 구주에 관한 주해를 서로 비교했을 때, 그들은 하나의 짝처럼 일치했습니다. 오직 하나의 바른 길이 있습니다. 우리는 그에 관해 속지 말도록 합시다. 천국으로 가는 데에 두 개의 길이 있는 것이 아닙니다. 만약 누구든 여러분에게 두 개의 복음이 있다고 말하면, 여러분은 그런 이에게 바울의 말을 상기시킬 수 있습니다. "다른 복음은 없나니 다만 어떤 사람들이 너희를 교란하여 그리스도의 복음을 변하게 하려 함이라"(갈 1:7).

그 "길"이 무엇인지에 대해 우리는 요한복음 14장에서 배웁니다. 예수님이 말씀하십니다. "내가 곧 길이요 진리요 생명이니 나로 말미암지 않고는 아버지께로 올 자가 없느니라"(6절). 예수님을 믿으십시오. 우리는 그 길로 들어서야 합니다. 그분의 영을 마음에 받아들이고, 우리는 그 길에 섭니다. 우리 구속주의 발자취를 따르면서 우리는 그 길을 걷습니다. 그리고 그분의 이끄심을 굳게 따르면서 우리는 그 길의 끝에 다다릅니다. 우리가 예수님을 발견할 때, 우리는 진리의 길, 생명의 길, 평화의 길, 거룩함의 길을 발견하는 것입니다. 그분은 길이실 뿐 아니라 그분을 신뢰하는 모든 자들의 목적지입니다. 예수 그리스도의 피와 의가 구원의 유일한 길이며, 이 문제에 대한 현대의 사상들은 새빨간 기만입니다. "어떤 길은 사람이 보기에 바르나 필경은 사망의 길이니라"(잠 14:2). 만일 여러분 중 누구라도 옛 길에서 벗어났다면, 그는 안전에서 벗어난 것입니다. 성경이 무엇을 말합니까? "너희는 길에 서서 보며 옛적 길 곧 선한 길이 어디인지 알아보고 그리로 가라 너희 심령이 평강을 얻으리라"(렘 6:16). 만일 여러분이 그 외에 다른 길로 간다면, 그리고 인도하는 이가 사람들이건 천사들이건, 그들은 헛된 말로 여러분을 속이는 것일 뿐입니다. 오직 한 분 그리스도가 계시며, 따라서 구원의 길도 하나입니다. 그분은 어제나 오늘이나 영원토록 동일하십니다. 몇 세기 동안 우리에게 전해온 말을 바꾼다고 자처하는 자는 한가로운 몽상가일 뿐이며, 그 문제에 대해서는 아무것도 모르는 자입니다. 하나님께서는 그분의 아들 예수 그리스도의 인격 안에서 그분에게 이르는 길을 제시하셨습니다. 그런데 왜 그분이 다른 길을 주시겠습니까? 어떻게 다른 길이 있을 수 있습니까?

이 길이 광야를 가로질러 만들어진 것에 여러분은 주목할 것입니다. "거기(there) 대로가 있으리라." 그 대로는 모래가 항상 흩날리는 곳, 여행자가 한 번 방향을 잃으면 틀림없이 죽음에 이르는 곳, 무덤이 따로 없어 독수리의 밥이 되고 마는 곳, 그런 사막을 관통하는 곳에 있습니다. 형제들이여, 죄의 사막과 슬픔의 광야를 관통하여, 의심의 언덕들과 두려움의 산들을 넘어, 우리를 위해 한 길이 만들어졌습니다. 가련한 방랑자여, 비록 지금 당신이 절망의 용들이 거하는 곳에서 길을 잃었을지라도, 그 길은 당신의 발 가까이로 뻗어 있습니다! 왕의 대로가 광야를 가로질러 만들어졌습니다. 모든 계곡이 높아지고, 모든 산과 언덕들이 낮아집니다. 오, 너무나 지쳐 절망 중에 쓰러져 죽게 된 당신이여, 눈을 들어 소망의 문을 쳐다보십시오. 당신은 하나님의 평화와 천국으로 향하여 갈 수 있는 길이 있을 수 없다고 생각하지만, 그런 길이 있습니다. 이 본문이 이렇게 말합니다. "거기 대로가 있으리라." 나는 오류와 악과 마음의 완고함이라는 잘못된 길로 멀리 가버린 방랑자들, 혹은 낙심의 침울한 계곡 속으로 잘못 들어선 이들과 관련하여 위로를 얻습니다. 왜냐하면 그곳에도 이 대로는 곧장 뻗어 있기 때문입니다. 높은 곳에 강을 만들고 사막 가운데 샘을 만드시는 하나님께서 왕의 대로를 만드셨으며, 그 길을 통해 멀리 떠났던 주의 백성들이 그분께 돌아올 수 있습니다. 죽음의 어두운 문에서 천국의 진주 문에 이르기까지 그 길은 끊어지지 않았습니다. 예수 그리스도 우리의 구주께서 우리의 죽음을 짊어지셨고, 우리에게는 생명과 불멸을 가져다주셨습니다.

우리는 이 본문에서 이 길이 큰 비용을 치르고 생겨났다고 추정할 수 있습니다. 멀고도 험한 지역에 길을 내는 것은 비용이 많이 드는 일이기 때문입니다. 이 본문은 이렇게 읽을 수도 있습니다. "거기에 둑길이 있으리라." 그것은 기술적으로 쌓아올려져서 지어진 길입니다. 토목 기술은 산에 터널을 뚫고 계곡에 다리를 놓는 일에 큰 도움이 되어왔습니다. 하지만 토목 기술의 가장 위대한 승리는 죄에서 거룩함으로, 죽음에서 생명으로, 정죄의 상태에서 온전함에 이르는 한 길을 만든 것입니다. 전능하신 하나님이 아니시면 누가 우리 죄악의 산 위에 길을 만들 수 있겠습니까? 사랑의 주님이 아니라면 어느 누구도 그런 일을 바라지 않았을 것이며, 지혜의 하나님이 아니고서는 어느 누구도 그 일을 고안하지 못했을 것입니다. 능력의 하나님이 아니고서는 누구도 그 일을 성취하지 못했을 것입니다. 그 일은 위대하신 하나님의 하늘의 보석을 비용으로 치르는 일이었습니다. 그분은 그분의 소중한 보물창고를 비우셨습니다. 그분은 자기 아들을 아끼지 않으셨으며, 우리를 위해 그 아들을 아낌없이 내주셨습니다. 그 사랑하시는 아들의 삶과 죽음 안에서, 무한한 지혜는 그 길의 확고한 기초를 놓으셨고, 그 길로써 모든 시대의 죄인들이 하나님을 향해 본향으로 여행할 수 있었습니다. 우리 하나님의 대로는 너무나 걸작이어서, 매일 그 길을 걷는 자들도 종종 멈추어 서서 그러한 길이 어떻게 계획되고 건축될 수 있었는지 놀라워하고 묻기도 합니다. 진실로 이 예언은 글자 그대로 성취되었습니다. "내가 광야에 길을 사막에 강을 내리니, 장차 들짐승 곧 승냥이와 타조도 나를 존경할 것이라"(사 43:19-20).

이 길은 수천 년 동안 지속되어 온 길입니다. 그것은 여전히 여행하기에 좋은 상태이며, 모든 선택된 여행자들이 아버지 집의 많은 거처에 도착할 때까지는 폐쇄되지 않을 것입니다. 그 영원한 길을 바라보는 모든 자들에게, 그 길은 단절되지도 않고 변경되지도 않을 것이며, 새로운 순례자들의 행렬이 끊임없이 그 길을 지나갈 것입니다.

하나님의 힘으로 만들어진 이 길은 하늘의 권위에 의해 왕의 대로(the King's highway)라고 지명되었습니다. 누구든지 이 길로 지나가는 자는 바른 목적지에 이를 것이며, 최상의 방향으로 달릴 것입니다. 하나님께서는 결코 실수하지 않으시고, 친히 시도한 일을 결코 실패하지 않으시기 때문입니다. 이 길은 순환도로가 아니며, 깨어진 길도 아니고, 어두운 샛길도 아닙니다. 여러분이 믿음으로 그 길 안에서 행하면 그 보상을 얻을 것입니다. 예수 그리스도를 생명의 길로 전할 때마다 내가 항상 느끼는 것은, 나 자신이 책임을 지지 않는다는 것입니다. 나는 단지 널리 선포할 뿐이며, 왕 자신이 책임을 지십니다. 예수 그리스도의 희생에 관한 교리를 가르칠 때 우리는 왕의 메시지를 전달하는 것입니다. 왜냐하면 "이 예수를 하나님이 그의 피로써 믿음으로 말미암아 화목제물로 세우셨기"(롬 3:25) 때문입니다. 우리가 예수 그리스도를 믿음으로 말미암은 구원의 길에 대해 말할 때, 우리는 어느 길을 계획하는 것이 아니며, 도로를 만드는 것도 아니라, 단지 여러분에게 오랫동안 사용되어왔던 길을 가리키는 것일 뿐입니다. 만일 그것이 우리 자신이 만든 길이라면, 여러분은 그것을 비난할 수 있습니다. 하지만 그것이 하나님이 만드신 길이기에, 여러분은 그 안에서 행하라는 명령을 듣습니다. 이 길을 떠나 다른 길로 들어서는 것은 그리스도 예수 안에 있는 하나님의 지혜와 은혜를 멸시하는 것이며, 인간의 무익한 창작물을 더 선호하는 것입니다. 이는 이생에서나 내생에서 어떤 선으로도 인도하지 못합니다.

이 길은 이미 많은 사람들을 하나님께로 안내했습니다. 그것은 "대로" 즉 '한 길'이라고 불립니다. 그것은 대로라고 명명되었을 뿐 아니라, 활용과 통행을 위한 길입니다. 그것은 수많은 사람들의 발에 의해 몇 만 번씩 밟혀 단단해졌고, 그들은 이 길의 처음에서 끝까지 안전하고도 즐겁게 지나갔습니다. 영광 중에 있는 구름같이 허다한 증인들을 보십시오. 그들은 여러분에게 예수님이 승리에 이르게 한 그들의 길이었으며, 영원한 생명에 이르는 유일한 길이었다고 말할 것입니다. 우리 중에 몇 천 명이 여전히 그 도상에 있으며, 우리는 그것에 대해 잘 말할 수 있습니다. 그렇습니다. 우리는 주님의 길 안에서 노래할 수 있습니다. 비록 때로는 길에서 피곤하지만, 우리는 그 길에서 잘못을 찾지 않습니다. "그 길은 즐거운 길이요 그의 지름길은 다 평강이니라"(잠 3:17). 우리의 구주께서 인도하시는 길, 선지자들과 사도들이 우리의 동료 여행객들인 길에서 걷는 것이 우리의 기쁨이요 즐거움입니다. 우리는 앞에 있는 그 종착지를 즐거이 바라봅니다. 그 전망이 얼마나 영광스러운지요! 하지만 우리는 뒤로 돌아보는 것도 부끄러워하지 않으며, 지나간 세월 동안에 걸었던 은혜의 길을 보면서 감복합니다. 하나님을 향해 가고 있다는 사실에 우리는 기뻐합니다. 우리는 보지 못하였으나 사랑하는 그분, 보지 못하나 믿고 말할 수 없는 영광스러운 즐거움으로 기뻐하는(벧전 1:8) 그분을 곧 뵈올 것입니다.

이것이 내가 말한 것의 요약입니다. 하나님과 천국으로 가는 한 길이 있습니다! 아직 그 평화의 길을 밟아보지 못한 여러분에게도, 그 길은 활짝 열려 있습니다. 즉시 그 길로 들어서지 않겠습니까? 이 복된 소식이 모든 곳에 전해지기를 바랍니다. 하나님께 가는 한 길이 있습니다! 누구도 이렇게 말하지 마십시오. "저로서는 천국에 계신 하나님께 가는 것이 불가능합니다." 여러분이 어디에 있든 "거기에 대로가 있습니다." 당신이 지금 있는 그곳에 한 길이 있으며, 그 길을 통해 당신은 즉시 화해와 평화와 깨끗함과 구원으로 나아갈 수 있습니다. 오, 당신이 즉시 시온으로 가는 길을 묻고, 당신의 얼굴을 그 길로 향하기를 바랍니다!

둘째로, 이 본문은 우리에게 이 길의 이름을 말해줍니다. "그 길을 거룩한 길이라 일컫는 바 되리라." 예수 그리스도로 말미암아 하나님께 가는 길은 '비아 사크라'(*Via Sacra*) 즉 거룩한 길(Holy Road)입니다. 믿음의 길은 거룩함에 반대되는 길이 아니라 오히려 거룩함의 길입니다. 이 시대에는 이 점을 강조할 필요가 있습니다. 사상의 방종과 교리적 가르침의 모호성 때문에, 도덕 역시 매우 모호하고 느슨해졌습니다. 나는 바깥 세상에 대해 말하는 것이 아니며, 교회 내에서의 탈선을 염려하는 것입니다. 신앙을 고백한다는 그리스도인들이 오락에 대해 갈수록 관대해지고 있습니다. 전에는 강단에서 말씀을 전하던 이들이 행할 것이라고 꿈도 꾸지 않았고, 또한 다른 사람들이 행하는 것조차 묵인하지 않았던 일을,

지금은 기독교 목사들이 행하고 있다는 말을 듣습니다. 강단에서 극장으로 통하는 열린 문이 있을 수 있을까요? 성스러운 사역에 종사하는 사람이 오락장으로 갈 수 있는 것입니까? 이런 일이 도무지 믿을 수 없는 일인 것처럼 보이던 때가 있었습니다. 종교 지도자들이 이런 일을 행하다니요? 하나님이여 당신의 교회를 도우소서! 바울이 다른 문제에 대해 언급했던 이 말을, 우리는 이 일에 적용해서 말할 수 있습니다. "우리에게나 하나님의 모든 교회에는 이런 관례가 없느니라"(고전 11:16). 내가 염려하는 것은 이것만이 유일한 잘못이 아니라는 것입니다. 나는 우리의 비국교도 선조들이 거룩한 분노의 시각으로 보았던 일을 오늘날 신앙을 고백한다는 그리스도인들이 행하고 있음을 봅니다. 교리에 있어서 많은 사람들이 소지니주의(Socinianism)로 달려가고 있으며, 행위에 있어서는 세속주의를 향하고 있으며, 갈수록 악화되고 있습니다. 이런 일이 횡행할 때에 하나님이 우리를 불쌍히 여기시길 빕니다!

천국으로 가는 길은 거룩한 길입니다. 만약 우리가 따르는 그 길이 거룩하게 성별된 길이 아니라면, 그것은 하나님의 길이 아닙니다. 만약 우리가 세상과 구별된 길을 따르는 것이 아니라면, 우리는 그리스도를 따르는 것이 아닙니다. 거룩한 길에서 행하지 않는 자는 거룩한 종착지에 도달하지 못할 것이며, 그곳에서 영광 중에 자기를 나타내실 거룩하신 성 삼위 하나님을 만나지 못할 것입니다. 형제들이여, 만약 여러분이 어느 것이 옳은 길인지에 대해 의심하고 있다면, 구주의 이 말씀을 기억하십시오. "생명으로 인도하는 문은 좁고 길이 협착하여 찾는 이가 적음이라"(마 7:14). 방종보다는 엄격함을 선호하십시오. 내 말을 오해하지 마십시오. 검열관처럼 편협하다고 나를 비난할지 모르겠으나, 내 말의 의미를 잘 이해하시기 바랍니다. 우리는 이따금씩 멈추어 서서 "이 두 가지 길 중에서 어느 것이 옳은 길일까?"라고 자문할 필요가 있습니다. 이 시대에는 똑똑한 사람들이 새로운 길들을 소리쳐 알리면서 이런 식으로 그 길들을 칭송하고 있기 때문입니다. "여기 이 시대에 어울리는 길이 있습니다. 좁은 길이 아니라 자유롭고 넓은 길입니다. 이는 세련되고 진보적인 길입니다." 여러분의 구주께서 손을 들어 이렇게 외치며 경고하고 계십니다. "멸망으로 인도하는 문은 크고 그 길이 넓어 그리로 들어가는 자가 많음이라"(마 7:13). 비록 편협하고 도량이 좁다는 말을 듣더라도 여러분과 나는 옛 성도들이 선택한 그 길을 택합시다. 육신을 기쁘게 하기보다 하나님을 기쁘시게 하고, 영생으로 인도하는 좁고 협착한 길을 택하도록 합시다.

하나님의 길이 거룩한 이유는, 그분이 그 길을 거룩한 진리의 터전 위에 만드셨기 때문입니다. 그분은 어떤 죄인을 구원하심에 있어서 의롭지 못한 분이 아니십니다. 어떤 죄인도, 주 예수 그리스도의 위대한 속죄 안에서 완전한 죄의 처벌이라는 공의가 없이는 구원을 받지 못합니다. 영원한 원칙상 의로우신 하나님은 죄를 그냥 눈감아주실 수가 없습니다. 그분은 그렇게 행하시지 않았습니다. 하나님의 공의는 그리스도의 속량에 의해 옹호되었습니다. 모든 진노의 대접들이 죄인에게 쏟아 부어졌듯이 그리스도께 부어졌기 때문입니다.

그 길을 따르는 자들은 거룩한 믿음으로써 그렇게 합니다. 우리가 구원을 받기 원한다면 우리는 거룩하신 구주를 거룩한 믿음으로 믿어야 하며, 그분에게서 우리는 거룩한 복들을 바랄 수 있습니다. 우리는 그리스도를 믿되 우리의 죄 가운데서(in our sins) 우리를 구원하실 그리스도를 믿어서는 안 됩니다. 그것은 거룩하지 못한 믿음일 것입니다. 오히려 우리는 우리의 죄로부터(from our sins) 우리를 구원하실 그리스도를 믿어야 합니다. 그것이 거룩한 믿음입니다. 우리는 우리에게서 모든 악을 제거하실 그분을 믿어야 하며, 그분이 우리를 깨끗하게 하여 선한 일에 열심을 내는 백성이 되게 하실 것을 믿어야 합니다. 우리는 행실이 따르지 않는 믿음을 전하지 않습니다. 그런 믿음은 죽은 믿음이기 때문입니다. 물론 우리는 "은혜"라는 단어를 말하며, 그 말을 할 때 결코 더듬거리지 않습니다. 하지만 한편으로 우리는 거룩함으로 이끌지 않는 은혜는 결코 하나님의 은혜가 아니라고 단언합니다. 그런 식의 은혜를 받은 자는 결코 그들 스스로를 하나님의 택함을 입은 자들이라고 입증하지 못합니다.

그것은 또한 거룩한 삶의 길입니다. 진정으로 예수 그리스도를 믿는 사람은 죄인들의 길에서 떠나는 자기 자신을 발견할 것입니다. 그는 죄인들과 구별되어 거룩할 것이며, 순결하고 깨끗할 것입니다. 그는 온전한 성결을 간절히 바랄 것이며, 비록 그것을 즉시로 얻지는 못해도 계속해서 그것을 추구할 것이며, 그리스도처럼 되기를 갈망할 것입니다. 천국으로 가는 길은 그 자체로 거룩한 길일 뿐 아니라, 이 본문에 따르면 그것에 대해 말하는 자들에 의해 그렇게 불리는 길입니다. 하나님께서 자기 백성이 따라가도록 표시해 두신 길은 두드러지게 거룩하고 성별된 길입니다. 그 길을 따라가도록 합시다.

셋째로, 이 본문을 곰곰이 묵상하면, 이 길이 선택된 길(a select way)임이 드러납니다. 본문은 이렇게 기록되어 있습니다. "깨끗하지 못한 자는 지나가지 못하겠고 오직 구속함을 입은 자들을 위하여 있게 될 것이라." 깨끗하지 못한 자들은 배제됩니다. 문자적으로 이는 "할례받지 아니한 자와 부정한 자들"(사 52:1)을 의미할 것입니다. 이들은 주의 집에서 배제되며, 또한 이스라엘의 거룩한 길에서도 배제됩니다. 이 말의 영적인 의미는, 만약 우리가 그리스도의 피로 씻음받지 못하고 성령에 의해 우리 마음과 영이 새로워지지 못했다면, 우리가 하나님의 길에 있지 않다는 의미입니다.

한 사람이 말합니다. "오호라! 저는 부정합니다. 그러므로 이 본문은 저를 거룩한 길에 들어서지 못하게 막는군요." 그 말은 맞습니다. 하지만 그렇다고 해서 이 본문이 당신을 구원의 가능성에서 배제하는 것은 아닙니다. 부정한 자들이 정결하게 될 수 있는 방법이 있기 때문입니다. 당신은 속죄로써 깨끗해지지 않고서는, 또한 성령으로 새로워지지 않고서는 이 길에 들어오지 못합니다. 속죄를 통하여 당신은 이 길로 들어설 수 있습니다. 주께서는 당신에게 은혜를 베푸시려고, 또한 당신을 씻어 깨끗하게 하시려고 기다리십니다. 용서와 거듭남은 그것을 바라는 모든 이들에게 값없이 주어지는 것이며, 따라서 당신은 그 두 가지 모두를 가져야 합니다. 그렇지 않으면 당신은 거룩한 길을 걷지 못합니다. 부정한 자는 그 길을 지나가지 못하기 때문입니다.

그것이 선택된 길인 이유는 그것이 선택된 백성을 위해 마련된 길이기 때문입니다. 그들이 누구입니까? 본문을 거슬러 올라가 읽어보면, 여러분은 광야와 메마른 땅을 기쁘게 만드는 자들에 대해 읽을 것입니다(1절). 또한 닫혔던 눈이 밝아지고, 못 듣던 귀가 열리는 사람들에 대해 읽을 것입니다(5절). 또한 여러분은 저는 자가 사슴 같이 뛸 것이며 말 못하는 자의 혀가 노래하게 된다는 내용을 읽을 것입니다(6절). 이 대로(大路)는 은혜의 기적이 일어난 자들을 위해 마련된 것이며, 메시야께서 그 치유의 손을 얹으신 이들, 거룩한 일들을 사랑하고 기뻐하는 자들을 위해 마련된 것입니다. 비록 종종 두려운 마음이 들어도, 그들은 담대히 거룩한 길을 고수하고, 결코 그 길에서 벗어나지 않을 것입니다. 마음이 청결한 자는 하나님을 볼 것입니다. 또한 하나님께로 가는 길을 걷는 자들도 그러할 것입니다. 이 길은 그런 자들을 위하여 있는 길입니다.

특히 이 본문의 마지막 부분에서 우리는 이 길이 구속함을 받은 자들을 위한 것임을 발견합니다. "오직 구속함을 받은 자들을 위하여 있게 될 것이라"(8

절). "오직 구속함을 받은 자만 그리로 행할 것이라"(9절). 만약 당신이 주 예수 그리스도를 믿는다면 당신은 그분의 보혈로 구속함을 받은 것이며, 그 은혜의 길은 당신의 것입니다. 그 피의 흔적이 당신에게 있습니까? 당신은 오직 당신을 위해 목숨을 주신 그분만을 바라봅니까? 사랑하는 이여, 만일 그렇다면 당신은 그 길에 있으며, 당신은 그곳에서 쫓겨날 아무런 두려움 없이 그 길에서 행할 수 있습니다. 일단 이 길로 온 자를 그리스도께서는 결코 내쫓지 않으십니다. 그분이 이 길의 주이십니다. 당신은 그 길을 걷다가 마침내 그분의 얼굴을 기쁨으로 뵈올 것입니다. 이 길은, 비록 자원하는 마음을 가진 모든 이들에게 열려 있지만, 회개하지 않은 영혼은 결코 걸을 수 없는 선택된 길입니다.

또 하나의 사실이 이 길을 선택된 길로 만듭니다. 개역 구약성경(Revised Old Testaments)의 난외주를 읽을 수 있는 분들은 이 구절이 다음과 같이 읽힐 수 있다는 것을 발견할 것입니다. "그가 그들과 함께 하시리라(He shall be with them)." 즉, 하나님이 그들과 함께 하신다는 것입니다. 이 거룩한 길은 하나님께서 자기 백성과 함께 걸으시며, 그분 자신을 나타내시며, 그들을 그분께로 더욱 가까이 이끄시며, 그들을 그분과의 행복한 연합 안에서 지키시는 길입니다. 그 최종 목적지인 천국을 생각하는 것은 행복한 일입니다. 하지만 도중에서도 하나님이 우리와 함께하심을 생각하는 것은 거의 그것과 마찬가지로 행복한 일입니다. 우리 그리스도인들이 천국으로 가는 길의 행복에 대해 충분히 자주 생각하고 있는지요? 그곳으로 가는 도중에 있다는 사실만으로도 놀라운 은혜입니다. 풍성하게 예비된 언약의 복들이 순례의 도중에 공급되기에 우리는 진정 복된 백성입니다. 이 여정에서 우리와 함께하시는 하나님의 임재는 우리의 최상의 기쁨입니다. 만약 내세가 없다고 해도, 하나님께 대한 믿음과 순종의 길을 걸음으로써 나의 현생의 삶이 행복했노라고 묘사할 수 있습니다. 경건은 지금 현재의 삶과 관련해서도 약속이 있으며, 그 약속은 결코 폐하여지지 않습니다. 우리는 하나님과 동행하는 큰 기쁨과 평안을 가졌기 때문에, 하나님의 계명을 지키는 삶에는 큰 상급이 있다고 증언할 수 있습니다.

시간이 빠르게 지나고 있기 때문에, 나는 이 길에 대해 한 가지를 더 신속히 살펴보고자 합니다. 즉, 하나님께서 지명하신 그 길은 평이한 길(a plain way)입니다. 우리는 그 길이 평범하고 학식 없는 자들에게 적합하다는 것에 대해 하나님께 감사해야 합니다. 어떤 사람들의 말에 따르면, 종교란 매우 어려운 것이고, 소수의 교양 있는 자들에게만 이해될 수 있는 것으로 여겨지기 쉽습니다. '현대의 복음'을 이해할 수 있으려면, 여러분은 학식 있는 과학자가 되거나 혹은 학문적인 비평가가 되어야 합니다. 그러나 예수님의 복음은 그렇지 않습니다. 종종 학식 있는 사람들은 이 길을 놓쳐 버리지만, 단순한 사람들은 이 길을 알아보고 그 안에서 행합니다.

나는 오래전 스웨덴의 왕에 대한 이야기를 기억합니다. 병들었을 때, 그는 영원의 상태에 대해 크게 근심하였습니다. 그의 왕궁에 우연히 어느 나이든 농부가 오게 되었는데, 그는 경건한 신앙으로 왕에게도 알려진 인물이었습니다. 왕이 그를 불러 곁에 앉히고는 물었습니다. "내게 말해주게나. 영혼을 구원하는 믿음이란 어떤 것인가?" 그 가난한 농부는 그의 마음에 간직된 것을 단순한 언어로 설명했고, 그것이 왕에게 많은 위안이 되었습니다. 그 왕은 몇 개월간 아픈 채로 지냈고, 또 다시 의심과 두려움에 빠졌습니다. 왕의 주변에 있는 자들이 웁살라(Upsala)의 대주교에게 사람을 보내도록 간청했습니다. 그가 학식 있는 고위 성직자로서 왕의 두려움을 가라앉힐 수 있다고 여겼기 때문입니다. 그 주교가 왕의 침상에 와서는, 아주 적절한 용어로써 믿음에 관한 논리적이고 신학적인 정의를 들려주었습니다. 그가 간 후에 왕이 말했습니다. "그의 말은 매우 박식한 것이었고, 의심의 여지 없이 독창적이었다. 하지만 그의 말은 내게 아무런 위안도 주지 못했다. 그 농부의 믿음이 내 영혼을 구원할 수 있는 믿음이다."

그렇습니다. 죽어가는 사람들에게는 단순한 진리가 필요합니다. 나는 거스리(Guthrie) 박사가 죽음에 가까워졌을 때 "어린이 찬송가"를 불러달라고 요청한 일을 이상하게 여기지 않습니다. 평범한 사람들의 복음이 유일한 복음입니다. 최고의 교육을 받은 자들도 십자가에서 지혜를 찾아야 하며, 그렇지 않으면 어리석은 자들로 죽을 것입니다. 시련의 때에 사람들은 사변과 신비적인 이야기들과 세련된 논쟁으로는 견디지 못합니다. 그들은 소망을 세울 기초로서 확실한 진리와 명백한 진리를 필요로 합니다. 이 시대의 취향은 온통 고상하고, 독특하고, 독창적이며, 심오함을 가장한 것입니다. 내게는 나의 일용할 양식을 주십시오. 그러면 나는 그것을 나의 진수성찬으로 여길 것입니다. 내게 예수님께서 남자들과 여인들과 어린이들에게 나누어주셨던 그러한 빵을 주십시오. 그러면 나는 철학의 돌덩이들을 치아를 시험해보려는 이들에게 넘겨주겠습니다.

경건했던 로메인(Romaine) 목사는 도미니크 수도회에 속한 성 앤느(St. Ann)

교회에서 설교하던 때에, 그의 교육받은 청중들 중 어떤 이들에게서 그의 강론에 좀 더 많은 학식을 담아달라는 요청을 받았습니다. 그들의 요청을 받고서 그는 그렇게 하겠다고 약속했습니다. 다음 주일에 그는 성경 본문을 히브리어로 읽었고, 그런 다음 이렇게 말했습니다. "나는 지금 여러분 중에서 극소수만이 그것을 이해한다고 생각합니다. 아마도 본문을 헬라어 70인 역본으로 읽는 편이 더 좋을 것 같군요." 그리고 헬라어로 본문을 읽고나서 그는 이렇게 말했습니다. "지금도 본문을 이해하는 사람의 수가 많지 않은 것 같아 염려스럽습니다. 유감스럽지만 여러분이 말씀을 받도록 하기 위해서는 내가 라틴어 성경을 읽어야 할 것 같습니다." 라틴어 불가타역(Vulgate version)을 들려주고 나서 그는 청중을 바라보며 미소를 지었습니다. "지금도 말씀으로 덕 세움을 입은 사람의 수는 스무 명이 채 되지 않는 것 같습니다. 결국, 여러분 모두가 동의하리라고 생각합니다만, 학식은 빼고 우리말인 영어 성경으로 말씀을 읽는 편이 좋겠습니다." 형제들이여, 만약 우리가 그곳에 있었더라면 그 의미의 요점을 이해했어야 합니다. 그리고 우리 모두는 그 회중과 더불어, 최고의 학식 있는 강론이 아니라 가장 명백한 강론이야말로 최상의 강론이라고 동의했어야 합니다.

하나님의 복음은 그것을 칭찬할 말의 지혜를 필요로 하지 않습니다. 그러므로 우리의 사도는 이렇게 말합니다. "우리는 매우 명백한 언어를 사용하노라"(we use great plainness of speech. KJV, 고후 3:12). 참된 복음은 지극히 명백합니다. 본문이 무엇을 말합니까? "그 길을 걷는 자들은, 비록 어리석어도, 그 안에서 헤매지 아니하리라"(the wayfaring men, though fools, shall not err therein. KJV, 한글개역개정은 '우매한 행인은 그 길로 다니지 못할 것이라'고 되어 있음 — 역주). 만일 진정으로 하나님의 길을 따르고자 한다면 어느 누구도 그 길에서 헤매지 않을 것입니다. 하나님의 영이 그 마음을 하나님께로 향한 자들을 안내하실 것입니다. 그 길을 걷는 자는 헤매지 않습니다. 비평가는 틀림없이 길을 헤맬 것이며, 빈둥거리는 자 역시 길을 잘못 들 것입니다. 하지만 참된 순례자, 실제적으로 그 길을 걷는 자는, 그 길에서 헤매지 않을 것입니다. 여러분이 천국에 가기를 원한다면, 그 길은 성경에 놓여 있으며, 어린아이들도 그것을 발견할 수 있습니다. 하지만 여러분이 그 길에 대해서와 그 길을 걷는 여행자들의 비틀거림에 대해서 이야기만 하기를 원한다면, 그 때 그 길은 참으로 험난할 것입니다. 여러분이 하나님의 복음을 혼잡스럽게 하기로 선택한다면, 하나님이 여러분을 혼란 중에 내버려두실 것입니다. 하나님보다 더 지혜롭게 되기를 고집하는 사람은 결과적으로 어떤 사람보다 더 야만스럽게 될 것입니다. 여러분이 천국으로 가는 길을 찾고 싶다면, 여기 그 길이 있습니다. "보라 하나님의 어린 양이로다"(요 1:36). 예수님을 믿고, 구원을 받으십시오. 예수님이 평화와 거룩함에 이르는 길이신 것은 성경에서 볼 때 명명백백합니다. 여러분은 무엇을 더 가르치길 원하십니까? 여러분은 더 이상 어떤 확신을 요구하십니까? 만약 여러분의 마음이 보기를 원한다면, 충분한 빛이 있으며, 십자가가 충분히 선명하게 보일 것입니다. 그것을 바라보고 사십시오. 보고자 하는 자는 볼 것이며, 눈을 감는 자는 이러한 옛 속담의 진리를 입증할 뿐입니다. "보기를 원치 않는 자보다 더 눈먼 자는 없다." "내가 일어나 아버지께 가리라"(눅 15:18)고 말하는 자는 길을 잃지 않을 것입니다. 주님께로부터 소원을 부여받은 자는 주님에 의해 그 길을 식별할 것입니다. "그 길을 걷는 자들은 그 안에서 헤매지 아니하리라."

그 길을 걷는 자는 다른 문제에서는 큰 바보일 수 있습니다. 하지만 그는 이 문제에서만큼은 바보가 아닙니다. 그는 과학이나 정치나 상업에 대해서는 매우 우둔할 수 있지만, 주께서 그에게 그 얼굴을 시온으로 향하여 걷고자 하는 소원을 주셨다면, 그는 그 거룩한 길을 가는 여정에서 실수하지 않을 것입니다. 하나님이 중요한 지점에서 그에게 지시하실 것입니다. 중요한 것은 가장 필요한 진리를 알고 그것을 실행하는 것입니다. 우리 주께서 말씀하십니다. "한 가지만이라도 족하니라"(눅 10:42).

예전에 어느 신사가 바스(Bath, 영국 Avon주의 온천지 — 역주)로 가는 마차를 타고 가다가 마부에게 물었습니다. "저기 저택에는 누가 살았습니까?" 대답은 짧고도 퉁명스러웠습니다. "모릅니다, 선생님." 좀 더 타고 가다가 그 신사가 다시 물었습니다. "저 수로(水路)는 어디로 향하는 것입니까?" "모릅니다, 선생님." 다시 그 여행자는 정보를 구하며 물었습니다. "이 지역 유지 아무개 씨는 어디에 삽니까?" "저는 모릅니다, 선생님." 그러자 신사가 말했습니다. "이보시오, 당신이 아는 게 무엇이오?" 이 대답이 최종적이었습니다. "저는 당신을 바스로 데려다주는 길을 압니다, 선생님." 정녕 그것이 마부에게는 가장 중요한 일이었습니다.

영적인 일에 있어서, 가장 중요한 것은 어떻게 죄를 용서받는지 아는 것이며, 어떻게 죄인이 의롭게 되고 거룩하게 되는지를 아는 것입니다. 한 사람이 알

수 없는 것에는 수천 가지가 있습니다. 그리고 그가 그것들을 모른다고 해서 사정이 많이 악화되지 않을 수도 있습니다. 하지만 주 예수님을 알지 못하는 것은 생명의 길에 대해 무지한 것입니다. 만일 어떤 사람이 주 예수 그리스도를 안다면 그는 영원한 행복에 이르는 길을 아는 것이며, 그는 그런 지식으로 인해 평생 하나님께 감사할 것입니다. 사람이 얻을 수 있는 모든 지식을 얻는다 해도, 단지 지식에 불과한 것이란 거룩한 일에 있어서 무슨 대단한 가치가 있다고 여겨서는 안 됩니다. 선악을 아는 나무는 우리 인간에게 아무런 유익을 가져다주지 못했기 때문입니다. 한때는 내가 꼭 알아야 한다고 여겼던 일들이 많이 있었지만, 이제 나는 할 수만 있다면 그것들을 잊어버리기를 얼마나 자주 바라는지요! 나는 바울과 더불어, 여러분 가운데에서 예수 그리스도와 그의 십자가에 못 박히신 것 외에는 아무것도 알지 아니하기로 결심했습니다(참조. 고전 2:2). 거품을 터뜨리고, 찌꺼기들을 치워버리십시오. 불로 번쩍거리는 금박 치장을 태워 버리십시오. 이런 것들은, 우리를 사랑하여 우리를 위하여 자기 자신을 주신 그분을 아는 참된 지식의 금괴(金塊)에 비하면, 그 무게가 얼마나 되겠습니까? 옳은 길을 택하도록 합시다. 하나님을 바라보며 이렇게 말합시다. "당신께서 제게 생명의 길을 보이실 것입니다." 그런 다음 이 시대의 학자인 체하는 태도를 버리고, 그 길을 택하도록 합시다. "그 길을 걷는 자들은 그 안에서 헤매지 아니하리라."

본문의 마지막 단어는 그것이 안전한 길(a safe way)임을 우리에게 가르쳐줍니다. 이에 관해서는 다른 기회에 좀 더 자세히 말할 것입니다. "거기는 사자가 없을 것이라"(9절). 많은 사자들이 그 길가에서 오르락내리락하며 배회합니다. 하지만 그들은 "그리로 올라가지" 못합니다(9절). 그 둑길의 꼭대기에서 걷는 사람은 비록 사자의 울부짖는 소리를 들을 수는 있어도, 길에서 사자를 만나지 않을 것입니다. 거기서는 어떤 사나운 짐승도 발견되지 않을 것입니다. 그들은 그 길을 마음에 두지 않기 때문입니다. 파충류가 아일랜드에 살지 못하듯이, 사자들은 거룩한 길에서 살지 못합니다. 예수님을 자기의 길로 삼은 자들이 결코 두려워할 필요가 없는 종류의 사자가 하나 있습니다. 그것은 용서받지 못한 죄라고 하는 사자입니다. 여러분이 예수 그리스도를 믿고 있다면, 여러분의 죄악은 그분으로 인하여 용서되었습니다. 또 다른 사자가 역시 우리를 향해 울부짖습니다. 하지만 그것이 결코 우리를 삼키지는 못하는데, 그것은 유혹이라고 하는 사자입니다. 여러분은 여러분이 감당치 못할 시험을 당하지 않을 것입니다. 우리는 자기 자신의 길을 따르는 어떤 이들에 대해 아는데, 주께서 그들 가운데 사자들을 보내셨습니다. 하지만 그분은 바른 길을 따르는 자들에게서 사자들을 쫓아내십니다. 사자들은 불을 두려워합니다. 주께서는 자기 백성을 둘러싼 불의 성벽이십니다.

어떤 이들이 말하는 소름끼치는 죽음의 사자에 대해서 말하자면, 그런 것은 존재하지 않습니다. 이것은 우화 속의 괴물에 불과합니다. 믿는 자에게 죽음이란 사자라기보다는 오히려 천사입니다. 우리가 건너갈 골짜기는 사망의 골짜기가 아니라, 사망의 그늘(shadow of death)이라고 하는 골짜기입니다. 믿는 자에게는 죽음의 실체가 없습니다. 그것은 단지 그림자에 지나지 않습니다. 형제들이여, 여러분은 곧 일시적인 그늘 아래로 지나게 될 것이지만, 어떤 질병도 그곳에 찾아오지 못합니다. 개의 그림자가 물지 못하며, 칼의 그림자가 상처를 입히지 못하듯이, 사망의 그림자도 죽이지 못합니다. 어떤 해도 두려워말고 계속해서 전진하십시오. 주께서 여러분과 함께 하십니다. 그분의 지팡이와 막대기가 여러분의 안위입니다. 어떤 사나운 짐승도 여러분을 해치지 못합니다. 성경에 이렇게 기록되어 있기 때문입니다. "화가 네게 미치지 못하리라"(시 91:10). 하나님과 동행하십시오. 그러면 "여러분이 사자와 독사를 밟으며 젊은 사자와 뱀을 발로 누를 것입니다"(참조. 시 91:13). 안전하기 위해서라도 우리는 거룩해야 합니다. 거룩하기 위해서 우리는 그리스도 예수 우리 주를 의지해야 합니다.

2. 이 길과 관련된 우리의 의무

이제 몇 분밖에 남지 않았기 때문에, 이 짧은 시간 내에 나는 이 거룩한 길과 관련된 우리의 의무에 대해 말하고자 합니다. 그러한 길이 있다면, 왕의 노여움이 타오를 때 멸망하지 않도록 그 길과 관련된 의무에 태만하지 말도록 합시다.

첫 번째 의무는 이런 시대에 길과 길 사이를 조심스럽게 분별하는 것입니다. 거짓 선지자들을 조심하십시오. "영을 다 믿지 말고 오직 영들이 하나님께 속하였나 분별하라"(요일 4:1). 차분히 심사숙고하여, 어떤 길이 넓고 평탄하고 즐겁게 보이며 꽃들로 울타리가 쳐진 것을 볼 때, 스스로에게 이렇게 말하십시오. "많은 길들이 있지만, 그 중에 오직 한 길만이 영생으로 인도하기에, 신중해야 할 것이다. 나는 기도하리라. '주여, 죽음에 이르기까지 저의 안내자가 되소서.'" 그런 다음 이런 질문을 하십시오. "이것이 거룩한 길인가? 만일 이것이 거룩한 길이 아니라면, 나는 무모하게 이 길을 따라가지 않아야 할 것이다." 오 나의 청중이여, 진리를 믿고, 진리를 따르십시오. 진지함으로 충분하다고 생각하지 마십시오. 여러분에게는 진리가 필요합니다. 한 사람이 말합니다. "만일 우리가 우리 종교에 대해 진지하다면, 그 종교가 무엇이건 아무래도 좋을 것입니다." 천만에요! 당신은 더 알 필요가 있습니다. 당신이 진지하게 길을 잘못 들어 북쪽 방향으로 간다면, 당신은 브라이튼(Brighton, 남부 도시)에 도착하지 못할 것입니다. 당신이 진지하게 독을 마신다면, 그것이 당신을 죽일 것입니다. 만약 당신이 진지하게 당신의 목을 찌른다면, 당신은 죽을 것입니다. 당신이 진지하게 거짓을 믿는다면, 당신은 그 잘못된 결과의 고통을 겪을 것입니다. 당신은 진지해야 할 뿐 아니라, 옳아야 합니다. 그러므로 당신의 판단을 주의 말씀에 복종시키십시오. 이 오류 없는 책이 당신에게 주어졌습니다. 그리고 오류 없는 성령께서 당신에게 그 의미를 깨우쳐주시기 위해 기다리십니다. 지혜로우신 분(the Wise One)에게 지혜를 구하십시오. 당신의 생각을 길이요 진리요 생명이신 그분의 가르침에 복종시키십시오. 그러면 당신은 속지 않을 것이며, 오히려 거룩함과 행복에 도달할 것입니다.

다음의 의무는, 여러분이 그 길을 알 때에 신중하게 그 길 안에서 계속 걸어야 한다는 것입니다. 그 길에서 많은 길들이 갈라지기 때문입니다. 어느 누구도 여러분을 그 길에서 끌어내지 못하게 하십시오. 그것은 유일하게 올바른 길입니다. 별들이 그 길을 지키듯이 그 길을 계속해서 지키십시오. 여러분의 마음의 허리를 동이십시오. 정신을 차리고 끝까지 소망을 붙드십시오. 성령께서 여러분에게 머무시어, 여러분이 그 바르고 좁은 길을 떠나는 것이나 잠시라도 그 길에서 벗어나는 것을 원하지 않기를 바랍니다. 끝까지 견디는 자는 구원을 얻을 것입니다. 한동안은 잘 달리다가도 얼마 못가 우물쭈물하며 지체하는 자들은 결국 어떻게 되겠습니까? 그들이 차라리 의의 길을 알지 못하였더라면, 그 길을 알고서도 벗어나는 것보다는 나았을 것입니다. 끝까지! 끝까지 가십시오! 끝까지 붙들고 끝까지 견디십시오! 그렇지 않으면 당신의 믿음이 아무것도 아닌 것으로 판명될 것입니다.

한 가지 더, 우리는 이 길에 있습니까? 그렇다면 열심을 내어 그것을 다른 사람들에게 말하도록 합시다. 일전에 어느 시골길을 여행하는 도중에, 한 여행자가 특정 지점으로 가는 길을 알기 원했습니다. 그는 길가에 앉아 있던 사람에게 물었습니다. 하지만 여행자가 그 사람에게서 얻은 반응은 공허한 시선과 고개를 흔드는 것이 전부였습니다. 잠시 후 그는 그 가련한 사람이 귀먹은 벙어리임을 알게 되었습니다. 나는 요즘에 그러한 그리스도인들이 많을 거라고 염려합니다. 그들은 영적으로 다른 사람들의 비통한 소리에 귀먹은 자들이며, 그들에게 교훈이나 격려를 주는 일에서는 벙어리입니다. 그들이 하는 일이라고는, 마치 그들이 말하려는 것보다 훨씬 더 많은 것을 알고 있다는 식으로, 그들의 지혜로운 머리를 흔드는 것이 전부입니다. 한 사람이 말합니다. "오, 우리는 귀먹은 벙어리들이 아닙니다." 그렇다면 왜 당신은 길이신 예수님에 대해 말하지 않습니까? 왜 당신은 다른 사람들에게 천국으로 가는 길에 대해 말하지 않습니까? 왜 당신은 영적인 가르침을 얻기 위해 도처에서 하나님을 향해 부르짖는 소리를 듣지 못합니까? 그토록 많은 그리스도인들이 그저 예배당 신도석을 차지하는 것으로 만족하고, 밖으로 나가 예수를 만났다고 전하는 일은 없으니, 이 어찌된 영문입니까?

내가 그 이유를 말하지요. 내가 염려하건대, 어떤 신앙고백자들이 그 길에 대해서 말하지 못하는 것은 그들이 그 길을 알지 못하기 때문입니다. 일전에 나는 어떤 사람에게 특정한 장소로 가는 길에 대해 물었습니다. 그는 가장 공손한 태도로 대답했습니다. "죄송합니다만, 저는 이 지역에 대해 알지 못합니다." 그것이 그가 나에게 길을 가르쳐줄 수 없던 아주 충분한 이유였습니다. 만일 여러분 중 누구라도 그 길을 알지 못하면, 그리고 이런 일에 대해서 문외한이라면, 아무에게도 말하지 마십시오. 오히려 집으로 가서 이 슬픈 생각을 당신의 양심에게 말하십시오. "나는 다른 사람에게 천국으로 가는 길을 말할 수 없는 이유는 내가 이 부분에서 문외한이기 때문이다." 우리가 경험하지도 못한 영역을 증언하는 일이 없기를 바랍니다! 어떤 목사이든 그의 비문에 이와 같은 문구가 새겨진다면 좋은 일일 것입니다. "그는 그가 실천하지 않은 것을 결코 전하지 않았다." 선교회 사무실이나 주일학교 등에서 분주한 사람들은, 여러분이 가르치는 대로 살고, 여러분이 사는 대로 가르치기를 바랍니다! 길가에 표지판처럼 서 있으면서, 그 길을 가리키면서도 정작 당신 자신은 그 길에서 행하지 않는 것은 끔찍한 일입니다.

모든 사람에게 천국으로 가는 길에 대해 말할 준비가 되어 있다면, 그들이 그것을 알기를 원하건 원하지 않건, 그것은 매우 좋은 일입니다. 아마도 우리가 가장 복을 빌어주고 싶은 이들은 지금 이 순간 복음에 대해 알기를 원치 않는 자들입니다. 만약 우리가 그들에게 그 길을 가르쳐준다면, 하나님께서 그 길에 대한 우리의 설명을 그들을 그 길로 인도하는 효과적인 영향력이 되도록 사용하실 수 있습니다. 그 길을 두루 전해야 할 두 가지 경우가 있는데, 즉 "때를 얻든지 못 얻든지"(딤전 4:2)의 두 경우입니다. 우리가 사람들에게 그 길을 제시하고, 그들에게 그 안에서 행하라고 호소한다면, 우리는 그들의 피에 대해 깨끗할 것입니다. 만약 우리가 이 일을 행하지 않으면, 그들은 그 길에 대해 알지도 못한 채 멸망할 것이며, 그들의 피를 우리의 손에서 찾을 수도 있습니다(참조. 겔 33:8).

마지막으로, 이 길과 관련하여 우리는 무엇을 해야 할까요? 사랑하는 친구여, 나는 이렇게 말하고 싶습니다. 만약 당신이 이 길에 있지 않다면, 이 아침에 이 길에 들어서도록 주께서 당신을 도우시길 빕니다. "하늘의 도성에 도달하려면 무슨 일을 해야 하나요?"라고 한 사람이 말합니다. 어느 저명한 신학자가 이와 같은 지침을 준 적이 있습니다. "천국으로 가는 길은, 바른 길로 돌이킨 후, 곧장 직진하는 것이다." 나는 이 말을 덧붙이고 싶습니다. 당신이 십자가로 돌이켰다면, 그것이 유일하게 필요한 방향 전환이긴 하지만, 그것은 철저한 방향 전환이어야 합니다. 그리고 그 길에서 당신은 인내해야 합니다. 영광에 이를 때까지 곧장 직진하십시오. 주 예수 그리스도를 의지하십시오. 그러면 영생을 얻을 것입니다.

"하지만", 한 사람이 말합니다, "저는 그리스도를 믿기 시작했습니다. 그러나 제가 결국은 뒤로 물러서지 않을까 항상 저 자신이 염려스럽습니다." 당신이 이 문제를 당신 자신의 힘과 관련지어 숙고하는 것은 결코 건강하지 못한 염려입니다. 그 문제를 올바로 숙고할 수 있는 또 다른 관점이 있습니다. 궁극적 견인(final perseverance)을 위하여 주님을 의지하십시오. 그러면 주님께서 당신에게 그것을 주실 것입니다. 배교와 변절을 두려워하는 당신에게 내가 진지하게 권하는 한 가지는 이것입니다. 스스로에게 이렇게 말하십시오. "내가 가나안에 도달하든지 못하든지, 결코 애굽으로 되돌아가지는 않을 것이다. 나는 내 얼굴을 하나님과 거룩한 도성을 향한 채로 죽을 것이다."

자신이 빠져나온 곳으로 결코 되돌아가지 않겠다는 엄숙한 결심을 유지할 수 있는 영혼은 틀림없이 약속된 안식에 도달할 것입니다. 만약 당신의 얼굴이 주 예수 그리스도와, 그분의 약속과, 그분의 보좌를 향한다면, 당신의 시신은 결코 광야에 버려지지 않을 것입니다. 우리는 결코 이 악한 세상을 사랑하지 않을 것이며, 그 우상들 앞에 절하지도 않을 것입니다. 우리는 주를 향하여 손을 들었으며, 그러니 되돌아갈 수 없습니다. 만약 하나님께서 당신을 죄에서 조금이라도 이끌어내셨다면, 나는 당신이 계속해서 앞으로 나아갈 수 있도록 기도할 것입니다. 하지만 그분이 당신을 온전히 죄에서 건져내셨다면, 당연히 당신은 앞으로 달려가야 합니다.

주 하나님이시여! 설혹 제가 버려진다 해도, 설혹 당신이 다시는 저에게 기쁨을 주시지 않는다고 해도, 저는 결코 그리스도 예수 안에 있는 당신의 은혜를 바라보기를 멈추지 않을 것입니다. 오직 그곳에만 저의 소망이 있기 때문입니다. 당신의 은혜로써 저는 제 얼굴을 십자가를 향한 채로 죽을 것입니다. 그런 태도를 가진 사람이 멸망하였다고 들은 적이 있습니까? 결코 그렇지 않습니다. 그 길에서 영혼이 죽었다는 소식은 천국에서도 보도되지 않을 것이며, 지옥에서도 전해지지 않을 것입니다. 그리스도께서 바로 그 길이시기 때문입니다. 그 눈으로 십자가에 달리신 예수님의 다섯 상처를 바라보는 영혼은 결코 멸망할 수 없습니다. 그분은 길이십니다. 생명의 길이시며, 유일한 길이시며, 확실한 길이십니다. 그분을 따르십시오.

오, 가련한 죄인이여! 저 눈먼 자가 그랬던 것처럼 그 길에서 예수님을 따르십시오. 이 아침에 일어나서 그분을 부르십시오. 당신이 앉은 좌석을 떠나기 전에 예수님을 바라보십시오! 이 피난의 길을 따라 도망치고, 이 은혜의 길을 따라 달려가십시오. 당신이 지체하지 않고 즉시 이 길로 올 수 있도록 성령 하나님이 도우시길 빕니다! 당신에게는 구원이 있기를, 길이신 주님께는 영원무궁토록 영광이 있기를 바랍니다. 아멘.

제
31
장

당신은 누구를 믿습니까?

"네가 이제 누구를 믿느냐?"—사 36:5

이 질문은 일상적인 문제들에서는 중요하지 않을 수 있습니다. 우리는 어느 정도는 우리의 동료들을 믿어야 합니다. 그리고 그 결과로서, 우리 모두는 어느 정도 괴로움을 겪는다고 나는 생각합니다. 사소한 문제들에 있어서는 우리가 사람을 믿어도 그다지 중대한 결과를 초래하지는 않을 것입니다. 하지만 아주 큰 문제일 때, 예를 들어 사람의 전 운명이 달린 문제일 때, "네가 누구를 믿느냐?" 하는 질문은 결코 사소하게 여길 문제가 아닙니다. 오, 얼마나 많은 사람들이 어떤 뛰어난 친구를 의지하였다가, 그가 유다 노릇을 하는 것을 보아왔는지요! 우리가 그토록 소중하게 여기는 상담자들이 아히도벨이 다윗에게 그러했듯이 등을 돌립니다(참조. 삼하 15:31). 우리는 얼마나 빈번하게 우리가 알고 또 믿을 수 있다고 여겼던 특정한 사람의 고결성과 우정과 충실도를 믿었다가, 결과적으로 "무릇 사람을 믿으며 육신으로 그의 힘을 삼는 그 사람은 저주를 받을 것이라"(렘 17:5)는 것이 사실임을 경험하게 되는지요?

내 형제들이여, 조심하십시오. 어쩌면 여러분에게는 내가 이런 말을 할 필요가 없을지도 모릅니다. 하지만 인생의 모든 거래에서, 어디까지 인간을 믿을 것인지에 대해 잘 판단하십시오. 그렇지 않으면 당신의 귀에 이러한 속삭임이 들릴 것이며, 침상에 누운 당신의 마음을 무겁게 짓누를 것입니다. "네가 이제 누구를 믿느냐?" 정녕 이것이 일시적인 문제들에서도 중요하다면, 영적인 일들과 관련해서는 그보다 훨씬 더 중요할 것입니다. 설혹 내가 상업에서 파산자가 되어도, 다시 사업을 일으키고 내 재산을 회복할 수 있습니다. 하지만 영적인 문제에서, 목숨을 건 거래에서 일단 파산을 하게 되면, 새로운 보증서를 받을 소망도 없고 손실을 회복하기 위한 시도를 할 수도 없습니다. 만약 어느 장군이 어떤 큰 전투에서 패배하면, 그는 아마도 일단은 퇴각하였다가, 또 다른 전투에서 이기기 위해 군대의 전열을 가다듬을 수 있을 것이며, 싸움의 흐름을 바꿀 수도 있을 것입니다. 하지만 생명이 달린 큰 전투에서 한 번 패배하면, 일단 죄가 완전히 당신을 지배하여 이생에서 희망 없이 죽게 된 것을 느끼면, 다시 싸울 기회는 더 이상 없습니다. 당신은 패배한 것입니다. 전투는 종결되었고, 승리는 영원히 잃어버린 것입니다. 그러므로 사랑하는 친구들이여, 깊은 관심을 가지고 이 질문을 하고, 또 정직하게 대답하십시오. "당신은 누구를 믿습니까?"

먼저, 회중에게서 몇 가지 대답들을 수집해보도록 합시다. 그런 다음, 그리스도인의 대답을 들어봅시다. 그 대답을 듣고 나서, 그리스도인에게 그의 행동 방침이 어떤 것이어야 하는지에 대해 약간의 조언을 제시하고자 합니다.

1. 누구를 믿는지에 대한 몇 가지 대답들

먼저, "당신은 누구를 믿습니까?"라는 질문과 관련하여, 몇 가지 대답들을 모아보도록 하겠습니다.

어떤 이들은 이런 식으로 대답한다고 나는 생각합니다. "나는 그 문제에 대해 생각해본 적이 없습니다. 목사님이 '당신은 누구를 믿습니까?'라고 내게 물으시니, 대답을 하긴 해야겠지요. 나는 죽음과 영원과 심판에 관한 문제를 깊이 생각해본 적이 없습니다. 나는 내가 죽기까지 많은 시간이 남았기를 바라며, 필요하기도 전에 고민할 필요는 없기에, 그 문제에 관심을 기울이지 않았습니다. 너무 많은 질문을 하는 것이 유쾌한 일은 아니라고 느끼며, 따라서 긁어 부스럼 만들 필요는 없을 것입니다. 당신에게 답을 줄 수가 없군요. 그 문제를 숙고해본 적이 없기 때문입니다."

내 친구여, 당신이 매우 어리석다고 생각하지 않습니까? 당신은 지금 이 순간에 죽을 수도 있다는 것을 잊었습니까? 당신이 상상하는 것보다 죽음으로 이르는 문들이 많은 것을, 아아, 당신이 앉아 있는 바로 그 장소로부터 지옥으로 가는 길이 나 있다는 것을 잊었습니까? 거리에서 죽어 쓰러진 사람들에 대해 들어본 적이 없습니까? 시스라(Sisera)라는 용사가 죽은 것처럼 거리에서 엎드러져 죽은 사람에 대해 듣지 못했습니까? 그에 대해서 사람들은 이렇게 말합니다. "그가 엎드러져 있는 곳에서 그는 죽은 채로 발견되었다." 당신의 목숨에는 차용 기간이 남았습니까? 당신은 죽음이 멀리 있다고 확신합니까? 당신은 지금까지 죽어가는 사람들과 함께 지낸 적이 없었습니까? 나는 그런 적이 있습니다. 나는 얼마 전에 그들과 만나 대화를 나누었는데, 다음 날 그들이 영원의 세계로 갔다는 소식을 들었습니다. 우리는 당신에 대해서도 같은 소식을 들을 것입니다. 설혹 당신이 오륙십 년을 더 살게 될 것을 안다고 해도, 이런 문제를 하찮게 여기는 것이 지혜로운 일입니까? 당신이 아주 긴 인생을 산다고 가정해도, 행복해지는 것을 뒤로 미루고 싶은가요? 지극히 평안해지는 것을 미루고 싶은가요? 영혼의 문제를 바르게 해결하는 것이 현재의 기쁨과 행복을 얻는 길임을 기억하십시오. 젊은이들이 이런 식으로는 말하지 않을 거라고 생각합니다. "우리는 인생을 즐거워하기에는 너무 젊다. 그러니 더 늙을 때까지 기다리다가, 그 때 행복해지도록 하자." 구원받는 것은 가장 강조적인 의미에서 인생을 즐거워하는 것이며, 그리스도의 고귀함을 발견하는 것은 말로 다 표현할 수 없을 정도로 행복해지는 것입니다. 그런데 쾌락 그 자체보다 더욱 즐겁고, 꿀송이에서 떨어지는 꿀보다 더욱 단 것을 뒤로 미루다니요?

사랑하는 친구들이여, 여러분에게 호소하건대 여러분은 지금 이 문제를 생각해야 합니다. 이 문제가 여러분에게 근심과 슬픔을 가져다줄 때에 그것을 생각할 수 있어야 합니다. 그리스도께서 지옥에 있는 부자에 대해 말씀하신 구절은 얼마나 두려운지요. "그가 음부에서 고통 중에 눈을 들어 보더라"(눅 16:23). 불쌍한 영혼이여, 왜 당신은 그 전에 눈을 들어 보지 않았던가요? 아아, 너무 늦어버렸군요! 당신이 눈을 들어 아브라함의 품에 있는 나사로를 볼 수 있을 때는, 이미 큰 구렁텅이가 놓여 있어 그와 당신 사이를 가로막고 있습니다! 당신이 당신 주변을 돌아보는 것도 이미 늦었습니다. 주위에 보이는 것이라곤 삼키는 불꽃과, 당신의 영원한 동반자들인 고문자들을 빼고는 아무것도 없으니까요. 슬픈 절망감이, 마치 커다란 비석처럼, 영원히 당신의 가슴을 짓누르고 있습니다. 오, 왜 당신은 그 전에 눈을 들어 바라보지 않았던가요? 이 불쌍한 파선자로부터 내가 얻을 수 있는 유일한 대답은 이것입니다. "내 형제들이 이 고통 받는 곳에 오지 않도록 말해주십시오. 그들에게 지금 눈을 들어서 보라고 말해주십시오. 그들이 무엇을 의지하는지, 영원한 것들과 관련하여 그들의 소망의 근거가 무엇인지 지금 심사숙고하라고 말해주십시오."

부주의한 죄인이여, 나는 이 짧은 말이 당신에게 복이 되기를 바랍니다. 나는 당신과 얼굴을 맞대어보고서, 살아계신 하나님과, 삶과 죽음과, 심판과 영원, 천국과 지옥, 이성적인 존재를 움직일 힘을 가진 모든 것의 이름으로 당신에게 호소하고 싶습니다. 당신의 집을 정돈하고, 죽음의 문제를 숙고하십시오. 그리고 만약 당신에게 아직 믿고 의지할 이가 없다면, 하나님의 도움으로 그 대상을 찾기를 바랍니다.

다시 한 번 이 질문을 또 다른 사람에게 던져보고자 합니다. "당신은 누구를 믿습니까?" 한 사람이 일어나서 이렇게 말하는 것을 듣습니다. "나는 대부분의 사람들과 마찬가지로 선한 것에 대해 하나님께 감사합니다. 나에게는 나 자신을 걱정시킬 만한 특별한 이유가 없다고 생각합니다. 목사님, 만일 모든 사람의 삶이 나의 삶과 같다면, 그들의 인생과 이 시대가 훨씬 더 좋을 것입니다. 나는 심각하고 공공연한 죄인인 적이 없습니다. 나는 가족에게 좋은 본보기가 되었고, 그들을 잘 부양했습니다. 자선시설에서 기부금을 원할 때, 나는 지갑을 털어서라도 아낌없이 주었습니다. 가난한 이웃들이 자선을 요청할 때, 그들은 내가 구두쇠 노릇하는 것을 본 적이 없습니다. 나는 앞으로도 좋을 것이라고 말할 수 있다고 여기는데, 만약 그렇지 않다면, 많은 사람들과 더불어 잘못되는 것입니다."

내 친구여, 나는 당신의 마지막 문장에 완전히 동의합니다. 나는 당신이 많은 사람들과 더불어 잘못될 것이 염려됩니다. 하지만 그 사실에서 당신에게 줄 어떤 위로도 찾을 수가 없군요. 왜냐하면 동반 파멸은 재앙의 정도를 줄이는 것이 아니라, 오히려 더 늘이는 것이기 때문입니다. 당신이 말하는 바의 요지는 결국 당신은 당신 자신을 믿는다는 것이군요. 정직하게 생각해서, 정녕 당신의 영혼은 죽음의 모든 고통과 공포를 헤쳐 나가기에 충분한 것입니까? 당신 자신의 공로로 하나님 우편에 안전하게 도착할 거라고 여깁니까? 나는 당신의 양심이 어떤 잘못들과 결점들을 상기시켜줄 거라고 생각합니다. 당신의 기억은 틀림없이 당신에게 어떤 죄들을 말해줄 것입니다. 비록 그것이 엄청난 죄악은 아닐지라도 죄임에는 틀림없습니다. 당신은 하나님이 그분의 진리의 말씀에서 계시하신 바를 기억해야 합니다. 즉 누구든 자기 행위로 구원받고자 한다면 바꿀 수 없는 한 가지 상태에 도달해야 하는데, 그것은 그가 절대적으로 완벽한 사람이어야 한다는 것입니다. 그는 단 한 번도 죄를 범한 적이 없어야 합니다. 그는 마음에서 죄의 생각을 가져본 적이 없어야 하고, 혀의 말에서나, 전 생애의 행동에서 완벽해야 합니다. 그렇지 않으면 그는 전 율법을 어긴 셈이 되어, 유죄입니다. 자, 당신은 그것에 대해 무슨 말을 하겠습니까? 이는 단지 나의 주장이 아닙니다. 이것은 하나님이 친히 하신 말씀입니다. 성경의 한 구절을 들려주겠습니다. "율법의 행위로써는 의롭다 함을 얻을 육체가 없느니라"(갈 2:16).

오 교만한 사람이여, 만일 우리가 우리 자신을 구할 수 있다면, 그리스도께서 우리를 구하기 위해 죽으실 필요가 무엇이라고 생각합니까? 뭐라고요? 당신은 하나님의 종들이 "의인이 겨우 구원을 받는다"(벧전 4:18)고 말해야 한다고 생각합니까? 그리고 구원자를 믿지 않는 당신이, 당신 자신의 선한 행위들로써 천국에 가는 것이 그리 간단한 일이라고 생각합니까? 당신이 내 조언을 받아들이기를 바라면서, 이런 조언을 하겠습니다. 에베소인들이 그들의 마술 책들을 모아 가지고 와서 불사른 것과 같은 선한 행위를 하십시오(참조. 행 19:18). 그것들은 결코 당신에게 유익을 끼치지 못하며, 오히려 커다란 해를 끼칠 것입니다. 그러므로 내 친구들이여, 당신의 있는 모습 그대로, 새로운 살 길을 열어 놓으신 구주께 오십시오. 그분은 당신을 위하여, 당신의 그런 번지르르한 자랑들이 이룰 수 있다고 시늉만 할 뿐인 일들을, 귀한 피로써 이루실 수 있습니다. 그분은 당신의 간악한 영혼을 다가오는 진노에서 구원하실 수 있습니다.

나는 여기에 있는 누구나 이런 대답을 할 것이라고 여기지는 않지만, 그래도 많은 사람들의 입술에서는 의심 없이 이런 대답이 나옵니다. "내가 누구를 믿느냐고요? 그야 나의 사제를 믿지요. 그는 정식으로 서품 받은 분이며, 사도적 교회에 속한 분입니다. 그가 내게 말하기를, 만약 내 죄를 그에게 고백하면 그가 내 죄를 용서할 것이라고 합니다. 그리고 그는 내가 죽게 될 때 나에게 노자성체(路資聖體, 가톨릭에서 죽음을 앞둔 신자를 위한 마지막 성체로서 *viaticum*이라는 라틴어 어원은 여행을 위한 돈 혹은 양식이라는 의미임 — 역주)를 줄 거라고 말했습니다. 그는 내 마지막 여행을 위하여 내 장화에 기름칠을 해 줄 것이며, 부어진 이 기름 때문에 마귀가 붙잡지 못하는 그런 상태로 나를 보내줄 것입니다. 만약 내가 사제를 믿지 못한다면, 어디서 확신을 얻을 수 있겠습니까?"

어디서 확신을 얻을 수 있느냐는 그 마지막 물음에 나는 대답할 수 있습니다. 하지만 오늘 밤 이곳에 있는 판단력을 가진 사람들에게, 그러면서도 사제를 의지해왔을 사람들에게 나는 호소하고자 합니다. 대체 사람이 무엇입니까? 그는 기껏해야 2미터 높이의 진흙덩이에 불과하거늘 당신이 그에게 의지한단 말입니까? 그가 분명 어떤 신비적인 기도문을 읽어주긴 하겠지만, 대체 이 19세기에 당신은 그가 여분의 은혜를 나누어줄 것을 믿을 정도로 바보입니까? 사랑하는 친구여, 당신이 성경을 읽기를 원한다면—오직 당신의 사제는 그것을 당신 앞에서 교묘히 조작하는 경우를 제외하고는, 당신이 그렇게 하는 것을 좋아하지 않을 것입니다— 당신은 성경에서 다음의 사실을 발견할 것입니다. 즉 당신이 그리스도를 따르는 자라면, 당신 자신이 그 사제에 못지않은 제사장입니다. 예수님을 믿을 때 한 사람은 또 다른 사람에게 제사장과 다름없습니다. 성경에 따르면 모든 성도들이 "왕 같은 제사장들"(벧전 2:9)이기 때문입니다.

나 자신에 대해 말하자면, 비록 내가 이곳에서 하나님의 말씀을 전하고는 있지만, 나는 '사제'(priest)라는 이름을 생각하는 것도 싫어합니다. 그리고 나는 왜 스스로를 복음주의 성직자(Evangelical clergymen)라고 부르는 사람들이 자신들을 사제들이라고 부를 수 있는지 의아할 뿐입니다. 사제들이라! 정녕 그들 중 많은 이들이 제사장들이겠지만, 그들이 어떻게 그런 직함을 취하여 사용할 수 있는지, 그 뻔뻔스러움에 나는 놀랄 뿐입니다. 제사장들이라니! 위대하신 하나님, 당신의 보좌 앞에서 합당한 제사를 드릴 수 있는 제사장(Priest)은 오직 한 분 당신의 아들이십니다! 그분이 영원한 한 제물로 자기 자신을 당신에게 드리셨습니다. 그리고 우리로 말하자면, 우리는 단지 그분 아래에 있는 부차적인 제사장들에 지나지 않으며, 또한 이 점에서는 어느 누구도 자기 형제에 대해 어떤 우월성도 가지지 않습니다. 그리스도 예수 안에서는 모든 성도들이 왕들이 되었고 하나님께 대하여 제사장들이기 때문입니다. 그들은 그리스도와 더불어 영원히 다스릴 것입니다. 사랑하는 친구여, 속지 마십시오. 당신의 사제도 당신이 그를 의지하는 정도로 당신을 의지할 수 있습니다.

하지만 내가 회중을 돌면서 이 질문을 던진다면, 또 다른 대답을 얻을 개연성이 아주 큽니다. 아마도 상당수의 사람들이 이렇게 말할 것입니다. "하나님은 자비로우십니다. 그분은 우리에게 불친절하실 정도로 엄한 분이 아니시며, 그러니 우리는 감히 말할 수 있습니다. 비록 우리에게 많은 잘못이 있어도, 그분은 매우 선하고 은혜로우신 하나님이시기에, 우리 죄를 용서하시고 우리를 받아주실 것입니다."

사랑하는 친구여, 당신은 하나님의 자비하심을 믿고 있는 듯이 보이는군요. 당신이 진술한 말에 대해 말하자면, 당신은 당신이 결코 발견하지 못할 것을 믿고 있습니다. 이렇게 가정해보십시오. 당신이 매우 관대하고, 이 도시에는 많은 가난한 사람들이 있습니다. 당신이 그들에게 빵을 제공할 것을 결심하고, 그들 모두에게 당신 아들의 집에 오라고, 오기만 하면 그들이 원하는 만큼 충분한 빵을 얻을 것이라고 기별합니다. 그런데 그들이 당신의 아들과 아무런 관계를 맺고 싶지 않다고 선언하고, 그 집에 가느니 차라리 굶겠다고 말한다면, 더 나아가 당신의 집 문 앞에 모여서 시끄럽게 떠들기만 한다면, 당신은 그들에게 무어라고 말하겠습니까? 아마도 이렇게 말하겠지요. "나누어 줄 충분한 빵이 있다. 내가 그것을 제공했고, 내 아들이 그것을 당신들에게 줄 것이다. 하지만 당신들이 나를 면전에서 모욕하여, 내가 제시한 방식대로 값없이 당신들에게 나누어 주는 것을 받지 않겠다고 말한다면, 당신들은 그것을 얻지 못할 것이다."

틀림없이 이것이 하나님께서 당신을 대하실 방식입니다. 그분은 사랑하는 자기 아들의 인격 안에 그분의 모든 자비를 간직해두셨습니다. 누구든 오면 환영받습니다. 성경은 예수 그리스도에게 오는 자는 "결코 내쫓기지 않는다"고 말합니다(참조. 요 6:37). 하지만 만약에 당신이 그리스도 없이 하나님께 가면, 당신은 그분이 소멸하는 불이심을 발견할 것이며, 자비 대신 정의의 심판을 받게 될 것이며, 그 정의가 당신을 쳐서 지옥의 가장 밑바닥으로 던질 것입니다. 뭐라고요? 하늘의 왕이 보좌를 떠나시어, 왕관과 벽옥(碧玉)의 외투를 벗으시고, 사람의 의복을 입으시며 가난하고 궁핍하게 되시며, 빈곤 중에 사시고 수치 가운데 죽으셨거늘, 당신은 이런 경로를 통해 제시된 은혜를 받아들이지 않겠단 말입니까? 하나님께서 금보다 뛰어난 이 경로를 정하셨고, 이 경로를 통하여 수정같이 맑은 사랑과 자비가 흐르게 하셨습니다. 그런데 당신은 이 경로를 멸시하는 겁니까? 하나님께서 그리스도 예수 안에 신성이 충만하게 하셨거늘, 당신이 그리스도를 외면하고, "우리는 이 사람이 우리의 왕 됨을 원하지 아니하나이다"(눅 19:14)라고 말한단 말입니까? 그렇다면 이것을 아십시오. 당신이 "우리가 그분의 맨 것을 끊고 그의 결박을 벗어버리자"(시 2:3)고 했으므로, 왕이 시온의 거룩한 산에 좌정하시어 당신을 토기장이의 질그릇 같이 산산조각 내실 것입니다. 그보다는, 당신이 무릎을 꿇고 아들에게 입맞춤하는 것을 보게 해 주십시오. 예수를 붙드십시오.

"오시오, 환영합니다. 죄인이여, 오시오!"

예수님을 통해 오십시오. 그리스도를 뒤에 제쳐두고 오는 자에게는 하나님의 자비가 없기 때문입니다.

오늘 밤 내가 들을 수 있는 대답이 한 가지 더 남아 있다고 생각합니다. 그것은 아마도 이런 대답일 것입니다. "글쎄요, 목사님. 저는 저의 행위를 의지할 수 있다고 말하지 않습니다. 하지만 저는 선한 마음을 가진 사람입니다. 저는 좋은 의도를 가진 사람입니다. 비록 많은 잘못을 하긴 했어도, 목사님, 그래도 저는 마음 바탕이 좋은 사람입니다. 하나님이 저의 마음을 보신다면, 비록 저의 실수와 과정에서의 방황에도 불구하고 결국에는 그분이 저를 옳다고 여기실 거라고 생각합니다."

글쎄요, 내 사랑하는 친구여, 당신이 좋은 마음을 가진 사람이라고 말하는 것은 좋습니다. 하지만 당신 자신 외에는 그것을 입증할 사람이 우리 중에는 아무도 없군요. 사람들이 죽을 때에 다른 사람들이 이렇게 말하는 것은 어이없는 일입니다. "오, 그는 삶에서는 꽤 나빴고 도덕적으로 방탕했지만, 그 마음 바탕만은 좋은 사람이었지." 그 말은 내게 로울랜드 힐(Rowland Hill)의 말을 생각나게 하는군요. "예, 하지만 당신이 사과를 사기 위해 시장에 갈 때, 그리고 윗부분에서 썩은 사과들을 볼 때, 만약 시장 상인 아주머니가 '오, 염려하지 마세요. 썩은 사과들은 윗부분에만 있답니다. 밑바닥에는 아주 좋은 사과들이 있지요.'라고 말한다면 당신은 그녀에게 이렇게 말할 것입니다. '윗부분에 있는 것들이 최상의 사과들이라고 말할 수밖에 없습니다. 밑으로 내려갈수록 좋아지지 않을 것입니다. 일반적으로 밑으로 내려갈수록 훨씬 더 나쁠 것입니다.'"

그와 마찬가지로 만약 한 사람이 윗부분에서 썩었고, 표면에서 나쁘다면, 그가 아래로 더 내려갈수록 얼마나 더 나빠질지 아무도 모릅니다. 술을 마시고 욕설을 일삼는다고 하는 이가 있었습니다. 그럼에도 불구하고 그는 힐(Hill) 목사에게 교회의 회원자격을 요청했으며, 그 이유로서, 비록 그가 자주 술을 마시고 빈번히 욕을 하긴 하지만 바탕에서는 선하다고 주장했습니다. 힐 목사가 이렇게 말했습니다. "그렇다면 당신은 내가 당신의 삶에서 발견되는 더럽고 추한 오물들을 파헤쳐서 그 밑바닥에 조금 있는 선한 부분을 찾아내야 한다고 여기는군요!" 계속해서 그는 말했습니다. "아아, 선생, 굳이 그렇게 파헤쳐도 보상이 별로 없을 것 같은데, 나는 그렇게 하지 않겠습니다."

이 말에는 상당한 진리가 있습니다. "윗부분이 나쁘다면 밑바닥은 더 나쁘다. 겉으로 보아 좋은 물건이 아니라면, 그것을 사기 위해 돈을 지불할 필요가 없다." 염려하건대, 행동은 나쁘지만 마음 바탕만은 좋다는 말은 기만과 속임수로 판명될 가능성이 큽니다. 그런 것을 믿지 마십시오. 당신이 화를 내지 않는다면 당신의 마음이 어떤지를 내 말하지요. 당신의 마음은—당신은 너무나 훌륭한 마음을 가졌다고 말하지만— "만물보다 거짓되고 심히 부패했다"(렘 17:9)고 나는 말하겠습니다. 당신은 간과하겠지만, 당신의 마음에는 시기와 탐욕과 증오와 살인이 있습니다. 모든 형태의 부정한 것들이 당신의 마음에 둥지를 쳤습니다. 더 이상 그것의 선함에 대해 말하지 마십시오. 당신이 그렇게 말할 때, 당신은 하나님을 거짓말하는 분으로 만드는 것이니, 그렇게 줄곧 하나님을 모독하고서 어찌 그분이 계신 천국에 가기를 기대한단 말입니까?

2. 누구를 믿는지에 대한 그리스도인의 대답

이상에서 우리는 여러 가지 초라한 대답들을 살펴보았습니다. 이제 우리는 그리스도인의 대답을 살펴볼 것입니다.

"당신은 누구를 믿습니까?" 그리스도인이 대답합니다. "나는 삼위일체 하나님 곧 성부와 성자와 성령을 믿습니다. 나는 성부를 신뢰하며, 그분이 세상의 기초가 놓이기 전에 저를 선택하신 것을 믿습니다. 나는 그분을 내 아버지로서 믿으며, 그분이 나를 보살피시고, 섭리 안에서 나의 필요를 공급하시며, 가르치시고, 인도하시며, 먹이시고, 필요할 경우 징계하시며, 거할 거처가 많은 그분의 집에 저를 데리고 가실 것을 믿습니다. 나는 성자를 믿습니다. 그분은 참된 하나님에게서 나신 참된 하나님이시면서, 또한 인간이신 그리스도 예수이십니다. 나는 그분이 나의 모든 죄를 가져가신 것을 믿는데, 십자가에서 그분이 내 죄의 형벌을 당하셨기 때문입니다. 나는 그분이 자기를 희생 제물로 드리심으로써 내 모든 죄를 제거하신 것을 믿습니다. 나는 그분이 그의 완전한 의로써 나를 감싸주시고, 그분의 모든 탁월한 미덕으로써 나를 단장해주시는 것을 믿습니다. 나는 그분이 나의 중보자이신 것을 알며, 자주 나의 기도와 소원을 아버지의 보좌 앞으로 가져가시는 것을 압니다. 나는 그분이 나의 부활과 생명이 되심을 믿으며, 그러므로 내가 죽어도 다시 사는 것을 믿습니다. 나는 마지막 심판대에서 그분이 나의 변호인이 되실 것과, 그분이 내 입장을 변호하시고, 나를 의롭다 하시기 위해 그곳에 서실 것임을 믿습니다. 나는 나의 모든 것을 그분께 맡깁니다. 나 자신의 공로나, 나의 눈물이나, 기도, 설교, 의지력, 행위들, 혹은 신념조차도 의지하지 않습니다. 나는 그분을 믿되, 그분의 존재를 믿고, 그분이 행하신 일과, 그분이 행하시리라고 약속하신 것을 믿습니다. 나는 오직 성육하신 하나님의 아들이신 그분만을 의지합니다."

계속해서 그리스도인은 말합니다. "또한 나는 성령을 믿습니다. 그분이 나의 타고난 죄로부터 나를 구원하기를 시작하셨습니다. 나는 그분이 그 모든 죄를 몰아내실 것을 믿습니다. 나는 그분이 나의 기질을 다스리시고, 내 의지를 복종시키시며, 내 이해력을 밝혀주시고, 나의 정욕을 억제하시며, 의기소침한 나의 마음을 위로하시고, 내 약함을 도우시며, 내 어둠을 밝히시는 것을 믿습니다. 나는 성령께서 내 안에 거주하시어 내 생명이 되시는 것을 믿으며, 내 속에서 왕으로서 다스리시는 것과, 내 모든 영과 정신과 몸을 거룩하게 하시는 것과, 그 후에는 나를 빛 가운데 거하는 성도들과 영원히 살도록 이끌어주실 것을 믿습니다. 이와 같이 나는 중보자이신 그리스도 예수를 통해 삼위일체 하나님을 믿습니다."

사랑하는 친구들이여, 그리스도인들이 믿는 것과 다른 사람들이 믿는 것 사이에는 상당히 다른 점이 있습니다. 하지만 어떤 이들에게는 그리스도인들의 믿음의 대상이 실제적인 것으로 보이지 않습니다. 한 사람이 말합니다. "아, 우리는 하나님을 볼 수 없습니다. 삼위일체에 관한 이 모든 것을 우리가 어떻게 안다는 말입니까? 우리는 하나님을 볼 수도 없고, 들을 수도 없으며, 느낄 수도 없습니다. 이것이 실제적인 믿음입니까?" 당신이 보거나 듣지 못하였어도 믿을 수 있는 것은 수없이 많습니다. 예를 들어, 당신은 은행 어음을 가지고 있는데, 그것을 발행하거나 거기에 서명한 사람을 당신은 보지 못했습니다. 이 세상에는 보지 못하였으나 믿을 만한 실제적인 근거가 있는 것들이 많습니다. 아마 여러분 중에는 전기를 사용함으로써 생활비를 버는 사람들이 있을 것입니다. 여러분은 전신기를 작동하는 일에 종사하며, 전기를 믿지만, 그것을 결코 본 적은 없습니다. 모든 건축자는 중력을 믿으며, 세상에 있는 모든 기술자는 중력의 법칙을 믿어야 합니다. 누구도 이 강한 힘을 본 적이 없지만, 그것은 당신이 볼 수 있는 것과 마찬가지로 실제적입니다. 하나님을 믿는 자들은 마치 그분이 볼 수 있는 분인 것처럼 실제적이라고 여깁니다. 비록 감각으로 인식하지 못해도, 그들은 하나님께 나아갈 때 그분을 볼 수는 없지만 그분이 보이는 것들보다 더욱 실제적이라고 인식합니다. 보이는 것은 일시적이지만 보이지 않는 것은 영원합니다.

어떤 이들은 이런 식으로 말해왔습니다. "하지만 하나님은 자기 백성을 도우시기 위해 개입하십니까? 당신이 그분을 의지하는 것을 그분이 인식하며, 그래서 그분이 당신을 도우신다고 당신은 분명히 입증할 수 있습니까?" 예, 우리는 그럴 수 있습니다. 비록 하나님께서 나를 위해 기적을 행하시지 않았어도, 그분은 오직 기적만이 이룰 수 있는 일을 내게 이루셨으며, 또한 그 일을 섭리의 일상적인 질서 속에서 이루셨습니다. 당신도 그분을 믿으면 당신 마음에서 같은 일을 발견할 것입니다. 그분은 당신의 기도를 들으실 것이며, 당신의 부르짖음에 귀 기울이실 것이고, 깊은 물과 쓰라린 고통에서 당신을 건져내실 것입니다. 비록 깊은 물이 갈라지지 않고, 불이 타기를 멈추지 않으며, 사자의 입이 다물어지지 않는다 해도, 당신은 마치 매일의 삶에 기적들이 일어나는 것처럼 건짐을 받을 것입니다.

어느 그리스도인은 이따금씩 그가 하나님을 믿을 권리가 있는지에 대해 질문을 받습니다. 여러분 중 누구에게, 그가 나를 위해 무언가를 해 줄 것을 내가 믿기로 했다는 이유만으로, 그가 나를 위해 무언가를 해 주기를 바랄 권리는 내게 없습니다. 내 믿음에 확신을 가지려면 나는 그의 약속을 가져야 합니다. 자, 그리스도인은 그 문제와 관련하여 하나님의 약속을 가집니다. 그는 성경이 하나님의 책이라고 믿으며, 그러므로 하나님께서 그 책에서 그에게 무언가를 말씀하신 것을 발견할 때, 그는 그것이 참이라고 믿으며, 또한 그것이 실제로 그러하다는 것을 발견합니다. 하나님께서는 그분의 백성들에게 만일 그들이 그분을 믿으면 모든 좋은 것에 부족함이 없을 것이라고 약속하셨습니다(참조. 시 34:10). 그분은 그들에게 믿을 것을 호소하시며, 또한 믿으라고 명하십니다.

그러므로 형제들이여, 그리스도인은 과감히 하나님을 신뢰하는 것으로 의롭다하심을 얻습니다. 하지만 세상 사람은 하나님이 믿을 만한 분인지를 알고 싶어 합니다. 그리스도인은 "그렇고말고요. 그분은 믿을 만한 분입니다"라고 말할 수 있습니다. 우리의 선조들이 그분을 믿었고, 그들은 좌절하지 않았습니다. 우리 역시 그분을 믿어왔고, 그분은 결코 우리를 실망시키신 적이 없습니다. 만일 내가 하나님께 대해 무엇이라도 잘못된 것을 알고 있다면, 오늘 밤에 나는 그것을 정직하게 말할 것입니다. 하지만 내가 알고 있는 것은 오직 이것뿐, 즉 그분이 신실하시고 참되시다는 것입니다. 나는 전심으로 그리스도께서 완수하신 일을 믿으며, 또한 지금껏 내가 무언가 잘못된 것을 믿고 있는 것이 아닌지 의심할 만한 어떤 것도 발견한 적이 없습니다. 결코 그런 적이 없습니다! 세월이 흘러 나이가 들수록, 믿음으로 그리스도를 의지하는 자는 더욱 큰 확신을 얻으며, 결코 두려워할 필요가 없다는 안도감을 가집니다. 그는 산들이 떠나고 언덕들이 갈라져도 평화와 확신 중에 출입합니다. 오직 하나님은 변치 않으시며, 그분의 목적도 중도에 멈추지 않을 것이기 때문입니다. 그렇습니다. 하나님은 우리가 믿고 의지할 만한 분이십니다.

또한 나는 우리 하나님을 다른 사람들에게 믿도록 권하기 위해 이와 같이 말할 수 있습니다. 즉 우리는 미래를 위해서도 그분을 의지할 수 있다고 느낍니다. 우리는 과거에 낯선 곳들을 지나왔으며, 아주 특이한 상황들을 겪어왔습니다. 하지만 우리는 우리가 필요로 하는 모든 것을 하나님 안에서 발견하지 못한 적이 없었습니다. 그래서 비록 죽음의 어두운 그림자가 그 모든 공포와 더불어 다가온다 해도, 우리는 믿음의 격려를 받고, 해를 두려워하지 않을 것입니다. 과거에 함께하신 동일하신 하나님이 우리의 구원과 인내를 위해 장래에도 함께하실 것이기 때문입니다. 영국의 맨 섬(the Isle of Man)은 그 문장(紋章)으로 세 개의 다리(leg)를 가지고 있습니다. 그것을 어느 방향으로 돌려도 그것은 항상 서 있습니다. 믿는 자가 그러합니다. 그를 집어던져도, 그에게는 굳게 설 어떤 토대가 있습니다. 그를 죽음이나 사자의 굴속에 던져도, 고래 뱃속에 넣거나, 혹은 타는 불이나 물에 던져도, 그리스도인은 여전히 자기 하나님을 의뢰하며, 고난의 때에 그분이 기꺼이 도움이 되어주심을 발견합니다. "네가 이제 누구를 믿느냐?" 우리는 담대하게 대답할 수 있습니다. "우리는 그 능력이 결코 쇠하지 않고, 그 사랑이 결코 멈추지 않는 분을 믿습니다. 그 인자하심이 결코 변하지 않고, 그 신실하심이 결코 훼손되지 않으며, 그 지혜가 결코 감하여지지 않고, 그 완전한 인애가 결코 줄어들지 않는 분을 믿습니다."

3. 그리스도인의 행동방침에 대한 조언

이것이 사실이라면, 그렇게 믿는 이들을 위한 몇 가지 조언의 말씀으로 설교를 마칠 것입니다.

무엇보다 먼저 그들은 모든 불신앙을 몰아내야 합니다. 사랑하는 형제들과 자매들이여, 우리에게 그렇게 의지할 수 있는 하나님이 계시다면, 전심으로 그 분을 신뢰하여, 우리의 위로를 해치는 의심이나 두려움들을 없애도록 노력합시다. 내 형제들이여, 우리가 왜 무서워해야 합니까? "믿음이 작은 자여 왜 의심하느냐?"(참조. 마 14:31). 한 사람이 말합니다. "오, 나는 의심합니다. 하지만 왜 의심하는지를 알 수가 없습니다." 자, 만약 당신의 하나님이 믿을 만한 분이면, 그 분을 의심하는 것은 그분께 대한 모독입니다. 한 악한 불량배에 대해 말하자면, 우리는 그의 행실을 보고서 그 정도만 그를 믿을 것입니다. 그런데 어떤 이들은 하나님께 대해서도 그런 식의 취급을 합니다. 우리는 한 사람에게서 어떤 속임수를 발견할 때까지는 그를 부정직하다고 간주해서는 안 됩니다. 당신은 당신의 하나님에게서 참되지 못한 부분을 발견한 적이 없습니다. 그러므로 그런 모습을 발견할 때까지는 그분을 의심하지 마십시오. 그분이 믿음을 저버리는 분이시라고 입증되기까지는 그분을 믿으십시오.

하나님께 대한 우리의 잘못된 생각을 회개합시다. 당신은 주려 죽을 것 같다고 말하지만, 아직 당신은 주려 죽지 않았습니다. 당신은 구빈원(救貧院)에 들어가야 할 것 같다고 말하지만, 아직 당신은 그곳에 있지 않습니다. 당신은 마음이 상해 죽을 것 같다고 말하지만, 아직 당신은 죽지 않았으며, 오늘 밤 웃는 얼굴을 하고 있습니다. 당신은 친구들에게 결코 지금의 고난을 헤쳐 나가지 못할 것 같다고 말하지만, 당신은 지금까지 그보다 오십 배나 나쁜 고난들도 이겨왔습니다. 당신은 사느니 차라리 죽고 싶다고 말하지만, 당신은 지금 살아있습니다. 당신은 죽지도 않았고, 죽기를 원하지도 않습니다. 왜 하나님께 불명예를 안기는 것입니까? 마귀가 하나님을 거짓말쟁이라고 부른다면 나는 그것을 이해할 수 있습니다. 하지만 자녀인 사람이 자기 아버지를 나쁘게 말하는 것은 불쾌한 일입니다. 만일 내 아이가 나를 믿지 못하겠다고 한다면, 나는 마음이 찢어질 듯 아플 것입니다. 만일 우리가 이토록 자비로우시며, 한 번도 우리를 실망시키신 적이 없고 앞으로도 실망시키지 않으실 우리의 아버지를 신뢰할 수 없다고 한다면, 그것은 당신이나 내 편에서 너무나 비열하고 잘못된 처사입니다. 다시는 그분을 의심하지 맙시다.

다윗은 거인 골리앗의 강한 칼을 오래도록 시험해본 것 같지 않습니다. 그는 "그 같은 것이 또 없다"(삼상 21:9)고 말했습니다. 그는 젊은 날의 승리의 때에 그 칼을 한 번 시험해본 적이 있으며, 그것이 무기로서 제격임을 확인했고, 따라서 그는 그 이후로도 언제나 그것을 칭송했습니다. 그는 그 칼날의 예리함에 대해 의심하지 않았고, 그 칼의 담금질의 적절성에 대해서도 의심하지 않았습니다. 그와 마찬가지로, 내 형제들이여, 하나님께 대해서 좋은 말을 합시다. 하늘 위에나 땅 아래에 그분과 같은 분은 없습니다. "거룩하신 이가 이르시되 그런즉 너희가 나를 누구에게 비교하여 나를 그와 동등하게 하겠느냐 하시니라"(사 40:25). 여러분이 온 세상을 돌아다니면서 찾아보아도, 야곱의 반석과 같은 반석은 없음을 알게 될 것입니다. 그러니 어떤 의심도 우리 마음속에 살아남도록 허용할 것이 아니라, 엘리야가 바알 선지자들을 시내로 끌고 가서 모두 죽였듯이, 우리도 우리 구주의 상처 입은 옆구리에서 흘러나오는 거룩한 강물에서 모든 의심들을 죽이도록 합시다.

내 형제들이여, 우리 하나님께 대해서 나쁜 말을 하는 것은 정말이지 악한 죄입니다. 이스라엘 자녀들이 약속의 땅 경계에 이르러, 그 땅의 형세를 살피도록, 그리고 미래의 점령을 위해 어떻게 준비를 해야 할지 살피고 오도록 정탐들을 보냈을 때, 그들 중 열 명이 돌아와서는 하나님이 자기 백성에게 주신다고 맹세하셨던 그 땅에 대해 나쁜 보고를 했습니다. 하나님의 선물과 관련된 이 악한 말로 인해 그들에게 가해진 벌이 무엇이었습니까? 그들은 주 앞에서 전염병으로 죽었으며, 하나님께서는 그들의 죄에 대해 분노를 나타내셨습니다. 하나님께 대한 악한 말들과 불쾌한 생각들로 인해 그분이 우리를 찾아오시지 않는 것이 우리에게는 다행인 것입니다. 인간들을 향한 하나님의 인자하심을 끊임없이 찬양해야 할 때에, 우리는 그분에 대해 그릇된 보고를 전할 때가 종종 있었습니다. 형제들이여, 투덜거리고 불평하는 말들을 버립시다.

"헛되이 날려 보냈던 호흡의 절반이
기도의 형태로 천국으로 보내어졌다면,
더 자주 즐거운 노래를 부르며
주께서 나를 위해 행하신 일들을 기렸으리라."

여러분의 모든 불평들을 기도로 바꾸는 시도를 하십시오. 그러면 우리는 곧 여러분이 이와 같이 노래하는 소리를 들을 것입니다.

"나와 함께 여호와를 광대하시다 하며,
나와 함께 그분의 이름을 높이세.
환난 중에서 그분의 이름을 불렀더니,
그가 오시어 나를 건져주셨네.

오, 그분의 사랑을 맛보아 알지어다.
그분의 진리를 신뢰하는 자, 오직 그들이
얼마나 복된 자들인가를
경험으로 판단하여 알게 되리."

형제들이여, 다음으로는 이 문제에서 성령님의 도움을 구합시다. 우리는 다시는 의심하지 않겠노라고 자주 말하면서도, 실제로는 의심해왔습니다. 굳세어지도록 기도합시다. 우리는 종종 우리 믿음의 창시자(Author)가 또한 그것의 완성자(Finisher)도 되신다는 사실을 잊습니다. 우리의 믿음이 성전에서 타는 등불과도 같아서, 결코 꺼지도록 허락되지 않지만, 매일 새로운 기름으로 채워져야 한다는 사실을 마음에 간직할 필요가 있습니다. 우리의 믿음은 불멸의 불꽃이지만, 그것이 그러한 이유는 오직 하나님께서 그것이 타오르도록 유지하시기 때문입니다. 그분은 모든 가능한 수단들로써 그 불꽃에 연료를 제공하기를 우리에게 기대하십니다. 다른 무엇보다, 그분은 그 목적을 위해 우리가 활용할 수 있는 수단들을 통해 은혜의 기름을 주시도록 그분께 요청하기를 바라십니다. 우리의 등불에 필요한 연료를 확보하지 않는다면, 우리는 어리석은 처녀들과 같다고 판명될 것입니다.

나는 많은 그리스도인들이 영혼의 시련들과 환난을 겪는 것은 그들 자신의 탓이라고 믿는데, 곧 그들의 어두운 의심과 불신앙으로 말미암은 것입니다. 마귀는 여러분의 밭이 물에 잠기기를 바라며, 여러분의 아름다운 정원을 황폐하고 진흙투성이의 버려진 땅으로 만들기를 바라는 것을 나는 압니다. 하지만 많은 그리스도인들이 부주의와 하나님께 대한 기도의 결핍으로 인하여, 그들을 보호하고 지켜줄 수문들을 열어둔 채로 방치하고, 큰물이 쏟아져 들어오도록 내버려둔다는 것을 나는 또한 압니다. 사탄은 여러분의 영혼을 어둠과 슬픔 속에 가두려고 애쓰지만, 아주 빈번히 그가 그 일에 성공하는 것은 여러분 자신의 잘못 때문입니다. 의의 태양에서 비치는 밝은 빛줄기 속으로 걸어 나오십시오. 화평하게 된 하나님의 얼굴 빛 안에 서십시오. 속죄소를 덮고 있는 영광의 밝은 빛으로 나오십시오. 그러면 지옥의 우두머리가 이끄는 어둠의 모든 권세들이 여러분의 믿음의 기쁨과 평화 위에 어떤 그림자나 구름도 드리우지 못할 것입니다. 물론 여러분이 높은 망루의 피난처를 버리면 원수의 창끝 맛을 느끼게 될 것입니다. 의인은 견고한 망대이신 여호와께로 달려가서 안전함을 얻습니다(잠 18:10). 그러므로 당신의 영혼을 성령의 보호에 의탁하십시오. 보혜사이신 그분은, 당신이 당신 자신의 보호자가 될 수 있다고 생각할 때 나타나는 모든 악으로부터 당신을 보전하실 것입니다.

더 나아가, 우리가 믿는 바를 다른 사람들이 믿도록 힘써 인도합시다. 한 사람이 선하고 안전한 것을 발견할 때, 그는 그것을 자기 친구들에게 추천하려 할 것입니다. 우리의 모든 이웃들에게 하나님의 선하심을 전하도록 합시다. 기회를 얻을 때마다 그들에게 하나님이 자기 백성을 떠나지 않으심과, 그분이 자기 백성을 버려두지 않으심을 말합시다. 그리하여 하나님께서 그들을 불러오시는 일에 우리의 증언을 사용하시게끔 합시다.

나는 이 경우와 관련하여 우리 주님의 첫 번째 제자들을 종종 생각하곤 합니다. 예수님은 요한의 두 제자들을 집에서 맞이하셨는데, 그것이 이와 같이 기록되어 있습니다. "요한의 말을 듣고 예수를 따르는 두 사람 중의 하나는 시몬 베드로의 형제 안드레라. 그가 먼저 자기의 형제 시몬을 찾아 말하되 우리가 메시야를 만났다 하고 (메시야는 번역하면 그리스도라), 데리고 예수께로 오더라"(요 1:40-42). 그 사건 이후 계속해서 우리는 주님께서 빌립에게 이렇게 말씀하시는 것을 발견합니다. "나를 따르라"(요 1:43). 그 결과가 무엇이었습니까? "빌립이 나다나엘을 찾아 이르되 모세가 율법에 기록하였고 여러 선지자가 기록한 그이를 우리가 만났으니 요셉의 아들 나사렛 예수니라"(요 1:45). 이 사람들은 그리스도를 오래전에 약속된 메시야시라고 진실하게 믿자마자, 곧 다른 사람들을 그리스도께로 불러왔습니다. 그리하여 그들 역시 그분을 믿고 그분의 제자들이 될 수 있었습니다. 사마리아 여인도 마찬가지였습니다. 그녀는 우물을 떠나 마을로 들어가서 말했습니다. "나의 행한 모든 일을 내게 말한 사람을 와서 보라 이는 그리스도가 아니냐?"(요 4:29). 우리도 그와 같은 정신으로, 가서 다른 사람들에게 우리 주 하나님의 선하심과 은혜를 전해야 할 것입니다.

사람들이 위험하고 무모한 일에 도전할 때, 예컨대 전에는 감히 아무도 그 지점을 위험을 무릅쓰고 간 적이 없다는 이유만으로 얼음으로 뒤덮인 산봉우리들을 오르고 있을 때, 그들은 어떻게 거의 접근 불가능한 이 봉우리들을 오를까요? 먼저 한 사람이 도끼로 발 디딜 곳을 찍어 오르면, 다음 사람은 앞 사람이 밟았던 곳을 디디고 올라가는 식으로 그들은 서로를 돕습니다. 우리도 이와 같은 방식으로 천국을 향해 올라가야 합니다. 여러분 자신이 더욱더 높이 올라가면서, 다른 사람들에게 발 디딜 곳을 만들어주면서 그들을 돕고, 그런 식으로 여러분은 함께 하늘로 오를 수 있습니다. 호주의 저지대에서 종종 일어나듯이 큰 홍수를 만나게 될 때, 가장 먼저 여러분이 할 일은 무엇일까요? 가장 가까운 언덕 꼭대기로 올라가야 할 것입니다. 그리고 가능하다면 가족을 동반하고 물건들을 가지고서, 물에서 안전하게 벗어나는 일일 것입니다. 그럴 것입니다. 하지만 당신이 남자라면, 가장 고상한 의미에서 그 말을 사용한다면, 당신은 거기에 만족하여 안주하지 않을 것입니다. 당신은 당신의 이웃을 구하려 할 것이며, 그의 가족과 가축을 구하려 시도할 것입니다. 그리고 가능하다면 위험에 처한 모든 것이, 손에 닿는 모든 것이 당신에 의해 구조될 것이며, 당신이 있는 뭍으로 안전하게 끌어올려질 것입니다.

생명의 구조가 그러합니다. 사방이 불신앙의 홍수입니다. "너는 높은 산에 오르라"(사 40:9). 목청껏 소리를 높이십시오. 두려워말고 소리를 높여 힘껏 외치십시오. 다가올 진노에서 피하기를 원하는 모든 이들을 위해 여기에 피난처가 있음을 널리 전하십시오. 아마도 우리 중에 많은 이들이, 처음에 하나님의 노하신 얼굴을 대할 때에, 만일 구원을 받는다면 다른 사람들에게도 잃어버린 상태에서 구원을 얻도록 권면하겠다고 맹세했을 것이라고 나는 생각합니다. 우리는 이렇게 말하지 않았습니까?

> "그러면, 얼마나 귀하신 구주를 내가 만났는지
> 사방의 죄인들에게 전할 것입니다.
> 저는 그분의 속량의 피를 가리키며
> '하나님께로 가는 길을 보라'고 외칠 것입니다."

지금 당신의 약속을 지키십시오. 당신의 온 마음과 힘을 다해 모든 사람에게 이렇게 외치십시오.

"오, 진지하십시오, 가만히 있지 마십시오!
당신은 오늘 멸망할 수 있습니다.
일어나십시오, 그대 잃어버린 자여, 일어나 도망치십시오.
보라! 당신의 구주께서 당신을 기다리시니."

또한 우리가 하나님을 믿는다면, 우리의 의지의 대상이 되기 위해 자기 자신을 주신 그분을 사랑하도록 합시다. 하나님을 사랑하지 않는 자는 그 누구도 진실로 하나님을 믿을 수 없습니다. 믿음과 사랑의 두 자매는 영원토록 함께 삽니다. 그들에게는 오직 하나의 주소가 있으니, 그들이 한 집에서 살기 때문입니다. 믿음이 있는 곳에는 언제든 사랑이 거하며, 각각의 은혜는 거처를 함께하고 있습니다. 많은 그리스도인들은 그 중에 어떤 것을 싸서 지하실이나 다락방에 넣어두고 있어서 보이지 않으며, 따라서 그 집에 방문했을 때 그것들이 집에 없는 것처럼 생각되기가 쉽습니다. 나는 은혜의 사슬들은 그 고리들이 보이지 않을 때에도 끊어지지 않는 것을 압니다. 하나님께서 모든 은혜의 씨앗들을 심으셨으며, 결국 그것들은 마음의 정원에서 모두 자라나 그분의 이름을 영화롭게 할 것입니다. 내가 원하는 것은 여러분이 여러분 속에 있는 선한 것을 분발시켜야 한다는 것입니다. 그것을 전면에 나타내고 눈에 보이게 하십시오. 여러분의 사랑을 보이십시오. 만일 그것이 한 무더기의 폐물 가운데 숨겨진 불꽃과 같다면, 그 악한 물건들을 치워내고, 불꽃이 일도록 바람을 불어넣고 연료를 공급하여, 하나님께 대한 사랑으로 활활 타오르게 하십시오. 이 점에서 결핍되었다면 그 무엇이든지 하나님을 만족시키지 못할 것이니, 잘못된 것이라면 우리가 한순간도 용인해서는 안 될 것입니다.

그리스도 안에 있는 하나님의 은혜로 말미암아 나는 진정 천국을 소망하고 있습니까? 이곳 세상과 내세의 지옥으로부터의 수많은 악에서 나는 구원 얻기를 기대하고 있습니까? 나는 모든 현세의 유익과 영적인 유익을 위하여 지존자를 의지하고 있습니까? 또한 나는 오늘 받고 있는 많은 은혜들과 장차 얻을 모든 소망에 대해 조금의 자격도 없는 자임을 의식하고 있습니까? 그런데도 이 사랑의 하나님, 이 관대한 복의 시혜자(施惠者, Benefactor)를 향한 사랑이 내게 없단 말입니까? 그렇다면 나는 나의 무정함과 악한 배은망덕으로 인하여 가장 천하고 악한 인간들 중의 하나일 것입니다.

> "주여, 당신을 향한 사랑이 없다면
> 저는 한없이 비열한 자로 판명될 것입니다.
> 내 구주를 사랑하지 않을 거라면
> 차라리 저로 죽게 하소서."

말씀을 맺기 전에 한 가지만 더 말하고자 합니다. 우리는 우리의 행위로써 믿음을 입증해야 합니다. 우리는 우리가 믿는 주님을 위해 수고해야 합니다. 이것이 옳고 정당한 처사임을 이해해야 합니다. 우리가 무엇을 받았으며, 왜 우리가 이런 은혜의 수혜자들이 되었을까요? 하나님께서 우리에게 행하셨듯이 우리도 다른 사람들에게 가서 무언가를 할 수 있지 않을까요? 오 하나님이시여, 주께서 저의 짐을 지셨으니, 제가 당신을 위해 짐을 져야 하지 않겠나이까? 오 그리스도시여, 당신이 저를 위해 십자가를 지셨으니, 제가 당신을 위해 십자가를 져야 하지 않겠나이까? 오 내 아버지시여, 당신께서 저를 위해 자기를 희생하시고 저를 위한 건축의 기초석이 되셨으니, 제가 당신 위에서 세워져가고, 다른 사람들도 당신을 의지하도록 그들을 도와야 하지 않겠나이까?

그리스도인들이여, 내 형제들이여, 하나님을 위해 더 많은 것을 행합시다. 우리가 그분을 더욱 의지할 만한 분으로 알아가면서, 우리는 새로운 수고의 밭에 발을 들여놓아야 할 것이며, 하나님을 위해 날마다 수고하기를 힘써야 할 것입니다. 어느 시인이 이렇게 말한 것처럼 말입니다.

> "행함이 없는 날이 없게 하소서."

우리 하나님의 이름을 더욱 영화롭게 하는 무언가를 행하지 않고서 보내는 날이 하루도 없게 합시다. 우리는 우리의 일들을 하나님의 손에 맡겨드려야 하지만, 그렇다고 한가하게 빈둥거리는 자들이 될 것이 아니라, '오늘'이라고 하는 날이 있는 동안은 그분의 포도원에 가서 일해야 합니다. 이런 방식으로 우리는 우리의 사랑을 입증하고 우리의 감사를 나타낼 수 있습니다.

하지만 여기서 여러분의 믿음을 증대시키고, 여러분의 영적 건강을 증진시키는 한 가지 확실한 방식에 대해서도 여러분이 주의를 기울이기를 바랍니다. 그것은 바로 이것입니다. 즉 여러분의 주 하나님을 위해 지속적으로 열심히 일하는 것입니다. 일하기를 멈추면, 곧 여러분은 믿기를 멈출 것입니다. 여러분은 하나님 가까이 삶으로써, 또한 구주께서 지상에 계실 때처럼 항상 아버지의 일을 함으로써, 여러분은 믿음의 기쁨과 평강을 지속적으로 확보할 수 있습니다. 여러분이 그분을 믿는 것처럼 그분을 사랑하십시오. 그분을 사랑하는 것처럼 그분을 위해 일하십시오. 그분을 위해 일하면서 그분을 닮는 일에서 자라십시오. 그분을 닮아가면서 당신은 곧 그분과 함께 있게 될 것이며, 그분이 영원토록 영광을 얻으실 것입니다. 아멘.

"지치고 피곤해도 우리의 길을 계속해서 나아가리니,
주님이 우리의 지도자시며, 그의 말씀이 우리의 버팀줄이라네.
고난을 당하고, 슬픔과 시련이 다가와도,
하나님이 우리의 피난처시니, 우리가 누구를 두려워하리?

그는 쓰러진 자를 일으키시고, 지친 자에게 힘을 주시며,
약하고 억눌린 자의 호소에 귀를 기울이시네.
길이 힘들고, 가시밭길이어도,
우리가 어찌 머뭇거리리? 우리의 도움이 하나님께 있다네!

먹구름이 우리를 둘러싸도, 하나님이 우리의 빛이시며,
폭풍이 일어나 위협하여도, 하나님이 우리의 힘이시라네.
그러니 피곤해도 멈추지 않고, 앞으로 계속하여 전진하리니,
주님이 우리의 지도자시며, 천국은 우리의 본향이라네."